IBK 기업은행

기출이 답이다

시대에듀

머리말 PREFACE

IBK기업은행은 '글로벌 경쟁력을 갖춘 초일류 금융그룹'을 비전으로 기술력과 미래 가능성 중심의 여신관행 혁신, 모험자본 공급 확대, 성장단계별 맞춤형 지원체계 구축 등을 통해 혁신 금융의 기반을 확립하여 새로운 미래를 만들고자 한다.

IBK기업은행은 인재를 채용하기 위해 필기시험을 시행하여 지원자가 업무에 필요한 역량을 갖추고 있는지 평가한다. 신입행원 필기시험은 NCS 직업기초능력과 직무수행능력으로 구성되어 있다.

이에 시대에듀에서는 IBK기업은행 필기시험을 준비하는 수험생들이 시험에 효과적으로 대비할 수 있도록 다음과 같은 특징을 가진 본서를 출간하였다.

도서의 특징

❶ 기출유형 뜯어보기의 유형분석과 유형풀이 Tip · 이론 더하기를 통해 출제영역을 체계적으로 학습할 수 있도록 하였다.

❷ 2025~2021년에 시행된 IBK기업은행 필기시험의 기출복원문제를 수록하여 최근 출제경향을 한눈에 파악할 수 있도록 하였다.

❸ 2025~2024년에 출제된 주요 금융권 NCS 기출복원문제를 수록하여 다양한 출제유형에 완벽히 대비할 수 있도록 하였다.

끝으로 본서가 IBK기업은행 필기시험을 준비하는 여러분 모두에게 합격의 기쁨을 전달하기를 진심으로 기원한다.

SDC(Sidae Data Center) 씀

IBK기업은행 기업분석

◇ **비전**

최고의 서비스를 혁신적으로 제공하는
글로벌 초일류 금융그룹

◇ **경영방향**

가치금융
관련된 모두의 가치를 높임

튼튼한 은행

시장선도
- 中企 성장지원 강화
- 미래성장동력 확보
- 기술 생태계 활성화
- 그룹 시너지 제고

내실경영
- 선제적 리스크 관리
- 지속적 균형성장
- 최고의 디지털 경쟁력
- 실질적 글로벌 성과

반듯한 금융

고객신뢰
- 고객 최우선 경영
- 금융소비자 보호
- 내부통제 고도화
- 금융사고 제로

사회책임
- 포용적 금융
- 금융접근 편의성 제고
- 기업시민 역할 수행
- 글로벌 ESG 실천

행복하고 보람 있는 조직

공정한 인사	균등한 기회	역량 있는 인재
일과 삶의 균형	신뢰와 화합	활기찬 조직

◇ 핵심가치

◇ 인재육성

글로벌 역량을 갖춘 핵심인재 육성

다양한 분야의 전문인력 육성

자기주도의 경력개발 지원

국내 최고의 연수시설 및 Infra 구축

IBK기업은행 기업분석

◇ Symbol Mark

◇ CI 의미

1

사각형이 기울어진 것은 정적인 형태에서 벗어나 앞으로 나가고자 하는 역동성과 진취성을 표현
- Young IBK의 정신 중 바로 '도전정신'을 의미

2

사각형 내부는 IBK를 도형화하여 디자인한 것
- 기업은행이 고객과 함께 하늘을 열어가는 큰 새의 날개처럼 밝은 미래를 열어간다는 약속을 의미
- 파란색의 하늘과 구름은 기존 CI의 장점을 보존한 것으로 성공, 희망, 미래를 의미하며, Young IBK의 정신 중 바로 '창의'를 의미

3

'I'자는 바로 고객 자신을 의미
- 지금까지의 고객 개념이 3인칭이었다면 이제부터는 바로 "나"인 1인칭이라는 신개념 창조
- 모든 것에 우선하는 바로 "나", 즉 고객을 최우선으로 하겠다는 IBK의 철학을 상징
- 국민 4천 8백만 명의 눈높이에 맞춰 '나를 위해 존재하는 은행', '나의 성공을 약속하는 은행'으로 거듭나겠다는 의미

4

가운데의 'B'자는 하늘 높이 날면서 먼 곳까지도 두루 살피는 큰 새를 형상화한 것으로 'Win-Wing'이라는 애칭을 보유
- "Win-Wing"(심벌의 가운데에 있는 날개)
- "Win"은 고객의 성공, 희망, 미래를 열어가는 '성공 날개'가 되겠다는 IBK의 약속을 상징
- "Wing"은 Global Leading Bank로서 고객과 함께 힘차게 비상하겠다는 기업은행의 약속을 상징
- "Win-Wing"의 가운데 붉은색 삼각형은 끊임없는 고객과 은행의 교류와 발전, 전진을 의미하며, Young IBK의 정신 중 바로 '열정'을 상징

◇ 브랜드 슬로건

'금융으로 만나는 새로운 세상'은 IBK의 전문성을 바탕으로
변함없이 고객과 함께, 꿈을 실현하여, 더 나은 세상으로 바꾸어 나가겠다는 의지를 표현

방법 | **지향점**

금융으로	만나는	새로운 세상
60년간 쌓아온 전문성을 바탕으로	변함없이 고객과 함께	꿈을 실현하여 더 나은 세상으로 바꿉니다.

◇ IBK 대표 캐릭터

▶ 기은센   ▶ 기운찬 가족

신입행원 채용 안내

◆ **지원방법**

❶ IBK기업은행 홈페이지(www.ibk.co.kr)
❷ 채용 전용 홈페이지(ibk.incruit.com)

◆ **지원자격**

❶ 학력, 연령, 성별 등 제한사항 없음
❷ 남성의 경우 병역필 또는 면제자(고졸인재 분야 지원자는 해당 없음)
❸ 채용 확정 후 전일 근무 가능한 자
❹ 당행 인사규정「채용의 제한」대상자 등이 아닌 자

◆ **채용절차**

◆ **필기시험**

채용공고	접수기간	서류발표	필기시험	필기발표
2025.08.27	2025.08.27～09.15	2025.09.26	2025.10.18	2025.10.23
2025.02.27	2025.02.27～03.17	2025.03.28	2025.04.12	2025.04.17
2024.08.28	2024.08.28～09.19	2024.10.04	2024.10.19	2024.10.24
2024.03.12	2024.03.12～03.27	2024.04.11	2024.04.27	2024.05.02
2023.09.05	2023.09.05～09.19	2023.10.06	2023.10.21	2023.10.31

❖ 자세한 채용절차는 직무별 채용방침에 따라 변경될 수 있으니 반드시 채용공고를 확인하기 바랍니다.

2025년 하반기 기출분석

총평

2025년 하반기 IBK기업은행 필기시험은 지난 시험과 문항 수, 출제 영역이 동일했으며 난도 또한 매우 높게 출제되었다. 직업기초능력의 경우 PSAT형으로 출제되었으며, 대부분의 문제가 세트 문제로 구성되었고 문제마다 제시문의 길이가 길어 풀이하는 데 많은 시간이 소요되었다는 후기가 많았다. 제시문 및 자료 대부분 금융, 은행업에 관련된 내용이었고, 출제된 6개 영역 중 의사소통능력이 가장 까다로웠다. 직업기초능력의 난도가 매우 높고 가장 많은 비중을 차지하기 때문에 시간 관리가 매우 중요했을 것이라 생각된다. 다만, IBK기업은행의 경우 직업기초능력에 꾸준히 금융 관련 이슈가 출제되고 있으므로 평소에 관련 뉴스나 정보를 찾아본다면 많은 도움이 될 것이다. 또한 직무수행능력은 직업기초능력에 비해 쉽게 출제되었다는 후기가 많았지만 개념에 대한 정확한 이해를 필요로 하는 문제의 출제 비중이 높으므로 그에 대한 대비를 한다면 고득점을 받는 데 유리할 것이다.

◆ 영역별 출제비중

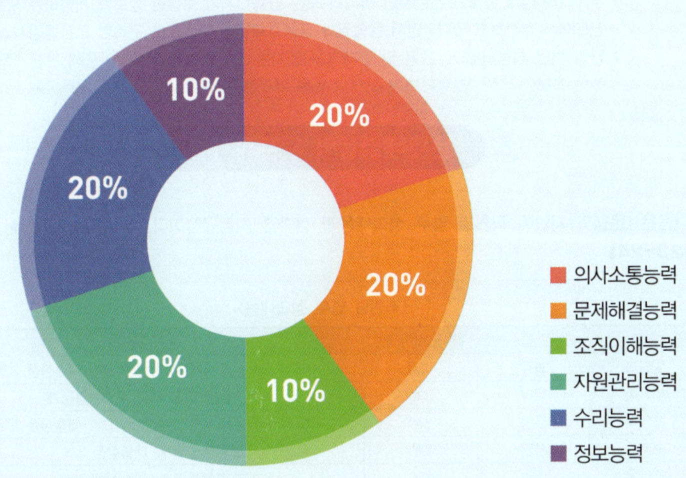

◆ 영역별 출제특징

구분	출제특징
의사소통능력	• IFRS 18, 신용장 방식, ISA, 녹색채권, 중소기업 사회화 지원 등 경제/금융 관련 지문이 출제됨
문제해결능력	• 소상공인 대출 상품, 직장인 신용대출 상품에 대한 문제가 출제됨 • 은행코드를 암호화하는 문제가 출제됨
조직이해능력	• 전결권자에 대한 문제가 출제됨
자원관리능력	• 영업점별 ATM기, CD기를 배치하는 문제가 출제됨 • 복수전공 지원자에 대한 학점을 계산하는 문제가 출제됨 • 급여 관련 여비 및 시간외수당을 계산하는 문제가 출제됨
수리능력	• ISA 계좌 관련 자료해석 문제가 출제됨
정보능력	• 도형을 활용한 알고리즘 문제가 출제됨

주요 금융권 적중 문제

IBK기업은행

의사소통능력 ▶ 나열하기

※ 다음 문단을 논리적 순서대로 바르게 나열한 것을 고르시오. [1~2]

01

(가) 이에 따라 오픈뱅킹시스템의 기능을 확대하고, 보안성을 강화하기 위한 정책적 노력이 필요할 것으로 판단된다. 오픈뱅킹시스템이 금융 인프라로서 지속성, 안정성, 확장성 등을 가지기 위해서는 오픈뱅킹시스템에 대한 법적 근거가 필요하다. 법제화와 함께 오픈뱅킹시스템에서 발생할 수 있는 사고에 대한 신속하고 효율적인 해결 방안에 대해 이해관계자 간의 긴밀한 협의도 필요하다. 오픈뱅킹시스템의 리스크를 경감하고, 사고 발생 시 신속하고 효율적으로 해결하는 체계를 갖춰 소비자의 신뢰를 얻는 것이 오픈뱅킹시스템, 나아가 마이데이터업을 포함하는 오픈뱅킹의 성패를 좌우할 열쇠이기 때문이다.

(나) 우리나라 정책 당국도 은행뿐만 아니라 모든 금융회사가 보유한 정보를 개방하는 오픈뱅킹을 선도해서 추진하고 있다. 먼저 은행권과 금융결제원이 공동으로 구축한 오픈뱅킹시스템이 지난해 전면 시행되었다. 은행 및 핀테크 사업자는 오픈뱅킹시스템을 이용해 은행계좌에 대한 정보 조회와 은행계좌로부터의 이체 기능을 편리하게 개방하였다. 현재 저축은행 등의 제2금

문제해결능력 ▶ 문제처리

※ 다음은 I은행의 지난해 직원별 업무 성과내용과 성과급 지급규정이다. 이어지는 질문에 답하시오. [23~24]

〈직원별 업무 성과내용〉

구분	직급	월 급여(만 원)	성과내용
임미리	과장	450	예·적금 상품 3개, 보험상품 1개, 대출상품 3개
이윤미	대리	380	예·적금 상품 5개, 보험상품 4개
조유라	주임	330	예·적금 상품 2개, 보험상품 1개, 대출상품 5개
구자랑	사원	240	보험상품 3개, 대출상품 3개
조다운	대리	350	보험상품 2개, 대출상품 4개
김은지	사원	220	예·적금 상품 6개, 대출상품 2개
권지희	주임	320	예·적금 상품 5개, 보험상품 1개, 대출상품 1개
윤순영	사원	280	예·적금 상품 2개, 보험상품 3개, 대출상품 1개

수리능력 ▶ 자료추론

※ 다음은 갑국의 2024년 4 ~ 6월 A ~ D정유사의 휘발유와 경유 가격에 대한 자료이다. 이어지는 질문에 답하시오. [13~14]

〈정유사별 휘발유와 경유 가격〉

(단위 : 원/L)

구분	휘발유			경유		
	4월	5월	6월	4월	5월	6월
A정유사	1,840	1,825	1,979	1,843	1,852	2,014
B정유사	1,795	1,849	1,982	1,806	1,894	2,029
C정유사	1,801	1,867	2,006	1,806	1,885	2,013
D정유사	1,807	1,852	1,979	1,827	1,895	2,024

※ 가격은 해당 월의 정유사별 공시가임

KB국민은행

의사소통능력 ▶ 내용일치

※ 다음 글의 내용으로 적절하지 않은 것을 고르시오. [2~3]

02

약 3년에 걸쳐 시세조종을 주도한 혐의로 투자자문업체 대표 A씨가 지난 11일 구속 전 피의자 심문에 출석하였다. 특히 A대표의 주가조작 방식은 기존에 발생했던 범죄들과 상당히 다른 양상을 보인 것으로 알려졌다. 일반적인 주가조작 방식이 대주주와의 사전 공모를 통해 진행되었다면, A대표의 방식은 자신의 출신 대학 및 대학원 사람들과의 조직을 꾸림으로써 시작되었다. 이들은 공개적으로 투자자를 모집하는 것이 아닌 자산가 중심으로 접근해 다단계 방식으로 투자금을 모은 것으로 알려졌다. 또한 소규모 방식이 아닌 연예계, 재계, 의료계 등 여러 분야의 사람들로부터 투자금을 모은 것으로 알려졌다.

이들은 대주주의 비율이 높고 사업 확장성의 한계가 있어 새로운 사업을 할 확률이 낮아 증권가 시장에서 무관심한 저 PBR주를 대상으로 작업주를 물색하였다. 그리고 이를 토대로 금융당국에 등록하지 않은 채 투자자를 끌어 모아 투자자문업체를 운영하며 투자설명을 다니기 시작했다.

이렇게 물색해 투자한 주식 종목들은 2020년부터 지난달까지 꾸준히 상승하기 시작했는데, 이는 투자자들에게 휴대전화와 증권계좌 등 개인정보를 전달받은 뒤 미리 정해 놓은 매수 및 매도가에 따라 주식을 사고파는 방식인 '통정거래'를 통해 시세를 조종했기 때문이다. 하지만 지난달 24일 갑작스럽게 해당 주식들이 폭락을 맞이하면서 주가조작 사태가 불거지게 되었다.

① 통정거래를 통해 주가를 상승시키거나 하락하도록 조종할 수 있다.
② A대표는 비교적 거래량이 많은 저 PBR주를 대상으로 시세조종을 주도하였다.

문제해결능력 ▶ 명제

22 제시된 명제가 모두 참일 때, 다음 중 반드시 참인 것은?

> • 연차를 쓸 수 있으면 제주도 여행을 한다.
> • 배낚시를 하면 회를 좋아한다.
> • 다른 계획이 있으면 배낚시를 하지 않는다.
> • 다른 계획이 없으면 연차를 쓸 수 있다.

① 연차를 쓸 수 있으면 배낚시를 한다.
② 다른 계획이 있으면 연차를 쓸 수 없다.
③ 제주도 여행을 하지 않으면 배낚시를 하지 않는다.
④ 배낚시를 하지 않으면 제주도 여행을 하지 않는다.

수리능력 ▶ 경우의 수

01 서로 다른 8개의 컵 중에서 4개만 식탁 위에 원형으로 놓는 방법의 경우의 수는?

① 400가지　　　　　② 410가지
③ 420가지　　　　　④ 430가지

주요 금융권 적중 문제

의사소통능력 ▶ 주제 · 제목찾기

21 다음 글의 주제로 가장 적절한 것은?

> 소액주주의 권익을 보호하고, 기업 경영의 투명성을 높여 궁극적으로 자본시장에서 기업의 자금 조달을 원활히 함으로써 기업의 중장기적인 가치를 제고해 나가기 위해 집단 소송제 도입이 필요하다. 즉, 집단 소송제의 도입은 국민 경제뿐만 아니라 기업 스스로 가치 제고를 위해서도 바람직한 것이다. 현재 집단 소송제를 시행하고 있는 미국의 경우 전 세계적으로 자본시장이 가장 발달되었으며 시장의 투명성과 공정성이 높아 기업들이 높은 투자가치를 인정받고 있다.

① 집단 소송제는 시장에 의한 기업 지배 구조 개선을 가능하게 한다.
② 집단 소송제를 도입할 경우 경영의 투명성을 높여 결국 기업에 이득이 된다.
③ 기업의 투명성과 공정성은 집단 소송제의 시행 유무에 따라 판단된다.
④ 제도를 도입함으로써 제기되는 부작용은 미국의 경험과 사례로 방지할 수 있다.

수리능력 ▶ 환율

25 다음 중 미국 달러의 대한민국 원화 가치가 1,250원/USD이라면 원화 1,000,000원을 환전하였을 때 국가별 환전 금액이 바르게 연결되지 않은 것은?

① 일본 : 112,000엔   ② 오스트리아 : 800유로
③ 러시아 : 72,000루블   ④ 캐나다 : 1,000CAD

문제해결능력 ▶ 참 · 거짓

67 H은행 A ~ D 4개의 부서에서 1명씩 신입사원을 선발하였다. 지원자는 총 5명이었으며, 선발 결과에 대해 다음과 같이 진술하였다. 이 중 1명의 진술만 거짓으로 밝혀졌을 때, 항상 참인 것은?

> • 지원자 1 : 지원자 2가 A부서에 선발되었다.
> • 지원자 2 : 지원자 3은 A 또는 D부서에 선발되었다.
> • 지원자 3 : 지원자 4는 C부서가 아닌 다른 부서에 선발되었다.
> • 지원자 4 : 지원자 5는 D부서에 선발되었다.
> • 지원자 5 : 나는 D부서에 선발되었는데, 지원자 1은 선발되지 않았다.

① 지원자 1은 B부서에 선발되었다.
② 지원자 2는 A부서에 선발되었다.
③ 지원자 3은 D부서에 선발되었다.
④ 지원자 4는 B부서에 선발되었다.

신한은행

의사소통능력 ▶ 내용일치

47 다음 글의 내용으로 적절하지 않은 것은?

> 경제질서는 국가 간의 교역과 상호투자 등을 원활히 하기 위해 각 국가가 준수할 규범들을 제정하고 이를 이행시키면서 이루어진 질서이다. 경제질서는 교역 당사국 모두에 직접적인 이익을 가져다주기 때문에 비교적 잘 지켜지고 있다. 특히 1995년 WTO가 발족되어 안보질서보다도 더 정교한 질서로 자리를 잡고 있다. 경제질서를 준수하게 하는 힘은 준수하지 않았을 때 가해지는 불이익으로, 다른 나라들의 집단적 경제제재가 그에 해당된다. 자연보호질서는 경제질서의 한 종류로, 자원보호질서와 환경보호질서로 나뉜다. 이 두 가지 질서는 다음과 같은 생각에서 제안된 범세계적 운동이다. 자원보호질서는 유한한 자원을 모두 소비하면 후세 사람들이 살아갈 수 없으므로 재생 가능한 자원을 많이 사용하고 가능한 한 자원을 재활용하자는 생각이다. 환경보호질서는 하나밖에 없는 지구의 원 모습을 지켜 후손에게 물려주어야 한다는 생각이다. 자원보호질서는 부존자원의 낭비를 막기 위해 사용 물질의 양에 대한 규제를 주도하는 질서이고, 환경보호질서는 글자 그대로 환경을 쾌

수리능력 ▶ 자료추론

44 다음은 2021 ~ 2024년 S국의 방송통신 매체별 광고매출액에 대한 자료이다. 이에 대한 〈보기〉의 설명 중 옳은 것을 모두 고르면?

〈2021 ~ 2024년 방송통신 매체별 광고매출액〉

(단위 : 억 원)

매체	연도 세부 매체	2021년	2022년	2023년	2024년
방송	지상파TV	15,517	14,219	12,352	12,310
	라디오	2,530	2,073	1,943	1,816
	지상파DMB	53	44	36	35
	케이블PP	18,537	17,130	16,646	( )
	케이블SO	1,391	1,408	1,275	1,369
	위성방송	480	511	504	503

문제해결능력 ▶ 문제처리

08 다음은 S은행의 직장인 월 복리 적금에 대한 자료이다. 행원인 귀하가 이 상품을 고객에게 설명한 내용으로 적절하지 않은 것은?

〈가입현황〉

성별		연령대		신규금액		계약기간	
여성	63%	20대	20%	5만 원 이하	21%	1년 이하	60%
		30대	31%	10 ~ 50만 원	36%	1 ~ 2년	17%
남성	37%	40대	28%	50 ~ 100만 원	22%	2 ~ 3년	21%
		기타	21%	기타	21%	기타	2%

※ 현재 이 상품을 가입 중인 고객의 계좌 수 : 138,736개

〈상품설명〉

상품특징	급여이체 및 교차거래 실적에 따라 우대금리를 제공하는 직장인재테크 월 복리 적금상품
가입대상	만 18세 이상 개인(단, 개인사업자 제외)

도서 200% 활용하기

기출유형 뜯어보기

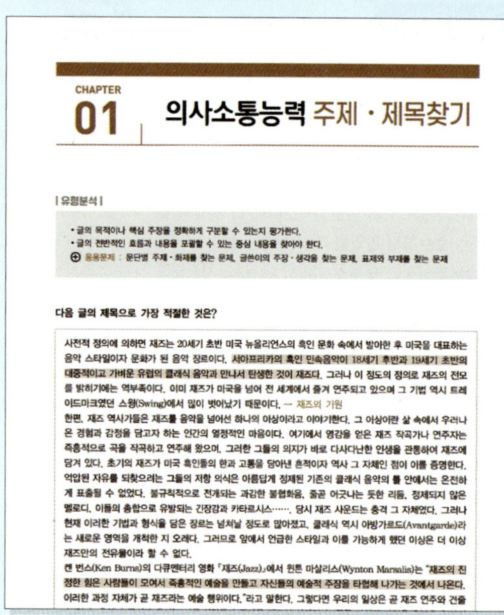

CHAPTER 01 의사소통능력 주제 · 제목찾기

| 유형분석 |

- 글의 목적이나 핵심 주장을 정확하게 구분할 수 있는지 평가한다.
- 글의 전반적인 흐름과 내용을 포괄할 수 있는 중심 내용을 찾아야 한다.
- ⊕ 응용문제 : 문단별 주제 · 화제를 찾는 문제, 글쓴이의 주장 · 생각을 찾는 문제, 표제와 부제를 찾는 문제

다음 글의 제목으로 가장 적절한 것은?

사전적 정의에 의하면 재즈는 20세기 초반 미국 뉴올리언스의 흑인 문화 속에서 발아한 후 미국을 대표하는 음악 스타일이자 문화가 된 음악 장르이다. 서아프리카의 흑인 민속음악이 18세기 후반과 19세기 초반의 대중적이고 가벼운 유럽의 클래식 음악과 만나서 탄생한 것이 재즈다. 그러나 이 정도의 정의로 재즈의 전모를 밝히기에는 역부족이다. 이미 재즈가 미국을 넘어 전 세계에서 즐겨 연주되고 있으며 그 기법 역시 트레이드마크였던 스윙(Swing)에서 많이 벗어났기 때문이다. — 재즈의 기원

한편, 재즈 역사가들은 재즈를 음악을 넘어선 하나의 이상이라고 이야기한다. 그 이상이란 삶 속에서 우러나온 경험과 감정을 담고자 하는 인간의 열정적인 마음이다. 여기에서 영감을 얻은 재즈 작곡가나 연주자는 즉흥적으로 곡을 작곡하고 연주해 왔으며, 그러한 그들의 의지가 바로 다사다난한 인생을 관통하여 재즈에 담겨 있다. 초기의 재즈가 미국 흑인들의 한과 고통을 담아낸 흔적이자 역사 그 자체인 점이 이를 증명한다. 억압된 자유를 되찾으려는 그들의 저항 의식은 아름답게 정제된 기존의 클래식 음악의 틀 안에서는 온전하게 표출될 수 없었다. 불규칙적으로 전개되는 과감한 불협화음, 줄곧 어긋나는 듯한 리듬, 정제되지 않은 멜로디. 이들의 총합으로 유발되는 긴장감과 카타르시스……. 당시 재즈 사운드는 충격 그 자체였다. 그러나 현재 이러한 기법과 형식을 담은 장르는 넘쳐날 정도로 많아졌고, 클래식 역시 아방가르드(Avantgarde)라는 새로운 영역을 개척한 지 오래다. 그러므로 앞에서 언급한 스타일과 이를 가능하게 했던 이상은 더 이상 재즈만의 전유물이라 할 수 없다.

켄 번스(Ken Burns)의 다큐멘터리 영화 「재즈(Jazz)」에서 윈튼 마살리스(Wynton Marsalis)는 "재즈의 진정한 힘은 사람들이 모여서 즉흥적인 예술을 만들고 자신들의 예술적 주장을 타협해 나가는 것에서 나온다. 이러한 과정 자체가 곧 재즈라는 예술 행위이다."라고 말한다. 그렇다면 우리의 일상은 곧 재즈 연주와 건물

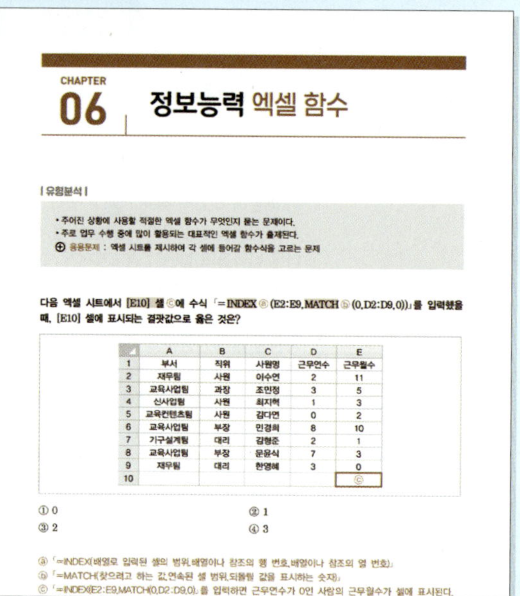

CHAPTER 06 정보능력 엑셀 함수

| 유형분석 |

- 주어진 상황에 사용할 적절한 엑셀 함수가 무엇인지 묻는 문제이다.
- 주로 업무 수행 중에 많이 활용되는 대표적인 엑셀 함수가 출제된다.
- ⊕ 응용문제 : 엑셀 시트를 제시하여 각 셀에 들어갈 함수식을 고르는 문제

다음 엑셀 시트에서 [E10] 셀 ⓒ에 수식 「=INDEX ⓐ (E2:E9,MATCH ⓑ (0,D2:D9,0))」를 입력했을 때, [E10] 셀에 표시되는 결괏값으로 옳은 것은?

	A	B	C	D	E
1	부서	직위	사원명	근무연수	근무월수
2	재무팀	사원	이수연	2	11
3	교육사업팀	과장	조민정	3	5
4	신사업팀	사원	최지혁	1	3
5	교육컨텐츠팀	사원	김다연	0	2
6	교육사업팀	부장	민경희	8	10
7	기구설계팀	대리	김형준	2	1
8	교육사업팀	부장	문윤식	7	3
9	재무팀	대리	한영혜	3	0
10					ⓒ

① 0 ② 1
③ 2 ④ 3

ⓐ 「=INDEX(배열로 입력된 셀의 범위,배열이나 참조의 행 번호,배열이나 참조의 열 번호)」
ⓑ 「=MATCH(찾으려고 하는 값,연속된 셀 범위,되돌릴 값을 표시하는 숫자)」
ⓒ 「=INDEX(E2:E9,MATCH(0,D2:D9,0))」를 입력하면 근무연수가 0인 사람의 근무월수가 셀에 표시된다.

▶ 출제유형별 유형분석과 유형풀이 Tip · 이론 더하기로 IBK기업은행 필기시험을 완벽히 준비할 수 있도록 하였다.

5개년 기출복원문제

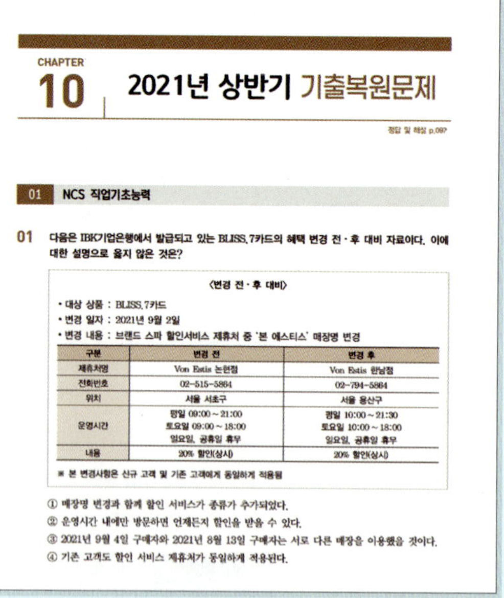

CHAPTER 01 2025년 하반기 기출복원문제

정답 및 해설 p.002

01 NCS 직업기초능력

※ 다음 글을 읽고 이어지는 질문에 답하시오. [1~2]

회계 정보는 기업의 경영 성과와 재무 상태를 이해하는 데 필수적이며, 투자자 · 채권자 · 규제기관 등 다양한 이해관계자들이 합리적인 판단을 내리기 위해 신뢰성 높은 정보에 접근할 수 있어야 한다. 그러나 세계 각국이 서로 다른 회계제도와 감사 기준을 운용하던 시기에는 동일한 정보를 놓고도 국가에 따라 해석이 달라지는 문제가 빈번했다. 이러한 배경에서 국제적으로 통일된 감사 기준의 필요성이 꾸준히 제기되었고, 그 결과 재무제표 감사의 공통 언어라 할 수 있는 국제적 회계감사 기준 ISA(International Standards on Auditing)가 주목받게 되었다.

ISA는 국가 간 일관성과 신뢰성을 확보하여 각국 기업의 재무제표를 보다 용이하게 비교 · 분석할 수 있도록 하기 위해 다양한 국가에서 활용되고 있다. 이를 통해 재무제표 감사의 질을 높일 수 있으며, 이해관계자들은 보다 신뢰할 수 있는 회계 정보를 바탕으로 의사 결정을 내릴 수 있게 된다.

재무제표 감사 수행 시 활용되는 ISA는 국제감사인증기준위원회(IAASB)에 의해 제정되었으며, 감사인의 책임, 감사 절차, 감사 증거, 내부 통제 평가, 감사 보고 등에 대한 지침이 마련되어 있다. 또한 이는 여러 개의 개별 기준서로 나뉘어져 있어 기준서별로 감사의 목적, 절차, 설명 등이 세분화되어 있다.

하지만 ISA가 각국 회계감사에 의무적으로 도입되는 것은 아니며, 각 국가나 기업의 판단에 의해 ISA를 도입하기도 하고, 일부는 ISA 기준을 변형하여 도입하기도 한다. 영국, 호주 등은 ISA를 기초로 한 국가별 감사 기준을 운영하고 있으며, 국제 기준을 거의 그대로 단일 기준으로 채택한 국가도 존재한다. 이런 다양성은 ISA가 국제 표준이긴 하지만 궁극적으로는 각국의 제도적 환경, 규제 체계, 회계 관행 등을 고려해 유연하게 수용된다는 점을 보여 준다.

오늘날 글로벌 경제 활동이 확장되면서 기업의 해외 진출이 늘고, 국경을 넘는 투자도 활발해지는 상황에서 ISA의 역할은 더욱 커지고 있다. 각국이 ISA 기반 감사 체계를 구축할수록 기업의 재무 정보가 국제적으로 비교 가능해지고, 투자자는 국가 차이를 넘어 일관성 있는 판단을 내릴 수 있어 ISA는 단순한 기술적 기준을 넘어, 국제 자본시장의 신뢰성을 강화하는 핵심 인프라로 기능하고 있다.

CHAPTER 10 2021년 상반기 기출복원문제

정답 및 해설 p.097

01 NCS 직업기초능력

01 다음은 IBK기업은행에서 발급되고 있는 BLISS.7카드의 혜택 변경 전 · 후 대비 자료이다. 이에 대한 설명으로 옳지 않은 것은?

〈변경 전 · 후 대비〉

- 대상 상품 : BLISS.7카드
- 변경 일자 : 2021년 9월 2일
- 변경 내용 : 브랜드 스파 할인서비스 제휴처 중 '본 에스티스' 매장명 변경

구분	변경 전	변경 후
제휴처명	Von Estis 논현점	Von Estis 한남점
전화번호	02-515-5864	02-794-5864
위치	서울 서초구	서울 용산구
운영시간	평일 09:00 ~ 21:00 토요일 09:00 ~ 18:00 일요일, 공휴일 휴무	평일 10:00 ~ 21:30 토요일 10:00 ~ 18:00 일요일, 공휴일 휴무
내용	20% 할인(상시)	20% 할인(상시)

※ 본 변경사항은 신규 고객 및 기존 고객에 동일하게 적용됨

① 매장명 변경과 함께 할인 서비스가 종류가 추가되었다.
② 운영시간 내에만 방문하면 언제든지 할인을 받을 수 있다.
③ 2021년 9월 4일 구매자와 2021년 8월 13일 구매자는 서로 다른 매장을 이용했을 것이다.
④ 기존 고객도 할인 서비스 제휴처가 동일하게 적용된다.

▶ 2025~2021년 시행된 기출복원문제로 IBK기업은행의 출제 경향을 한눈에 파악할 수 있도록 하였다.

주요 금융권 NCS 기출복원문제

CHAPTER 01 2025년 주요 금융권 NCS 기출복원문제

CHAPTER 02 2024년 주요 금융권 NCS 기출복원문제

▶ 2025~2024년 주요 금융권 NCS 기출복원문제로 다양한 출제유형에 대비할 수 있도록 하였다.

정답 및 해설

CHAPTER 01 2025년 하반기 기출복원문제

CHAPTER 01 2025년 주요 금융권 NCS 기출복원문제

▶ 정답에 대한 꼼꼼한 해설과 오답분석을 통해 혼자서도 체계적인 학습이 가능하도록 하였다.

이 책의 차례

기출유형 뜯어보기

| 유형분석 |

- 글의 목적이나 핵심 주장을 정확하게 구분할 수 있는지 평가한다.
- 글의 전반적인 흐름과 내용을 포괄할 수 있는 중심 내용을 찾아야 한다.
- ⊕ 응용문제 : 문단별 주제·화제를 찾는 문제, 글쓴이의 주장·생각을 찾는 문제, 표제와 부제를 찾는 문제

다음 글의 제목으로 가장 적절한 것은?

사전적 정의에 의하면 재즈는 20세기 초반 미국 뉴올리언스의 흑인 문화 속에서 발아한 후 미국을 대표하는 음악 스타일이자 문화가 된 음악 장르이다. 서아프리카의 흑인 민속음악이 18세기 후반과 19세기 초반의 대중적이고 가벼운 유럽의 클래식 음악과 만나서 탄생한 것이 재즈다. 그러나 이 정도의 정의로 재즈의 전모를 밝히기에는 역부족이다. 이미 재즈가 미국을 넘어 전 세계에서 즐겨 연주되고 있으며 그 기법 역시 트레이드마크였던 스윙(Swing)에서 많이 벗어났기 때문이다. → 재즈의 기원

한편, 재즈 역사가들은 재즈를 음악을 넘어선 하나의 이상이라고 이야기한다. 그 이상이란 삶 속에서 우러나온 경험과 감정을 담고자 하는 인간의 열정적인 마음이다. 여기에서 영감을 얻은 재즈 작곡가나 연주자는 즉흥적으로 곡을 작곡하고 연주해 왔으며, 그러한 그들의 의지가 바로 다사다난한 인생을 관통하여 재즈에 담겨 있다. 초기의 재즈가 미국 흑인들의 한과 고통을 담아낸 흔적이자 역사 그 자체인 점이 이를 증명한다. 억압된 자유를 되찾으려는 그들의 저항 의식은 아름답게 정제된 기존의 클래식 음악의 틀 안에서는 온전하게 표출될 수 없었다. 불규칙적으로 전개되는 과감한 불협화음, 줄곧 어긋나는 듯한 리듬, 정제되지 않은 멜로디, 이들의 총합으로 유발되는 긴장감과 카타르시스……. 당시 재즈 사운드는 충격 그 자체였다. 그러나 현재 이러한 기법과 형식을 담은 장르는 넘쳐날 정도로 많아졌고, 클래식 역시 아방가르드(Avantgarde)라는 새로운 영역을 개척한 지 오래다. 그러므로 앞에서 언급한 스타일과 이를 가능하게 했던 이상은 더 이상 재즈만의 전유물이라 할 수 없다.

켄 번스(Ken Burns)의 다큐멘터리 영화 『재즈(Jazz)』에서 윈튼 마살리스(Wynton Marsalis)는 "재즈의 진정한 힘은 사람들이 모여서 즉흥적인 예술을 만들고 자신들의 예술적 주장을 타협해 나가는 것에서 나온다. 이러한 과정 자체가 곧 재즈라는 예술 행위이다."라고 말한다. 그렇다면 우리의 일상은 곧 재즈 연주와 견줄 수 있다. 출생과 동시에 우리는 다른 사람들과 관계를 맺으며 살아간다. 물론 자신과 타인은 호불호나 삶의 가치관이 제각각일 수밖에 없다. 따라서 자신과 타인의 차이가 옳고 그름의 차원이 아닌 '다름'이라는 것을 알아가는 것, 그리고 그러한 차이를 인정하고 그 속에서 서로 이해하고 배려하려는 노력이 필요하다. 이렇듯 자신과 다른 사람과 함께 '공통의 행복'이라는 것을 만들어 간다면 우리 역시 바로 '재즈'라는 위대한 예술을 구현하고 있는 것이다. → 재즈의 본질

① 재즈와 클래식의 차이
② 재즈의 기원과 본질
③ 재즈의 장르적 우월성
④ 재즈와 인생의 유사성과 차이점

정답 ②

유형풀이 Tip

• 글의 중심이 되는 내용은 주로 글의 맨 앞이나 맨 뒤에 위치한다. 따라서 글의 첫 부분과 마지막 부분을 먼저 확인한다.
• 첫 부분과 마지막 부분에서 실마리가 잡히지 않은 경우 그 내용을 뒷받침해 주는 부분을 읽어가면서 제목이나 주제를 파악해
 나간다.

| 유형분석 |

- 주어진 지문을 읽고 일치하는 / 일치하지 않는 선택지를 고르는 전형적인 독해 문제이다.
- 대체로 길고 복잡한 지문이 제시되는 경우가 많아 문제를 해결하는 데 시간이 많이 소요된다.
- ⊕ 응용문제 : 은행 금융상품 약정을 읽고 이해하는 문제, 고객 문의에 적절한 답변을 선택하는 문제

다음 글의 내용으로 적절하지 않은 것은?

최근 국내 건설업계에서는 3D 프린팅 기술을 건설 분야와 접목하고자 노력하고 있다. 해외 건설사들도 3D 프린팅 기술을 이용한 건축 시장을 선점하기 위한 경쟁이 활발히 이루어지고 있으며 이미 미국 텍사스 지역에서 3D 프린팅 기술을 이용하여 주택 4채를 1주일 만에 완공한 바 있다. ❶ 또한 우리나라에서도 인공 조경벽 등 건설 현장에서 3D 프린팅 건축물을 차차 도입하고 있다.

왜 건설업계에서는 3D 프린팅 기술을 주목하게 되었을까? 3D 프린팅 건축 방식은 전통 건축 방식과 비교하여 비용을 절감할 수 있고 공사 기간이 단축되는 점을 장점으로 꼽을 수 있다. 특히 공사 기간이 짧은 점은 천재지변으로 인한 이재민 등을 위한 주거시설을 빠르게 준비할 수 있다는 점에서 호평받고 있다. 또한 전통 건축 방식으로는 구현하기 힘든 다양한 디자인을 구현할 수 있는 점과 건축 폐기물 감소 및 CO_2 배출량 감소 등 환경보호 면에서도 긍정적인 평가를 받고 있으며 ❷ 각 국가 간 이해관계 충돌로 인한 직·간접적 자재 수급난을 해결할 수 있는 점도 긍정적 평가를 받는 요인이다.

어떻게 3D 프린터로 건축물을 세우는 것일까? 먼저 일반적인 3D 프린팅의 과정을 알아야 한다. 일반적인 3D 프린팅은 컴퓨터로 물체를 3D 형태로 모델링한 후 용융성 플라스틱이나 금속 등을 3D 프린터 노즐을 통해 분사하여 아래부터 층별로 겹겹이 쌓는 과정을 거친다.

3D 프린팅 건축 방식도 마찬가지이다. 컴퓨터를 통해 건축물을 모델링 후 모델링한 정보에 따라 콘크리트, 금속, 폴리머 등의 건축자재를 노즐을 통해 분사시켜 층층이 쌓아 올리면서 컴퓨터로 설계한 대로 건축물을 만든다. 기계가 대신 건축물을 만든다는 점에서 사람의 힘으로 한계가 있는 기존 건축 방식의 해결은 물론 코로나19 사태로 인한 인건비 상승 및 전문인력 수급난을 해결할 수 있다 ❸ 는 점 또한 호평받고 있다.

하지만 아쉽게도 우리나라에서의 3D 프린팅 건설 사업은 관련 인증 및 안전 규정 미비 등의 제도적 한계와 기술적 한계가 있어 상용화 단계로 접어들기는 힘들어 보인다. 특히 3D 프린터로 구조물을 적층하여 구조물을 쌓아 올리는 데에는 로봇 팔이 필요한데 아직은 5층 이하의 저층 주택 준공이 한계이고 현 대한민국 주택 시장은 고층 아파트 등 고층 건물이 주력이므로 3D 프린터 고층 건축물 제작 기술을 개발해야 한다는 주장도 더러 나오고 있다.

① 이미 해외에서는 3D 프린터를 이용하여 주택을 시공한 바 있다.

② 3D 프린터 건축 기술은 전통 건축 기술과는 달리 환경에 영향을 덜 끼친다.

③ 3D 프린터 건축 기술은 인력난을 해소할 수 있는 새로운 기술이다.

④ 3D 프린터 건축 기술로 인해 대량의 실업자가 발생할 것이다.

> ↳ 대량의 실업자가 발생할지 여부는 제시문에서 언급되지 않았고, 네 번째 문단에서 '전문인력 수급난을 해결할 수 있다'고 하였다.

정답 ④

유형풀이 Tip

지문을 읽기 전에 선택지를 먼저 읽는 습관을 들여야 한다. 이를 통해 지문 속에서 알아내야 할 정보가 무엇인지를 먼저 파악한 후 지문을 읽어야 문제 푸는 시간을 단축할 수 있다. 대부분의 금융권 필기시험은 짧은 시간 내에 많은 문제를 풀어야 하므로, 한 지문을 두세 번 읽으면 그만큼 다른 문제의 풀이 시간에 손해가 생긴다.

| 유형분석 |

- 글의 논리적인 전개 구조를 파악할 수 있는지 평가한다.
- 글의 세부 내용보다 전반적인 흐름과 맥락에 집중하며 문제를 해결하는 것이 효율적이다.
- ⊕ 응용문제 : 첫 문단을 제시한 후 이어질 내용을 순서대로 나열하는 문제

다음 문장을 논리적 순서대로 바르게 나열한 것은?

> (가) 사전에 아무런 정보도 없이 판매자의 일방적인 설명만 듣고 물건을 구입하면 후회할 수도 있다.
> → (나)를 뒷받침하며 결론을 강조
> (나) 따라서 소비하기 전에 많은 정보를 수집하여 구입하려는 재화로부터 예상되는 편익을 정확하게 조사하여야 한다. → 글의 결론
> (다) 그러나 일상적으로 사용하는 일부 재화를 제외하고는 그 재화를 사용해 보기 전까지 효용을 제대로 알 수 없다. → (마)에 대한 반론
> (라) 예를 들면 처음 가는 음식점에서 주문한 음식을 실제로 먹어 보기 전까지는 음식 맛이 어떤지 알 수 없다. → (다)에 대한 부연 설명
> (마) 우리가 어떤 재화를 구입하는 이유는 그 재화를 사용함으로써 효용을 얻기 위함이다. → 글의 주제

① (가) – (나) – (라) – (다) – (마)
② (가) – (마) – (나) – (다) – (라)
③ (마) – (나) – (가) – (라) – (다)
④ (마) – (다) – (라) – (나) – (가)

정답 ④

유형풀이 Tip

- 각 문단에 있는 지시어와 접속어를 살펴본다. 처음에 접속어가 오는 경우 글의 첫 번째 문단이 될 수 없다.
- 각 문단의 첫 문장과 마지막 문장에 집중하면서 글의 순서를 하나씩 맞춰 나간다.
- 선택지를 참고하여 문단의 순서를 생각해 보는 것도 시간을 단축하는 좋은 방법이 될 수 있다.

CHAPTER 01 | 의사소통능력 빈칸추론

| 유형분석 |

- 글의 전반적인 흐름을 파악하고 있는지 평가한다.
- 첫 문장, 마지막 문장 또는 글의 중간 등 다양한 위치에 빈칸이 주어질 수 있다.
- ⊕ 응용문제 : 빈칸에 들어갈 어휘·문장을 찾는 문제

다음 글의 빈칸에 들어갈 내용으로 가장 적절한 것은?

과학은 한 형태의 자연에 대한 지식이라는 사실 그 자체만으로도 한없이 귀중하고, 과학적 기술이 인류에게 가져온 지금까지의 혜택은 아무리 부정하려 해도 부정할 수 없다. 앞으로도 더 많고 더 정확한 과학 지식과 고도로 개발된 과학 기술이 필요하다. 그러나 문제의 핵심은 생태학적이고 예술적인 자연관 – 즉 모든 존재에 대한 넓고 새로운 포괄적인 시각으로 과학적 지식과 기술을 보는 것 – 에 눈을 뜨고, 그러한 지식과 기술을 활용하는 것이다. 그렇지 않고 오늘날과 같은 추세로 그러한 지식과 기술을 당장의 욕망을 위해서 인간 중심적으로 개발하고 이용한다면, 그 효과가 당장에는 인간에게 만족스럽다 해도 머지않아 자연의 파괴뿐만 아니라 인간적 삶의 파괴 그리고 궁극적으로는 인간 자신의 멸망을 초래하고 말 것이다. 한마디로 지금 우리에게 필요한 것은 과학적 비전과 과학적 기술의 의미를 보다 포괄적인 의미에서 이해하는 작업이다. 이러한 작업을 ____________라 불러도 적절할 것 같다.
　　↳ 포괄적 관점의 예술적 세계관을 바탕으로 부분적 관점의 과학적 지식과 기술을 이해하는 작업

① 예술의 다양화　　　　　　　　　② 예술의 기술화
③ 과학의 예술화　　　　　　　　　④ 과학의 현실화

정답　③

유형풀이 Tip

- 글을 모두 읽고 풀기에는 시간이 부족하다. 따라서 빈칸의 앞·뒤 문장만을 통해 내용을 파악할 수 있어야 한다.
- 선택지에 주어진 내용을 각각 빈칸에 넣었을 때 그 흐름이 어색하지 않은지 확인하도록 한다.

| 유형분석 |

- 문맥을 통해 글에 명시적으로 드러나 있지 않은 내용을 유추할 수 있는지 평가한다.
- 일반적인 독해 문제와는 달리 선택지의 내용이 애매모호한 경우가 많으므로 꼼꼼히 살펴보아야 한다.
- ⊕ **응용문제** : 글 뒤에 이어질 내용을 찾는 문제, 글을 뒷받침할 수 있는 근거를 찾는 문제

다음 글의 합리주의 이론에 근거하여 추론할 수 있는 내용으로 적절하지 않은 것은?

> 어린이의 언어습득을 설명하는 이론에는 두 가지가 있다. 하나는 경험주의 혹은 행동주의 이론이고, 다른 하나는 합리주의 이론이다.
> 경험주의 이론에 의하면 어린이가 언어를 습득하는 것은 어떤 선천적인 능력에 의한 것이 아니라 경험적인 훈련에 의해서 오로지 후천적으로만 이루어진다.
> 한편, 다른 이론에 따르면 어린이가 언어를 습득하는 것은 거의 전적으로 타고난 특수한 언어학습 능력과 일반 언어 구조에 대한 추상적인 선험적 지식에 의한 것이다.

① 인간은 언어 습득 능력을 갖추고 태어난다.

② 일정한 나이가 되면 모든 어린이가 예외 없이 언어를 통달하게 된다.

③ 많은 현실적 악조건에도 불구하고 어린이는 완전한 언어능력을 갖출 수 있게 된다.

④ 어린이는 백지상태에서 출발하여 반복연습과 시행착오, 교정에 의해서 언어라는 습관을 형성한다.

  → 반복연습과 시행착오, 교정은 후천적인 경험적 훈련으로, 경험주의 이론에서 강조하는 것이다.

정답 ④

유형풀이 Tip

- 개인의 주관적인 판단이 개입되지 않도록 유의하며 문제를 해결해야 한다.
- 지문의 주제·중심 내용을 파악한 후 선택지의 키워드를 체크한다. 그러고 나서 지문에서 도출할 수 있는 내용을 선택지에서 찾아 소거해 나간다.

의사소통능력 비판·반박하기

| 유형분석 |

- 글의 주장과 논점을 파악하고, 이에 대립하는 내용을 판단할 수 있는지 평가한다.
- 서로 상반되는 주장 두 개를 제시하고, 하나의 관점에서 다른 하나를 비판·반박하는 문제 유형이 출제될 수 있다.
- ⊕ 응용문제 : 글의 주장에 대해 반박하는 내용을 찾는 문제, 글이 비판의 대상으로 삼는 주장을 찾는 문제

다음 글의 주장에 대한 반박으로 가장 적절한 것은?

> 우리는 우리가 생각한 것을 말로 나타낸다. 또 다른 사람의 말을 듣고, 그 사람이 무슨 생각을 하고 있는가를 짐작한다. 그러므로 생각과 말은 서로 떨어질 수 없는 깊은 관계가 있다.
>
> 그러면 말과 생각이 얼마만큼 깊은 관계가 있을까? 이 문제를 놓고 사람들은 오랫동안 여러 가지 고민을 하였다. 그 가운데 가장 두드러진 것이 두 가지 있다. 그 하나는 말과 생각이 서로 꼭 달라붙은 쌍둥이인데 한 놈은 생각이 되어 속에 감추어져 있고 다른 한 놈은 말이 되어 사람 귀에 들리는 것이라는 주장이다. 다른 하나는 생각이 큰 그릇이고 말은 생각 속에 들어가는 작은 그릇이어서 생각에는 말 이외에도 다른 것이 더 있다는 주장이다.
>
> 이 두 가지 주장 가운데서 앞의 것은 조금만 깊이 생각해 보면 틀렸다는 것을 즉시 깨달을 수 있다. 우리가 생각한 것은 거의 대부분 말로 나타낼 수 있지만, 누구든지 가슴 속에 응어리진 어떤 생각이 분명히 있기는 한데 그것을 어떻게 말로 표현해야 할지 애태운 경험이 있을 것이다. 이것 한 가지만 보더라도 말과 생각이 서로 안팎을 이루는 쌍둥이가 아님은 쉽게 판명된다.
>
> 인간의 생각이라는 것은 매우 넓고 큰 것이며, 말이란 결국 생각의 일부분을 주워 담는 작은 그릇에 지나지 않는다. 그러나 아무리 인간의 생각이 말보다 범위가 넓고 큰 것이라고 하여도 그것을 가능한 한 말로 바꾸어 놓지 않으면 그 생각의 위대함이나 오묘함이 다른 사람에게 전달되지 않기 때문에 생각이 형님이요, 말이 동생이라고 할지라도 생각은 동생의 신세를 지지 않을 수가 없다.

① 말이 통하지 않아도 생각은 얼마든지 전달될 수 있다.

   → '생각은 말을 통해 전달된다.'는 제시문의 주장을 반박한다.

② 생각을 드러내는 가장 직접적인 수단은 말이다.

③ 말은 생각이 바탕이 되어야 생산될 수 있다.

④ 말과 생각은 서로 영향을 주고받는 긴밀한 관계를 유지한다.

정답 ①

유형풀이 Tip

- 대립하는 두 의견의 쟁점을 찾은 후, 지문 또는 보기에서 양측 주장의 근거를 찾아 각 주장에 연결하며 답을 찾는다.
- 글의 주장에 대한 반박과 이를 뒷받침하기 위해 제시된 근거에 대한 반박을 구분해야 한다.

| 유형분석 |

- 연역추론을 활용해 주어진 문장을 치환하여 성립하지 않는 내용을 찾는 문제이다.
- ⊕ 응용문제 : 빈칸에 들어갈 명제를 찾는 문제

다음 명제가 모두 참일 때, 반드시 참인 것은?

- 마케팅팀의 사원은 기획 역량이 있다.
  마케팅팀 ○ → 기획 역량 ○
- 마케팅팀이 아닌 사원은 영업 역량이 없다.
  마케팅팀 × → 영업 역량 ×
- 기획 역량이 없는 사원은 소통 역량이 없다.
  기획 역량 × → 소통 역량 ×

대우 명제

기획 역량 × → 마케팅팀 ×

영업 역량 ○ → 마케팅팀 ○

소통 역량 ○ → 기획 역량 ○

① 마케팅팀의 사원은 영업 역량이 있다.
② 소통 역량이 있는 사원은 마케팅팀이다.
③ 영업 역량을 가진 사원은 기획 역량이 있다. ⇒ 영업 역량 ○ → 마케팅팀 ○ → 기획 역량 ○
④ 기획 역량이 있는 사원은 소통 역량이 있다.

정답 ③

유형풀이 Tip

- 주어진 명제가 모두 참이면 명제의 대우도 모두 참이 되므로, 명제와 대우 명제를 정리한 다음 선택지에 접근한다.
- 각 명제의 핵심 단어 또는 문구를 기호화하여 정리한 후 선택지와 비교하여 참 또는 거짓을 판단한다.

| 유형분석 |

- 주어진 문장을 토대로 논리적으로 추론하여 참 또는 거짓을 구분하는 문제이다.
- ⊕ 응용문제 : 거짓을 말하는 범인을 찾는 문제

다음 A~E 5명 중 단 **1명만 거짓**을 말하고 있을 때, 범인은 누구인가?

> - A : C가 범인입니다.
> - B : A는 거짓말을 하고 있습니다. ┐
>   모순
> - C : B는 거짓말을 하고 있습니다. ┘
>   ⇒ 거짓인 경우 : B – 진실 → A – 거짓 → 1명만 거짓을 말한다는 조건에 위배
>   ∴ C는 진실, B는 거짓을 말함
> - D : 저는 범인이 아닙니다.
> - E : A가 범인입니다.

① A, B

② A, C → 범인

③ B, C

④ C, D

정답 ②

유형풀이 Tip

- 모순이 되는 발언을 한 2명의 진술을 대조하며, 가능한 경우의 수를 모두 찾아 비교한다.
- 범인의 숫자가 맞는지, 진실 또는 거짓을 말한 인원수가 조건과 맞는지 등 주어진 조건과 비교하며 문제를 해결한다.

02 문제해결능력 문제처리

| 유형분석 |

- 주어진 상황과 정보를 종합적으로 활용하여 풀어가는 문제이다.
- 비용, 시간, 순서, 해석 등 다양한 주제를 다루고 있어 유형을 한 가지로 단일화하기 어렵다.

S통신, L통신, K통신 3사는 A ~ G카드와의 제휴를 통해 전월에 일정 금액 이상 카드 사용 시 통신비를 할인해 주고 있다. 통신비의 최대 할인금액과 할인조건이 다음과 같을 때, 이에 대한 내용으로 옳은 것은?

〈제휴카드별 통신비 최대 할인금액 및 할인조건〉

구분	통신사	최대 할인금액	할인조건
A카드	S통신	20,000원	• 전월 카드 사용 100만 원 이상 시 2만 원 할인 • 전월 카드 사용 50만 원 이상 시 1만 원 할인
	L통신	9,000원	• 전월 카드 사용 30만 원 이상 시 할인
	K통신	8,000원	• 전월 카드 사용 30만 원 이상 시 할인
B카드	S통신	20,000원	• 전월 카드 사용 100만 원 이상 시 2만 원 할인 • 전월 카드 사용 50만 원 이상 시 1만 원 할인
	L통신	9,000원	• 전월 카드 사용 30만 원 이상 시 할인
	K통신	9,000원	• 전월 카드 사용 50만 원 이상 시 9천 원 할인 • 전월 카드 사용 30만 원 이상 시 6천 원 할인
C카드	S통신	❶ 22,000원	• 전월 카드 사용 100만 원 이상 시 2.2만 원 할인 • 전월 카드 사용 50만 원 이상 시 1만 원 할인 • 전월 카드 ❹ 1회 사용 시 5천 원 할인
D카드	L통신	❷ 9,000원	• 전월 카드 사용 ❷ 30만 원 이상 시 할인
	K통신	9,000원	• 전월 카드 사용 30만 원 이상 시 할인
E카드	K통신	8,000원	• 전월 카드 사용 30만 원 이상 시 할인
F카드	K통신	❸ 15,000원	• 전월 카드 사용 ❸ 50만 원 이상 시 할인
G카드	L통신	15,000원	• 전월 카드 사용 70만 원 이상 시 1.5만 원 할인 • 전월 카드 사용 ❷ 30만 원 이상 시 1만 원 할인

① S통신을 이용할 경우 가장 많은 통신비를 할인받을 수 있는 제휴카드는 A카드이다.

　　→ C카드 : 22,000원

② 전월에 33만 원을 사용했을 경우 L통신에 대한 할인금액은 G카드보다 D카드가 더 많다.

　　→ G카드 : 1만 원 > D카드 : 9천 원

③ 전월에 52만 원을 사용했을 경우 K통신에 대한 할인금액이 가장 많은 제휴카드는 F카드이다.

　　→ F카드 : 15,000원

④ S통신의 모든 제휴카드는 전월 실적이 50만 원 이상이어야 통신비 할인이 가능하다.

　　→ C카드 : 전월 카드 1회 사용 시 5천 원 할인

정답 ③

유형풀이 Tip

- 문제에서 묻는 것을 정확히 파악한 후 필요한 상황과 정보를 찾아 이를 활용하여 문제를 해결한다.
- 선택지별로 필요한 정보가 무엇인지 빠르게 파악하고, 자료에서 필요한 부분을 체크하여 실수를 방지해야 한다.

| 유형분석 |

- 상황에 대한 환경분석 결과를 통해 주요 과제 또는 목표를 도출하는 문제이다.
- 주로 3C 분석 또는 SWOT 분석을 활용한 문제들이 출제되고 있으므로 해당 분석 도구에 대한 사전학습이 요구된다.

금융기업에 지원하여 최종 면접을 앞둔 K씨는 성공적인 PT 면접을 위해 기업 관련 정보를 파악하고 그에 따른 효과적인 전략을 알아보고자 한다. K씨의 SWOT 분석 결과가 다음과 같을 때, 분석 결과에 대응하는 전략과 그 내용이 바르게 연결되지 않은 것은?

〈SWOT 분석 결과〉

강점(Strength)	약점(Weakness)
• 우수한 역량의 인적자원 보유 • 글로벌 네트워크 기반 다수의 해외 지점 보유 • 다년간 축적된 풍부한 거래 실적	• 고객 니즈 대응에 필요한 특정 분야별 전문성 미흡 • 핀테크 기업 증가에 따른 경영 리스크
기회(Opportunity)	위협(Threat)
• 융·복합화를 통한 정부의 일자리 창출 사업 • 해외 사업을 위한 협업 수요 확대 • 수요자 맞춤식 서비스 요구 증대	• 타사와의 경쟁 심화 • 정부의 정책적 지원 감소 • 금융기업에 대한 일부 부정적 인식 존재

① SO전략 : 우수한 인적자원을 활용한 금융시스템의 융·복합 사업 추진
② WO전략 : 분야별 전문 인력 충원을 통한 고객 맞춤형 서비스 제공 확대
③ ST전략 : 글로벌 네트워크를 통한 해외 시장 진출 → SO전략
④ WT전략 : 리스크 관리를 통한 시장 우위 선점

정답 ③

유형풀이 Tip

- 강점(Strength)과 약점(Weakness)은 기업의 내부환경에 대한 요인이며, 기회(Opportunity)와 위협(Threat)은 기업의 외부환경에 대한 요인임을 염두에 두어야 한다.
- 문제에 제시된 분석 결과를 종합적으로 판단하여 각 선택지의 전략 과제와 일치 여부를 판단해야 한다.

이론 더하기

SWOT 분석

기업의 내부환경과 외부환경을 분석하여 강점(Strength), 약점(Weakness), 기회(Opportunity), 위협(Threat) 요인을 규정하고 이를 토대로 경영전략을 수립하는 기법으로, 미국의 경영컨설턴트인 알버트 험프리(Albert Humphrey)에 의해 고안되었다. SWOT 분석의 가장 큰 장점은 기업의 내 · 외부환경 변화를 동시에 파악할 수 있다는 것이다. 기업의 내부환경을 분석하여 강점과 약점을 찾아내며, 외부환경 분석을 통해서는 기회와 위협을 찾아낸다. SWOT 분석은 외부로부터의 기회는 최대한 살리고 위협은 회피하는 방향으로 자신의 강점은 최대한 활용하고 약점은 보완한다는 논리에 기초를 두고 있다. SWOT 분석에 의한 경영전략은 다음과 같이 정리할 수 있다.

Strength 강점 기업 내부환경에서의 강점	S	W	Weakness 약점 기업 내부환경에서의 약점
Opportunity 기회 기업 외부환경으로부터의 기회	O	T	Threat 위협 기업 외부환경으로부터의 위협

3C 분석

자사(Company)	고객(Customer)	경쟁사(Competitor)
• 자사의 핵심역량은 무엇인가? • 자사의 장단점은 무엇인가? • 자사의 다른 사업과 연계되는가?	• 주 고객군은 누구인가? • 그들은 무엇에 열광하는가? • 그들의 정보 습득 / 교환은 어디에서 일어나는가?	• 경쟁사는 어떤 회사가 있는가? • 경쟁사의 핵심역량은 무엇인가? • 잠재적인 경쟁사는 어디인가?

| 유형분석 |

- 제시된 상황에 나타난 경영전략의 특징을 구분하고 판단할 수 있는지 평가한다.
- ⊕ 응용문제 : 본원적 경쟁전략의 구조 및 전략별 특징 관련 문제

마이클 포터(M. Porter)는 경쟁우위 전략으로 **차별화 전략**, 집중화 전략, 원가우위 전략을 제시하였다. 다음 사례에 나타난 전략의 특징으로 옳은 것은?

> A사의 제품은 일반적으로 경쟁사에 비해 가격이 비싸다. 하지만 소비자들은 A사 제품의 품질, 디자인, 브랜드 이미지에 대해 기꺼이 높은 가격을 지불하고 제품을 구매하기 때문에 경쟁사들보다 영업이익률이 높다.
> ↳ 경쟁사와 차별화하여 이익을 올리는 '차별화 전략'

① 한정된 영역에 경영자원을 집중한다. → 집중화 전략

② 비용우위를 통한 가격 정책으로 매출을 올린다. → 원가우위 전략

③ 광고는 브랜드 이미지를 위한 경쟁의 수단으로 작용한다.
   ↳ 회사의 브랜드 이미지를 상승시킬 수 있는 주요 전략

④ 제품을 더 저렴하게 제공하는 경쟁사가 등장하면 고객을 잃게 된다. → 원가우위 전략

정답 ③

유형풀이 Tip

- 경영전략 형태 및 특징을 구분하여 알아두어야 한다.

이론 더하기

마이클 포터(M. Porter)의 본원적 경쟁전략

1) 차별화 전략

조직이 생산품이나 서비스를 차별화하여 고객에게 가치 있고 독특하게 인식되도록 하는 전략으로, 이를 활용하기 위해서는 연구개발이나 광고를 통하여 기술, 품질, 서비스, 브랜드 이미지를 개선할 필요가 있다.

2) 원가우위 전략

원가절감을 통해 해당 산업에서 우위를 점하는 전략으로, 이를 위해서는 대량생산을 통해 단위 원가를 낮추거나 새로운 생산기술을 개발할 필요가 있다.

3) 집중화 전략

특정 시장이나 고객에게 한정된 전략으로, 특정 산업을 대상으로 한다. 즉, 경쟁 조직들이 소홀히 하고 있는 한정된 시장을 원가우위나 차별화 전략을 써서 집중 공략하는 방법이다.

조직이해능력 조직문화

| 유형분석 |

- 조직문화 유형별 특징을 이해하고 구분할 수 있는지 평가한다.
- ⊕ 응용문제 : 조직문화 구성요소를 구분하는 문제

맥킨지 7-S 모델(McKinsey 7-S Model)은 조직문화가 어떻게 구성되는지 이해하는 데 유용하다. 이에 대한 설명으로 옳지 않은 것은?

① 리더십 스타일(Style)은 관리자에 따라 민주적, 독선적, 방임적 등 다양하게 나타날 수 있다.

② 제도・절차(System)는 성과관리, 보상제도, 경영정보시스템 등 관리제도나 절차 등을 수반한다.

③ 조직구조(Structure)는 구성원들이 보유하고 있는 능력, 스킬, 욕구, 태도 등을 의미한다.
　　　　　　　　　　↳ 구성원(Staff)

④ 전략(Strategy)에 따라 사업의 방향성이 달라질 수 있으며, 자원배분 과정도 결정될 수 있다.

정답 ③

유형풀이 Tip

- 조직문화 유형 및 특징을 사전에 학습해 두어야 한다.

이론 더하기

맥킨지 7-S 모델(McKinsey 7-S Model)

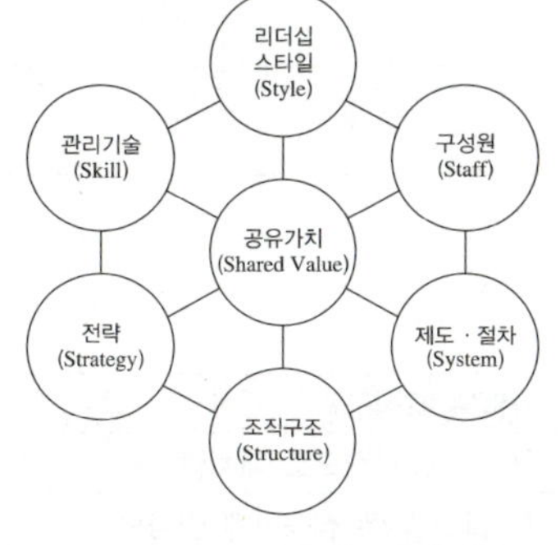

1) 공유가치(Shared Value) : 모든 조직구성원들이 공유하는 기업의 핵심 이념이나 가치관, 목적 등
2) 전략(Strategy) : 조직의 장기적 계획 및 목표를 달성하기 위한 수단, 방법
3) 제도・절차(System) : 조직의 관리체계나 운영절차, 제도 등
4) 조직구조(Structure) : 전략을 실행해가기 위한 틀, 조직도
5) 리더십 스타일(Style) : 조직을 이끄는 관리자의 경영 방식
6) 관리기술(Skill) : 전략을 실행하는 데 필요한 구체적 요소
7) 구성원(Staff) : 조직 내 인력 구성으로, 구성원들의 단순한 인력 구성 현황이라기보다 구성원들이 보유하고 있는 능력, 스킬, 욕구, 태도 등을 의미

| 유형분석 |

- 조직구조 유형별 특징을 이해하고 구분할 수 있는지 평가한다.
- ⊕ 응용문제 : 기계적 조직과 유기적 조직을 구분하는 문제

다음과 같은 조직도 형태를 가지고 있는 기업의 **조직구조** 특징으로 옳지 않은 것은?
↳ 기능적 조직구조

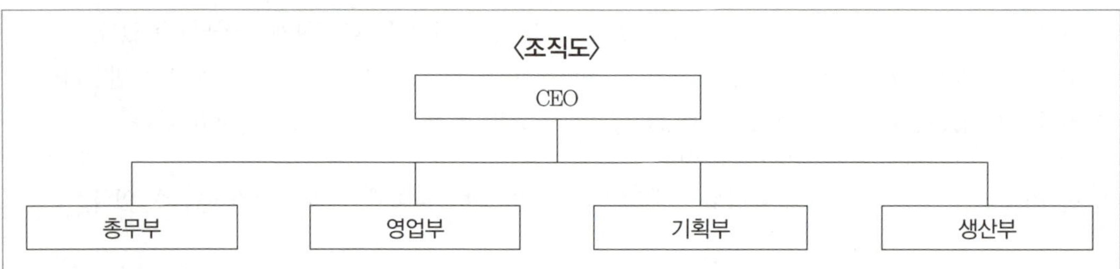

① 환경이 안정적이다.
② 일상적인 기술을 중요시한다.
③ 조직 내부 효율성을 중요시한다.
④ 급변하는 환경 변화에 효과적으로 대응한다. → 사업별 조직구조의 특징

정답 ④

유형풀이 Tip

- 조직구조 형태 및 특징을 구분하여 알아두어야 한다.

이론 더하기

기능적 조직구조와 사업별 조직구조

기능적 조직구조	사업별 조직구조
안정적인 환경	급변하는 환경에 효과적으로 대처함
일상적인 기술과 조직의 내부 효율성을 중시함	제품·지역·고객별 차이에 신속하게 적응함
기업의 규모가 작을 때에는 관련 있는 업무를 결합함	분권화된 의사결정이 가능함

| 유형분석 |

- 업무상 지시사항을 제대로 이해하고 파악할 수 있는지 평가한다.
- ⊕ 응용문제 : 여러 가지 업무를 제시하고 처리 순서를 나열하는 문제

다음 글에 나타난 업무 지시사항에 대한 판단으로 적절하지 않은 것은?

A대리님, ❸ 금요일 오후 2시부터 인·적성검사 합격자 10명의 1차 면접이 진행될 예정입니다. 지금 미팅이 끝난 직후 5층 회의실 사용 예약을 해주시고, 2명씩 5개 조로 구성하여 ❶ 10분씩 면접을 진행할 예정이니 지금 드리는 지원 서류를 참고하시어 ❷ 수요일 오전까지 5개 조를 구성한 보고서를 저에게 주세요. 그리고 2명의 면접 위원님께 목요일 오전 면접 진행 일정에 대해 말씀드려 미리 시간 조정을 완료해 주시기 바랍니다.

① 면접은 10분씩 진행된다.
② A대리는 수요일 오전까지 보고서를 제출해야 한다.
③ 면접은 금요일 오후에 10명을 대상으로 실시된다.
④ 인·적성검사 합격자는 본인이 몇 조인지 알 수 있다. → 제시문을 통해 알 수 없는 내용

정답 ④

유형풀이 Tip

- 선택지에 나타난 키워드를 중심으로 글을 읽고, 선택지를 소거하며 문제를 해결한다.

이론 더하기

부서별 업무

구분	업무
총무부	주주총회 및 이사회 개최 관련 업무, 의전 및 비서 업무, 집기비품·소모품의 구입 및 관리 등
인사부	조직기구의 개편 및 조정, 업무분장 조정, 인력수급 계획 및 관리, 직무 및 정원의 조정·종합 등
기획부	경영 계획 및 전략 수립, 전사 기획업무 종합 및 조정, 중장기 사업계획의 종합 및 조정 등
회계부	재무상태 및 경영실적 보고, 결산 관련 업무, 재무제표 분석 및 보고, 세금 업무 자문 및 지원 등
영업부	판매 계획 및 판매예산의 편성, 시장조사, 광고 선전, 견적 및 계약, 제품의 재고 조절 등

| 유형분석 |

- 시간 자원과 관련된 다양한 정보를 활용하여 풀어가는 문제이다.
- 대체로 교통편 정보나 국가별 시차 정보가 제공되며, 이를 근거로 '현지 도착시간 또는 약속된 시간 내에 도착하기 위한 방안'을 고르는 문제가 출제된다.

다음의 교통수단별 특징을 고려할 때, 다음 중 오전 9시에 회사에서 출발해 전주역까지 가장 먼저 도착하는 방법은 무엇인가?(단, 도보는 고려하지 않는다)

〈회사 · 서울역 간 교통 현황〉

구분	소요시간	출발 시간
A버스	24분	매시 20분, 40분
B버스	40분	매시 정각, 20분, 40분
지하철	20분	매시 30분

〈서울역 · 전주역 간 교통 현황〉

구분	소요시간	출발 시간
새마을호	3시간	매시 정각부터 5분 간격
KTX	1시간 32분	9시 정각부터 45분 간격

① A버스 – 새마을호

　A버스 : 9시 20분 출발, 소요시간 24분, 새마을호 : 9시 45분 출발, 소요시간 3시간

　∴ 도착시간 오후 12시 45분

② B버스 – KTX

　B버스 : 9시 출발, 소요시간 40분, KTX : 9시 45분 출발, 소요시간 1시간 32분

　∴ 도착시간 오전 11시 17분 → 가장 먼저 도착하는 교통편

③ 지하철 – KTX

　지하철 : 9시 30분 출발, 소요시간 20분, KTX : 10시 30분 출발, 소요시간 1시간 32분

　∴ 도착시간 오후 12시 2분

④ B버스 – 새마을호

　B버스 : 9시 출발, 소요시간 40분, 새마을호 : 9시 40분 출발, 소요시간 3시간

　∴ 도착시간 오후 12시 40분

정답　②

유형풀이 Tip

• 문제에서 묻는 것을 정확히 파악한 후 제시된 상황과 정보를 활용하여 문제를 풀어간다.

• 추가 조건이나 제한사항은 문제를 해결하는 데 중요한 변수가 될 수 있으므로 유의한다.

자원관리능력 비용계산

| 유형분석 |

- 예산 자원과 관련된 다양한 정보를 활용하여 풀어가는 문제이다.
- 대체로 한정된 예산 내에서 수행할 수 있는 업무 및 예산 가격을 묻는 문제가 출제된다.

다음은 I대리가 부산 출장 시 이용할 수 있는 교통편에 대한 정보이다. I대리가 출장 시 이용할 하나의 교통편을 선택하여 모바일로 왕복 티켓을 예매하고자 할 때, 가장 저렴한 교통편은 무엇인가?

〈부산 출장 시 이용 가능한 교통편 정보〉

구분	교통편	금액	기타
버스	일반버스	24,000원	−
	우등버스	32,000원	모바일 예매 1% 할인
기차	무궁화호	28,000원	왕복 예매 시 15% 할인
	새마을호	36,000원	왕복 예매 시 20% 할인
	KTX	58,000원	1+1 이벤트(편도 금액으로 왕복 예매 가능)

① 일반버스   ② 우등버스
③ 무궁화호   ④ 새마을호

- 일반버스 : $24,000 \times 2 = 48,000$원
- 우등버스 : $32,000 \times 2 \times 0.99 = 63,360$원
- 무궁화호 : $28,000 \times 2 \times 0.85 = 47,600$원 → 가장 저렴한 교통편
- 새마을호 : $36,000 \times 2 \times 0.8 = 57,600$원
- KTX → 선택지에 제시되어 있지 않으므로 계산할 필요가 없다.

정답 ③

유형풀이 Tip

- 할인 정보 등 추가 사항을 고려하여 문제를 해결하기 위한 정보를 선별한다.

| 유형분석 |

- 물적 자원과 관련된 다양한 정보를 활용하여 풀어가는 문제이다.
- 주로 제품·공정도·시설 등에 대한 가격·특징·시간 정보가 제시되며, 이를 종합적으로 고려하는 문제가 출제된다.

I은행 구매부에 재직 중인 귀하는 지폐계수기 구매 사업을 진행해야 한다. 사전조사를 통해 후보로 선정한 지폐계수기는 A~D제품 4개이고, 제품별 비교평가 결과 및 구매 지침이 다음과 같을 때, 구매해야 할 제품은?(단, 모든 구매 지침을 만족하는 제품 중 가장 저렴한 제품을 선택한다)

〈지폐계수기 비교평가 결과〉

구분	위폐 감별	분당 계수 속도	투입구 용량	외화 계수 여부	가격	A/S
A제품	UV	1,400장	250장	불가능	20만 원	방문
B제품	IR	1,500장	250장	가능	25만 원	1일 소요
C제품	UV / IR	1,500장	250장	가능	35만 원	방문
D제품	UV	1,500장	250장	가능	22만 원	방문

〈구매 지침〉

- 위폐 감별 방식은 UV 방식이나 IR 방식이어야 한다. → A, B, C, D제품
- 방문 A/S가 가능해야 하나 불가능한 경우 수리 기일이 3일 이내여야 한다. → A, B, C, D제품
- 원화와 규격이 다른 외화 또한 계수가 가능해야 한다. → B, C, D제품
- 투입구 용량이 크고, 계수 속도가 가능한 한 빠른 것이 좋다. → B, C, D제품
  ↳ 가장 저렴한 제품

① A제품   ② B제품

③ C제품   ④ D제품

정답 ④

유형풀이 Tip

- 문제에서 제시한 물적 자원의 정보를 조건에 맞게 선별하면서 풀어간다.

자원관리능력 인원선발

| 유형분석 |

- 인적 자원과 관련된 다양한 정보를 활용하여 풀어가는 문제이다.
- 주로 근무명단, 휴무일, 업무 할당, 승진대상자 선정 등의 주제로 다양한 정보를 활용하여 종합적으로 풀어가는 문제가 출제된다.

I기업 품질안전본부에서는 승진대상자 가 ~ 마 5명 중에서 2명의 승진자를 선정하려고 한다. 승진자 결정방식과 승진대상자 정보가 다음과 같을 때, 승진자로 선정되는 2명은?

〈승진자 결정방식〉

- 품질안전본부의 승진대상자인 가 ~ 마 중 승진점수가 가장 높은 직원 2명이 승진한다.
- 승진점수는 업무실적점수(20점), 사고점수(10점), 근무태도점수(10점), 가점 및 벌점(최대 5점)을 합산하여 산정한다.
- 업무실적점수 산정기준(20점 만점)

구분	A등급	B등급	C등급	D등급
점수	20점	17점	13점	10점

- 사고점수 산정기준(10점 만점)
  - 만점인 10점에서 사고유형 및 건수에 따라 차감하여 계산한다.

구분	1건당 벌점
경미 / 과실	1점
중대 / 고의	3점

- 근무태도점수 산정기준(10점 만점)

구분	우수	보통	미흡
점수	10점	7점	4점

- 가점 및 벌점 부여기준 (최대 5점)
  - 무사고(모든 유형의 사고 건수 0건) : 가점 2점
  - 수상실적 : 1회당 가점 2점
  - 사고유형 중 중대 / 고의 사고 건수 2건 이상 : 벌점 4점

〈승진대상자 정보〉

구분	업무실적등급	사고건수		근무태도등급	수상실적
		경미 / 과실	중대 / 고의		
가	A	–	1	보통	1회
나	B	1	–	우수	2회
다	C	2	–	보통	–
라	A	1	1	미흡	–
마	D	–	–	우수	1회

① 가, 나   ② 나, 마
③ 다, 라   ④ 다, 마

- 가 : 업무실적점수 20＋사고점수 7＋근무태도점수 7＋수상실적 2＝36점 → 승진자
- 나 : 업무실적점수 17＋사고점수 9＋근무태도점수 10＋수상실적 4＝40점 → 승진자
- 다 : 업무실적점수 13＋사고점수 8＋근무태도점수 7＝28점
- 라 : 업무실적점수 20＋사고점수 6＋근무태도점수 4＝30점
- 마 : 업무실적점수 10＋사고점수 10＋근무태도점수 10＋수상실적 2＋무사고 2＝34점

정답   ①

유형풀이 Tip

- 주어진 자격 혹은 규정을 근거로 하여 선택지를 하나씩 검토하며 계산한다.

수리능력 거리 · 속력 · 시간

| 유형분석 |

- 거리 · 속력 · 시간 공식을 활용하여 문제를 해결할 수 있는지 평가한다.
- 시간차를 두고 출발하는 경우, 마주 보고 걷거나 둘레를 도는 경우 등 추가적인 조건을 꼼꼼히 살펴보아야 한다.
- ⊕ 응용문제 : 기차와 터널의 길이를 구하는 문제, 물과 같이 속력이 있는 장소가 조건으로 주어진 문제

300km/h ⓐ로 달리는 열차가 있다. 목적지까지 400km ⓑ 떨어져 있으며, 정차해야 하는 역이 7개 ⓒ 있다. 각 정차역에서 10분간 대기 후 출발 ⓓ한다고 할 때, 열차가 목적지에 도착할 때까지 걸리는 시간은? (단, 일정한 속력으로 달리는 것으로 가정한다)

① 1시간 10분

② 1시간 20분

③ 2시간 20분

④ 2시간 30분

ⓐ 열차의 속력 : 300km/h, ⓑ 목적지까지의 거리 : 400km

→ 목적지까지 달리는 시간 : $\frac{400}{300}=1\frac{1}{3}=$ 1시간 20분

ⓒ · ⓓ 정차시간 : $10\times7=$ 1시간 10분

∴ 1시간 20분+1시간 10분=2시간 30분

정답 ④

유형풀이 Tip

- 문제에서 요구하는 답을 미지수로 하여 방정식을 세우고, (시간)$=\dfrac{(거리)}{(속력)}$ 공식을 통해 필요한 값을 계산한다.

이론 더하기

- (거리)=(속력)×(시간), (속력)$=\dfrac{(거리)}{(시간)}$, (시간)$=\dfrac{(거리)}{(속력)}$

| 유형분석 |

- 농도 공식을 활용하여 문제를 해결할 수 있는지 평가한다.
- 소금물 대신 설탕물로 출제될 수 있으며, 정수나 분수뿐 아니라 비율 등 다양한 조건이 제시될 가능성이 있다.
- ⊕ 응용문제 : 증발된 소금물 문제, 농도가 다른 소금물 간 계산 문제

농도 8%의 소금물 400g ⓐ에 농도 3%의 소금물 ⓑ 몇 g을 넣으면 농도 5%의 소금물 ⓒ이 되는가?

① 600g
② 650g
③ 700g
④ 750g

ⓐ 농도 8%의 소금물 400g에 들어있는 소금의 양 : $\dfrac{8}{100} \times 400$g

ⓑ 농도 3%의 소금물의 양 : xg

→ 농도 3%의 소금물 xg에 들어있는 소금의 양 : $\dfrac{3}{100}x$g

ⓒ 농도 5%의 소금물 $(400+x)$g에 들어있는 소금의 양 : $\dfrac{5}{100}(400+x)$g

$$\dfrac{8}{100} \times 400 + \dfrac{3}{100}x = \dfrac{5}{100}(400+x)$$

$$\therefore \ x = 600$$

정답 ①

유형풀이 Tip

- 정수와 분수가 같이 제시되므로, 통분이나 약분을 통해 최대한 수를 간소화시켜 계산 실수를 줄일 수 있도록 한다.
- 항상 미지수를 정하고 그 값을 계산하여 답을 구해야 하는 것은 아니다. 문제에서 원하는 값은 정확한 미지수를 구하지 않아도 풀이 과정 속에서 제시되는 경우가 있으므로, 문제에서 묻는 것을 명확히 해야 한다.

이론 더하기

- $(농도) = \dfrac{(용질의 양)}{(용액의 양)} \times 100$, $(소금물의 양) = (물의 양) + (소금의 양)$

| 유형분석 |

- 합의 법칙과 곱의 법칙을 구분하여 활용할 수 있는지 평가한다.
- ⊕ 응용문제 : 벤 다이어그램을 활용한 문제

10명의 학생 중에서 1명의 회장 ⓐ과 2명의 부회장 ⓑ을 뽑는 경우의 수는?

① 330가지

② 340가지

③ 350가지

④ 360가지

ⓐ 10명의 학생 중에서 1명의 회장을 뽑는 경우의 수 : $_{10}C_1 = 10$가지

ⓑ 나머지 9명의 학생 중 2명의 부회장을 뽑는 경우의 수 : $_9C_2 = \dfrac{9 \times 8}{2 \times 1} = 36$가지

∴ $10 \times 36 = 360$가지

정답 ④

유형풀이 Tip

- 두 개 이상의 사건이 동시에 일어나는 연속적인 사건인 경우 곱의 법칙을 활용한다.

이론 더하기

1) 합의 법칙
   ① 서로 다른 경우의 수를 각각 독립적으로 선택할 때 전체 경우의 수를 계산하는 방법이다.
   ② '또는', '~이거나'라는 말이 나오면 합의 법칙을 사용한다.
   ③ 두 사건 A, B가 동시에 일어나지 않을 때, A가 일어나는 경우의 수를 p, B가 일어나는 경우의 수를 q라고 하면, 사건 A 또는 B가 일어나는 경우의 수는 $p+q$이다.
2) 곱의 법칙
   ① 서로 연속적인 사건이 발생할 때 각 사건이 일어날 확률을 곱하여 전체 경우의 수를 계산하는 방법이다.
   ② '그리고', '동시에'라는 말이 나오면 곱의 법칙을 사용한다.
   ③ A가 일어나는 경우의 수를 p, B가 일어나는 경우의 수를 q라고 하면, 사건 A와 B가 동시에 일어나는 경우의 수는 $p \times q$이다.

| 유형분석 |

- 조건부 확률과 독립 사건을 구분하여 문제를 해결할 수 있는지 평가한다.
- ⊕ 응용문제 : 최단 경로 수 구하는 문제, 여사건 또는 조건부 확률 문제

남자 4명, 여자 4명으로 이루어진 팀에서 **2명의 팀장** ⓐ을 뽑으려고 한다. 이때 **팀장 2명이 모두 남자** ⓑ로만 구성될 확률은?

① $\dfrac{3}{14}$
② $\dfrac{2}{7}$

③ $\dfrac{5}{14}$
④ $\dfrac{3}{7}$

ⓐ 8명 중 팀장 2명을 뽑는 경우의 수 : $_8C_2 = 28$가지
ⓑ 남자 4명 중 팀장 2명을 뽑는 경우의 수 : $_4C_2 = 6$가지

$\therefore \dfrac{6}{28} = \dfrac{3}{14}$

정답 ①

유형풀이 Tip

- 한 개의 사건이 다른 한 사건의 조건하에 일어날 경우 조건부 확률을 활용한다.

이론 더하기

1) 여사건 확률
   ① '적어도'라는 말이 나오면 주로 사용한다.
   ② 사건 A가 일어날 확률이 p일 때, 사건 A가 일어나지 않을 확률은 $(1-p)$이다.
2) 조건부 확률
   ① 확률이 0이 아닌 두 사건 A, B에 대하여 사건 A가 일어났다는 조건하에 사건 B가 일어날 확률로, A 중에서 B인 확률을 의미한다.
   ② $P(B \mid A) = \dfrac{P(A \cap B)}{P(A)}$ 또는 $P_A(B)$로 나타낸다.

수리능력 자료추론

| 유형분석 |

- 주어진 수치를 토대로 비율·증감폭·증감률·수익(손해)율 등을 계산할 수 있는지 평가한다.
- 경영·경제·산업 등 최신 이슈 관련 수치가 막대 그래프, 꺾은선 그래프 등 다양한 형태로 제시된다.
- ⊕ 응용문제 : 자료의 일부 수치가 비워진 문제, 표의 내용을 그래프로 변환하는 문제

다음은 지난해 주요 자영업 10가지 업종에 대한 자료이다. 이에 대한 설명으로 옳은 것은?(단, 변화율은 증감률의 절댓값으로 비교한다)

〈주요 자영업 업종별 지표〉

(단위 : 명, %)

구분	창업자 수	폐업자 수	월평균 매출액 증감률	월평균 대출액 증감률	월평균 고용인원
병원 및 의료서비스	1,828	556	❷ 6.5	12.8	15
변호사	284	123	1.8	1.2	4
학원	682	402	−3.7	5.8	8
음식점	❶ 3,784	1,902	1.3	11.2	6
PC방	335	183	❹ −8.4	1.1	2
여행사	❸ 243	184	−6.6	0.4	3
카페	❶ 5,740	3,820	2.4	❷ 15.4	5
숙박업	1,254	886	−0.7	7.8	2
소매업	❶ 2,592	1,384	❹ 0.5	4.8	3
농사	562	❸ 122	4.1	2.4	❸ 1
합계	17,304	9,562	−	−	−

① 창업자 수 상위 3위 업종의 창업자 수의 총합은 전체 창업자 수의 절반 이상이다.

$$\frac{5,740+3,784+2,592}{17,304}\times100 ≒ 70\%$$

② 월평균 매출액 증가율이 가장 높은 업종은 월평균 대출액 증가율 또한 가장 높다.

　병원 및 의료서비스(6.5%)　　　　　　　　카페(15.4%)

③ 월평균 고용인원이 가장 적은 업종은 창업자 수와 폐업자 수도 가장 적다.

　농사(1명)　　　　　　　여행사(243명)　농사(122명)

④ 월평균 매출액 변화율이 가장 높은 업종과 가장 낮은 업종의 변화율의 차이는 6.0%p이다.

　　　　PC방(−8.4%)　　소매업(0.5%)　　　　　　8.4−0.5=7.9%p

정답　①

유형풀이 Tip

- 각 선택지의 진위 여부를 파악하는 문제이므로, 수치 계산이 필요 없는 선택지부터 소거해 나간다.
- 선택지별로 필요한 정보가 무엇인지 빠르게 파악하고, 자료에서 필요한 부분을 체크하여 계산해야 한다.

이론 더하기

- 백분율(%) : $\dfrac{(비교량)}{(기준량)}\times100$
- 증감률(%) : $\dfrac{(비교값)-(기준값)}{(기준값)}\times100$
- 증감량 : (비교대상의 값 A)−(또 다른 비교대상의 값 B)

| 유형분석 |

- 금융상품을 정확하게 이해하고 문제에서 요구하는 답을 도출해 낼 수 있는지 평가한다.
- 단리식, 복리식, 이율, 우대금리, 중도해지, 만기해지 등 부가적인 조건에 유의해야 한다.
- ⊕ 응용문제 : 상품별 이자·만기액 등을 계산한 후 고객에게 가장 적합한 상품을 선택하는 문제

I은행은 적금 상품 '더 커지는 적금'을 새롭게 출시하였다. K씨는 이 적금의 모든 우대금리 조건을 만족하여 올해부터 이 상품에 가입하려고 한다. 만기 시 K씨가 얻을 수 있는 이자 금액은 얼마인가?(단, 이자 소득에 대한 세금은 고려하지 않는다)

〈더 커지는 적금〉

- 가입기간 : 1년
- 가입금액 : 매년 초 2,400,000원 납입
- 적용금리 : 기본금리(연 2.1%)+우대금리(최대 연 0.3%p)
  ⇒ 모든 우대금리 조건 만족 → 적용금리 : 2.1+0.3=2.4%
- 저축방법 : 정기적립식, 연복리식
- 우대금리 조건
  − 당행 입출금 통장 보유 시 : +0.1%p
  − 연 500만 원 이상의 당행 예금상품 보유 시 : +0.1%p
  − 급여통장 지정 시 : +0.1%p
  − 이체실적 20만 원 이상 시 : +0.1%p

---

① 57,600원　　　　　　　　② 62,600원
③ 67,600원　　　　　　　　④ 72,600원

- n개월 후 연복리 이자 : (연납입금)$\times(1+r)\dfrac{(1+r)^{\frac{n}{12}}-1}{r}-$(적립원금) (단, r : 적용금리)

- K씨의 연복리 적금 이자 금액 : $2,400,000\times1.024\times\dfrac{1.024^{\frac{12}{12}}-1}{0.024}-2,400,000$

$$=2,400,000\times1.024-2,400,000$$
$$=2,457,600-2,400,000=57,600원$$

유형풀이 Tip

- 금융상품의 이자액을 묻는 문제이므로 주어진 이자지급방식과 이자율을 확인한 후 그에 맞는 계산 공식에 해당하는 값들을 대입하여 문제를 해결해야 한다.
- 금융상품의 단리·복리 등 공식을 반드시 숙지해 두어야 한다.

이론 더하기

1) 단리
   ① 개념 : 원금에만 이자가 발생
   ② 계산 : 이율이 $r\%$인 상품에 원금 a를 총 n번 이자가 붙는 동안 예치한 경우 $a(1+nr)$
2) 복리
   ① 개념 : 원금과 이자에 모두 이자가 발생
   ② 계산 : 이율이 $r\%$인 상품에 원금 a를 총 n번 이자가 붙는 동안 예치한 경우 $a(1+r)^n$
3) 이율과 기간
   ① 단리의 (월이율)$=\dfrac{(연이율)}{12}$

   ② 복리의 (월이율)$=(1+연이율)^{\frac{1}{12}}-1$

   ③ n개월$=\dfrac{n}{12}$ 년

4) 예치금의 원리합계
   원금 a원, 연이율 $r\%$, 예치기간 n개월일 때,
   - 단리 예금의 원리합계 : $a\left(1+\dfrac{r}{12}n\right)$

   - 복리 예금의 원리합계 : $a(1+r)^{\frac{n}{12}}$

5) 적금의 원리합계
   월초 a원씩, 연이율 $r\%$일 때, n개월 동안 납입한다면
   - 단리 적금의 n개월 후 원리합계 : $an+a\times\dfrac{n(n+1)}{2}\times\dfrac{r}{12}$

   - 월복리 적금의 n개월 후 원리합계 : $\dfrac{a(1+r)^{\frac{1}{12}}\left\{(1+r)^{\frac{n}{12}}-1\right\}}{(1+r)^{\frac{1}{12}}-1}=\dfrac{a\left\{(1+r)^{\frac{n+1}{12}}-(1+r)^{\frac{1}{12}}\right\}}{(1+r)^{\frac{1}{12}}-1}$

   - 연복리 적금의 n개월 후 원리합계 : $12a(1+r)\dfrac{(1+r)^{\frac{n}{12}}-1}{r}$

| 유형분석 |

- 주어진 상황에 사용할 적절한 엑셀 함수가 무엇인지 묻는 문제이다.
- 주로 업무 수행 중에 많이 활용되는 대표적인 엑셀 함수가 출제된다.
- ⊕ 응용문제 : 엑셀 시트를 제시하여 각 셀에 들어갈 함수식을 고르는 문제

다음 엑셀 시트에서 [E10] 셀ⓒ에 수식 「=INDEXⓐ(E2:E9,MATCHⓑ(0,D2:D9,0))」를 입력했을 때, [E10] 셀에 표시되는 결괏값으로 옳은 것은?

	A	B	C	D	E
1	부서	직위	사원명	근무연수	근무월수
2	재무팀	사원	이수연	2	11
3	교육사업팀	과장	조민정	3	5
4	신사업팀	사원	최지혁	1	3
5	교육컨텐츠팀	사원	김다연	0	2
6	교육사업팀	부장	민경희	8	10
7	기구설계팀	대리	김형준	2	1
8	교육사업팀	부장	문윤식	7	3
9	재무팀	대리	한영혜	3	0
10					ⓒ

① 0

② 1

③ 2

④ 3

ⓐ 「=INDEX(배열로 입력된 셀의 범위,배열이나 참조의 행 번호,배열이나 참조의 열 번호)」
ⓑ 「=MATCH(찾으려고 하는 값,연속된 셀 범위,되돌릴 값을 표시하는 숫자)」
ⓒ 「=INDEX(E2:E9,MATCH(0,D2:D9,0)」를 입력하면 근무연수가 0인 사람의 근무월수가 셀에 표시된다. 따라서 결괏값은 2이다.

정답 ③

유형풀이 Tip

- 제시된 조건의 엑셀 함수를 파악한 후, 함수를 적용하여 값을 구한다.
- 엑셀 함수에 대한 기본적인 공식을 반드시 숙지해 두어야 한다.

정보능력 프로그래밍 언어(코딩)

| 유형분석 |

- 주어진 정보를 통해 결괏값이 무엇인지 묻는 문제이다.
- 주로 C언어 연산자를 적용하여 나오는 값을 구하는 문제가 출제된다.
- ⊕ 응용문제 : 정보를 제공하지 않고 기본적인 C언어 지식을 통해 결괏값을 구하는 문제

다음 프로그램의 실행 결괏값으로 옳은 것은?

```c
#include <stdio.h>

int main(){
        int i=4;
        int k=2;
        switch(i) {
                case 0:
                case 1:
                case 2:
                case 3:k=0;
                case 4:k+=5;      → i가 4이기 때문에 case 4부터 시작한다.
                case 5:k-=20;         k는 2이고, k+=5를 하면 7이 된다.
                default:k++;          case 5에서 k-=20을 하면 -13이 되고,
        }                             default에서 1이 증가하여 결괏값은 -12가 된다.
        printf("%d",k);
}
```

① 12   ② −12

③ 10   ④ −10

정답 ②

유형풀이 Tip

- 문제에 제시된 C언어 연산자를 파악한 후 연산자를 적용하여 값을 구한다.
- C언어에 대한 기본적인 지식을 익혀 두면 코딩 및 풀이 시간을 단축할 수 있다.

2025년 하반기 기출복원문제

정답 및 해설 p.002

01 NCS 직업기초능력

※ 다음 글을 읽고 이어지는 질문에 답하시오. [1~2]

회계 정보는 기업의 경영 성과와 재무 상태를 이해하는 데 필수적이며, 투자자·채권자·규제기관 등 다양한 이해관계자들이 합리적인 판단을 내리기 위해 신뢰성 높은 정보에 접근할 수 있어야 한다. 그러나 세계 각국이 서로 다른 회계제도와 감사 기준을 운용하던 시기에는 동일한 정보를 놓고도 국가에 따라 해석이 달라지는 문제가 빈번했다. 이러한 배경에서 국제적으로 통일된 감사 기준의 필요성이 꾸준히 제기되었고, 그 결과 재무제표 감사의 공통 언어라 할 수 있는 국제적 회계감사 기준 ISA(International Standards on Auditing)가 주목받게 되었다.

ISA는 국가 간 일관성과 신뢰성을 확보하여 각국 기업의 재무제표를 보다 용이하게 비교·분석할 수 있도록 하기 위해 다양한 국가에서 활용되고 있다. 이를 통해 재무제표 감사의 질을 높일 수 있으며, 이해관계자들은 보다 신뢰할 수 있는 회계 정보를 바탕으로 의사 결정을 내릴 수 있게 된다.

재무제표 감사 수행 시 활용되는 ISA는 국제감사인증기준위원회(IAASB)에 의해 제정되었으며, 감사인의 책임, 감사 절차, 감사 증거, 내부 통제 평가, 감사 보고 등에 대한 지침이 마련되어 있다. 또한 이는 여러 개의 개별 기준서로 나뉘어져 있어 기준서별로 감사의 목적, 절차, 설명 등이 세분화되어 있다.

하지만 ISA가 각국 회계감사에 의무적으로 도입되는 것은 아니며, 각 국가나 기업의 판단에 의해 ISA를 도입하기도 하고, 일부는 ISA 기준을 변형하여 도입하기도 한다. 영국, 호주 등은 ISA를 기초로 한 국가별 감사 기준을 운영하고 있으며, 국제 기준을 거의 그대로 단일 기준으로 채택한 국가도 존재한다. 이런 다양성은 ISA가 국제 표준이긴 하지만 궁극적으로는 각국의 제도적 환경, 규제 체계, 회계 관행 등을 고려해 유연하게 수용된다는 점을 보여 준다.

오늘날 글로벌 경제 활동이 확장되면서 기업의 해외 진출이 늘고, 국경을 넘는 투자도 활발해지는 상황에서 ISA의 역할은 더욱 커지고 있다. 각국이 ISA 기반 감사 체계를 구축할수록 기업의 재무 정보가 국제적으로 비교 가능해지고, 투자자는 국가 차이를 넘어 일관성 있는 판단을 내릴 수 있어 ISA는 단순한 기술적 기준을 넘어, 국제 자본시장의 신뢰성을 강화하는 핵심 인프라로 기능하고 있다.

01 **윗글의 내용으로 적절하지 않은 것은?**

① ISA의 도입으로 재무제표를 비교 및 분석할 때 신뢰할 수 있는 근거가 마련되었다.

② ISA의 도입으로 국가 간 재무제표 비교 및 분석이 용이해졌다.

③ ISA는 단일 기준서에 쓰여 감사인과 감사에 대한 규정들로 구성되어 있다.

④ ISA를 의무적으로 도입하여야 한다는 국제적인 법규는 마련되어 있지 않다.

02 **윗글을 읽고 추론한 내용으로 가장 적절한 것은?**

① ISA를 도입한다면 국제 투자자들에게 신뢰성을 줄 수 있다.

② ISA의 일부 기준을 변형하여 도입한다면 이는 신뢰성을 줄 수 없다.

③ ISA를 도입한다면 재무제표 감사는 국제감사인증기준위원회(IAASB)에서 수행한다.

④ ISA를 법적으로 도입하지 않는다면 ISA에 따른 재무제표의 감사는 불가능하다.

※ 다음 글을 읽고 이어지는 질문에 답하시오. [3~4]

정부는 국내 산업 구조가 급변하는 환경 속에서 중소기업의 경쟁력이 국가 경제 전반의 성장과 직결된다는 점을 강조해 왔다. 특히 글로벌 공급망의 변화, 금융시장 불안정, 신기술 기반 산업의 확산 등 여러 요인이 겹치면서 중소기업이 감당해야 할 경영 부담은 점차 커지고 있다. 이러한 상황에서 정부는 기업이 초기 단계의 자금 압박 때문에 성장을 멈추는 일이 발생하지 않도록 다양한 금융 지원 장치를 마련해 기업 활동의 기반을 다지는 데 주력하고 있다. 이를 통해 중소기업이 단기 위험에 흔들리지 않고 미래 투자에 집중할 수 있도록 돕는 것이 정부 정책의 핵심 목표 중 하나다.

정부는 중소기업의 경영 안정과 성장을 도모하기 위해 중소벤처기업진흥공단과 연계하여 다양한 정책금융 지원 사업을 추진하고 있다. 대표적으로 자금 융통에 어려움을 겪는 중소기업을 대상으로 운전자금, 설비투자자금, 기술개발 및 사업 확장 자금 등을 지원하고 있다.

이 일환으로 회사채의 발행이 어려운 중소기업에 채권 발행을 지원하는 제도도 운영했는데, 대표적으로 '스케일업금융제도'가 있다. 이는 매출이 있지만 규모 확장이 필요한 기업, 생산시설 증설이 필요한 제조 기업 또는 신제품·신사업 진출로 매출 확대가 예상되는 기업 등 성장할 가능성이 높은 중소기업을 대상으로 진행되었던 제도이다. 정부는 이들이 경제적인 이유로 성장의 기회를 놓치지 않도록 생산 시설 확장, 신사업 진출 등에 필요한 자금을 지원했다. _________ 성장 가능성이 있는 중소기업은 정부의 지원을 통해 안정성을 확보하면서 기술과 경영 역량을 강화하고 성장할 수 있는 기회를 가질 수 있었다.

이러한 금융 지원은 단순히 자금을 제공하는 데 그치지 않고, 기업의 재무 구조 개선과 경영 혁신을 유도하는 효과도 지니고 있다. 안정적 자금 조달 능력을 확보한 기업은 연구개발, 인력 확보, 해외 시장 진출 등 보다 장기적인 전략을 실행하는 데 여유를 갖게 된다. 이는 중소기업이 단기 생존을 넘어 지속 가능한 성장 체계를 구축하는 데 중요한 발판이 될 것으로 보인다.

03 윗글을 읽고 추론할 수 있는 내용으로 가장 적절한 것은?

① 자금 융통이 원활한 중소기업은 정부의 지원을 받기 어렵다.
② 대기업이어도 회사채 발행이 어려우면 '스케일업금융제도'를 이용할 수 있다.
③ '스케일업금융제도'는 파산 위기에 처한 기업들이 회생할 수 있도록 돕는 제도이다.
④ 자금 융통이 어려운 중소기업은 '스케일업금융제도'를 통해 사업 확장이 가능하다.

04 윗글의 빈칸에 들어갈 접속부사로 가장 적절한 것은?

① 즉   ② 또한
③ 그리고   ④ 결과적으로

※ 다음 글을 읽고 이어지는 질문에 답하시오. [5~6]

> 기후에너지환경부와 한국환경산업기술원이 주관하는 '2025년 한국형 녹색채권 이차보전 지원사업'에 K은행이 최종 선정되어, 총 600억 원 규모의 'ESG 한국형 녹색채권'을 발행했다.
>
> ESG 한국형 녹색채권이란 기업, 정부, 공공기관 등이 환경 보호 및 사회적 가치 창출 등 지속가능경영을 실천하기 위한 목적의 자금 조달을 위해 발행한 채권이다. 이 채권은 전통 채권과 마찬가지로 만기 시 원금 상환과 이자 지급이 이루어지지만, 그 자금은 반드시 '녹색 프로젝트'에만 사용되어야 한다. 이는 녹색채권이 단순히 투자 수익을 노리는 채권이 아니라, '자금을 통한 환경·기후 개선'이라는 가치를 추구하는 채권이기 때문이다.
>
> K은행의 녹색채권 발행 자금 역시 액화수소 저장 및 공급 사업과 제로에너지 건축물 신규 건설 사업에 쓰이게 될 예정이다. 이에 K은행은 이번 채권 발행을 위해 기후에너지환경부의 한국형 녹색채권 가이드라인 등에 부합하는 ESG 채권 관리 체계를 사전에 수립했다. 또한 외부 평가기관인 나이스신용평가의 적합성 검토를 받아 채권의 적격성과 투자자 신뢰도를 높였다.
>
> K은행은 그동안 사회적 채권을 계속하여 발행해 왔으나, 녹색채권 발행은 이번이 처음이다. 이에 K은행 측은 "친환경 사업 추진과 ESG 경영을 실천하고 있다는 점에서 의미가 있다."라며 이후에도 지속적인 녹색채권 발행을 통해 ESG 경영을 실천하겠다고 말했다.

05 윗글의 주제로 가장 적절한 것은?

① 기후에너지환경부, 녹색채권 600억 지원
② K은행, 600억 규모의 한국형 녹색채권 발행
③ K은행, 한국형 녹색채권의 국내 첫 발행
④ K은행, ESG 경영 실천을 위한 포부

06 윗글의 내용으로 가장 적절한 것은?

① 녹색채권 만기 시 원금 상황은 이루어지지만 이자 지급은 없다.
② K은행의 녹색채권 자금은 액화수소 생산시설 건설 사업에 쓰이게 될 예정이다.
③ K은행의 이번 녹색채권 발행은 K은행 내부 최초의 사회적 투자 상품이다.
④ K은행은 투자자 신뢰도를 높이기 위해 외부 기관의 적합성 검토를 받았다.

※ 다음은 I은행의 직장인 신용대출인 직장인 스마트론에 대한 설명이다. 이어지는 질문에 답하시오.
[7~8]

<직장인 스마트론>

• 상품 특징
 − 영업점 방문 필요없이 스마트폰을 통해 간편하게 신청하고 승인받을 수 있는 신용대출
 − 저신용(CB점수 KCB 506 ~ 680점 이내이고 NICE 610 ~ 784점 이내이면서 연소득 50백만 원 이하)
  및 저소득(연소득 40백만 원 이하) 고객도 대출 가능
  ※ 단, 상기 기준에 해당하는 경우 대출 취급 시 정책서민금융상품인 새희망홀씨로 변경, 실행됨

• 대출 정보
 − 대출 한도 : 최소 1백만 원 ~ 최대 150백만 원 범위 내로 약정
 − 대출 금리

<연 고정금리 및 변동금리>

(단위 : 연 %, %p)

구분	고정금리	변동금리
기준금리(+)	2.870	2.810
가산금리(+)	1.471 ~ 7.126	1.571 ~ 7.226
감면금리(−)	0.000 ~ 0.200	0.000 ~ 0.200
우대금리(−)	0.000 ~ 0.100	0.000 ~ 0.110
대출금리	최저 4.141 ~ 최고 9.600	최저 4.181 ~ 최고 9.610

※ 단, 실제 적용 여부는 내부 심사에 따라 달라질 수 있음

 − 대출 대상 : 다음 조건을 모두 충족하는 고객
  ① 현 직장에 6개월 이상 재직 중인 고객
  ② 개인 CB점수 KCB 506점 이상이고 NICE 610점 이상 고객
 − 이자 계산 방법 : (대출원금)×(월 이율)
  ※ 단, (월 이율)=(연 이율)÷12

• 부대 비용(인지세) : '인지세법'에 따라 대출 약정 시 납부하는 세금으로 대출금액에 따라 세액이 차등 적용
 되며, 은행과 고객이 각각 50%씩 부담

<대출금액별 인지세액>

대출 금액	5천만 원 이하	5천만 원 초과 1억 원 이하	1억 원 초과 10억 원 이하
인지세액	비과세	7만 원	15만 원

• 필요 서류 및 기타 유의사항
 − 재직증명서
 − 건강보험자격득실확인서 또는 원천징수영수증
 − 신분증
 − 대출 기간 연장은 심사 결과에 따라 거절될 수 있음

07 A고객은 다음 조건에 따라 직장인 스마트론 상품으로 8,000만 원을 대출받으려 한다. 고정금리와 변동금리 중 이자액이 더 적은 것과 그에 따라 첫 달 납부해야 하는 이자액은?

〈A고객의 대출 조건〉

• 고객 신용도 및 연소득
  − KCB : 690점, NICE : 720점
  − 연소득 : 52백만 원
  − 현 직장 1년 7개월째 근무 중

• 은행의 대출 제안 조건

〈금리 종류별 조건〉

(단위 : 연 %, %p)

구분	기준금리	가산금리	감면금리	우대금리
고정금리	2.89	3.86	0.15	−
변동금리	2.85	3.89	0.12	0.01

	금리 종류	첫 달 이자액
①	고정금리	430,000원
②	고정금리	440,000원
③	변동금리	430,667원
④	변동금리	440,667원

08 다음 〈보기〉 중 위 상품 내용으로 적절하지 않은 설명을 한 사람을 모두 고르면?

보기

• A : 이 상품은 영업점 방문 없이 스마트폰으로 신청·승인이 가능합니다.
• B : 현재 고객님의 신용점수(KCB 650점, NICE 728점)이며, 연소득이 30백만 원이므로 해당 상품으로 대출이 실행됩니다.
• C : 대출금이 8천만 원인 경우 인지세 7만 원을 고객이 납부하셔야 합니다.
• D : 감면금리는 최대 0.2%p까지 적용될 수 있으며, 실제 적용 여부는 내부 심사에 따라 달라집니다.
• E : 대출 기간 연장은 심사 결과에 따라 거절될 수 있습니다.

① A, D	② B, D
③ B, C	④ C, E

※ 다음은 소상공인희망대출에 대한 설명이다. 이어지는 질문에 답하시오. **[9~10]**

- **상품 특징**
  - 소상공인희망대출은 지역 소상공인의 경영 안정 도모를 위해 사업 운영에 필요한 자금을 '지역보증재단 특례보증부대출'로 지원하는 상품
  - 이자 계산 방법 : 1년을 12개월로 보고 월 단위로 계산
  - 대출 만기일 : 2년 만기(2년 단위 최대 4회 추가 연장 가능, 추가 연장 시 대출금리에 연 이율 0.1%p 추가)
  - 유의사항 : 대출의 만기 도래 시 다음 요건을 모두 갖춘 경우 기한 연장할 수 있음
    ※ 요건 : ① 최근 3개월간 연체 이력 없음 ② 최근 3개월간 수입 3,000만 원 이상 ③ 신용점수 700점 이상

- **대출정보**
  - 대출 한도 : 신용보증서상 대출 금액 범위 내
  - 대출 금리 : 연 6.25 ~ 연 6.57%[기준금리(연 4.02%)＋가산금리(연 2.23 ~ 연 2.55%p)]
  - 대출 대상 : 지역보증재단으로부터 각 협약에 따른 신용보증서를 발급받은 기업
  - 담보 : 지역보증재단 신용보증서
  - 상환방식 : 원금은 만기에 일시상환하고, 이자는 매 1월 단위로 매월 1일에 후취

- **필요 서류**
  - 인감증명서(개인) 또는 본인서명사실확인서
  - 법인인감증명서, 법인등기부등본, 정관(법인에 한함)
  - 금융거래확인서
  - 사업자등록증명원 또는 사본
  - 최근 3개년도 재무제표(비교식)
  - 납세완납증명서(국세 / 지방세)
  - 부가가치세 과세표준증명원(생략 가능)

- **연체 이자**
  - 정해진 상환일에 이자를 상환하지 못한지 3개월이 지난 경우 연체 이자율을 일괄 적용
  - 연체 이자율 : 대출 이자율＋연 3%p
  - 연체 이자 계산 방법 : 1년을 12개월로 보고 월 단위로 계산하며, 이는 대출 이자를 대신하여 납입

09 위 자료를 참고할 때, 소상공인희망대출에 대해 적절하지 않은 설명을 한 사람은?

① 나는 서울지역보증재단에서 신용보증서를 담보로 하여 소상공인희망대출을 받았어. 금리는 6.5%로 생각보단 높지만, 시중 대출과 비교해보면 부동산 담보없이 대출을 받을 수 있었어.

② 나는 4년 전에 소상공인희망대출로 3억 원을 연 6.3%의 대출금리로 대출을 받았어. 올해 다시 만기가 도래하는데 만기 연장 조건은 모두 채웠으니, 연 6.4%의 대출금리로 연장할거야.

③ 내일 개인 자격으로 소상공인희망대출을 받으러 가는데 인감증명서, 금융거래확인서, 사업자등록증명원, 최근 3개년도 재무제표, 국세 / 지방세 완납증명서를 챙겨가면 되겠지?

④ 난 1년 전에 소상공인희망대출을 2억 원 받았어. 당시 6.43%의 대출금리로 받았는데, 4개월 전부터 대출 이자를 상환하지 못하고 있어. 그래서 9.43%의 연체 이자율을 지불해야 해.

10 위 자료를 참고할 때, 다음 소상공인 중 2024년 12월 1일에 납입해야 할 이자액이 가장 큰 사람은?

<소상공인희망대출 현황>

(단위 : 백만 원, %)

구분	대출액	최초 대출시행일	최초 대출 시행 금리	연체 발생일
A	680	21.11.01	6.47	24.11.01
B	690	18.09.01	6.36	–
C	500	24.04.07	6.27	24.07.01
D	710	22.03.01	6.44	–

※ 단, 모든 소상공인은 대출연장을 통해 2025년 12월에도 대출을 시행 중임

① A   ② B
③ C   ④ D

※ 다음은 Y대학에 다니고 있는 학생들에 대한 정보이다. 이어지는 질문에 답하시오. [11~12]

<Y대학 학생 정보>

(단위 : 점, 회, 개)

이름	수업			동아리	대외활동	자격증	인턴	장학금	다전공 신청 여부
	평균 학점	필수전공 수강 여부	필수교양 수강 여부						
A	4.2	×	×	2	0	3	1	1	○
B	3.9	×	○	1	1	1	1	1	○
C	3.5	×	○	5	0	0	0	0	○
D	4.5	×	×	1	1	1	1	0	×
E	4.1	○	×	0	1	0	0	1	×
F	3.6	○	○	2	0	4	0	1	○

<Y대학 학생의 종합 학점 환산 방법>

• 평균 학점별 환산 점수

(단위 : 점)

평균 학점	2.0점 초과 2.4점 이하	2.4점 초과 2.8점 이하	2.8점 초과 3.2점 이하	3.2점 초과 3.6점 이하	3.6점 초과 4.0점 이하	4.0점 초과 4.4점 이하	4.4점 초과 4.5점 이하
환산 점수	20	25	30	35	40	45	50

※ 필수전공, 필수교양 모두 수강 시 : 환산 점수 30% 가산
※ 필수전공만 수강 시 : 환산 점수 20% 가산
※ 필수교양만 수강 시 : 환산 점수 10% 가산
※ 필수전공과 필수교양 모두 미수강 시 : 환산 점수 10% 감산
• 동아리 환산 점수 : 가입 건수×5점
• 대외활동 환산 점수 : 활동 건수×10점
• 자격증 환산 점수 : 보유 건수×3점
• 인턴 환산 점수 : 활동 건수×7점
• 장학금 : 수령 건수×10점
• 종합 학점 : 각 항목의 환산 점수의 총합

11 Y대학에 다니고 있는 학생 중 종합 학점이 가장 높은 학생은?

① B ② D

③ E ④ F

12 Y대학의 종합 학점 환산 방법이 다음과 같이 바뀌며 다전공을 신청한 학생 중 종합 학점이 가장 높은 학생만 다전공 수강이 가능하다고 할 때, 다전공 수강이 가능한 학생은?

• 평균 학점별 환산 점수							
							(단위 : 점)
평균 학점	2.0점 초과 2.4점 이하	2.4점 초과 2.8점 이하	2.8점 초과 3.2점 이하	3.2점 초과 3.6점 이하	3.6점 초과 4.0점 이하	4.0점 초과 4.4점 이하	4.4점 초과 4.5점 이하
환산 점수	26	30	34	38	42	46	50

※ 필수전공, 필수교양 모두 수강 시 : 환산 점수 20% 가산

※ 필수전공만 수강 시 : 환산 점수 10% 가산

※ 필수교양만 수강 시 : 환산 점수 5% 가산

※ 필수전공과 필수교양 모두 미수강 시 : 환산 점수 10% 감산

• 동아리 환산 점수 : 가입 건수×6점

• 대외활동 환산 점수 : 활동 건수×5점

• 자격증 환산 점수 : 보유 건수×2점

• 인턴 환산 점수 : 활동 건수×8점

• 장학금 : 수령 건수×5점

• 종합 학점 : 각 항목의 환산 점수의 종합

① A ② B

③ C ④ F

※ 다음은 X기업의 국내 · 국외 출장 여비, 시간외 수당 기준이다. 이어지는 질문에 답하시오. **[13~14]**

<h3 align="center">〈X기업 국내 출장 여비〉</h3>

(단위 : 원)

구분	여행급지	철도운임 (편도)	선박운임 (편도)	버스운임 (편도)	체재비		
					일비 (1일)	식비 (1식)	숙박비 (1박)
별정직	갑	60,000	특실 정액	특실 정액	30,000	15,000	80,000
	을	60,000			30,000	15,000	70,000
부서장	갑	40,000	1등실 정액	일반 정액	20,000	15,000	70,000
	을	40,000			20,000	15,000	60,000
직원	갑	40,000			20,000	15,000	60,000
	을	40,000	2등실 정액		20,000	15,000	50,000

※ 여행급지 '갑'지는 서울특별시, 광역시 및 특별자치시 · 도이며, '을'지는 그 외의 지역임
※ 선박 특실 요금은 50,000원이며, 1등실은 40,000원, 2등실은 30,000원임
※ 버스 특실 요금은 30,000원이며, 일반실은 25,000원임
※ 철도, 선박, 버스운임에 대한 여비 계산은 왕복 요금으로 계산함
※ 식비는 1일 3식을 기준으로 함

<h3 align="center">〈X기업 국외 출장 여비 정액표〉</h3>

(단위 : US$)

지역 \ 직급	별정직			부서장			직원		
	일비 (1일)	식비 (1식)	숙박비 (1박)	일비 (1일)	식비 (1식)	숙박비 (1박)	일비 (1일)	식비 (1식)	숙박비 (1박)
미국, 캐나다	60	90	120	45	70	120	30	50	120
유럽	60	90	100	45	70	100	30	50	100
일본, 중국	60	90	80	45	70	80	30	50	80
아프리카	60	90	80	45	70	80	30	50	80

※ 별정직은 회장, 상무, 사무총장이며, 부서장은 팀장, 센터장, 직원은 그 외 직급임
※ 1US$는 1,500원으로 계산함
※ 식비는 1일 3식을 기준으로 함

<h3 align="center">〈X기업 시간외 수당 기준〉</h3>

(단위 : %)

직급 \ 요일	월	화	수	목	금	토	일
별정직	0	0	0	0	0	10	10
부서장	20	20	20	20	20	50	50
직원	10	10	10	10	10	30	30

※ 시간외 수당은 각 직급의 임금에 시간외 수당 기준만큼의 추가된 비용을 의미함

〈직급별 시급〉

(단위 : 원)

회장	상무	사무총장	팀장	센터장	과장	대리	사원
50,000	30,000	25,000	20,000	20,000	15,000	12,000	10,000

※ 공휴일이 평일(월 ~ 금)인 경우 공휴일 수당을 기준으로 함
※ 공휴일이 주말(토 ~ 일)인 경우 주말 수당을 기준으로 함

13 다음은 X기업의 11월 출장 계획이다. 11월 출장 여비의 총합은 얼마인가?

〈X기업 11월 출장 계획〉

- 회장 : 11월 3일(월) ~ 6일(목) 인천광역시(철도), 11월 12일(수) ~ 13일(목) 화성시(버스)
- 상무 : 11월 18일(화) ~ 20일(목) 제주특별자치도(선박)
- B센터 사원 2명 : 11월 18일(화) ~ 20일(목) 부산광역시(항공)
- C팀 과장 : 11월 24일(월) ~ 28일(금) 일본 도쿄(항공)

※ 괄호 안의 내용은 이용한 교통수단을 의미함
※ 단, 항공을 이용할 경우 항공운임은 발생하지 않음

① 2,570,000원   ② 3,885,000원
③ 4,570,000원   ④ 5,885,000원

14 다음은 X기업의 11월 15일까지 시간외 근무 현황이다. 해당 기간 동안 시간외 근무수당의 총합은 얼마인가?

〈시간외 근무 현황〉

일	월	화	수	목	금	토
						1
2	3	4	5	6	7	8
		B센터 대리(1명) 4시간				
9	10	11	12	13	14	15
D센터 사원(4명) 4시간	사무총장 2시간				A팀장 3시간	

① 37,300원   ② 44,800원
③ 57,300원   ④ 64,800원

※ 다음은 I기업의 승진 대상자 및 승진 조건에 대한 자료이다. 이어지는 질문에 답하시오. **[15~16]**

- 근속 연수 점수 : 근속 연수×2점
- 해당 직급 근속 연수 점수 : 해당 직급 근속 연수×3점
- 직무평가 점수 : A(30점), B(25점), C(20점), D(15점)
- 교육 이수 점수 : 교육 프로그램 1개당 5점(단, 성평등 교육은 3점)
- 가점 : 사내 공모전 입상 시 입상 건수당 5점
- 벌점 : 징계 1건당 3점
- 승진 총점 : 근속 연수 점수+해당 직급 근속 연수 점수+직무평가 점수+교육 이수 점수+가점−벌점
※ 가점과 벌점은 최근 3년 이내 결과만을 대상으로 함

〈2024년 I기업 승진 대상자 정보〉

구분	근속 연수	해당 직급 근속 연수	직무평가 점수	교육 이수 내역	공모전 내역	징계 내역
A직원	3년	1년	A	좋은 보고서 쓰기	• 2024년 사외 공모전 1건 입상 • 2020년 사내 공모전 2건 입상	−
B직원	7년	1년	B	성평등 교육	2023년 사내 공모전 1건 입상	−
C직원	4년	0년	A	• 신입사원 필수 교육 • 좋은 보고서 쓰기	2022년 사외 공모전 3건 입상	2024년 감봉 1회
D직원	6년	5년	D	리더십 교육	−	−

15 2024년 I기업 승진 대상자 중 승진 총점이 가장 높은 직원만 승진한다고 할 때, 승진 대상자는?

① A ② B
③ C ④ D

16 I기업 승진 조건이 다음과 같이 바뀌고, 승진 대상자 중 승진 총점이 가장 높은 직원만 승진한다고 할 때, 승진 대상자는?

- 근속 연수 점수 : 근속 연수×3점
- 해당 직급 근속 연수 점수 : 해당 직급 근속 연수×4점
- 직무평가 점수 : A(30점), B(20점), C(10점), D(0점)
- 교육 이수 점수 : 교육 프로그램 1개당 3점(단, 성평등 교육은 1점)
- 가점 : 사내 공모전 입상 시 입상 건수당 5점
- 벌점 : 징계 1건당 10점
- 승진 총점 : 근속 연수 점수+해당 직급 근속 연수 점수+직무평가 점수+교육 이수 점수+가점−벌점
※ 가점과 벌점은 최근 7년 이내 결과만을 대상으로 함

① A ② B
③ C ④ D

※ 다음은 ISA 계좌의 유형별 현황과 연간 수익률에 대한 자료이다. 이어지는 질문에 답하시오. [17~18]

<ISA 계좌 유형별 현황>

(단위 : 천 명, 백만 원)

구분	개설 가능 금융기관	가입자 수	총 가입 금액	주요 특징
중개형 ISA	증권사	15,234	472,254	• 비과세한도 : 50만 원 • 과세율 : 9.9%
신탁형 ISA	은행, 증권사, 보험사	19,762	592,860	• 비과세한도 : 100만 원 • 과세율 : 15%
일임형 ISA	은행, 증권사	21,546	657,153	• 비과세한도 : 150만 원 • 과세율 : 20%

※ (납세액)=[(수익)−(비과세한도)]×(과세율)

$$※ (가입자 1인당 가입 금액)=\frac{(총 가입 금액)}{(가입자 수)}$$

<ISA 유형별 최근 5년간 연간 수익률>

(단위 : %)

구분	2020년	2021년	2022년	2023년	2024년
중개형 ISA	2.4	2.2	1.8	2.1	1.8
신탁형 ISA	1.9	2.1	2.2	1.8	2.0
일임형 ISA	2.3	3.1	2.7	1.2	0.8

※ 예금은 연 2%의 고정 수익률을 보장함
※ 누적 수익률은 복리로 계산함

17 위 자료에 대한 설명으로 옳지 않은 것은?

① 보험사를 통해 개설 가능한 ISA의 현재 가입자 1인당 가입 금액은 30,000원 이상이다.

② 200만 원 이상의 수익을 얻었다면, 중개형 ISA의 납세액이 신탁형 ISA의 납세액보다 적다.

③ 2020년에 신탁형 ISA와 예금에 동일한 금액을 투자했다면, 2021년 세전 수익은 신탁형 ISA가 예금보다 더 많다.

④ 최근 5년간 고시된 수익률의 평균값이 가장 높은 ISA 계좌는 중개형 ISA이다.

18 다음 중 가장 많은 세후 수익을 얻은 사람은?(단, 투자자는 투자한 해의 연간 수익률만큼의 세전 수익을 얻었다)

① A : 2020년에 중개형 ISA에 5,000만 원을 투자하였다.

② B : 2022년에 신탁형 ISA에 6,000만 원을 투자하였다.

③ C : 2021년에 일임형 ISA에 4,000만 원을 투자하였다.

④ D : 2023년에 중개형 ISA에 3,000만 원을 투자하였다.

19 다음은 I은행 상담 조회에 대한 순서도이다. 입력된 상담 조회 내역이 과거가 아니고, 예약 내역이 확인되지 않을 때, 출력되는 알림으로 옳은 것은?

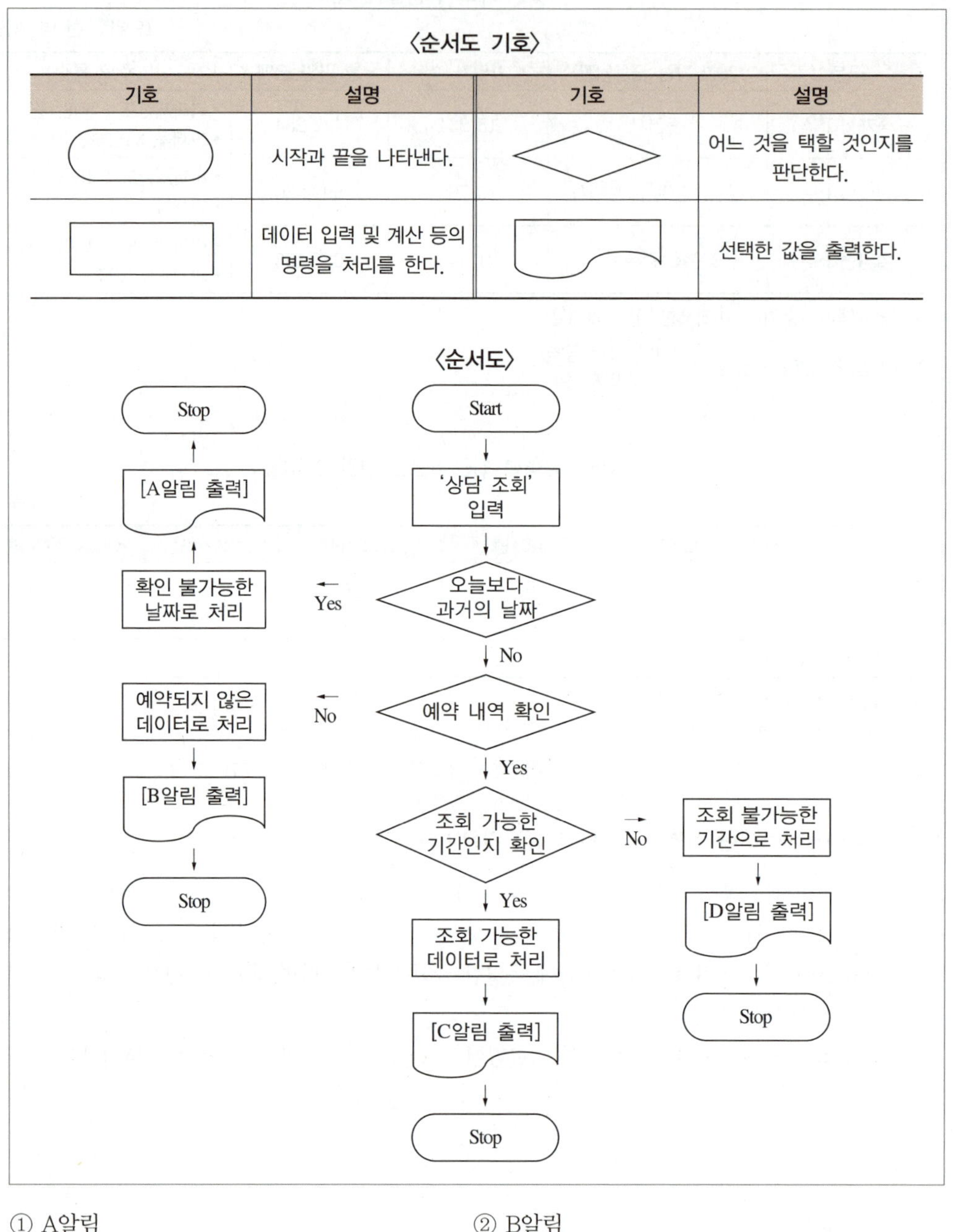

① A알림 ② B알림
③ C알림 ④ D알림

| 금융일반 – 객관식 |

01 다음 중 순수전략 내쉬균형을 구하는 방법에 대한 설명으로 옳지 않은 것은?

① 순수전략 내쉬균형을 구할 때 일반적으로 최적 대응 분석 방법을 사용한다.

② 보수행렬을 작성하고, 상대방 전략에 대해 가장 높은 보수를 주는 전략을 선택한다.

③ 각 참가자의 표시가 모두 있는 전략이 순수전략 내쉬균형이 된다.

④ 모든 게임에서 순수전략 내쉬균형을 찾아낼 수 있다.

02 다음 〈보기〉 중 지니계수에 대한 설명으로 옳은 것의 개수는?

> 보기
>
> ㄱ. 지니계수는 소득 불평등 정도를 나타내는 지표이다.
> ㄴ. 지니계수는 0부터 1 사이의 값을 가진다.
> ㄷ. 지니계수는 0에 가까울수록 평등하고, 1에 가까울수록 불평등하다.
> ㄹ. 지니계수는 소득 및 다른 불평등 요소를 모두 고려하여 계산한다.

① 1개 　　　　　　　　　　　② 2개
③ 3개 　　　　　　　　　　　④ 4개

03 다음 〈보기〉 중 로렌츠 곡선에 대한 설명으로 옳은 것의 개수는?

> 보기
>
> ㄱ. 로렌츠 곡선은 소득분배의 불평등 정도를 나타내는 곡선이다.
> ㄴ. 가로축에 인구의 누적비율, 세로축에 소득의 누적비율을 표시한다.
> ㄷ. 완전평등선은 인구 누적비율과 소득 누적비율이 완전히 일치하는 수직선이다.
> ㄹ. 소득 종류·분포 등의 정보를 반영하여 계산한다.

① 1개 　　　　　　　　　　　② 2개
③ 3개 　　　　　　　　　　　④ 4개

04 다음 중 신용 스프레드에 대한 설명으로 옳지 않은 것은?

① 만기가 동일한 국채 금리와 회사채 금리의 차이를 의미한다.

② 경기침체 우려가 커질 경우 회사채 금리가 높아져 신용 스프레드가 확대된다.

③ 신용 스프레드가 확대되는 경우 투자자들은 높은 금리를 요구한다.

④ 기준금리 변동은 신용 스프레드에 영향을 미치지 않는다.

05 다음 제시된 자료를 참고하여 해당 자산의 감가상각비를 정액법으로 계산한 것은?

- 취득원가 : 1억 원
- 잔존가치 : 5,000만 원
- 상각률 : 0.2

① 500만 원

② 800만 원

③ 1,000만 원

④ 2,000만 원

06 다음 〈보기〉 중 IRR에 대한 설명으로 옳은 것의 개수는?

보기

ㄱ. IRR은 내부수익률을 의미하며, 투자의 현재가치와 미래의 현금유입의 현재가치를 같게 하는 할인율이다.

ㄴ. IRR이 시장이자율보다 클 경우 수익성이 있는 투자라 할 수 있다.

ㄷ. IRR은 단순한 수익률 지표로 투자의 절대적인 가치를 판단하기 어렵다.

ㄹ. 현금흐름이 복잡한 경우라도 IRR은 쉽게 구할 수 있다.

① 1개

② 2개

③ 3개

④ 4개

07 다음 중 약세 콜옵션 스프레드에 대한 설명으로 옳은 것은?

① 상승할 것으로 예상될 때, 프리미엄이 높은 콜옵션을 매수하고 프리미엄이 낮은 콜옵션을 매도하는 전략

② 하락할 것으로 예상될 때, 프리미엄이 낮은 콜옵션을 매수하고 프리미엄이 높은 콜옵션을 매도하는 전략

③ 상승할 것으로 예상될 때, 프리미엄이 낮은 풋옵션을 매수하고 프리미엄이 높은 풋옵션을 매도하는 전략

④ 하락할 것으로 예상될 때, 프리미엄이 높은 풋옵션을 매수하고 프리미엄이 낮은 풋옵션을 매도하는 전략

08 다음 〈보기〉 중 피셔효과를 활용한 인플레이션 대응방법으로 옳은 것을 모두 고르면?

> **보기**
>
> ㄱ. 예상 인플레이션이 높을수록 고금리 채권에 투자한다.
> ㄴ. 예상 인플레이션이 높을수록 물가상승이 제품가격에 반영되는 기업의 주식을 매수한다.
> ㄷ. 예상 인플레이션이 높을수록 대출을 많이 받아 레버리지 효과를 활용한다.
> ㄹ. 예상 인플레이션이 높을수록 대출기관은 고정금리 대출을 선호한다.

① ㄱ, ㄴ   ② ㄱ, ㄷ

③ ㄴ, ㄷ   ④ ㄴ, ㄹ

09 다음 중 현시선호이론에 대한 설명으로 옳지 않은 것은?

① 현시란 소비자가 실제로 선택한 행위를 의미하며, 소비자의 행동에 집중한다.

② 주관적 선호개념과 객관적 선호개념을 모두 고려하여 정교하게 소비자 선호를 분석할 수 있다.

③ 선호란 소비자의 실제 선택을 통해 추론된 소비자의 선호를 의미한다.

④ 한계대체율의 감소를 통해 무차별곡선과 수요곡선을 도출할 수 있다.

10 다음 〈보기〉 중 은행의 자산에 해당하는 것의 개수는?

> **보기**
>
> ㄱ. 예금 ㄴ. 예수금
> ㄷ. 차입금 ㄹ. 예치금
> ㅁ. 대출채권 ㅂ. 유가증권

① 2개 ② 3개
③ 4개 ④ 5개

01 다음을 참고하여 구한 자기주식 처분손익은?

> • 매입가액 : 10억 원
> • 부대비용 : 1억 원
> • 처분가액 : 12억 원

(억 원)

02 다음을 참고하여 구한 PER(Per Earning Ratio)과 BPS(Book value Per Share)는?

> • 주가 : 10,000원
> • 주식수 : 5,000,000주
> • 당기순이익 : 20억 원
> • 자산 : 200억 원
> • 부채 : 100억 원

(PER :   , BPS :   원)

01 다음 중 DFS(Depth First Search)를 구현할 때 주로 사용되는 자료구조는?

① 큐(Queue)   ② 스택(Stack)
③ 힙(Heap)   ④ 해시 테이블(Hash Table)

02 다음 중 DIKW 계층 구조에서 가공되지 않은 순수한 수치나 사실을 의미하는 것은?

① Data   ② Information
③ Knowledge   ④ Structure

03 다음 중 아파치 카프카(Apache Kafka)의 핵심 아키텍처 모델은?

① Request / Response 모델   ② Publish / Subscribe 모델
③ Client / Server 모델   ④ Master / Slave 모델

04 다음 중 K-means 알고리즘에서 새로운 중심(Centroid)을 계산하는 방법은?

① 군집 내 데이터들의 최댓값 ② 군집 내 데이터들의 최솟값
③ 군집 내 데이터들의 평균값 ④ 군집 내 데이터들의 중앙값

05 다음 중 딥러닝 모델의 출력층에서 3개 이상의 클래스로 분류할 때, 각 클래스에 속할 확률의 합이 1이 되도록 변환하는 함수는?

① Sigmoid ② ReLU
③ Softmax ④ Tanh

06 다음 중 RSA 알고리즘의 특징으로 옳지 않은 것은?

① 공개키 암호화(비대칭키) 방식이다.
② 암호화 키와 복호화 키가 서로 다르다.
③ 대칭키 암호화 방식보다 처리 속도가 빠르다.
④ 전자 서명 및 암호화에 사용할 키 교환에 주로 사용된다.

　　다음 SQL의 실행 결과 건수는?

```
Table A: {1, 2, 3}
Table B: {2, 3, 4}
SELECT * FROM A INNER JOIN B ON A.id=B.id
```

① 1건　　　　　　　　　　　　② 2건

③ 3건　　　　　　　　　　　　④ 4건

08　　다음 중 스택(Stack)의 구조적 특징을 가장 잘 설명한 용어는?

① FIFO(First In First Out)　　　　② LIFO(Last In First Out)

③ LILO(Last In Last Out)　　　　④ Random Access

01 전체 데이터가 100개이고 5-Fold 교차 검증을 수행할 때, 한 번의 검증(Validation)에 사용되는 데이터 개수는?

(개)

02 어떤 분류 모델에서 Precision=0.8, Recall=0.8일 때, 이 모델의 F1-score는?

(   )

01 NCS 직업기초능력

※ 다음 글을 읽고 이어지는 질문에 답하시오. [1~2]

(가) 한국거래소 단일 체제로 운영되었던 국내 주식시장이 넥스트레이드의 출범으로 복수 거래 시장 체제로 바뀌게 되었다. 이는 자본시장 인프라 경쟁체제 도입을 통한 시장 선진화와 투자자 효용증대를 위한 것으로 업계 관계자들은 이를 두고 이전보다 거래비용과 처리속도, 주문방식, 거래시간 등 인프라 환경이 투자자에게 유리하게 바뀔 수 있을 것이라며 넥스트레이드의 출범에 대해 긍정적으로 보고 있다.

(나) 먼저 투자자의 시장 접근성과 거래편의성을 향상시키기 위한 정규시장 전후로 거래시간이 확대된다. 정규시장보다 1시간 일찍 개장하는 프리마켓(08:00 ~ 08:50)과 정규시장 폐장 후 경쟁접속매매 방식으로 거래되는 애프터마켓(15:40 ~ 20:00)이 도입되어 현행 거래소의 거래시간에서 5시간 30분 확대된 12시간 동안 거래가 가능해진 것이다. 이러한 애프터마켓의 도입으로 해외 투자자가 해당 국가의 낮에 우리 주식을 거래할 수 있게 됨으로써 해외 투자자의 국내시장 접근성이 용이해져 야간시장 유동성 증가도 기대되고 있다.

(다) 또한 넥스트레이드는 새로운 호가 유형인 '중간가호가(Mid Point Order)'와 '스톱지정가호가(Stop Limit Order)'를 제공하겠다고 밝혔다. 중간가호가란 최우선매수·매도호가의 중간 가격(산술평균 가격)으로 매매하고자 하는 주문을 말하며, 이를 통해 안정적이고 풍부한 유동성이 확보될 것으로 기대된다. 스톱지정가호가란 시장가격이 투자자가 사전에 설정한 가격(Stop Price)에 도달하는 경우 지정가호가로 매매하도록 전환되는 주문을 말한다. 다만, 두 호가 모두 넥스트레이드에서만 가능하며, 프리·애프터마켓 운영시간이 아닌 기존 정규시장에서만 사용이 가능하다.

(라) 이와 더불어 거래소 경쟁체제로 인해 기존 대비 투자비용을 절감할 수 있을 것으로 기대된다. 넥스트레이드가 거래소 경쟁체제 확립과 투자자 편익 향상을 위해 거래소보다 20 ~ 40% 낮은 수수료를 제공하겠다고 밝혔기 때문이다. 거래유형에 구분 없이 일률적으로 수수료를 부과하던 기존의 방식에서 탈피해 기존 호가 잔량을 이용하여 거래를 체결하는 '테이커(Taker)'에는 기존 거래소 대비 80% 수준인 0.00182%를 부과하고, 시장에 유동성을 공급하는 '메이커(Maker)'에게는 이보다 더 낮은 0.00134%의 수수료를 부과하는 등 투자자 친화적인 수수료방식으로 진행할 예정이다.

01 윗글의 내용으로 가장 적절한 것은?

① 기존에는 국내 주식시장이 독점으로 운영되어 투자자들에게 불리했다.

② 애프터마켓의 도입 전에는 해외 투자자가 우리나라 주식을 거래할 수 없었다.

③ 중간가호가와 스톱지정가호가는 넥스트레이드에서만 할 수 있는 매매 주문이다.

④ 거래소 경쟁체제의 도입으로 모든 거래소에서 거래유형에 따라 부과되는 수수료가 상이해졌다.

02 윗글에서 다음 〈보기〉의 문장이 들어갈 위치로 가장 적절한 곳은?

> **보기**
>
> 이에 대해 넥스트레이드 측은 "우리나라도 시간의 문제일 뿐, 언젠가는 24시간 주식거래체계를 갖추어야 국내 및 해외 투자자 니즈를 만족시키고, 글로벌 경쟁에서 뒤떨어지지 않을 것"이라고 덧붙였다.

① (가) 문단의 뒤 ② (나) 문단의 뒤

③ (다) 문단의 뒤 ④ (라) 문단의 뒤

※ 다음 글을 읽고 이어지는 질문에 답하시오. [3~4]

<전자상거래 등에서의 소비자보호에 관한 법률>

제13조(신원 및 거래조건에 대한 정보의 제공) 제6항
통신판매업자는 재화 등의 정기결제 대금이 증액되거나 재화 등이 무상으로 공급된 후 유료 정기결제로 전환되는 경우에는 그 증액 또는 전환이 이루어지기 전 대통령령으로 정하는 기간 내에 그 증액 또는 전환의 일시, 변동 전후의 가격 및 결제방법에 대하여 소비자의 동의를 받고, 증액 또는 전환을 취소하거나 해지하기 위한 조건·방법과 그 효과를 소비자에게 고지하여야 한다.

제21조의2(온라인 인터페이스 운영에 있어서 금지되는 행위) 제1항
전자상거래를 하는 사업자 또는 통신판매업자는 온라인 인터페이스(웹사이트 또는 모바일 앱 등의 소프트웨어로서 소비자와 사업자 사이의 매개체를 말한다)를 운영하는 경우 다음 각 호의 어느 하나에 해당하는 행위(다크 패턴)를 하여서는 아니 된다.

1. 사이버몰을 통하여 소비자에게 재화 등의 가격을 알리는 표시·광고의 첫 화면에서 소비자가 그 재화 등을 구매·이용하기 위하여 필수적으로 지급하여야 하는 총금액(재화 등의 가격 외에 재화 등의 제공을 위하여 필수적으로 수반되는 비용까지 포함한 것을 말한다) 중 일부 금액만을 표시·광고하는 방법으로 소비자를 유인하거나 소비자와 거래하는 행위. 다만, 총금액을 표시·광고할 수 없는 정당한 사유가 있고 그 사유를 총리령으로 정하는 바에 따라 소비자에게 알린 경우는 제외한다.
2. 재화 등의 구매·이용, 회원가입, 계약체결 등이 진행되는 중에 소비자에게 다른 재화 등의 구매·이용, 회원가입, 계약체결 등에 관한 청약의사가 있는지 여부를 묻는 선택항목을 제공하는 경우 소비자가 직접 청약의사 여부를 선택하기 전에 미리 청약의사가 있다는 표시를 하여 선택항목을 제공하는 방법으로 소비자의 다른 재화 등의 거래에 관한 청약을 유인하는 행위
3. 소비자에게 재화 등의 구매·이용, 회원가입, 계약체결 또는 구매취소, 회원탈퇴, 계약해지(이하 "구매 등"이라 한다)에 관한 선택항목을 제시하는 경우 그 선택항목들 사이에 크기·모양·색깔 등 시각적으로 현저한 차이를 두어 표시하는 행위로서 다음 각 목의 어느 하나에 해당하는 경우
   가. 소비자가 특정 항목만을 선택할 수 있는 것처럼 잘못 알게 할 우려가 있는 행위
   나. 소비자가 구매 등을 하기 위한 조건으로서 특정 항목을 반드시 선택하여야만 하는 것으로 잘못 알게 할 우려가 있는 행위
4. 정당한 사유 없이 다음 각 목의 어느 하나에 해당하는 방법으로 소비자의 구매취소, 회원탈퇴, 계약해지 등을 방해하는 행위
   가. 재화 등의 구매, 회원가입, 계약체결 등의 절차보다 그 취소, 탈퇴, 해지 등의 절차를 복잡하게 설계하는 방법
   나. 재화 등의 구매, 회원가입, 계약체결 등의 방법과는 다른 방법으로만 그 취소, 탈퇴, 해지 등을 할 수 있도록 제한하는 방법
5. 소비자가 이미 선택·결정한 내용에 관하여 그 선택·결정을 변경할 것을 팝업창 등을 통하여 반복적으로 요구하는 방법으로 소비자의 자유로운 의사결정을 방해하는 행위. 다만, 그 선택·결정의 변경을 요구할 때 소비자가 대통령령으로 정하는 기간 이상 동안 그러한 요구를 받지 아니하도록 선택할 수 있게 한 경우는 제외한다.

03 윗글에 대한 설명으로 가장 적절한 것은?

① 통신판매업자는 일정 기간 무상으로 재화 등이 제공되었다가 기간 경과 후 유료 정기결제로 전환되어 결제가 이루어졌을 경우, 그 즉시 소비자에게 고지하여야 한다.

② 소비자가 특정 재화 등의 계약체결을 진행하는 도중 다른 재화 등에 대하여 추가 설명하며 이에 대한 청약 의사가 있는지를 묻는 등 추가 선택항목을 제공하고 이로 유인하는 행위를 하여서는 안 된다.

③ 회원가입과 재화 등의 구매는 모바일과 PC 모두 가능하지만, 탈퇴와 재화 등의 구매취소는 PC에서만 가능하도록 하는 것은 모두 위법사항이다.

④ 소비자가 이미 선택한 항목에 대해 다른 선택지로 변경하는 것이 더 유리하다고 광고하는 창은 소비자가 일정 기간 동안 해당 내용을 보지 않겠다고 선택할 수 있는 경우 반복적으로 제시할 수 있다.

04 윗글을 참고할 때, 다음 〈보기〉 중 다크 패턴 위반에 해당하는 것을 모두 고르면?

> **보기**
>
> ㉠ 소비자가 구매를 진행하는 최종 단계에서 부가가치세나 구매수수료 등을 고지하여 소비자가 예상하지 못했던 비용이 추가되는 경우
> ㉡ 소비자가 특정 제품을 구매하려고 표시할 때, 해당 제품과 함께 사용하면 좋을 제품들에 대한 추가 선택항목들을 자동적으로 선택하도록 한 경우
> ㉢ 회원가입 클릭 버튼은 화면 상단에 크게 표시한 반면, 회원탈퇴는 복잡한 경로를 거쳐 찾기 힘들도록 표시한 경우
> ㉣ 소비자가 이미 선택을 마쳤음에도 불구하고 그 선택을 변경하도록 유인하는 일회성 팝업창을 띄워 유인하는 경우

① ㉠, ㉡
② ㉢, ㉣
③ ㉠, ㉡, ㉢
④ ㉠, ㉡, ㉢, ㉣

※ 다음은 I퇴직연금에 대한 상품설명서이다. 이어지는 질문에 답하시오. **[5~6]**

<〈I퇴직연금 상품설명서〉>

- I퇴직연금은 65세 정년퇴직한 사람만 퇴직 후 연금을 수령할 수 있다(정년퇴직일은 65세가 된 해 마지막 날임).
- I퇴직연금은 가입일로부터 매월 소득의 10%를 납입하여야 하며, 정년퇴직 시 납입을 중단하고 매월 1,200,000원을 지급받는다.
- I퇴직연금 상품은 정년퇴직일에 일시금으로 받을 수 있는 옵션이 있는데, 이는 납입기간이 30년 이상이거나, 총납입금이 2억 원 이상인 경우에만 가능하다.
- I퇴직연금은 정년퇴직일 이후 공모펀드, ETF, 예금 중 하나에 실물이전이 가능하며, 실물이전 후 상품의 리스크에 따른 추정 수익률은 다음과 같다.

구분	추정수익률
공모펀드	• 30% 확률로 이전금의 30% 상승 • 20% 확률로 이전금의 20% 상승 • 50% 확률로 이전금의 10% 하락
ETF	• 15% 확률로 이전금의 100% 상승 • 25% 확률로 이전금의 50% 상승 • 55% 확률로 이전금의 30% 하락 • 5% 확률로 이전금의 50% 하락
예금	• 100% 확률로 이전금의 5% 상승

※ 기대수익률은 상품별 추정수익률의 확률 가중평균을 백분율로 표시한 것임
- 실물이전은 퇴직연금 납입금의 50%를 이전할 수 있으며 단 1회만 할 수 있다.
- 실물이전을 통해 선택한 상품의 가입기간은 5년이며, 5년 만기 후 해당 상품에 특성에 따른 금액을 일시금으로 수령한다. 단, 이 기간 동안 연금액은 수령하지 못한다.
- 실물이전을 하지 않은 채 연금을 받다가 사망하여 퇴직연금 총납입금이 수령액보다 많다면, 잔여 납입금을 일시불로 상속할 수 있다. 이 경우 상속세는 5%이다.

05 다음 중 I퇴직연금 상품에 대한 설명으로 옳지 않은 것은?

① I퇴직연금에서 실물이전할 경우 기대수익률이 가장 높은 상품은 공모펀드이다.

② I퇴직연금을 40세에 가입하고, 월 소득이 800만 원일 때 정년퇴직일에 일시금으로 수령할 수 있다.

③ 월 소득이 600만 원인 사람이 I퇴직연금에 20년간 가입 후 정년퇴직을 하여 10년간 연금을 수령하였다면, 납입금과 수령액은 동일하다.

④ I퇴직연금 납입금이 5천만 원이고, 실물이전을 하지 않은 상태에서 30개월간 연금을 받다 사망한 경우 상속 가능한 실제 금액은 1,330만 원이다.

06 다음은 A씨의 급여상황 및 노후대책 계획이다. A씨가 정년퇴직 후 얻을 수 있는 최대금액은?(단, 금액은 연금 수령액과 실물이전 투자 수익을 모두 반영한다)

> • 26세에 취업한 A씨는 65세에 정년퇴직을 하며, 연봉은 5년 단위로 재협상한다. 재협상 시 A씨의 연봉은 600만 원씩 상승한다.
> • A씨의 최초 월급은 200만 원이며 그 외 수입은 없다.
> • A씨는 36세에 I퇴직연금 상품에 가입할 예정이며, 정년퇴직까지 I퇴직연금을 유지할 예정이다.
> • A씨는 76세에 실물이전을 진행할 예정이다.
> • A씨는 85세 끝까지 연금을 받을 것으로 가정한다.

① 2억 8,800만 원　　　　　　② 2억 9,250만 원

③ 2억 9,412만 원　　　　　　④ 3억 5,302만 원

※ 다음은 혁신바우처 사업에 대한 설명이다. 이어지는 질문에 답하시오. [7~8]

<혁신바우처 사업>

1. 사업 목적

최근 3년간 평균 매출액이 120억 원 이하인 제조 소기업을 대상으로 컨설팅, 기술지원, 마케팅 3가지 분야에서 분야당 최대 1개의 프로그램을 이용할 수 있도록 바우처 형태로 제공하는 사업

2. 지원 내용

최근 3년간 평균 매출액 규모에 따라서 정부 지원 비율을 최소 45%에서 최대 85% 범위 내에서 차등하여 적용(정부 지원금 최대 한도는 5천만 원)

구분	정부 지원 비율	자기부담 비율
3억 원 이하	85%	15%
3억 원 초과 10억 원 이하	75%	25%
10억 원 초과 50억 원 이하	65%	35%
50억 원 초과 120억 원 이하	45%	55%

3. 세부 내용

구분	프로그램	지원 내용	한도(백만 원)
컨설팅	경영 기술전략	• 생산·품질관리, 기술사업화 전략, 노무, 인사, 조직, 세무, 재무, 회계, 경영전략, 구조개선 및 사업전환, 영업전략 • 노동법 대응(최저임금제, 근로시간 등)	15
	제조혁신 추진전략	• 스마트공장 진단 및 실용화, 활성화, 고도화를 위한 전략 수립	15
기술 지원	시제품 제작	• 디자인 목업, 제품 형상 구현(샘플금형, 비금형, 정밀 미세가공, 섬유, 식품)	30
	시스템 및 시설구축	• 생산관리 정보화, 기술유출방지 시스템, 연구시설, 스마트공장 구축, 공정설계, 생산정보 디지털화 지원 등	20
	기술이전 및 지식재산권 획득	• 기술이전에 필요한 기술료 지원 지식재산권(IP) 획득 지원(분쟁대응 포함)	15
	제품 시험·인증	• 하드웨어(성능, 안전성, 신뢰성, 조달품 적합, 유해물질 분석, 자가품질검사), 소프트웨어(보안해킹, 웹/앱) • 제품 또는 품질 관련 국내인증 취득 등	15
마케팅	디자인 개선	• 제품 디자인, 포장 디자인 등	15
	브랜드 지원	• CI디자인개발, BI개발, 브랜드 스토리·슬로건 등	20
	홍보 지원	• 온라인(광고, 홍보영상, 홈페이지 등) 및 오프라인 매체(방송, 신문, 옥외광고, 홍보물 제작 등)를 활용한 제품홍보	20

4. 지원 제외 대상

• 금융기관으로부터 불량거래처로 규제 중이거나 국세 및 지방세 체납이 확인된 기업

　※ 단, 신용회복위원회의 프리워크아웃 또는 개인워크아웃 제도에서 채무조정합의서를 체결한 경우, 법원의 개인회생제도에서 변제계획인가를 받거나 파산면책 선고자, 회생인가를 받은 기업, 재기컨설팅 신청기업은 지원 가능

• 그 외 개별 지원 프로그램에서 지원 제외 대상으로 열거한 기업

• 신청 시 동 사업을 수행(바우처 잔액 보유) 중인 기업

07 다음 중 혁신바우처 사업에 대한 설명으로 옳지 <u>않은</u> 것은?

① 한 기업이 브랜드 지원 프로그램과 홍보 지원 프로그램을 동시에 이용하는 것은 제한된다.

② 경영 기술전략, 시제품 제작, 홍보 지원 프로그램을 지원받으면 최대 6천 5백만 원까지 지원받을 수 있다.

③ 스마트공장화에 관심이 있는 제조 소기업은 제조혁신 추진전략과 시스템 및 시설구축 프로그램을 이용하는 것이 유리하다.

④ 최근 3년 평균 매출액이 4억 원인 제조 소기업에 지급된 혁신바우처 정부 지원금이 3천만 원이면 자가부담 금액은 1천만 원이다.

08 다음 중 혁신바우처 지원 제외 대상 기업에 해당하지 <u>않는</u> 곳은?

① 주 업종은 소매업이나 제조업을 영위 중인 A기업

② 국세와 지방세의 체납은 없지만 공공요금의 체납이 확인된 B기업

③ 신용회복위원회의 프리워크아웃 제도를 통해 채권자와 채무를 조정 중인 C기업

④ 동 사업의 컨설팅 분야와 기술 지원 분야에서 바우처를 지원받아 프로그램을 이용 중인 상태에서 마케팅 분야에서의 지원을 신청한 D기업

※ 다음은 I기업 직원의 5월 소득 및 지출 관련 자료이다. 이어지는 질문에 답하시오(단, I기업의 직원은 제시된 6명뿐이다). **[9~10]**

<I기업 직원의 5월 소득 관련 자료>

구분	월 기본급	근속연수	근무지	비고
A사원	2,230천 원	2년	서울	–
B대리	2,750천 원	4년	경기	–
C대리	3,125천 원	5년	경기	장애 1급
D과장	3,500천 원	6년	인천	–
E차장	3,780천 원	10년	인천	–
F부장	4,200천 원	14년	세종	장애 5급

※ 월 급여 책정 원칙 : 월 기본급+근속급여(근속연수×100천 원)+직위 급여+근무지 급여+장애 급여
- 직위 급여(천 원) : 사원(50), 대리(70), 과장(100), 차장(150), 부장(200)
- 근무지 급여(천 원) : 서울(0), 경기(30), 인천(50), 세종(100)
- 장애 급여(천 원) : 1급(250), 2급(200), 3급(150), 4급(100), 5급(50), 6급(30)

<I기업 직원의 5월 지출 관련 자료>

(단위 : 원)

구분	식비	주거비	통신비	세금	교육비	기타	합계
A사원	420,000	735,000	150,000	340,000	250,000	550,000	2,445,000
B대리	550,000	800,000	150,000	415,000	100,000	650,000	2,665,000
C대리	750,000	580,000	200,000	500,000	300,000	963,000	3,293,000
D과장	950,000	873,000	150,000	350,000	800,000	1,155,000	4,278,000
E차장	1,150,000	967,000	150,000	515,000	1,330,000	830,000	4,942,000
F부장	1,450,000	875,000	200,000	465,000	1,400,000	925,000	5,315,000

<I기업 직원의 5월 기타 지출 항목 중 세부 자료>

(단위 : 원)

구분	잡화비	여행비	금융상품 투자		업무비	합계
			예금	적금		
A사원	100,000	150,000	100,000	100,000	100,000	550,000
B대리	100,000	250,000	150,000	100,000	50,000	650,000
C대리	203,000	260,000	200,000	200,000	100,000	963,000
D과장	200,000	800,000	50,000	100,000	5,000	1,155,000
E차장	230,000	200,000	100,000	200,000	100,000	830,000
F부장	105,000	100,000	500,000	200,000	20,000	925,000

09 위 자료에 대한 설명으로 옳지 않은 것은?

① I기업 직원들의 5월 소득 평균은 450만 원 이상이다.

② I기업 직원들 중 월 소득에서 월 지출을 뺀 금액이 가장 많은 사람은 C대리이다.

③ I기업 직원들 중 근속연수가 가장 짧은 직원의 월 소득과 월 지출은 250만 원 이하이다.

④ I기업 직원들의 지출은 모두 200만 원 이상이며, 이들의 평균 월 지출은 350만 원 이상이다.

10 다음 중 I기업 전체 직원의 금융상품 투자금액에서 각 직원이 차지하는 비율을 바르게 나타낸 그래프는?

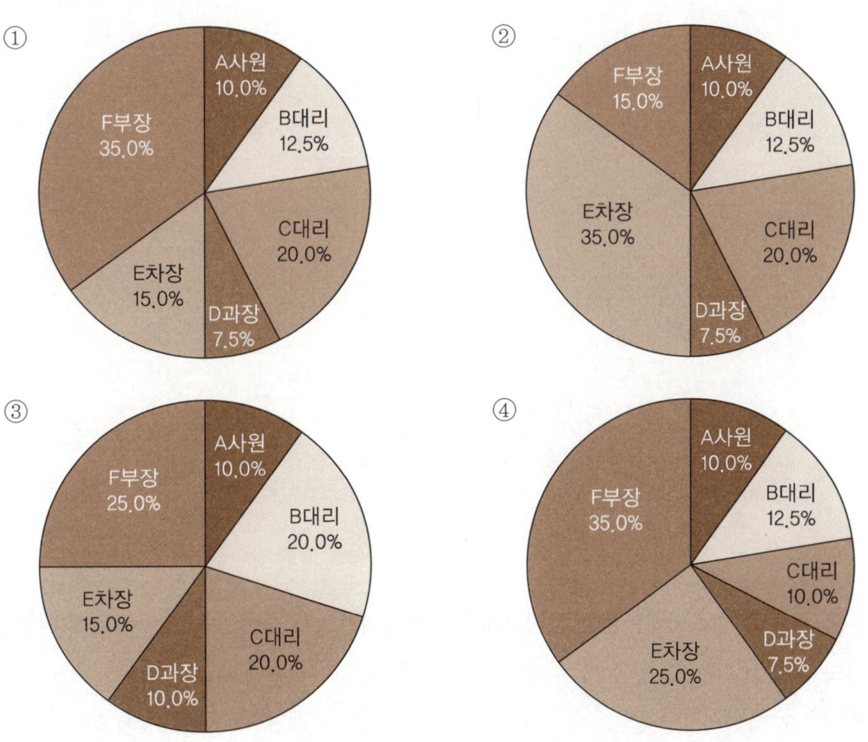

※ 다음은 2024년 세계 주요 국가의 경제 지표이다. 이어지는 질문에 답하시오. [11~12]

⟨2024년 세계 주요 국가의 경제 지표⟩

구분	국민총소득 (억 USD)	국내총생산 (억 USD)	소비자물가 상승률(%)	경제성장률(%)	수출액 (억 USD)	수입액 (억 USD)
미국	110,000	175,000	3.5	6.3	98,000	88,000
캐나다	74,500	140,000	3.7	2.7	65,000	73,000
멕시코	42,000	48,000	14.7	−0.4	13,000	18,000
중국	135,000	151,000	5.2	3.1	99,000	73,500
러시아	74,000	73,000	17.1	−1.1	20,500	24,500
프랑스	72,400	97,600	6.3	2.1	60,700	12,400
영국	60,700	84,300	5.7	1.6	44,500	31,300
이집트	22,000	27,000	3.2	−1.2	13,000	5,000
호주	57,200	77,400	5.8	−1.3	45,200	18,000

※ [무역의존도(%)] = [(수출액) + (수입액)] ÷ (국내총생산) × 100

11 위 자료에 대한 설명으로 옳지 않은 것은?(단, 제시된 국가 이외는 고려하지 않는다)

① 2024년 세계 주요 국가들은 모두 소비자물가가 상승하였다.

② 국내총생산이 세 번째로 높은 나라는 경제성장률 역시 세 번째로 높다.

③ 국민총소득 상위 3곳의 국내총생산 합은 나머지 국가들의 국내총생산 합보다 많다.

④ 수출액과 수입액의 차이가 세 번째로 큰 국가는 소비자물가 상승률이 5% 이하이다.

12 다음 중 위 자료에서 국내총생산 상위 3개국을 무역의존도가 높은 순서대로 바르게 나열한 것은?

① 중국 – 캐나다 – 미국

② 중국 – 미국 – 캐나다

③ 미국 – 중국 – 캐나다

④ 미국 – 캐나다 – 중국

※ 다음은 I은행의 승진 규정과 대리 직급 승진 대상자의 평가 점수이다. 이어지는 질문에 답하시오.
[13~14]

〈I은행의 승진 규정〉

- 승진 대상자는 업무실적, 팀워크, 전문성, 성실성을 평가한다.
- 평가 항목별 점수는 100점을 만점으로 한다.
- 최종 평가 점수는 평가 항목별 점수에서 다음의 가중치를 반영하여 합산한다.

구분	업무실적	팀워크	전문성	성실성
가중치	40%	15%	25%	20%

- 최종 평가 점수가 동일할 경우, 업무실적과 전문성 점수의 평균이 더 높은 사람을 선정한다.

〈대리 직급 승진 대상자 개별 평가 점수〉

(단위 : 점)

구분	업무실적	팀워크	전문성	성실성
A주임	60	90	84	98
B주임	70	86	84	96
C주임	91	76	96	53
D주임	84	92	76	80

13 다음 중 I은행 승진 규정에 따라 대리로 진급하는 사람은?

① A주임 　　　　② B주임
③ C주임 　　　　④ D주임

14 I은행은 특별 프로젝트를 진행하기 위해 제시된 승진 대상자들 중 1명을 대리로 진급시켜 팀장 직책을 부여하려 한다. 승진 규정을 다음과 같이 변경할 때, 팀장이 되는 사람은?

- 최종 평가 점수는 평가 항목별 점수에서 다음의 가중치를 반영하여 합산한다.

구분	업무실적	팀워크	전문성	성실성
가중치	15%	30%	40%	15%

- 최종 평가 점수가 동일할 경우, 팀워크와 전문성 점수의 평균이 더 높은 사람을 선정한다.

① A주임 　　　　② B주임
③ C주임 　　　　④ D주임

<IBK 부모급여우대적금 상품설명서>

구분	세부내용
가입대상	• 실명의 개인(단, 개인사업자 및 외국인 비거주자 제외) • 1인 1계좌
상품유형	• 정기적금(자유적립식)
가입방법	• 신규 및 해지 : 영업점, 비대면 채널(i-ONE Bank)
가입금액	• 최소 1만 원 이상, 월 50만 원 이내(만 원 단위)
계약기간	• 1년제
이자지급시기	• 만기일시지급식(만기 또는 중도해지 요청 시 이자를 지급)
기본이자율	• 연 2.5%
우대이자율	• 최고 연 4.0%p(계약기간 동안 아래 조건을 충족하고, 만기해지 시 우대이자율 제공) ① 부모급여나 아동수당을 6개월 이상 입금받는 경우 : 연 2.0%p (부모 또는 자녀 명의 당행 입출금식 통장으로 입금 시) ② 주택청약종합저축 신규 가입 후 만기시점까지 보유한 경우 : 연 1.0%p (부모 또는 자녀 명의 가입 시) ③ 한부모가족 지원대상자 : 연 1.0%p (부모 또는 자녀 명의 한부모가족 증명서를 제출한 경우) • 가족 실적합산 구분 / 내용 가족등록 : • 적금 가입자 기준으로 가족(1명)을 등록할 수 있으며, 부모 – 자녀 관계만 1 : 1로 등록 가능 • 등록하는 가족 1명은 IBK 부모급여우대적금 가입 필수 아님 • 등록방법 : 가족관계 확인서류를 지참하여 영업점 방문 실적합산 : • 가족등록 후 계약기간 중 충족된 실적은 합산하여 우대이자율 제공 (적금 가입과 우대조건을 충족한 고객의 명의가 달라도 합산하여 실적 인정)
만기 후 이자율	• 만기 시점 이후 예치된 기간에만 적용 – 만기 후 1개월 이내 : (기본이자율)×50% – 만기 후 1개월 초과 6개월 이내 : (기본이자율)×30% – 만기 후 6개월 초과 : (기본이자율)×20%
중도해지이자율	• 납입기간 경과 비율[(경과일수)÷(계약일수)×100)]에 따라 차등 적용 – 납입기간 경과비율 10% 미만 : (기본이자율)×5% – 납입기간 경과비율 10% 이상 20% 미만 : (기본이자율)×10% – 납입기간 경과비율 20% 이상 40% 미만 : (기본이자율)×20% – 납입기간 경과비율 40% 이상 60% 미만 : (기본이자율)×40% – 납입기간 경과비율 60% 이상 80% 미만 : (기본이자율)×60% – 납입기간 경과비율 80% 이상 : (기본이자율)×80% • 중도해지이자율의 최저 이자율은 연 0.1%
계약해지방법	• 영업점 및 비대면 채널(i-ONE Bank)을 통해 해지 가능 • 만기자동해지 서비스 신청 가능

15 다음은 행원과 고객의 상담 내용이다. 고객의 문의에 대한 행원의 답변으로 적절하지 않은 것은?

> 행원 : 안녕하세요. IBK 예금몰 상담원 ○○○입니다. 무엇을 도와드릴까요?
> 고객 : 안녕하세요. 제가 지인으로부터 IBK기업은행 적금 중 아동수당 관련하여 우대금리를 받을 수 있다고 추천을 받았는데 문의사항이 있어서 전화드렸습니다.
> 행원 : 네, 고객님. 혹시 IBK 부모급여우대적금 말씀하시는 걸까요?
> 고객 : 네, 맞아요. 해당 상품에 가입하기 위한 특별한 조건이 있을까요?
> 행원 : ① 네, 고객님. IBK 부모급여우대적금 상품의 경우 부모와 자녀 간 실적을 공유하여 부모급여나 아동수당을 수급하는 분들에 한해 가입이 가능한 자유적립식 적금 상품입니다.
> 고객 : 부모와 자녀 간 실적을 공유한다는 것은 무슨 의미인가요?
> 행원 : ② 부모와 자녀 간 가족등록이 된 경우 적금 가입을 하신 분 이외에 등록된 부모님이나 자녀분이 우대이자율 조건을 충족하신 경우 적금 가입을 하신 분의 실적으로 합산되는 것을 의미합니다.
> 고객 : 그러면 만약 제가 부모급여우대적금에 가입을 하고, 제 딸의 명의로 된 IBK기업은행 통장에 아동수당이 6개월 이상 지급된다면 제가 가입한 적금에서 해당 우대이자율을 받을 수 있는 건가요?
> 행원 : ③ 네 그렇습니다. 이러한 가족 실적합산을 적용받으시기 위해서는 반드시 가족등록이 필요하며, 가족관계 확인서류를 지참하여 영업점을 방문해 주셔야 합니다.
> 고객 : 감사합니다. 한 가지 더 궁금한 것이 있는데, 혹시 해당 적금에는 얼마나 많이 입금할 수 있나요?
> 행원 : ④ IBK 부모급여우대적금의 경우 1년제 상품입니다. 월마다 최대 50만 원씩 입금하실 수 있으므로 최대 입금액은 600만 원입니다.
> 고객 : 감사합니다. 조만간 관련 서류 챙겨서 영업점 방문하도록 하겠습니다.
> 행원 : 네, 감사합니다. 고객님의 방문을 기다리도록 하겠습니다. IBK 예금몰 상담원 ○○○이었습니다.

16 다음과 같은 상황에서 A고객이 받을 수 있는 최고 이자율은?

> 6살 아들이 있는 내국인 A고객은 IBK기업은행 영업점에 방문하여 자신의 명의로 IBK 부모급여우대적금에 가입하였으며 동시에 자신의 아들과 가족등록을 완료하였다. 가입 당시 A고객의 아들은 IBK기업은행의 통장에 8개월 동안 아동수당을 받고 있었으며, 아들의 명의로 주택청약종합저축을 가입하여 계속 유지하였다. A고객은 적금에 매월 10만 원씩 입금하였고 9개월 동안 유지하다가 중도해지하였다.

① 연 0.1% ② 연 1.5%
③ 연 2.0% ④ 연 3.3%

※ 다음은 I은행 고객 데이터베이스에 적용되는 상품코드 부여 규칙이다. 이어지는 질문에 답하시오.
[17~18]

〈I은행 고객 데이터베이스 상품코드 부여 규칙〉

상품 종류	계약 대상	계약 연령층	계약 기간	적용 이율
예적금 : DP 대출 : LN 펀드 : FD 신탁 : TR 외환 : FX 보험 : IS	개인 : IC 법인 : CC	법인 : 0 10대 : 1 20대 : 2 30대 : 3 40대 : 4 …	단기 : S 중기 : M 장기 : L 펀드・외환 : N	고정 이율 : FR 변동 이율 : VR 펀드・외환 : NA

※ 상품코드는 [상품 종류][한글 상품명 앞 2글자] – [계약 대상][계약 연령층][계약 기간][개월(연) 수][적용 이율] 순서로 부여됨

[예] 디데이적금, 26살 개인, 12개월, 고정이율 → DP디데-IC2S12FR

※ 12개월 이하는 단기, 13 ~ 36개월은 중기, 3년 초과는 장기이며, 개월 수와 연 수는 2자리 숫자로 표시함

※ 펀드・외환은 계약 기간, 적용 이율 표기가 곤란하므로 개월(연) 수에는 00을, 적용 이율에는 적용 불가(NA)를 부여함

17 위 상품코드 부여 규칙에 따를 때, 다음 〈보기〉에서 성립할 수 없는 코드는 모두 몇 개인가?

> **보기**
>
> - IS내일-IC2L20VR
> - FD제일-CC0N00NA
> - OP더굴-CC0L10VR
> - TR믿음-CC2M24FR
> - LN드림-IC3M24VR
> - FX플러-IC3L05NA
> - DP모아-IC2M48FR
> - DP준비-IC4S12FR

① 1개
② 2개
③ 3개
④ 4개

18 다음과 같은 상황에서 A씨가 계약한 상품의 데이터베이스 코드로 옳은 것은?

> 첫 직장에 입사한 22살 A씨는 전셋집을 구하기 위하여 I은행에서 대출 상담을 받았다. 상담 결과 "파워신용대출" 상품으로 10년까지 기간을 연장하여 계약하고, 고정 이율을 적용하여 상환하기로 하였다.

① LN대출-IC2L10FR
② LN파워-CC2L10FR
③ LN파워-IC2L10FR
④ LN파워-IC2L10VR

19 지수는 짝수일마다 통장에 10,000원씩 저축한다. 4월 1일부터 30일까지 저축한 금액이 얼마인지 알아보려고 할 때 ⓐ, ⓑ, ⓒ에 들어갈 내용이 바르게 연결된 것은?(단, 현재 통장잔액은 0원이다)

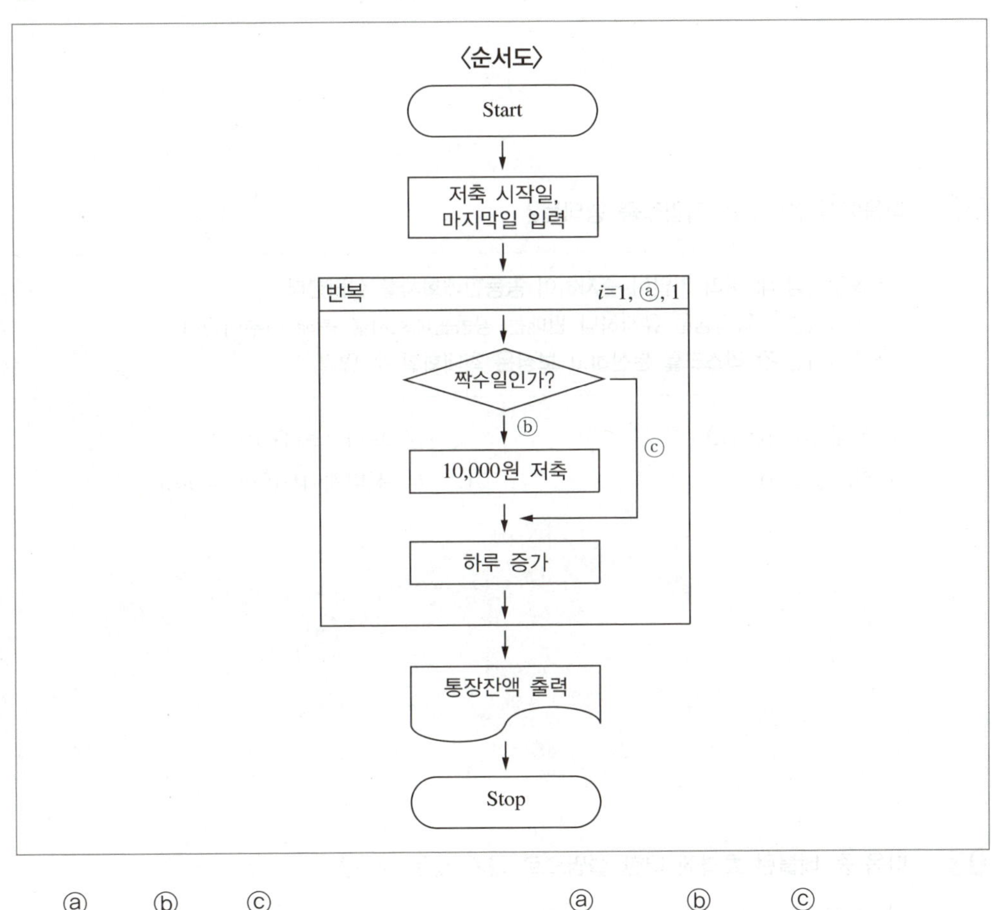

	ⓐ	ⓑ	ⓒ		ⓐ	ⓑ	ⓒ
①	30	No	Yes	②	30	Yes	No
③	31	No	Yes	④	10,000	No	Yes

| 금융일반 - 객관식 |

01　다음 중 매트릭스 조직에 대한 설명으로 옳지 않은 것은?

① 직무조직과 기능조직을 결합시킨 형태의 구조를 가진다.
② 조직 구성원들은 1명의 상급자를 가지고 조직적으로 업무를 수행한다.
③ 문제해결을 위해 다양한 전문지식의 활용이 가능하다.
④ 환경변화에 신속한 대응이 가능하다.

02　다음에서 설명하는 기업집중 형태는?

> • 동일시장 내 여러 기업이 출자하여 공동판매회사를 설립한다.
> • 참가기업은 독립성을 유지하나 판매는 공동판매회사를 통해 이루어진다.
> • 참가기업 간 리스크를 분산하고 보상은 최대화할 수 있다.

① 콘체른(Konzern)　　　　　　② 트러스트(Trust)
③ 카르텔(Cartel)　　　　　　　④ 신디케이트(Syndicate)

03　다음 중 베블런 효과에 대한 설명으로 옳지 않은 것은?

① 가격이 상승해도 수요가 증가한다.
② 소비자들이 비싼 상품을 구입하는 과시욕을 보인다.
③ 주로 명품, 보석 등 사치재에 나타난다.
④ 소비자들이 상품의 효용가치를 고려하여 비싼 가격을 주고 구입한다.

04 다음 중 WACC(가중평균자본비용)에 대한 설명으로 옳지 않은 것은?

① WACC는 기업의 자본구조를 고려하여 자본비용을 가중평균한 값이다.

② 미래현금흐름을 현재가치로 환산할 때 WACC를 할인율로 사용한다.

③ WACC가 높으면 기업가치가 상승하게 된다.

④ 기업은 WACC를 통해 자본시장에서 자금을 조달하고, 기업가치를 측정할 수 있다.

05 다음 상황을 참고하여 계산한 A기업의 당기순이익은?

> • A기업은 올해 20억 원의 수익을 올렸으며, 비용은 10억 원이 들었다.
> • A기업은 제공 서비스에 대한 요금 5억 원을 미리 받았으며, 당기 중에 아직 제공되지 않았다.
> • A기업은 연간 임차료로 1억 원을 미리 지불하였으며, 해당 임차료는 당기 중에 사용되었다.

① 4억 원　　　　　　　　　　② 9억 원
③ 10억 원　　　　　　　　　④ 14억 원

06 다음 중 보수행렬에 대한 설명으로 옳지 않은 것은?

① 각 참여자의 전략과 그에 따른 보수를 표로 나타낸 것이다.

② 전략형 게임을 시각화할 때 사용하며 게임에 대한 분석을 더욱 쉽게 할 수 있다.

③ 3인 이상 다수의 참여자가 있는 게임에 적용이 편리하다.

④ 보수행렬은 연산과정을 나타내지 않는다.

07 다음 중 GDP 대비 수출의존도에 대한 설명으로 옳지 않은 것은?

① 수출의존도가 높을수록 수출이 증가하면 경제성장률도 높아진다.

② GDP 대비 수출의존도를 통해 한 나라의 무역의존도를 파악할 수 있다.

③ 수출의존도가 높을수록 글로벌 경기 변화의 영향을 크게 받는다.

④ 우리나라의 경우 다른 선진국에 비해 무역의존도가 낮은 편이다.

08 다음 중 외부 불경제에 따른 세금인 피구세에 대한 설명으로 옳지 않은 것은?

① 외부 불경제를 유발하는 주체에게 외부비용만큼 세금을 부과하는 것이다.

② 피구세를 도입하면 사회 전체적으로 외부비용이 증가하게 된다.

③ 피구세를 통해 외부효과를 내부화시켜 사회적 이익이 증대될 수 있다.

④ 교통체증, 매연 등을 유발하는 차량에게 유류세를 부과하는 것은 피구세에 해당한다.

09 다음 상황에서 총수요를 구하면?

• 소비 : 100,000원	• 투자 : 40,000원
• 수입 : 100,000원	• 정부지출 : 30,000원
• 수출 : 150,000원	

① 80,000원

② 160,000원

③ 220,000원

④ 320,000원

10 다음 중 확실성 등가에 대한 설명으로 옳지 않은 것은?

① 기대효용이론을 바탕으로 계산할 수 있다.

② 투자자는 불확실한 투자기회를 평가할 때 활용할 수 있다.

③ 개인의 선호도에 따라 합리적인 선택을 할 수 있게 한다.

④ 보험 가입을 통해 받게 되는 보험금은 확실성 등가의 한 예이다.

01 다음 정보를 바탕으로 계산한 A기업의 PER은?

> - A기업의 주가 : 8,000원
> - A기업의 당기순이익 : 20억 원
> - A기업의 발행주식수 : 400만 주

(   )

02 다음 〈보기〉 중 마샬 – 러너 조건에 대한 설명으로 옳은 것의 개수는?

> **보기**
> ㉠ 환율 절하를 통해 무역수지를 개선하려면 수출 증가 및 수입 감소 정도가 환율 절하 크기보다 커야 한다.
> ㉡ J커브 효과는 환율 절하 초기에 무역수지가 악화되었다가 이후 개선되는 현상을 말한다.
> ㉢ 수출 및 수입의 수요 탄력성이 일정하다고 가정한다.
> ㉣ 양국의 수입 수요 탄력성의 합이 1보다 작아야 한다.

(개)

03 어떤 투자자는 다음 정보를 바탕으로 A기업의 주식에 투자하려고 한다. A기업의 베타 값은?

> - 무위험수익률(r_f)은 3%이다.
> - 시장포트폴리오의 기대수익률[$E(r_m)$]은 9%이다.
> - A기업 주식의 기대수익률[$E(r_a)$]은 10.2%이다.

(   )

01 다음 중 K-Means 알고리즘에 대한 설명으로 옳지 않은 것은?

① K값(군집의 수)을 사용자가 직접 지정해야 한다.
② 군집화 과정에서 각 데이터는 가장 가까운 중심점에 할당된다.
③ 반복적으로 군집의 중심점을 업데이트하며 수렴을 시도한다.
④ 군집의 모양이 반드시 원형(구형)일 필요는 없다.

02 다음 중 경사하강법의 모멘텀에 대한 설명으로 옳지 않은 것은?

① 모멘텀의 기본값은 1이다.
② 빠르게 수렴하도록 하여 안정적으로 최적화한다.
③ 이전 기울기에 영향을 받는 정도를 의미한다.
④ 모멘텀을 사용하면 지역 최솟값에 빠질 위험을 줄일 수 있다.

03 다음 중 FCFS(First Come First Served) 스케줄링에 대한 설명으로 옳은 것은?

① 선점형 스케줄링이다.
② 우선순위가 높은 프로세스가 먼저 실행된다.
③ 도착 순서대로 처리하는 비선점형 스케줄링이다.
④ 실행 시간이 짧은 프로세스가 우선권을 갖는다.

04 다음 중 SQL의 LEFT JOIN에 대한 설명으로 옳은 것은?

① 왼쪽 테이블의 모든 레코드와 오른쪽 테이블의 일치하는 레코드를 결합한다.

② 오른쪽 테이블의 모든 레코드와 왼쪽 테이블의 일치하는 레코드를 결합한다.

③ 두 테이블에서 일치하는 레코드만 결합한다.

④ 두 테이블의 모든 레코드를 결합한다.

05 다음 중 단일 퍼셉트론에서 입력 $X_1 = 1$, $X_2 = 0$, 가중치 $W_1 = 0.5$, $W_2 = 0.3$, 편향 $B = -0.2$, 활성화 함수가 계단함수일 때의 출력값은?

① 0　　　　　　　　　　　　② 0.3

③ 0.5　　　　　　　　　　　④ 1

06 다음 중 파이썬에서 $(1,2,3)+(4,5)$의 결과는?

① $(1,2,3,4,5)$　　　　　　② $(5,7,3)$

③ 오류 발생　　　　　　　　④ $(1,2,3,4,5,\text{None})$

07 다음 중 OSI 7계층에서 각 계층과 전송단위(PDU; Protocol Data Unit)가 옳게 짝지어진 것은? (단, 네트워크 계층은 '인터넷계층'이라고 표현하며, 해당 계층의 전송단위는 '데이터그램'으로 표기한다)

① 물리계층 – 비트, 데이터링크계층 – 프레임
② 전송계층 – 비프레임, 인터넷계층 – 세그먼트
③ 세션계층 – 데이터그램, 응용계층 – 프레임
④ 인터넷계층 – 데이터그램, 응용계층 – 메시지

08 다음 C코드에서 main 함수의 n값으로 옳은 것은?

```c
void func(int x)
{
x=10;
}
int main()
{
int n=5;
func(n);
return 0;
}
```

① 5

② 10

③ 컴파일 오류

④ 정의되지 않음

01 인공 신경망의 뉴런이 입력값 [1, 2]와 가중치 [1, 1]을 가지며 편향은 0이다. 이때 최종 출력값은?
(단, 활성화 함수는 없다)

(　　　　　　　　　)

02 다음 프로그램의 실행 결과는?

```c
#include <stdio.h>
int main() {
    int a=10;
    int *p=&a;
    int **pp=&p;
    printf("%d", **pp);
    return 0;
}
```

(　　　　　　　　　)

01 다음 글의 내용으로 가장 적절한 것은?

> 대출심사는 금융기관이 대출 신청자의 신용도와 상환 능력을 평가하는 중요한 과정으로 이 과정에서는 신청자의 소득, 직업, 자산, 부채, 신용 이력 등 다양한 요소를 종합적으로 고려한다. 최근에는 인공지능(AI)과 빅데이터 기술을 활용하여 더욱 정확하고 신속한 심사가 가능해졌으며, 이러한 기술의 도입으로 과거에는 파악하기 어려웠던 비정형 데이터까지 분석할 수 있게 되어, 심사의 정확도가 크게 향상되었다.
>
> 대출심사의 주요 목적은 금융기관의 리스크를 관리하고 건전한 대출 포트폴리오를 유지하는 것이다. 심사 결과에 따라 대출 승인 여부, 대출 한도, 이자율 등이 결정되며, 일반적으로 신용점수가 높고 안정적인 소득이 있는 신청자는 더 유리한 조건으로 대출을 받을 수 있다. 그러나 최근에는 신용점수 외에도 소득대비 대출비율(LTI; Loan To Income ratio), 총부채상환비율(DTI; Debt To Income ratio) 등 다양한 대안적 지표들을 활용하여 신청자의 상환 능력을 평가하는 추세이다.
>
> 많은 금융기관들은 대출심사 과정에서 신청자의 상환 의지와 능력을 판단하기 위해 면담을 실시하기도 한다. 면담 과정을 통해 신청자의 재무 상황과 대출 목적에 대해 더 자세히 파악할 수 있으며, 일부 기관에서는 비대면 화상 면담 시스템을 도입하여 신청자의 편의성을 높이고 있다.
>
> 대출심사는 금융기관뿐만 아니라 대출 신청자에게도 중요한 과정이다. 신청자는 자신의 재무 상황을 객관적으로 평가받고, 적절한 대출 상품을 선택하는 데 도움을 받을 수 있다. 또한, 일부 금융기관에서는 대출 거절 시 그 이유를 상세히 설명하고 개선 방안을 제시하여 신청자의 재무 건전성 향상을 돕고 있다.
>
> 최근에는 환경·사회·지배구조(ESG) 요소를 대출심사에 반영하는 금융기관들이 늘어나고 있다. 이는 기업의 지속가능성과 사회적 책임을 평가하여 장기적인 리스크를 관리하고자 하는 노력의 일환이다.

① 대출심사에서 신용점수는 여전히 유일한 평가 기준으로 사용되고 있다.

② 모든 금융기관은 대출 거절 시 그 이유와 개선 방안을 상세히 제공하고 있다.

③ ESG 요소의 반영은 대출심사의 객관성을 떨어뜨리는 요인으로 작용하고 있다.

④ 일부 금융기관에서는 비대면 화상 면담 시스템을 도입하여 신청자의 편의성을 높이고 있다.

02 다음 글의 내용으로 적절하지 않은 것은?

> 통화정책은 중앙은행이 경제 안정과 성장을 위해 통화량과 금리를 조절하는 정책이다. 통화정책의 주요 목표는 물가안정, 고용 증대, 경제성장 촉진 등이다. 이를 위해 중앙은행은 기준금리 조정, 지급준비율 변경, 공개시장조작 등의 수단을 활용하여 통화정책을 실행한다.
>
> 기준금리 조정은 가장 대표적인 통화정책 수단이다. 금리를 낮추면 대출이 늘어나고 소비와 투자가 증가하여 경기가 활성화되지만, 인플레이션이 발생할 위험이 있다. 반대로 금리를 올리면 대출과 투자가 줄어들어 경기가 위축되지만, 물가안정에 도움이 된다.
>
> 지급준비율은 은행이 예금의 일정 비율을 중앙은행에 예치해야 하는 비율이다. 이 비율을 높이면 은행의 대출 여력이 줄어들어 통화량이 감소하고, 낮추면 대출 여력이 늘어나 통화량이 증가한다.
>
> 공개시장조작은 중앙은행이 국채 등을 매매하여 시중 통화량을 조절하는 방법이다. 국채를 매입하면 시중에 유동성이 공급되어 통화량이 늘어나고, 매각하면 통화량이 줄어든다.
>
> 최근에는 전통적인 통화정책 수단 외에도 양적완화, 포워드 가이던스 등 비전통적 수단도 활용되고 있다. 양적완화는 중앙은행이 대규모로 자산을 매입하여 시중에 유동성을 공급하는 정책이며, 포워드 가이던스는 중앙은행이 미래의 통화정책 방향을 미리 제시하여 시장의 기대를 관리하는 정책이다.
>
> 통화정책의 효과는 즉각적으로 나타나지 않고 시차를 두고 나타나며, 그 영향력은 경제 상황에 따라 다르게 나타날 수 있다. 따라서 중앙은행은 경제 지표를 면밀히 분석하고 미래 전망을 고려하여 신중하게 정책을 결정해야 한다.

① 양적완화와 포워드 가이던스는 비전통적 통화정책 수단의 예시이다.

② 지급준비율을 높이면 은행의 대출 여력이 늘어나 통화량이 증가한다.

③ 통화정책의 주요 목표에는 물가안정, 고용 증대, 경제성장 촉진 등이 포함된다.

④ 기준금리를 낮추면 대출과 투자가 증가하여 경기가 활성화되지만, 인플레이션 위험이 있다.

03 다음은 IBK기업은행의 채권 상품인 'IBK2024특판중금채'에 대한 상품설명서이다. 이에 대한 설명으로 옳은 것은?

〈IBK2024특판중금채〉

구분	세부사항
상품특징	• 우대조건이 쉬운 특판 거치식 상품 • 중소기업금융채권
상품과목	• 일시예치식, 채권
가입금액	• 1인당 1백만 원 이상 10억 원 이내(원 단위)
가입대상	• 실명의 개인(법인사업자, 외국인 비거주자 제외) ※ 계좌 수 제한 없음
계약기간	• 1년, 2년, 3년
금리	• 기본금리 　－ 12개월 : 연 3.74% 　－ 24개월 : 연 3.62% 　－ 36개월 : 연 3.62% • 우대금리 : 아래 조건 중 하나 이상을 충족하고 만기해지하는 경우 최대 연 0.2%p 　(1) 최초신규고객 　　　ㄱ. 실명등록일로부터 3개월 이내 　　　ㄴ. 가입일 직전월 기준 6개월간 총수신평잔 0원 　(2) 마케팅 동의 　　　가입 시점에 상품서비스 마케팅 문자 수신이 동의 상태인 경우(기존 미동의 고객이 계좌신규 이후 동의한 경우는 불가) 　(3) 'IBK청년희망적금' 만기해지고객 　　　가입 시점에 IBK청년희망적금 만기해지 이력을 보유한 경우(중도해지 및 특별중도해지 인정 불가)
이자지급방법	• 만기일시지급식 • 만기(후) 또는 중도해지 요청 시 이자를 지급
가입방법	• 영업점, i-ONE 뱅크
유의사항	• 비과세종합저축 가입 가능 • 계약기간 만료일 이후의 이자는 과세됨

① 가입 가능한 계좌 수의 제한은 없으며, 가입 가능한 금액은 계좌당 1백만 원 이상 10억 원 이내이다.

② 해당 상품은 법인사업자와 외국인의 가입은 불가능한 상품이다.

③ 해당 상품에 가입 시 적용받을 수 있는 최대 금리는 연 3.94%이다.

④ 최초 상품 가입일에 마케팅을 미동의한 고객은 최대 우대금리 혜택을 적용받을 수 없다.

04 다음은 IBK기업은행의 적금 상품인 'IBK청년도약계좌'에 대한 상품설명서이다. 이에 대한 설명으로 옳은 것은?

〈IBK청년도약계좌〉

구분	세부사항
상품특징	• 청년의 중장기 자산형성을 지원하는 적금 상품으로, 정부기여금과 비과세 혜택을 제공
상품과목	• 자유적립식
가입금액	• 신규금액 : 최소 1천 원 이상 • 납입한도 : 매월 70만 원 이하(천 원 단위) ※ 연간 납입한도 : 840만 원

가입대상	• 실명의 개인인 거주자로서 다음 ①～②의 요건을 모두 충족하는 자
	  ① 가입일 기준 만 19～34세 이하인 자
	  ② 아래 소득요건 중 어느 하나에 해당하는 자
	    － 직전 과세기간의 총급여액이 75백만 원 이하
	    － 직전 과세기간의 종합소득과세표준에 합산되는 종합소득금액이 63백만 원 이하
	    ※ 전 금융기관 1인 1계좌
	    ※ 청년희망적금 보유자 계좌개설 불가(단, 청년희망적금 해지 전 가입신청은 가능)

계약기간	• 5년제

금리	• 기본금리 : 4.5%
	• 우대금리 : 최고 연 1.5%p
	  － 개인소득구간 2,400만 원 이하 : 연 0.5%
	  － 다음 중 1개 이상 충족 시 항목별 우대금리 제공
	    (1) 급여이체(50만 원 이상) 실적 36개월 이상 : 0.5%p
	    (2) 가입시점 최초신규고객 : 0.3%p
	    (3) 지로 / 공과금 자동이체(월 2건 이상) 실적 36개월 이상 : 0.2%p

정부기여금	• 지급금액 : (본인 납입금액과 기여금 적용한도 중 적은금액)×(지급비율)＝(월 정부기여금) <table><tr><th>개인소득구간</th><th>기여금 적용한도(월)</th><th>기여금 지급비율</th></tr><tr><td>2,400만 원 이하</td><td>40만 원</td><td>6.0%</td></tr><tr><td>3,600만 원 이하</td><td>40만 원</td><td>4.6%</td></tr><tr><td>4,800만 원 이하</td><td>60만 원</td><td>3.7%</td></tr><tr><td>6,000만 원 이하</td><td>70만 원</td><td>3.0%</td></tr><tr><td>6,000만 원 초과</td><td colspan="2" align="center">미지급</td></tr></table>
이자지급방법	• 만기일시지급식

가입절차	• 다음 절차에 따라 진행
	  (1) 가입신청 : i-ONE 뱅크(개인)
	  (2) 가입요건 확인 및 가입 가능 여부 안내 : 서민금융진흥원(최대 3주 소요)
	  (3) 계좌개설 : 영업점 및 i-ONE 뱅크(단, 외국인의 경우 영업점만 가능)

유의사항	• 예금잔액증명서 발급 당일에는 입금, 출금, 이체 등 잔액 변동 불가

① 가입월을 포함하여 11개월간 납입금액이 750만 원이라면, 익월 납입 가능한 금액은 90만 원이다.

② IBK청년도약계좌에 가입하더라도 정부기여금 지급대상자에서는 제외될 수 있다.

③ 청년희망적금 보유자의 경우 해지 이후 IBK청년도약계좌에 가입신청 및 계좌개설이 가능하다.

④ 내국인은 비대면으로 가입신청 및 계좌개설이 가능하나, 외국인의 경우 대면으로만 가입신청 및 계좌개설이 가능하다.

※ 다음 글을 읽고 이어지는 질문에 답하시오. [5~6]

(가) 경영학 측면에서도 메기 효과는 한국, 중국 등 고도 경쟁사회인 동아시아 지역에서만 제한적으로 사용되며 영미권에서는 거의 사용되지 않는다. 기획재정부의 조사에 따르면 메기에 해당하는 해외 대형 가구업체인 이케아(IKEA)가 국내에 들어오면서 청어에 해당하는 중소 가구업체의 입지가 더욱 좁아졌다고 한다. 이처럼 경영학 측면에서도 메기 효과는 과학적으로 검증되지 않은 가설이다.

(나) 결국 메기 효과는 과학적으로 증명되진 않았지만 '경쟁'의 양면성을 보여주는 가설이다. 기업의 경영에서 위협이 발생하였을 때, 위기감에 의한 성장 동력을 발현시킬 수는 있을 것이다. 그러나 무한 경쟁사회에서 규제 등의 방법으로 적정 수준을 유지하지 못한다면 거미의 등장으로 인해 폐사한 메뚜기와 토양처럼 거대한 위협이 기업과 사회를 항상 좋은 방향으로 이끌어나가지는 않을 것이다.

(다) 그러나 메기 효과가 전혀 시사점이 없는 것은 아니다. 이케아가 국내에 들어오면서 도산할 것으로 예상되었던 일부 국내 가구 업체들이 오히려 성장하는 현상 또한 관찰되고 있다. 강자의 등장으로 약자의 성장 동력이 어느 정도는 발현되었다는 것을 보여주는 사례라고 할 수 있다.

(라) 그러나 최근에는 메기 효과가 검증되지 않고 과장되어 사용되거나 심지어 거짓이라고 주장하는 사람들이 있다. 먼저 메기 효과의 기원부터 의문점이 있다. 메기는 민물고기로 바닷물고기인 청어는 메기와 연관점이 없으며, 실제로 북유럽의 어부들이 수조에 메기를 넣어 효과가 있었는지 검증되지 않았다. 실제로 2012년 『사이언스』에서 제한된 공간에 메뚜기와 거미를 두었을 때 메뚜기들은 포식자인 거미로 인해 스트레스의 수치가 증가하고 체내 질소 함량이 줄어들었고, 죽은 메뚜기에 포함된 질소 함량이 줄어들면서 토양 미생물이 줄어들고 황폐화되었다.

(마) 우리나라에서 '경쟁'과 관련된 이론 중 가장 유명한 것은 영국의 역사가 아널드 토인비가 주장했다고 하는 '메기 효과(Catfish Effect)'이다. 메기 효과란 냉장시설이 없었던 과거에 북유럽의 어부들이 잡은 청어를 싱싱하게 운반하기 위하여 수조 속에 천적인 메기를 넣어 끊임없이 움직이게 했다는 것이다. 이 가설은 경영학계에서 비유적으로 사용되어 기업의 경쟁력을 키우기 위해서는 적절한 위협과 자극이 필요하다고 주장하고 있다.

05 윗글의 문단을 논리적 순서대로 바르게 나열한 것은?

① (가) - (라) - (나) - (다) - (마)
② (다) - (마) - (가) - (나) - (라)
③ (마) - (가) - (라) - (다) - (나)
④ (마) - (라) - (가) - (다) - (나)

06 윗글을 이해한 내용으로 적절하지 않은 것은?

① 거대기업의 출현은 해당 시장의 생태계를 파괴할 수도 있다.
② 메기 효과는 과학적으로 검증되지 않았으므로 낭설에 불과하다.
③ 발전을 위해서는 기업 간 경쟁을 적정 수준으로 유지해야 한다.
④ 메기 효과는 경쟁을 장려하는 사회에서 널리 사용되고 있다.

07 다음은 I회사의 승진 규정과 승진후보자 정보이다. 이에 따를 때, 2024년 현재 직급이 대리인 직원은?

〈승진 규정〉

- 2023년까지 근속연수가 3년 이상인 자를 대상으로 한다.
- 출산휴가 및 병가 기간은 근속연수에서 제외한다.
- 평가연도 업무평가 점수가 80점 이상인 자를 대상으로 한다.
- 평가연도 업무평가 점수는 직전연도 업무평가 점수에서 벌점을 차감한 점수이다.
- 벌점은 결근 1회당 −10점, 지각 1회당 −5점이다.
- 직급은 사원 → 주임 → 대리 → 과장 순으로 높아진다.

〈승진후보자 정보〉

구분	근무기간 (2023년까지)	직전연도 업무평가	근태현황		기타
			지각	결근	
A사원	1년 4개월	79점	1회	−	−
B주임	3년 1개월	86점	−	1회	출산휴가 35일
C대리	7년 1개월	89점	1회	1회	병가 10일
D과장	10년 3개월	82점	−	−	−

① A사원 ② B주임
③ C대리 ④ D과장

※ 다음은 I은행 고객 기록에 대한 자료이다. 이어지는 질문에 답하시오. **[8~9]**

〈기록 체계〉

고객구분	업무	업무내용	접수창구
ㄱ	X	a	01

고객구분		업무		업무내용		접수창구	
ㄱ	개인고객	X	수신계	a	예금	01	1번 창구
				b	적금	02	2번 창구
ㄴ	기업고객			A	대출상담	03	3번 창구
		Y	대부계			04	4번 창구
				B	대출신청	05	5번 창구
ㄷ	VIP고객			C	대출완료	00	VIP실

※ 업무내용은 대문자·소문자끼리만 복수선택이 가능함
※ 개인·기업고객은 일반창구에서, VIP고객은 VIP실에서 업무를 봄
※ 수신계는 a, b의 업무만, 대부계는 A, B, C의 업무만 볼 수 있음

〈기록 현황〉

ㄱXa01	ㄴYA05	ㄴYB03	ㄱXa01	ㄱYB03
ㄱXab02	ㄷYC00	ㄴYA01	ㄴYA05	ㄴYAB03
ㄱYAB03	ㄱYA04	ㄱXb02	ㄷYB00	ㄱXa04

08 I은행을 방문한 OO기업 대표인 VIP고객이 대출신청을 하였다면, 기록 현황에 기재할 내용으로 옳은 것은?

① ㄴXB00

② ㄴYB00

③ ㄷYA00

④ ㄷYB00

09 기록 현황에 순서대로 나열되어 있지 않은 'A', 'B', 'Y', 'ㄴ', '04' 메모가 발견되었다. 이 기록에 대한 내용으로 옳은 것은?

① 예금과 적금 업무로 수신계 4번 창구를 방문한 기업고객

② 예금과 적금 업무로 대부계 4번 창구를 방문한 기업고객

③ 대출 업무로 수신계 4번 창구를 방문한 기업고객

④ 대출상담 및 신청 업무로 대부계 4번 창구를 방문한 기업고객

10 다음 중 아이디어 발상 기법인 고든법에 대한 설명으로 옳지 않은 것은?

① 진행자는 해결할 과제를 최대한 구체적으로 참가자에게 제시한다.

② 진행자는 회의 중에 참가자들의 아이디어를 주제와 결합시켜 검토한다.

③ 습관적 사고의 틀을 벗어나기 위해 참가자끼리의 비판은 허용되지 않는다.

④ 고든법에 참가하는 사람들은 가급적 다양한 전공의 사람들을 모으는 것이 좋다.

11 다음은 A ~ E 5개 등산로에 대한 자료이다. 가장 짧은 등산로와 평균 소요 시간이 가장 짧은 등산로를 바르게 짝지은 것은?

<등산로별 길이, 평균 등산 속도, 평균 소요 시간>

구분	길이	평균 등산 속도	평균 소요 시간
A		3.6km/h	3시간 20분
B	16km	3.2km/h	
C	14.3km	3.9km/h	
D	12.35km	3.8km/h	3시간 15분
E		3.5km/h	3시간 30분

	가장 짧은 등산로	가장 짧은 평균 소요 시간
①	A	C
②	A	D
③	D	A
④	D	D

12 I회사의 기획팀 부장 1명, 대리 2명, 주임 3명, 사원 2명이 회의실을 이용하고자 한다. 다음 〈조건〉에 따라 자리에 앉을 수 있는 경우의 수는?

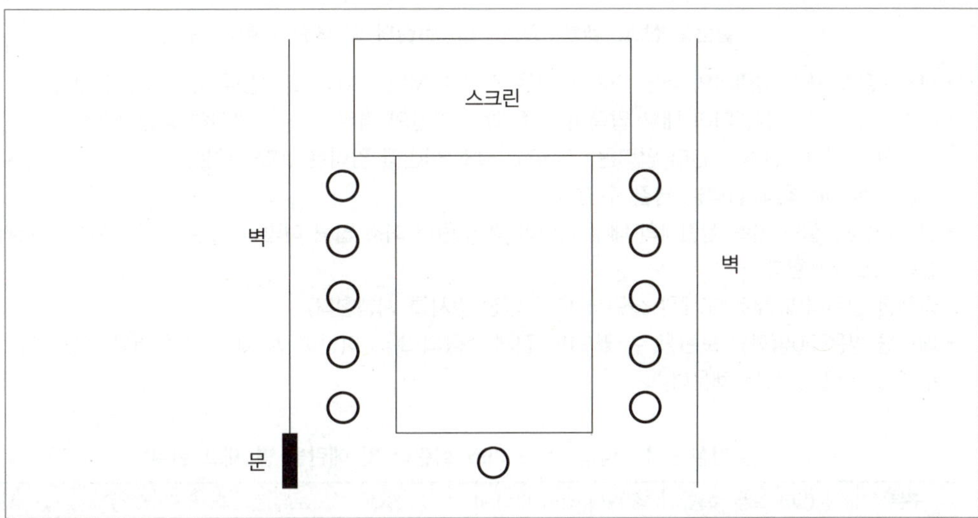

조건

- 스크린의 맞은편에는 부장이 앉는다.
- 스크린과 가장 가까운 자리 중 하나는 노트북을 연결해야 하므로 앉을 수 없다.
- 대리 2명은 부장과 가장 가까운 자리에 앉는다.
- 사원은 대리 바로 옆에 앉아야 한다.

① 480가지

② 960가지

③ $2 \times 9!$가지

④ $\dfrac{11!}{2}$가지

※ 다음은 실험실에서 사용하는 산소, 헬륨, 질소 가스 실린더 및 에탄올의 취급 규칙과 실험실에 남아
있는 산소, 헬륨, 질소 가스 실린더 및 에탄올 병 재고 현황이다. 이어지는 질문에 답하시오. **[13~14]**

<실험실 산소, 헬륨, 질소 가스 실린더 및 에탄올 취급 규칙>

- 산소, 질소 가스 실린더의 내부 기준 압력은 각각 10MPa, 20MPa 이상을 유지하도록 한다.
- 산소, 질소 가스 실린더의 내부 압력이 기준 압력 미만의 경우 가스를 완전히 충전한다.
  - 완전 충전 시 산소 실린더 압력은 15MPa, 질소 실린더 압력은 30MPa이다.
  (단, 실린더 최대 압력을 넘길 수 없다)
- 산소, 헬륨, 질소 가스 실린더의 내부 압력이 각 실린더 최소 압력 미만인 경우 가스가 완전히 채워진 새
  실린더로 교체한다.
- 충전한 실린더와 새로 교체한 실린더 모두 안전 검사를 시행한다.
- 에탄올 병은 50병까지 보관할 수 있으며, 전체 수량의 20% 미만이 될 때 에탄올 병을 주문하여 보관할
  수 있는 수량을 모두 채운다.

<실험실 산소, 헬륨, 질소 가스 실린더 및 에탄올 병 재고 현황>

구분	실린더 보유 수량	실린더 최소 압력	보유 실린더 압력(MPa)
산소	10병	5MPa	14 / 12 / 8 / 8 / 3 / 7 / 11 / 2 / 13 / 13
헬륨	15병	3MPa	16 / 13 / 11 / 9 / 8 / 15 / 3 / 1 / 2 / 7 / 11 / 16 / 18 / 4 / 14
질소	10병	10MPa	24 / 5 / 17 / 4 / 8 / 23 / 3 / 29 / 25 / 27
에탄올	현 재고 : 18병		

13 산소, 질소의 충전 비용 및 실린더 교체 비용이 다음과 같을 때, 산소, 헬륨, 질소 실린더의 충전
및 교체 후 검사하는 데 필요한 비용은 모두 얼마인가?

<가스 충전 및 실린더 교체 비용>

구분	충전	교체
산소	12,000원 / 병	350,000원 / 병
헬륨	충전 불가능	650,000원 / 병
질소	10,000원 / 병	300,000원 / 병
검사 비용	20,000원 / 회	

※ 충전 비용은 가스양과 상관없이 병 단위로 그 금액을 계산함

① 3,046,000원 ② 3,266,000원

③ 3,486,000원 ④ 3,746,000원

14 실험실 사용 및 에탄올을 채우는 규칙이 다음 〈조건〉과 같을 때, 20주 후 일요일에 주문을 진행하기 전 남아있는 에탄올의 수량은?(단, 실험실 재고 현황은 월요일 실험 시작 전에 작성하였다)

> **조건**
> • 실험은 월요일부터 시작하여 쉬지 않고 진행한다.
> • 월요일부터 일요일까지 진행한 실험을 1주 차 실험으로 한다.
> • 에탄올은 매주 8병씩 사용한다.
> • 일요일까지 실험을 진행한 후 남아있는 에탄올 병이 기준 수량보다 부족하면 에탄올 병을 주문한다.
> • 일요일에 주문한 에탄올 병은 월요일 실험 시작 전에 수령한다.

① 2병
② 4병
③ 6병
④ 8병

15 다음은 I자동차 대리점에 근무하는 직원 5명의 2024년 2분기 자동차 판매 대수 및 판매 총액에 대한 자료이다. 성과급 지급 기준이 다음 〈조건〉과 같을 때, 직원들이 받는 성과급은 총 얼마인가?

〈2024년 2분기 자동차 판매 대수 및 판매 총액〉

구분	자동차 판매 대수	자동차 판매 총액
권○○	7대	9천 6백만 원
김○○	12대	1억 4천만 원
류○○	4대	9천만 원
오○○	6대	2억 2천만 원
표○○	1대	4천 8백만 원

> **조건**
> • 자동차 판매 대수에 따른 등급 및 자동차 판매 총액에 따른 등급은 다음과 같다.
>
> 〈자동차 판매 대수 및 판매 총액 등급표〉
>
> | 구분 | 자동차 판매 대수 | 자동차 판매 총액 |
> | --- | --- | --- |
> | A$^+$ | 10대 이상 | 2억 5천만 원 이상 |
> | A | 7대 이상 10대 미만 | 1억 5천만 원 이상 2억 5천만 원 미만 |
> | B | 5대 이상 7대 미만 | 1억 원 이상 1억 5천만 원 미만 |
> | C | 2대 이상 5대 미만 | 5천만 원 이상 1억 원 미만 |
> | D | 2대 미만 | 5천만 원 미만 |
>
> • 자동차 판매 대수 등급과 자동차 판매 총액 등급이 모두 B등급 이상일 때, 자동차 판매 총액 등급에 따라 성과급을 차등 지급한다.
> − B등급 : 자동차 판매 총액의 2%
> − A등급 : 자동차 판매 총액의 3%
> − A$^+$등급 : 자동차 판매 총액의 5%

① 868만 원
② 904만 원
③ 940만 원
④ 976만 원

  다음 제시된 순서도에 의해 출력되는 값은?

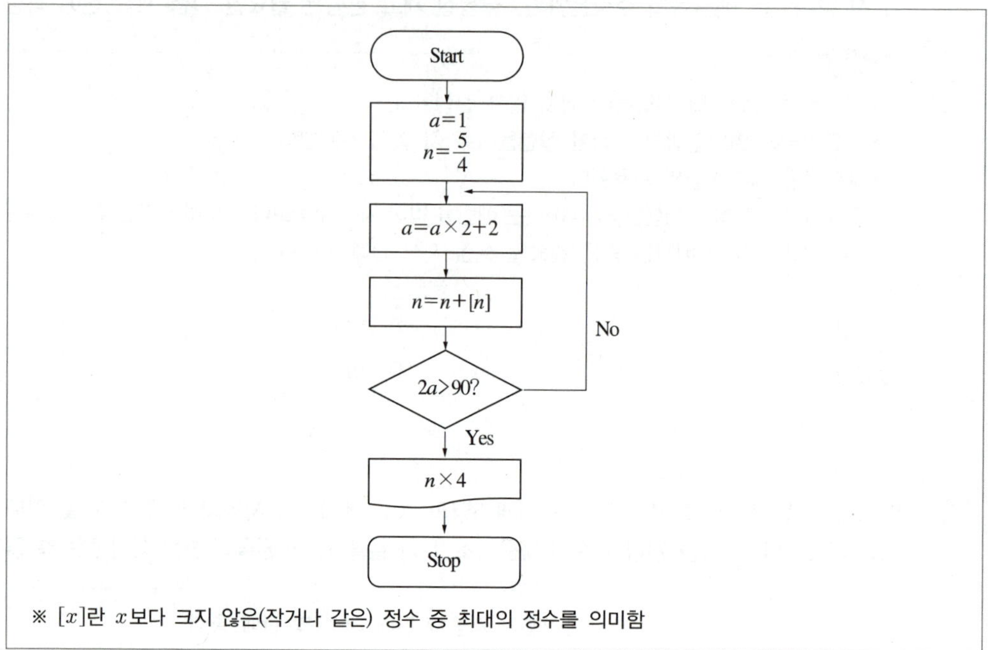

※ $[x]$란 x보다 크지 않은(작거나 같은) 정수 중 최대의 정수를 의미함

① 9

② 33

③ 65

④ 129

17 다음은 I은행의 계좌 송금 진행 과정에 대한 순서도이다. L씨가 상대방에게 송금하기 위해 정보를 입력하였을 때, [4번 알림창]을 보게 되었다. 그 이유로 옳은 것은?

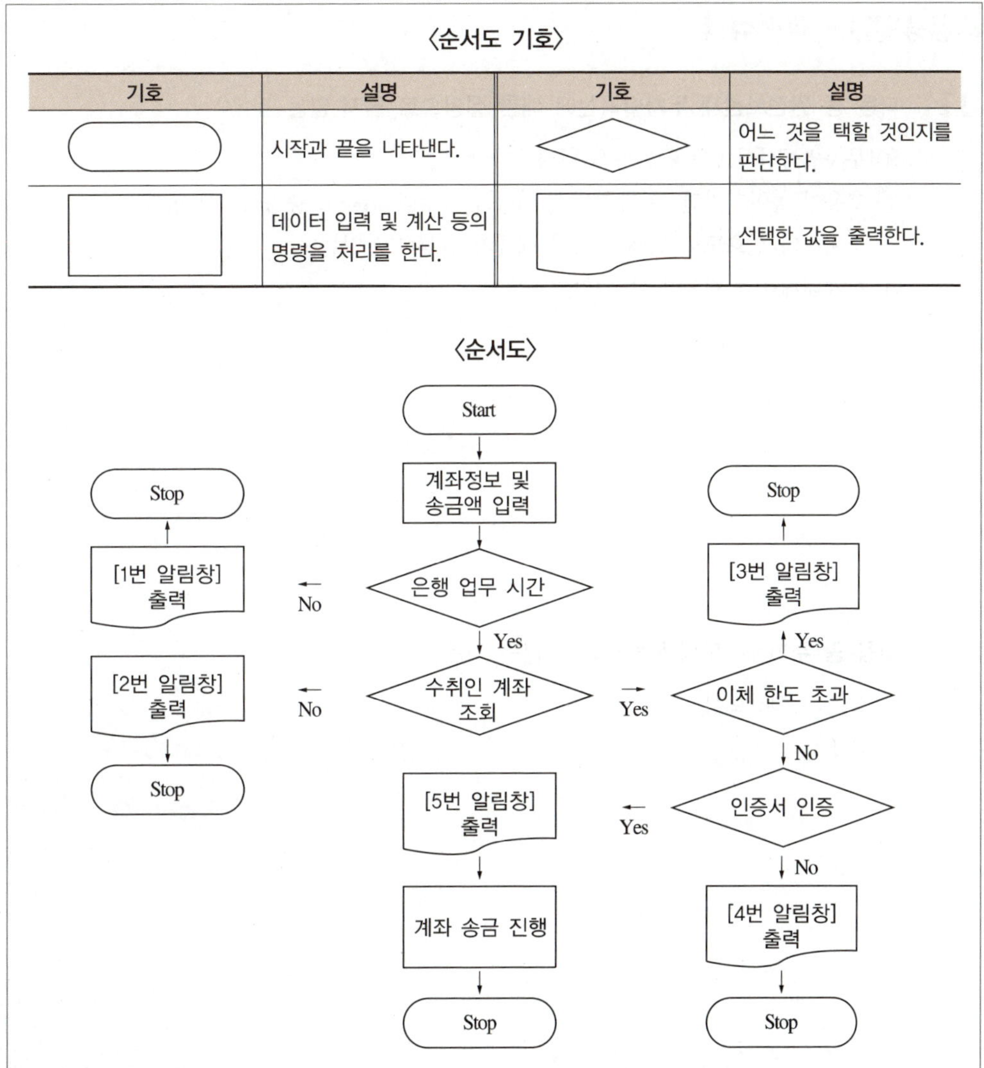

① 수취 계좌가 존재하지 않는다.
② 이체 한도가 초과되었다.
③ 인증서 인증 과정을 거치지 못하였다.
④ 은행 업무 시간이 아니다.

| 금융일반 – 객관식 |

01　다음 중 완전보완재 무차별곡선에 대한 설명으로 옳지 않은 것은?

① 무차별곡선이 L자형 모양을 나타낸다.

② 효용이 높아지려면 두 재화의 소비량을 일정한 비율로 증가시켜야 한다.

③ 소비자의 선호도로 인해 재화의 대체가 발생하지 않는다.

④ 한계대체율을 정의할 수 있다.

02　다음 중 주가배수모형에 해당하지 않는 것은?

① 고든의 성장모형　　　　　　　　② PER

③ PBR　　　　　　　　　　　　　④ PSR

03　다음은 재화별 경합성과 배제성을 나타낸 자료이다. 이에 대한 설명으로 옳지 않은 것은?

<재화별 경합성 및 배재성>

구분	경합성 있음	경합성 없음
배제성 있음	A	C
배제성 없음	B	D

① A재화는 일상에서 흔히 사용되는 재화가 해당한다.

② B재화는 막히는 무료도로 등과 같은 재화가 해당한다.

③ C재화는 무료 인터넷 등과 같은 재화가 해당한다.

④ D재화는 국방서비스 등과 같은 재화가 해당한다.

04 다음 중 대국이 수입품에 대한 관세를 부과할 때 나타나는 효과로 옳지 않은 것은?

① 대국의 수입량은 감소한다.

② 수입품의 국제가격이 하락한다.

③ 수입품을 대신하는 대국 내 생산품의 가격은 상승한다.

④ 대국의 관세수입이 100, 소비자 잉여손실이 80일 경우 총잉여는 180이다.

05 다음 중 환율 변화가 국내경제에 미치는 영향으로 옳지 않은 것은?

① 원 – 달러 환율이 하락할 경우 국내 수출기업의 수입이 감소한다.

② 원 – 달러 환율이 하락할 경우 국내 수출기업의 수출이 감소한다.

③ 원 – 달러 환율이 상승할 경우 중간재의 수입가격이 하락한다.

④ 원 – 엔 환율이 상승할 경우 일본과의 무역수지 적자가 축소된다.

06 다음 중 옵션의 특징에 대한 설명으로 옳지 않은 것은?

① 옵션이란 특정일에 서로 약정한 가격으로 자산을 사고팔 수 있는 권리가 부여된 것을 말한다.

② 거래 대상이 금, 은, 원유 등인 경우 상품옵션이라고 한다.

③ 거래 대상이 주식, 채권, 통화 등인 경우 금융옵션이라고 한다.

④ 옵션 프리미엄은 내재가치에서 시간가치를 차감한 값이다.

07 다음 중 테일러 준칙에 대한 설명으로 옳지 않은 것은?

① 중앙은행이 설정하는 명목이자율의 기준이 된다.

② 인플레이션율, 잠재산출량 등을 고려하여 명목이자율을 설정한다.

③ 인플레이션이 1%p 올랐을 경우 명목이자율도 1%p 올려야 한다.

④ 인플레이션과 산출량이 목표치보다 높은 수준인 경우 긴축적 통화정책을 권장한다.

08 다음을 참고하여 정률법으로 감가상각비를 계산하면 얼마인가?

• 취득원가 : 1억 원	• 잔존가액 : 5,000만 원
• 감가상각누계액(기초) : 4,000만 원	• 상각률 : 5%

① 300만 원 ② 500만 원
③ 800만 원 ④ 1,000만 원

※ 다음은 2021년을 기준연도로 하여 노트북과 TV를 생산하고 있는 A국의 연도별 제품가격과 생산량 추이를 나타낸 자료이다. 이어지는 질문에 답하시오. **[9~10]**

구분	노트북 가격	노트북 생산량	TV 가격	TV 생산량
2021년	50만 원	100대	20만 원	200대
2022년	80만 원	150대	30만 원	200대
2023년	100만 원	200대	40만 원	300대

09 다음 중 2021 ~ 2023년 명목 GDP 합을 계산한 값으로 옳은 것은?

① 2억 8,000만 원 ② 3억 2,000만 원
③ 4억 6,000만 원 ④ 5억 9,000만 원

10 다음 중 2023년 실질 GDP를 계산한 값으로 옳은 것은?

① 9,000만 원 ② 1억 2,000만 원
③ 1억 6,000만 원 ④ 2억 3,000만 원

01 다음을 참고하여 전년 대비 국내 GDP 증가액을 구하면?

- 한계소비성향 : 0.8
- 직전 연도 정부지출 : 50조 원
- 당해 연도 정부지출 : 80조 원

(　　　　　　　　　　조 원)

02 다음을 참고하여 매출액을 구하면?

- 공헌이익 : 60,000원
- 고정비용 : 20,000원
- 변동비용 : 10,000원

(　　　　　　　　　　원)

03 다음 〈보기〉 중 래퍼 곡선에 대한 설명으로 옳은 것을 모두 고르면?

보기

㉠ 래퍼 곡선에 따르면 모든 세율 구간에 대하여 세율의 증가에 따라 조세수입도 비례하여 증가한다.
㉡ 적정세율 이하의 세율 구간에서는 세율을 인상할수록 조세수입이 감소한다.
㉢ 조세수입의 변화율은 적정세율에 가까울수록 완만하다.
㉣ 래퍼 곡선에 따르면 세율의 인상은 과세대상의 이탈을 야기할 수 있다.

(　　　　　　　　　　)

01 다음 중 리눅스 권한 허가권 변경을 기호 모드로 작성할 때, 문자와 그 기능이 바르게 연결되지 않은 것은?

① r : 읽기　　　　　　　　　　② w : 쓰기

③ + : 권한 추가　　　　　　　　④ g : 사용자 허가권

02 다음 중 리눅스 명령어 'chmod 755'에 대한 설명으로 옳지 않은 것은?

① 소유자에게 읽기, 쓰기, 실행 권한을 주고 그룹 및 기타 사용자에게는 읽기 권한만 부여한다.

② chmod 명령어는 파일이나 디렉토리의 권한을 변경하는 데 사용한다.

③ 7은 소유자 권한을 의미한다.

④ 두 번째 5는 그룹 사용자 권한을 의미한다.

03 다음 파이썬 프로그램을 실행하였을 때 출력되는 값으로 옳은 것은?

```
a="5"
b="7"
print(a+b)
```

① 5　　　　　　　　　　　　　② 12

③ 12　　　　　　　　　　　　　④ 57

04 다음 중 IP 주소에 대한 설명으로 옳지 않은 것은?

① TCP/IP 프로토콜에서 사용하는 주소 체계를 IP 주소라 하며, IP 주소는 16비트로 이루어진다.

② 호스트 주소는 데이터그램이 전송되어야 할 네트워크의 호스트 주소이다.

③ IP 주소는 네트워크와 네트워크 내의 호스트를 나타내는 부분으로 나누어진다.

④ 네트워크 주소는 데이터그램이 전송되어야 할 네트워크의 주소이다.

05 다음 중 SQL에서 테이블 구조를 정의, 변경, 제거하는 명령을 순서대로 나열한 것은?

① CREATE, MODIFY, DESTROY
② CREATE, UPDATE, DELETE
③ CREATE, MODIFY, DROP
④ CREATE, ALTER, DROP

06 DBMS의 필수 기능 중 데이터 조작 기능에 해당하는 것은?

① 사용자와 데이터베이스 간의 인터페이스 수단 제공
② 논리적 구조와 물리적 구조 사이의 사상(Mapping) 표현
③ 데이터베이스의 보안을 유지하기 위한 권한 검사
④ 데이터베이스의 정확성을 유지하기 위한 병행 제어

07 다음 파이썬 프로그램을 실행하였을 때 출력되는 값으로 옳은 것은?

```
string='abcd'
string.replace('b', 'B')
print(string)
```

① abcd
② aBcd
③ B
④ acd

08 다음에서 설명하는 것은 무엇인가?

- 삽입과 삭제가 리스트의 양쪽 끝에서 발생할 수 있는 형태이다.
- 입력이 한쪽에서만 발생하고 출력은 양쪽에서 일어날 수 있는 입력 제한과 입력은 양쪽에서 일어나고 출력은 한쪽에서만 이루어지는 출력 제한이 있다.

① 스택(Stack)
② 큐(Queue)
③ 다중 스택
④ 데크(Deque)

09 다음은 스택을 이용한 0-주소 명령어 프로그램이다. 이 프로그램이 수행하는 계산으로 옳은 것은?

```
PUSH C
PUSH A
PUSH B
ADD
MUL
POP Z
```

① $Z=C+A*B$ ② $Z=(A+B)*C$

③ $Z=B+C*A$ ④ $Z=(C+B)*A$

10 다음과 같이 Java 코드로 Queue 클래스를 구현할 때 빈칸에 들어갈 명령어로 옳은 것은?

```java
import java.util.LinkedList;
import java.util.Queue;

public class Main {

    public static void main(String[ ] args) {
        Queue<Integer> queue=________________;

        queue.offer(1);
        queue.offer(2);
        queue.offer(3);
        queue.offer(4);
        queue.offer(5);

        while(!queue.isEmpty( )) {
            System.out.println(queue.poll( ));
        }

    }

}
```

① Queue〈Integer〉( )   ② LinkedList〈Integer〉( )

③ new LinkedList〈Integer〉( )   ④ List〈Integer〉( )

01 다음 트리를 전위 순회에 따라 탐색할 때, 트리의 각 노드를 순서대로 바르게 나열하면?

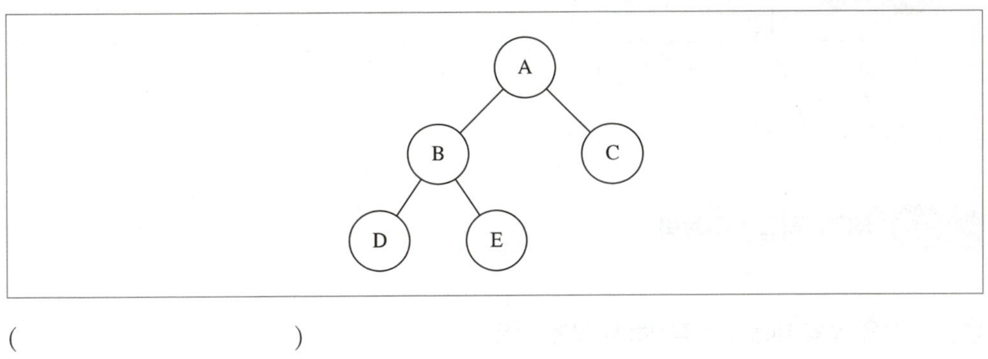

(   )

02 어느 창고에서 들어온 물건에 $1 \sim n$번까지 고유한 일련번호를 순서대로 배정한 뒤, 정렬하여 납품하려고 한다. 납품을 위해 물건이 들어오는 '입력' 과정과 물건이 납품되는 '출력' 과정이 있으며, 납품할 물건은 일련번호 순서대로 창고에 들어오고 후입선출에 따라 납품한다. 물건들을 납품하는 순서가 다음과 같을 때, 물건들이 들어오는 순서와 나가는 순서를 정리한 〈보기〉의 표에서 A ~ F에 들어갈 알맞은 수를 모두 더하면?

3   2   1   4   5   8   7   6

보기

구분	입	입	입	출	출	출	입	출	입	출	입	입	입	출	출	출
일련번호	1	2	3	A	2	1	B	C	5	5	D	7	E	F	7	6

※ 입 : 입력 / 출 : 출력

(   )

01 NCS 직업기초능력

01 다음 글의 내용으로 적절하지 않은 것은?

> 기업은행은 수출 중소기업이 자산이나 채권을 손해 없이 현금화할 수 있도록 지원하기 위해 한국무역보험공사의 수출신용보증(포괄매입) 상품을 도입하겠다고 알렸다.
>
> 기존의 수출자가 수출채권 매입 보증을 위해 수입자별로 신용보증서 발급이 필요했던 방식과 달리, 이번 수출신용보증 상품은 단일의 보증서로 수출채권을 매입할 수 있어 조기 현금화가 가능한 것이 특징이다.
>
> 이 상품은 180일 이내에서 대출기간 설정이 가능하며, 물품의 선적일 및 수령일 등 기준일자로부터 90일 이내에 대출을 실행하는 무신용장방식 수출거래에 한해 가능하다.
>
> 또한 각 기업은 한국무역보험공사에서 공개한 보증 한도 내용을 토대로 은행에서의 예상 한도를 산출할 수 있어 신속한 보증 가능 여부 확인이 가능하다.
>
> 기업은행은 이번 상품 도입을 통해 담보력이 부족한 신생 기업과 수출 판매망 확대를 구상하는 기업의 안정적 자금 확보에 큰 도움이 되길 바란다고 전했다.

① 수출 중소기업은 수출신용보증 상품을 통해 유동성 확보를 할 수 있다.

② 하나의 신용보증서로 여러 수입자의 수출채권 매입 보증이 가능하다.

③ 물품 선적일 및 수령일로부터 최대 90일 이내에서 대출기간 설정이 가능하다.

④ 기업은 은행 방문 전 수출신용보증 상품 이용 가능 예상 한도를 알 수 있다.

02 다음은 IBK기업은행의 예금상품인 'IBK 내사업처음통장'에 대한 상품설명서이다. 이에 대한 설명으로 옳은 것은?

〈IBK 내사업처음통장〉

구분	내용
상품특징	• 계좌 개설일로부터 최대 3년까지 잔액 500만 원 이하 금액에 대해 연 3.0% 금리 제공 (500만 원 초과 금액에 대해 연 0.1% 고시금리 적용)
가입금액	• 제한없음
가입대상	• 사업자등록증상의 사업개시일로부터 1년 이내 법인 및 개인사업자 • 사업자번호별 1개 계좌만 가입 가능
계약기간	• 제한없음
이자지급식 주기	• 예금의 이자는 매년 3월, 6월, 9월, 12월 3번째 주 토요일에 계산하여 그다음 일에 원금에 더함
이자지급방법	• 예금이자는 최초입금일(또는 지난 원가일)부터 원가일(또는 지급일) 전날까지를 이자계산으로 하고 매일 최종잔액을 평균하여 해당이자율을 적용 및 계산
기타	• 법인은 영업점 창구에서 가입 가능 • 공동명의, 임의단체 가입 불가 • 양수도 불가
기본금리	• 연 0.1%
우대금리	• 통장 개설일로부터 3년 응당 도래일까지 잔액에 따른 우대금리 제공 　－500만 원 이하 : 연 3.0%(기본금리 포함) 　－500만 원 초과 : 연 0.1%(기본금리 적용) • 해당 기본금리와 우대금리는 변경될 수 있으며, 변경일로부터 변경이자율이 적용됨

① 생애 최초 창업을 시작한 사업자가 사업개시일로부터 1년 이내에 한해 가입 가능한 상품이다.

② 계좌 개설일로부터 3년이 경과하면 가입금액에 상관없이 이자지급이 제한된다.

③ 한 사업자가 가입 가능한 계좌 수는 1개이다.

④ 5백만 원을 초과하는 금액에 대해서는 우대금리 연 0.1%p를 포함해 연 3.1%의 우대금리를 제공한다.

 다음 제시된 문단을 논리적 순서대로 바르게 나열한 것은?

> 주요국 다국적기업에 글로벌 최저한세 제도가 도입되면서 국책은행들은 자문 용역을 발주하는 등 대책을 강구하는 데 몰두하고 있다.
>
> (가) 해당 제도가 적용되는 기업은 연결 재무제표상 매출액이 7억 5,000만 유로 이상인 곳으로 약 200여 개가 대상이며, 2025년부터 법인세가 부과될 방침이다.
>
> (나) 하지만 기획재정부는 2026년까지 전환기 적용면제 특례 규정을 적용하여 매출액·이익, 이익 대비 법인세 비중, 초과이익 요건 중 하나 이상을 충족한 기업에는 비록 올해부터 시행되는 제도이나 추가세액 납부 의무를 2026년까지 면제해주겠다고 밝혔다.
>
> (다) 글로벌 최저한세 제도란 우리나라에 모회사를 두는 다국적 기업의 해외 자회사가 현지 최저한 세율인 15%에 미치지 못하는 세금을 납부하면 지주사 등 모기업에서 추가 세액을 납부하도록 하는 것이다.

① (가) – (나) – (다)

② (가) – (다) – (나)

③ (다) – (가) – (나)

④ (다) – (나) – (가)

 다음 글을 읽고 추론할 수 있는 내용으로 적절하지 않은 것은?

> 청약철회권이란 고객이 예금성 상품을 제외한 금융사의 보험, 대출, 고난도 펀드 등 금융상품에 계약한 후 일정 기간 이내에는 손실 없이 해당 청약을 철회할 수 있는 권리로, 도입 3년 3개월 만인 지금 그 환불액이 16조 원에 다다라 논란이 되고 있다.
>
> 이처럼 소비자들의 계약 취소가 폭증하고 있는 원인으로는 소비자들이 금융사들로부터 해당 상품에 대한 충분한 설명이나 정보를 제공받지 못한 채 가입해 뒤늦게 해당 계약을 취소한 것으로 판단되고 있다.
>
> 실제로 금융감독원에서 제공한 '59개 국내 금융회사 금융상품 청약철회 신청 및 처리 현황'에 따르면 지난 2021년 3월부터 지금까지 총 3년 3개월 동안 청약철회 신청 건수는 총 558만 1,049건이며, 해당 청약철회 신청은 모두 받아들여졌다.
>
> 또한 청약철회 신청은 2021년 133만 건, 2022년 144만 건, 2023년 179만 건으로 매년 증가하고 있는데 이는 소비자들의 권리 의식이 높아진 영향도 있겠지만, 상품 판매 과정에서의 금융사들의 설명의 부재가 가장 큰 영향으로 보인다.
>
> 특히 청약철회 환불액 중 은행권이 약 81.4%로 그 금액은 12조 9,701억 원 수준이었으며, 그 가운데서도 카카오뱅크, 케이뱅크, 토스뱅크 등 인터넷 전문은행 3사의 환불 규모는 전체 은행권 건수 대비 59.8%, 금액 대비 49.3%로 압도적으로 높았다.

① 청약철회권이 금융사의 모든 상품에 적용되는 권한은 아니다.

② 금융사들이 상품 판매 시 충분한 설명을 제공한다면 청약철회 신청은 감소할 것이다.

③ 2021년 3월부터 진행된 청약철회 신청은 모두 청약철회 신청 기간 내에 이루어졌다.

④ 전체 은행권의 계약 취소 환불액 중 절반 이상이 인터넷 전문은행 3사에서 발생했다.

※ 다음은 IBK기업은행의 공정거래자율준수에 대한 자료이다. 이어지는 질문에 답하시오. **[5~6]**

<공정거래자율준수>

1. **공정거래자율준수 프로그램 운영 원칙**
   (1) 협력회사에 대한 원칙
       - 협력회사와 상호존중을 바탕으로 공정하게 거래한다.
       - 협력회사에 부당하게 유리 또는 불리한 취급을 하거나 경제상 이익을 요구하지 않는다.
       - 부당한 요구나 원하지 않는 거래조건을 협력회사에게 강제하지 않는다.
       - 협력회사의 기술, 지식재산권을 부당하게 요구하거나 침해하지 않는다.
   (2) 고객에 대한 원칙
       - 고객의 입장에서 오인성이 없도록 금융상품 정보를 바르게 전달한다.
       - 법적 기준에 맞게 표시·광고한다.
       - 공정한 약관을 사용하고 누구나 접근 가능하도록 명시한다.
   (3) 경쟁사에 대한 원칙
       - 경쟁사와 자유롭고 공정한 경쟁을 한다.
       - 불공정한 방법으로 경쟁사의 기술을 이용하거나 이익을 침해하지 않는다.
       - 담합을 하지 않는다.
       - 부당한 방법으로 경쟁사의 고객을 유인하지 않는다.

2. **교육시스템**

구분	부서자체교육	부서입점교육	상담	집합교육
주기	분기 1회	수시	수시	반기 1회
교육시간	1시간	1시간	–	2시간
교육대상	전 직원	전 직원	전 직원	법위반 가능성이 높은 부서 임직원
교육내용	• 공정경쟁제도의 도입 목적과 체계의 이해 • 공정거래 관련 법규 및 사례 • 자율준수편람	• 자율준수 체크리스트 내용 이해 • 관련업무 분야별 사례 • 감독 및 규제기관 동향	• 실무 관련 의문사항 상담 및 처리방향 지도 • 공정거래 관련 법규 및 최신사례 설명	• 내/외부전문가 강의 • 공정경쟁 현안내용 전달 • 공정거래 위반 의심 사례 발생 시 업무 처리방향 지도

05 다음 중 제시된 자료를 보고 추론할 수 있는 내용으로 가장 적절한 것은?

① 자사의 거래조건을 협력회사가 원하지 않을 경우 수정하여야 한다.

② 고객 입장에서 혼란을 줄 수 있는 정보는 기재하지 않아야 한다.

③ 경쟁사를 이용하고 있는 고객에게 자사의 상품을 이용하도록 유도해서는 안 된다.

④ 법위반 가능성이 높은 부서 임직원은 정기 교육을 연간 6회 받는다.

06 다음 중 제시된 자료의 내용으로 적절하지 않은 것은?

① 협력회사만이 유리하거나 자사만이 유리한 거래는 지양하여야 한다.

② 협력회사의 기술이나 지적재산권의 사용이 필요할 때는 정당한 대가를 지불하여야 한다.

③ 이득을 취하기 위해 경쟁사와 미리 의논하거나 합의하여서는 안 된다.

④ 불공정거래가 의심이 될 때에는 상담을 통하여 처리방향을 지도받아야 한다.

※ 다음은 기존주택 전세임대주택에 대한 자료이다. 이어지는 질문에 답하시오. **[7~8]**

〈기존주택 전세임대주택〉

구분	내용
임대기간	• 2년(최대 20년 거주 가능하며, 최초 임대기간 경과 후 2년 단위로 최대 9회 재계약) • 신혼부부Ⅱ에 해당하는 경우, 2회 재계약으로 최대 6년 거주 가능하며, 자녀가 있는 경우 2회 추가 계약을 통해 최대 10년 거주 가능
면적	• 국민주택규모(전용 $85m^2$ 이하)이며, 다음과 같은 경우 예외로 한다. 　－ 1인 가구일 경우 $60m^2$ 이하 　－ 공고일 기준 태아 포함 세 명 이상의 다자녀 가구일 경우 $85m^2$ 초과 가능
종류	• 단독주택, 다가구주택, 공동주택, 주거용 오피스텔

지원한도액

• 기존주택, 신혼부부Ⅰ, 신혼부부Ⅱ로 구분하여 차등 적용

구분	기존주택	신혼부부Ⅰ	신혼부부Ⅱ
지원한도액	1억 3,000만 원 / 호	1억 4,500만 원 / 호	2억 4,000만 원 / 호
실지원금액	최대 1억 2,350만 원 / 호 (지원한도액의 95%)	최대 1억 3,775만 원 / 호 (지원한도액의 95%)	최대 1억 9,200만 원 / 호 (지원한도액의 80%)
입주자부담금	지원한도액 범위 내 전세보증금의 5% 해당액은 입주자 부담 (단, 신혼부부Ⅱ의 경우 지원한도액 범위 내 전세보증금의 20% 부담)		
보증금한도액	최대 3억 2,500만 원 / 호 (지원한도액의 250%)	최대 3억 6,250만 원 / 호 (지원한도액의 250%)	최대 6억 원 / 호 (지원한도액의 250%)

신청자격

• 기존주택, 신혼부부Ⅰ, 신혼부부Ⅱ로 구분하여 차등 적용
　－ 기존주택 유형

우선순위	대상
1순위	생계·의료 수급자, 한부모가족, 주거지원 시급가구, 만 65세 이상 고령자, 가구당 월평균소득 70% 이하 장애인
2순위	가구당 월평균소득 50% 이하, 가구당 월평균소득 100% 이하 장애인

　－ 신혼부부Ⅰ·Ⅱ 유형

우선순위	대상
1순위	공고일 기준 임신 및 출산·입양 등으로 미성년 자녀가 있는 신혼부부 및 예비신혼부부, 만 6세 이하 자녀가 있는 한부모가족
2순위	자녀가 없는 신혼부부 및 예비신혼부부
3순위	만 6세 이하 자녀가 있는 혼인가구

소득 및 자산보유기준

• 소득기준 및 자산기준을 초과할 경우 신청자격이 주어지지 않는다.
　－ 소득기준 : 전년도 도시근로자 가구당 월평균소득

구분	50%	70%	100%
1인 가구	1,741,482원	2,438,075원	3,482,964원
2인 가구	2,707,856원	3,790,998원	5,415,712원
3인 가구	3,599,325원	5,039,054원	7,198,649원
4인 가구	4,124,234원	5,773,927원	8,248,467원
5인 가구	4,387,536원	6,142,550원	8,775,071원

－ 자산기준

구분		내용
총자산	기존주택	세대구성원 전원이 보유하고 있는 총자산가액 합산기준 2억 4,100만 원 이하
	신혼부부	세대구성원 전원이 보유하고 있는 총자산가액 합산기준 3억 4,500만 원 이하
자동차		세대구성원 전원이 보유하고 있는 개별 자동차가액 3,708만 원 이하 (단, 자동차를 보유하지 않는 경우 해당 항목은 자산 산정에서 제외한다)

(소득 및 자산보유기준)

07 다음 〈보기〉의 기존주택 전세임대주택 신청자 중 유형에 관계없이 우선순위 2순위에 해당하는 사람은?

보기

〈기존주택 전세임대주택 신청자〉

신청자	유형	가구 구성	가구당 월평균소득	비고
A	신혼부부Ⅰ	3인 가구	1,876,735원	만 5세, 만 3세 자녀가 있는 한부모가족
B	기존주택	1인 가구	2,257,385원	만 70세의 고령자
C	신혼부부Ⅱ	2인 가구	4,437,586원	자녀가 없는 예비신혼부부
D	신혼부부Ⅰ	4인 가구	6,678,032원	만 4세, 만 2세 자녀가 있는 혼인가구

① A
② B
③ C
④ D

08 다음은 기존주택 전세임대주택의 신청자격이 주어지지 않은 사람의 정보이다. 신청자격이 주어지지 않은 이유로 옳은 것은?

- 만 12세, 만 8세의 자녀가 있는 4인 혼인가구
- 월평균소득 4,057,786원인 기존주택 유형
- 총자산가액 3억 5,000만 원
- 자가용이 없어 대중교통 이용 중

① 한부모가족이 아니다.
② 가구당 월평균소득 3,790,998원을 초과하였다.
③ 총자산가액 2억 4,100만 원을 초과하였다.
④ 자동차를 보유하지 않아 정확한 자산 산정이 불가능하다.

※ 다음은 탄력적 근로시간제와 초과수당 산정방법에 대한 자료이다. 이어지는 질문에 답하시오. **[9~10]**

<탄력적 근로시간제>

- 탄력적 근로시간제는 법정 근로시간을 채우기만 하면 근로자의 출·퇴근시간의 제약 없이 근무를 허용하는 제도이다.
- 탄력적 근로시간제는 2주 이내 유형과 3개월 이내 유형이 있으며 다음과 같이 적용한다.

구분	내용
2주 이내	• 2주 이내의 단위기간을 평균하여 1주 평균 근무시간이 40시간을 초과하지 않는 범위에서 특정 주에 40시간, 특정일에 8시간을 초과하여 근무한다. • 특정 주의 근무시간은 48시간을 초과할 수 없다. • 일일 최대 12시간을 초과하여 근무할 수 없다.
3개월 이내	• 3개월 이내 일정한 기간(1개월, 3개월 등)을 단위기간으로 운용하며, 단위기간을 평균하여 1주 평균 근무시간이 40시간을 초과하지 않는 범위에서 특정 주에 40시간, 특정일에 8시간을 초과하여 근무한다. • 특정 주의 근무시간은 48시간을 초과할 수 없다. • 일일 최대 12시간을 초과하여 근무할 수 없다.

- 탄력적 근로시간제를 통해 오후 6시를 초과하여 근무할 경우 초과수당을 지급한다.

예 2주 이내 유형을 적용할 때, 다음과 같이 근무시간을 조정할 수 있다.

구분	월	화	수	목	금	총근무시간
1주	8	10	8	12	9	47
2주	9	11	5	4	4	33
단위기간 평균 근무시간				$\frac{47+33}{2}=40$시간		

2주 차 수요일에 오후 3시부터 오후 8시까지 근무한다면 2시간에 해당하는 초과수당을 지급한다.

<초과수당 산정방법>

- 사용자는 근로자가 오후 6시를 초과하여 근무할 경우 통상시급의 50%를 가산하여 초과로 근무한 시간만큼 지급한다.
- 통상시급은 [(월 기본급)+(월 고정수당)+{(연간 상여금)÷12)}]÷209로 산정한다.

09 다음은 직원 A~D 4명이 탄력적 근로시간제의 2주 이내 유형을 적용하여 근무한 근무시간표이다. 2월 16일에 근무한 시간이 두 번째로 긴 사람은?

<A~D 근무시간>

(단위 : 시간)

근무일 직원	1주					2주				
	2/5	2/6	2/7	2/8	2/9	2/12	2/13	2/14	2/15	2/16
A	7	10	9	8	10	6	5	8	7	
B	5	6	7	7	9	12	10	10	9	
C	8	7	7	7	11	10	9	10	5	
D	6	6	10	9	8	7	8	6	9	

① A

② B

③ C

④ D

10 E가 탄력적 근로시간제를 적용하여 오전 11시부터 9시간 동안 근무하였을 때, 다음 〈조건〉에 따라 E가 받게 되는 초과수당은?

조건

- 점심시간(휴게시간)은 오후 1시부터 2시까지로 근무시간에 포함되지 않는다.
- E의 월 기본급은 275만 원이다.
- E의 월 고정수당은 20만 원이며, 연간 상여금은 144만 원이다.

① 약 64,286원

② 약 66,101원

③ 약 68,745원

④ 약 71,072원

※ 다음은 차량 점수 산정 방식 및 판매 차량 항목별 정보에 대한 자료이다. 이어지는 질문에 답하시오.
[11~12]

〈차량 점수 산정 방식〉

- 점수를 부여하는 항목은 연비, 가격, 배기가스 배출량, 고객만족도, 승차감이며, 각 항목에 대한 점수를 산정하는 방법은 다음과 같다(각 항목의 점수는 20점 만점이다).
  - 연비 : 연비에 해당하는 km 수치만큼 점수를 부여하며, 20km/L 이상이면 만점으로 한다.
    - 예 어떤 자동차의 연비가 16.7km/L일 때, 연비 점수는 16.7점을 부여한다.
  - 가격 : 2,000만 원을 기준으로 100만 원을 초과할 때마다 0.1점을 만점에서 차감하여 부여하며, 2,100만 원 미만일 경우 만점으로 한다(단, 100만 원 단위 미만은 버림한다).
    - 예 어떤 자동차의 가격이 2,875만 원일 때, 100만 원 단위 미만은 버림하므로 가격 점수는 $20-0.1\times\dfrac{2,800-2,000}{100}=19.2$점을 부여한다.
  - 배기가스 배출량 : 100g/km를 기준으로 1g 늘어날 때마다 0.2점을 차감하여 부여하며, 배기가스 배출량이 101g/km 미만일 경우 만점으로 한다.
    - 예 어떤 자동차의 배기가스 배출량이 136g/km일 때, 배기가스 배출량 점수는 $20-0.2\times(136-100)=12.8$점을 부여한다.
  - 고객만족도 : 등급에 따라 다음과 같은 점수를 부여한다.

구분	A$^+$	A	B$^+$	B	C$^+$	C	D$^+$	D
점수	20점	17.5점	15점	12.5점	10점	7.5점	5점	2.5점

  - 승차감 : 등급에 따라 다음과 같은 점수를 부여한다.

구분	A$^+$	A	B$^+$	B	C$^+$	C	D$^+$	D
점수	20점	17.5점	15점	12.5점	10점	7.5점	5점	2.5점

〈판매 차량 항목별 정보〉

구분	연비	가격	배기가스 배출량	고객만족도	승차감
L	18.4km/L	3,950만 원	151g/km	B	B$^+$
R	20.5km/L	4,020만 원	132g/km	A$^+$	B
S	17.6km/L	3,700만 원	98g/km	B$^+$	A$^+$
T	13.9km/L	2,050만 원	182g/km	C$^+$	C

11 다음 중 판매 차량의 항목별 점수를 합산하였을 때, 차량 점수가 높은 순서대로 차량 모델을 바르게 나열한 것은?

① S-L-R-T　　　　　　　　　② S-R-L-T
③ T-R-L-S　　　　　　　　　④ T-S-L-R

12 A씨는 가격을 고려하지 않고 차를 구입하고자 한다. 다음과 같이 점수 산정 방식을 수정하여 점수가 가장 높은 차를 구매할 때, 어떤 차를 구입해야 하는가?

- 연비 : 40점 만점으로 연비에 해당하는 km 수치의 2배를 점수로 부여하며, 20km/L 이상이면 만점으로 한다.
- 배기가스 배출량 : 기존 산정 방식을 유지한다.
- 고객만족도 : 등급에 따라 다음과 같은 점수를 부여한다.

구분	A⁺	A	B⁺	B	C⁺	C	D⁺	D
점수	10점	9점	8점	7점	6점	5점	4점	3점

- 승차감 : 등급에 따라 다음과 같은 점수를 부여한다.

구분	A⁺	A	B⁺	B	C⁺	C	D⁺	D
점수	30점	27.5점	25점	22.5점	20점	17.5점	15점	12.5점

① L　　　　　　　　　② R
③ S　　　　　　　　　④ T

※ 다음은 P씨가 X지점에서 Y지점으로 출장을 가기 위해 조사한 이동경로 및 교통편에 대한 자료이다.
이어지는 질문에 답하시오. [13~15]

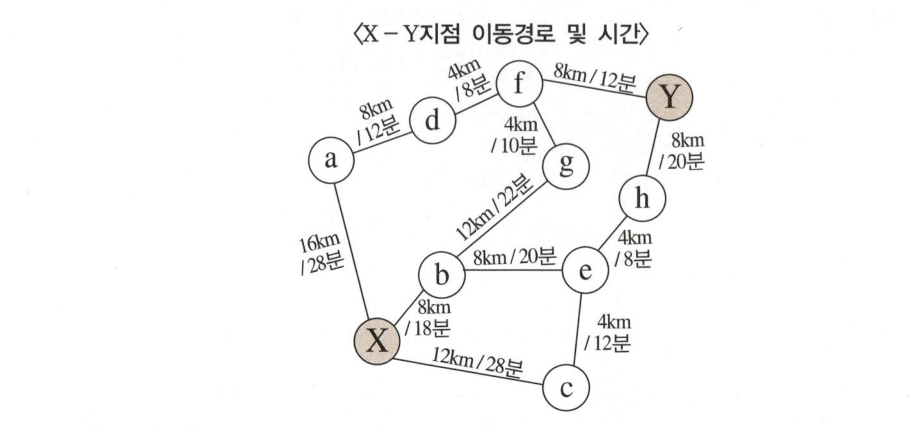

〈X－Y지점 운행 버스 비용〉

버스명	기본운임	이동경로	비고
A4876	2,000원	X－a－d－f－Y	25km 초과 시 1km당 500원 추가
A5013	3,000원	X－b－g－f－Y	30km 초과 시 1km당 1,000원 추가
B3679	3,000원	X－b－e－h－Y	25km 초과 시 1km당 1,000원 추가
B8005	4,000원	X－c－e－h－Y	25km 초과 시 1km당 500원 추가

13 P씨가 이동경로가 가장 짧은 버스를 선택하고자 할 때, 그 거리는?

① 24km   ② 28km

③ 32km   ④ 36km

14 P씨가 이동경비가 가장 적은 버스를 선택하고자 할 때, 그 비용은?

① 3,000원   ② 4,000원

③ 5,000원   ④ 6,000원

15 P씨가 이동시간이 가장 짧은 버스를 선택하고자 할 때, 그 버스는?

① A4876　　　　　　　　　　　　② A5013

③ B3679　　　　　　　　　　　　④ B8005

16 다음은 여러 과일의 평균 무게 및 수확량과 운반 거리에 대한 자료이다. 〈조건〉의 화물차로 수확한 과일을 옮길 때, 총운임이 가장 많은 과일은?(단, 과일 한 종류당 하나의 트럭으로만 옮긴다)

〈과일별 평균 무게 및 수확량〉

구분	사과	귤	배	토마토
평균 무게	250g	5g	750g	200g
수확량	2,000개	700,000개	4,000개	7,500개
운반 거리	75km	30km	40km	60km

조건

- 0.5t 이하, 20km 이하 운반 시 기본운임 35,000원을 적용한다.
- 운반하고자 하는 무게가 0.5t 단위로 증가할 때마다 20,000원을 추가로 지불해야 한다.
  (0.5t 이하 : 0원, 0.5t 초과 1t 이하 : +20,000원, 1t 초과 1.5t 이하 : +40,000원, …)
- 운반하고자 하는 거리가 10km 단위로 증가할 때마다 10,000원을 추가로 지불해야 한다.
  (20km 이하 : 0원, 20km 초과 30km 이하 : +10,000원, 30km 초과 40km 이하 : +20,000원, …)
- 예 화물의 총무게가 1.3t이고, 운반거리가 33km일 때, 총운임은 다음과 같이 산정한다.
  － 기본운임 : 35,000원
  － 추가 운임 : 화물의 무게가 1t 초과 1.5t 이하이므로 40,000원, 운반 거리가 30km 초과 40km 이하이므로 20,000원이 추가된다.
  따라서 총운임은 35,000+40,000+20,000=95,000원이다.

① 사과　　　　　　　　　　　　② 귤

③ 배　　　　　　　　　　　　④ 토마토

17 다음은 I은행의 중기근로자우대적금 상품에 대한 정보 및 O사 직원들의 가입 시점 근속연수에 대한 자료이다. O사 직원 모두 중기근로자우대적금에 가입하였을 때, O사 직원들의 만기 시 평균 적용 금리는?(단, 모든 직원은 I은행 급여이체 실적을 충족하였으며, 만기 때까지 중도해지는 없었다)

〈중기근로자우대적금〉

구분	내용
계약기간	1년
고시금리	연 3.5%
이자지급방식	만기일시지급식, 단리식
가입대상	실명의 개인(개인사업자 제외) 1인 1계좌
적립한도	월 1만 원 이상 100만 원 이하(만 원 단위)
적립방법	자유적립
우대금리	계약기간 동안 아래 조건을 충족하고 만기해지 시 우대금리 제공 ① 중소기업 근로자로 확인된 경우, 가입 시점 근속연수에 따라 차등 적용 　－5년 미만 : 연 0.5%p 　－5년 이상 10년 미만 : 연 0.8%p 　－10년 이상 15년 미만 : 연 1%p 　－15년 이상 : 연 1.2%p ② 당행 급여이체 실적(월 50만 원 이상) 6개월 이상인 경우 : 연 1%p

〈O사 직원 가입 시점 근속연수〉

직원	근속연수	직원	근속연수
A	4년	G	8년
B	17년	H	8년
C	9년	I	20년
D	25년	J	1년
E	3년	K	13년
F	1년	L	12년

① 약 5.15%　　　　　② 약 5.21%

③ 약 5.27%　　　　　④ 약 5.33%

18 다음은 I은행의 2019 ~ 2023년 인터넷뱅킹 이용 실적 및 이용 금액에 대한 자료이다. 이에 대한 설명으로 옳지 않은 것은?

〈인터넷뱅킹 이용 실적〉

(단위 : 만 건)

구분	2019년	2020년	2021년	2022년	2023년
계(이체＋대출)	248	260	278	300	334
모바일뱅킹	177	190	214	238	272
이체	247.9	259.7	277.5	299.3	333.1
대출	0.1	0.3	0.5	0.7	0.9

〈인터넷뱅킹 이용 금액〉

(단위 : 억 원)

구분	2019년	2020년	2021년	2022년	2023년
계(이체＋대출)	96,164	121,535	167,213	171,762	197,914
모바일뱅킹	19,330	27,710	40,633	44,658	57,395
이체	95,677	120,398	165,445	169,368	195,151
대출	487	1,137	1,768	2,394	2,763

① 2020 ~ 2023년 동안 전년 대비 전체 인터넷뱅킹 이용 실적과 이용 금액 모두 매년 증가하였다.

② 2019 ~ 2023년 동안 전체 인터넷뱅킹 이용 실적 중 모바일뱅킹 이용 실적은 매년 70% 이상이었다.

③ 2019 ~ 2023년 동안 전체 인터넷뱅킹 이용 금액 중 모바일뱅킹 이용 금액은 매년 30% 미만이었다.

④ 2020 ~ 2023년 동안 전년 대비 인터넷뱅킹 대출 이용 실적 건수당 대출 금액은 매년 증가하였다.

19 다음은 2023년 7 ~ 12월의 미국, 중국, 일본의 환율에 대한 자료이다. 이에 대한 설명으로 옳은 것은?

〈2023년 7 ~ 12월 미국·중국·일본 환율〉

구분	2023년 7월	2023년 8월	2023년 9월	2023년 10월	2023년 11월	2023년 12월
미국 (원/달러)	1,308	1,346	1,357	1,375	1,331	1,329
중국 (원/위안)	188	191	192	193	190	192
일본 (원/엔)	9.27	9.3	9.19	9.2	8.88	9.23

① 2023년 8 ~ 12월 동안 미국의 전월 대비 환율은 꾸준히 상승하였다.

② 2023년 8 ~ 12월 동안 중국과 일본의 전월 대비 환율의 증감 추이는 같다.

③ 2023년 7 ~ 12월 동안 위안화 대비 엔화는 항상 20엔/위안 이상이다.

④ 2023년 7월 대비 12월의 환율 증가율이 가장 큰 국가는 미국이다.

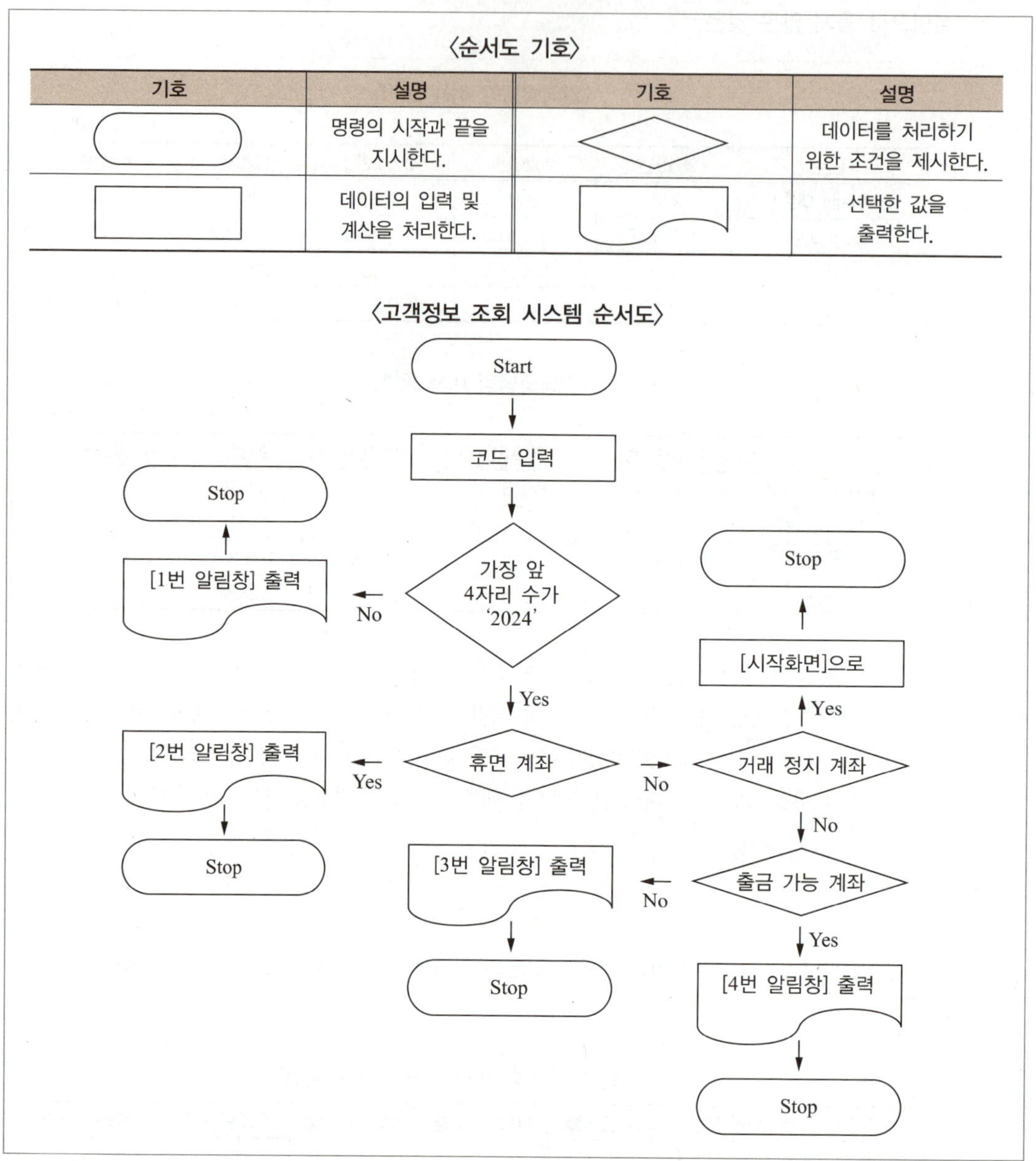

〈순서도 기호〉
기호
설명
기호
설명
명령의 시작과 끝을 지시한다.
데이터를 처리하기 위한 조건을 제시한다.
데이터의 입력 및 계산을 처리한다.
선택한 값을 출력한다.
〈고객정보 조회 시스템 순서도〉
Start
코드 입력
Stop
[1번 알림창] 출력
가장 앞 4자리 수가 '2024'
No
Stop
[시작화면]으로
Yes
[2번 알림창] 출력
휴면 계좌
거래 정지 계좌
Yes
Yes
No
Stop
[3번 알림창] 출력
출금 가능 계좌
No
No
Stop
[4번 알림창] 출력
Yes
Stop

20 고객코드 '2024001'의 정보가 다음과 같을 때, 위 순서도를 통해 조회하여 출력되는 값은?

- 휴면 계좌로 전환되지 않았다.
- 거래 정지 계좌가 아니다.
- 출금 가능 계좌이다.

① 1번 알림창   ② 2번 알림창
③ 3번 알림창   ④ 4번 알림창

21 고객코드 '2024120'의 정보가 다음과 같을 때, 위 순서도를 통해 조회하여 출력되는 값은?

- 휴면 계좌로 전환되었다.
- 거래 정지 계좌이다.
- 출금 불가능한 계좌이다.

① 1번 알림창   ② 2번 알림창
③ 3번 알림창   ④ 4번 알림창

※ 다음은 ATM 출금 가능 금액을 조회하는 시스템에 대한 순서도이다. 이어지는 질문에 답하시오.
[22~23]

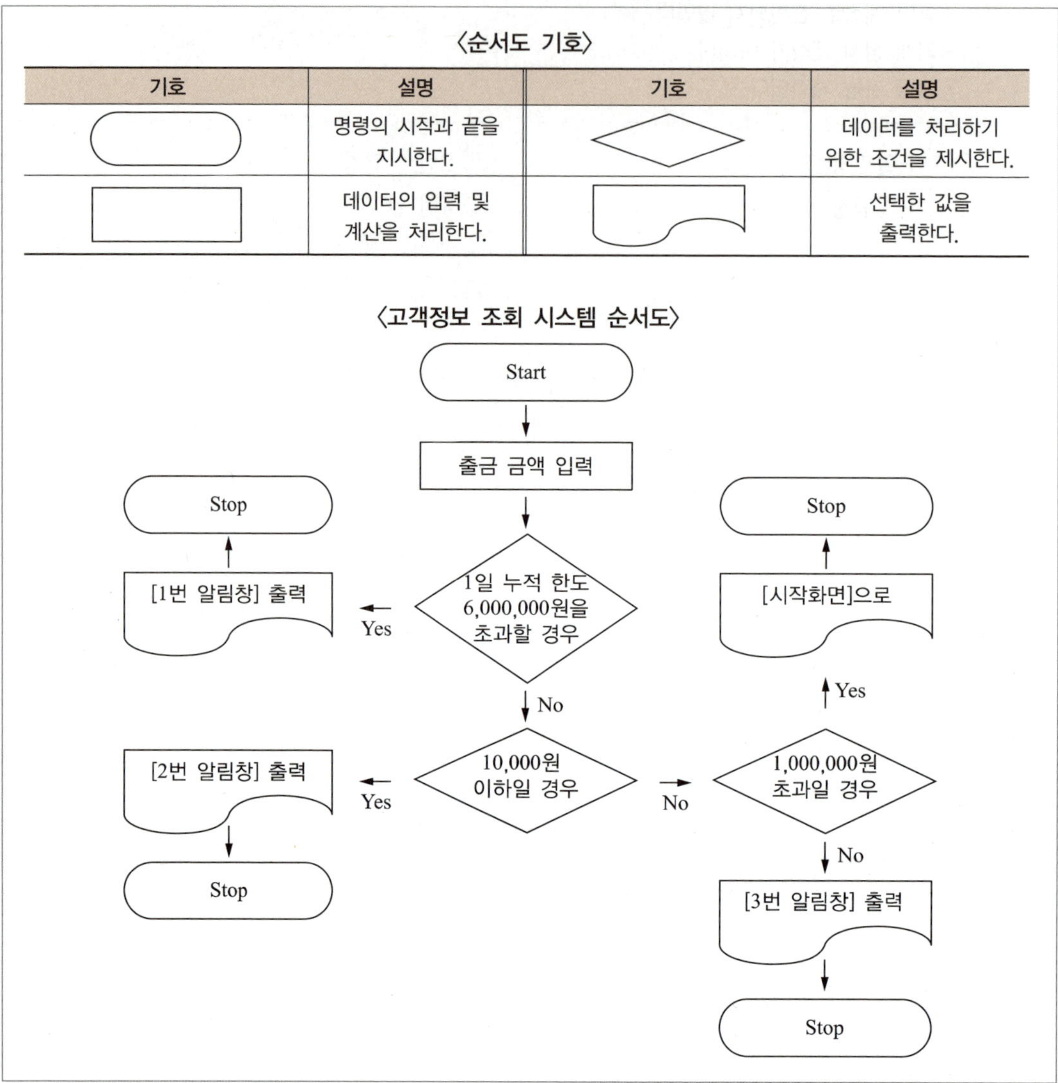

22 A씨가 9,000원을 출금하고자 출금 금액을 입력하였을 때 출력되는 결과는?(단, A씨는 1일 누적 한도를 초과하지 않았다)

① 시작화면　　　　　　　　　　② 1번 알림창
③ 2번 알림창　　　　　　　　　　④ 3번 알림창

23 당일 5,000,000원을 출금한 B씨가 1,000,000원을 추가로 출금하고자 출금 금액을 입력하였을 때 출력되는 결과는?

① 시작화면　　　　　　　　　　② 1번 알림창
③ 2번 알림창　　　　　　　　　　④ 3번 알림창

| 금융일반 – 객관식 |

01　다음 중 공유자원에 해당하는 것은?

① 깨끗한 물　　　　　　　② 소방 서비스
③ 의류　　　　　　　　　　④ 치안

02　다음 중 우월전략에 대한 설명으로 옳지 않은 것은?

① 전략형 게임에서 상대방의 전략과 관계없이 자신의 몫을 더욱 크게 만드는 전략을 말한다.
② 우월전략 균형은 내쉬균형이라고 하며, 유일한 균형이 된다.
③ 우월전략 균형은 항상 파레토 최적의 상태를 나타낸다.
④ 모든 게임에서 우월전략이 존재하는 것은 아니다.

03　다음을 참고하여 매출원가를 구하면?

- 기초재고액 : 2,000만 원
- 당기순매입액 : 1,000만 원
- 기말재고액 : 2,000만 원

① 1,000만 원　　　　　　　② 3,000만 원
③ 4,000만 원　　　　　　　④ 5,000만 원

04 다음 중 신규시장에 신제품을 출시하여 시장을 개척하는 전략은?

① 다각화전략   ② 시장침투전략

③ 신제품 개발전략   ④ 신시장 개척전략

05 다음 중 내쉬균형에 대한 설명으로 옳지 않은 것은?

① 게임이론에서 모든 참여자가 자신의 선택을 최적화하여 상호 작용하는 상태를 의미한다.

② 2인 게임에서 서로 상대의 최선반응을 최선반응으로 대응할 경우, 한쪽의 전략은 폐기된다.

③ 한 참여자가 다른 참여자의 선택에 따라 자신의 선택을 조정하면 새로운 균형이 형성된다.

④ 내쉬균형과 모두의 이익은 상충될 수 있다.

06 다음 중 시장개발 전략을 통해 얻을 수 있는 긍정적 효과로 볼 수 없는 것은?

① 고객과의 관계 구축을 통해 고객 충성도를 높일 수 있다.

② 많은 비용을 투자하여 높은 가격으로 제품 및 서비스를 판매할 수 있다.

③ 제품 및 서비스에 대한 소비자 수요를 확대하여 수익을 증대시킬 수 있다.

④ 제품 및 서비스를 홍보하는 데 모든 자원을 활용하여 효율성을 높일 수 있다.

07 다음과 같은 상황에서 은행원에게 요구되는 원칙으로 옳은 것은?

> • 소비자의 고객정보를 명확히 파악한다.
> • 소비자에게 적합한 상품을 권유한다.
> • 소비자에게 부적합한 상품은 권유하지 않는다.

① 적합성 원칙   ② 적정성 원칙

③ 청약철회 원칙   ④ 설명 의무 원칙

08 다음 중 공유자원의 특징에 대한 설명으로 옳지 않은 것은?

① 누구나 이용할 수 있다는 특성으로 인해 과잉 소비가 발생할 수 있다.
② 공유지의 비극이란 유한한 공유자원의 가치가 하락하는 것을 의미한다.
③ 소비의 대가를 지불하지 않은 사람이 소비하지 못하도록 배제할 수 없다.
④ 한 사람의 소비로 인해 다른 소비자가 소비할 수 있는 가능성이 제한을 받게 된다.

09 다음 중 수요의 변화로 인해 시장 균형점이 이동하는 경우로 볼 수 없는 것은?

① 소득의 변화　　　　　　　　　　② 대체재 가격의 변화
③ 인구의 변화　　　　　　　　　　④ 원자재 가격의 변화

10 다음 중 순현재가치법에 대한 설명으로 옳지 않은 것은?

① 순현재가치가 1보다 크면 수익성이 있다고 볼 수 있다.
② 사업규모가 서로 다른 사업의 경우 수익성 비교에 어려움이 있다.
③ 할인율은 해당 자산(사업)으로부터 기대되는 최소한의 수익률을 의미한다.
④ 미래 현금흐름을 현재가치로 할인하고 현금유출의 현재가치를 차감하여 순현재가치를 구한다.

11 다음에서 설명하는 금융상품은?

> • 증권사가 투자자로부터 예탁금을 받아 안정성이 높은 국공채나 양도성 예금증서, 단기 회사채 등의 금융상품을 운용하여 수익을 내는 금융상품이다.
> • 증권사가 운용 주체가 되며, 예탁금은 한국예탁결제원에 별도로 예치한다.
> • 유형으로 RP형, MMW형, MMF형이 있다.

① ELD　　　　　　　　　　　　② ELW
③ ISA　　　　　　　　　　　　④ CMA

12 다음 중 전환사채에 대한 설명으로 옳지 않은 것은?

① 일반사채보다 표면이자율이 낮다.

② 채권자는 직접 주주총회에 참석해서 발언하거나 의결권을 행사할 수 있다.

③ 사채를 주식으로 전환할 경우, 자본잉여금이 증가하여 증자와 같은 재무구조개선 효과가 있다.

④ 전환사채는 회사채의 한 종류로 발행 당시에는 사채이나 일정기간 내 채권자가 전환권을 행사하면 주식으로 전환된다.

13 다음 중 자사주 소각에 대한 설명으로 옳지 않은 것은?

① 대표적인 주주환원 정책 중 하나이다.

② 경영권 방어, 자금 확보에 유용한 전략으로 활용된다.

③ 자사주를 소각하면 기업의 부채비율이 높아질 수 있다.

④ 상장사가 자사주를 소각할 경우 기존 주주의 지분가치는 상승한다.

14 다음 중 유상증자를 실시한 경우 재무상태표에 미치는 영향으로 옳지 않은 것은?

① 순자산이 증가한다.

② 주당순이익이 증가한다.

③ 자기자본 이익률이 감소한다.

④ 자본금 및 자본잉여금이 증가한다.

15 다음을 참고하여 A기업의 적정주가를 구하면?

> • A기업 동종업계 평균 PER : 12
> • A기업 당기순이익 : 3,000,000,000원
> • A기업 주식수 : 10,000,000주

① 2,490원　　　　　　　　　　② 3,000원

③ 3,600원　　　　　　　　　　④ 3,900원

01 다음을 참고하여 영업수익을 구하면?

> • 생산량(전량 판매) : 오렌지 2톤, 사과 1톤
> • 톤당 가격 : 오렌지 1,000,000원, 사과 2,500,000원
> • 생산비용 : 1,500,000원
> • 운송비용 : 500,000원

(원)

02 다음 〈보기〉 중 화폐수량설에 대한 설명으로 옳은 것을 모두 고르면?

> 보기
>
> ㉠ 고전학파의 이론으로 물가와 화폐공급은 비례한다고 본다.
> ㉡ 통화량, 화폐유통속도, 물가수준, 거래량을 통해 계산할 수 있다.
> ㉢ 화폐수요는 이자율과 산출량에 의해 결정된다.
> ㉣ 노동시장이 항상 완전고용 상태임을 가정한다.

(   )

03 다음 〈보기〉 중 리카도의 비교우위론에 대한 설명으로 옳은 것을 모두 고르면?

> 보기
>
> ㉠ 국제무역에서 절대열위에 있는 재화라도 생산의 기회비용을 고려할 때 상대적 우위를 가질 수 있다고 본다.
> ㉡ 한 나라의 모든 재화가 절대우위에 있는 경우에는 무역의 발생을 설명할 수 없다.
> ㉢ 국가 간 생산요소의 이동이 없고, 운송비용을 고려하지 않는다.
> ㉣ 비교우위에 있는 상품을 특화하여 교역할 경우 모든 국가가 이익을 발생시킬 수 있다고 본다.

(   )

01 다음 중 SVM(Support Vector Machine)에 대한 설명으로 옳지 않은 것은?

① 모형 구축 시간이 짧다.

② 고차원 데이터에서도 작동한다.

③ 회귀분석, 분류, 이상치 탐색에도 사용되는 머신러닝 분야 중 하나이다.

④ 데이터 마이닝 기법 및 인공지능에 쓰이는 대표적인 알고리즘 중 하나이다.

02 다음 중 HRN 스케줄링 방식에 대한 설명으로 옳지 않은 것은?

① 선점 방식으로 이루어진다.

② 대기 시간이 긴 프로세스의 경우 우선순위가 높아진다.

③ 우선순위를 Ready – Queue에서 대기한 시간까지 고려하여 결정한다.

④ SJF 스케줄링 방식에서 발생할 수 있는 기아 상태를 해결하기 위해 고안된 방식이다.

03 다음 중 선점 스케줄링 방식과 비선점 스케줄링 방식의 차이에 대한 설명으로 옳지 않은 것은?

① 비선점형 스케줄링 방식은 모든 프로세스를 공정하게 처리한다.

② 비선점형 스케줄링 방식은 우선순위가 높은 프로세스를 빠르게 처리할 수 있다.

③ 선점형 스케줄링 방식은 우선순위가 높은 프로세스들이 지속적으로 들어오는 경우 시간지연이 발생한다.

④ 선점형 스케줄링 방식은 어떤 프로세스가 CPU를 할당받아 실행 중이여도 운영체제가 CPU를 강제로 빼앗을 수 있는 스케줄링 방식이다.

04 다음 중 데이터베이스의 정규화 과정에 대한 설명으로 옳지 않은 것은?

① 제2정규형은 2NF를 만족하여야 한다.
② 제1정규형의 모든 값은 단일한 값을 가진다.
③ 일반적으로 제3정규형까지 적용한 것을 '정규화되었다'고 한다.
④ 테이블 간의 정보는 서로 중복되지 않아야 하므로 정규화를 통해 중복성을 제거한다.

05 다음 중 자연어 이해(NLU)에 대한 설명으로 옳지 않은 것은?

① 자연어 처리(NLP)와 같은 의미이다.
② NLU 기술의 예로 자동 언어 번역이 있다.
③ 자연어 이해는 인간과 컴퓨터 사이의 의사소통 격차를 해소할 수 있다.
④ 인공지능 분야에서 자연어로 된 입력을 이해하고 처리하는 과정을 말한다.

06 다음 중 데이터 샘플링에 대한 설명으로 옳지 않은 것은?

① 단순 랜덤은 가장 기초적인 샘플링으로 데이터를 빠르고 직접적으로 표현하는 경우 유용하다.
② 계통 샘플링은 첫 하나의 샘플을 임의로 고르고, 일정한 간격으로 다음 샘플을 고르는 방법이다.
③ 다단계 샘플링은 원하는 샘플 크기에 도달할 때까지 여러 단계의 샘플링 과정을 수행하는 과정이다.
④ 유층 샘플링은 전체 모집단을 여러 군집으로 나눈 후 일부 군집을 무작위로 선택하고, 선택한 군집에서 다시 일부를 무작위로 선택하는 방법이다.

07 다음 중 데이터 분석 기술에 대한 설명으로 옳지 않은 것은?

① 공간분석은 공간적 차원과 관련된 속성들을 시각화하는 분석이다.
② 시각화는 가장 낮은 수준의 분석이지만 복잡한 분석보다 더 효과적일 수 있다.
③ 통계분석은 대용량의 자료로부터 정보를 요약하고 미래에 대한 예측을 목표로 유용한 지식을 추출하는 방법이다.
④ 탐색적 자료 분석은 다양한 차원과 값을 조합해가며 특이점이나 의미 있는 사실을 도출하고 분석의 최종 목적을 달성해가는 과정이다.

01 Users 테이블에서 다음과 같은 쿼리문을 입력하였을 때 출력되는 값은?

Users			쿼리문
id	code	address	
1	76	Seoul	
2	99	Incheon	
3	104	NULL	
4	178	Busan	
5	NULL	Daegu	
6	285	Jeju	

```
SELECT code
FROM Users
WHERE address IS NULL;
```

(   )

02 다음 Java 프로그램에 '1,450'을 입력하였을 때 출력되는 값은?

```java
import java.util.Scanner;

public class Main
{
    public static void main(String[ ] args) {
        Scanner scan=new Scanner(System.in);
        int total=scan.nextInt( );
        int minCoinCnt=0;
        int coins[ ]={500, 100, 50, 10};

        for (int coin : coins){
            minCoinCnt+=(total/coin);
            total %=coin;
        }

        System.out.println("result="+minCoinCnt);
    }
}
```

(   )

01 NCS 직업기초능력

| 금융일반 |

※ 다음은 IBK 탄소제로적금에 대한 정보이다. 이어지는 질문에 답하시오. [1~2]

〈IBK 탄소제로적금〉

구분	세부내용
상품특징	• 거주세대의 전기사용량 절약 여부에 따라 금리혜택을 제공하는 적금 상품
가입금액	• 신규금액 : 최소 1만 원 이상 • 납입한도 : 매월 100만 원 이하(천 원 단위)
계약기간	• 1년제
가입대상	• 실명의 개인(개인사업자 제외) • 1인 1계좌
이자지급방법	• 만기일시지급식, 단리식
약정이율	• 연 3.0%

우대금리	• 최고 연 4.0%p
	• 계약기간 동안 아래 조건을 충족하고 만기해지 시 우대금리 제공
	① 에너지 절감 : 적금가입월부터 10개월 동안 적금가입월의 전기사용량(kWh) 대비 월별 전기사용량 (kWh) 절감횟수가 다음에 해당하는 경우("아파트아이" 회원가입을 통해 등록된 주소에 대한 관리비 명세서의 전기사용량(kWh)만 인정되며 주소가 변경될 경우 "아파트아이"에서 주소변경을 완료해야 만 변경된 주소의 실적이 반영 가능하며, 주소변경은 연 3회로 제한한다)
	   − 3회 이상 : 연 1.0%p
	   − 5회 이상 : 연 2.0%p
	② 최초거래고객 : 가입 시 아래 요건 중 1가지 충족 시 연 1.0%p
	   − 실명등록일로부터 3개월 이내
	   − 가입일 직전월 기준 6개월간 총수신평잔 0원
	③ 지로 / 공과금 자동이체 : 본인 명의 입출금식 통장에서 지로 / 공과금 자동이체 실적이 3개월 이상인 경우 연 1.0%p

중도해지금리	• 만기일 이전에 해지할 경우 입금액마다 입금일부터 해지일 전일까지의 기간에 대하여 가입일 당시 IBK 적립식중금채의 중도해지금리를 적용
	• 납입기간 경과비율
	   − 10% 미만 : 가입일 현재 계약기간별 고시금리×5%
	   − 10% 이상 20% 미만 : 가입일 현재 계약기간별 고시금리×10%
	   − 20% 이상 40% 미만 : 가입일 현재 계약기간별 고시금리×20%
	   − 40% 이상 60% 미만 : 가입일 현재 계약기간별 고시금리×40%
	   − 60% 이상 80% 미만 : 가입일 현재 계약기간별 고시금리×60%
	   − 80% 이상 : 가입일 현재 계약기간별 고시금리×80%
	※ 모든 구간 최저금리 연 0.1% 적용

만기 후 금리	• 만기일 당시 IBK 적립식중금채의 만기 후 금리를 적용
	– 만기 후 1개월 이내 : 만기일 당시 IBK 적립식중금채의 계약기간별 고시금리×50%
	– 만기 후 1개월 초과 6개월 이내 : 만기일 당시 IBK 적립식중금채의 계약기간별 고시금리×30%
	– 만기 후 6개월 초과 : 만기일 당시 IBK 적립식중금채의 계약기간별 고시금리×20%

01 다음 중 위 자료에 대한 내용으로 적절하지 않은 것은?

① 신규 금액을 제외하고 최대 납입 가능한 금액은 1,200만 원이다.

② 계약기간 동안에 주소변경을 하기 위해서는 아파트아이 계정이 필요하다.

③ 자신이 세대주가 아닐 경우, 지로 / 공과금 자동이체 우대금리를 적용받기 위해서는 세대주 명의의 입출금식 통장을 개설하여야 한다.

④ 최대 이율을 적용받는 사람이 납입기간 50%를 경과하고 중도해지할 경우 적용받는 금리는 이전보다 5.8%p 적다.

02 다음은 IBK 탄소제로적금에 가입한 A고객의 가입 정보이다. 제시된 자료를 근거로 할 때, A고객이 지급받을 이자는 총 얼마인가?(단, A고객은 "아파트아이"에 회원가입하여 주소를 등록하였고, 계약기간 동안 주소변경은 하지 않았으며, 만기일 당시 IBK 적립식중금채의 고시금리는 연 3.0%이다)

<A고객의 가입 정보>

• 가입상품 : IBK 탄소제로적금
• 가입금액
  – 최초 납입금액 : 30만 원
  – 추가 납입금액 : 70만 원(2022.11.1)
• 계약기간 : 1년(2022.5.1 ~ 2023.4.30)
• 우대금리 관련 사항
  ① 월별 전기사용량

연도/월	22/5	22/6	22/7	22/8	22/9	22/10
전기사용량(kWh)	448	436	478	481	442	430
연도/월	22/11	22/12	23/1	23/2	23/3	23/4
전기사용량(kWh)	452	466	485	447	440	447

  ② 최초거래고객 : 실명등록일(2022.3.25)
  ③ 지로 / 공과금 자동이체 : 본인 명의 입출금식 통장으로 월 아파트관리비 총 5회 자동이체
• 적금 실제 해지일 : 23.10.31

① 64,500원   ② 50,000원

③ 45,500원   ④ 43,500원

※ 다음은 김대리가 자택에서 사무실로 출근할 때 이동 수단별 걸리는 시간에 대한 자료이다. 이어지는
　질문에 답하시오. [3~4]

<김대리의 이동 수단별 소요 시간>

이동 수단	버스	지하철	자가용
자택에서 인근 정류장 / 역까지 걸리는 시간	도보 1분	도보 3분	–
인근 정류장 / 역에서 사무실까지 걸리는 시간	도보 3분	도보 2분	–
이동 수단별 이동시간	정류장당 4분	지하철역당 2분	19분
비고	환승이 불필요하며, 탑승 후 4번째로 도착하는 정거장에서 하차	탑승 후 2번째로 도착하는 역에서 1회 환승하여 4번째로 도착하는 역에서 하차(환승으로 2분 추가)	도착 후 주차로 인해 2분 추가

03 다음 중 김대리가 자택에서 사무실까지 지하철을 이용하여 출근할 때 걸리는 시간은?

① 15분　　　　　　　　　　　　　② 17분
③ 19분　　　　　　　　　　　　　④ 21분

04 다음 중 김대리의 자택에서 사무실까지의 편도 이동시간이 짧은 순서대로 이동 수단을 바르게 나열
　　한 것은?

① 버스 – 지하철 – 자가용　　　　　② 지하철 – 버스 – 자가용
③ 지하철 – 자가용 – 버스　　　　　④ 자가용 – 버스 – 지하철

05 다음은 개발부에서 근무하는 K사원의 4월 근태기록이다. 규정을 참고할 때, K사원이 받을 시간외 근무수당은 얼마인가?(단, 정규 근로 시간은 09:00 ~ 18:00이다)

〈시간외근무 규정〉

- 시간외근무(조기출근 포함)는 1일 4시간, 월 57시간을 초과할 수 없다.
- 시간외근무수당은 1일 1시간 이상 시간외근무를 한 경우에 발생하며, 1시간을 공제한 후 매분 단위까지 합산하여 계산한다(단, 월 단위 계산 시 1시간 미만은 절사함).
- 시간외근무수당 지급단가 : 사원(7,000원), 대리(8,000원), 과장(10,000원)

〈K사원의 4월 근태기록(출근시간 / 퇴근시간)〉

- 4월 1일부터 4월 15일까지의 시간외근무시간은 12시간 50분(1일 1시간 공제 적용)이다.

18일(월)	19일(화)	20일(수)	21일(목)	22일(금)
09:00 / 19:10	09:00 / 18:00	08:00 / 18:20	08:30 / 19:10	09:00 / 18:00
25일(월)	26일(화)	27일(수)	28일(목)	29일(금)
08:00 / 19:30	08:30 / 20:40	08:30 / 19:40	09:00 / 18:00	09:00 / 18:00

※ 주말 특근은 고려하지 않음

① 112,000원
② 119,000원
③ 126,000원
④ 133,000원

※ 다음은 보조배터리를 생산하는 I사의 시리얼번호에 대한 자료이다. 이어지는 질문에 답하시오. **[6~7]**

<시리얼번호 부여 방식>

시리얼번호는 [제품분류] – [배터리 형태][배터리 용량][최대 출력] – [고속충전 규격] – [생산날짜] 순서로 부여한다.

<시리얼번호 세부사항>

제품분류	배터리 형태	배터리 용량	최대 출력
NBP : 일반형 보조배터리 CBP : 케이스 보조배터리 PBP : 설치형 보조배터리	LC : 유선 분리형 LO : 유선 일체형 DK : 도킹형 WL : 무선형 LW : 유선+무선	4 : 40,000mAH 이상 3 : 30,000mAH 이상 2 : 20,000mAH 이상 1 : 10,000mAH 이상	A : 100W 이상 B : 60W 이상 C : 30W 이상 D : 20W 이상 E : 10W 이상

고속충전 규격	생산날짜		
P31 : USB−PD3.1 P30 : USB−PD3.0 P20 : USB−PD2.0	B3 : 2023년 B2 : 2022년 … A1 : 2011년	1 : 1월 2 : 2월 … 0 : 10월 A : 11월 B : 12월	01 : 1일 02 : 2일 … 30 : 30일 31 : 31일

06 다음 〈보기〉 중 시리얼번호가 잘못 부여된 제품은 모두 몇 개인가?

- NBP-LC4A-P20-B2102
- CBP-WK4A-P31-B0803
- NBP-LC3B-P31-B3230
- CNP-LW4E-P20-A7A29
- PBP-WL3D-P31-B0515
- CBP-LO3E-P30-A9002
- PBP-DK1E-P21-A8B12
- PBP-DK2D-P30-B0331
- NBP-LO3B-P31-B2203
- CBP-LC4A-P31-B3104

① 2개 ② 3개
③ 4개 ④ 5개

07 I사 고객지원부서에 재직 중인 S주임은 보조배터리를 구매한 A고객으로부터 다음과 같은 전화를 받았다. 해당 제품을 회사 데이터베이스에서 검색하기 위해 시리얼번호를 입력할 때, A고객 제품의 시리얼번호로 옳은 것은?

S주임 : 안녕하세요. I사 고객지원팀 S입니다. 무엇을 도와드릴까요?
A고객 : 안녕하세요. 지난번에 구매한 보조배터리가 작동을 하지 않아서요.
S주임 : 네, 고객님. 해당 제품 확인을 위해 시리얼번호를 알려주시기 바랍니다.
A고객 : 제품을 들고 다니면서 시리얼번호가 적혀 있는 부분이 지워졌네요. 어떻게 하면 되죠?
S주임 : 고객님 혹시 구매하셨을 때 동봉된 제품 설명서 가지고 계실까요?
A고객 : 네, 가지고 있어요.
S주임 : 제품 설명서 맨 뒤에 제품 정보가 적혀 있는데요, 순서대로 불러주시기 바랍니다.
A고객 : 설치형 보조배터리에 70W, 24,000mAH의 도킹형 배터리이고, 규격은 USB-PD3.0이고, 생산날짜는 2022년 10월 12일이네요.
S주임 : 확인 감사합니다. 고객님 잠시만 기다려주세요.

① PBP-DK2B-P30-B1012 ② PBP-DK2B-P30-B2012
③ PBP-DK3B-P30-B1012 ④ PBP-DK3B-P30-B2012

08 다음은 A ~ M 13개 은행의 2022 ~ 2023년 매출액 및 영업이익을 비교 정리한 자료이다. 이에 대한 설명으로 옳은 것은?

<은행별 매출액 및 영업이익>

(단위 : 백만 원)

구분	전체 매출 순위		2023년		2022년	
	2023년	2022년	매출액	영업이익	매출액	영업이익
A은행	12	30	29,313,199	1,545,969	17,133,742	381,790
B은행	196	205	2,464,004	339,704	2,295,414	292,786
C은행	41	49	14,688,241	270,070	12,709,341	374,836
D은행	35	40	16,672,315	1,958,961	14,656,536	1,733,685
E은행	80	84	8,141,461	−1,948,376	6,549,092	44,020
F은행	33	36	16,992,875	1,491,949	15,397,591	1,473,910
G은행	29	32	17,826,443	1,168,411	16,346,500	1,159,449
H은행	19	22	23,556,006	1,574,204	20,450,040	1,351,586
I은행	16	18	25,923,541	−35,507	25,924,261	−1,102,292
J은행	308	275	1,499,130	267,892	1,621,639	260,634
K은행	185	170	2,778,583	426,609	2,968,890	418,814
L은행	46	42	13,051,317	208,696	13,873,438	−364,683
M은행	54	51	11,692,591	365,820	11,926,330	496,358

① 2022년 대비 2023년에 전체 매출 순위가 올라간 은행은 총 8곳이다.

② A은행을 제외하고 2022년 대비 2023년에 매출액이 가장 많이 오른 은행은 D은행이다.

③ 2023년에 영업이익이 마이너스인 은행 수는 2022년에 영업이익이 마이너스인 은행 수보다 많다.

④ A ~ M은행을 서로 비교할 때, C은행은 2022년 매출액의 순위와 영업이익의 순위가 같다.

09 A전자에서 근무하는 B주임은 I은행으로부터 만기환급금 안내를 받았다. B주임이 가입한 상품의 정보가 다음과 같을 때, B주임이 안내받을 만기환급금은?

〈상품 정보〉

- 상품명 : I은행 함께 적금
- 가입자 : B 본인
- 가입기간 : 40개월
- 가입금액 : 매월 초 300,000원 납입
- 적용금리 : 연 3.0%
- 이자지급방식 : 만기일시지급식, 단리식

① 1,374.5만 원
② 1,325만 원
③ 1,261.5만 원
④ 1,168만 원

※ 다음은 IBK W소확행통장에 대한 설명이다. 이어지는 질문에 답하시오. [1~2]

〈IBK W소확행통장〉

구분	세부내용
상품특징	• 레저업종(BC 가맹점기준)에서 당행카드 사용 시 사용건수 또는 이용대금에 따라 금리우대
가입금액	• 신규금액 : 최소 1만 원 이상 • 납입한도 : 매월 100만 원 이하(1만 원 단위)
계약기간	• 1년제, 2년제, 3년제
기본금리	• 12개월 이상 24개월 미만 : 연 3.40% • 24개월 이상 36개월 미만 : 연 3.50% • 36개월 이상 : 연 3.65%
우대금리	• 최대 연 2.40%p • 당행 BC카드(체크·신용 모두 포함) 및 자동이체로 1회 이상(금액제한 없음) 납입하고, 연평균하여 아래 요건을 충족한 경우 만기해지 시 해당 우대금리 제공(2가지 중 1가지만 충족해도 해당 우대금리 제공)

우대조건

'금액' 조건 (온누리상품권 구매금액 + 레저업종 카드사용금액)		'건수' 조건 (레저업종 카드사용 건수)	제공 우대금리
20만원 이상	또는	5건 이상	연 1.00%p
50만원 이상		15건 이상	연 1.70%p
100만원 이상		30건 이상	연 2.40%p

※ 단, 온누리상품권 구매금액의 경우 본인 명의의 구매 건만 인정
※ BC카드 가맹점 분류 기준에 따라 아래 나열된 경우를 '레저업종'으로 인정 : 헬스클럽, 골프연습장, 수영장, 볼링장, 당구장, 테니스장, 스키장(통상 헬스클럽 기준으로 요가필라테스, 기타업종으로 VR, 스크린야구 등 업종이 포함될 수도 있음)
※ BC카드 레저업종 실적인정 기준(다음 3가지 항목을 모두 충족한 경우 유효한 카드 실적으로 인정)
  1) 당행계좌를 결제계좌로 등록한 당행 개인카드(체크·신용)를 사용
  2) 상기 명시된 국내 레저업종 가맹점에서 직접 결제한 경우(단, 카카오페이, 네이버페이 등 일부 간편결제 및 PG·소셜커머스를 통한 결제 등 가맹점 직접 결제가 아닌 경우 실적인정 불가)
  3) 당일자, 당일가맹점 사용실적은 최대 1회(금액은 최대금액 1건) 인정

| 중도해지금리 | • 만기일 이전에 해지할 경우 입금액마다 입금일부터 해지일 전일까지의 기간에 대하여 가입일 당시 IBK 적립식중금채의 중도해지금리를 적용
• 납입기간 경과비율
 – 10% 미만 : 가입일 현재 계약기간별 고시금리×5%
 – 10% 이상 20% 미만 : 가입일 현재 계약기간별 고시금리×10%
 – 20% 이상 40% 미만 : 가입일 현재 계약기간별 고시금리×20%
 – 40% 이상 60% 미만 : 가입일 현재 계약기간별 고시금리×40%
 – 60% 이상 80% 미만 : 가입일 현재 계약기간별 고시금리×60%
 – 80% 이상 : 가입일 현재 계약기간별 고시금리×80%
※ 모든 구간 최저금리 연 0.1% 적용 |
| 만기 후 금리 | • 만기일 당시 IBK 적립식중금채의 만기 후 금리를 적용
 – 만기 후 1개월 이내 : 만기일 당시 IBK 적립식중금채의 계약기간별 고시금리×50%
 – 만기 후 1개월 초과 6개월 이내 : 만기일 당시 IBK 적립식중금채의 계약기간별 고시금리×30%
 – 만기 후 6개월 초과 : 만기일 당시 IBK 적립식중금채의 계약기간별 고시금리×20% |

01 **다음 중 위 자료에 대한 설명으로 옳지 않은 것은?**

① 만기해지 시 위 상품에서 적용 가능한 최고금리와 최저금리의 차이는 2.65%p이다.

② 온누리상품권을 구입하는 것보다는 레저업종에 카드를 사용하는 것이 우대금리에 적용에 더 유리하다.

③ 당일에 동일 가맹점에서 레저업종에 100만 원 이상 사용 시에는 한 번에 결제하는 것보다 나눠서 결제하는 것이 우대금리 적용에 더 유리하다.

④ 1년제 상품 만기 후 1개월 이내 해지 시 적용되는 만기 후 금리는 만기 후 6개월 초과 후 해지 시 적용되는 만기 후 금리의 2.5배이다.

02 **다음은 IBK W소확행통장에 가입한 A고객의 가입정보이다. 위 자료를 근거로 할 때, A고객이 지급받을 이자는 총 얼마인가?(단, 10원 미만은 절사한다)**

〈A고객의 가입정보〉

• 가입상품 : IBK W소확행통장
• 최초 납입금액 : 50만 원
• 추가 납입금액
 − 100만 원(21.8.1)
 − 100만 원(22.2.1)
• 계약기간 : 2년제(20.8.1 ~ 22.7.31)
• 결제내역
 − 매 짝수 월 초 30만 원 헬스클럽 결제
 − 매월 초 20만 원 골프연습장 결제
 − 매 연말 본인 명의 온누리상품권 100만 원 구매
 − 매 연초 가족 명의 온누리상품권 100만 원 구매
 − 매년 3, 6, 9, 12월 월말 수영장 이용료 30만 원 결제
 (단, A고객은 모든 결제 건을 보유하고 있는 당행 BC신용카드로 결제하고, 자동이체로 납입하였다)
• 해지일 : 22.10.31

① 65,000원 ② 70,270원

③ 135,250원 ④ 136,560원

 I사의 인력 등급별 임금이 다음과 같을 때, 〈조건〉에 따라 I사가 2주 동안 근무한 근로자에게 지급해야 할 임금의 총액은?

〈인력 등급별 임금〉

구분	초급	중급	특급
시간당 기본임금	45,000원	70,000원	95,000원
주중 초과근무수당	시간당 기본임금의 1.5배		시간당 기본임금의 1.7배

※ 기본 1일 근무시간은 8시간이며, 주말 및 공휴일에는 근무하지 않음

※ 각 근로자가 주중 근무일 동안 결근 없이 근무한 경우, 주당 1일(8시간)의 임금에 해당하는 금액을 주휴수당으로 각 근로자에게 추가로 지급함

※ 주중에 근로자가 기본 근무시간을 초과로 근무하는 경우, 초과한 근무한 시간에 대하여 시간당 주중 초과근무수당을 지급함

조건

• I사는 초급인력 5명, 중급인력 3명, 특급인력 2명을 고용하였다.

• 모든 인력은 결근 없이 근무하였다.

• I사는 월요일부터 그다음 주 일요일까지 2주 동안 모든 인력을 투입하였으며, 근무기간 동안 공휴일은 없다.

• 초급인력 1명, 중급인력 2명, 특급인력 1명은 근무기간 동안 2일은 2시간씩 초과로 근무하였다.

① 47,800,000원

② 55,010,500원

③ 61,756,000원

④ 71,080,000원

※ 다음은 I사에서 전 직원들에게 사원코드를 부여하는 방식을 나타낸 자료이다. 이어지는 질문에 답하시오.
[4~5]

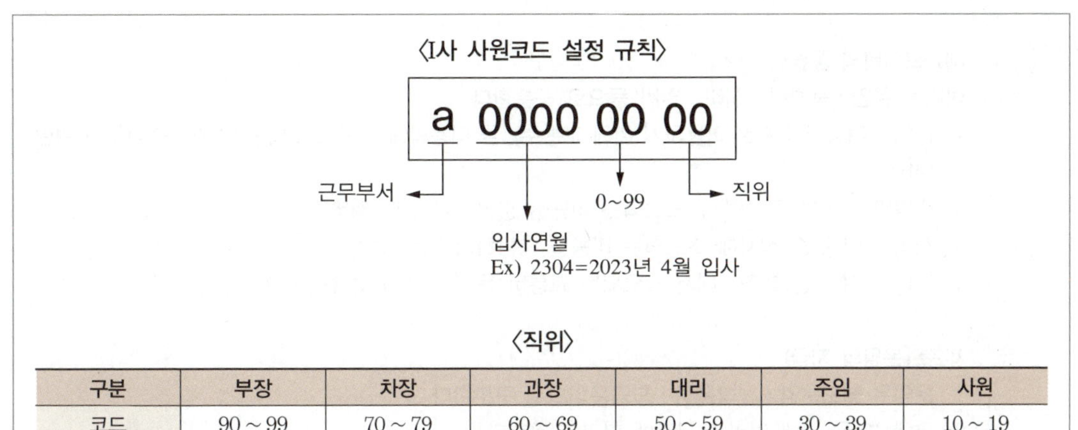

〈I사 사원코드 설정 규칙〉

〈직위〉

구분	부장	차장	과장	대리	주임	사원
코드	90 ~ 99	70 ~ 79	60 ~ 69	50 ~ 59	30 ~ 39	10 ~ 19

〈근무부서〉

구분	총무	연구개발	고객지원	정보보안	영업 / 마케팅
코드	a	t	c	i	s

※ 승진, 부서 이동의 정보 변동이 있을 경우 사원코드가 재발급되며, 무작위 난수 또한 다시 설정됨
※ 부서이동, 육아휴직의 경우 입사연월의 변동은 없음
※ 퇴사 후 재입사의 경우 입사연월은 재입사일로 설정됨

04 다음 중 I사에 근무하고 있는 직원의 정보와 사원코드가 바르게 연결되지 않은 것은?

	사원코드	직원 정보
①	a05073875	총무부 차장, 2005년 7월 입사
②	t22071717	연구개발부 사원, 2022년 7월 입사
③	c23038710	고객지원부 사원, 2023년 3월 입사
④	i02128789	정보보안부 부장, 2002년 12월 입사

05 2008년 3월에 입사한 연구개발팀 A과장이 오는 2023년 8월 고객지원팀 과장으로 부서를 옮겼다. 이때 A과장이 새로 발급받은 사원코드로 가능한 것은?

① t08030666   ② t23080369
③ c08036719   ④ c08031062

06 다음은 I은행의 여비 규정이다. 대구로 출장을 다녀 온 B과장의 지출내역을 토대로 여비를 정산했을 때, B과장은 총 얼마를 받는가?

제1조(여비의 종류)

여비는 운임·숙박비·식비·일비 등으로 구분한다.

1. 운임 : 여행 목적지로 이동하기 위해 교통수단을 이용함에 있어 소요되는 비용을 충당하기 위한 여비
2. 숙박비 : 여행 중 숙박에 소요되는 비용을 충당하기 위한 여비
3. 식비 : 여행 중 식사에 소요되는 비용을 충당하기 위한 여비
4. 일비 : 여행 중 출장지에서 소요되는 교통비 등 각종 비용을 충당하기 위한 여비

제2조(운임의 지급)

1. 운임은 철도운임·선박운임·항공운임으로 구분한다.
2. 국내운임은 국내 여비 지급표에 따라 지급한다.

제3조(일비·숙박비·식비의 지급)

1. 국내 여행자의 일비·숙박비·식비는 국내 여비 지급표에 따라 지급한다.
2. 일비는 여행일수에 따라 지급한다.
3. 숙박비는 숙박하는 밤의 수에 따라 지급한다. 다만, 출장 기간이 2일 이상인 경우의 지급액은 출장기간 전체의 총액 한도 내 실비로 계산한다.
4. 식비는 여행일수에 따라 지급한다.

〈국내 여비 지급표〉

철도운임	선박운임	항공운임	일비(1인당)	숙박비(1박당)	식비(1일당)
실비 (일반실)	실비 (2등급)	실비	20,000원	실비 (상한액 40,000원)	20,000원

〈B과장의 지출내역〉

(단위 : 원)

구분	1일 차	2일 차	3일 차	4일 차
KTX운임(일반실)	43,000	–	–	43,000
대구 시내 버스요금	5,000	4,000	–	2,000
대구 시내 택시요금	–	–	10,000	6,000
식비	15,000	45,000	35,000	15,000
숙박비	45,000	30,000	35,000	–

① 286,000원
② 304,000원
③ 328,000원
④ 356,000원

07 I씨는 미국에서 사업을 하고 있는 지인으로부터 투자 제의를 받았다. 투자성이 높다고 판단한 I씨는 5월 3일에 지인에게 1,000만 원을 달러로 환전하여 송금하였다. 이후 5월 20일에 지인으로부터 원금과 투자수익 10%를 달러로 돌려받고 당일 원화로 환전하였다. I씨는 원화 기준으로 원금 대비 몇 %의 투자수익을 달성하였는가?(단, 매매기준율로 환전하며 기타 수수료는 발생하지 않고, 환전 시 소수점은 절사한다)

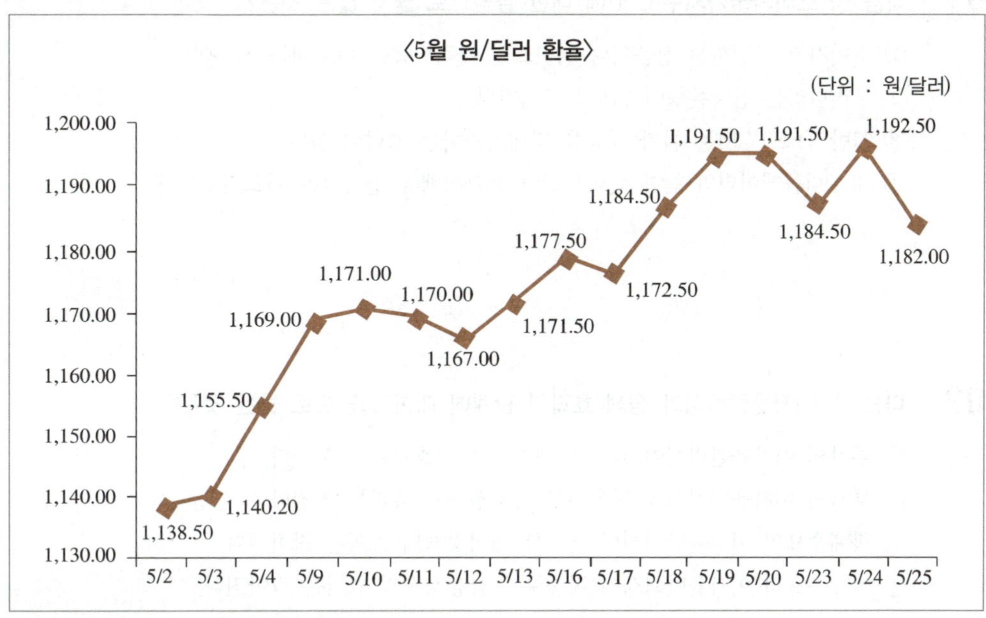

① 약 10%   ② 약 13%
③ 약 15%   ④ 약 18%

| 금융일반 - 객관식 |

01　다음 중 소비자물가지수(CPI)에 대한 설명으로 옳지 않은 것은?

① 소비자가 구입하는 상품이나 서비스의 가격변동을 나타내는 지수이다.
② 우리나라는 한국은행이 CPI를 조사한다.
③ 일반적으로 CPI는 물가 상승을 과대평가하는 경향이 있다.
④ GDP디플레이터와 함께 한국은행이 통화정책을 결정하는 기초지수이다.

02　다음 중 이자율탄력성과 정책 효과의 관계에 대한 설명으로 옳은 것은?

① 투자의 이자율탄력성이 클수록 재정정책의 효과는 작아진다.
② 투자의 이자율탄력성이 작을수록 금융정책의 효과는 커진다.
③ 화폐수요의 이자율탄력성이 클수록 재정정책의 효과는 작아진다.
④ 화폐수요의 이자율탄력성이 작을수록 금융정책의 효과는 작아진다.

03　다음 중 랜덤워크 이론에 부합하는 설명으로 옳은 것은?

① 주가는 기업가치에 수렴하므로 기업가치를 분석하면 주가를 알 수 있다.
② 기업가치를 포함한 모든 정보는 주가에 포함되어 있다.
③ 주식시장에서 주식은 가치가 아닌 가격으로 거래되는 것이다.
④ 주가는 예측할 수 없으며, 주식시장에서 초과수익률은 기대할 수 없다.

04　다음 중 묶어팔기 판매 전략의 전제조건에 해당하지 않는 것은?

① 제품의 수량이 모두 동일하다.
② 고객의 수요가 서로 다르다.
③ 고객의 희망 수요 정보를 사전에 파악할 수 없다.
④ 기업이 여러 가지 제품을 함께 판매한다.

05 다음 중 코즈의 정리에 대한 설명으로 옳은 것은?

① 자원에 대한 재산권이 확립된 경우 재산권이 누구에게 귀속되는지가 중요하다.
② 협상을 할 때 비용이 존재하는 것으로 가정한다.
③ 외부성이 존재하더라도 재산권이 명확하면 효율적인 자원배분이 가능하다.
④ 소유권 귀속에 따른 소득효과가 발생한다.

06 다음 중 공유지의 비극에 대한 설명으로 옳지 않은 것은?

① 개인의 이익에 따라 행동할 때 개방적 자원의 고갈을 일으키는 상황을 설명한다.
② 공유지는 공공 및 사유 재산에 해당하지 않고, 구성원들이 공동으로 소유한 재산으로 본다.
③ 공유자원은 경합성이 작고, 배제성이 크다.
④ 지구온난화, 기후변화에 따른 식량문제 등에 적용될 수 있다.

07 다음 중 공정가치모형에 대한 설명으로 옳지 않은 것은?

① 모든 투자부동산을 대상으로 한다.
② 투자부동산은 처분 전까지 투자자산으로 적용한다.
③ 평가손익은 당기손익으로 반영한다.
④ 감가상각은 별도로 고려하지 않는다.

08 다음 중 유형자산의 장부가액을 재평가모형으로 계산할 때 필요하지 않은 항목은?

① 감가상각누계액   ② 취득원가
③ 손상차손누계액   ④ 재평가일의 공정가액

09 다음 중 고든의 성장모형에서 가정하는 내용으로 옳지 않은 것은?

① 성장에 필요한 자금은 기업내부에서 조달한다.

② 기업의 이익과 배당은 일정한 성장률로 영속적으로 성장한다.

③ 요구수익률은 일정하나 성장률보다 작다.

④ 기업의 내부유보율과 배당성향은 일정하다.

10 다음 중 통화의 유동성 지표에 해당하지 않는 것은?

① 본원통화   ② 협의통화

③ 광의통화   ④ 시중통화

11 다음 중 인덱스펀드의 장점으로 볼 수 없는 것은?

① 손실이 제한적이다.

② 수수료가 저렴하다.

③ 진입장벽이 낮다.

④ 환매 리스크가 낮다.

12 다음 중 효율성 임금이론에 대한 설명으로 옳지 않은 것은?

① 근로자의 임금 크기가 생산성을 결정하는 요인이 된다는 이론이다.

② 시장의 평균 임금수준보다 높은 임금을 유지할 경우 노동시장의 역선택이 발생한다.

③ 효율성 임금을 통해 근로자의 근로의욕을 높일 수 있으나, 동시에 실업자를 발생시킬 수도 있다.

④ 효율성 임금 이론은 크게 영양 이론, 도덕적 해이 이론, 이직이론, 역선택 이론으로 나눌 수 있다.

13 다음 중 빅맥지수에 대한 설명으로 옳지 않은 것은?

① 세계에서 판매되는 맥도날드 빅맥 햄버거 가격을 기준으로 국가별 물가수준을 비교하는 지수이다.

② 빅맥지수가 낮을수록 달러화에 비해 해당 국가 통화가 상대적으로 저평가되어 있음을 의미한다.

③ 국가별 세금, 시장점유율, 식습관 등을 고려하지 않기 때문에 정확한 물가수준을 비교하는 데에는 한계가 있다.

④ 1980년대 미국의 뉴욕타임스지에서 처음으로 사용되었다.

14 다음 중 연방준비제도(FED)에 대한 설명으로 옳지 않은 것은?

① 연방준비제도이사회를 통해 운영된다.

② 미국 달러의 발행권을 갖고 있다.

③ 지급 준비율 변경, 주식 거래에 대한 신용 규제, 정기예금 금리 규제 등의 역할을 한다.

④ 12개의 국립은행인 연방준비은행을 가지고 있다.

15 다음 중 필립스 곡선에 대한 설명으로 옳지 않은 것은?

① 실업률과 임금 상승률의 관계를 나타낸다.

② 케인스 학파는 필립스 곡선이 안정적일 경우, 적절한 재정 및 통화 정책을 통해 후생을 극대화시킬 수 있다고 주장하였다.

③ 기대인플레이션이 상승하면 실업률은 자연실업률 수준으로 돌아간다고 본다.

④ 실제실업률은 취업자와 실업자의 수가 변하지 않는 균형 노동시장 상태에서의 실업률을 말한다.

16 다음 중 변동환율제도에 대한 설명으로 옳지 않은 것은?

① 자국의 통화 가치가 외국환시장에 따라 변화하는 환율제도를 의미한다.

② 경상수지 적자가 발생할 경우, 통화의 평가절상을 통해 만회할 수 있다.

③ 통화의 가격이 자동적으로 조절되기 때문에 경제 상황에 따른 변동성을 줄일 수 있다.

④ 현재 대부분의 국가는 관리변동환율제도를 채택하고 있다.

17 다음 중 밴드왜건 효과에 대한 설명으로 옳지 않은 것은?

① 자신을 타인과 구분된 다른 존재로 인식하고자 하는 심리에 기인한다.

② 다른 단어로 편승효과, 모방 소비라고도 한다.

③ 유행을 따라 상품을 구입하는 현상이 이에 해당한다.

④ 기업이 광고를 통해 적극적인 마케팅을 진행하는 것은 밴드왜건 효과를 노린 전략이다.

18 다음 중 총공급곡선의 이동요인에 대한 설명으로 옳지 않은 것은?

① 원자재 가격이 상승하면 총공급곡선은 우측으로 이동한다.

② 신기술이 개발되면 총공급곡선은 우측으로 이동한다.

③ 자연실업률이 하락하면 총공급곡선이 우측으로 이동한다.

④ 기대인플레이션이 하락하면 총공급곡선이 우측으로 이동한다.

19 다음 중 통화승수를 계산할 때 필요한 항목에 해당하지 않는 것은?

① 민간 현금보유액   ② 예금

③ 시장이자율   ④ 지급준비금

20 다음 중 마샬 – 러너 조건에 대한 설명으로 옳지 않은 것은?

① 자국과 외국의 수입수요탄력성의 합이 1보다 크다고 가정한다.

② 자국의 물가 및 소득, 외국의 물가 및 소득은 외생변수로 변하지 않는다고 가정한다.

③ 자국 통화가 8% 평가절하되면, 자국 통화로 표시한 수입 가격은 8% 상승한다.

④ 자국 통화의 평가절하를 통해 무역수지를 개선하려면 수출증가량과 수입감소량의 합이 평가절하 폭보다 작아야 한다.

01 다음을 참고할 때, 마을버스의 최적 운행 대수는?

> - 지자체가 운영하는 S운수는 A와 B지역을 대상으로 마을버스를 운행할 예정이다.
> - 마을버스에 대한 A지역 주민의 수요함수 : $P_a = 8 - Q$
> - 마을버스에 대한 B지역 주민의 수요함수 : $P_b = 6 - 2Q$
> - 한계비용(MC)=5

(대)

02 다음 표를 참고할 때, 2022년의 총수요곡선의 이동 방향, 총수요량, 물가수준이 각각 어떻게 변하는지 차례대로 〈보기〉에서 고르면?

(단위 : 원)

구분	2021년	2022년
가계소비	20,000	18,000
기업투자	15,000	15,000
정부지출	20,000	25,000
수출	100,000	110,000
수입	80,000	90,000

보기

㉠ 우측 이동	㉡ 좌측 이동
㉢ 증가	㉣ 감소
㉤ 상승	㉥ 하락

(   )

01 다음 중 블록체인(Block Chain) 기술에 대한 설명으로 옳지 않은 것은?

① 개방형 블록체인은 중앙기관이나 중개기관의 개입 없이 다수의 참여자(Peer)가 공개 기반으로 연결되는 분산화된 구조를 이룬다.

② 프라이빗(Private) 블록체인은 퍼블릭(Public) 블록체인보다 처리 속도가 빠르다.

③ 블록체인은 기존 데이터의 수정이 간편하고 자유로우며, 저장 공간 또한 많이 차지하지 않는다.

④ 블록체인은 분산기반을 통해 비용을 절감하는 등 금융 업무의 효율성을 크게 개선함으로써 금융 구조의 혁신을 촉진할 수 있는 기술이다.

02 다음 〈보기〉 중 중앙처리장치(CPU) 스케줄링 기법에 대한 설명으로 옳지 않은 것을 모두 고르면?

> **보기**
>
> ㉠ 스케줄링은 선점형과 비선점형으로 구분되는데, 선점형 스케줄링은 프로세스에 이미 할당된 CPU를 강제로 빼앗을 수 없다.
>
> ㉡ FCFS 방식은 CPU 스케줄링 알고리즘 중에 제일 간단한 알고리즘으로, 준비 상태 큐에 도착한 순서에 따라 차례로 CPU를 할당한다.
>
> ㉢ SJF 방식은 시간이 오래 걸리는 작업이 앞에 있고 간단한 작업이 뒤에 있으면 순서를 바꾸어 실행하며, 스케줄링 알고리즘 중에 평균 대기 시간이 최소가 되는 방식이다.
>
> ㉣ HRN 방식은 작업을 위해 기다린 시간과 CPU 사용 시간을 고려해 스케줄링하는 방식으로, 대기 중인 프로세스 중 우선순위가 가장 낮은 것부터 높은 순서로 선택한다.
>
> ㉤ SRT 방식은 현재 실행 중인 프로세스의 남은 시간과 준비 상태 큐에 새로 도착한 프로세스의 실행 시간을 비교해 가장 긴 실행 시간을 요구하는 프로세스에 CPU를 할당한다.
>
> ㉥ 라운드 로빈(RR) 방식은 준비 상태 큐에 먼저 도착한 프로세스에 먼저 CPU를 할당하지만, 각 프로세스는 시간 할당량 동안만 실행된 후 실행이 완료되지 않으면 다음 프로세스에 CPU를 넘겨주고 준비 상태 큐의 가장 뒤로 배치된다.
>
> ㉦ 다단계 피드백 큐(MFQ) 방식은 프로세스를 특정 그룹으로 분류할 수 있을 경우 그룹에 따라 각기 다른 여러 개의 준비 상태 큐를 사용하는 방식으로, 각각의 큐는 자신의 스케줄링을 수행하며, 큐와 큐 사이에서 우선순위를 부여한다.

① ㉠, ㉣, ㉥

② ㉡, ㉢, ㉦

③ ㉠, ㉣, ㉤, ㉦

④ ㉡, ㉢, ㉤, ㉥

03 다음 〈보기〉 중 개체 – 관계 다이어그램(ERD; Entity Relationship Diagram)에 대한 설명으로 옳지 않은 것을 모두 고르면?

㉠ ERD는 데이터베이스의 도식화 기법으로서 데이터베이스의 구조를 시각적으로 이해하는 데 도움을 준다.

㉡ ERD에서 개체(Entity)는 데이터베이스에서 정보를 저장하려는 대상으로서 식별 가능한 물리적 또는 추상적 개체를 뜻한다.

㉢ ERD에서 속성(Attribute)은 2개 이상의 의미 있는 정보로 묶인 단위로서 파일 구조에서의 '레코드(Record)'에 대응된다.

㉣ ERD에서 관계(Relationship)는 개체와 개체 사이의 의미 있는 연관성, 즉 대응 관계를 가리킨다.

㉤ ERD에서 개체는 타원으로, 속성은 마름모로, 관계는 사각형으로 표현한다.

㉥ ERD의 표기 규칙에 따라 "A가게에는 B라는 상품이 1개 또는 없을 수도 있다."라는

A가게 ├──────┼< B상품 로 표현된다.

① ㉠, ㉡, ㉢　　　　　　　　　　② ㉠, ㉣, ㉤

③ ㉡, ㉣, ㉥　　　　　　　　　　④ ㉢, ㉤, ㉥

04 다음은 I종합병원에서 위암 검사를 받은 사람들의 검사 전의 예측과 검사 후의 실제 결과를 혼동행렬로 시각화한 자료이며, 〈보기〉는 혼동행렬의 예측 정확성을 평가하는 지표들에 대한 설명이다. 주어진 자료를 바탕으로 ㉠~㉣의 값을 바르게 계산한 것은?

〈2023년 I종합병원 내원객들의 위암 검사 전후의 혼동행렬〉

실젯값 \ 예측값	위암 환자가 맞을 것이다 (Positive)	위암 환자가 아닐 것이다 (Negative)
위암 환자가 맞다 (Positive)	400명	100명
위암 환자가 아니다 (Negative)	600명	900명

- 진양성(TP) : 실제 위암 환자를 위암 환자일 것이라고 옳게(True) 예측함
- 위음성(FN) : 실제 위암 환자인데도 위암 환자가 아닐 것이라고 틀리게(False) 예측함
- 위양성(FP) : 실제 위암 환자가 아닌데도 위암 환자일 것이라고 틀리게(False) 예측함
- 진음성(TN) : 실제 위암 환자가 아니며 위암 환자가 아닐 것이라고 옳게(True) 예측함

㉠ 정확도(Accuracy) : 전체 샘플 중 얼마나 올바르게 예측했는지, 즉 예측한 전체 건수 중에서 사실에 적중한 것의 비율을 뜻한다.

㉡ 정밀도(Precision) : 양성(Positive)으로 예측한 결과 중에서 실제 양성인 비율, 즉 양성이라고 예측한 것 중에서 적중한 비율을 뜻한다.

㉢ 재현율(Recall) : 실제 양성(Positive) 중에서 얼마나 많은 것을 양성으로 예측했는지, 즉 실제로 양성일 때 예측 결과도 양성인 비율을 뜻한다.

㉣ 특이도(Specificity) : 실제 음성(Negative) 중에서 얼마나 많은 것을 음성으로 예측했는지, 즉 음성을 대상으로 예측한 것 중에서 적중한 비율을 뜻한다.

	㉠	㉡	㉢	㉣
①	0.65	0.3	0.8	0.7
②	0.65	0.4	0.8	0.6
③	0.75	0.3	0.7	0.6
④	0.75	0.4	0.7	0.7

01 다음 〈보기〉 중 모듈과 모듈 사이의 응집도 및 결합도에 대한 설명으로 옳지 않은 것을 모두 고르면?

> **보기**
> ㉠ 응집도가 높을수록 모듈의 품질이 좋아진다.
> ㉡ 결합도가 낮을수록 모듈의 품질이 좋아진다.
> ㉢ 응집력의 정도로 응집도를 구분할 때 응집력이 가장 약한 것은 기능적 응집도이다.
> ㉣ 결합력의 정도로 결합도를 구분할 때 결합력이 가장 강한 것은 데이터(자료) 결합도이다.
> ㉤ 결합력이 높을수록 모듈의 독립성 또한 높아지는 결합도와는 달리 응집도는 응집력이 낮을수록 모듈의 독립성이 향상된다.

(   )

02 다음 〈보기〉 중 리눅스(Linux)에 대한 설명으로 옳은 것을 모두 고르면?

> **보기**
> ㉠ 리눅스는 프로그램 소스 코드가 무료로 공개되어 있기 때문에 사용자는 자신이 원하는 대로 특정 기능을 추가할 수 있다.
> ㉡ 리눅스는 전 세계의 프로그래머들이 지속적인 개발에 참여하기 때문에 성능과 안정성 면에서 유닉스를 능가하거나 대등한 평가를 받는다.
> ㉢ 리눅스의 구성 요소인 커널(Kernel)은 셸(Shell)과 사용자를 연결하는 인터페이스로서, 명령어를 이해·실행하는 도구이다.
> ㉣ CLI(Command Line Interface) 체제를 기반으로 한 리눅스의 경우 누구나 간단하고 손쉽게 운영·관리할 수 있다.
> ㉤ 리눅스는 유닉스와 대부분 호환이 가능하며, 데스크톱의 용도 외에도 모바일 기기, 임베디드 기기, 사물인터넷 디바이스 등 다양한 분야에서 활용되고 있다.

(   )

01　NCS 직업기초능력

| 금융일반 |

01　다음 제시된 문단을 읽고, 이어질 문단을 논리적 순서대로 바르게 나열한 것은?

> I은행은 지난 5월 '대국민 폰 순환 캠페인'을 진행하였는데, 이는 지구 환경보호를 위해 자원 순환의 중요도를 알리자는 목적의 캠페인으로 이밖에도 H중공업 협력사에 ESG 컨설팅 지원 업무협약을 체결하는 한편, ESG 기부특화 개인카드인 'I – 나눔 카드'의 상품도 출시하였다.

> (가) 하지만 문제는 I은행의 ESG 경영이 환경보호인 E와 사회적 책임인 S에만 치중하고 있다는 것이다. 실제로 지난해 한국ESG기준원에 따르면 E와 S분야는 상승하거나 높은 등급을 유지하였지만, 지배구조인 G분야는 오히려 하락하였음을 확인할 수 있다.
>
> (나) 여기서 ESG란 비재무적 평가의 기준으로, 기업의 환경보호와 사회적 및 윤리적 책임 등과 같은 현대 기업의 피할 수 없는 과제와 같은 것이며 I은행의 이 같은 경영 행보는 사회적으로 크게 환영받고 있다. 이처럼 최근 I은행은 환경과 사회적 가치를 추구하는 ESG(환경, 사회, 지배구조) 경영 홍보에 많은 노력을 기울이고 있으며, 올해에는 탄소중립 국제인증 획득을 추진해 녹색금융을 가속화하겠다고 밝혔다.
>
> (다) 게다가 해당 사건의 피해보상은 2023년인 지금도 진행 중인 것으로 알려져, I은행의 ESG 경영을 위한 노력은 더 많이 필요할 것으로 보인다.
>
> (라) 특히 G분야 중 지배기업구조와 소비자 금융보호 측면에서 부정적 평가를 받는데, 이는 2019년 대규모 환매 중단이 발생하면서 금융권 전체에 2,500억 원이 넘는 피해를 떠안긴 디스커버리 펀드 사태의 영향으로 판단된다.

①　(가) – (나) – (라) – (다)

②　(나) – (가) – (다) – (라)

③　(나) – (가) – (라) – (다)

④　(나) – (다) – (가) – (라)

02 다음은 IBK기업은행의 정기예금 상품인 '1석7조통장'에 대한 자료이다. 이에 대한 설명으로 옳은 것은?

〈1석7조통장〉

구분	세부내용
상품특징	우대조건 없는 간편한 구조의 비대면 전용상품
가입금액	100만 원 이상
가입대상	실명의 개인(단, 개인사업자 제외)
계약기간	6개월 이상 3년 이하(월 단위)
이자지급식주기	만기일시지급식 : 만기(후) 또는 중도해지 요청 시 이자를 지급
상품혜택 및 부가서비스	(1) 사이버문화강좌 무료수강 • 접속사이트 : 홈페이지 → 금융서비스 → 제휴서비스 → 사이버문화센터 • 콘텐츠 : 외국어, 자녀교육, 컴퓨터 활용, 건강생활, 자기계발 등 • 제공조건 : 이 상품을 가입하여 활동좌를 보유한 경우 • 제공기간 : 이 통장 가입일로부터 1년간 제공 (2) 만기자동해지서비스 : 만기일 이전에 만기자동해지서비스를 신청한 계좌에 한해 만기일에 본인 명의 입출금식 계좌로 세후 원리금을 자동입금

	계약기간	금리(%)
약정이율	6개월 이상 12개월 미만	3.55
	12개월 이상 24개월 미만	3.62
	24개월 이상 36개월 미만	3.78
	36개월	3.87

구분	세부내용
중도해지금리	만기일 이전에 해지할 경우 입금액마다 입금일부터 해지일 전일까지의 기간에 대하여 신규가입일 당시 영업점 및 인터넷 홈페이지에 실세금리정기예금의 중도해지금리를 적용 • 납입기간 경과비율 10% 미만 : 가입일 현재 계약기간별 고시금리×5% • 납입기간 경과비율 10% 이상 20% 미만 : 가입일 현재 계약기간별 고시금리×10% • 납입기간 경과비율 20% 이상 40% 미만 : 가입일 현재 계약기간별 고시금리×20% • 납입기간 경과비율 40% 이상 60% 미만 : 가입일 현재 계약기간별 고시금리×40% • 납입기간 경과비율 60% 이상 80% 미만 : 가입일 현재 계약기간별 고시금리×60% • 납입기간 경과비율 80% 이상 : 가입일 현재 계약기간별 고시금리×80%
만기 후 금리	만기일 당시 영업점 및 인터넷 홈페이지에 고시한 정기예금의 만기 후 금리를 적용 • 만기 후 1개월 이내 : 만기일 당시 계약기간별 고시금리×50% • 만기 후 1개월 초과 6개월 이내 : 만기일 당시 계약기간별 고시금리×30% • 만기 후 6개월 초과 : 만기일 당시 계약기간별 고시금리×20%

① 해당 상품의 계약기간과 상품 가입으로 제공받는 혜택의 제공기간은 동일하다.
② 해당 상품은 만기 후 별도의 해지가 필요 없는 상품이다.
③ 해당 상품의 이율은 계약기간에 한해서만 차등 적용된다.
④ 만기 후 금리는 그 기간이 길어질수록 증가한다.

다음은 IBK기업은행의 적금 상품인 IBK 부모급여우대적금에 대한 자료이다. 이를 바탕으로 〈보기〉의 고객 문의에 대한 직원의 답변 중 적절하지 않은 것은?

〈IBK 부모급여우대적금〉

구분	세부내용
상품설명	부모 또는 자녀가 부모급여 / 아동수당을 수급하고 주택청약합저축에 신규가입하면 우대금리를 제공하는 적금상품
가입금액	• 신규금액 : 최소 1만 원 이상 • 납입한도 : 매월 50만 원 이하(만 원 단위)
가입대상	실명의 개인(단, 개인사업자 및 외국인 비거주자 제외)
가입방법	영업점, 텔레마킹, i-ONE 뱅크(스마트폰 앱)
계약기간	1년
이자지급	만기일시지급식
약정이율	연 2.5%(세전)
우대금리	• 계약기간 동안 아래 조건을 충족한 고객이 만기해지하는 경우, 최대 연 4.0%p 제공(부모와 자녀의 가족등록을 통한 실적 합산 가능) 　- 부모급여 / 아동수당을 6개월 이상 입금받는 경우(매월 25일 '부모, 아동, 보육, 가족, 가정, 여성, 복지'의 용어로 10만 원 이상 입금되는 경우에 한함) : 연 2.0%p 　- 자사 주택청약종합저축에 신규 가입하고 만기시점까지 보유한 경우(부모 or 자녀 명의 가입 시) : 연 1.0%p 　- 한부모가족 지원대상자로 한부모가족 증명서를 제출한 경우 : 연 1.0%p
가족실적합산	• 가족등록 　- 적금 가입자 기준으로 부모 – 자녀 관계만 1 : 1로 가족(1명) 등록 가능 　- 등록하는 가족 1명은 'IBK 부모급여우대적금' 가입 필수 아님 　- 가족관계 확인서류를 지참하고 영업점을 방문하여 등록 가능 • 실적합산 : 가족등록 후 계약기간 중 충족된 실적은 합산하여 우대금리 제공

직원 : 안녕하세요, 고객님! 상담원 A입니다. 무엇을 도와드릴까요?

고객 : 아, 네 안녕하세요. 저 다름이 아니라 제가 출산을 해서 부모급여를 수급하고 있거든요, 그런데 해당 상품과 관련한 적금 상품이 있다고 들어서요.

직원 : 네, 고객님! 'IBK 부모급여우대적금'을 찾으시는 것 같아요. 해당 상품은 ⊙ 부모급여 또는 아동수당을 수급하는 고객님 중 저희 은행 주택청약종합저축에 신규 가입하는 고객님을 대상으로 제공하는 적금 상품입니다.

고객 : 어떻게 가입할 수 있죠? 인터넷 홈페이지에서 해도 되나요?

직원 : 죄송합니다. 현재는 ⓒ 인터넷 홈페이지를 통한 가입은 어렵고요, 고객님께서 직접 영업점으로 방문하는 대면방식과 전화 혹은 스마트폰 앱을 통한 비대면방식으로 가입을 도와드리고 있습니다.

고객 : 아, 그렇군요. 그럼 가입 가능한 금액이나 금리는 어떻게 되죠?

직원 : 네, 고객님! ⓒ 가입 가능한 금액은 월 최소 1만 원에서 최대 50만 원으로, 연 최대 600만 원까지 가능합니다. 금리는 연 2.5%가 기본 금리로 책정되어 있고요, 우대조건 충족 시에 최대 연 4.0%p가 제공되어 최고 6.5%의 금리로 해당 상품을 만나보실 수 있으며 우대조건은 다음과 같습니다.

… (중략) …

가입자 본인이 우대조건을 충족하지 못하시더라도, ⓔ 가족관계 확인서류를 지참하고 영업점을 방문하시면 가족등록을 할 수 있고, 계약기간 중 충족된 실적을 합산하여 우대금리를 제공해 드리고 있습니다.

① ⊙

② ⓒ

③ ⓒ

④ ⓔ

04 다음은 IBK기업은행의 예금 상품인 IBK 중기근로자급여파킹통장에 대한 자료이다. 이에 대한 설명으로 옳은 것은?

〈IBK 중기근로자급여파킹통장〉

구분	세부내용
상품특징	매일 최종 잔액 300만 원 이하 금액에 대해 연 3.0% 금리 제공

상품내용	• 직전 월(1일 ~ 말일까지)에 50만 원 이상 급여이체 실적조건 충족 시, 당월(1일 ~ 말일까지)에 우대혜택(우대금리 / 수수료 면제 / 환율우대) 제공
	   – 우대금리 : 이 통장은 매일 최종잔액이 300만 원 이하 금액인 경우 고시금리가 아닌 은행 홈페이지 등에 게시한 우대금리 제공
	   – 수수료 면제 : 전자금융 이체수수료, 당행 자동화기기 타행이체수수료, 타행 자동화기기 출금수수료, 타행 자동이체수수료(단, 최초 가입일부터 익월 말까지 조건 없이 수수료 면제)
	   – 환율우대 : 주요 외국통화(USD, JPY, EUR) 환율 80%를 우대

가입금액	제한없음
가입대상	중소기업에서 근무하는 실명의 개인(단, 개인사업자는 제외), 1인당 1계좌
가입기간	제한없음
이자지급식주기	매월 2번째 토요일 결산 후 익일에 지급

	잔액	금리(%)	전월급여 이체입금 여부
약정이율	300만 원 이하	0.1	NO
	300만 원 이하	3.0	YES
	300만 원 초과	0.1	NO
	300만 원 초과	0.1	YES

구분	세부내용
우대금리	• 300만 원 이하 : 연 3.0%p(세전), 매일 최종잔액 기준으로 고시금리가 아닌 해당 금리 적용 • 300만 원 초과 : 고시금리 적용
금리안내	연 1.1%(세전)

① 우대금리를 적용받아 실질적으로 지급받을 수 있는 최대 연 이자는 10만 원이다.

② 월 급여가 50만 원 미만일 경우 해당 상품을 이용할 수 없다.

③ 월 급여가 300만 원을 초과할 경우 해당 상품에 가입할 수는 있으나, 우대금리를 적용받을 수 없다.

④ 해당 상품의 최초 가입일부터 익월 말까지는 실적조건 충족 여부에 관계없이 우대혜택을 모두 제공받을 수 있다.

05 A씨는 영업비밀 보호를 위해 자신의 컴퓨터 속 각 문서의 암호를 다음 규칙에 따라 만들었다. 파일 이름이 다음과 같을 때, 이 파일의 암호는 무엇인가?

〈규칙〉

1. 비밀번호 중 첫 번째 자리에는 파일 이름의 첫 문자가 한글일 경우 @, 영어일 경우 #, 숫자일 경우 *로 특수문자를 입력한다.
   → 고슴Dochi＝@, haRAMY801＝#, 1app루＝*
2. 두 번째 자리에는 파일 이름의 총 자리 개수를 입력한다.
   → 고슴Dochi＝@7, haRAMY801＝#9, 1app루＝*5
3. 세 번째 자리부터는 파일 이름 내에 숫자를 순서대로 입력한다. 숫자가 없을 경우 0을 두 번 입력한다.
   → 고슴Dochi＝@700, haRAMY801＝#9801, 1app루＝*51
4. 그다음 자리에는 파일 이름 중 한글이 있을 경우 초성만 순서대로 입력한다. 없다면 입력하지 않는다.
   → 고슴Dochi＝@700ㄱㅅ, haRAMY801＝#9801, 1app루＝*51ㄹ
5. 그다음 자리에는 파일 이름 중 영어가 있다면 뒤에 덧붙여 순서대로 입력하되, a, e, i, o, u만 'a=1, e=2, i=3, o=4, u=5'로 변형하여 입력한다(대문자・소문자 구분 없이 모두 소문자로 입력한다).
   → 고슴Dochi＝@700ㄱㅅd4ch3, haRAMY801＝#9801h1r1my, 1app루＝*51ㄹ1pp

2022매운전골Cset3인기준recipe8

① @23202238ㅁㅇㅈㄱㅇㄱㅈcs2trecipe
② @23202238ㅁㅇㅈㄱㅇㄱㅈcs2tr2c3p2
③ *23202238ㅁㅇㅈㄱㅇㄱㅈcs2tr2c3p2
④ *23202238ㅁㅇㅈㄱㅇㄱㅈcsetrecipe

06 다음은 IBK기업은행에서 판매하고 있는 직장인우대MY통장 상품에 대한 설명의 일부이다. 어느 날 이 상품에 가입하려는 A ~ D의 조건이 〈보기〉와 같을 때, 가입예정자 중 우대금리가 가장 높은 사람은?

<직장인우대MY통장>

- 계약기간 : 1년(12개월)
- 신규금액 : 최소 1만 원 이상
- 납입한도 : 매월 1만 원 ~ 20만 원(만 원 단위)
- 가입대상 : 실명의 개인(1인 1계좌)
  ※ 개인사업자 제외
- 이자지급주기 : 만기 지급
- 이자지급방법 : 만기일시지급식
- 금리 : 연 3.55%
- 우대금리 : 최대 연 1.3%p

  계약기간 동안 아래 조건을 충족한 고객이 만기해지하는 경우 제공(2022.10.24. 기준, 세전)

우대조건	우대금리
가입시점에 직장인으로 확인되는 경우	연 0.3%p
당행 실명등록일로부터 3개월 이내 신규가입하는 경우 또는 상품가입 직전월 기준 6개월 이상 총수신평잔이 0원인 경우	연 0.3%p
계약기간 동안 6개월 이상 급여이체 실적(50만 원 이상)이 있는 경우	연 0.5%p
계약기간 동안 당행 신용(체크)카드 이용실적이 300만 원 이상인 경우 (단, 이용실적은 매출표 접수기준으로 결제계좌가 당행인 경우에 한하며 현금서비스 실적은 제외)	연 0.2%p

- 원금 및 이자 지급 제한
  - 계좌에 압류, 가압류, 질권설정 등이 등록된 경우 원금 및 이자 지급 제한
  - 예금 잔액 증명서 발급 당일에는 입금·출금·이체 등 잔액 변동 불가

<직장인우대MY통장 가입예정자 정보>

구분	내용
A	• K사 사원 재직 확인(월 실수령 225만 원 이상) • 당행 계좌로 30개월 분 급여 이체 내역 확인 • 당행 신용카드로 매월 20만 원 미만 고정 지출 내역 확인
B	• 15일 후 N사 신입사원으로 입사 예정(월 실수령 200만 원 이상) • 12개월 이상 잔고 0원인 계좌 확인 • 가입 전 급여계좌 당행으로 설정 및 유지 예정 • 당행 신용카드로 매월 30만 원 이상 고정 지출 내역 확인
C	• P사 과장 재직 확인(월 실수령 275만 원 이상) • 타행 계좌로 100개월 분 급여 이체 내역 확인 • 당행 신용카드로 매월 50만 원 이상 고정 지출 내역 확인

D	• O사 과장 재직 확인(월 실수령 330만 원 이상) • 당행 계좌로 120개월 분 급여 이체 내역 확인 • 당행 계좌 압류 상태 확인 • 당행 신용카드 및 체크카드 미발급

※ 가입 이후 급여계좌 및 급여 여부, 신용카드 및 체크카드의 발급 여부 및 실적은 변동되지 않는 것으로 가정함

① A

② B

③ C

④ D

07 I은행 직원 10명은 A~E와 V~Z 두 팀으로 나누어 사내교육을 받고자 한다. 〈조건〉이 다음과 같을 때, 같은 날 사내교육을 받는 직원끼리 바르게 짝지은 것은?(단, 사내교육은 당일로 끝마친다)

조건

• 모든 직원은 월~금요일 중으로 사내교육에 참석해야 한다.
• 하루에 참석할 수 있는 인원은 2명이며, 팀별로 1명씩 참석해야 한다.
• A, C, E는 화요일, W, Y는 목요일에 연차휴가를 신청하였다.
• B, D는 월요일, V는 수요일, X, Z는 금요일에 은행 주간 업무 건으로 사내교육에 참석할 수 없다.
• A, B는 수~금요일, X, Y는 월~수요일에 출장업무 건으로 사내교육에 참석할 수 없다.
• D, X는 같은 날 사내교육에 참석할 수 없다.
• E는 금요일, W는 월요일에 사내교육에 참석하기로 하였다.

① A, Y

② B, Z

③ C, X

④ E, W

※ 다음은 2022년 1 ~ 3분기 A국의 일부 산업별 명목 GDP 및 국민총소득을 나타낸 자료이다. 이어지는
   질문에 답하시오. [8~9]

〈2022년 1 ~ 3분기 A국 일부 산업별 명목 GDP 및 국민총소득(GNI)〉

(단위 : 십억 원)

구분	2022년 1분기	2022년 2분기	2022년 3분기
농림어업	6,792.7	9,360.4	8,149.0
제조업	133,669.9	142,678.5	143,102.1
건설업	20,731.4	28,163.2	28,113.2
서비스업	301,111.9	303,933.9	315,549.4
명목 GDP	509,565.8	540,700.8	546,304.5
국민총소득(GNI)	515,495.5	542,408.3	555,165.9

※ 명목 GDP : 당해 생산된 재화의 단위 가격에 생산량을 곱하여 산출한 경제 지표임
※ 국민총소득(GNI) : 국민이 얻은 모든 소득의 합계이며 일반적으로 명목 GDP와 국외 순수취 요소 소득의 합계임

08 다음 중 위 자료에 대한 설명으로 옳지 않은 것은?

① 모든 분기에서 명목 GDP 비중이 가장 큰 산업은 서비스업이다.

② 제조업의 생산량이 꾸준히 감소하였다면 생산된 재화의 단위 가격은 증가하였다.

③ 건설업의 생산 단가가 일정하였다면 생산량은 증가하였다가 감소하였다.

④ 국외 순수취 요소 소득은 꾸준히 증가하였다.

09 농림어업, 제조업, 건설업, 서비스업의 명목 GDP 변화 추세를 그래프로 변환하였을 때 옳지 않은 것은?

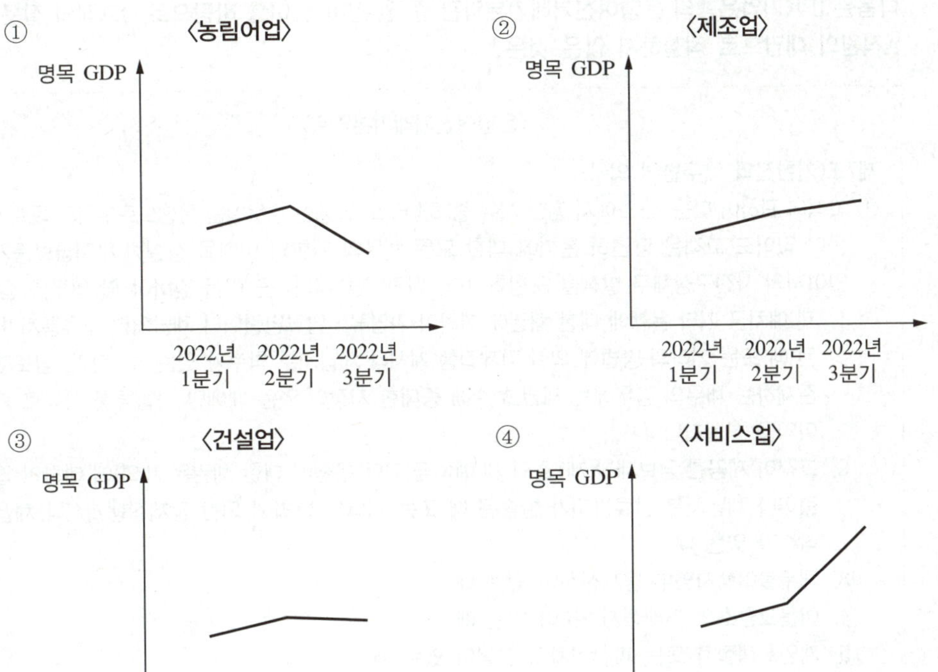

01 다음은 IBK기업은행의 은행여신거래기본약관 중 일부이다. 이를 바탕으로 Q고객의 질문에 대한 A직원의 대답으로 적절하지 않은 것은?

〈은행여신거래기본약관〉

제7조(기한전의 채무변제 의무)

① 고객에 관하여 다음 각 호에서 정한 사유 중 하나라도 발생한 경우에는 은행으로부터의 독촉·통지 등이 없어도 고객은 당연히 은행에 대한 모든 채무의 기한의 이익을 상실하여(지급보증거래에 있어서의 사전구상채무 발생을 포함합니다. 이하 같습니다) 곧 이를 갚아야 할 의무를 집니다.

1. 제 예치금 기타 은행에 대한 채권에 대하여 가압류·압류명령이나 체납처분 압류통지가 발송 된 때 또는 기타의 방법에 의한 강제집행 개시나 체납처분 착수가 있는 때. 다만, 담보재산이 존재하는 채무의 경우에는 채권 회수에 중대한 지장이 있는 때에만 가압류를 사유로 기한의 이익을 상실합니다.

2. 고객이 제공한 담보재산(제1호의 제 예치금 기타 은행에 대한 채권은 제외)에 대하여 압류명 령이나 체납처분 압류통지가 발송된 때 또는 기타의 방법에 의한 강제집행개시나 체납처분 착수가 있는 때

3. 채무불이행자명부 등재신청이 있는 때

4. 어음교환소의 거래정지처분이 있는 때

5. 개인회생절차 또는 파산절차의 신청이 있는 때

6. 도피, 기타의 사유로 지급을 정지한 것으로 인정된 때

② 고객에 관하여 다음 각 호에서 정한 사유 중 하나라도 발생한 경우에는 고객은 당연히 당해채무 의 기한의 이익을 상실하여 곧 이를 갚아야 할 의무를 집니다. 다만, 은행은 기한의 이익 상실일 7영업일 전까지 다음 각 호의 채무이행 지체사실과 대출 잔액 전부에 대하여 연체료가 부과될 수 있다는 사실을 고객에게 서면으로 통지하여야 하며, 기한의 이익 상실일 7영업일 전까지 통 지하지 않은 경우에는 고객은 실제 통지가 도달한 날부터 7영업일이 경과한 날에 기한의 이익을 상실하여 곧 이를 갚아야 할 의무를 집니다.

1. 이자를 지급하여야 할 때부터 1개월(주택담보대출의 경우 2개월)간 지체한 때

2. 분할상환원금 또는 분할상환원리금의 지급을 2회(주택담보대출의 경우 3회)이상 연속하여 지체한 때

---

① Q : 제가 타 은행에서의 채무를 기한 내 변제하지 못해서 가압류를 당했는데요, 기존에 있던 담보재산으로 채무 충당이 가능하더라고요. 그럼 IBK기업은행의 채무는 기존에 정해진 기한에 맞춰 변제를 진행해도 되나요?

   A : 네, 고객님! 제 예치금 기타 은행에 대한 채권에 대하여 가압류·압류명령 등에 의해 강제집행 개시 또는 체납처분 착수가 진행될 경우 기존 모든 채무에 대한 기한의 이익을 상실하는 게 원칙이나, 고객님처럼 담보재산이 있는 채무로 해당 채권 회수에 중대한 지장이 없는 것으로 판단되어질 경우 기존 채무의 변제 일정은 이전과 동일하게 진행하시면 됩니다.

② Q : 제가 지인과 금전거래 중 불미스러운 일이 발생해서 지인이 저를 채무불이행자명부에 등재 신청을 접수했더라고요, 아직 등재는 되지 않은 상태이고 지인과 원만하게 해결하기 위해 노력 중입니다. 아직 등재되기 전이니 IBK기업은행의 제 채무 변제에는 영향이 없겠죠?

   A : 죄송합니다, 고객님. 채무불이행자명부에 등재되지 않더라도 등재신청만으로 기존의 모든 채무의 기한의 이익은 상실하게 되어, 즉시 이를 상환하셔야 할 의무가 생깁니다.

③ Q : 제가 경제적 상황이 어려워져 이자를 1개월 지체하게 되었더니 은행으로부터 기한의 이익 상실이라는 우편을 받았거든요. 그럼 이제 기존에 정한 기한이 아닌, 즉시 대출금을 상환해야 하나요?

   A : 네, 고객님. 은행여신거래기본약관 제7조에 따라서 '이자를 지급하여야 할 때부터 1개월간 지체할 경우' 기한의 이익을 상실하게 되어 대출 잔액을 갚아야 할 의무가 생깁니다. 또한 기존에 대출한 전액의 연체료도 함께 부과됩니다.

④ Q : 제가 사업이 어려워져 분할상환원금을 두 달 전부터 이번 달까지 3회째 연속하여 지체하게 되었네요. 그런데 아직 기한의 이익을 상실했다는 내용의 우편은 2주 째 전달받지 못했거든요. 그럼 이전과 동일한 일정에 맞춰 채무 변제를 진행하면 되는 거겠죠?

   A : 아니요, 죄송합니다. 고객님. 영업점에서 착오가 있었는지 아직 해당 내용이 전달되지 않은 것으로 판단됩니다. 이 경우 추후 고객님께 서면이 통지될 텐데, 그럼 실제 고객님이 해당 내용을 통지받은 날부터 7영업일이 경과한 날에 기존 채무의 기한의 이익을 상실하게 되시는데요, 그럼 그때 기존의 기한과는 상관없이 즉시 상환해야 할 의무가 생기게 됩니다.

02 다음은 IBK기업은행의 적금 상품인 'IBK D-day적금'에 대한 자료이다. 이에 대한 설명으로 옳지 않은 것은?

〈IBK D-day적금〉

구분	세부내용
상품특징	D-day시점(만기시점)의 목표달성 및 최초고객 여부에 따른 우대금리를 제공, 1인당 3계좌까지 가입 가능
상품내용	일상생활의 Event(생일, 결혼기념일, 입학, 졸업, 출산, 이사 등)에 맞춰 D-day(필요시기) 및 목표금액을 고객이 직접 설정하는 '셀프 – 가이드' 상품
가입금액	최소 1만 원 이상 월 20만 원 이내(천 원 단위), 자유적립식
가입대상	실명의 개인(단, 개인사업자 및 외국인 비거주자 제외)
계약기간	1개월 이상 1년 이하(일 단위)
이자지급식주기	만기일시지급식 : 만기(후) 또는 중도해지 요청 시 이자 지급
약정이율	<table><tr><th>계약기간</th><th>금리(%)</th></tr><tr><td>1개월 이상 6개월 미만</td><td>3.45</td></tr><tr><td>6개월 이상 12개월 미만</td><td>3.65</td></tr><tr><td>12개월</td><td>3.85</td></tr></table>
우대금리	(1) 목표금액 축하금리 : 연 1.0%p • 당행 입출금식 계좌에서 자동이체를 통해 3회 이상 납입하고 만기일 전일까지 목표금액 이상 납입하는 경우 (2) 최초 거래고객 우대금리 : 연 0.5%p(다음 요건 중 1가지 이상 충족) • 실명등록일로부터 3개일 이내 • 가입 직전월 기준 6개월간 총수신 평균잔액 '0'원
중도해지금리	만기일 이전에 해지할 경우 입금액마다 입금일부터 해지일 전일까지의 기간에 대하여 가입일 당시 정기적금의 중도해지금리를 적용 • 납입기간 경과비율 10% 미만 : 가입일 현재 계약기간별 고시금리×5% • 납입기간 경과비율 10% 이상 20% 미만 : 가입일 현재 계약기간별 고시금리×10% • 납입기간 경과비율 20% 이상 40% 미만 : 가입일 현재 계약기간별 고시금리×20% • 납입기간 경과비율 40% 이상 60% 미만 : 가입일 현재 계약기간별 고시금리×40% • 납입기간 경과비율 60% 이상 80% 미만 : 가입일 현재 계약기간별 고시금리×60% • 납입기간 경과비율 80% 이상 : 가입일 현재 계약기간별 고시금리×80%
만기 후 금리	만기일 이후에 해지할 경우 만기일 당시 정기적금의 만기 후 금리를 따름 • 만기 후 1개월 이내 : 만기일 당시 계약기간별 고시금리×50% • 만기 후 1개월 초과 6개월 이내 : 만기일 당시 계약기간별 고시금리×30% • 만기 후 6개월 초과 : 만기일 당시 계약기간별 고시금리×20%

① 해당 상품의 1인당 최대 적립금액은 월 60만 원이다.

② 해당 상품은 국내에 거주 중인 외국인도 가입이 가능하다.

③ 해당 상품의 최고금리는 연 5.35%이다.

④ 중도해지금리는 우대금리를 적용받지 않지만, 만기 후 금리는 우대금리를 적용받는다.

　다음 글의 내용으로 가장 적절한 것은?

> IBK기업은행은 비금융 서비스 강화의 일환으로, 알스퀘어의 '상업용 부동산 전반 통합 서비스'를 기업인터넷뱅킹에서 제공하기로 결정하였다.
>
> 이는 기업고객이 사무실, 지식산업센터 등 업무공간이 필요할 경우 기업인터넷뱅킹 홈페이지를 통해 제공받을 수 있는 서비스로, 홈페이지 내 '경영지원' → 'RSQUARE 부동산 서비스' 탭에서 연결된 사이트를 통해서 진행된다.
>
> 고객이 해당 사이트에 원하는 입주 조건과 인테리어 상담 희망 여부 등 업무공간에 대한 전반적인 내용을 정해진 양식에 맞춰 기재하면, 이를 토대로 알스퀘어가 고객 상담을 통해 맞춤 서비스를 제공하는 절차로 진행된다.
>
> 고객이 IBK기업은행의 상업용 부동산 서비스를 통해 업무공간을 구할 경우, 오피스 중개 임차인 수수료가 면제되고, 등기이전, 근저당, 전세권 등 법무대행비 지원 혜택도 받을 수 있으며, 추가로 알스퀘어 포인트도 지급받을 수 있다.
>
> 이번에 선보인 상업용 부동산 서비스는 지난 4월 기업은행과 알스퀘어가 맺은 업무협약(MOU)의 후속 조치로, 양사는 이후에도 상호 협력을 통해 서비스 제공 영역을 확대할 것이라 밝혔다. 또한 기업은행은 이번 서비스의 제공이 사업장을 필요로 하는 기업고객의 업무 편의성 및 만족도 모두를 높일 수 있을 것으로 기대된다며, 이후에도 더 많은 기업고객의 수요를 충족시킬 수 있도록 다양한 비금융서비스를 발굴하여 인터넷뱅킹의 디지털 플랫폼화를 가속화하겠다고 밝혔다.

① '상업용 부동산 전반 통합 서비스'는 비대면으로 진행하는 서비스이다.

② '상업용 부동산 전반 통합 서비스'는 IBK기업은행 이용 고객 모두에게 제공되는 서비스이다.

③ '상업용 부동산 전반 통합 서비스'는 고객이 사이트 내 제공되는 상업용 부동산 매물의 조건과 이미지를 보고 매물을 선택하는 방식으로 진행된다.

④ '상업용 부동산 전반 통합 서비스'로 업무공간을 임대할 경우, 임대 중개 수수료 전액이 면제된다.

I사의 총무팀, 개발팀, 영업팀, 홍보팀, 고객지원팀은 5층짜리 건물에서 각각 다른 층을 사용하고 있다. 각 팀의 탕비실에는 다음과 같이 이온음료, 탄산음료, 에너지음료, 캔 커피가 구비되어 있는데, 총무팀에서 각 팀에 채워 넣을 음료를 일괄적으로 구매하고자 한다. 〈조건〉에 따라 각 음료를 구매하려고 할 때, 주문해야 할 최소 개수를 바르게 연결한 것은?

〈팀별 탕비실 내 음료 보유 현황〉

(단위 : 캔)

구분	총무팀	개발팀	영업팀	홍보팀	고객지원팀
이온음료	3	10	10	10	8
탄산음료	10	2	16	7	8
에너지음료	10	1	12	8	7
캔 커피	2	3	1	10	12

조건

- 이온음료, 탄산음료, 에너지음료, 캔 커피는 각각 최소 6캔, 12캔, 10캔, 30캔이 구비되어 있어야 하며, 최소 수량 미달 시 음료를 구매한다.
- 각 팀은 구매 시 각 음료의 최소 구비 수량의 1.5배를 구매한다.
- 모든 음료는 낱개로 구매할 수 없으며 묶음 단위로 구매해야 한다.
- 이온음료, 탄산음료, 에너지음료, 캔 커피는 각각 6캔, 6캔, 6캔, 30캔을 묶음으로 판매하고 있다.

	이온음료	탄산음료	에너지음료	캔 커피
①	12캔	72캔	48캔	240캔
②	12캔	72캔	42캔	240캔
③	12캔	66캔	42캔	210캔
④	18캔	66캔	48캔	210캔

05 다음은 IBK기업은행에서 운영하고 있는 i-ONE 직장인스마트론 대출 상품에 대한 설명의 일부이다. 대출을 받고자 하는 A~D의 조건이 〈보기〉와 같을 때, 대출이 가능한 사람은?

- 계약기간 : 일시상환 / 수시상환(마이너스 대출) 1년

  매월 원리금균등분할상환 : 최대 15년 이내 연 단위 선택(일부 대상 고객에 한함)

  ※ 신용등급, 연 소득에 따라 일시상환 / 수시상환 선택이 제한될 수 있음
- 이자 계산 방법 : 1년을 365일(윤년은 366일)로 보고 1일 단위로 계산
- 이자 지급 방법 : 이자 납입일을 정하여 매월 이자 납입
- 대출한도 : 최소 1백만 원 ~ 최대 150백만 원

  ※ 개인 신용 평점, 은행 내부 신용 등급, 기존 신용 대출금액, 현금서비스 등에 따라 고객별로 다를 수 있음
- 대출금리(2023년 2월, 대출금액 1억 5천만 원, 대출기간 1년, 일시상환 기준)

(단위 : %)

구분	고정금리	변동금리
기준금리(+)	3.761	3.760
가산금리(+)	1.474 ~ 6.056	1.492 ~ 6.073
감면금리(−)	0.000 ~ 0.200	0.000 ~ 0.200
대출금리	최저 5.035 ~ 최고 9.500	최저 5.034 ~ 최고 9.374

  ※ 00시 ~ 06시 중 대출 실행 시 일자별 금리 변동으로 인해 안내금리와 실행시점의 금리가 다를 수 있음
- 대출대상 : 다음 조건을 모두 충족하는 고객

  1. 현 직장에 6개월 이상 재직 중인 고객

  2. 개인 CB점수 KCB 520점 이상이고, NICE 600점 이상인 고객

  ※ 당행에 휴대폰 번호가 정상 등록되어 있어야 하며, 은행 내부 신용 등급 등의 사유에 따라 거절될 수 있음
- 대출 신청 시기 : 영업일(휴·공휴일 제외) 01:00 ~ 24:00까지 가능
- 대출금 지급 : 신청 당일 고객 지정계좌로 지급
- 유의사항 : 본 상품은 최대 3건(동일인당)까지 실행이 가능하니, 대출 신청 시 유의하시기 바랍니다.

보기

〈i-ONE 직장인스마트론 대출 신청자 현황(23.02.06)〉

구분	내용
A	• L사 재직 중(21년 6월 입사) • KCB 점수 500점, NICE 점수 550점 • 당행에 본인 명의의 휴대폰 번호 등록
B	• 10일 전 S사 퇴사 • KCB 점수 700점, NICE 점수 734점 • 당행에 본인 명의의 휴대폰 번호 등록
C	• H사 재직 중(22년 7월 입사) • KCB 점수 820점, NICE 점수 857점 • 당행에 본인 명의의 휴대폰 번호 미등록
D	• J사 재직 중(22년 6월 입사) • KCB 점수 650점, NICE 점수 697점 • 당행에 본인 명의의 휴대폰 번호 등록

① A
② B
③ C
④ D

※ 다음은 공무원 가족 국외여비 지급 기준표이다. 이어지는 질문에 답하시오. **[6~7]**

<공무원 가족 국외여비 지급 기준표>

지급 사유	지급액
1. 부임 또는 전근하는 경우 소속 장관의 허가를 받아 가족을 근무지로부터 새로운 근무지까지 동반해야 할 때	가. 12세 이상의 가족에 대해서는 본인이 여행하는 때와 같은 등급의 철도운임·선박운임·항공운임 및 자동차 운임 및 준비금의 전액과 일비·숙박비 및 식비의 3분의 2에 상당하는 금액
2. 외국 근무 중 소속 장관의 허가를 받아 한 차례에 한정하여 가족을 그 근무지로 불러오거나 본국으로 귀국시킬 때	
3. 외국에서 4년 이상 계속 근무한 공무원이 소속 장관의 명에 따라 본국에서 재교육을 받기 위하여 배우자와 18세 미만 자녀와 함께 일시 귀국할 때 (단, 4년마다 한 차례로 한정한다)	나. 12세 미만의 가족에 대해서는 본인이 여행하는 때와 같은 등급의 철도운임·선박운임·항공운임 및 자동차 운임 및 준비금의 전액과 일비·숙박비 및 식비의 3분의 1에 상당하는 금액
4. 주재국의 급격한 정세변화로 인하여 동반 가족을 철수시킬 때	
5. 외국 근무 중 소속 장관의 허가를 받아 배우자를 동반한 공무여행을 할 때	
6. 소속 장관의 허가를 받아 본인을 대신하여 가족 중 1명 또는 본인과 동반하여 배우자가 일시 귀국할 때	
7. 근무조건이 매우 불리하다고 외교부장관이 인정하는 지역에서 근무 중인 공무원이 소속 장관의 허가를 받아 연간 한 차례만 가족 동반으로 다른 지역에서 휴양을 할 때 또는 의료검진을 받을 때	본인이 여행하는 때와 같은 등급의 철도운임·선박운임·항공운임 및 자동차 운임 전액
8. 근무조건이 매우 불리하다고 외교부장관이 인정하는 고산지역에서 근무 중인 공무원이 소속 장관의 허가를 받아 연간 23일의 범위에서 분기별로 한 차례 가족동반으로 저지대(低地帶)에서 요양을 할 때	

※ 가족은 본인을 포함한 구성원을 지칭함
※ 취업 후 독립하여 생계를 유지하는 자녀 및 26세 이상 자녀는 특수한 경우를 제외하고 지급하지 아니함

06 다음 중 운임 비용 전액을 국외여비로 받을 수 있는 상황은?(단, 모든 상황은 소속 장관의 허가를 받았으며 예외는 없다)

① 출장지역에서 내전으로 인해 근무환경에 위협을 받아 급하게 귀국하는 공무원 A씨

② 근무지인 노르웨이로 6살 딸을 불러오려는 공무원 B씨

③ 배우자 지인의 상(喪)으로 베이징에서 배우자와 급하게 귀국하려는 공무원 C씨

④ 해발 5,500m 지역에서 근무하다 1분기 휴가 때 가족과 함께 14일간 바닷가에서 쉬려는 공무원 D씨

07 해외로 발령받은 4명의 공무원은 소속 장관의 허가하에 가족을 동반하여 I항공을 이용해 근무지로 가고자 한다. 〈보기〉를 참고할 때, 공무원과 지급받을 국외여비가 바르게 연결되지 않은 것은?(단, 천 원 단위에서 올림한다)

〈I항공 운임 및 기내식 비용〉

구분	운임 비용	기내식 비용
S CLASS	성인 : 1,200,000원 소인 : 성인의 80%	기내식 무료 제공
A CLASS	성인 : 900,000원 소인 : 성인의 80%	성인 : 15,000원 소인 : 무료 제공
B CLASS	성인 : 750,000원 소인 : 성인의 80%	20,000원 (소인 구분 없음)
C CLASS	700,000원	20,000원 (소인 구분 없음)

※ C CLASS의 운임 비용은 성인과 소인의 구분이 없음
※ 소인은 18세 미만의 청소년을 지칭함
※ 8세 미만의 어린이는 모든 CLASS에서 운임 비용을 받지 않음

보기

구분	동반가족 (공무원 본인 포함)	CLASS 신청사항	기내식 신청 여부
H부장	5인 (16세, 10세, 7세 자녀 있음)	A CLASS	신청
J과장	4인 (23세, 21세 자녀 있음 / 독립하지 않음)	S CLASS	신청
L대리	2인	B CLASS	미신청
K주임	4인 (6세, 4세 자녀 있음)	C CLASS	신청

공무원	지급 국외여비
① H부장	1,940,000원
② J과장	3,200,000원
③ L대리	1,000,000원
④ K주임	1,440,000원

| 금융일반 – 객관식 |

01 다음 중 마이클 포터의 5포스 모델의 5가지 요소에 해당하지 않는 것은?

① 산업 내 경쟁
② 구매자의 구매력
③ 소비자의 교섭력
④ 대체재의 위협

02 다음 〈보기〉의 내용을 참고할 때, A기업이 B기업을 합병한 이후의 PER은?

> 보기
>
> • A기업 : 발행주식수 3,000,000주, 당기순이익 50억 원, 주가 20,000원
> • B기업 : 발행주식수 2,000,000주, 당기순이익 30억 원, 주가 20,000원

① 10
② 11.5
③ 12
④ 12.5

03 다음 중 증자 이후의 주가 변동에 대한 설명으로 옳지 않은 것은?

① 신규 사업 진출을 위한 목적으로 유상증자를 한 경우, 주가는 상승하는 경향을 보인다.
② 재무구조 개선을 위한 목적으로 유상증자를 한 경우, 주가는 상승하는 경향을 보인다.
③ 공장 증설을 목적으로 유상증자를 한 경우, 주가는 상승하는 경향을 보인다.
④ 자본금 확대를 목적으로 무상증자를 한 경우, 주가는 상승하는 경향을 보인다.

04 다음 〈보기〉의 내용을 참고할 때, A기업의 배당 이후 PER은?

> 보기
>
> • A기업 : 발행주식수 10,000,000주, 당기순이익 30억 원, 주가 20,000원
> • 주당 100원의 현금배당 실시

① 70
② 100
③ 200
④ 300

05 다음 중 배당성향 모형에 대한 설명으로 옳지 않은 것은?

① 배당성향은 배당금을 순이익으로 나눈 값으로 구한다.
② 배당성향이 낮아지면 사내유보율이 낮아지고 자본금은 늘어날 수 있다.
③ 배당성향이 높아지면 기업 재무 상태에 부정적인 영향을 미칠 수 있다.
④ 당기순이익이 클수록 배당성향은 높아지는 경향을 나타낸다.

06 다음 〈보기〉의 내용을 참고할 때, A기업의 주당 배당금은?

보기
• A기업 주가 : 20,000원 • 배당수익률 : 10%

① 1,000원   ② 1,500원
③ 2,000원   ④ 3,000원

07 다음 중 유상증자에 대한 설명으로 옳지 않은 것은?

① 유상증자의 대상은 기존 주주 또는 새로운 투자자 모두 가능하다.
② 유상증자의 종류는 주주배정, 일반공모, 제3자배정이 있다.
③ 유상증자를 하게 되면 주당순이익이 낮아지게 되어 주가에 부정적 영향을 미칠 수 있다.
④ 유상증자 신주배정 기준일이 정해질 때, 신주발행 공고를 진행한다.

08 다음 〈보기〉의 내용을 참고할 때, A기업의 변동된 자본금은?

보기
• A기업 : 발행주식수 10,000,000주, 액면가 500원, 주가 5,000원 • 유상증자 : 신주발행 5,000,000주, 발행가액 2,000원

① 150억 원   ② 350억 원
③ 450억 원   ④ 600억 원

09 다음 중 공모주 청약 이후 주가가 낮게 형성되는 경우는?

① 수요예측 경쟁률이 높은 경우
② 기관투자자의 주식시장 매수세가 활발한 경우
③ 기업가치 대비 공모가를 높게 책정한 경우
④ 최대주주의 지분율이 높아 유통주식수가 많지 않은 경우

10 다음 중 포트폴리오 성과평가 지표로 볼 수 없는 것은?

① 총위험 ② 체계적 위험
③ 비체계적 위험 ④ 수익률

11 다음 〈보기〉의 내용을 참고할 때, A가 소유한 휴대폰의 현행 원가는?

> **보기**
>
> • A는 70만 원에 구매하여 사용하던 휴대폰을 교체하고자 휴대폰 판매점을 방문하였다.
> • 휴대폰 판매원은 최신형 휴대폰을 보여줬으며, 해당 휴대폰의 가격은 150만 원이다.
> • 휴대폰 판매원은 사용하던 휴대폰을 자신에게 판매하면 40만 원을 지급할 수 있다고 하였다.

① 40만 원 ② 70만 원
③ 110만 원 ④ 150만 원

12 다음 〈보기〉의 내용을 참고할 때, 엥겔지수는?

> **보기**
>
> • 독립적인 소비지출 : 100만 원
> • 한계소비성향 : 0.6
> • 가처분소득 : 300만 원
> • 식비지출 : 70만 원

① 0.2 ② 0.25
③ 0.3 ④ 0.35

13 다음 〈보기〉의 내용을 참고할 때, 가장 효율적인 투자안은?(단, 법인세율은 동일하다)

> **보기**
>
> • A투자안 : 자기자본비용 100, 자기자본 200, 타인자본비용 200, 타인자본 200
> • B투자안 : 자기자본비용 200, 자기자본 300, 타인자본비용 100, 타인자본 200
> • C투자안 : 자기자본비용 200, 자기자본 200, 타인자본비용 100, 타인자본 300
> • D투자안 : 자기자본비용 100, 자기자본 300, 타인자본비용 100, 타인자본 200

① A투자안 ② B투자안
③ C투자안 ④ D투자안

14 다음 중 확실성등가를 활용하여 위험 프리미엄을 계산하는 공식으로 옳은 것은?

① (기댓값)×(확실성등가)
② (기댓값)÷(확실성등가)
③ (기댓값)−(확실성등가)
④ (기댓값)+(확실성등가)

15 다음 중 기간 간 이자율에 따른 유동성 프리미엄에 대한 설명으로 옳지 않은 것은?

① 만기가 서로 다른 채권의 이자율은 시간 흐름에 따라 함께 움직인다.
② 투자자가 단기채권을 보유하기 위해서는 장기채권보다 프리미엄을 더 얹어야 한다.
③ 향후 단기이자율이 급격히 하락할 것으로 예상되는 경우, 수익률곡선은 우하향한다.
④ 유동성 프리미엄은 기간과 양의 상관관계를 보인다.

16 다음 중 대손충당금에 대한 설명으로 옳은 것은?

① 국제회계기준은 회사별로 동일한 대손충당금 적립률을 요구한다.
② 대출채권의 디폴트 위험을 재무상태표에 나타낸 것을 말한다.
③ 대출채권의 디폴트 위험을 손익계산서에 나타낸 것을 말한다.
④ 미래의 손실을 예측하여 당기비용으로 처리한다.

17 다음 〈보기〉 중 역사적원가와 공정가치에 대한 설명으로 옳은 것을 모두 고르면?

㉠ 역사적원가는 자산 및 부채 금액을 취득 또는 발생시점의 취득대가 또는 대가의 공정가치로 본다.
㉡ 역사적원가는 취득 이후 자산가치가 변동할 경우 변동가치로 계속 수정하여 기록한다.
㉢ 공정가치는 측정일 현재 기준 자산을 매도하거나 부채를 이전할 때 받을 수 있는 금액을 의미한다.
㉣ 공정가치는 가격을 직접 관측하여야 하며, 별도의 가치평가방법을 사용하지 않는다.

① ㉠, ㉡ 　　　　　　② ㉠, ㉢
③ ㉡, ㉢ 　　　　　　④ ㉡, ㉣

18 다음 중 사용가치의 사례로 볼 수 없는 것은?

① 가방은 물건을 담아 편리하게 이동하기 위해 사용된다.
② 의료 서비스는 다른 서비스에 비해 높은 비용을 지불한다.
③ 성능이 좋은 노트북은 직장인에게 인기가 많다.
④ 인간은 물이 없으면 살 수 없다.

19 다음 〈보기〉의 내용을 참고할 때, 재고자산의 감모손실은?

• 장부재고수량 : 4,000개
• 실제재고수량 : 2,000개
• 재고 1단위당 장부상 단가 : 5,000원

① 1,000만 원 　　　　② 2,000만 원
③ 3,000만 원 　　　　④ 5,000만 원

20 다음 중 재고자산 평가 방법에 해당하지 않는 것은?

① 선입선출법 　　　　② 개별법
③ 평균법 　　　　　　④ 순이익조정법

01 다음 〈보기〉의 내용을 참고할 때, 화재로 인한 손실액은?

> 보기
>
> • A사의 공장에 지난달 화재가 발생하여 보관 중이던 제품 중 50%가 손실되었다.
> • 올해 기초재고액은 1,100,000원, 화재 전까지 매입액은 700,000원, 매출액은 1,000,000원이다.
> • A사의 평균 매출총이익률은 20%이다.

(원)

02 다음 빈칸 A, B에 들어갈 용어로 옳은 것을 〈보기〉에서 순서대로 고르면?

> • 미국 실리콘밸리은행(SVB) 파산으로 부실우려가 높아진 미국 내 주요 은행들에 대해 ___A___ 을/를 늘려야 한다는 지적이 최근 나오고 있다.
> • 미국 기준금리 인상의 선행지표는 실업률, ___B___, WTI지수 등이 있으며, ___B___ 이/가 상승하는 모습을 보이면 향후 기준금리가 인상을 예상할 수 있다.

> 보기
>
> ㉠ 대손충당금   ㉡ 소비자물가지수(CPI)
> ㉢ 대손상각비   ㉣ 생산자물가지수(PPI)
> ㉤ GDP디플레이터

(A :   , B :   )

01 다음 C 프로그램의 실행 결과로 옳은 것은?

```c
#include <stdio.h>
int main()
{
    int sum = 0;
    int x;
    for(x = 1;x < =100;x++)
        sum+=x;
    printf("1 + 2 + … + 100 = %d\n", sum);
        return 0;
}
```

① 5010

② 5020

③ 5040

④ 5050

02 다음 〈보기〉를 실행하는 SQL 문장으로 옳은 것은?

> **보기**
>
> 주문(Purchase) 테이블에서 품명(ITEM)이 사과인 모든 행을 삭제하시오.

① KILL FROM Purchase WHEN ITEM = "사과"

② KILL FROM Purchase WHERE ITEM = "사과"

③ DELETE ITEM = "사과"FROM Purchase

④ DELETE FROM Purchase WHERE ITEM = "사과"

03 다음 중 가상기억장치 관리 기법인 페이지 대체 알고리즘에 대한 설명으로 옳지 않은 것은?

① FIFO : 가장 처음에 기록된 페이지를 교체
② LFU : 사용 횟수가 가장 적은 페이지를 교체
③ MRU : 사용 빈도가 가장 많은 페이지를 교체
④ LRU : 최근 쓰이지 않은 페이지를 교체

04 다음 워크시트에서 성별이 '남'인 직원들의 근속연수 합계를 구하는 수식으로 옳지 않은 것은?

	A	B	C	D	E	F
1	사원번호	이름	생년월일	성별	직위	근속연수
2	E5478	이재홍	1980-02-03	남	부장	8
3	A4625	박언영	1985-04-09	여	대리	4
4	B1235	황준하	1986-08-20	남	대리	3
5	F7894	박혜선	1983-12-13	여	과장	6
6	B4578	이애리	1990-05-06	여	사원	1
7	E4562	김성민	1986-03-08	남	대리	4
8	A1269	정태호	1991-06-12	남	사원	2
9	C4567	김선정	1990-11-12	여	사원	1

① =SUMIFS(F2:F9,D2:D9,남)

② =DSUM(A1:F9,F1,D1:D2)

③ =DSUM(A1:F9,6,D1:D2)

④ =SUMIF(D2:D9,D2,F2:F9)

01 다음 글에서 알 수 있는 CPU 스케줄링 방식을 〈보기〉에서 고르면?

> 어떤 프로세스가 CPU를 할당받으면 그 프로세스가 종료되거나 입력 및 출력 요구가 발생할 때까지 계속 실행되도록 보장한다. 순차적으로 처리되는 공정성이 있고 다음에 처리해야 할 프로세스와 관계없이 응답시간을 예상할 수 있으며 일괄처리(Batch Processing)에 적합하다. CPU 사용 시간이 긴 하나의 프로세스가 CPU 사용 시간이 짧은 여러 프로세스를 오랫동안 대기시킬 수 있으므로, 처리율이 떨어질 수 있다는 단점이 있다. 선입선출 스케줄링(FCFS; First – Come First – Served), 최단작업 우선 스케줄링(SJF; Shortest – Job First) 등이 이 스케줄링에 속한다.

보기

㉠ 선점형 스케줄링	㉡ 비선점형 스케줄링
㉢ 라운드 로빈 스케줄링	㉣ FCFS 스케줄링

(   )

02 어느 상점에서 뽑기 이벤트를 진행하고자 한다. 뽑기에 당첨될 확률이 5%라고 할 때, 50개의 뽑기 종이가 들어있는 뽑기에서 당첨자가 5명이 나올 확률을 푸아송 확률 분포함수를 이용하여 추정한 값은?

(약   %)

2022년 하반기 기출복원문제

정답 및 해설 p.070

01 NCS 직업기초능력

| 금융일반 |

01 I사에서 근무하는 B과장은 30개월 전에 가입하였던 예금을 불가피한 사정으로 해지하려고 한다. 가입한 상품의 정보가 다음과 같을 때, B과장이 받게 될 환급금은?

〈상품 정보〉

- 상품명 : I은행 함께 예금
- 가입기간 : 6년
- 가입금액 : 1,500만 원
- 이자지급방식 : 만기일시지급식, 단리식
- 기본금리 : 연 2.5%
- 중도해지금리(연 %, 세전)
  - 12개월 미만 : 0.2
  - 18개월 미만 : 0.3
  - 24개월 미만 : (기본금리)×40%
  - 36개월 미만 : (기본금리)×60%

① 15,050,000원　　　　　　　② 15,562,500원

③ 15,737,500원　　　　　　　④ 15,975,000원

※ 다음은 기업설명회 기획 과정에서 수신한 이메일이다. 이어지는 질문에 답하시오. [2~3]

개인이 자신의 정보를 적극적으로 관리·통제하는 것은 물론 이러한 정보를 신용이나 자산관리 등에 능동적으로 활용하는 일련의 과정을 말한다. 마이데이터는 흩어진 개인 신용정보를 한 곳에 모아 보여주고 재무 현황·소비 습관을 분석해 금융상품을 추천하는 등 자산관리와 신용관리를 지원한다.

마이데이터는 데이터 활용체계를 기관 중심에서 정보주체 중심으로 전환하는 것이라 할 수 있다. 즉, 개인이 자신의 정보를 스스로 통제·관리하면서, 해당 정보들이 본인의 의사에 맞춰 활용될 수 있도록 개인의 정보주권을 보장하는 것을 목적으로 한다. 또 금융기관·통신사 등에 수집돼 있는 자신의 개인정보를 다른 기업·기관 등으로 이동시키는 지원 역할을 하는 산업은 '마이데이터 산업' 또는 '본인신용정보 관리업'이라 한다. 우리나라에서는 2021년 12월 1일부터 마이데이터 시범 서비스가 시작됐으며, 2022년 1월 5일부터 전면 시행되었다.

각 개인은 마이데이터를 통해 각종 기업이나 기관 등에 흩어져 있는 자신의 정보를 한 곳에서 한꺼번에 확인할 수 있고, 자발적으로 개인정보를 제공하면 이를 활용해 맞춤 상품이나 서비스를 추천받을 수 있다. 예컨대 소비자가 금융기관 등에 자신의 신용정보를 마이데이터 업체에 전달하라고 요구하면 업체는 관련 정보를 취합해 고객에게 제공한다. 여기에는 은행 입출금 및 대출 내역, 신용카드 사용 내역, 통신료 납부 내역 등 사실상 개인의 모든 금융정보가 그 대상이 된다. 따라서 이러한 정보들을 바탕으로 개인의 재무 현황 분석 등에 활용할 수 있다.

한편, 2022년 1월 5일부터 마이데이터가 본격 시행되면서 금융 소비자는 기존 '스크린 스크레이핑(Screen Scraping)' 방식보다 안전한 애플리케이션 프로그래밍 인터페이스(API) 방식을 통해 개인신용정보 서비스를 제공받을 수 있게 된다. 스크린 스크레이핑 방식은 사업자들이 고객을 대신해 금융사 사이트에 접속하고 화면을 읽어내는 방식인 반면, API 방식은 애플리케이션(스마트폰, 카카오톡 서버 등 서로 다른 프로그램)을 통해 요청과 응답을 주고받는 체계를 말한다.

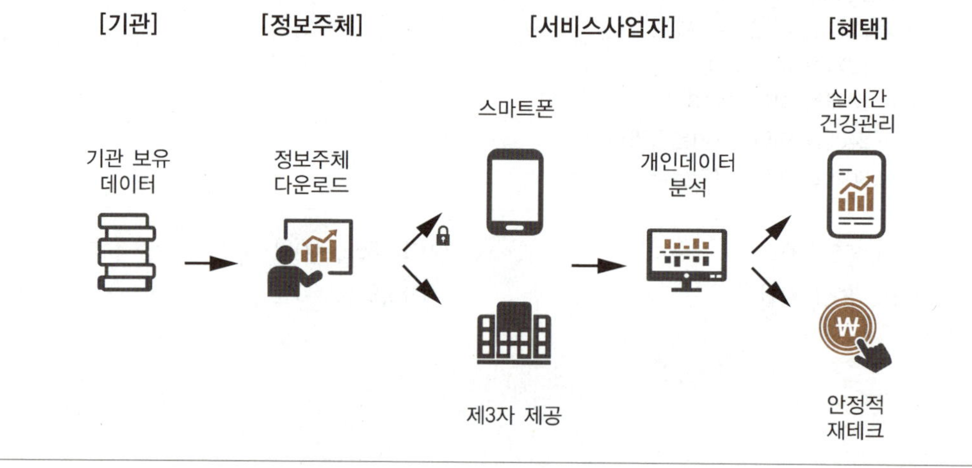

02 다음 중 마이데이터에 대한 설명을 읽고 바르게 이해한 사람은?

① 김사원 : 마이데이터는 여러 기관에 흩어져 저장되어 있는 내 신용 정보들을 내 스마트폰에 직접 저장하여 관리할 수 있게 해주는 서비스야.

② 이주임 : 마이데이터 서비스가 실시된 2022년 1월 5일 이후에는 금융기관들이 보유한 신용정보를 마이데이터 업체도 항상 동일하게 보유하고 있어.

③ 박대리 : 내가 금융사들의 데이터를 불러올 때, 사업자는 중간에 개입하지 않아.

④ 강과장 : 마이데이터 서비스에 포함되는 정보는 각 개인이 실행한 신용거래 관련 내용뿐이야.

03 다음은 I은행에서 제공하는 마이데이터 서비스 관련 내용이다. 윗글을 참고할 때, 타 기관 데이터베이스에 저장된 개인의 정보를 API 방식으로 보여주는 서비스가 아닌 것은?

> 'i – 자산관리'는 은행, 보험, 증권, 카드에 흩어져 있는 개인신용정보를 하나로 모아서 분석·제공하는 개인자산관리 서비스다. 만 19세 이상 개인이라면 이용 가능한데, 개인화된 자산관리, 중소근로자 특화서비스, 생활금융 서비스까지 3가지 기능으로 구성되어 있다.
> 개인화된 자산관리에서는 모든 금융권의 마이데이터 분석을 통해 나의 자산(MY자산), 나의 소비내역(MY지출), 종합적인 자산현황(MY리포트)을 제공한다. 또 분석된 데이터를 기반으로 보유 펀드와 투자 성향을 분석해 예·적금과 펀드로 구성된 포트폴리오를 추천받을 수 있다. MZ세대를 겨냥한 짠테크 저축 서비스인 '안쓰기 챌린지'도 제공한다.
> 중소기업 근로자 특화 서비스로는 신용관리와 커리어관리 서비스를 제공한다. KCB와 제휴를 통해 신용점수 조회 후 소득자료를 제출해 신용점수를 관리할 수 있고 'i-ONE JOB'을 통해 나의 모든 경력, 연봉 비교, 맞춤 일자리 정보도 얻을 수 있다.
> 생활금융 서비스에는 부동산 서비스와 정부지원금 안내 서비스를 담았다. 부동산 114와 제휴를 통해 전국 부동산 시세 조회와 청약 컨설팅을 제공하고, 거주 지역, 직업, 월소득, 가구원의 정보를 입력하면 자신이 받을 수 있는 정부·지자체 지원금도 바로 확인할 수 있다. 정부지원금 안내 서비스는 공공마이데이터가 출시된 올해 초부터 운영 중이다.

① 소비내역(MY지출) ② 자산현황(MY리포트)
③ 부동산 서비스 ④ 중소기업 근로자 커리어관리 서비스

〈IBK 늘푸른하늘통장〉

미세먼지 개선을 위한 '실천'을 통해 금리우대 혜택을 제공받는 거치식 상품

구분	내용
가입대상	실명의 개인(단, 개인사업자 제외), 1인 다수계좌 가입 가능
계약기간	1년제
가입금액	100만 원 이상(원 단위)
이자지급시기	만기일시지급식 : 만기(후) 또는 중도해지 요청 시 이자를 지급
부가서비스	상해보험 무료서비스 • 보장내용(제공조건 충족일 익월 1일부터 1년간 제공) | 담보구분	보장금액 | | --- | --- | | 일반 상해사망 | 3,000,000원 | | 교통 상해사망 | 3,000,000원 | ※ 교통 상해사망의 경우, 일반 상해사망 보험금과 교통 상해사망 보험금이 지급됨 • 제공조건 : 계약금액 1,000만 원 이상 가입한 경우 • 제공기간 : 이 통장 시행일로부터 1년간 제공하며 연장될 수 있습니다.
약정이율	연 4.50%
우대금리	**환경개선 "실천" 우대금리 : 연 0.25%p** **(계약기간 동안 3가지 중 1가지 이상 충족 시 우대금리 적용)** • 대중교통 이용 　− 계약기간 동안 당행 입출금식 계좌와 연결된 후불교통카드 사용실적 발생월수가 3개월 이상인 경우 (매출표 접수 기준) • 친환경 차량 이용 　− 전기차, 수소차, LPG차, 하이브리드 차량을 이용하는 경우 　− 확인서류 : 차량등록증, 자동차보험가입내역서, 차량매매계약서 및 차량임대계약서 등 친환경 차량 이용을 확인할 수 있는 객관적인 서류 　　※ 보험가입내역서 및 계약서는 계약자와 예금주 동일인일 경우 인정 • 노후 경유차 폐차 및 저감장치 부착 　− 노후 경유차 폐차 및 저감장치를 부착하는 경우 　− 확인서류 : 조기폐차 보조금 지급대상 확인서, 차량등록증(저감장치 부착확인) 등 노후 경유차 제한조치 이행을 확인할 수 있는 객관적인 서류
중도해지금리	가입일 당시 영업점 및 인터넷 홈페이지에 고시한 중금채(복리채)의 중도해지금리를 적용합니다. • 납입기간 경과비율 10% 미만 : 가입일 현재 계약기간별 고시금리×5% • 납입기간 경과비율 10% 이상 20% 미만 : 가입일 현재 계약기간별 고시금리×10% • 납입기간 경과비율 20% 이상 40% 미만 : 가입일 현재 계약기간별 고시금리×20% • 납입기간 경과비율 40% 이상 60% 미만 : 가입일 현재 계약기간별 고시금리×40% • 납입기간 경과비율 60% 이상 80% 미만 : 가입일 현재 계약기간별 고시금리×60% • 납입기간 경과비율 80% 이상 : 가입일 현재 계약기간별 고시금리×80% ※ 모든 구간 최저금리 연 0.1% 적용
만기 후 금리	만기일 이후에 해지할 경우 만기일 당시 중금채(복리채)의 만기 후 금리를 따릅니다. • 만기 후 1개월 이내 : 만기일 당시 계약기간별 고시금리×50% • 만기 후 1개월 초과 6개월 이내 : 만기일 당시 계약기간별 고시금리×30% • 만기 후 6개월 초과 : 만기일 당시 계약기간별 고시금리×20%

04 다음 중 IBK 늘푸른하늘통장 상품에 대한 설명으로 옳은 것은?

① 제공하는 우대금리를 적용받으려면 친환경 차량을 보유하고 있어야 한다.

② 계약한 모든 사람이 상해보험에도 동시에 가입되는 상품이다.

③ 만기 이후에도 일정 기간 동안 약정이율에 따른 이자를 지급하는 상품이다.

④ 평상시 대중교통을 이용하는 사람은 별도로 서류제출을 하지 않아도 우대금리를 받을 수 있다.

05 다음 A ~ D씨 모두 동일한 금액으로 IBK 늘푸른하늘통장을 개설한다고 가정할 때, 만기 후 가장 많은 원리금을 받을 수 있는 사람은?

① 배기가스 저감장치가 부착된 경유 화물차로 영업하는 개인사업자 A씨

② 회사에서 제공하는 기사가 운전하는 전기자동차를 이용해 매일 출퇴근하는 기업 임원 B씨

③ 지하철로 매일 등하교하는 대학생 C씨

④ 1년 전 노후 경유차를 폐차하고 가솔린차로 교체한 주부 D씨

  다음 기사를 읽고 박스 포스(BOX POS)에 대해 추론한 내용으로 가장 적절한 것은?

> I은행의 무선 결제 단말시스템 박스 포스(BOX POS)가 소자본으로 사업을 시작하는 창업자에게 인기를 얻고 있다. 특히 단말기 실물 없이도 신용·체크카드, 간편 결제, 모바일 상품권 등 다양한 결제 수단을 활용할 수 있는 만능 스마트폰 앱(App)이라는 평가를 받으며 디지털 결제 활성화에 기여하고 있다.
>
> 일반 포스기는 비용, 시간 등을 지불하고 복잡한 서류 절차를 거쳐야 사용 가능하다는 불편함이 있지만 박스 포스는 회원가입 후 전화인증 및 간편한 기본 서류제출을 통해 법정 카드수수료를 제외한 설치비와 통신비, 유지비용 등을 모두 무료로 이용할 수 있다. 특히 창업을 시작하는 사업자 및 기존에 일반 포스기기를 쓰는 사업자도 박스 포스를 함께 사용할 수 있다.
>
> 박스 포스는 사업자들에게 디지털 영수증이 발급되는 만능 결제기로 불리며 만족도를 높이고 있다. 박스 포스는 판매자가 있는 현장에서 직접 배달·이동 결제가 가능하고, 언제·어디서나 24시간 결제가 되는 과정에서 장소와 시간에 구애받지 않는다는 편리성까지 더해져 서비스 도입 이후 8만 명이 넘는 사업자들이 이용하는 등 활용도가 높아지고 있다.
>
> 박스 포스는 결제 환경개선에도 도움을 주고 있다. 1인 여성기업 교육으로 8년간 코칭 서비스를 운영하고 있는 휴먼트리코칭센터(HUMAN TREE)의 박원장은 "그동안 단말기 없이 회사를 운영했는데, 비대면 사회 영향 탓인지 1 대 1 코칭 수요가 증가함에 따라 단말기 구매가 불가피해졌고 설치부터 사용까지 모두 무료라는 박스 포스를 이용하면서 다양한 결제를 받을 수 있었다."며 "나처럼 1인 기업이나 소자본 창업을 시작하는 대표들은 이동의 편리함과 비용 부담에 대한 어려움이 모두 해소가 되어 박스 포스에 큰 매력적으로 느낄 것"이라고 말했다.
>
> 학원 및 공부방 창업을 하는 사업자들도 박스 포스(BOX POS) 사용이 이어지고 있다. 고양시에서 공부방을 운영하고 있는 이대표는 "박스 포스의 원격 결제로 부모들에게 직접 결제를 받을 수 있기 때문에 아이들에게 전달되었던 실물 카드를 요즘 보기 어렵고, 학부모가 원하는 제로페이 등 다양한 결제 수단이 지원되는 등 박스 포스를 도입하여 편리하게 이용하고 있다."라고 말했다.
>
> 한편, I은행 측은 "박스 포스가 지난 2021년 서비스 도입 후 이용자가 꾸준하게 증가하고 있으며, 2023년에는 마케팅을 강화할 계획이다."라고 밝혔다.

① 박스 포스는 인증이 필요없는 결제 단말 시스템이다.

② 박스 포스를 결제 단말로 활용하면 일체의 비용이 발생하지 않는다.

③ 고객을 직접 대면하지 않고 결제를 받을 수 있다.

④ 사용 가능한 결제 수단에 제한이 없다.

01 다음 기사에 언급된 신규 시스템의 도입으로 기대되는 효과가 아닌 것은?

I은행이 중소기업 지원 수십 년 노하우를 결집해 기업여신 자동심사 시스템을 도입한다. 또한 이 시스템은 금융권에서 주목하고 있는 비재무 데이터를 활용해 기업의 미래 성장성까지 반영할 수 있어 더욱 눈길을 끈다.

I은행의 '기업여신 자동심사 시스템(I Auto-Evaluation)'은 빅데이터 등 최신 신용 정보를 활용해 기업의 신용 상태를 진단하고 기술력이나 미래 성장성을 반영한 기업별 맞춤형 여신한도를 산출, 대출 승인 의사를 결정하는 통합시스템이다. 따라서 앞으로는 보다 신속하고 표준화된 여신심사가 가능할 것으로 예상된다. 무엇보다 타 금융기관과 차별성을 갖는 지점은 기업의 미래 성장성을 채무 상환능력에 반영한다는 점이다. 기업이 미래에 벌어들일 수익을 정밀한 모형으로 측정해 대출한도에 반영하는 것이다.

그동안 기업여신 심사는 재무제표 외에도 경기동향, 업종특성 등 외적 요소를 파악해야 하기 때문에 인적심사에 의존해 왔다. 그래서 경험이나 정보수집 능력 등에 따라 담당 인원별로 심사역량의 개인별 격차가 존재했다. I은행 관계자는 "여신심사의 효율성과 표준화를 목표로 130여 명의 여신심사 전문 인력이 참여해 시스템이 개발됐다."며 "중소기업의 금융접근성이 향상되고, 합리적이고 일관성 있는 의사결정으로 은행과 고객 모두에게 이익이 될 것이다."라고 밝혔다.

기업여신 자동심사 시스템은 총자산 10억 원 이상 중기업에 대한 운전 및 시설자금 취급 시에 적용될 예정이며, 2022년 5월 말 기준 약 213조 원에 달하는 중소기업 대출자산 중 약 87.6%가량이 해당된다고 볼 수 있다.

그동안 I은행은 우수한 기술력을 가진 중소기업이 운용 자금을 확보할 수 있도록 기술신용평가(TCB) 등의 수단을 활용하고 있었지만 아직까지 활성화된 시장이라고 보긴 어려웠다. 이는 기술력의 평가가 그만큼 전문적인 영역이며, 이를 토대로 보증을 지원하는 기술보증기금이나 신용보증기금처럼 정책공공기관이 아니라면 금융기관 입장에서도 구체적인 승인 기준 마련이 어려웠기 때문이다.

I은행 관계자는 "향후 본 시스템이 안정적으로 운영될 수 있도록 관리하는 한편, 시스템 고도화 등 지속적인 업그레이드를 추진할 계획이다."라고 밝혔다.

① 역량이 뛰어난 심사 담당자의 능력을 최대로 활용할 수 있게 된다.
② 아직 실현되지 않은 잠재 가치가 대출한도에 영향을 미치게 된다.
③ 모든 기업들이 동일한 기준으로 심사를 받게 된다.
④ 금융기관이 공공기관에 의존하지 않고도 기술가치평가를 대출심사에 반영하게 된다.

※ 다음은 I은행의 직장인우대MY통장에 대한 설명이다. 이어지는 질문에 답하시오. [2~3]

〈직장인우대MY통장(적립식중금채)〉

자산관리가 필요한 직장인을 우대하는 적립식 상품

구분	내용
가입대상	실명의 개인(1인 1계좌) ※ 개인사업자 제외
계약기간	1년제
가입금액	• 신규금액 : 최소 1만 원 이상 • 납입한도 : 매월 20만 원 이하(만 원 단위) ※ 총적립금액 : 240만 원
이자지급방식	만기일시지급식, 단리식
약정이율	연 3.20%

우대금리	최대 연 1.8%p
	• 계약기간 동안 아래 조건을 충족한 고객이 만기해지하는 경우 각각 제공
	
	[직장인 우대금리] : 연 0.3%p
	• 가입시점에 직장인으로 확인되는 경우
	
	표
	
	[최초고객 우대금리] : 연 0.3%p
	• 당행 실명등록일로부터 3개월 이내 신규 또는 상품가입 직전월 기준 6개월 총수신평잔 0원
	
	[주거래 우대금리] : 연 0.7%p
	• 급여이체 실적보유 : 연 0.5%p
	  - 계약기간 동안 6개월 이상 급여이체 실적(50만 원 이상)이 있는 경우
	• 카드결제 실적보유 : 연 0.2%p
	  - 계약기간 동안 당행 신용(체크)카드 이용실적이 3백만 원 이상인 경우
	   (단, 이용실적은 매출표 접수기준으로 결제계좌가 당행인 경우 한함. 현금서비스 실적은 제외)
	
	[마이데이터 동의] : 연 0.5%p
	• 만기일 전일까지 계약기간 中 i-ONE 자산관리 內 마이데이터 동의이력 보유
	(단, 만기일 전일까지 마이데이터 동의이력 보유만 인정)

중도해지금리	가입일 당시 영업점 및 인터넷 홈페이지에 고시한 IBK적립식중금채의 중도해지금리를 적용 • 납입기간 경과비율 10% 미만 : 가입일 현재 계약기간별 고시금리×5% • 납입기간 경과비율 10% 이상 20% 미만 : 가입일 현재 계약기간별 고시금리×10% • 납입기간 경과비율 20% 이상 40% 미만 : 가입일 현재 계약기간별 고시금리×20% • 납입기간 경과비율 40% 이상 60% 미만 : 가입일 현재 계약기간별 고시금리×40% • 납입기간 경과비율 60% 이상 80% 미만 : 가입일 현재 계약기간별 고시금리×60% • 납입기간 경과비율 80% 이상 : 가입일 현재 계약기간별 고시금리×80% ※ 단, 모든 구간 최저금리 연 0.1% 적용

우대금리 칸의 [직장인 우대금리] 아래 표:

가입채널	직장인 자격확인 방법
영업점 창구	재직확인서류* 징구 또는 급여이체 실적 보유 (직전 3개월 內 급여이체 50만 원 이상 1건 이상 있을 경우) * 건강보험자격득실확인서, 재직증명서에 한함(1개월 이내 발급분)
i-ONE Bank	국민건강보험공단의 재직정보를 검증하여 '직장가입자'로 확인되는 경우 (스크래핑 방식 활용)

<table>
<tr><td rowspan="4">만기 후 금리</td><td>만기일 당시 영업점 및 인터넷 홈페이지에 고시한 IBK적립식중금채의 만기 후 금리 적용</td></tr>
<tr><td>• 만기 후 1개월 이내 : 만기일 당시 계약기간별 고시금리×50%</td></tr>
<tr><td>• 만기 후 1개월 초과 6개월 이내 : 만기일 당시 계약기간별 고시금리×30%</td></tr>
<tr><td>• 만기 후 6개월 초과 : 만기일 당시 계약기간별 고시금리×20%</td></tr>
</table>

02 다음 중 직장인우대MY통장에 대한 설명으로 옳지 않은 것은?

① 가입기간 동안 적립할 수 있는 금액에 제한이 있다.

② 직장인 우대금리를 적용받으려면 반드시 재직 여부를 검증할 수 있는 서류를 제출해야 한다.

③ 만기일 전날 마이데이터 제공 동의를 철회하게 되면, 마이데이터 동의 우대금리를 적용받을 수 없다.

④ 만기 후 해지하지 않고 오래 보유할 경우 시간이 지남에 따라 점차 금리가 낮아진다.

03 A씨는 2년째 회사의 급여를 받고 있는 I은행계좌에 연동하여 적금을 가입하고자 한다. A씨의 상황이 다음과 같을 때, A씨가 만기해지 시점에 받게 되는 이자는?

A씨는 2020년 1월 1일에 i-ONE Bank 모바일 앱을 통해 직장인우대MY통장을 개설하였고, 이후 매월 1일마다 10만 원씩을 납입하였다. A씨의 월급여는 300만 원이며, 월 50만 원의 고정지출인 교통비, 통신비, 아파트관리비는 I은행의 신용카드로 지불하고 있다. 마이데이터 동의를 해달라는 안내를 수시로 받고 있지만, I은행이 타사의 내 정보를 마음대로 들여다보지 않을까 하는 우려에 어떤 기관에서도 마이데이터 사용에 동의하지 않고 있다.

① 24,700원

② 27,300원

③ 29,250원

④ 32,500원

금리인상 등으로 투자심리가 급격히 위축되면서 벤처업계가 자금조달에 심각한 어려움을 겪고 있는 가운데 정부가 15조 원 규모의 성장지원 펀드를 조성해 자금을 공급하고, I은행을 통해 '실리콘밸리식 대출'도 지원하기로 했다. 24일 김위원장은 서울 마포구에 위치한 창업지원기관 '마포프론트원'에서 벤처기업인, 벤처투자업계, 금융권과 함께 간담회를 개최하고 이같은 정부 지원방안을 공개했다. 김위원장은 "벤처기업은 우리경제 성장잠재력 확충과 고용 창출의 중심"이라며 "최근과 같은 '투자 혹한기'에 경쟁력과 혁신성을 가진 기업들이 창업과 성장을 지속할 수 있어야 한다."라고 강조했다. 그는 이어 "금융위와 정책금융기관은 성장잠재력 있는 혁신적 벤처기업에 대한 지원과 민간자금공급의 마중물 역할을 강화할 것"이라고 밝혔다.

이날 간담회에서 금융위는 혁신성장펀드를 5년간 총 15조 원 규모로 조성해 반도체, 인공지능(AI) 등 신산업 분야의 중소·벤처기업을 지원하고 벤처기업이 유니콘기업으로 성장하는 데 필요한 자금을 지원하겠다고 밝혔다.

혁신성장펀드는 오는 2023년부터 2027년까지 5년간 매년 3조 원씩 15조 원 규모로 조성된다. 정부 지원은 이 중 10%인 1조 5,000억 원(연간 3,000억 원) 규모다. 투자분야는 반도체, AI, 항공우주 등 신산업·전략산업 분야 등 혁신산업 분야와 창업·벤처기업의 유니콘기업 등을 지원하는 성장지원 분야로 나뉜다.

정부는 투자기준에 민간 의견을 적극 반영하고, 경쟁 공모를 통해 민간의 모펀드 운용 참여를 확대하는 등 민간 자율성을 최대한 활용해 펀드를 운용한다는 방침이다. 정책금융기관(산은, 기은, 신보)에서는 재무제표와 담보가치에서 벗어나 성장성 중심의 심사를 통해 창업·벤처기업에 자금을 공급하는 6조 3,000억 원 규모의 프로그램을 신설한다.

아울러 I은행은 벤처기업의 자금난 해결을 위해 일반 대출에 '0% 금리'의 신주인수권부사채를 결합한 실리콘밸리은행식 벤처대출을 도입한다. 이를 통해 벤처기업들이 초기 투자유치 이후 후속투자를 받기까지 자금이 부족한 기간에 시중금리보다 낮은 금리로 대출을 이용할 수 있도록 한다는 계획이다.

벤처대출은 초기투자 유치 이후 후속투자 유치전까지 자금이 필요한 기업이 대상이다. 우수 벤처캐피탈(VC)·액셀러레이터(AC)로부터 추천받은 기업이 주요 대출 대상이 된다. 신속하게 필요자금을 조달하면서 금리부담을 낮추고 싶은 기업이나, 더 높은 기업가치를 위해 후속투자 유치를 미루고 싶은 기업 등이 해당 대출을 이용하면 유리하다.

기업은행은 기술력·성장잠재력 중심의 심사를 실시해 담보가 부족하거나 신용등급이 다소 낮더라도 대출지원을 한다는 계획이다. 한도는 최근 1년 이내 투자유치금액의 50% 수준이며 창업 3년 이내 기업은 100%까지 대출을 받을 수 있다. 금리는 일반대출(정상금리)에 신주인수권부사채(0% 금리)를 혼합하는 방식이다. 결합비중에 따라 금리는 달라질 수 있다.

김위원장은 정부의 이 같은 지원책과 함께 금융업계에도 벤처업계에 더욱 적극적인 자금공급과 창업기업의 보육·육성을 위한 인프라를 구축해 달라고 당부했다. 그는 이어 "관련 예산확보와 법률개정이 원활히 이루어질 수 있도록 국회논의에 적극 협력하고 벤처업계, 중기부 등 관계부처와 지속적으로 소통해 추가적인 지원방안도 검토하겠다."라고 약속했다.

① 벤처캐피탈이나 액셀러레이터로부터의 추천이 반드시 필요하다.

② 과거 투자유치실적에 따라 대출한도가 결정된다.

③ 자금난에 시달리는 기업을 위해 전액 정부지원으로 조성된 펀드가 대출금의 원천이다.

④ 조건을 갖춘 기업들은 0% 금리로 대출을 받을 수 있다.

05 다음 글을 읽고 중앙은행 디지털 화폐(CBDC)에 대한 설명으로 가장 적절한 것은?

중앙은행 디지털 화폐(CBDC)는 중앙은행을 뜻하는 'Central Bank'와 디지털 화폐(Digital Currency)를 합친 용어로, 실물 명목화폐를 대체하거나 보완하기 위해 각국 중앙은행이 발행한 디지털 화폐를 뜻한다. 여기서 디지털 화폐는 내장된 칩 속에 돈의 액수가 기록돼 있어, 물품이나 서비스 구매 시 사용액만큼 차감되는 전자화폐를 가리킨다.

CBDC는 블록체인이나 분산원장기술 등을 이용해 전자적 형태로 저장한다는 점에서 암호화폐와 유사하지만, 중앙은행이 보증한다는 점에서 비트코인 등의 민간 암호화폐보다 안정성이 높다. 또 국가가 보증하기 때문에 일반 지폐처럼 가치 변동이 거의 없다는 점에서, 실시간으로 가격 변동이 큰 암호화폐와 차이가 있다. CBDC는 전자적 형태로 발행되므로 현금과 달리 거래의 익명성을 제한할 수 있으며, 정책 목적에 따라 이자 지급·보유한도 설정·이용시간 조절이 가능하다는 장점이 있다.

한편, 2019년 페이스북의 암호화폐인 리브라가 공개되면서 이에 위기를 느낀 각국 중앙은행은 디지털 화폐 개발 경쟁에 본격적으로 뛰어들기 시작했다. 특히 중국 중앙은행인 인민은행은 달러 중심의 국제 금융질서를 재편한다는 목적으로 2014년부터 디지털 화폐를 연구하기 시작해 이 분야에서 상당히 앞서 있으며, 스웨덴은 2020년부터 디지털 화폐 'e-크로나' 테스트를 본격 가동하고 있다. 여기에 유럽중앙은행(ECB)과 영란은행(BOE)·일본은행(BOJ)·캐나다은행·스웨덴 중앙은행·스위스국립은행은 2020년 1월 CBDC에 대해 공동으로 연구하는 그룹을 만들기로 한 바 있다. 특히 2020년부터 전 세계로 확산된 코로나19 사태로 현금 사용이 줄고 온라인 결제가 급증하면서, 많은 국가들이 디지털 화폐 개발에 관심을 기울이는 추세다. 한국은행도 여러 시중은행과 CBDC 테스트를 하고 있다.

글로벌 금융기관도 도입 테스트를 활발하게 하고 있다. 국제결제은행(BIS)은 지난 8월 15일부터 9월 23일까지 파일럿테스트를 했다. 국제은행간통신협회(SWIFT·스위프트)는 내년에 중앙·시중은행 14곳이 중앙 허브에 이어지는 시스템을 갖추고 진전된 시험을 계획 중이다.

① 실물 화폐와는 명목 가치가 다르다.
② 저장의 형태 측면에서 민간 암호화폐와는 큰 차이가 있다.
③ 현금을 은행에 입금하면 그로 인해 늘어난 잔고도 여기에 포함된다.
④ 관련 연구에 민간 기관들이 참여하고 있다.

06 다음은 IBK D-day적금 상품의 특약이다. 이에 대한 설명으로 옳지 않은 것은?

<IBK D-day 특약적금>

제1조(약관의 적용)
IBK D-day적금(이하 '이 적금'이라 한다) 거래는 이 특약을 적용하고 이 특약에서 정하지 아니한 사항은 '적립식예금약관', '예금거래기본약관'을 적용합니다.

제3조(가입대상)
이 적금의 가입대상은 실명의 개인(개인사업자 및 외국인 비거주자 제외)으로 동일인당 최대 3계좌까지 가입할 수 있습니다.

제4조(계약기간)
이 적금의 계약기간은 6개월 이상 12개월 이하 일단위로 거래할 수 있습니다.

제5조(월 적립금액)
이 적금의 월 적립금액은 계좌당 최소 1만 원 이상 월 20만 원 이하 1천 원 단위로 거래할 수 있습니다.

제6조(목표금액)
이 적금은 만기일까지 적립하고자 하는 목표금액을 신규시점에 별도로 설정합니다. 목표금액은 (월 적립금액 한도 20만 원×만기까지의 개월 수)의 값 이내로 설정해야 하며, 만기 시점에 목표금액이상 적립여부에 따라 우대금리를 제공합니다.

제8조(우대금리)
이 적금은 계약기간 중 다음 각호의 요건을 충족하고 만기해지하는 경우 해당 우대금리를 제공합니다.
1. 당행 입출금식 계좌에서 이 적금으로 자동이체를 통해 3회 이상 납입하고 만기일 전일까지 목표금액 이상 납입하는 경우 연 1.0%p
2. 가입시점에 아래 2가지 조건 중 1가지 이상 충족하는 최초 거래 고객인 경우 연 0.5%p
    - 실명등록일로부터 3개월 이내
    - 가입일 직전월 기준 6개월간 총수신평잔 0원

제11조(만기자동해지)
이 적금은 만기자동해지를 신청한 경우 만기일에 자동해지하여 세후 원리금을 고객이 지정한 본인 명의 입출금식 계좌로 이체합니다. 다만, 질권설정 또는 압류 등 출금제한이 등록된 계좌는 자동해지가 불가합니다.

제12조(제한사항)
이 통장은 비대면채널 전용상품으로 영업점 창구를 통해서 가입할 수 없으며, 실물통장이 발급되지 않습니다.

① 이 적금에 가입하고자 하는 개인사업자는 최대 3계좌를 가입할 수 있다.
② 월 55,000원을 적립하는 방식으로 가입이 가능하다.
③ 최대 1.5%p의 우대금리를 적용받을 수 있다.
④ 압류된 계좌의 경우, 만기가 되어도 자동해지가 되지 않는다.

| 금융일반 – 객관식 |

01 다음 중 재고자산에 대한 설명으로 옳은 것은?(단, 재고자산감모손실 및 재고자산평가손실은 없다)

① 선입선출법 적용 시 물가가 지속적으로 상승한다면, 계속기록법에 의한 기말재고자산금액이 실지재고조사법에 의한 기말재고자산 금액보다 작다.

② 선입선출법 적용 시 물가가 지속적으로 상승한다면, 계속기록법에 의한 기말재고자산금액이 실지재고조사법에 의한 기말재고자산 금액보다 크다.

③ 재고자산 매입 시 부담한 매입운임은 운반비로 구분하여 비용처리한다.

④ 부동산 매매기업이 정상적인 영업과정에서 판매를 목적으로 보유하는 건물은 재고자산으로 구분한다.

02 다음 중 재무제표의 표시에 대한 설명으로 옳지 않은 것은?

① 재무제표가 한국채택국제회계기준의 요구사항을 모두 충족한 경우가 아니라면 한국채택국제회계기준을 준수하여 작성되었다고 기재하여서는 안 된다.

② 기업이 재무상태표에 유동자산과 비유동자산으로 구분하여 표시하는 경우, 이연법인세자산은 유동자산으로 분류하지 아니한다.

③ 비용을 기능별로 분류하는 기업은 감가상각비, 기타 상각비와 종업원급여비용을 포함하여 비용의 성격에 대한 추가 정보를 공시한다.

④ 수익과 비용의 어느 항목은 포괄손익계산서 또는 주석에 특별손익항목으로 별도 표시한다.

03 다음 중 가중평균자본비용(WACC)에 대한 설명으로 옳지 않은 것은?

① 가중평균자본비용(WACC)은 기업의 자본비용을 시장가치 기준에 따라 총자본 중에서 차지하는 가중치로 가중 평균한 것이다.

② 일반적으로 기업의 자본비용은 가중평균자본비용을 의미한다.

③ 가중치를 시장가치 기준의 구성 비율이 아닌 장부가치 기준의 구성 비율로 하는 이유는 주주와 채권자의 현재 청구권에 대한 요구수익률을 측정하기 위해서이다.

④ 기업자산에 대한 요구수익률은 자본을 제공한 채권자와 주주가 평균적으로 요구하는 수익률을 의미한다.

04 다음 중 ABC 재고관리에 대한 설명으로 옳은 것은?

① A등급에는 재고가치가 낮은 품목들이 속한다.

② A등급 품목은 로트 크기를 크게 유지한다.

③ 가격, 사용량 등을 기준으로 등급을 구분한다.

④ 등급 분석을 위해 롱테일(Long Tail) 법칙을 활용한다.

05 다음 〈보기〉 중 기사에서 언급되고 있는 은행의 핵심 수익성 지표인 순이자마진(NIM; Net Interest Margin)에 대한 설명으로 옳지 않은 것을 모두 고르면?

> 지난 11일 금융권에 따르면 금리하락 추세에 은행들의 수익성 악화가 불가피해지면서 NIM 전망치가 기존 전망보다 나빠질 것으로 예상된다. 앞서 올해 1분기 은행 NIM은 1 ~ 2bp(1bp=0.01%p) 하락해 지난해 하반기 대비 하락폭이 크게 감소해 안정세를 보이고, 2분기부터는 정상궤도에 진입할 것으로 전망됐었다. 실제로 지난 1월 은행권 예대금리차도 지난해 12월 수준을 유지했다.
> 그러나 최근 미국 금리인하 이후 금리하락 분위기에 의해 기존 NIM 전망치가 바뀔 여지가 발생하고 있다. IBK투자증권에 따르면 은행권은 1분기 하락폭이 다소 확대돼 3 ~ 4bp 하락 가능할 전망이며, 향후 금리 추이에 따라 2분기도 하락할 가능성이 생겼다. IBK투자증권 연구원은 "물론 바이러스에 의한 경기 영향을 가늠하기 쉽지 않아 금리 변동성이 심해진 상태인 점을 감안하면 2분기 NIM 전망도 쉽지 않은 시점이지만 한국은행의 금리인하 또는 인하 이전에 시장금리 하락 가능성이 높아진 것은 사실"이라고 말했다.
> 한 시중은행 관계자는 "지난해 한국은행이 두 차례 기준금리를 인하하면서 시장금리 하락의 영향으로 시중은행들의 NIM 역시 일제히 하락할 수밖에 없었다."면서 "올해 역시 추가적인 금리인하가 예상되고 있기 때문에 NIM 하락이 불가피한 상황으로 전망하고 있다."라고 말했다. 이와 관련해 한국금융연구원은 '2020년 은행산업의 경영환경과 주요 과제' 보고서를 통해 "글로벌 무역분쟁, 중동지역 긴장 고조, 신종 코로나바이러스 감염증 등 글로벌 정치·경제 불확실성이 계속될 것으로 예상된다."라고 전제했다. 이어서 "국내경제의 저성장·저금리 기조 지속으로 취약기업의 부실리스크가 증가하고, 대출자산 성장 둔화 등에 따른 은행의 NIM도 축소될 것"이라고 전망하기도 했다.

보기

ㄱ. 순이자마진은 이자수익자산 운용수익에서 이자비용부채 조달 비용을 뺀 값이다.
ㄴ. 국내경제의 경기침체가 장기화되면 은행의 순이자마진은 개선될 수 있다.
ㄷ. 순이자마진은 이자자산순수익을 이자수익자산의 평잔으로 나누어 산출한다.
ㄹ. 중앙은행의 기준금리 인하는 은행의 수익성 지표인 순이자마진을 악화시킬 수 있다.

① ㄱ, ㄴ   ② ㄱ, ㄷ

③ ㄴ, ㄷ   ④ ㄴ, ㄹ

06 다음 재무상태표를 바탕으로 계산한 경영비율 중 옳지 않은 것은?

〈2022년 7월 31일 현재 재무상태표〉

(단위 : 원)

유동자산	100억	부채	100억
현금	50억	유동부채	50억
매출채권	30억	비유동부채	50억
재고자산	20억		
비유동자산	100억	자본	100억
유형자산	60억	자본금	40억
무형자산	40억	자본잉여금	30억
		이익잉여금	30억
		(당기순이익 10억 포함)	
자산총계	200억	부채와 자본총계	200억

① 유동비율은 50%이다.

② 당좌비율은 160%이다.

③ 자기자본비율은 50%이다.

④ 총자산순이익률(ROA)은 5%이다.

07 다음 두 사례에 공통으로 나타난 전략으로 옳은 것은?

[사례 1]
L사는 오랫동안 꾸준히 사랑받아온 아이스크림 수박바의 형태를 위아래 거꾸로 바꾸어 출시하면서 기존 수박바의 아랫부분을 좋아하던 소비자들의 큰 관심을 받고 있다. 이뿐만 아니라 대표 아이스크림인 죠스바를 떠먹는 형태로 새로 출시하여 큰 인기를 끌고 있다.

[사례 2]
드라마와 뮤지컬로 제작된 인기 만화 ○○이 게임캐릭터로 등장해 인기를 끌고 있다. 이처럼 최근 하나의 콘텐츠가 다양한 상품으로 파생되는 '원 소스 멀티 유즈(One Source Multi-use)' 전략이 등장하고 있다.

① 레드오션(Red Ocean)

② 블루오션(Blue Ocean)

③ 퍼플오션(Purple Ocean)

④ 그린오션(Green Ocean)

08 광희와 태일이는 뉴스 헤드라인을 본 후 다음과 같은 대화를 나누었다. 대화에서 빈칸 A와 B에 들어갈 내용이 바르게 연결된 것은?

[뉴스 헤드라인]
- 연방공개시장위원회의 비둘기파적 결과와 애플 및 보잉의 양호한 실적에 힘입어 뉴욕증시가 큰 폭으로 올랐습니다.
- 무역전쟁을 일으킨 트럼프가 중국과 워싱턴 매파 사이에서 진퇴양난인 상황입니다.
- 비둘기파 옐런의 '가상화폐에는 매였다.'라는 발언에 비트코인 등 가상화폐 시세가 추락하고 있습니다.

광희 : 정치 뉴스에서는 그 많은 새 가운데 유독 매랑 비둘기를 얘기하는지 모르겠어. 독수리나 꿩, 까치 등 종류가 다양한데 말이야.

태일 : 아, 그건 매와 비둘기의 모습에서 유래된 말이래. 매가 자기보다 몸집이 작은 새나 닭 등을 잡아먹다 보니까 성격이 난폭하잖아. 그래서 강경하고 보수적인 사람들을 매파라 하는 거지. 또 비둘기는 흔히 평화의 상징으로 불리잖아. 이처럼 부드러운 온건파를 비둘기파라고 부른대.

광희 : 그렇구나. 또 다른 예도 있어?

태일 : 어 있어! 예를 들어 지금처럼 코로나19로 경기가 안 좋을 때는 경기 부양을 위해 금리를 인하하여 시중에 돈을 풀어야 한다고 주장하는 사람들을 ___A___ 파라고 하고, 반대로 경기가 과열 조짐을 보이면 기준금리를 올려 시중에 풀려 있는 통화를 거둬들이고 물가를 안정시키자는 주장을 하는 사람들을 ___B___ 파라고 해. 또 금리정책에 확실한 입장을 표명하지 않고 경제상황에 따라 때로는 금리 인상, 때로는 금리 인하, 혹은 금리 동결 등을 주장하는 이들과 곧 임기가 만료되어 남은 임기 동안 정책에 관심도 없고 일관성도 없는 이들도 각종 조류로 비유하고 있어.

	A	B
①	매	비둘기
②	매	올빼미
③	비둘기	매
④	비둘기	올빼미

09 다음 상황에서 나타나는 효과로 가장 적절한 것은?

> 전 세계적으로 전자상거래가 활발해짐에 따라 소비자들은 오프라인 매장보다 온라인 매장을 더 선호하게 되었다. 실시간으로 거래금액을 비교할 수 있는 온라인 매장에서는 오프라인 매장과 비교할 수 없을 만큼 가격경쟁이 치열하므로 다양한 제품을 더 저렴한 가격에 구매할 수 있다. 이에 따라 소비자들은 식료품 등 신선도가 중요한 제품을 제외하고는 오프라인 매장보다 온라인 매장을 이용하는 추세이다. 특히 2019년 이후 우리나라의 소비자물가는 마이너스를 기록하였고, 실제로 온라인 쇼핑 시장의 확대로 연평균 물가상승률이 떨어지고 있다는 연구 결과도 나타났다.

① 구글 효과
② 아마존 효과
③ 플라이휠 효과
④ 블랙스완 효과

10 다음 기사의 밑줄 친 부분에 해당하는 마케팅 전략으로 옳은 것은?

> '인기메뉴 평균 14% 할인… '맥런치' 재출시 3주 만에 100만 개 판매'
>
> 한국맥도날드는 '맥런치'를 3년 만에 재출시했다. 맥런치는 고객들이 가장 선호하는 대표 버거 세트를 매일 오전 10시 30분부터 오후 2시까지 할인된 가격으로 제공하는 밸류 플랫폼이다. 맥런치는 빅맥, 맥스파이시 상하이 버거, 1955 버거, 베이컨 토마토 디럭스, 맥치킨 모짜렐라, 슈슈 버거, 쿼터파운더 치즈 7종으로 구성해 취향에 맞게 폭넓게 즐길 수 있도록 했다. 정가 대비 평균 약 14% 할인된 가격으로 세트 메뉴를 만나볼 수 있어 누구나 푸짐한 점심을 부담 없이 즐길 수 있다.

① 판매경로정책
② 대량판매전략
③ SNS마케팅
④ 타임마케팅

11 다음은 ㈜종로의 매출 및 매입 관련 자료이다. 20x1년의 매출총이익률을 이용하여 구한 20x2년의 기말 재고자산 가액은?

〈㈜종로 매출 및 매입〉

(단위 : 원)

구분	20x1년	20x2년
매출액	400,000	500,000
매출에누리 및 환입	40,000	20,000
기초재고	100,000	110,000
당기매입	280,000	400,000
매입에누리 및 환출	0	10,000
기말재고	110,000	×××

① 140,000원   ② 150,000원

③ 160,000원   ④ 162,500원

12 다음 중 기업이 임직원에게 자기 회사의 주식을 일정 수량, 일정 가격으로 매수할 수 있는 권리를 부여하는 제도는?

① 사이드카(Side Car)   ② 스톡옵션(Stock Option)

③ 트레이딩칼라(Trading Collar)   ④ 서킷브레이커(Circuit Breaker)

13 다음 프로그램의 출력이 소수점까지 바르게 출력되기 위해 ⓐ에 들어갈 자료형은?

```c
#include <stdio.h>
int main() {
  float a;
  int b=3, c=2;
  a=(ⓐ)b/c;
  printf("%f", a);
}
```

① void   ② static

③ float   ④ int

01 다음 〈보기〉 중 고정된 패스워드 대신 무작위로 생성되는 일회용 패스워드를 이용하는 사용자 인증 방식은?

> **보기**
>
> ㉠ 공인인증서 ㉡ 전자서명
> ㉢ OTP ㉣ 블록체인
> ㉤ 보안카드

(   )

02 I회사는 2022년 초 주당 액면금액이 150원인 I회사의 보통주 20주를 주당 180원에 취득하였고, 총거래원가 150원을 지급하였다. I회사는 동 주식을 기타포괄손익 – 공정가치 측정 금융자산으로 분류하였고 2022년 말 동 주식의 공정가치는 주당 240원이다. 동 금융자산과 관련하여 2022년 인식할 기타포괄이익은?

(원)

03 다음 〈보기〉 중 저량(Stock)변수에 해당하는 것을 모두 고르면?

> **보기**
>
> ㉠ GDP ㉡ 국제수지
> ㉢ 외환보유액 ㉣ 인구수
> ㉤ 생산량 ㉥ 재무상태표
> ㉦ 손익계산서 ㉧ 통화량

(   )

04 다음 〈보기〉 중 환율(원/달러)이 상승하는 상황을 모두 고르면?

㉠ 국내 실질이자율의 상승
㉡ 미국인들의 소득 증가
㉢ 국내 물가수준의 하락
㉣ 미국 투자자의 국내 주식 매각
㉤ 국내 기업의 미국 현지공장 설립

(   )

05 다음은 I사의 당기 재고자산 관련 자료이다. 가중평균 소매재고법에 따른 당기 매출원가는?

(단위 : 원)

구분	원가	매가
기초재고	1,800	2,000
매입	6,400	8,000
매출	?	6,000
기말재고	?	4,000

(원)

01 다음 〈조건〉에 따라 페이지 기반 메모리 관리시스템에서 LRU(Least Recently Used) 페이지 교체 알고리즘을 구현하였다. 주어진 참조열의 모든 참조가 끝났을 경우 최종 스택(Stack)의 내용으로 옳은 것은?

조건

- LRU 구현 시 스택을 사용한다.
- 프로세스에 할당된 페이지 프레임은 4개이다.
- 메모리 참조열 : 1 2 3 4 5 3 4 2 5 4 6 7 2 4

①

스택 top	7
	6
	4
스택 bottom	5

②

스택 top	2
	7
	6
스택 bottom	4

③

스택 top	5
	4
	6
스택 bottom	2

④

스택 top	4
	2
	7
스택 bottom	6

02 다음 중 데이터베이스에서 정보 부재를 명시적으로 표시하기 위해 사용하는 특수한 데이터 값은?

① 샵(#)
② 영(Zero)
③ 공백(Blank)
④ 널(Null)

03 다음 중 SQL에서 데이터 검색을 할 경우 검색된 결과값의 중복 레코드를 제거하기 위해 사용되는 옵션은?

① CASCADE
② DISTINCT
③ ALL
④ *

04 다음 순서도가 의미하는 알고리즘에 대한 설명으로 옳지 않은 것은?(단, N은 양의 정수이다)

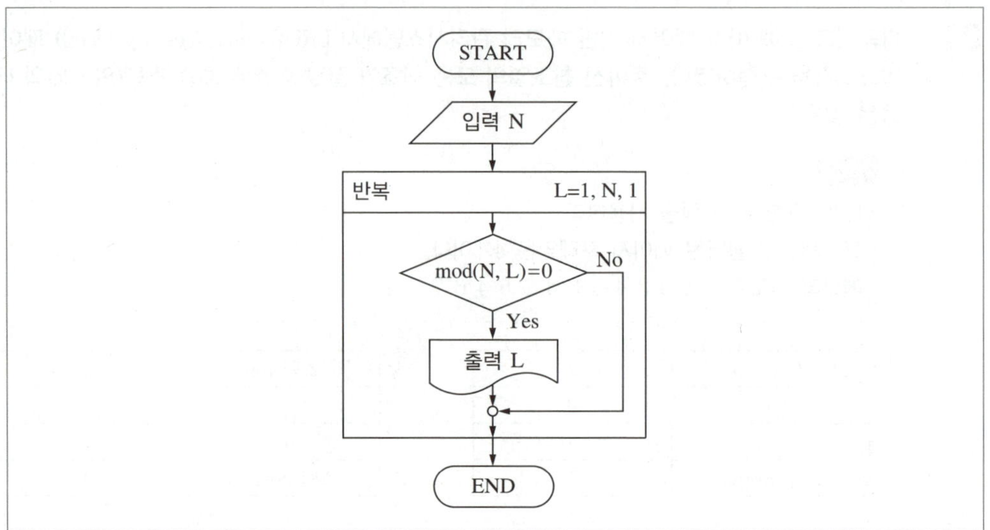

① 알고리즘이 반복되는 동안 L값이 출력되는 횟수는 총 N회이다.

② 출력되는 L값은 입력 값과 관계없이 1개 이상이다.

③ N값이 1보다 클 때, 출력된 L값의 합은 항상 N보다 크다.

④ mod(N, L)는 N을 L로 나눈 나머지 값을 출력한다.

05 다음 중 시스템의 보안 취약점을 활용한 공격 방법에 대한 설명으로 옳지 않은 것은?

① Sniffing 공격은 네트워크상에서 자신이 아닌 다른 상대방의 패킷을 엿보는 공격이다.

② Exploit 공격은 공격자가 패킷을 전송할 때 출발지와 목적지의 IP 주소를 같게 하여 공격 대상 시스템에 전송하는 공격이다.

③ SQL Injection 공격은 웹 서비스가 예외적인 문자열을 적절히 필터링하지 못하도록 SQL문을 변경하거나 조작하는 공격이다.

④ XSS(Cross Site Scripting) 공격은 공격자에 의해 작성된 악의적인 스크립트가 게시물을 열람하는 다른 사용자에게 전달되어 실행되는 취약점을 이용한 공격이다.

01 TCP / IP 프로토콜 중 전송계층인 TCP에 대한 설명으로 옳은 것을 〈보기〉에서 모두 고르면?

보기

㉠ 비연결형 서비스를 지원한다.
㉡ UDP보다 데이터 전송 신뢰도가 낮다.
㉢ 송신할 데이터를 패킷 단위로 전송한다.
㉣ 수신 측에서 잘못 전송된 패킷에 대해 재전송을 요구한다.

(   )

02 다음 프로그램의 실행 결과는?

```java
public class test {
public static void main(String[ ] args) {
int i=0;
int c=0;

while (i < 10) {
i++;
c*=i;
}
System.out.println(sum);
}
}
```

(   )

01 　NCS 직업기초능력

01　다음 글을 읽고 가질 수 있는 질문으로 가장 적절한 것은?

> 인간의 신경조직을 수학적으로 모델링하여 컴퓨터가 인간처럼 기억·학습·판단할 수 있도록 구현한 것이 인공 신경망 기술이다. 신경 조직의 기본 단위는 뉴런인데, 인공 신경망에서는 뉴런의 기능을 수학적으로 모델링한 퍼셉트론을 기본 단위로 사용한다.
>
> 퍼셉트론은 입력값들을 받아들이는 여러 개의 입력 단자와 이 값을 처리하는 부분, 처리된 값을 내보내는 한 개의 출력단자로 구성되어 있다. 퍼셉트론은 각각의 입력단자에 할당된 가중치를 입력값에 곱한 값들을 모두 합하여 가중합을 구한 후, 고정된 임계치보다 가중합이 작으면 0, 그렇지 않으면 1과 같은 방식으로 출력값을 내보낸다.
>
> 이러한 퍼셉트론은 출력값에 따라 두 가지로만 구분하여 입력값들을 판정할 수 있을 뿐이다. 이에 비해 복잡한 판정을 할 수 있는 인공신경망은 다수의 퍼셉트론을 여러 계층으로 배열하여 한 계층에서 출력된 신호가 다음 계층에 있는 모든 퍼셉트론의 입력 단자에 입력값으로 입력되는 구조로 이루어진다. 이러한 인공신경망에서 가장 처음에 입력값을 받아들이는 퍼셉트론들을 입력층, 가장 마지막에 있는 퍼셉트론들을 출력층이라고 한다.
>
> 어떤 사진 속 물체의 색깔과 형태로부터 그 물체가 사과인지 아닌지를 구별할 수 있도록 인공신경망을 학습시키는 경우를 생각해 보자. 먼저 학습을 위한 입력값들 즉 학습데이터를 만들어야 한다. 학습데이터를 만들기 위해서는 사과 사진을 준비하고 사진에 나타난 특징인 색깔과 형태를 수치화해야 한다. 이 경우 색깔과 형태라는 두 범주를 수치화하여 하나의 학습데이터로 묶은 다음, '정답'에 해당하는 값과 함께 학습데이터를 인공 신경망에 제공한다. 이때 같은 범주에 속하는 입력값은 동일한 입력단자를 통해 들어가도록 해야 한다. 그리고 사과 사진에 대한 학습데이터를 만들 때에 정답인 '사과이다.'에 해당하는 값을 '1'로 설정하였다면 출력값 '0'은 '사과가 아니다.'를 의미하게 된다.

① 인공신경망 기술에서 뉴런에 대응될 수 있는 기본 단위는 무엇일까?

② 퍼셉트론이 출력값을 도출하는 방법은 무엇일까?

③ 퍼셉트론은 0과 1의 출력값만을 도출할 수 있음에도 인공신경망은 복잡한 판단을 할 수 있을까?

④ 앞으로 인공신경망을 활용할 수 있는 분야는 어떤 것들이 있을까?

02 다음 글을 상반기 및 하반기에 보도되었던 I사의 채용관련 자료 중 일부이다. 이에 대한 내용으로 적절하지 않은 것은?

I사, 올해 상반기 신규직원 458명 채용

I사는 '코로나19' 사태로 위축된 채용시장에 활기를 불어넣고 사회적 가치를 실현하기 위해 상반기 신규직원 458명을 채용한다고 밝혔다.

채용인원 458명 중 일반채용 393명, 사회형평적 채용 65명(장애인 15명, 국가유공자 50명)을 채용할 계획으로, 원서접수는 4.2.(목)부터 4.16.(목)까지이며, 이후 서류심사, 필기, 면접시험을 거쳐 선발된 최종합격자는 7월 20일 임용될 예정이다.

전년도 채용과 달라지는 점은 모집 지역이 6개 지역본부에서 14개 지역으로 세분화되고, 기존 자격 기준인 모집지역에서 3년 이상 거주 또는 최종학력 소재지 응시 자격을 없앴다는 것이다. 또 근무조건을 모집지역 5년 이상 근무하는 것으로 하여 지원자 본인은 생활권을 고려하여 지원해야 할 것으로 보인다.

I사는 현재 코로나19 사태와 관련, 안전한 채용을 위해 고사장 사전·사후 방역은 물론 마스크 착용, 발열 확인 등 안전 대책방안을 수립하여 철저히 대비하여 추진할 것이나, 앞으로의 코로나19 확산추이 및 정부의 지침에 따라서는 필기시험 및 면접 일정은 변경될 수도 있다고 보도했다.

I사, 올해 하반기 신규직원 465명 채용

I사는 '코로나19'로 위축된 채용시장에 활기를 불어넣고 은행의 직무 역량에 맞는 전문성 있는 신규직원 465명을 채용한다고 밝혔다.

채용인원 465명 중 일반채용 345명, 사회형평적 채용 120명(고졸 70명, 국가유공자 50명)을 채용할 계획으로, 원서접수는 8.13.(목)부터 8.27.(목)까지이며 상반기와 달리 채용 지원서를 온라인 접수로만 진행하기로 하였다. 또한 하반기 채용에서는 사회배려계층인 한부모가정과 북한이탈주민까지 우대가점 대상을 확대하였다. 이후 서류심사, 필기, 면접시험을 거쳐 선발된 최종합격자는 12월에 임용될 예정이다.

모집지역은 상반기 채용과 동일하게 14개 지역이며, 근무조건 또한 모집지역 내에서 5년 이상 근무하는 것으로 이 역시 상반기와 동일하다.

I사는 '코로나19' 감염을 대비하여 상반기 신규직원 채용을 안전하게 치른 경험을 바탕으로 고사장 사전·사후 방역은 물론 마스크 착용, 발열확인 등 철저한 안전 대책방안을 수립하여 대비할 것이라고 밝혔다.

① 상반기 대비 하반기의 전체 채용인원은 증가하였지만, 일반 채용인원은 감소하였다.

② 국가유공자 채용인원은 상반기와 하반기가 동일하다.

③ 하반기보다는 상반기에 사회적 가치 실현에 더 중점을 두었다.

④ 하반기 지원 역시 지원자 본인의 생활권을 고려하여 지원해야 할 것이다.

 다음 글을 읽고 〈보기〉의 의뢰인이 사용하면 좋을 기술 유형과 그 기술에 대한 설명이 바르게 연결된 것은?

인터넷 뱅킹이나 전자상거래를 할 때 온라인상에서 사용자 인증은 필수적이다. 정당한 사용자인지를 인증받는 흔한 방법은 아이디(ID)와 비밀번호를 입력하는 것으로, 사용자가 특정한 정보를 알고 있는지 확인하는 방식이다. 그러나 이러한 방식은 고정된 정보를 반복적으로 사용하기 때문에 정보가 노출될 수 있다. 이러한 문제점을 보완하기 위해 개발된 인증 기법이 OTP(One-Time Password, 일회용 비밀번호) 기술이다. OTP 기술은 사용자가 금융거래 인증을 받고자 할 때마다 해당 기관에서 발급한 OTP 발생기를 통해 새로운 비밀번호를 생성하여 인증받는 방식이다.

OTP 기술은 크게 비동기화 방식과 동기화 방식으로 나눌 수 있다. 비동기화 방식은 OTP 발생기와 인증 서버 사이에 동기화된 값이 없는 방식으로, 인증 서버의 질의에 사용자가 응답하는 방식이다. OTP 기술 도입 초기에 사용된 질의 응답 방식은 인증 서버가 임의의 6자리 수, 즉 질의 값을 제시하면 사용자는 그 수를 OTP 발생기에 입력하고, OTP 발생기는 질의 값과 다른 응답 값을 생성한다. 사용자는 그 값을 로그인 서버에 입력하고 인증 서버는 입력된 값을 확인한다. 이 방식은 사용자가 OTP 발생기에 질의 값을 직접 입력해 응답 값을 구해야 하는 번거로움이 있기 때문에 사용이 불편하다.

이와 달리 동기화 방식은 OTP 발생기와 인증 서버 사이에 동기화된 값을 설정하고 이에 따라 비밀번호를 생성하는 방식으로, 이벤트 동기화 방식이 있다. 이벤트 동기화 방식은 기초 값과 카운트 값을 바탕으로 OTP 발생기는 비밀번호를, 인증 서버는 인증값을 생성하는 방식이다. 기초 값이란 사용자의 신상정보와 해당 금융기관의 정보 등이 반영된 고유한 값이며, 카운트 값이란 비밀번호를 생성한 횟수이다. 사용자가 인증을 받아야 할 경우 이벤트 동기화 방식의 OTP 발생기는 기초 값과 카운트 값을 바탕으로 비밀번호를 생성하게 되며, 생성된 비밀번호를 사용자가 로그인 서버에 입력하면 된다. 이때 OTP 발생기는 비밀번호를 생성할 때마다 카운트 값을 증가시킨다. 인증 서버 역시 기초 값과 카운트 값으로 인증값을 생성하여 로그인 서버로 입력된 OTP 발생기의 비밀번호와 비교하는 것이다. 이때 인증에 성공하면 인증 서버는 카운트 값을 증가시켜서 저장해두었다가 다음 인증에 반영한다. 그러나 이 방식은 OTP 발생기에서 비밀번호를 생성만 하고 인증하지 않으면 OTP 발생기와 인증 서버 간에 카운트 값이 달라지는 문제점이 있다.

보기

의뢰인 : 안녕하세요. 저희 I은행에서는 OTP 기기를 사용해서 고객님들의 본인 인증을 받고 있습니다. 그런데 기존에 사용하던 OTP 기술은 고객님들이 비밀번호를 발급받으시고 인증을 받지 않으시는 경우가 종종 있어 인증 서버에 문제가 자주 발생하여 저희 은행이 피해를 보고 있습니다. 그래서 이번에 다른 유형의 OTP를 사용해보면 어떨까 하는데, 사용하면 좋을 OTP 기술의 유형을 추천해 주실 수 있을까요?

① 비동기화 방식 OTP : OTP 발생기는 비밀번호를, 서버는 인증값을 각각 생성한다.

② 비동기화 방식 OTP : OTP 발생기와 인증 서버 사이에 동기화된 값이 없다.

③ 이벤트 동기화 방식 : 인증 서버는 인증값, OTP 발생기는 비밀번호를 생성한다.

④ 이벤트 동기화 방식 : 사용자가 직접 응답 값을 구해야 하는 번거로움이 있다.

04 다음은 부동산금융사업과 관련한 리츠에 대한 자료이다. 〈보기〉 중 자료의 (가) ~ (다)에 들어갈 내용으로 적절하지 않은 것은?

- (가)

  리츠(REITs; Real Estate Investment Trusts)란 주식 또는 증권을 발행해 다수의 투자자로부터 자금을 모집하고, 이를 부동산에 투자하여 얻은 운용수익을 투자자에게 90% 이상 배당하는 부동산투자회사를 말한다. 리츠는 1960년 미국에서의 최초 도입을 시작으로 2000년 이후 유럽 및 아시아로 급속히 확산되었다. 우리나라는 1997년 외환위기 이후 기업들의 보유 부동산 유동화를 통한 기업구조조정을 촉진하고, 일반 국민에게 부동산에 대한 간접투자 기회를 제공하기 위해 2001년 부동산투자회사법 제정과 함께 도입되었다.

- (나)
  - 공개시장에서 리츠 관련 정보가 투자자에게 용이하게 접근 가능하도록 유통됨으로써 부동산 시장의 투명성 제고
  - 주식 매입을 통해 부동산에 간접 투자한 경우 부동산 직접 관리에 따른 관리비용 부담 감소
  - 여러 종류의 부동산에 투자함으로써 단일 부동산에 내재되어 있는 위험을 희석할 수 있으며 분산투자 가능
  - 리츠 주식은 상장되어 거래되므로 자본조달이 용이하며 또한 투자 원금의 회수 기회를 신속히 제공받을 수 있음

- (다)
  - 자기관리 리츠 : 부동산 투자를 전문으로 하는 영속적인 상법상의 주식회사로서, 자산운용 전문인력을 포함한 임직원을 상근으로 두고 자산의 투자·운용을 직접 수행하는 실체회사
  - 위탁관리 리츠 : 자산의 투자·운용을 자산관리회사(AMC)에 위탁하는 회사로서, 상근 임직원이 필요 없는 서류상 회사
  - 기업 구조조정 리츠 : 구조조정용 부동산 투자를 전문적으로 하는 서류상 회사로, 위탁관리 리츠와 마찬가지로 자산의 투자·운용을 자산관리회사(AMC)에 위탁하는 회사

종류	자기관리 리츠	위탁관리 리츠	기업 구조조정 리츠
영업 개시	국토교통부 영업인가		
투자 대상	일반 부동산, 개발 사업		기업 구조조정 부동산
회사 형태	실체회사(상근 임직원)	명목회사(상근 없음)	
최저 자본금	70억 원	50억 원	

보기

ㄱ. 리츠의 도입 배경 ㄴ. 리츠의 정의
ㄷ. 리츠의 장·단점 ㄹ. 리츠 유형 비교

① ㄱ ② ㄴ
③ ㄷ ④ ㄹ

※ 다음은 IBK 평생한가족통장 적금 상품에 대한 자료이다. 이어지는 질문에 답하시오. **[5~6]**

〈IBK 평생한가족통장 적금〉

상품종류	정액적립식 적금
가입금액	1만 원 이상 월 200만 원 이하
가입기간	1년, 2년, 3년
가입대상	실명의 개인

기본금리	구분	계약기간	금리
	약정이율	12개월 이상 24개월 미만	2.45%
		24개월 이상 36개월 미만	2.60%
		36개월	2.70%

우대금리

• 적용금리＝고시금리＋고객별 우대금리＋주거래 우대금리
• 고객별 우대금리 : 최고 연 0.1%p

구분	내용	우대금리
최초거래 고객	가입일 당시 최초 실명 등록을 한 고객	연 0.1%p
재예치 고객	상품 출시일 이후 당행 예·적금 만기해지일로부터 1개월 이내에 IBK 평생한가족통장(적립식 또는 거치식)을 가입한 고객	연 0.1%p
장기거래 고객	당행에 실명 등록한 날로부터 3년이 경과한 고객	연 0.1%p

• 주거래 우대금리 : 최고 연 0.3%p
 − 제공조건 : 계약기간 중 다음 주거래 실적 조건 6개 중 2개 이상을 충족하고 만기해지하는 경우 주거래 우대금리 제공
 [주거래 실적 조건]
 ① 급여이체 실적(월 50만 원 이상) 또는 연금수급* 실적이 3개월 이상인 경우
   * 4대 연금(국민연금, 공무원연금, 군인연금, 사학연금), 장해연금(근로복지공단), 기초(노령)연금만 인정
 ② 해당 통장(적립식, 거치식) 만기해지일 직전월로부터 3개월 동안 당행 입출금식* 상품 평잔이 1백만 원 이상인 경우
   * I PLAN급여통장, IBK급여통장, 新IBK급여통장, 新서민섬김통장(입출식), IBK생활비통장, IBK평생한가족통장(입출식)에 한함
 ③ (新)IBK아파트관리비 자동이체 또는 지로공과금 자동이체 월 3건 이상 실적이 3개월 이상 있는 경우(단, 현금서비스 이용실적은 제외됨)
 ④ 당행 신용(체크)카드 월 30만 원 이상 이용실적이 3개월 이상 있는 경우(단, 현금서비스 이용실적은 제외됨)
 ⑤ 당행 개인대출을 보유한 이력이 있는 경우
 ⑥ 당행 본인 적립식 상품(적금, 펀드, 주택청약, 적립식중금채)에 월 10만 원 이상 자동이체 실적이 있는 경우

특별중도해지 금리	다음의 사유로 인해 중도해지하는 경우 관련 증빙서류(발생 전·후 3개월 이내)를 제출한 고객에 한하여 가입일 당시 은행이 고시한 가계우대정기적금의 경과기간에 해당하는 고시금리를 적용	
	구분	**증빙서류(예시)**
	대학교 입학(본인, 자녀)	합격통지서
	취업 또는 창업(본인, 자녀)	취업(취업통지서), 창업(사업자등록증 등)
	결혼(본인, 자녀)	청첩장, 예식장 계약서
	출산(본인)	주민증록등본(또는 출생증명서 등)
	주택구입(본인)	매매계약서 등
	사망(본인)	사망진단서, 기본증명서
	※ 자녀의 경우에는 가족관계확인서류(주민등록등본, 가족관계증명서) 추가 징수	
이자지급방법	만기일시지급식 : 만기(후) 또는 중도해지 요청 시 이자를 지급	
중도해지금리	만기일 이전에 해지할 경우 입금액마다 입금일부터 해지일 전일까지간에 대하여 가입일 당시 가계우대정 기적금의 중도해지금리를 적용합니다. • 납입기간 경과비율 10% 미만 : 가입일 현재 계약기간별 고시금리×5% • 납입기간 경과비율 10% 이상 20% 미만 : 가입일 현재 계약기간별 고시금리×10% • 납입기간 경과비율 20% 이상 40% 미만 : 가입일 현재 계약기간별 고시금리×20% • 납입기간 경과비율 40% 이상 60% 미만 : 가입일 현재 계약기간별 고시금리×40% • 납입기간 경과비율 60% 이상 80% 미만 : 가입일 현재 계약기간별 고시금리×60% • 납입기간 경과비율 80% 이상 : 가입일 현재 계약기간별 고시금리×80% ※ 모든 구간 최저금리 연 0.1% 적용	
만기 후 금리	만기일 당시 가계우대정기적금의 만기 후 금리를 적용합니다. • 만기 후 1개월 이내 : 만기일 당시 정기적금 계약기간별 고시금리×50% • 만기 후 1개월 초과 6개월 이내 : 만기일 당시 정기적금 계약기간별 고시금리×30% • 만기 후 6개월 초과 : 만기일 당시 정기적금 계약기간별 고시금리×20%	

05 다음 중 IBK 평생한가족통장 적금에 대한 설명으로 옳은 것은?

① 기업은행 거래 고객만 가입이 가능하다.

② 1년부터 3년까지 월단위로 가입이 가능하다.

③ 기본금리 이외에 조건에 맞는 고객별 우대금리, 주거래 우대금리를 추가로 받을 수 있다.

④ 자녀의 결혼으로 인해 중도해지하는 경우 결혼 전·후 3개월 이내에 청첩장과 예식장 계약서를
　제출하면 가계우대정기적금의 경과기간에 해당하는 금리를 적용받을 수 있다.

06 2022년 8월 A씨는 3년 만기 IBK 평생한가족통장 적금에 가입하였다. A씨에 대한 정보가 다음과
같을 때, 만기 시 A씨의 적용 금리는?

> • 2019년 3월부터 기업은행 통장으로 급여를 받고 있다.
> • 2019년 7월 기업은행 3년 만기 예금을 가입했다.
> • 2020년 B은행에서 전세 대출을 받았다.

① 2.7% 　　　　　　　　② 2.8%

③ 2.9% 　　　　　　　　④ 3.1%

07 다음은 한국의 금융소득 상위 1%에 대한 자료이다. 이에 대한 설명으로 옳은 것을 〈보기〉에서 모두 고르면?(단, 모든 계산은 소수점 둘째 자리에서 반올림한다)

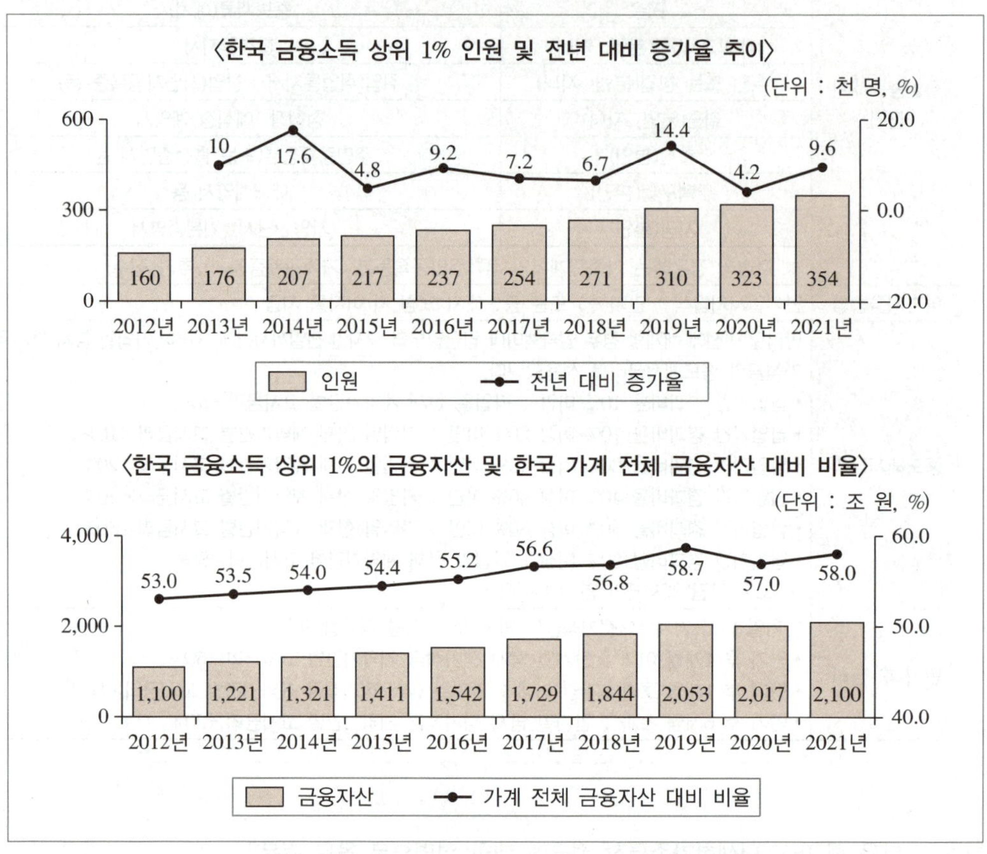

보기

ㄱ. 2021년 한국 금융소득 상위 1% 인원은 2012년 대비 2.2배 증가했다.

ㄴ. 2021년 한국 가계 전체 금융자산은 2012년 대비 1.7배 증가했다.

ㄷ. 2021년의 한국 금융소득 상위 1%의 금융자산은 2012년 대비 1.9배 증가했으므로 2012년 대비 2021년에 상위 1%의 금융자산이 가계 전체 금융자산에 비해 더 많은 비율로 증가했다.

① ㄱ   ② ㄴ

③ ㄱ, ㄷ   ④ ㄱ, ㄴ, ㄷ

08 다음은 2017 ~ 2021년 부동산 금융자금 현황을 나타낸 자료이다. 이에 대한 설명으로 옳은 것을 〈보기〉에서 모두 고르면?

〈부동산 금융자금 현황〉

(단위 : 조 원)

구분	총계	전년 대비 증가율(%)	GDP	GDP 대비 총계(%)
2017년	1,797	9.7	1,835	97.9
2018년	1,921	6.9	1,898	101.2
2019년	2,068	7.6	1,924	107.5
2020년	2,283	10.4	1,933	118.1
2021년	2,566	12.4	2,054	124.7

보기

ㄱ. 부동산 금융자금은 계속해서 증가하고 있다.
ㄴ. 2016년 부동산 금융자금은 약 1,500조 원이다.
ㄷ. 2018년에 GDP 대비 부동산 금융자금의 규모가 100%를 넘어섰다.
ㄹ. 집값이 매년 급격히 상승하고 있다.

① ㄱ, ㄴ
② ㄱ, ㄷ
③ ㄴ, ㄷ
④ ㄷ, ㄹ

09 I은행에 근무 중인 K사원은 국내 금융시장에 대한 보고서를 작성하면서 I은행에 대한 SWOT 분석을 진행하였다. 다음 중 K사원이 작성한 SWOT 분석의 위협 요인에 들어갈 내용으로 적절하지 않은 것은?

〈I은행에 대한 SWOT 분석 결과〉

강점(Strength)	약점(Weakness)
• 지속적 혁신에 대한 경영자의 긍정적 마인드 • 고객만족도 1위의 높은 고객 충성도 • 다양한 투자 상품 개발	• 해외 투자 경험 부족으로 취약한 글로벌 경쟁력 • 소매 금융에 비해 부족한 기업 금융
기회(Opportunity)	위협(Threat)
• 국내 유동자금의 증가 • 해외 금융시장 진출 확대 • 정부의 규제 완화 정책	

① 정부의 정책 노선 혼란 등으로 인한 시장의 불확실성 증가

② 경기 침체 장기화

③ 부족한 리스크 관리 능력

④ 금융업의 경계 파괴에 따른 경쟁 심화

10 I공연기획사는 2022년 봄부터 시작할 지젤 발레 공연 티켓을 Q소셜커머스에서 판매할 예정이다. Q소셜커머스에서 보낸 다음 판매자료를 토대로 아침 회의 시간에 나눈 대화로 적절하지 않은 것은?

〈2021년 판매결과 보고〉

공연명	정가	할인율	판매기간	판매량
백조의 호수	80,000원	67%	2021. 02. 05 ~ 2021. 02. 10	1,787장
세레나데 & 봄의 제전	60,000원	55%	2021. 03. 10 ~ 2021. 04. 10	1,200장
라 바야데르	55,000원	60%	2021. 06. 27 ~ 2021. 08. 28	1,356장
한여름 밤의 꿈	65,000원	65%	2021. 09. 10 ~ 2021. 09. 20	1,300장
호두까기 인형	87,000원	50%	2021. 12. 02 ~ 2021. 12. 08	1,405장

※ 할인된 티켓 가격의 10%가 티켓 수수료로 추가됨
※ 2021년 2월 초에는 설 연휴가 있었음

① A사원 : 기본 50% 이상 할인을 하는 건 할인율이 너무 큰 것 같아요.
② B팀장 : 표가 잘 안 팔려서 싸게 판다는 이미지를 줘 공연의 전체적인 질이 낮다는 부정적 인식을 줄 수도 있지 않을까요?
③ C주임 : 연휴 시기와 티켓판매 일정을 어떻게 고려하느냐에 따라 판매량을 많이 올릴 수 있겠네요.
④ D사원 : 세레나데 & 봄의 제전의 경우 총 수익금이 3,700만 원 이상이겠어요.

※ 다음 글을 읽고 이어지는 질문에 답하시오. [11~12]

- 사업자는 30만 원 이상 거래금액에 대하여 그 대금을 현금(대금 일부를 현금으로 지급한 경우도 포함)으로 받은 경우, 세금계산서를 발급하는 경우를 제외하고는 소비자가 요청하지 않아도 현금영수증을 발급하여야 한다. 물론 30만 원 미만의 거래금액도 소비자의 요청이 있으면, 현금영수증을 발급하여야 한다.
- 사업자가 현금영수증 발급 의무를 위반하였을 경우에는 미발급 금액의 50%를 과태료로 부과한다. 사업자가 현금영수증을 발급하지 않은 경우, 소비자가 거래 사실과 거래금액이 확인되는 계약서 등 증빙서류를 첨부하여 현금 지급일로부터 1개월 이내에 신고하면, 미발급 금액에 대한 과태료의 20%를 포상금으로 지급한다.
- 소비자가 현금영수증 발급을 원하지 않는 경우에 사업자는 국세청에서 지정한 코드로 발급할 수 있으며, 이 경우 현금영수증 발급으로 인정한다.

※ 단, 글에 제시된 업종의 사업자는 현금영수증 발급 의무자임

11 부동산중개인을 통해 2022년 4월 1일 집을 산 A씨는 중개료 70만 원에 대해 30만 원은 신용카드로, 40만 원은 현금으로 결제하였으나 부동산중개인은 현금영수증을 발급하지 않았다. A씨는 같은 해 4월 29일 부동산중개인을 현금영수증 발급 의무 위반으로 신고하였다. 이때, A씨가 받을 신고 포상금은 얼마인가?

① 4만 원 ② 6만 원
③ 8만 원 ④ 10만 원

12 2022년 5월 7일 법무서비스 대금 100만 원을 현금으로 지불하면서 B씨가 현금영수증 발급을 원하지 않는다고 말하자 업주는 국세청의 지정코드로 자진 발급하였다. 마음이 변한 B씨는 업주가 현금영수증 당연 발급 의무를 위반했다며 2022년 5월 14일 관련 증빙서류를 첨부하여 신고했다. 이때, B씨가 받을 신고 포상금은 얼마인가?

① 받을 수 없다. ② 5만 원
③ 10만 원 ④ 20만 원

13 I사의 입사 동기인 6급 A사원과 B사원은 남원시로 2박 3일 출장을 갔다. 교통편은 왕복으로 고속버스를 이용하여 총 105,200원을 지출했으며, A와 B사원은 출장 첫째 날은 6만 원, 둘째 날은 4만 원인 숙박시설을 공동으로 이용했다. A와 B사원이 받을 국내 출장여비 총액은 얼마인가?

〈I사 국내여비 정액표〉

구분	대상	가군	나군	다군
운임	항공운임	실비(1등석 / 비지니스)	실비(2등석 / 이코노미)	
	철도운임	실비(특실)		실비(일반실)
	선박운임	실비(1등급)	실비(2등급)	
	자동차운임	실비		
일비(1일당)		2만 원		
식비(1일당)		2만 5천 원	2만 원	
숙박비(1박당)		실비	실비 (상한액 : 서울특별시 7만 원, 광역시 6만 원, 그 밖의 지역 5만 원)	

※ 비고

1. 가군은 임원과 I사 연구원 원장(이하 이 규칙에서 '원장'이라 한다), 「직제규정 시행규칙」 별표 5의 2의 1그룹에 속하는 직원을, 나군은 1급 직원, 선임연구위원 및 선임전문연구위원을, 다군은 2급 이하 직원과 그 밖의 연구직 직원을 말한다.

2. 자동차운임은 이용하는 대중교통의 실제 요금으로 한다. 이 경우 자가용 승용차를 이용한 경우에는 대중교통 요금에 해당하는 금액을 지급한다.

3. 운임의 할인(관계 법령 따른 국가유공자·장애인 할인, 지역별 우대할인, 공단과 체결한 계약에 따른 할인 등을 말한다)이 가능한 경우에는 할인된 요금에 해당하는 금액으로 지급한다.

4. 다음 각 목의 어느 하나에 해당하는 임직원에 대해서는 위 표에도 불구하고 1박당 그 각 목에서 정하는 금액을 숙박료로 지급한다.

    가. 친지 집 등에 숙박하여 숙박료를 지출하지 않은 경우 : 20,000원

    나. 2명 이상이 공동 숙박하고 총 숙박비가 [1인 기준금액×(출장인원 수−1)] 이하로 지출된 경우 : 다음 계산식에 따른 금액. 이 경우 기준금액은 서울특별시는 7만 원, 광역시는 6만 원, 그 밖의 지역은 5만 원으로 하며, 소수점은 올림한다.

$$\text{개인당 지급 기준} = \left(\text{총 출장인원} - \frac{\text{총 숙박비}}{\text{1인 기준금액}} \right) \times 20,000원$$

5. 교육목적의 출장인 경우에 일비는 다음 각 목의 구분에 따라 지급한다.

    가. 숙박하는 경우 : 등록일·입교일과 수료일만 지급

    나. 숙박하지 아니하는 경우 : 교육 전 기간(등록일·입교일 및 수료일을 포함한다)에 대하여 지급

① 213,200원

② 333,200원

③ 378,200원

④ 443,200원

14 K씨는 A정류장에서 버스를 타고 N정류장까지 버스로 이동할 계획이고 정류장 간 이동시간은 1분이 걸린다. 다음 중 버스 도착시간 스마트폰 어플의 정류장 상황을 참고하여 K씨가 가장 빠르게 도착 지점에 도달할 수 있는 방법은?(단, 환승 시 타고 내리는 시간은 무시한다)

〈버스 정류장 지도〉

A → B → C → D → E → F → G
          ↓↑
H → I → J → K → L → M → N

〈버스 노선표〉

01번 : A~D~G
02번 : H~K~D~G
03번 : A~D~K~N
04번 : A~D~F
05번 : H~K~N
06번 : A~D~K~N
07번 : H~K~N
08번 : H~K~D~G

〈버스 도착시간 스마트폰 어플〉

A정류장 버스 도착시간	H정류장 버스 도착시간	D정류장 버스 도착시간	K정류장 버스 도착시간
01번 : 3분 20초 03번 : 10분 30초 04번 : 5분 5초 06번 : 2분 50초	02번 : 2분 40초 05번 : 3분 15초 07번 : 7분 20초 08번 : 4분 10초	01번 : 6분 20초 02번 : 6분 40초 03번 : 13분 30초 04번 : 8분 5초 06번 : 5분 50초 08번 : 8분 10초	02번 : 5분 40초 03번 : 11분 30초 05번 : 6분 15초 06번 : 6분 50초 07번 : 10분 20초 08번 : 7분 10초

※ 단, 어플의 버스 도착시간은 해당 정류장에 도착하였을 때 확인한 시간임

---

① A정류장에서 03번 버스를 타고 계속 끝까지 탑승하고 간다.
② A정류장에서 01번 버스를 타고 D정류장에서 06번 버스로 환승을 한다.
③ A정류장에서 06번 버스를 타고 K정류장에서 05번 버스로 환승을 한다.
④ A정류장에서 04번 버스를 타고 D정류장에서 03번 버스로 환승을 한다.

15 다음 〈보기〉의 A ~ D 중에서 조직도를 바르게 이해한 사람을 모두 고르면?

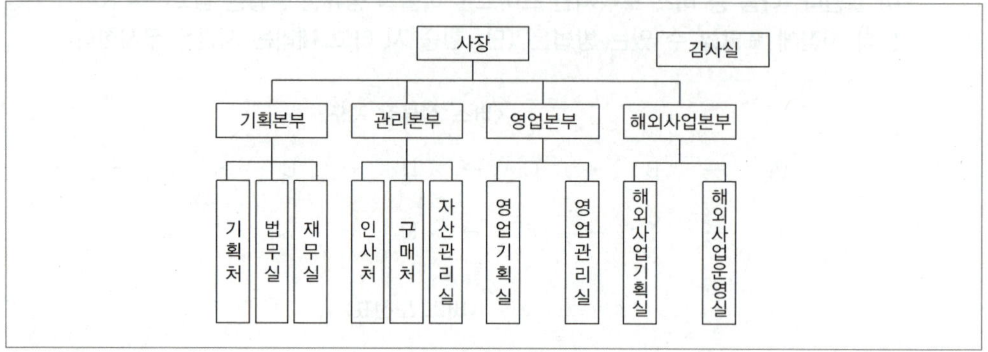

- A : 조직도를 보면 4개 본부, 3개의 처, 8개의 실로 구성돼 있어.
- B : 사장 직속으로 4개의 본부가 있고, 그중 한 본부에서는 인사를 전담하고 있네.
- C : 감사실은 사장 직속이지만 별도로 분리되어 있구나.
- D : 해외사업기획실과 해외사업운영실은 둘 다 해외사업과 관련이 있으니까 해외사업본부에 소속되어 있는 것이 맞아.

① A, B
② A, C
③ A, D
④ B, C

| 금융일반 – 객관식 |

01 총투자금액 10억 원을 A ~ D 4개의 증권에 각각 10%, 20%, 30%, 40% 비중으로 분산 투자하려고 한다. A ~ D증권의 기대수익률은 차례대로 20%, 15%, 10%, 5%이다. 이 포트폴리오의 기대수익률은 얼마인가?

① 6% ② 8%
③ 10% ④ 12%

02 다음 중 옵션에 대한 설명으로 옳지 않은 것은?

① 풋옵션은 정해진 가격으로 기초자산을 팔 수 있는 권리가 부여된 옵션이다.
② 미국식 옵션은 만기시점 이전이라도 유리할 경우 행사가 가능한 옵션이다.
③ 콜옵션은 기초자산의 가격이 낮을수록 유리하다.
④ 풋옵션은 행사가격이 높을수록 유리하다.

03 다음 중 기업 회계에 대한 설명으로 옳지 않은 것은?

① 재무상태표 등식에서 알 수 있듯이 자산과 부채의 합은 수익과 비용의 합과 같다.
② 재무상태표의 왼쪽에는 자산, 오른쪽에는 부채와 자본을 기록한다.
③ 손익계산서는 일정 기간 동안 수익과 비용을 표시한 것이다.
④ 매출채권은 재무상태표의 구성항목에 해당하며, 매출원가는 포괄손익계산서의 구성항목에 해당한다.

04 (주)I는 자기자본 300억 원, 부채 200억 원으로 구성된 회사이다. 이때, 자기자본비용은 20%, 부채의 평균이자율은 10%라고 할 때, 이 기업 총자산의 가중평균자본비용(WACC)은 얼마인가?

① 10% ② 12%
③ 14% ④ 16%

05 다음 중 현금흐름표에 대한 설명으로 옳지 않은 것은?

① 현금흐름표는 일정 기간 동안의 현금의 유입과 유출을 알려주는 동적인 재무제표이다.

② 현금흐름표는 기업의 지급능력, 유동성 및 재무적 탄력성을 평가하는 데 유용한 정보를 제공한다.

③ 재고자산에 대한 회계처리, 대손상각 등의 원가배분의 임의성을 배제할 수 있다는 점에서 현금기준이 순운전자본기준보다 더 유용하다.

④ 현행 기업회계기준상 현금흐름표 작성방법으로 간접법만 인정된다.

06 다음 중 경영지표를 계산하는 방식으로 옳지 않은 것은?

① 주당순이익＝당기순이익÷발행주식수

② 매출액증가율＝{(당기매출액－전기매출액)÷전기매출액}×100

③ 주가수익비율(PER)＝주가÷주당순자산

④ 토빈의 Q비율＝기업의 시장가치÷자본의 대체비용

07 다음은 (주)I의 2021년 회계연도의 회계정보이다. 2021년 중 유상증자로 500억 원이 들어오고 배당으로 300억 원의 주식이 주주들에게 지급되었다고 할 경우 (주)I의 당기순이익은?

구분	자산	자본
2021년 초	1,000억 원	800억 원
2021년 말	2,500억 원	1,500억 원

① 0원

② 100억 원

③ 200억 원

④ 500억 원

08 시장에서 어떤 상품의 가격이 상승하면서 동시에 거래량이 증가하였다. 다음 중 이러한 변화를 가져올 수 있는 요인은?(단, 이 재화는 정상재이다)

① 이 상품의 생산과 관련된 기술의 진보

② 이 상품과 보완관계에 있는 상품의 가격 하락

③ 이 상품과 대체관계에 있는 상품의 가격 하락

④ 이 상품의 생산에 투입되는 노동자들의 임금 하락

09 다음 (가) ~ (라)에 들어갈 내용이 바르게 연결된 것은?

> 최근 한국금융시장의 불안으로 원화가 당분간 지속적으로 약세 현상을 보일 것이라는 평가를 받고 있다. 그 결과 외환시장에서 외화에 대한 (가)곡선이 (나)로 이동하여, 외화에 대한 거래량을 (다)시키고, 외화 가격을 (라)시킬 것이다.

	(가)	(나)	(다)	(라)
①	수요	오른쪽	증가	상승
②	수요	오른쪽	증가	하락
③	공급	왼쪽	감소	상승
④	공급	오른쪽	증가	하락

10 다음 중 경기가 불황임에도 불구하고 물가가 상승하는 현상을 무엇이라고 하는가?

① 애그플레이션 ② 하이퍼인플레이션

③ 에코플레이션 ④ 스태그플레이션

11 인천공항에 막 도착한 A씨는 미국에서 사먹던 빅맥 1개의 가격인 5달러를 원화로 환전한 6,500원을 들고 햄버거 가게로 갔다. 여기서 A씨는 똑같은 빅맥 1개를 구입하고도 1,300원이 남았다. 다음 〈보기〉의 설명 중 옳은 것을 모두 고르면?

> **보기**
>
> ㄱ. 한국의 빅맥 가격을 달러로 환산하면 4달러이다.
> ㄴ. 구매력 평가설에 의하면 원/달러 환율은 1,300원이다.
> ㄷ. 빅맥 가격을 기준으로 한 대미 실질환율은 1,040원이다.
> ㄹ. 빅맥 가격을 기준으로 볼 때, 현재의 명목환율은 원화의 구매력을 과소평가하고 있다.

① ㄱ, ㄴ ② ㄱ, ㄷ

③ ㄱ, ㄹ ④ ㄴ, ㄷ

12 다음은 A기업과 B기업의 광고 여부에 따른 보수행렬을 나타낸다. 내쉬균형에서 A기업과 B기업의 이윤은 각각 얼마인가?[단, 괄호 안의 숫자는 (A이윤, B이윤)이다]

구분		B기업의 광고 전략	
		광고를 함	광고를 하지 않음
A기업의 광고 전략	광고를 함	(55, 75)	(235, 45)
	광고를 하지 않음	(25, 115)	(165, 85)

① (165, 85)   ② (55, 75)
③ (25, 115)   ④ (235, 45)

13 I지역에 환경오염 물질을 배출하는 공장 A, B, C가 있다. 환경오염에 대한 경각심이 화두로 떠오르자 I지역은 공장 A, B, C에게 각각 50단위의 오염배출권을 부여하고 이 배출권을 공장들끼리 자유롭게 판매 및 구매할 수 있도록 하였다. 이때, B공장과 C공장이 A공장의 오염배출권을 구매하려는 가격대는 얼마인가?(단, 오염배출권 한 개당 배출 가능한 오염물의 양은 1단위이다)

공장	오염배출량 단위당 감축비용(만 원)	배출량(단위)
A	20	50
B	30	60
C	40	70

① 10 ~ 20만 원   ② 20 ~ 30만 원
③ 30 ~ 40만 원   ④ 50 ~ 60만 원

14 다음 중 현재가치를 기준으로 채권에 투자한 원금을 회수하는 데 걸리는 시간을 의미하는 것은?

① 컨벡시티   ② 채권 스프레드
③ 듀레이션   ④ 이표채

15 다음 중 포트폴리오 위험에 대한 설명으로 옳지 않은 것은?

① 포트폴리오 구성 종목 수가 증가할수록 체계적 위험이 감소한다.
② 개별 자산들이 포트폴리오 위험에 공헌하는 정도는 개별자산과 포트폴리오 수익률과의 공분산에 각 개별자산에 대한 투자비율을 곱한 만큼이다.
③ 위험자산으로 구성된 포트폴리오의 구성 주식수가 무한대가 된다고 해서 총위험이 0이 되지 않는다.
④ 두 자산으로 구성된 최소분산포트폴리오에서 한 자산에 대한 투자비율은 0보다 작을 수 있다.

01 다음 자료에 대한 설명으로 옳은 것을 〈보기〉에서 모두 고르면?

> • 초코기업과 파이기업은 사업 분야가 유사하다. 초코기업과 파이기업이 합병하면 시너지효과가 생겨 초코기업에게 파이기업의 가치는 실제 가치의 1.5배가 되므로 초코기업은 파이기업을 인수할 의향이 있다.
> • 초코기업은 '파이기업의 주주가 이미 자기 기업의 실제 가치를 정확히 알고 있다.'는 사실을 파악하고 있다. 그러나 초코기업은 파이기업의 실제 가치가 정확히 얼마인지는 아직 모르고 단지 각각 1/3의 확률로 0원, 1만 원, 2만 원 중 하나일 것으로만 추측하고 있다.
> • 초코기업은 인수를 통해 이득을 극대화하고자 한다. 파이기업의 주주는 ㉠ 초코기업이 제시한 인수 금액이 자사의 실제 가치보다 크거나 같으면 인수에 동의한다.

> **보기**
>
> ㄱ. ㉠이 1만 원이고 파이기업의 실제 가치가 2만 원이면 인수가 성사된다.
> ㄴ. ㉠이 1만 원이면 초코기업이 생각하는 인수 확률은 2/3이다.
> ㄷ. ㉠이 1만 원이면 초코기업이 기대하는 이득은 0.5만 원이다.
> ㄹ. 초코기업이 합리적이라면 파이기업의 실제 가치가 얼마든지 ㉠은 0원이다.

(   )

02 다음 〈보기〉 중 금융자산에 해당하는 계정을 모두 고르면?

> **보기**
>
> 가. 매입채무 　　　　　　　　　　나. 차입금
> 다. 미지급금 　　　　　　　　　　라. 현금
> 마. 사채 　　　　　　　　　　　　바. 타사의 지분증권

(   )

03 두 개의 지역 A와 B로 나누어진 K시는 도심공원을 건설할 계획이다. 두 지역에 거주하는 지역주민의 공원에 대한 수요곡선과 공원 건설의 한계비용곡선이 다음과 같을 때 사회적으로 최적인 (Socially Optimal) 도심공원의 면적은?(단, P_A는 A지역 주민이 지불하고자 하는 가격, P_B는 B지역 주민이 지불하고자 하는 가격, Q는 공원면적, MC는 한계비용이다)

- A지역 주민의 수요곡선 : $P_A=10-Q$

- B지역 주민의 수요곡선 : $P_B=10-\dfrac{1}{2}Q$

- 한계비용곡선 : $MC=5$

(   )

04 법정지불준비율이 0.2이고, 은행시스템 전체의 지불준비금은 300만 원이다. 은행시스템 전체로 볼 때 요구불예금의 크기는?(단, 초과지불준비금은 없고, 현금통화비율은 0이다)

(만 원)

01 다음 중 DMA 명령어 사이클에 대한 설명으로 옳지 않은 것은?

① 간접 사이클은 피연산 데이터가 있는 기억 장치의 유효주소를 계산하는 과정이다.

② 인터럽트 사이클은 요청된 서비스 프로그램을 수행하여 완료할 때까지의 과정이다.

③ 실행 사이클은 연산자 코드의 내용에 따라 연산을 수행하는 과정이다.

④ 패치 사이클은 주기억 장치로부터 명령어를 꺼내어 디코딩하는 과정이다.

02 다음 중 사이클 스틸(Cycle Steal)에 대한 설명으로 옳지 않은 것은?

① DMA가 기억장치 버스를 점유하여 CPU의 기억장치 액세스를 잠시 중지시키는 기능이다.

② CPU가 메이저 사이클을 반복하고 있는 상태에서 DMA 제어기가 하나의 워드(Word) 전송을 위해 일시적으로 CPU 사이클을 훔쳐서 사용하는 것이다.

③ 기억장치와 입출력 장치 사이에서 직접적인 전송이 이루어진다.

④ 사이클 스틸은 CPU의 상태를 보존할 필요가 없지만 인터럽트는 CPU의 상태를 보존해야 한다.

03 다음 중 RAID(Redundant Array of Independent Disks)에 대한 설명으로 옳지 않은 것은?

① 하드디스크, CD-ROM, 스캐너 등을 연결해 주는 기술

② 단순히 하드디스크의 모음뿐만 아니라 자동으로 복제해 백업 정책을 구현해 주는 기술

③ 서버(Server)에서 대용량의 하드디스크를 이용하는 경우에 필요로 하는 기술

④ 여러 개의 하드디스크를 모아서 하나의 하드디스크처럼 보이게 하는 기술

04 다음 중 채널(Channel)에 대한 설명으로 옳지 않은 것은?

① DMA와 달리 여러 개의 블록을 입출력할 수 있다.

② 시스템의 입출력 처리능력을 향상시키는 기능을 한다.

③ 멀티플렉서 채널은 저속인 여러 장치를 동시에 제어하는 데 적합하다.

④ 입출력 동작을 수행하는 데 있어서 CPU의 지속적인 개입이 필요하다.

05 다음 중 컴퓨터에서 사용하는 캐시메모리에 대한 설명으로 옳은 것은?

① 캐시메모리에 있는 데이터와 메인 메모리에 있는 데이터가 항상 일치하지는 않는다.

② 주기억장치와 하드디스크의 속도 차이를 극복하기 위하여 사용한다.

③ 주기억장치보다 큰 프로그램을 불러와 실행할 때 유용하다.

④ 캐시메모리는 접근속도가 빠른 동적 램(DRAM)을 사용한다.

01 다음 그림과 같은 논리 회로에서 A의 값이 1010, B의 값이 1110일 때 출력 Y의 값은?

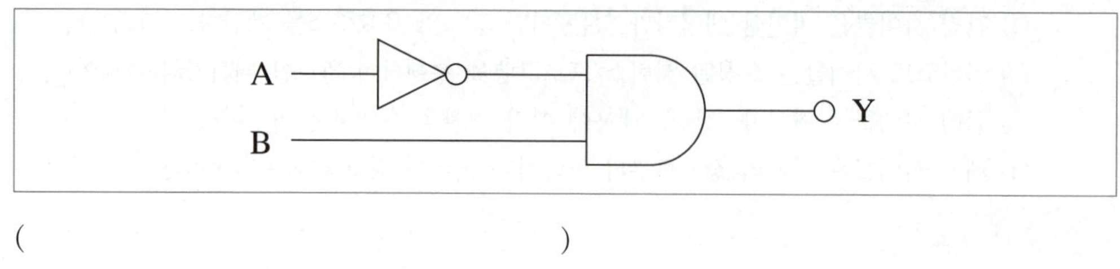

(   )

02 다음에서 설명하는 디스크 스케줄링 기법은?

입출력 헤드가 디스크의 양쪽 끝을 왕복하면서 동작시키지만 움직이고 있는 방향 쪽으로 더 이상의
트랙 요청이 있는가를 검사하여 그 방향으로 더 이상의 트랙 요청이 없으면 그쪽 끝까지 가지 않고,
그 자리에서 방향을 바꾸어 다른 한쪽으로 움직여 나가게 된다.

(   )

01　NCS 직업기초능력

01　다음 보도자료를 읽고 IBK Biz-Plus 적금에 대한 설명으로 가장 적절한 것은?

> IBK기업은행은 9월부터 개인사업자와 법인 고객을 대상으로 최대 1.0%의 우대금리를 제공하는 'IBK Biz-Plus 적금'을 판매한다고 밝혔다.
>
> 우대금리는 계약 기간에 따라 최대 0.6%, 창업기업·장기거래기업·적금 재예치기업 중 한 가지 조건을 충족하면 0.1%, 대출거래기업·비대면 채널 가입·만기 월수 4분의 3 이상 자동이체 입금·목표 자금 달성(개인사업자 2천만 원, 법인 1억 원) 조건 중 한 가지 조건을 충족할 때마다 0.1%씩 최대 0.3% 적용받을 수 있다.
>
> 정기적립식과 자유적립식으로 가입 가능하고 최초 계약 기간은 6개월에서 5년 이하 월 단위로 정할 수 있다. 자유적립식은 만기 시 1년 단위로 최고 9회까지 자동 연장할 수 있어 최장 10년까지 운용 가능하다. 만기 전 자금이 필요할 경우 정기적립식은 최소 잔액 1만 원을 유지하면 분할 해지가 가능하고, 자유적립식은 재예치 이후 최소 잔액 1만 원을 유지하면 재예치 원리금 내에서 중도인출할 수 있다.
>
> 정기적립식은 월 1만 원 이상, 자유적립식은 월 1만 원부터 2천만 원 이내에서 가입 가능하다. 판매 한도는 총 2조 원으로 올 연말까지 판매하고 한도가 미리 소진되면 판매 종료한다. 상품출시를 기념해 9월 30일까지 월부금 5백만 원 이상 가입 고객을 대상으로 특별우대금리 0.2%를 추가로 제공하는 이벤트를 진행한다. 3년 만기 상품은 최대 연 2.6%, 5년 만기는 최대 연 3.0% 금리를 제공받는다.
>
> 기업은행 관계자는 "계약기간이 길수록 우대금리를 높여 금리상승에 따라 적금을 갈아타는 불편을 최소화하고 분할 해지와 중도 인출을 통해 자금관리의 편의성을 높였다."라고 밝혔다.

① 3년 만기 상품의 경우 최대 연 3.0% 금리를 제공받게 된다.

② 정기적립식은 최소 잔액 없이 분할 해지가 가능하다.

③ 자유적립식은 만기 시 2년 단위로 자동 연장 가능하다.

④ 정기적립식과 자유적립식 모두 월 1만 원부터 가입 가능하다.

 다음은 신문 기사를 읽고 직원들이 나눈 대화이다. 대화 중 기사의 내용을 정확하게 파악하지 못한 사람은?

○○일보

○○일보 제1,358호	○○년 ○○월 ○일 안내전화 02-000-0000	www.sdxxx.com

거치기간 1년 못 넘기고, 초기부터 원금 · 이자 나눠 갚아야 …

주택담보대출을 받을 때보다 깐깐한 소득심사를 하는 가계부채 관리대책이 수도권부터 전면 시행된다. 비수도권은 3개월 후부터 적용할 방침이다.

새 여신심사 가이드라인은 상환능력 범위에서 처음부터 나눠 갚도록 유도하는 내용이 골자다. 지금까지는 돈 빌리는 사람이 금리를 '고정형 또는 변동형', 상환방식을 '거치형 또는 일시납입형' 등으로 고를 수 있었고, 이에 따라 대출금리가 결정됐다. 이 때문에 집값이 오를 줄 알고 주택을 담보로 돈을 빌린 뒤 이자만 내다가 만기에 원금을 한꺼번에 갚는 방식을 많이 택했다.

새 가이드라인은 집의 담보 가치나 소득에 비해 빌리는 돈이 많거나 소득 증빙을 제대로 못한 경우에는 대출 후 1년 이내부터 빚을 나눠 갚도록 하는 내용을 담고 있다. 집을 사면서 그 집을 담보로 돈을 빌리는 사람도 초기부터 빚을 나눠 갚도록 하는 원칙이 적용된 것이다.

물론 명확한 대출 상환계획이 있는 등 일부 예외에 해당하면 거치식 대출을 받을 수 있다. 아파트 중도금 대출 등 집단대출도 이번 가이드라인 적용에서 예외로 인정된다.

또한 변동금리 제한도 많아진다. 상승가능금리(스트레스금리)를 추가로 고려했을 때 일정 한도를 넘어서는 대출은 고정금리로 유도하거나 아예 대출한도를 넘지 못하게 한다.

어떤 형태의 대출이 가능할지를 알아보려면 은행영업점 창구나 온라인에서 상담을 받으면 된다.

은행권에서는 무작정 대출받기가 어려워지는 것은 아니라고 설명한다. 은행 관계자는 "변동과 고정의 금리차가 거의 없어 대출 시 다소 불편할지는 몰라도 못 받는 경우는 거의 없을 것"이라며 "실수요자들이 대출받기 어려워지는 부작용은 발생하지 않을 것"이라고 설명했다.

그럼에도 새 여신심사 가이드라인 시행을 앞두고 주택담보대출 증가세는 확연히 둔화한 것으로 나타났다.

… 생략 …

---

① G과장 : 최근 저금리 기조로 인해서 가계부채가 상당히 많이 늘었다고 하던데, 새로운 여신심사 가이드라인을 적용하면 가계부채 감소에 도움이 되겠군요.

② K차장 : 말도 말게나. 주택담보대출을 받을 때 만기일시상환으로 설정하면 이자만 내면 되었는데 말이야.

③ Y과장 : 맞습니다. 담보가치나 소득에 비해 많은 대출을 하거나 혹은 소득 증빙을 제대로 못하면 1년 이내부터 원금을 상환해야 하니 대출을 받으려는 사람도 줄어들 것 같습니다.

④ Q대리 : 네, 이제는 주택담보대출을 신청할 때 까다로운 심사 기준으로 인해서 대출받기가 어려워진다니 실수요자들이 피해를 입을까 걱정됩니다.

주식회사는 오늘날 회사기업의 전형이라고 할 수 있다. 이는 주식회사가 다른 유형의 회사보다 뛰어난 자본조달력을 가지고 있기 때문인데, 주식회사의 자본조달은 자본금, 주식, 유한책임이라는 주식회사의 본질적 요소와 관련된다.

주식회사의 자본금은 회사설립의 기초가 되는 것으로, 주식 발행을 통해 조성된다. 현행 상법에서는 주식회사를 설립할 때 최소 자본금에 대한 제한을 두지 않고 있으며, 자본금을 정관의 기재 사항으로도 규정하지 않고 있다. 대신 수권주식총수를 정관에 기재하게 하여 자본금의 최대한도를 표시하도록 하고 있다. 수권주식총수란 회사가 발행할 주식총수로, 수권주식총수를 통해 자본금의 최대한도인 수권자본금을 알 수 있다. 주식회사를 설립할 때는 수권주식총수 중 일부의 주식만을 발행해도 되는데 발행하는 주식은 모두 인수되어야 한다. 여기서 주식을 인수한다는 것은 출자자를 누구로 하는지, 그 출자자가 인수하려는 주식이 몇 주인지를 확정하는 것을 말한다. 회사가 발행하는 주식을 출자자가 인수하고 해당 금액을 납입하면 그 금액의 총합이 바로 주식회사의 자본금이 된다. 회사가 수권주식총수 가운데 아직 발행하지 않은 주식은 추후 이사회의 결의만으로 발행할 수 있는데, 이는 주식회사가 필요에 따라 자본금을 쉽게 조달할 수 있도록 하기 위한 것이다.

주식은 자본금을 구성하는 단위로, 주식회사는 주식 발행을 통해 다수의 사람들로부터 대량의 자금을 끌어모을 수 있다. 주식은 주식시장에서 자유롭게 양도되는데 1주의 액면주식은 둘 이상으로 나뉘어 타인에게 양도될 수 없다. 주식회사가 액면가액을 표시한 액면주식을 발행할 때, 액면주식은 그 금액이 균일하여야 하며 1주의 금액은 100원 이상이어야 한다. 주식회사가 발행한 액면주식의 총액은 주식회사설립 시에 출자자가 주식을 인수하여 납입한 금액의 총합과 같다.

① 주식회사는 자금을 모으기 위해 주식을 발행한다.

② 1주의 액면주식은 더 이상 나뉠 수 없는 단위이며 최소 100원 이상이어야 한다.

③ 현행 상법에서 규정하고 있는 최소 자본금을 만족해야 주식회사를 설립할 수 있다.

④ 주식회사 설립 시에 발행하는 주식은 반드시 전부 인수되어야 한다.

04 다음은 한국은행 금융통화위원회의 구성 및 운영에 대한 규정이다. 이에 대한 설명으로 옳지 않은 것은?

<한국은행 금융통화위원회 규정>

- 금융통화위원회의 구성

금융통화위원회는 한국은행의 통화신용정책에 관한 주요 사항을 심의·의결하는 정책결정기구로서 한국은행 총재 및 부총재를 포함하여 총 7인의 위원으로 구성된다.

한국은행 총재는 금융통화위원회 의장을 겸임하며 국무회의 심의를 거쳐 대통령이 임명한다. 부총재는 총재의 추천에 의해 대통령이 임명하며, 다른 5인의 위원은 각각 기획재정부 장관, 한국은행 총재, 금융위원회 위원장, 대한상공회의소 회장, 전국은행연합회 회장 등의 추천을 받아 대통령이 임명한다.

총재의 임기는 4년이고 부총재는 3년으로 각각 1차에 한하여 연임할 수 있으며, 나머지 금통위원의 임기는 4년으로 연임할 수 있다.

- 금융통화위원회의 운영

한국은행 총재는 금융통화위원회를 대표하는 의장으로서 회의를 주재한다. 금융통화위원회의 본회의는 의장이 필요하다고 인정하는 때, 또는 위원 2인 이상의 요구가 있을 때 의장이 소집할 수 있는데 현재는 매월 둘째 주, 넷째 주 목요일에 정기회의가 개최되고 있다. 본회의에 상정되는 안건을 심의·의결하기 위해서는 통상 7인의 금통위원 중 5인 이상의 출석과 출석위원 과반수의 찬성이 필요하며 금융통화위원회가 의결을 한 때에는 의결서를 작성한다. 한편 본회의의 논의 내용에 대해서는 의사록을 작성하고 의사록 내용 중 통화신용정책에 관한 사항에 대해서는 외부에 공개한다.

본회의 이외의 회의로는 상정 안건과 관련한 논의 등을 위한 간담회, 금융경제동향 등에 관하여 관련 부서의 보고를 듣고 서로 의견을 교환하기 위한 협의회 등이 있다. 한편, 대국회 보고를 위한 통화신용정책보고서나 연차보고서, 금융안정보고서, 한국은행의 예산 등과 같은 중요사안에 대해서는 별도로 심의위원회를 구성하여 보다 면밀한 검토가 이루어지도록 하고 있다.

① 면밀한 검토가 필요한 사안에 대해서는 본회의 외에 별도 위원회가 구성되기도 한다.
② 금융통화위원회 의장은 한국은행 총재이다.
③ 총재, 부총재를 제외한 금융통화위원은 총재가 임명한다.
④ 정기회의 개최를 위해서는 의장을 제외한 금융통화위원 최소 2인의 요구가 필요하다.

05 다음은 I은행의 계좌번호 생성 방법이다. 이를 참고할 때, 적절하지 않은 것은?

<계좌번호 생성 방법>

000 – 00 – 000000

- 1 ~ 3번째 자리 : 지점번호
- 4 ~ 5번째 자리 : 계정과목
- 6 ~ 10번째 자리 : 일련번호(지점 내 발급 순서)
- 11번째 자리 : 체크기호(난수)

[지점번호]

지점	번호	지점	번호	지점	번호
국회	736	영등포	123	동대문	427
당산	486	삼성역	318	종로	553
여의도	583	신사동	271	보광동	110
신길동	954	청담동	152	신용산	294

[계정과목]

계정과목	보통예금	저축예금	적금	당좌예금	가계종합	기업자유
번호	01	02	04	05	06	07

① 271-04-540616 : I은행의 신사동지점에서 발행된 계좌번호이다.

② 553-01-480157 : 입금과 인출을 자유롭게 할 수 있는 통장을 개설하였다.

③ 954-04-126541 : 일정한 금액을 주기적으로 불입하는 조건으로 개설했다.

④ 294-05-004325 : 신용산지점에서 4,325번째 개설된 당좌예금이다.

※ 다음은 기업은행의 체크카드에 대한 자료이다. 이어지는 질문에 답하시오. **[6~7]**

<기업은행 체크카드>

- 발급대상
  - 만 17세 이상으로 기업은행 요구불예금을 보유한 개인 고객
  - 만 14세 이상 만 17세 미만 고객은 기업은행 영업점 방문 시 비교통카드에 한해 발급 가능합니다(인터넷 발급 불가).
  - 특수채권 잔액 보유 또는 은행연합회 신용관리대상 등 일부 고객은 후불교통기능이 탑재된 기업은행 체크카드의 발급이 제한될 수 있습니다.

- 카드이용
  - 국내 신용카드 가맹점에서 결제계좌 잔액 범위 내에서 사용(즉시 결제), 후불교통카드 기능 탑재, 소액 신용결제 서비스

- 이용제한
  - 기업은행 오프라인 시간 및 전산가동 중단 시 이용이 제한될 수 있습니다(매월 세 번째 일요일 00:00 ~ 06:00).
  - 체크카드 소액신용결제서비스 신청 시 기업은행 전산가동 중단 시간대 이용은 전체 체크신용한도 범위 내 신용 승인됩니다.
  - 기업은행 전산가동 중단 시 또는 예금 잔액을 즉시 확인할 수 없어 매출승인이 불가능한 가맹점에서의 사용은 제한될 수 있습니다.

- 체크카드 국내 직불 이용한도

구분	1회	1일	월간	비고
기본 부여한도	600만 원	600만 원	2,000만 원	체크카드 발급 시 자동 부여
최고한도	2,000만 원	2,000만 원	5,000만 원	영업점 / 인터넷 / 모바일 앱 / 고객센터에서 신청
특별승인한도	1억 원	1억 원	1억 원	영업점 / 고객센터에서 신청(신청 후 30일 이내)

- 후불교통 기능 탑재(교통카드로 신청 시)
  - 버스, 지하철 등 대중교통 이용이 가능합니다.
  - 보증금 : 내국인 면제(단, 외국인의 경우 보증금 3만 원)
  - 대중교통 이용대금은 월 2회 지정된 결제일에 체크카드 결제계좌에서 자동 출금되며, 정상 출금되지 않은 경우 2영업일 이후 교통기능 사용이 불가할 수 있습니다.
  - 체크카드 후불교통 이용대금 출금일

이용일	1 ~ 15일	16 ~ 말일
출금일	15일+3영업일	말일+3영업일

06 다음 중 기업은행의 체크카드에 대한 설명으로 옳은 것은?

① 월간 기업은행 체크카드의 최고한도는 2,000만 원이다.

② 매월 두 번째 일요일 00:00 ~ 06:00에는 체크카드 이용이 제한될 수 있다.

③ 체크카드의 기본 부여한도는 체크카드 발급 시 자동 부여된다.

④ 체크카드의 후불교통 기능을 이용하기 위해서는 외국인의 경우 보증금 5만 원이 필요하다.

07 다음 10월 달력을 참고할 때, 기업은행 체크카드 이용고객의 9월 16일부터 9월 말일까지 사용한 후불교통 이용대금의 출금일과 10월 1일부터 10월 15일까지 사용한 후불교통 이용대금의 출금일이 바르게 연결된 것은?(단, 영업일은 주말 및 공휴일을 제외한 은행 영업 기간을 의미하며, 1영업일은 기준일의 다음 날이다. 예 11일+1영업일=12일)

<10월 달력>

일	월	화	수	목	금	토
9/30	1	2	3 개천절	4	5	6
7	8	9 한글날	10	11	12	13
14	15	16	17	18	19	20
21	22	23	24	25	26	27
28	29	30	31			

	9월 16 ~ 말일	10월 1 ~ 15일
①	10월 4일	10월 18일
②	10월 3일	10월 17일
③	10월 4일	10월 19일
④	10월 3일	10월 18일

08 다음은 환율 변동에 대비하기 위해 진행한 회의 내용이다. 이를 참고할 때, 적절하지 않은 언급을 한 사람은?

> **상황 보고자** : 우리 회사는 오늘 3월 25일에 미국 회사에 LCD 패널 100만 달러어치를 수출하기로 계약하고 대금을 2개월 후인 5월 25일에 받기로 하였습니다. 환율 변동성이 커진 최근의 경제 상황에 대비하기 위해 우리 금융대응팀에서 여러 경제적인 요인을 분석하여 3월 25일부터의 환율 및 달러 선물가격의 변동을 다음과 같이 예측했습니다. 3월 25일 현재 원/달러 환율은 1,250원/US$이고, 5월물 달러 선물의 가격은 1,260원/US$입니다.

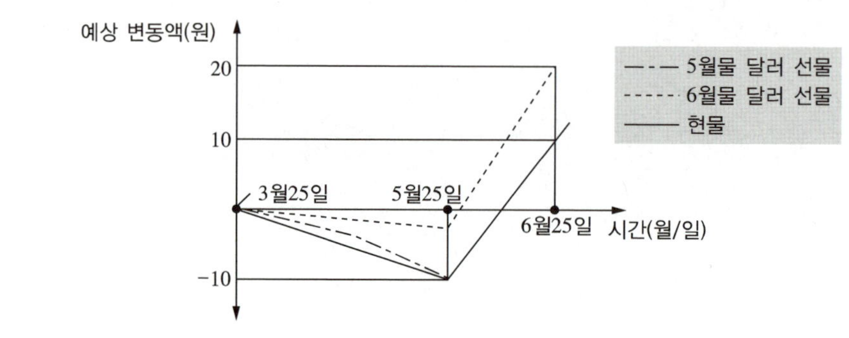

① 김대리 : 달러 현물가격의 추이로 볼 때 5월 25일에 현물로 대금을 받는다면 손실이 발생할 것이 분명하네요.

② 최과장 : 5월 25일에 거래되는 5월물 달러 선물 100만 달러어치를 팔기로 계약한다면 현물로 받은 대금의 손실을 보전할 수 있을 것 같습니다.

③ 이차장 : 전례가 있으니 미국 회사의 동의를 얻어 대금을 받는 날짜를 1개월 더 늦춰 6월 25일로 연기한다면 굳이 5월물 달러 선물을 계약할 필요가 없을 것 같습니다.

④ 박대리 : 현재 6월물 달러 선물 가격은 1,280원입니다. 따라서 대금을 받는 날짜를 1개월 더 연기하고, 6월 25일에 거래되는 6월물 달러 선물 100만 달러어치를 팔기로 계약하면 추가 이익이 발생해 회사에 도움이 될 것 같습니다.

※ 다음은 I은행의 출장여비 지급 기준에 대한 자료이다. 이어지는 질문에 답하시오. **[9~10]**

<출장여비 지급 기준>

항공비	숙박비(1박)	교통비	일비	식비
실비	• 1 · 2급 : 실비 • 3급 : 80,000원 • 4 · 5급 · 6급 : 50,000원	• 서울 · 경기지역 : 1일 10,000원 • 나머지 지역 : 1일 15,000원	30,000원/일	20,000원/일

※ 2급 이상 차이 나는 직급과 출장에 동행하게 된 경우, 높은 직급이 묵는 호텔에서 묵을 수 있는 금액을 지원함

1급	이사장
2급	이사
3급	부장
4급	차장
5급	과장
6급	대리

※ 부장, 차장, 과장, 대리의 출장비는 이사장, 이사>부장>차장>과장>대리의 순으로 차등함
 (단, 부장부터 일비 만 원씩 감소)

09 다음 중 I은행 출장여비에 대한 설명으로 옳은 것은?

① 외국으로 비행기를 타고 출장을 가는 B과장이 같은 객실에서 묵는다면 총비용은 항상 같다.

② 서울 · 경기지역으로 C차장이 1박 2일 출장을 간다면 출장비는 20만 원 이상이다.

③ 같은 조건으로 이사장과 이사가 출장을 간다면 이사장이 이사보다 출장비를 많이 받는다.

④ 이사장과 출장을 가게 된 A대리는 이사장과 같은 호텔, 같은 등급의 객실에서 묵을 수 있다.

10 부장과 차장이 함께 9박 10일로 제주도로 출장을 가게 되었다. 부장과 동일한 출장비를 제공하기 위하여 차장의 호텔을 한 단계 업그레이드 할 때 차장이 원래 묵을 수 있는 숙박비보다 얼마가 이득인가?

① 230,000원

② 250,000원

③ 270,000원

④ 290,000원

※ 다음은 임대주택 신청자의 신청 번호에 대한 자료이다. 이어지는 질문에 답하시오. **[11~13]**

임대주택 신청자의 신청 번호는 14자리로 이루어져 있다.

AA	BB	CCCC	DDD	E	FF
임대주택 구분	임대주택 신청연도	(예정)입주신청일	임대기간	공급면적	신청자 월평균소득 대비 비율

임대주택 구분	임대주택 신청연도	(예정)입주신청일
11 : 대학생 전형 12 : (신청일 기준 대학졸업후 2년 이내) 　　　사회초년생 전형 21 : (예비)신혼부부 전형 22 : (만 9세 이하 자녀가 있는)한부모 전형 30 : (만 65세 이상)고령자 전형	15 : 2015년 16 : 2016년 17 : 2017년 18 : 2018년 19 : 2019년 20 : 2020년 21 : 2021년	EF월 GH일 입주예정인 경우 EFGH로 입력 * 임대주택 입주신청일은 임대주택 　신청연도에 한해 가능함

임대기간	공급면적	신청자 월평균소득 대비 비율
RT0 : 2년 미만 RT2 : 2년 RT3 : 3년 RT4 : 4년 RT5 : 5년	N : 16m^2 B : 23m^2 E : 30m^2 X : 36m^2	GH : 80% 이하 VE : 100% 이하 QW : 120% 이하 CR : 150% 이하 FL : 180% 이하

* 임대기간이 2년 이상일 경우 6개월간 임대료가 면제됨

11 다음 중 2019년도 신청 및 10월 10일 입주 예정인 월평균소득 대비 비율이 100% 이하이고 대학생의 임대기간이 3년인 공급면적 30m^2 임대주택의 신청 번호로 옳은 것은?

① 11191001RT3EVE   ② 11191010RT3EVE

③ 12191001RT3EVE   ④ 12191010RT3EVE

12 다음 정보에 따라 임대주택을 신청한 A씨의 신청 번호로 옳은 것은?

> 올해로 만 65세인 A씨는 월평균소득 대비 65% 비율로 임대주택 신청 대상자라는 통지를 받았다. 그는 현재 전세 거주 중으로 계약만료일은 다음 달인 2018년 5월 22일이다. 이에 그는 계약만료일 5일 전으로 입주신청을 하였다. 그는 최대 임대기간으로 신청하였으며, 1인 가족으로 신청이 가능한 면적 16m^2 또는 23m^2 중 더 큰 면적으로 신청하였다.

① 30180517RT5BGH   ② 30180522RT5BGH

③ 30180527RT5BGH   ④ 30190517RT5BGH

13 다음 중 임대료 면제 혜택을 받을 수 있는 신청자는 모두 몇 명인가?

> 대학생과 사회초년생을 제외한 2018년도 이후 신청자 중에서 6개월간 임대료 면제 혜택 대상인
> 월평균소득 대비 비율 120% 이하인 신청자에게 추가로 2개월간 임대료 면제 혜택을 제공하려고
> 한다.

<신청자 신청 번호>

11180502RT4NGH	21191212RT0EQW	22201228RT2EVE	12190124RT2BQW
30150822RT2EFL	21160214RT2XCR	11160727RT0NCR	22150227RT2BFL
30171124RT2BQW	30180317RT3NGH	11200319RT3EVE	22200630RT2XQW
30190516RT2BCR	21180405RT3EVE	21190628RT2XGH	12200728RT5NVE

① 2명   ② 3명
③ 4명   ④ 5명

14 다음 자료를 참고할 때, 전세 보증금이 1억 원인 전세 세입자가 월세 보증금 1천만 원에 전월세 전환율 한도 수준까지의 월세 전환을 원할 경우, 월 임대료 지불액은 얼마인가?

> 나날이 치솟는 전세 보증금! 집주인이 2년 만에 전세 보증금을 올려달라고 하는데 사실 월급쟁이로
> 생활비를 쓰고 남은 돈을 저축하자면 그 목돈을 마련하지 못해 전세자금 대출을 알아보곤 한다. 그
> 럴 때 생각해 볼 수 있는 것이 반전세나 월세 전환이다. 이렇게 되면 임대인들도 보증금 몇 천만
> 원에서 나오는 이자보다 월세가 매달 나오는 것이 좋다 보니 먼저 요구하기도 한다. 바로 그것이
> '전월세 전환율'이다.
> 전월세 전환율은 {월세×12(개월)/(전세 보증금−월세 보증금)}×100으로 구할 수 있다.
> 그렇다면 전월세 전환율 비율의 제한은 어떻게 형성되는 걸까?
> 우리나라는 「주택임대차보호법」하에서 산정률 제한을 두고 있다. 보통 10%, 기준금리 4배수 중 낮
> 은 비율의 범위를 초과할 수 없다고 규정하고 있기 때문에 현재 기준 금리가 1.5%로 인상되어 6%가
> 제한선이 된다.

① 450,000원   ② 470,000원
③ 500,000원   ④ 525,000원

15 수인이는 베트남 여행을 위해 인천국제공항에서 환전하기로 하였다. 다음은 I환전소의 당일 환율 및 수수료를 나타낸 자료이다. 수인이가 한국 돈으로 베트남 현금 1,670만 동을 환전한다고 할 때, 수수료까지 포함하여 필요한 금액은?(단, 모든 계산과정에서 구한 값은 일의 자리에서 버림한다)

〈I환전소 환율 및 수수료〉

- 베트남 환율 : 483원/만 동
- 수수료 : 0.5%
- 우대사항 : 50만 원 이상 환전 시 70만 원까지 수수료 0.4%로 인하 적용
   　　　　 100만 원 이상 환전 시 총금액 수수료 0.4%로 인하 적용

① 808,840원　　　　　　② 808,940원

③ 809,840원　　　　　　④ 809,940원

| 금융일반 - 객관식 |

01 채권은 원금과 일정한 이자를 받을 권리가 있는 유가증권을 의미한다. 이러한 채권을 보유함으로 인해 발생하는 위험 중 거래 일방이 일시적인 자금 부족으로 정해진 결제 시점에 결제 의무를 이행하지 못함으로써 거래상대방의 자금조달계획 등에 악영향을 미치게 되는 위험을 무엇이라고 하는가?

① 재투자수익률 위험 ② 수의상환위험

③ 유동성 위험 ④ 채무불이행 위험

02 모든 금융기관은 신용평점제도를 채택하고 있으며 이것은 자체적으로 만든 기업신용평가등급표의 평가 항목을 기준으로 점수화하면서 구체화한다. 이러한 기업신용평가등급표의 평가 요소는 양적 평가 요소와 질적 평가 요소로 구성되어 있는데 다음 중 양적 평가 요소에 해당하는 것은?

① 진입장벽 ② 시장점유율

③ 재무비율 평가 항목 ④ 경영자의 경영능력

03 다음은 (주)한국의 주식을 기초자산으로 하는 옵션의 시세를 나타낸 자료이다. 이에 대한 설명으로 옳지 않은 것은?[단, (주)한국의 현재 주가는 370.00이다]

<옵션 시세표>

콜옵션	행사가격	풋옵션
1월물		1월물
4.34	375.00	13.65
5.17	372.50	12.05
6.12	370.00	10.40
7.23	367.50	9.23
8.50	365.00	7.99

① 행사가 375.00의 콜옵션은 외가격 옵션이다.

② 행사가 367.50의 풋옵션은 외가격 옵션이다.

③ 행사가 370.00의 콜옵션의 내재가치는 0이다.

④ 행사가 365.00의 콜옵션의 시간가치는 5이다.

04 다음은 (주)서울의 2021년 재고자산 관련 자료이다. (주)서울의 2021년 말 재무상태표상 재고자산 가액은?

<(주)서울 2021년 재고자산>
• 2021년 말 (주)서울은 창고에 200,000원 상당의 재고자산을 보관하고 있다.
• (주)서울은 2021년 12월 15일 미국의 A사로부터 재고자산 50,000원을 선적지인도조건으로 매입하였다. 해당 상품은 2021년 12월 27일 선적되었고, 2022년 1월 5일 도착하였다.
• (주)서울은 2021년 12월 20일 일본의 J사로부터 재고자산 40,000원의 주문을 받아, 도착지인도조건으로 계약하였다. 해당 상품은 2021년 12월 28일 선적되었고, 2022년 1월 2일 도착하였다.
• (주)서울은 2021년 12월 중 개당 20,000원의 시송품을 고객 10명에게 각각 인도하였고, 2021년 말 현재 구입의사를 밝힌 고객은 7명이다.
• (주)서울은 2021년 12월 중 30,000원의 재고자산을 고객 1명에게 판매하였고 해당 재고는 고객의 통제 하에 있으나, 해당 고객의 일시적인 사정으로 인해 2021년 말 현재 동 상품을 (주)서울의 창고에 보관중이다.

① 230,000원 ② 260,000원
③ 280,000원 ④ 320,000원

05 다음 글에서 설명하는 현상을 방지할 수 있는 대책으로 적절하지 않은 것은?

1913년 프랑스의 농업엔지니어 막시밀리앙 링겔만이 말(馬)의 능력을 연구하다가 특이한 현상을 발견했다. 상식적으로는 말 한 마리가 수레를 끌 때 100의 힘이 발휘됐다면, 두 마리가 끌 때는 힘의 합이 200이어야 한다. 그런데 그에 못 미쳤다. 두 마리일 때 말이 전력을 다하지 않았다.

사람을 대상으로 한 줄다리기 실험에서도 비슷한 현상이 나타났다. 밧줄을 혼자서 당길 때 100의 힘이 발휘됐다면, 둘이 당길 때는 각각 93%의 힘 밖에 쓰지 않았다. 셋일 땐 83%, 여덟 명일 땐 49%에 불과했다. 숫자가 늘어날수록 자기 힘을 아꼈다. 박수치는 실험 등 여러 형태의 실험에서도 마찬가지였다.

이처럼 집단 속에 참여하는 개인의 수가 늘어갈수록 성과에 대한 1인당 공헌도가 오히려 떨어지는 현상을 '링겔만 효과(Ringelmann Effect)'라고 부른다. 쉽게 말하면 혼자 일할 때보다 여럿이 함께 일할 때 개인의 노력과 효율이 감소한다는 얘기다.

집단 속에서 함께 일하면 개인의 공헌도가 분명히 드러나지도 않고, 과업의 결과에 대해서도 책임소재가 불분명해지기에 나타나는 현상이어서 '사회적 태만(Social Loafing)'이라고도 말한다.

업무 효율을 최대한 끌어올려야 할 경영자로서는 집단의 방패막 뒤에서 태만하게 지내고, 익명의 커튼 뒤로 숨어 책임을 회피하려는 부정적 심리를 차단할 필요가 있다.

① 집단의 크기를 최적화한다.
② 업무를 개인별로 할당한다.
③ 성과 배분의 의사결정 권한을 집단관리자에게 일임한다.
④ 집단을 평가할 때, 구성원 개개인의 평가점수도 공개한다.

06 무역에서 보편적으로 사용하는 거래 조건의 해석에 대한 국제통일규칙을 인코텀즈(Incoterms)라고 한다. 다음 〈보기〉 중 인코텀즈에 대한 설명으로 옳지 않은 것을 모두 고르면?

> **보기**
>
> 가. 강행법규에 해당한다.
> 나. 국제상업회의소(ICC)에서 5년마다 개정한다.
> 다. 은행이나 운송인에 대하여는 다루지 않는다.
> 라. 국제 거래뿐 아니라 국내 거래에서도 사용 가능하다.

① 나   ② 가, 나
③ 나, 다   ④ 다, 라

07 (주)A는 지난 분기 매출액 2,000억 원을 달성하였고 그중 매입액은 700억 원을 차지하였다. 그렇다면 지난 분기 (주)A의 부가가치율은?

① 50%   ② 55%
③ 60%   ④ 65%

08 유동비율$=\dfrac{(A)}{유동부채}\times100$, 자기자본수익률(ROE)$=(1+부채비율)\times(B)$일 때, A와 B에 들어갈 내용이 바르게 짝지어진 것은?

	A	B
①	유동자산	매출액순이익률
②	유형자산	총자본회전율
③	유동자산	총자본순이익률
④	재고자산	총자본회전율

 다음 기사에서 설명하는 개념으로 옳은 것은?

> C사가 싱가포르 온라인동영상서비스(OTT) 업체 '훅(Hooq)'을 인수했다. 이커머스 시장에서 점유율을 높인 데 이어 스트리밍 서비스로 사업영역을 확대하면서 지금까지 벤치마킹해 온 미국 아마존 사업모델과 같은 종합 플랫폼 업체로 거듭날지 주목된다.
>
> … 중략 …
>
> 이번 계약으로 C사가 자체 스트리밍 서비스를 제공하게 되면서 플랫폼 업체로서 사업영역 확장이 본격적으로 진행될 것으로 보인다. 최근 글로벌 이커머스 업체들이 쇼핑뿐만 아니라 콘텐츠 사업을 통해 플랫폼 기업으로 변모하는 양상을 보이고 있다. 아마존은 '아마존 프라임 비디오' 서비스를 제공하고 있다. 자체 오리지널 콘텐츠 제작에도 나서면서 OTT 업계를 주도하는 넷플릭스를 견제하는 분위기다. 블룸버그는 "한국 정부가 국내 OTT 업체를 글로벌 기업으로 육성하고자 콘텐츠 투자를 촉진해 성장지원을 약속했다."며 한국의 OTT 산업 성장에 대한 기대치가 높다는 점을 설명했다.

① 수직적 통합
③ 다각화

② 수평적 통합
④ 기능별 제휴

10 기말실사의 결과 재고자산이 1,000,000원인 경우, 다음의 추가 자료를 고려하여 재무상태표에 보고될 재고자산은?

> • 거래처에 시용 판매한 시송품 원가 1,500,000원 중 상대방이 70%에 대한 매입 의사를 밝혀왔다.
> • 회사는 F.O.B 도착지 인도조건으로 판매하여 현재 운송 중인 상품의 원가 550,000원이 있다.
> • 타 회사에 판매를 위탁한 적송품의 원가 1,000,000원 중 현재 타 회사는 50%를 판매하였다.

① 1,450,000원
③ 2,050,000원

② 1,950,000원
④ 2,500,000원

11 다음 중 자기자본에 해당하지 않는 것은?

① 자본금
③ 이익잉여금

② 자본잉여금
④ 차입금

12 다음 〈보기〉 중 비유동부채에 해당하는 것은 모두 몇 개인가?

보기

- 매입채무
- 미지급금
- 임대보증금
- 단기차입금
- 장기미지급금

- 예수금
- 장기차입금
- 선수수익
- 선수금
- 유동성장기부채

---

① 1개   ② 3개

③ 5개   ④ 7개

13 다음 〈보기〉 중 정부실패(Government Failure)의 원인이 되는 것을 모두 고르면?

보기

가. 이익집단의 개입
나. 정책당국의 제한된 정보
다. 정책당국의 인지시차 존재
라. 민간부문의 통제 불가능성
마. 정책 실행 시차의 부재

---

① 가, 나, 라   ② 나, 다, 마

③ 가, 나, 다, 라   ④ 가, 나, 라, 마

정부가 데이터 기반 정책 수립을 위해 전국의 의료기관을 대상으로 관련 설문조사를 진행한다.

보건복지부는 16일부터 4주간 전국 총 570개소 의료기관을 대상으로 '보건의료정보화 실태조사'를 실시한다고 밝혔다.

복지부는 이번에 처음으로 실시되는 실태조사에 대해 "정보통신기술과 보건의료 분야의 융합이 증가하고, 올해 데이터 3법이 시행에 따라, 디지털 뉴딜 시대의 보건의료정보정책 수립의 기초 통계자료로 이용하고자 한다."라고 그 배경을 밝혔다.

전국 총 570개소 의료기관이 대상이며 16일부터 총 4주간 실시된다. 특히 상급종합병원 42개소와 종합병원 311개소는 전수조사가 실시되고, 병원급은 <u>계통적 표본추출</u>을 통해 1,431개소 중 217개소를 선정해 조사한다.

설문은 △정보화 기반 △정보화 현황 △진료 활용체계 △연구 활용체계로 구분해 조사하고, 상급종합병원 및 300병상 이상 종합병원은 총 94문항, 300병상 미만 종합병원과 병원은 총 46문항으로 구성됐다.

조사는 이메일·방문 조사 등을 통해 진행되며, 조사결과는 기본 및 심층 분석을 거쳐 내년에 보건의료정보화 실태조사 결과 보고서를 발간할 예정이다.

14 윗글에서 밑줄 친 '계통적 표본추출'은 '체계적 표출(Systematic Sampling)'이라고도 한다. 다음 중 이 표본추출방법에 대한 설명으로 옳은 것은?

① 비확률 표본추출방법의 일종이다.

② 조사자의 주관이 개입되어 조사결과의 일반화가 불가능하다.

③ 전체 표본에서 무작위로 시작점을 선택 후, 매 n번째 구성요소를 추출하는 방식이다.

④ 모집단을 여러 소집단으로 나누고, 각 소집단으로부터 표본을 무작위 추출하는 방식이다.

15 다음 중 표본추출 과정을 바르게 나열한 것은?

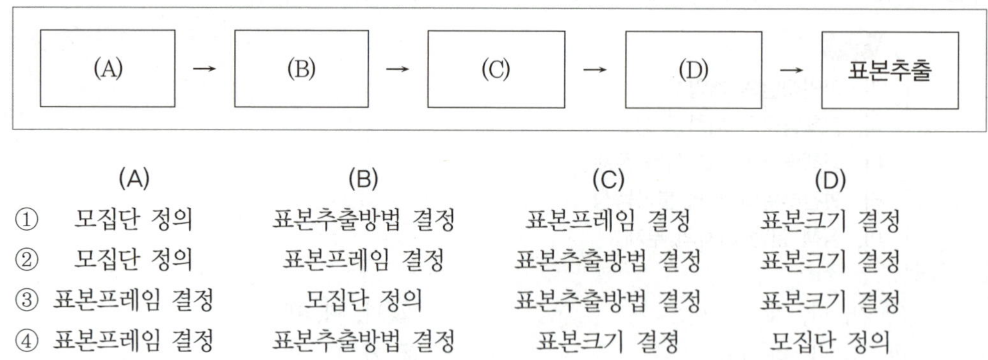

	(A)	(B)	(C)	(D)
①	모집단 정의	표본추출방법 결정	표본프레임 결정	표본크기 결정
②	모집단 정의	표본프레임 결정	표본추출방법 결정	표본크기 결정
③	표본프레임 결정	모집단 정의	표본추출방법 결정	표본크기 결정
④	표본프레임 결정	표본추출방법 결정	표본크기 결정	모집단 정의

01 다음 자료를 통해 (주)한국의 20x1년의 기말 재고자산 가액을 구하면?

<((주)한국의 20x1년 매출 및 매입관련 자료>

기초재고	250,000원
당기 총매입	370,000원
매입에누리	30,000원
당기 총매출	630,000원
매출에누리	20,000원
매출환입	10,000원
매출원가율	80%

(원)

02 20x1년 초 (주)한국은 상환의무 없는 정부보조금 2,500원을 수령하여 10,000원의 영업용 차량(내용연수 5년, 잔존가치 0원, 정액법으로 감가상각)을 구입하였다. 정부보조금은 자산의 장부금액에서 차감하는 방법으로 회계처리할 때, 20x1년 포괄손익계산서에 인식할 감가상각비를 구하면?

(원)

03 다음 중 GE/맥킨지 매트릭스에서 시장 지위를 유지하며 집중 투자를 고려해야 하는 위치는?

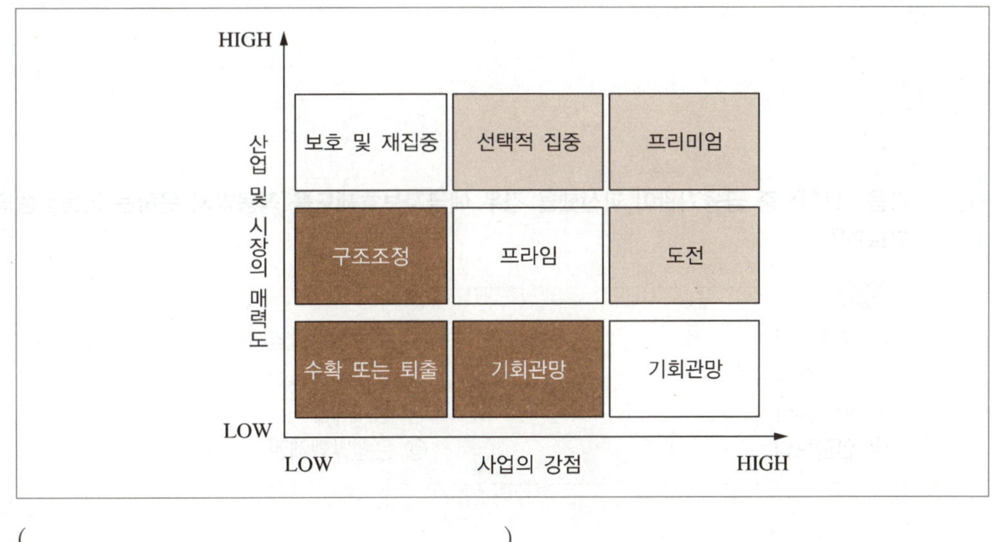

(   )

04 다음 〈보기〉 중 마이클 포터의 가치사슬모형에서 지원적 활동(Support Activities)에 해당하는 것을 모두 고르면?

㉠ 기업 하부구조	㉡ 내부 물류
㉢ 제조 및 생산	㉣ 인적자원관리
㉤ 기술개발	㉥ 외부 물류
㉦ 마케팅 및 영업	㉧ 서비스
㉨ 조달 활동	

(   )

05 다음 〈보기〉 중 금융기관이 파산했을 경우 예금자보호제도를 적용받지 못하는 금융상품을 모두 고르면?

㉠ 보통예금	㉡ 주택청약종합저축
㉢ 금융투자상품	㉣ 실적배당형신탁
㉤ 정기적금	㉥ 정기예금
㉦ 연금보험	㉧ 은행발행채권

(   )

01 다음 중 마이데이터(Mydata)의 특징으로 옳지 않은 것은?

① 여러 기관에 있는 자신의 정보를 한 번에 확인할 수 있다.

② 특정 업체에 자신의 정보를 제공할 수 있다.

③ 개인의 정보 주권을 보장하는 것이 목적이다.

④ 금융정보를 제외한 정보가 대상이 된다.

02 다음 글에서 설명하고 있는 것은?

> 빠른 온라인 인증을 위한 기술로 ID나 비밀번호를 입력하지 않고, 생체인식 기술을 통해 개인 인증을 할 수 있는 기술이다.

① RPA ② FIDO
③ 오픈API ④ Mashup

03 다음 글에서 설명하는 기술은?

> 이 장치는 병렬성(Parallelism)이 뛰어나다는 점에서 인간의 뇌 구조와 유사하여, 인공지능이 인간의 뇌와 같이 사고할 수 있도록 하는 일종의 비(非)지도 기계학습인 딥 러닝(Deep Learning)에 많이 활용되고 있다.

① CPU ② AI
③ HDD ④ GPU

04 다음 프로시저를 이용하여 [D2:G5] 영역의 내용만 지우려고 한다. (A)에 들어갈 코드로 옳은 것은?

```
Sub Procedure( )
Pange(“D2:G5”)
Select Selection. (A)
End Sub
```

① Clear
② Delete Contents
③ Free Contents
④ Clear Contents

05 다음 글의 밑줄 친 빈칸에 공통으로 들어갈 단어로 옳은 것은?

> ______________은/는 초고속으로 과학기술 계산을 처리하는 벡터 연산 기구를 갖춘 컴퓨터를 말한다. ______________은/는 특정한 정의 없이 그 시대에 가장 빠른 컴퓨터 정도를 의미하지만, 계산 속도가 현재 사용되는 PC보다 수백 ~ 수천 배 빠르고 많은 자료를 오랜 시간 동안 꾸준히 처리할 수 있는 컴퓨터를 ______________로/으로 분류한다.
> 연산 속도가 초고속인 것을 이용하여 자원탐사, 기상예보, 신약 개발, 자동차·비행기·선박의 설계, 원자력 발전소의 안정성 분석, 암 연구, 경제모델 분석 분야에 필수적으로 응용되고 있다. 몇 년 전 미국에서 교통관제에 사용되어 대형 컴퓨터나 중형 컴퓨터로 4.7 ~ 51시간 걸리던 일을 10분 만에 처리하고, 정밀한 자료분석으로 240억 배럴의 석유를 찾아내기도 했으며, 암호 해독에도 사용한다.

① 데스크톱 컴퓨터
② 슈퍼컴퓨터
③ 미니컴퓨터
④ 워크스테이션

01 다음을 참고하여 〈보기〉의 명령을 수행했을 때 출력될 결괏값으로 옳은 것은?

<table>
<tr><td colspan="4" align="center">〈명령어〉</td></tr>
<tr><td>명령어</td><td>설명</td><td>명령어</td><td>설명</td></tr>
<tr><td>i, j, k</td><td>변수</td><td rowspan="6">if 〈조건문〉:
　〈수행할 명령1〉
　〈수행할 명령2〉
　⋮
else:
　〈수행할 명령A〉
　〈수행할 명령B〉
　⋮</td><td rowspan="6">〈조건문〉이 참일 경우 if문 아래의 명령들을 수행하고, 〈조건문〉이 참이 아닐 경우 else문 아래의 명령들을 수행함</td></tr>
<tr><td>print( )</td><td>( )안의 값을 출력함. 단, ' ' 또는 " " 안의 값은 문자 그대로 출력함</td></tr>
<tr><td>찾는 값 in 변수</td><td>변수 안에 찾는 값이 포함되어 있으면 참을 반환하고, 그렇지 않으면 거짓을 반환함</td></tr>
<tr><td>len( )</td><td>( )안의 인수의 길이를 구함. 단, 띄어쓰기도 인수의 길이에 포함됨</td></tr>
<tr><td>x==y</td><td>x와 y가 같음</td></tr>
<tr><td>x!=y</td><td>x와 y가 같지 않음</td></tr>
</table>

<table>
<tr><td colspan="2" align="center">〈예시〉</td></tr>
<tr><td>

```
k="무궁화 꽃이 피었습니다."

if '무궁화' in k:
    print('꽃이 피었습니다.')
else:
    print('X')
```

</td><td>

결과값〉
꽃이 피었습니다.

</td></tr>
</table>

보기

```
i="동해물과 백두산이 마르고 닳도록"

if '백두산' in i:
    k=len(i)
    k=k+1
    print(k)
else:
    k=len(i)
    k=k-1
    print(k)
```

(　　　　　　　　　　　　　　　)

 다음 〈보기〉 중 용어와 설명이 바르게 연결되지 않은 것을 모두 고르면?

> **보기**
>
> ㉠ 쿼드러플 위칭데이(Quadruple Witching Day) : 주가지수 선물·주가지수 옵션·개별주식 선물·개별주식 옵션 등 네 가지 파생상품 만기일이 겹치는 날이다.
> ㉡ 달러인덱스(U.S. Dollar Index) : 경제 규모가 크거나 통화 가치가 안정적인 6개국 통화를 기준으로 미 달러화 가치를 지수화한 것이다.
> ㉢ 프롭테크(Proptech) : 저금리 국가의 자금을 빌려(캐리) 고금리 국가의 자산에 투자하는(트레이드) 것을 뜻한다.
> ㉣ 프로젝트 파이낸싱(Project Financing) : 금융기관이 사회간접자본 시설을 비롯한 대형 건설 개발 사업을 추진하려는 사업주의 신용이나 물적 담보가 아닌 프로젝트 자체의 경제성 혹은 미래 수익성에 근거하여 대출해주는 금융기법이다.
> ㉤ 스크루플레이션(Screwflation) : 경기가 침체되는 상황에서 물가가 상승하는 상태를 의미하며 그 특징상 자본주의 시장경제에서의 최대 경계 사태이기도 하다.
> ㉥ 레버리지(Leverage) : 가계의 총소비지출에서 전·월세 비용이나 주택 관련 대출 상환금, 세금, 보험 등 주거비가 차지하는 비중을 뜻한다.

(   )

정답 및 해설 p.097

01 NCS 직업기초능력

01 다음은 IBK기업은행에서 발급되고 있는 BLISS.7카드의 혜택 변경 전·후 대비 자료이다. 이에 대한 설명으로 옳지 않은 것은?

〈변경 전·후 대비〉

- 대상 상품 : BLISS.7카드
- 변경 일자 : 2021년 9월 2일
- 변경 내용 : 브랜드 스파 할인서비스 제휴처 중 '본 에스티스' 매장명 변경

구분	변경 전	변경 후
제휴처명	Von Estis 논현점	Von Estis 한남점
전화번호	02-515-5864	02-794-5864
위치	서울 서초구	서울 용산구
운영시간	평일 09:00 ~ 21:00 토요일 09:00 ~ 18:00 일요일, 공휴일 휴무	평일 10:00 ~ 21:30 토요일 10:00 ~ 18:00 일요일, 공휴일 휴무
내용	20% 할인(상시)	20% 할인(상시)

※ 본 변경사항은 신규 고객 및 기존 고객에게 동일하게 적용됨

① 매장명 변경과 함께 할인 서비스가 종류가 추가되었다.

② 운영시간 내에만 방문하면 언제든지 할인을 받을 수 있다.

③ 2021년 9월 4일 구매자와 2021년 8월 13일 구매자는 서로 다른 매장을 이용했을 것이다.

④ 기존 고객도 할인 서비스 제휴처가 동일하게 적용된다.

 다음은 퇴직공직자 취업제한제도에 대한 자료이다. 이에 대한 내용으로 적절하지 않은 것은?

〈퇴직공직자 취업제한제도〉

□ 도입목적

퇴직공직자와 업체 간의 유착관계 차단, 퇴직 전 근무했던 기관에 영향력 행사 방지를 통해 공무집행의 공정성과 공직윤리 확립

□ 제도개요

- 제한대상 및 기간 : 취업심사대상 퇴직공직자, 퇴직 후 3년간
- 제한조건 : 퇴직 전 5년 동안 소속하였던 부서(고위공직자는 소속기관)와 취업예정기관 간의 밀접한 업무관련성*

  * 업무관련성 : 재정보조, 인·허가, 검사·감사, 조세부과, 계약, 감독, 사건수사 등

- 취업심사대상기관

① 자본금 10억 원&외형거래액 100억 원 이상 영리사기업체

② 외형거래액 100억 원 이상 법무법인 등, 회계법인, 외국법자문법률사무소, 합작법무법인

③ 외형거래액 50억 원 이상 세무법인

④ 취업이 제한되는 사기업체가 가입하고 있는 협회

⑤ 공공기관의 운영에 관한 법률 제5조 제3항 제1호 가목에 해당하는 시장형 공기업

⑥ 안전감독, 인허가 규제, 조달업무 수행 공직유관단체

⑦ 초·중등교육법, 고등교육법 제2조에 따른 학교를 설립·경영하는 학교법인과 학교법인이 설립·경영하는 사립학교

⑧ 의료법 제3조의3에 따른 종합병원과 종합병원을 개설한 법인

⑨ 사회복지사업법 제2조 제3호에 따른 기본재산이 100억 원 이상인 사회복지법인과 사회복지시설을 운영하는 사회복지법인 이외의 비영리법인

⑩ 방산·식품·의약품 등 특정분야 사기업체와 법인·단체 등

□ 업무처리

① 취업심사대상자*가 취업심사대상기관에 취업을 하려는 경우

  * (2020.6.3 이전 퇴직공직자) 재산등록의무자였던 공무원 및 공직유관단체의 임직원

  * (2020.6.4 이후 퇴직공직자) 법 제3조제1항 제1호~제12호 및 영 제31조 제1항의 취업대상자

② 퇴직 전 5년간 소속하였던 부서(고위공직자는 소속기관)의 업무와 밀접한 관련성 여부 심사·결정

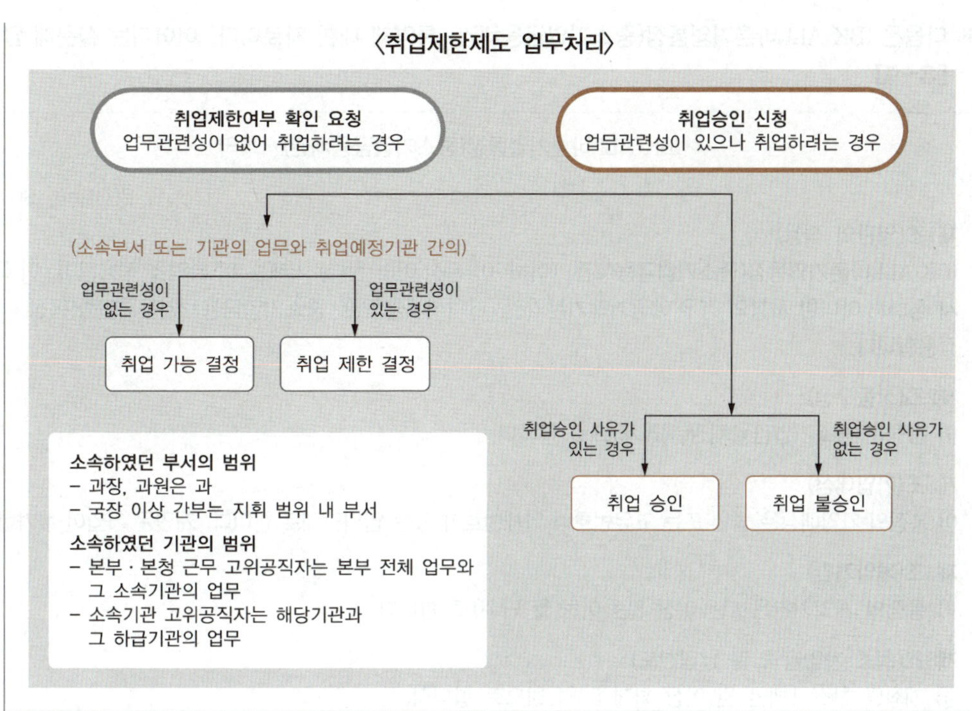

① 공직자가 퇴직 후 4년이 지나고 업무관련성이 없는 곳에 취업한 경우에는 적용되지 않는다.

② 국세청에서 2019 ~ 2021년 동안 근무한 공직자가 2021년에 퇴직하여 외형거래액이 200억 원인 세무법인에 취업할 경우 취업심사대상자가 된다.

③ 업무관련성이 없는 외형거래액이 25억 원인 세무법인에 취업하려는 퇴직공직자는 취업심사대상 자이다.

④ 업무관련성이 없는 자본금 10억 원 & 외형거래액이 80억 원인 영리사기업체에 취업하려는 퇴직 공직자는 취업심사대상자가 아니다.

※ 다음은 IBK ALL바른기업통장(중소기업금융채권) 특약에 대한 자료이다. 이어지는 질문에 답하시오.
[3~4]

「IBK ALL바른기업통장(중소기업금융채권)」 특약

2021. 6. 30. 제정

제1조(약관의 적용)

IBK ALL바른기업통장(중소기업금융채권) (이하 '이 통장'이라 한다) 거래는 이 특약을 적용하며, 이 특약에서 정하지 아니한 사항의 경우 예금거래기본약관, 거치식예금약관, 중소기업금융채권등록필증(통장) 약관을 적용합니다.

제2조(상품구성)

이 통장은 중소기업금융채권(복리채)으로 합니다.

제3조(가입대상)

이 통장의 가입대상은 법인 또는 고유번호나 납세번호가 있는 임의단체로 합니다. 개인은 가입이 불가합니다.

제4조(계약기간)

이 통장의 계약기간은 1년 이상 3년 이하(월 단위)로 합니다.

제5조(최소 가입금액 및 납입한도)

① 계좌당 최소 1백만 원 이상 최대 50억 원으로 합니다.

② 은행에서 운용할 수 있는 신규한도 소진 시에는 가입이 제한될 수 있습니다.

제6조(고시금리)

이 통장은 가입일 당시 영업점 및 은행 홈페이지에 게시한 고시금리를 적용합니다.

제7조(우대금리)

이 통장은 계약기간 동안 아래 조건을 충족하고 만기해지하는 경우 해당 우대금리를 제공합니다. 단, 우대금리의 합은 최고 연 0.3%p를 초과할 수 없습니다.

구분	주요 내용	우대금리
ESG	가. (ESG 서약) ESG 경영 실천서약 참여	0.1%p
	나. (ESG 인증 보유) • 환경경영 : ISO14001(환경경영시스템) 등 국제환경규격(ISO14000시리즈), ISO50001(에너지경영시스템) 인증 • 녹색인증 : 녹색기술 · 녹색기술제품 · 녹색전문기업 • 책임경영 : ISO26000(사회책임경영시스템) • 사회적기업 : 고용노동부 인증 기업	한 가지 이상 충족 시 0.1%p
	다. (ESG 캠페인 참여) K-RE100(재생에너지 사용), K-EV100(무공해차 전환)	
	라. (일자리 창출) 고용인원 증가 기업 • 고용보험 가입자 명단 제출 필요, 미제출시 인정 안 됨	0.1%p
비대면	마. (비대면 채널우대) 인터넷뱅킹, i-ONE뱅크 등 비대면채널을 통해 동 상품 가입	0.2%p

03 다음 〈보기〉의 A∼D 중 IBK ALL바른기업통장을 가입할 수 있는 대상자는?

- A : 1억 원을 예금하려고 하는 직장인이자 개인인 김◇◇씨
- B : 개인사업자이면서 첫 가입액을 800,000원으로 예금하는 최◆◆
- C : 납세번호가 없는 임의단체인 ▽▽단체
- D : 2년 6개월간 5억 원을 예금하려고 하는 주식회사 ◇◇법인

① A

② B

③ C

④ D

04 다음 중 IBK ALL바른기업통장의 약관에 따라 가장 높은 우대금리 혜택을 받고 있는 기업은?

구분	ESG 경영 실천서약 참여	인증 보유	고용노동부 인증	일자리 창출 관련
(주)백두	ESG 실천서약 참여 ○	ISO14001 (환경경영시스템) 인증 ○	사회적기업 (고용노동부 인증 기업)	고용인원 증가 기업
(주)한라	ESG 실천서약 참여 ○	ISO14001 (환경경영시스템) 인증 ○	사회적기업 (고용노동부 미인증 기업)	고용인원 증가 기업 (고용보험 가입자 명단 미제출)
(주)태백	ESG 실천서약 참여 ○	ISO11001 (협력비즈니스시스템) 인증 ○	사회적기업 (고용노동부 미인증 기업)	고용인원 증가 기업
(주)관악	ESG 실천서약 참여 ×	ISO26000 (사회책임경영시스템) 인증 ○	일반기업	고용인원 증가 기업

① (주)백두

② (주)한라

③ (주)태백

④ (주)관악

※ 다음은 IBK기업은행의 유연근무 현황을 나타낸 자료이다. 이어지는 질문에 답하시오. **[5~6]**

⟨IBK 유연근무 현황⟩

(단위 : 명)

구분				2016년	2017년	2018년 남	2018년 여	2019년 남	2019년 여	2020년 남	2020년 여
시간선택제	채용	정규직(일반)	인원수	0	0	0	0	0	0	0	0
			전일제 환산	0	0	0	0	0	0	0	0
		정규직(무기)	인원수	30	0	1	56	22	162	17	88
			전일제 환산	15	0	0.5	28	11	81	8.5	44
		비정규직	인원수	0	0	31	64	0	0	0	0
			전일제 환산	0	0	15.5	32	0	0	0	0
		합계	인원수	30	0	32	120	22	162	17	88
			전일제 환산	15	0	16	60	11	81	8.5	44
	전환	정규직(일반)	인원수	13	11	0	37	0	55	0	57
			전일제 환산	8.75	8	0	27.75	0	41.25	0	42.3
		정규직(무기)	인원수	37	21	0	61	0	122	0	127
			전일제 환산	26	15.25	0	45.5	0	91	0	94.7
		비정규직	인원수	0	0	0	0	0	1	0	0
			전일제 환산	0	0	0	0	0	0.75	0	0
		합계	인원수	50	32	0	98	0	178	0	184
			전일제 환산	34.75	23.25	0	73.25	0	133	0	137
탄력근무제	전체	시차출퇴근형	인원수	20	688	862	947	771	970	971	1,001
		근무시간선택형	인원수	10	0	0	0	0	0	0	0
		집약근무형	인원수	0	0	0	0	0	0	0	0
		탄력근무형	인원수	0	0	48	12	91	37	69	32
		선택근무형	인원수	0	0	119	54	227	108	384	162
		재량근무형	인원수	0	0	0	0	0	0	0	0

- 시간선택제, 탄력근무제, 원격근무제 대상 : 정규직(일반정규직, 무기계약직), 비정규직
- 시간선택제(채용) : 주 35시간 이하 시간 근무로 실시기간과 상관없음
- 시간선택제(전환) : 주 35시간 이하 시간 근무로 실시기간 1개월 이상
- 전일제 환산은 8시간/일 기준으로 환산된 수치
- 탄력근무제, 원격근무제의 종류
  - 시차출퇴근형 : 주 5일 근무, 1일 8시간 근무, 출퇴근시간 자율 조정
  - 근무시간선택형 : 주 5일 근무, 주 40시간 유지, 1일 8시간에 구애받지 않고 근무시간 자율 조정
  - 집약근무형 : 주 3.5 ~ 4일 근무, 주 40시간 유지, 1일 8시간에 구애받지 않음
  - 재량근무형 : 출퇴근 의무없이 일정한 과제 수행으로 주 40시간 인정
  - 재택근무형 : 사무실이 아닌 자택에서 근무
  - 스마트워크근무형 : 스마트워크센터 등 별도 사무실에서 근무

05 2018 ~ 2020년 채용 정규직(무기) 인원 중 여성 인원이 차지하는 비율은 약 몇 %인가?(단, 소수점 첫째 자리에서 반올림한다)

① 88% ② 73%

③ 60% ④ 51%

06 다음 중 위 자료에 대한 설명으로 옳은 것은?

① 시간선택제(채용) 근로자 수가 시간선택제(전환) 근로자 수보다 많았던 연도는 모두 3개년이다.

② 시차출퇴근형 근무자는 2018년보다 2019년에 더 많았다.

③ 주 3.5 ~ 4일 근무, 주 40시간 유지, 1일 8시간에 구애받지 않는 근무제 인원은 제시된 기간 동안 전년 대비 항상 증가했다.

④ 2019년에는 2018년보다 시간선택제(채용) 근로자가 더 많았다.

07 다음은 재정사업 심층평가와 관련된 내용이다. 이를 읽고 추론할 수 있는 내용으로 가장 적절한 것은?

<재정사업 심층평가>

□ 도입배경 및 연혁

재정사업자율평가가 리뷰방식에 근거한 부처별 자체평가에 기초하고 있어 개별사업이나 사업군의 심층적인 평가에 한계가 있다는 지적과 주요 재정사업의 성과측정이 미비하여 주요 재정사업의 성과를 심층 분석평가하여 재정운용에 반영하기 위해 2005년 시험평가를 시작으로 2006년 도입

• 2006 ~ 2009년 개별사업에 대한 심층평가 진행
• 2010년 사업군에 대한 심층평가*로 전환
  * 사업군 심층평가 : 정책목적·대상 등이 유사한 다수의 사업을 사업군으로 묶어 정책적 타당성을 포함한 성과평가를 실시하고, 재정운용 성과를 제고하기 위한 종합적 개선방안 도출
• 2014년 KDI에서 한국조세재정연구원으로 총괄기관 변경

□ 목적

• 재정사업 추진성과 점검 및 분석을 통해 지출효율화방안을 마련하여 향후 재정운용의 성과 제고
• 예산편성 및 기금운용계획의 수립, 재정사업의 집행 및 성과관리, 재정운용 관련 제도개선 등에 활용

□ 주요평가요소

• 적절성(Relevance) : 사업은 정부의 역할로서 적절한가? 사업수행방식은 적절히 설계되어 있는가?
• 효과성(Effectiveness) : 사업의 결과로서 사업의 특정목표 및 일반목표가 달성되었는가?
• 효율성(Efficiency) : 여러 투입이 얼마나 경제적으로 사용되어 산출 및 중간결과로 전환되었는가?
• 효용성(Utility) : 사업의 결과 실제로 사업에 대한 수요가 얼마나 충족되었는가?
• 지속가능성(Sustainability) : 사업이 중단되었을 때 사업으로 인한 긍정적인 변화가 얼마나 오랫동안 지속될 수 있을 것인가?

□ 평가절차

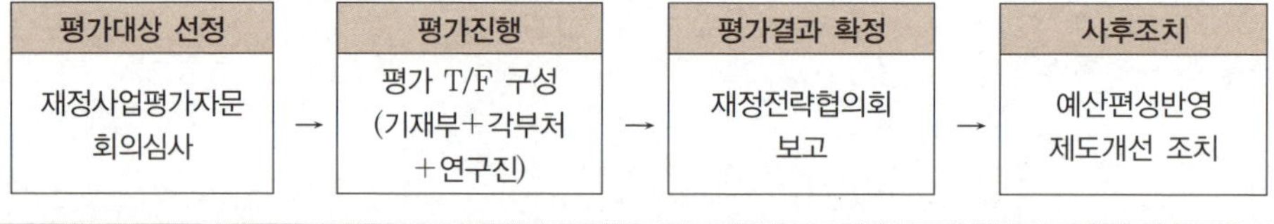

① 사업군에 대한 심층평가 방법에서 KDI로 총괄기관이 변경됨에 따라 개별사업에 대한 심층평가로 진행되었다.

② A사업에 200억 원의 예산이 투입되었지만 A사업의 목표가 달성되지 않을 경우 효용성이 낮다고 볼 수 있다.

③ 2006년 이전까지 부처별 재정사업에 대한 자체평가에는 주요 재정사업의 성과가 재정운용에 적절하게 반영되지 않았다.

④ 재정전략협의회에 보고가 된 이후에 평가 T/F가 구성되어 제도개선 조치가 이루어진다.

08 다음은 IBK기업은행의 대출상품과 그에 따른 이자율에 대한 자료이다. 서울시에서는 직장인들의 금융부담을 덜어주기 위해 대출금에 대한 이자를 지원하기로 하였는데, 1인당 부담가능 이자비용이 서울시 이자 지원금을 초과하는 (주)시대 직원을 모두 고르면?

〈상품별 이자율〉

(단위 : %)

구분	이자율
A대출상품	1.0
B대출상품	2.0
C대출상품	1.5
D대출상품	2.5

〈(주)시대 직원의 대출상품 신청 현황 및 서울 대출액 이자 지원금〉

(단위 : 만 원)

구분	대출상품	대출액	서울시 이자 지원금
김주임	A대출	1,000	2
이과장	A대출	5,000	11
	B대출	4,000	
박대리	B대출	1,000	8
	D대출	2,000	
오과장	A대출	4,000	10
	D대출	2,000	
주부장	C대출	5,000	15
	D대출	4,000	

※ 1인당 평균 이자비용 : 10만 원

$$※\ 1인당\ 부담가능\ 이자비용 = \frac{(상품별\ 대출액 \times 상품별\ 이자율)의\ 총합}{1인당\ 평균\ 이자비용}$$

① 김주임, 주부장

② 박대리, 오과장

③ 김주임, 박대리

④ 이과장, 주부장

09 K사에 근무하는 L사원은 인사부 담당자이다. 사원 명부를 확인하다 과거에 근무하였던 동명이인인 세 사람을 발견하였는데, 전임자의 실수로 입사 연도와 퇴사 연도가 잘못 분류되어 있었다. L사원이 과거 급여이체내역을 통해 다음과 같이 사원 명부를 수정하였다면, 이 세 사람이 함께 근무했던 기간으로 옳은 것은?

<K사 사원 명부>

- 김주미 1 : 2009년 6월에 입사하여 2018년 6월 25일에 퇴사하였다.
- 김주미 2 : 총 8년을 근속하였고, 출산으로 인한 육아휴직을 1년간 실시하였고, 복귀 후 6개월 후에 퇴사하였다.
- 김주미 3 : 총 3년을 근속하였고, 2021년 5월 25일에 퇴사하였다.
1) 육아휴직 후 복귀일은 매월 1일이다.
2) 퇴사일은 매월 25일이다.
3) 급여일은 매월 25일이다.
4) 근무시작일은 모두 1일부터 시작하였으며, 근속기간 중 휴직 혹은 병가는 없었다.

이체확인서			
이체일시 2021-08-25 17:32:34			
보내는분	기업은행 회계부	받는분	김주미 2
출금계좌	423-****-23213	입금은행 / 입금계좌	◇◇은행(414493394)
수수료	0 원	이체금액	1,930,342
내 통장 표시내용	8월 급여	받는분 통장 표시내용	-
이체확인서			
이체일시 2021-07-25 16:12:24			
보내는분	기업은행 회계부	받는분	김주미 2
출금계좌	423-****-23213	입금은행 / 입금계좌	◇◇은행(414493394)
수수료	0 원	이체금액	1,930,342
내 통장 표시내용	7월 급여	받는분 통장 표시내용	-

※ 이체확인서는 김주미 2의 퇴사 전 2개월 간의 급여 이체자료임

① 2016년 6월 1일 ~ 6월 25일
② 2017년 1월 1일 ~ 1월 25일
③ 2018년 1월 1일 ~ 1월 31일
④ 2018년 6월 1일 ~ 6월 25일

※ 다음은 IBK기업은행 A지점과 B지점의 상품별 월 수익을 정리한 자료이다. 이어지는 질문에 답하시오.
[10~11]

<상품별 월 수익>

(단위 : 억 원)

구분		B지점			
	상품	예 · 적금	펀드	대출	보험
A지점	예 · 적금	(3, 5)	(4, 5)	(4, 7)	(6, 5)
	펀드	(2, 6)	(2, 2)	(9, 5)	(1, 2)
	대출	(6, 4)	(8, 6)	(3, 5)	(8, 4)
	보험	(3, 5)	(2, 5)	(4, 6)	(7, 3)

※ 괄호 안의 숫자는 A지점과 B지점이 금융상품으로 얻는 월 수익을 의미함
　例 A지점이 예금 상품을 판매하고 B지점이 펀드 상품을 판매했을 때, A지점의 월 수익 4억 원이고 B지점의 월 수익은 5억 원임

<분기별 소비자 선호 상품>

구분	1분기	2분기	3분기	4분기
선호 상품	보험	대출	펀드	예 · 적금

※ 소비자가 선호하는 상품을 판매하면 월 수익은 10% 증가함

10　A지점의 4분기 금융상품 정보를 알 수 없다고 할 때, B지점이 4분기 기대수익의 평균을 가장 크게 하려면 다음 중 어떤 종류의 상품을 판매해야 하는가?

① 예 · 적금
② 펀드
③ 대출
④ 보험

11　A지점과 B지점이 소비자의 선호 상품을 재조사한 결과 3분기에 소비자들은 기존의 펀드와 더불어 예 · 적금을 둘 다 선호하는 것으로 나타났다. 이때, A지점과 B지점의 3분기 기대수익 차이가 가장 작은 경우는 언제인가?

	A지점	B지점
①	예 · 적금	대출
②	펀드	펀드
③	보험	대출
④	대출	예 · 적금

※ 다음은 입찰업체와 관련된 자료이다. 이어지는 질문에 답하시오. [12~13]

〈계약이행성실도〉

(단위 : 점)

심사항목	평가요소	배점한도	등급	평점
가. 납품지연	지체일수	-2.0	A. 최근 6개월 이내에 조달청(또는 자체 공동전산망을 활용하여 정보를 공유하는 국가기관 및 소속기관)과의 계약이행과정에서 지체상금 부과를 받은 자 – 지체일수 75일 이상 – 지체일수 60일 이상 75일 미만 – 지체일수 45일 이상 60일 미만 – 지체일수 30일 이상 45일 미만 – 지체일수 15일 이상 30일 미만 – 지체일수 1일 이상 15일 미만 단, 여러 건의 지체상금이 중복 부과된 경우의 지체일수 계산은 합산한 기간으로 한다.	-2.0 -1.75 -1.5 -1.0 -0.5 -0.25
나. 불공정 하도급 거래	하도급법 위반정도		A. 최근 1년 이내에 공정거래위원장으로부터 하도급 상습 범위반자로 통보받은 자	-2.0
다. 부정당업자 제재	부정당업자로 제재받은 총제재기간		A. 최근 2년 이내 부정당업자 제재를 받은 자로서 부정당업자 제재기간 종료일이 입찰공고일로부터 2년 이내에 포함된 전체 부정당업자 제재 건의 총제재기간에 따라 – 총제재기간 1년 6개월 이상인 경우 – 총제재기간 1년 이상 1년 6개월 미만인 경우 – 총제재기간 6개월 이상 1년 미만인 경우 – 총제재기간 1개월 이상 6개월 미만인 경우	-2.0 -1.5 -1.0 -0.5

〈입찰업체 평가요소 현황〉

구분	계약이행성실도 심사항목		
입찰업체	가	나	다
A시스템	지체일수 55일	–	총제재기간 8개월
B시스템	지체일수 10일	–	–
C시스템	–	과거 3년 전 상습위반자로 통보받음	총제재기간 150일
D시스템	지체일수 31일	–	총제재기간 7개월

〈입찰업체 입찰액〉

입찰업체	입찰액
A시스템	58,620,000원
B시스템	55,500,000원
C시스템	60,000,000원
D시스템	60,000,000원

12 IBK기업은행은 최근 내부 소프트웨어 사용권계약과 관련한 입찰공고를 실시하였고, 총 4곳의 업체가 입찰에 참여하였다. 낙찰을 위한 최소 입찰액이 55,800,000원일 때, 다음 중 입찰에 낙찰된 회사로 옳은 것은?(단, 평점 감점이 가장 적은 곳에 낙찰된다)

① A시스템　　　　　　　　　　② B시스템
③ C시스템　　　　　　　　　　④ D시스템

13 다음의 추가적인 기타사항이 공시되었을 때, 기타사항의 내용을 잘못 이해하고 있는 사람은?

〈기타사항〉

■ 입찰참가등록
　– 마감일시 : 2021.08.02(월) 15:00
　– 제출처 : (주)IBK시스템 통합구매부(충무로 본사 12F) 직접방문 제출
■ 낙찰자 선정방법
　– 예정가격 이하로서 낙찰하한율 이상 최저가격으로 입찰(역경매)한 자 순으로 계약이행 심사하여 종합평점 88점 이상인 자를 낙찰자로 결정
　　※ 낙찰하한율 : 공고문 내 참조
　– 동일가격으로 입찰한 자가 2인 이상일 경우 이행심사에 따른 평가결과 최고점수를 받은 자를 낙찰자로 결정하며, 평가결과 점수도 동일한 경우 추첨하여 낙찰자 결정
　– 이행심사 대상자로 통보받은 회사는 통보를 받은 날부터 7일 이내에 이행심사 서류를 서면으로 제출하여야 하며, 통보가 없을 경우에는 선정에서 제외됨
■ 낙찰발표일
　– 발표일 : 2021.08.16(월) 15:00
■ 제출서류 : 제출서류 목록표(첨부파일)에 따름
■ 제품(정품)공급 및 기술지원 확약서 제출(낙찰자에 해당)
　– 낙찰 후 낙찰일로부터 7일 이내 제출하여야 함
　– 기한 내 미제출 시 낙찰취소 및 재공고하며 해당자는 입찰참여가 제한될 수 있음
■ 기타
　– 본 공고는 당사 사정에 따라 변경되거나 취소될 수 있음
　– 참여사는 당사 전자구매시스템(http://epro.ibksystem.co.kr)에 회원가입을 완료하여야 함
■ 문의처 : 총무부 신○○ 과장(02-123-4234, san33333@ibksystem.co.kr)

① 김대리 : 접수는 우편 또는 온라인으로는 지원이 안 되네.
② 이주임 : 낙찰 후 관련 서류는 8월 23일 14:50에 제출하면 되겠군.
③ 박과장 : 동일한 점수를 가진 업체가 발생할 경우 재입찰을 통해 낙찰이 진행될 예정이군.
④ 주사원 : 별도의 전자구매시스템 추가가입이 필요하군.

※ IBK기업은행은 상반기 체육대회를 실시하기로 하였고, 복리후생 차원에서 다음 기준에 따라 티셔츠를
   맞추려고 한다. 이어지는 질문에 답하시오. [14~15]

<수량별 티셔츠 개별 단가>

(단위 : 원)

구분	500명 이상	500명 미만
로고 앞면	8,000	10,000
로고 앞면+뒷면	12,000	15,000

※ 고급 원단으로 제작할 경우 정가의 10% 가격 추가

14 티셔츠는 1인당 2벌씩 제공하기로 하였으며, 고급 원단을 이용하여 티셔츠 앞면에만 로고를 넣기
   로 하였다. 제작비용이 11,792,000원 소요되었을 때, 상반기 체육대회에 참석하는 직원은 총 몇
   명인가?

① 467명   ② 536명
③ 600명   ④ 670명

15 이번 체육대회에는 체험형 인턴들이 참여하게 되어, 체험형 인턴에게도 티셔츠를 제공하려고 한다.
   체험형 인턴에게 지급하는 티셔츠는 고급원단에 양면 로고가 넣어져 있는 티셔츠를 특별 제작하여
   1인당 1벌씩 제공하려고 한다. 체험형 인턴 티셔츠 개별단가는 16,500원이고 총비용이 1,864,500
   원 소요되었다면, 체험형 인턴은 총 몇 명인가?

① 86명   ② 97명
③ 113명   ④ 121명

※ IBK기업은행 본사는 직원 복지를 위해 커피머신을 구매하려고 계획하고 있으며, 다음은 커피머신기에 대한 견적 및 정보를 나타낸 자료이다. 이어지는 질문에 답하시오. **[16~17]**

〈커피머신 견적 및 정보〉

구분	N커피머신	M커피머신	I커피머신	L커피머신
제조사	미국 N회사	중국 M회사	이탈리아 I회사	이탈리아 L회사
가격	101,000원	81,600원	168,000원	180,800원
단위당 커피캡슐 가격	496원	427원	830원	655원
주요 특징	타사제품 호환가능	타사제품 호환가능	타사제품 호환불가	타사제품 호환불가
	약간 연한 맛	약간 연한 맛	풍부하고 진한 맛	풍부하고 진한 맛
	2년 A/S 보장	A/S 보장 ×	3년 A/S 보장	3년 A/S 보장
	우유 스팀 가능	우유 스팀 불가	우유 스팀 가능	우유 스팀 가능
	세척용이성 中(무난)	세척용이성 下(쉬움)	세척용이성 中(무난)	세척용이성 高(어려움)

16 커피머신 구매를 담당하고 있는 K주임은 사내 설문조사를 통해 팀별 커피머신 선호도를 조사하였다. 이를 참고할 때, 팀별로 구매할 커피머신을 바르게 연결한 것은?

〈커피머신 선호도〉

평가요인 \ 팀	운영1팀	운영2팀	운영3팀	운영지원팀	경영지원팀
맛 선호도	진한 맛 선호	연한 맛 선호	연한 맛 선호	진한 맛 선호	연한 맛 선호
우유 스팀 여부	필요	불필요	불필요	필요	필요
세척용이성 선호도	상관없음	下	상관없음	中 이하	상관없음
커피캡슐 가격	600~700원	400~500원	300~450원	800~900원	450~550원
타사제품 호환 여부	상관없음	필요	필요	상관없음	필요

	운영1팀	운영2팀	운영3팀	운영지원팀	경영지원팀
①	L커피머신	M커피머신	M커피머신	I커피머신	N커피머신
②	M커피머신	M커피머신	N커피머신	I커피머신	L커피머신
③	M커피머신	L커피머신	M커피머신	I커피머신	N커피머신
④	N커피머신	I커피머신	M커피머신	L커피머신	I커피머신

17 **16**번에서와 같이 팀별로 커피머신을 구매 후 한 달간 사용하였을 때, 운영지원팀이 구매한 커피머신의 총비용을 계산하였더니 716,000원이었다. 운영지원팀에서 사용한 커피캡슐은 몇 개인가? (단, 커피머신 가격과 배송료가 포함된 비용으로 배송료는 50,000원이다)

① 540개   ② 560개
③ 580개   ④ 600개

| 금융일반 – 객관식 |

01 다음 중 브룸(Vroom)의 기대 이론에 대한 설명으로 옳지 않은 것은?

① 기대감(Expectancy)이란 사람들이 자신의 노력이 실제로 1차적 결과를 가져오게 할 것이라고 믿는 정도를 의미한다.

② 유의성(Valence)은 직무 결과에 대해 개인이 느끼는 가치를 의미한다.

③ 동기부여의 강도는 기대감, 수단성, 유의성의 곱으로 계산된다.

④ 수단성(Instrumentality)이란 개인이 특정한 행위를 달성함으로써 그에 따라 얻어지는 2차적 결과물들 각각에 대하여 갖는 욕구를 의미한다.

02 다음의 자료를 보았을 때, (주)시대의 2021년 말 연결재무재표에 계상되는 영업권은 얼마인가?

제조업을 영위하는 (주)시대는 2021년 1월 1일 (주)고시의 의결권 있는 보통주식 70%를 200,000원에 취득하여 지배력을 획득하였다. 취득일 현재 (주)고시의 요약재무상태표는 다음과 같다.

〈요약재무상태표〉

(주)고시   2021. 1. 1 현재   (단위 : 원)

계정과목	장부금액	공정가치	계정과목	장부금액	공정가치
현금	60,000	60,000	부채	190,000	190,000
재고자산	80,000	100,000	자본금	150,000	
유형자산	240,000	300,000	이익잉여금	40,000	
	380,000			380,000	

〈추가자료〉

• (주)고시의 재고자산은 2021년 중에 모두 판매되었다.

• (주)고시의 유형자산은 본사건물이며, 취득일 현재 잔존내용연수는 7년이고 잔존가치 없이 정액법으로 감가상각한다.

• 취득일 현재 (주)고시의 요약재무상태표에 표시된 자산과 부채 외에 추가적으로 식별가능한 자산과 부채는 없으며, 영업권 손상은 고려하지 않는다.

---

① 9,000원   ② 10,000원

③ 11,000원   ④ 12,000원

03 다음 자료를 보고 (주)시대의 2019년 당기순이익과 2020년 당기순이익을 순서대로 나열한 것은?

> (주)시대는 2019년 초에 설립되었다. 2021년 초 회계담당자에 의해 중요한 오류가 발견되었으며, 이에 따른 내용은 다음과 같다.
>
> ### 〈추가자료〉
>
> (1) 매년 말 매출채권에 대한 대손충당금이 과소계상되었으며, 금액은 2019년 말 4,000원, 2020년 말 5,000원이다.
> (2) 2019년 중 취득한 유형자산의 감가상각비가 과대계상되었으며, 금액은 2019년 1,000원, 2020년 3,000원, 2021년 3,000원이다.
> (3) 매년 말 미지급급여가 과대계상되었으며, 금액은 2019년 말 3,000원, 2020년 말 2,000원, 2021년 말 4,000원이다.
>
> 위 오류수정 전 각 회계기간의 당기순이익과 기말 재무상태표 이익잉여금은 다음과 같다.
>
> | 구분 | 당기순이익 | 기말 이익잉여금 |
> | --- | --- | --- |
> | 2019년 | 12,000원 | 12,000원 |
> | 2020년 | 20,000원 | 12,000원 |

① 12,000원, 12,000원
② 12,000원, 20,000원
③ 12,000원, 21,000원
④ 20,000원, 21,000원

04 제조업을 영위하고 있는 (주)시대는 2019년 초 기계장치를 1,000,000원에 구입하였고, 기말에 재평가모형으로 평가하기로 하였다. 감가상각방법은 정액법이며 내용연수는 5년, 잔존가치는 없다. 2019년 말 기계장치의 공정가치는 1,000,000원이었으며, 2020년 말 공정가치는 680,000원이었다. (주)시대는 재평가잉여금은 자산을 사용함에 따라 이익잉여금으로 대체하기로 하였을 때, 이에 대한 설명으로 옳지 않은 것은?(단, 공정가치의 하락은 자산손상과 무관하다)

① 2019년 감가상각비는 200,000원이다.
② 2020년 감가상각비는 250,000원이다.
③ 2021년 초 재평가잉여금의 잔액은 200,000원이다.
④ 동 거래로 인한 2020년 말 이익잉여금으로 대체할 재평가잉여금은 50,000원이다.

05 축산업을 운영하고 있는 (주)고시는 최근 (주)시대로부터 농장을 구입하면서 5년 동안 매년 말 10,000원씩 지급하기로 하였다. (주)고시의 내재이자율 및 복구충당부채의 할인율은 연 10%이다. 농장의 내용연수는 5년이고 잔존가치는 없으며, 정액법으로 감가상각한다. 농장의 내용연수 종료 후 주변 환경을 원상회복하는 조건으로 허가받아 취득한 것이며, 내용연수 종료시점의 원상회복 비용은 2,000원으로 추정된다. (주)고시는 농장의 내용연수 종료와 동시에 원상회복을 위한 복구 공사를 하였으며, 복구비용은 1,700원을 지출하였다. 다음 중 해당 거래에 대한 설명으로 옳지 않은 것은?(단, 5년 단일금액 10%의 현재가치는 0.6, 5년 정상연금 10%의 현재가치는 3.7이다)

① 농장의 취득원가는 38,200원이다.
② 농장의 2016년 감가상각비는 7,640원이다.
③ 농장의 2017년 복구충당부채 증가액은 120원이다.
④ 농장의 2020년 복구충당부채환입액은 300원이다.

06 다음의 자료를 통해 (주)시대의 2020년 포괄손익계산에서 인식할 매출원가는?

□ 기초재고자산 : 50,000원
□ 당기매입액 : 40,000원
□ 재고자산평가충당금(기초) : 0
(주)시대는 재고감모손실과 재고자산평가손실을 매출원가에 포함한다.

상품	장부재고	실지재고	단위당 원가	단위당 순실현원가
수험서	500개	400개	10원	11원
간행물	300개	200개	20원	18원

① 81,400원 ② 82,400원
③ 83,400원 ④ 84,400원

07 (주)시대는 15,000주의 주식을 보유 중이다. 다른 조건이 일정할 때, 현재 주당 가격은 2,000원이며, (주)시대는 보유 주식의 가격변동위험을 헤지하기 위하여 선물계약을 이용하려고 한다. 선물계약의 1계약당 거래단위는 30주이며, 주식과격과 선물가격의 상관계수는 0.6이다. 주식가격과 선물가격의 변동을 측정한 결과 그 표준편차는 각각 200원, 250원일 때, 최소분산헤지를 위한 선물계약으로 옳은 것은?

① 240주 매도　　　　　　　　　　② 240주 매수

③ 180주 매도　　　　　　　　　　④ 180주 매수

08 다른 조건이 일정할 때, 다음 자료를 기초로 기초자산의 가격이 1,000원 하락할 경우의 콜옵션 가격으로 옳은 것은?

> • 기초자산의 현재가격 : 10,000원
> • 콜옵션의 현재가격 : 3,000원
> • 콜옵션 델타 : 0.6

① 1,500원　　　　　　　　　　② 1,800원

③ 2,400원　　　　　　　　　　④ 2,700원

09 다음은 (주)시대의 매출과 관련된 자료이다. 이를 활용했을 때 (주)시대의 당좌비율(Q)은 얼마인가?(단, 1년은 360일이고 회전율은 매출액에 대하여 계산한다)

매출채권	200억 원
유동부채	140억 원
유동비율	200%
재고자산회전율	18회
매출채권회수기간	40일

① 1　　　　　　　　　　② $\dfrac{4}{6}$

③ $\dfrac{9}{7}$　　　　　　　　　　④ $\dfrac{17}{12}$

10 다른 조건이 일정할 때, 다음 자료를 이용하여 시대은행의 부채 듀레이션(D_L)을 구하면?(단, 시장 가치 기준을 사용한다)

<시대은행>

자산	금액	듀레이션	부채 · 자본	금액	듀레이션
현금	1,200억 원	2년	고객예금	1,400억 원	2.0억 원
고객대출	800억 원	1.2년	발행사채	400억 원	3.5억 원
회사채	800억 원	6.0년	자기자본	1,000억 원	–

① 4.5
② 3.5
③ 2.5
④ 1.5

11 다른 조건이 일정할 때, 다음 자료를 이용하여 포트폴리오 A의 베타와 시장포트폴리오의 상관계수의 합을 구하면?(단, CAPM이 성립한다고 가정한다)

시장포트폴리오의 기대수익률	25%
시장포트폴리오의 표준편차	20%
무위험자산의 수익률	5%
효율적 포트폴리오 A의 기대수익률	15%

① 0.5
② 1.0
③ 1.2
④ 1.5

12 다음 중 소득분배에 대한 설명으로 옳지 않은 것은?

① A국의 소득분배가 완전히 균등할 경우 십분위분배율은 2이다.

② B국의 소득분포가 제1오분위 10%, 제2오분위 12%, 제3오분위 14%, 제4오분위 20%, 제5오분위 44%로 주어졌을 때의 B국의 십분위분배율은 0.75이다.

③ C국은 국민의 50%는 소득 100을 균등하게 가지고 있고 나머지 50%는 소득이 없을 경우 지니계수는 0.5이다.

④ 십분위분배율은 값이 클수록 소득분배가 평등하다.

13 A국의 지급준비금(Z)이 10, 현금통화(C)가 80, 예금통화(D)가 100이라고 할 때, 본원통화가 11만큼 증가하였을 경우 A국의 통화량은 얼마만큼 증가하는가?(단, 현금통화비율과 지급준비율은 일정하다)

① 5

② 11

③ 17

④ 22

14 출판업을 운영하고 있는 (주)시대는 중고책 시장에 진출하려고 한다. 이에 중고책 시장에서 차지하는 중고책 품질의 등급별 비중과 구매자의 유보가격을 조사하였더니 다음과 같았다. 소비자는 구입하려는 중고책의 등급을 알 수 없으며, (주)시대는 중고책의 등급을 정확히 알고 있고, 거래로 인한 이익을 모두 갖는다고 가정할 때 시장에서 거래되는 중고책의 등급으로 옳은 것은?(단, 가격 단위는 생략한다)

〈중고책 등급별 비중 및 유보가격〉

등급	A급	B급	C급
시장에서 차지하는 등급별 비중	30%	30%	40%
구매자 유보가격	4	5	5
(주)시대 유보가격	4	7	3

① A급

② A급, B급

③ A급, C급

④ B급, C급

15 다음은 두 기업 (주)시대와 (주)고시의 비용함수를 나타낸 자료이다. (주)시대와 (주)고시가 생산물 시장에서 쿠르노경쟁을 하고 있을 때, 이에 대한 설명으로 옳지 않은 것은?

> • 두 기업의 수요함수 $q=20-p$
> • (주)시대의 비용함수 $c_1=6q_1$
> • (주)고시의 비용함수 $c_2=12q_2$
> (단, p는 시장가격, q는 시장생산량, q_1, q_2는 (주)시대와 (주)고시의 생산량이다)

① 쿠르노경쟁 시 시장 전체 생산량은 6이다.

② 만약 (주)시대가 독점기업이면 시장생산량은 4이다.

③ 만약 (주)시대가 독점기업이면 가격은 13이다.

④ 만약 두 기업이 완전경쟁기업으로 행동한다면 시장생산량은 14이다.

16 다음은 시대대학의 금융동아리가 최근 시사금융용어에 대하여 나눈 대화이다. 대화 중 그 개념에 대해 잘못 말하고 있는 사람은?

> 지애 : 최근 들어 블록체인 기술을 기반으로 개인 간 프로토콜을 정해 거래하는 생태계가 만들어지 면서, 탈중앙화와 탈독점화를 통해 사용자 간의 주도적 거래가 가능한 프로토콜 경제 (Protocol Economy)가 화두야.
> 민수 : 맞아! 더불어 금융자산을 대신 보관 및 관리해 주는 서비스를 의미하는 커스터디(Custody) 에 대한 관심도 높아지고 있는데 최근 들어 은행들이 수익다각화를 위해서 서비스를 준비하 고 있더라고.
> 진형 : 그런데, 최근 들어 가상화폐가 단순한 가격 급락이 아닌 가상화폐 시장에 투자된 자금 자체 가 빠져나가는 크립토 윈터(Crypto Winter) 현상이 발생하고 있던데?
> 래준 : 맞아. 이러다가 점점 모든 자산 가격이 하락하는 에브리씽 랠리(Everything Rally) 현상이 벌어질 수도 있어.

① 지애   ② 민수

③ 진형   ④ 래준

17 (주)시대는 다음의 A주식과 B주식을 이용하여 포트폴리오를 구성하려고 한다. 두 주식 간의 상관계수는 0.5이며, 두 주식의 기대수익률은 각각 20%와 50%이고 표준편차는 20%와 40%일 때, 최소분산포트폴리오(MVP)를 구성하는 A주식의 투자비율은?(단, CAPM이 성립한다고 가정하며, 주식에 대한 공매 제한은 없다)

① 100%

② 90%

③ 80%

④ 50%

18 다음은 A주식과 B주식의 1년 후 수익률에 관한 확률자료이다. A주식 60%와 B주식 40%로 구성된 포트폴리오의 기대수익률은?(단, CAPM이 성립한다고 가정한다)

B주식 수익률 \ A주식 수익률	10%	20%	40%	합계
15%	0.2	0.3	0.1	0.6
40%	0.2	0.1	0.1	0.4
합계	0.4	0.4	0.2	1.0

① 22%

② 20%

③ 18%

④ 16%

19 다음에서 설명하고 있는 A로 옳은 것은?

> 최근 세계적인 부호들의 자발적인 기부가 이어지고 있다. 국내외 기업 부호들이 A에 참여한다고 밝히면서 세간의 관심을 끌고 있으며, A에 참여하기 위해서는 자산이 10억 달러 이상이면서 재산의 절반 이상을 사회에 기부한다고 약속해야 한다.

① 피봇팅(Pivoting)

② 이퓨얼(E-fuel)

③ 그린워싱(Greenwashing)

④ 더기빙플레지(The Giving Pledge)

20 다음 자료를 이용하여 A주식에 100원을 6개월간 투자한다고 할 때, 평균기준 VaR와 절대손실기준의 VaR를 95%의 신뢰수준에서 구하여 나온 두 값을 순서대로 서로 차감한 값은?(단, $30\% \times \sqrt{0.5} = 21\%$로 계산하고, 평균기준 VaR는 소수점 첫째 자리에서 반올림한다)

구분	기대수익률	표준편차
A주식	10%	30%
B주식	20%	40%
상관계수(ρ_{AB})	0.2	

정규분포를 따르는 확률변수가 평균(μ)에서 각 표준편차(σ) 범위 내에 포함될 확률은 다음과 같다.
$\text{Prob}(\mu \pm 1 \times \sigma) = 68.3\%$
$\text{Prob}(\mu \pm 1.65 \times \sigma) = 90.0\%$
$\text{Prob}(\mu \pm 1.96 \times \sigma) = 95.0\%$
$\text{Prob}(\mu \pm 2 \times \sigma) = 95.4\%$
$\text{Prob}(\mu \pm 2.33 \times \sigma) = 98.0\%$
$\text{Prob}(\mu \pm 3 \times \sigma) = 99.7\%$

① 4

② 5

③ 6

④ 7

01 (주)시대의 기능통화는 원화이며, 달러화 대비 원화의 환율이 다음과 같다. (주)시대가 2021년 10월 1일 미국으로부터 재고자산 \$2,000을 매입하여, 2021년 12월 31일 현재 보유하고 있다. (주)시대는 재고자산을 취득원가와 순실현가능가치 중 낮은 가격으로 측정한다. 2021년 12월 31일 현재 외화표시 재고자산의 순실현가능가치가 \$1,800일 경우 (주)시대가 기능통화 재무제표에 표시할 재고자산의 장부금액은 얼마인가?

일자	환율
2021.10.1	₩1,200/\$
2021.12.31	₩1,250/\$
2022.3.1	₩1,220/\$

(₩   )

02 다음은 A국의 기대인플레이션율과 자연실업률, 필립스 곡선, 오쿤의 법칙을 나타낸 자료이다. 이를 통하여 A국의 실제 실업률과 실제 인플레이션을 더한 값을 구하면?

- 기대인플레이션율 : 2.24%
- 자연실업률 : 5%
- 필립스 곡선 : $\pi = E(\pi) - 0.4(u - u^n)$
- 오쿤의 법칙 : $u - u^n = -0.2(Y - \overline{Y})$
- ※ 단, u : 실업률, u^n : 자연실업률, Y : 성장률, $\overline{Y}$: 잠재성장률, π : 인플레이션율, $E(\pi)$: 기대인플레이션율
- 성장률은 잠재성장률보다 2%p 높음

(   )

03 다른 조건이 일정할 때, 다음 자료를 통해 (주)시대의 균형 선물가격(F_o)을 계산하여 차익거래 여부(가능, 불가능)를 판단하면?

- (주)시대의 현재 주가 : 50,000원
- (주)시대를 기초자산으로 한 시장에서 거래되는 만기 6개월인 선물가격 : 55,000원
- 무위험이자율 : 연 10%

※ 단, (주)시대는 앞으로 6개월 간 배당을 지급하지 않으며, 현물 및 선물의 거래에 따른 거래비용은 없으며, 무위험이자율로 대출과 차입이 가능하다고 가정함

(   )

04 다음 빈칸에 들어갈 용어로 알맞은 것을 〈보기〉에서 순서대로 고르면?

- __A__ 은/는 상품(재화)의 거래나 서비스(용역)의 제공과정에서 얻어지는 부가가치(이윤)에 대하여 과세하는 세금이며, 사업자가 납부하는 __A__ 은/는 매출세액에서 매입세액을 차감하여 계산한다. 따라서 __A__ 은/는 물건 값에 포함되어 있기 때문에 실제로는 최종소비자가 부담한다.
- 정부는 __B__ 을/를 과세형평 제고 및 소득재분배 기능 강화를 위해 2021. 1. 1 이후 발생하는 소득분부터 __B__ 을/를 변경적용하기로 하였다. 이를 통해 세수 증가 효과는 내년에만 3,969억 원, 2021 ~ 2025년은 3조 9,045억 원으로 예상된다.

<table>
<tr><td colspan="2">보기</td></tr>
<tr><td>㉠ 법인세</td><td>㉡ 소득세</td></tr>
<tr><td>㉢ 부가가치세</td><td>㉣ 재산세</td></tr>
<tr><td>㉤ 최고세율</td><td>㉥ 적정세율</td></tr>
<tr><td>㉦ 누진세율</td><td>㉧ 비례세율</td></tr>
<tr><td>㉨ 한계세율</td><td>㉩ 종가세율</td></tr>
</table>

(A :   , B :   )

05 다른 조건이 일정할 때, 교과서 시장은 완전경쟁시장이며 교과서 시장에서 장기균형하에서의 개별 기업의 수를 합한 값은 몇 개인가?

> - 개별기업의 장기평균비용곡선
> $$AC = 100 + q_i^2 - 10q_i$$
> - 교과서 시장수요
> $$Q = 39,000 - 500P$$
> ※ 단, 각 개별기업의 장기평균비용곡선은 동일하며, q_i는 개별 기업의 생산량, Q는 시장수요량, P는 시장가격임

(개)

01 다음 중 NoSQL의 특징으로 옳지 않은 것은?

① 대용량 데이터 처리

② 유연한 스키마 사용

③ 낮은 가용성 제공

④ 필요한 만큼의 무결성

02 다음은 소프트웨어 개발방법론에 사용되는 분석, 설계 도구에 대한 설명이다. 빈칸 ㉠ ~ ㉢에 들어갈 내용을 바르게 연결한 것은?

> • 시스템 분석을 위하여 구조적 방법론에서는 ___㉠___ 다이어그램(Diagram)이, 객체지향 방법론에서는 ___㉡___ 다이어그램이 널리 사용된다.
> • 시스템 설계를 위하여 구조적 방법론에서는 구조도(Sructured Chart), 객체지향 방법론에서는 ___㉢___ 다이어그램 등이 널리 사용된다.

	㉠	㉡	㉢
①	시퀀스	데이터흐름	유스케이스
②	시퀀스	유스케이스	데이터흐름
③	데이터흐름	시퀀스	유스케이스
④	데이터흐름	유스케이스	시퀀스

03 데이터베이스에서는 데이터 처리 연산 수행 시 각종 이상현상이 발생할 수 있다. 다음에서 설명하는 이상현상을 가리키는 것은?

> 어떤 정보를 수정하고자 할 때, 동일한 내용을 여러 건의 데이터에서 반복 수정해야 하는 현상

① 삽입이상
② 삭제이상
③ 갱신이상
④ 복제이상

04 선입선출(FIFO) 교체 알고리즘을 사용하고 참조하는 페이지 번호의 순서는 다음과 같다. 할당된 페이지 프레임의 수가 4개이고, 이들 페이지 프레임은 모두 비어 있다고 가정할 경우 몇 회의 페이지 부재가 발생하는가?

> 0 1 2 3 0 1 4 0 1 2 3 4

① 10회
② 9회
③ 8회
④ 7회

05 다음 중 인사 테이블에서 입사연도 열을 오름차순으로 정렬하여 모든 데이터를 검색하는 SQL 명령은?

① SORT * FROM 인사 WHERE 입사연도 DESC;
② SELECT * FROM 인사 WHERE 입사연도 DESC;
③ SELECT 인사 ORDER BY ASC 입사연도= 오름차순;
④ SELECT * FROM 인사 ORDER BY 입사연도 ASC;

01 다음 글의 빈칸에 들어갈 용어로 옳은 것을 〈보기〉에서 순서대로 고르면?

> __A__ 은/는 분실한 스마트폰 등 정보기기 내의 정보를 원격으로 삭제하거나 그 기기를 사용할 수 없도록 하는 기술을 말하고, __B__ 은/는 운영 체제나 응용 소프트웨어를 설치하지 않아도 구입 후 전원을 켜면 바로 사용할 수 있는 정보 기기를 말한다.

보기

㉠ 어플라이언스(Appliance) ㉡ 킬 스위치(Kill Switch)
㉢ 플랫폼(Platform) ㉣ 프록시(Proxy)
㉤ 펌웨어(Firmware) ㉥ 임베디드 시스템(Embedded System)
㉦ 게이트웨이(Gateway)

(A :   , B :   )

02 다음 프로그램의 실행 결과는?

```c
#include <stdio.h>
void main() {
    int arr[5]={16, 12, 17, 48, 85};
    int i, j, temp=0;

    for (i=0; i<5; i++) {
        for (j=i+1; j<5; j++) {
            if (arr[i]>arr[j]) {
                temp=arr[i];
                arr[i]=arr[j];
                arr[j]=temp;
            }
        }
    }
    printf ("%d\n",arr[2]);
}
```

(   )

정답 및 해설 p.110

❙ 지역농협 6급(70문항)

01 다음 글을 읽고 추론한 내용으로 적절하지 않은 것은?

> 낭만주의의 초석이라고 할 수 있는 칸트는 인간 정신에 여러 범주가 내재하기 때문에 이것이 우리가 세계를 지각하는 방식을 선험적으로 결정한다고 주장한 바 있다. 이 범주는 공간, 시간, 원인, 결과 등의 개념이다. 우리는 이 개념을 '배워서' 아는 것이 아니다. 즉, 경험에 앞서 이미 아는 것이다. 경험에 앞서는 범주를 제시했다는 점에서 혁명적 개념이었고, 경험을 강조한 베이컨 주의에 대한 강력한 반동인 셈이다.
>
> 칸트 스스로 이것을 철학에 있어 '코페르니쿠스적 전환'이라고 보았다. "따라서 우리는 자신의 인식에 부분적으로 책임이 있고, 자기 존재의 부분적 창조자이다." 이것은 인간이라는 존재가 백지에 쓴 경험의 총합체가 아니며, 그만큼 우리는 권리와 의무를 가진 주체적인 결정권자라는 선언이었다. 세상은 결정론적이지 않고 인간은 사회의 기계적 부품 같은 존재가 아님을 강력히 암시하고 있다.
>
> 칸트가 건설한 철학적 관념론은 우리 외부에서 지각되는 대상은 사실 우리 정신의 내용과 연관된 관념일 뿐이라는 것을 명백히 했다. 현실적인 것은 심리적이라는 신념으로, 객관적이고 물질적인 것에서 근본을 찾는 유물론과는 분명한 대척점에 있는 관점이다.
>
> 그 밖에도 "공간과 시간은 경험적으로 실재적이지만 초월적으로는 관념적이다.", "만일 우리가 주관을 제거해버리면 공간과 시간도 사라질 것이다. 현상으로써 공간과 시간은 그 자체로 존재할 수 없고 단지 우리 안에서만 존재할 수 있다."처럼, 시간과 공간의 실재성에도 의문을 품었던 칸트의 생각은 독일 철학의 흐름 속에 이어지다가 후일 아인슈타인에게도 결정적 힌트가 되었다. 그리고 아인슈타인은 결국 상대성이론으로 뉴턴의 세계를 무너뜨린다.

① 칸트에 의하면 공간, 시간 등의 개념들은 태어나면서부터 아는 것이다.

② 낭만주의와 베이컨 주의는 상반된 견해를 가지고 있다.

③ 칸트에 의하면 현실의 공간과 시간은 인간에 의해 존재한다.

④ 칸트의 철학적 관념론은 주관적인 것에 가깝다.

⑤ 칸트와 아인슈타인의 견해는 같다고 볼 수 있다.

02 다음 제시된 문단을 읽고, 이어질 문장을 논리적 순서대로 바르게 나열한 것은?

> 농업생명자원에 생명공학기술을 도입하여 부가가치를 만들어 내는 신산업인 그린바이오산업은 농업, 종자, 미생물, 곤충, 천연물, 의약품 등 다양한 분야를 포함하는 신성장동력 산업으로 주목받고 있다.

> (가) 예를 들어 전통 식품 소재나 생물체에서 유래한 물질을 활용하여 새로운 물질을 만들어 내거나 친환경 바이오 소재를 개발하는 것도 그린바이오산업의 한 분야이다.
>
> (나) 우리나라 역시 2022년부터 그린바이오 사업의 일환으로 작물 재배와 품종 개량 연구를 통해 건강 기능성 성분 극대화 재배 매뉴얼을 개발 중에 있으며, 기존 품종보다 재배 가치가 높은 종자 지식 재산권을 확보해, 궁극적으로 누구나 쉽게 개인 건강에 필요한 맞춤 식물 재배가 가능한 환경을 만드는 것을 목표로 하고 있다.
>
> (다) 특히 현재 인류가 직면한 문제인 지구온난화로 인한 기후변화, 각종 전염병, 세계 인구 증가 추세 속에서 그린바이오산업을 통해 식량 생산성을 향상시켜 안정적인 식량 공급 체계를 구축할 수 있을 뿐만 아니라, 고령화 사회로 접어들면서 급증하는 의료비 부담을 줄이기 위한 헬스케어 서비스 역시 그린바이오산업을 통해 대응할 수 있을 것이라 기대되고 있다.

① (가) – (나) – (다)
② (가) – (다) – (나)
③ (나) – (가) – (다)
④ (다) – (가) – (나)
⑤ (다) – (나) – (가)

03 어떤 일을 A가 혼자 하면 15일, B가 혼자 하면 10일, C가 혼자 하면 30일이 걸린다. A ~ C 3명이 함께 일하면 일을 끝내는 데 며칠이 걸리는가?

① 4일
② 5일
③ 6일
④ 7일
⑤ 8일

04 A와 B가 각각 2번에 걸쳐 과일 바구니를 사는 데 총 32,000원이 들었다. A는 두 번째 구매 시 첫 번째 구매보다 50% 감소한 금액을 냈고, B는 두 번째 구매 시 첫 번째 구매보다 50% 증가한 금액을 냈다. 나중에 서로 비교해보니 B가 A보다 5,000원을 더 소비한 것을 알게 되었다고 할 때, A가 첫 번째 구매 시 낸 금액은 얼마인가?

① 7,400원

② 8,500원

③ 9,000원

④ 9,700원

⑤ 10,300원

05 N기업은 개발 상품 매출 순이익에 기여한 직원에게 성과급을 지급하고자 한다. 다음의 성과급 지급 기준과 〈보기〉를 바탕으로 성과급을 차등지급할 때, 가장 많은 성과급을 받는 직원은?(단, 팀장에게 지급하는 성과급은 기준 금액의 1.2배이다)

<table>
<tr><td colspan="5" align="center">〈기여도에 따른 성과급 지급 기준〉</td></tr>
<tr><td rowspan="2">매출 순이익</td><td colspan="4" align="center">개발 기여도</td></tr>
<tr><td>1% 이상 5% 미만</td><td>5% 이상 10% 미만</td><td>10% 이상 20% 미만</td><td>20% 이상</td></tr>
<tr><td>1천만 원 미만</td><td>-</td><td>-</td><td>매출 순이익의 1%</td><td>매출 순이익의 2%</td></tr>
<tr><td>1천만 원 이상
3천만 원 미만</td><td>5만 원</td><td>매출 순이익의 1%</td><td>매출 순이익의 2%</td><td>매출 순이익의 5%</td></tr>
<tr><td>3천만 원 이상
5천만 원 미만</td><td>매출 순이익의 1%</td><td>매출 순이익의 2%</td><td>매출 순이익의 3%</td><td>매출 순이익의 5%</td></tr>
<tr><td>5천만 원 이상
1억 원 미만</td><td>매출 순이익의 1%</td><td>매출 순이익의 3%</td><td>매출 순이익의 5%</td><td>매출 순이익의 7.5%</td></tr>
<tr><td>1억 원 이상</td><td>매출 순이익의 1%</td><td>매출 순이익의 3%</td><td>매출 순이익의 5%</td><td>매출 순이익의 10%</td></tr>
</table>

보기

직원	직책	매출 순이익	개발 기여도
A	팀장	4,000만 원	25%
B	팀장	2,500만 원	12%
C	팀원	1억 2,500만 원	3%
D	팀원	7,500만 원	7%
E	팀원	800만 원	6%

① A

② B

③ C

④ D

⑤ E

06 다음은 N국의 연도별 민간투자사업방식에 따른 사업 현황에 대한 자료이다. 이에 대한 설명으로 옳지 않은 것은?

〈수익형 민간투자사업(BTO) 현황〉

구분	사업 개수(개)	사업 투입 인원(천 명)	사업 비용(백만 원)	사업 평균수익률(%)
2017년	60	100	1,000	5
2018년	70	150	1,100	4
2019년	77	140	1,200	3
2020년	30	50	500	−4
2021년	45	55	700	1
2022년	70	120	1,000	7
2023년	60	60	600	6
2024년	85	180	900	2

〈임대형 민간투자사업(BTL) 현황〉

구분	사업 개수(개)	사업 투입 인원(천 명)	사업 비용(백만 원)	사업 평균수익률(%)
2017년	270	1,700	15,000	2
2018년	300	2,000	16,000	1
2019년	400	2,600	18,000	4
2020년	200	1,000	7,500	−2
2021년	270	1,300	10,000	−1
2022년	150	1,600	12,000	5
2023년	200	2,300	11,500	4
2024년	300	2,200	14,500	−3

① BTO 사업에서 사업 비용의 전년 대비 증가율이 가장 큰 해는 2024년이다.

② BTO 사업과 BTL 사업 모두 사업 개수의 전년 대비 증가율이 가장 큰 해는 2022년이다.

③ BTL 사업에서 사업 평균수익률이 가장 낮은 해의 전년 대비 사업 비용 증가율은 25% 이상이다.

④ BTL 사업에서 사업 개수당 사업 비용이 가장 큰 해의 사업 평균수익률은 흑자를 기록하였다.

⑤ BTO 사업에서 사업 개수당 사업 투입 인원이 가장 많은 해의 전년 대비 사업 비용 증가율은 10%이다.

07 다음 글의 빈칸에 들어갈 접속부사로 가장 적절한 것은?

> 올해 3월 일본 법인 농협인터내셔널에서 한국에서 쌀 2톤을 수입해 일본 소비자를 상대로 판매했던 사건이 있었다. 농협인터내셔널은 농협경제지주 자회사 'NH농협무역'의 일본 법인으로, 1999년 설립된 후 처음으로 한국산 쌀을 수입해 판매해 한국에서 많은 주목을 받았다. 그 배경에는 일본의 쌀 가격 급등이 있다.
>
> 일본은 2023년 극심한 폭염 탓에 쌀 수확량이 감소했으며, 잦은 지진으로 인해 쌀 사재기 수요가 몰리기도 했다. _________ 외국인 관광객 증가로 인해 일본 내의 쌀 소비도 증가하면서 쌀 가격이 2025년 기준 1년 전보다 2배에 가깝게 올랐다. 이러한 상황으로 인해 농협은 높은 관세율에도 불구하고 한국 쌀 수출이 가격 경쟁력이 있다고 판단하였고, 올해 7월 일본 맞춤형 수출 전략을 수립하면서 일본 대상의 쌀 수출을 확대할 예정이라고 밝히기도 했다.

① 다만
② 그래서
③ 그러나
④ 더군다나

08 다음 의미를 가진 한자성어로 옳은 것은?

> 말로는 친한 듯하나 속으로는 해칠 생각이 있음을 이르는 말

① 지록위마(指鹿爲馬)
② 구밀복검(口蜜腹劍)
③ 호가호위(狐假虎威)
④ 교각살우(矯角殺牛)

09 다음 글의 내용으로 적절하지 않은 것은?

ESG 경영이란 기업이 비재무적 가치인 환경 보호와 사회적 기여도를 고려하고 지배구조를 개선하여 이를 재무적 가치와 통합해 장기적인 성장을 이루고 리스크를 관리해 나가며 지속 가능한 경영을 추구하는 방식을 말한다.

환경적으로는 탄소 배출을 감축하거나 친환경 기술을 개발하는 등 환경오염과 기후변화에 대응할 수 있으며, 사회적으로는 장애인 등 사회적인 약자를 지원한다거나 지역사회에 공헌하는 등 사회적인 책임을 실천할 수 있다. 이는 투명하고 공정한 경영을 추구하고 주주의 권리를 보호하고, 윤리적인 의사결정 체계를 구축하는 등의 방식을 통해 지배구조를 개선하는 방식으로 이루어진다.

이러한 경영방식은 기업의 수익적인 측면을 우선하지 않기 때문에 기업의 이윤 창출에 단기적으로는 부정적인 영향을 미칠 수 있다. 하지만 ESG 경영으로 기업은 지속 가능한 성장과 리스크 감소로 수익률 향상을 기대할 수 있으며, 환경적 그리고 사회적으로 책임을 다하는 모습은 기업 이미지를 향상시킴으로써 소비자와 투자자 모두에게 신뢰를 쌓아 결과적으로 수익률 향상으로 이어질 수 있다. 이러한 기업환경 개선은 장기적인 이익뿐 아니라 단기적으로도 비용 절감, 내부 조직문화 개선 등 기업 발전에 큰 효용을 불러오고 있다.

예를 들어 친환경적인 가치를 가진 전기차의 배터리를 생산하는 기업인 L사는 자사 소유의 차량을 모두 친환경 차량으로 교체하는 것은 물론, 폐배터리 폐기 문제성을 인지하고 이에 대한 대응책으로 폐배터리 재활용 법인을 운영하기로 결정하였다. 또한 개발도상국의 배터리 주요 원자재를 생산하는 과정에서 아동 노동착취가 행해진 것을 인지하고 이를 직접 실사하며 후속 조치를 취하는 등 자사의 직접적인 잘못이 아님에도 불구하고 책임을 지는 모습을 보여 기업 이미지 강화에 성공하였다.

이처럼 ESG 경영은 이제 단순히 따르고 지켜야 할 가치 판단의 기준을 넘어서 기업의 생존과 직결된 핵심 전략으로 위치하고 있다.

① ESG 경영은 단기적으로 볼 때 기업의 발전을 저해한다.
② ESG 경영이란 기업의 비재무적인 요소를 개선해 나가는 경영방식을 말한다.
③ ESG 경영은 소비자와 투자자들이 기업을 판단하는 데 긍정적인 영향을 준다.
④ ESG 경영은 앞으로 선택사항이 아닌 필수사항으로 기업의 존립에 영향을 줄 것이다.

10 A씨는 N은행의 만기일시지급식 예금에 가입하였다. 원금 100만 원을 3년간 단리로 예금하고 96,000원의 이자를 받았다면, 해당 상품의 연이율은?

① 3.0% ② 3.1%

③ 3.2% ④ 3.4%

11 학교에서 도서관까지 40km/h의 속력으로 갈 때와 45km/h의 속력으로 갈 때 걸리는 시간이 10분 차이가 난다면 학교에서 도서관까지의 거리는 얼마인가?

① 50km ② 60km

③ 70km ④ 80km

12 다음은 N국의 출산율과 이혼율에 대한 자료이다. 이에 대한 설명으로 옳지 않은 것은?

<N국의 출산율과 이혼율>

(단위 : 명, 건)

구분	출산율	신생아 수	이혼율	이혼 건수
2017년	1.17	460,000	2.1	100,000
2018년	1.05	400,000	2.2	110,000
2019년	0.98	380,000	2.3	115,000
2020년	0.92	370,000	2.1	100,000
2021년	0.84	365,000	2.0	90,000
2022년	0.81	360,000	1.95	90,000
2023년	0.78	350,000	1.75	85,000
2024년	0.72	340,000	1.85	90,000

※ 출산율 : 가임기 여성 1명이 평생 동안 낳을 것으로 예상되는 평균 신생아 수
※ 이혼율 : 인구 1,000명당 이혼 건수

① 2022년의 전체 인구는 전년 대비 증가하였다.
② 이혼율이 증가한 해에는 이혼 건수도 증가하였다.
③ 인구 1,000명당 신생아 수는 2018년이 2022년보다 적다.
④ 이혼 건수가 가장 많이 증가한 해에 신생아 수는 가장 많이 감소하였다.

13 다음 명제가 모두 참일 때, 반드시 참인 것은?

> • 마라톤을 좋아하는 사람은 체력이 좋고, 인내심도 있다.
> • 몸무게가 무거운 사람은 체력이 좋다.
> • 명랑한 사람은 마라톤을 좋아한다.

① 체력이 좋은 사람은 인내심이 없다.

② 인내심이 없는 사람은 명랑하지 않다.

③ 마라톤을 좋아하는 사람은 몸무게가 무겁지 않다.

④ 몸무게가 무겁지 않은 사람은 인내심이 있다.

14 A~F 6명이 6층짜리 빌딩에 입주하려고 한다. 다음 〈조건〉을 만족할 때, 6명이 빌딩에 입주하는 방법의 경우의 수는?

> **조건**
>
> • A와 C는 고소공포증이 있어서 3층 위에서는 살 수 없다.
> • B는 높은 경치를 좋아하기 때문에 6층에 살려고 한다.
> • F는 D보다, D는 E보다 높은 곳에 살려고 한다.
> • 각 층에는 1명씩만 거주한다.

① 2가지　　　　　　　　　　② 4가지

③ 6가지　　　　　　　　　　④ 8가지

15 다음 글을 읽고 '뉴 미디어'에 대해 설명한 내용으로 적절하지 않은 것은?

디지털 매체의 발달로 미디어의 패러다임이 바뀌고 있다. 정보의 빠른 속도 및 용이한 접근성과 이용자의 참여를 바탕으로 유튜브, SNS 등 이른바 '뉴 미디어(New Media)'가 발전하고, 종이신문이나 방송 뉴스와 같은 기존의 '레거시 미디어(Legacy Media)'는 점차 설 자리를 잃어가고 있다는 전망이다. 그러나 이러한 패러다임의 변화가 레거시 미디어의 '종말'을 의미하는 것은 아니다. 전문가들은 뉴 미디어와 레거시 미디어의 관계를 '대체'가 아닌 '협력'의 관점에서 이해해야 한다고 강조한다.

레거시 미디어는 오랜 기간 사회의 공론장을 형성해 온 중심적 매체였다. 전문 기자의 취재와 검증, 편집 과정을 통해 비교적 신뢰할 수 있는 정보를 제공하며, 단순한 사실 전달을 넘어 사건의 맥락과 의미를 해석해 왔다. 반면 뉴 미디어는 기술의 발달로 등장한 새로운 정보 유통 방식으로, 이용자 누구나 손쉽게 콘텐츠를 생산·공유할 수 있다는 특징을 지닌다. 이는 미디어 이용자가 수동적 소비자에서 능동적 참여자로 자리 잡았음을 의미한다.

하지만 뉴 미디어의 확산은 또다른 문제를 낳았다. 정보의 양이 폭발적으로 증가하면서 사실 확인이 어려워졌고, 자극적이거나 편향된 정보가 빠르게 퍼지는 '가짜 뉴스(Fake News)' 현상이 등장한 것이다. 또한, 개인의 취향과 성향에 맞춰 정보가 자동으로 걸러지는 '필터 버블(Filter Bubble)' 현상은 서로 다른 견해를 가진 사람들과의 사회적 소통을 단절시키기도 한다. 이런 문제 속에서 레거시 미디어가 가진 검증과 책임의 기능은 여전히 중요하다.

전문가들은 두 미디어의 관계를 경쟁으로 볼 것이 아니라, 서로의 장점을 살리는 공존으로 봐야 한다고 말한다. 뉴 미디어는 정보 전달의 속도와 범위를 넓히는 역할을 하고, 레거시 미디어는 그 정보를 심층적으로 분석하고 사실 여부를 검증하는 기능을 수행할 수 있다. 즉, 뉴 미디어가 신속히 제기한 의제를 레거시 미디어가 검증하고 해석함으로써 보다 균형 잡힌 공론장이 형성될 수 있는 것이다.

뉴 미디어를 주도하는 이용자는 다양한 미디어에서 제공되는 정보를 비판적으로 읽고, 출처와 맥락을 살필 필요가 있다. 또한 레거시 미디어를 주도하는 언론 기관 역시 각자의 강점을 인식하고 상호 보완적 관계를 구축해야 한다. 빠른 전달을 중시하는 뉴 미디어와 신뢰성과 책임을 중시하는 레거시 미디어가 함께 작동할 때 비로소 건강한 미디어 환경이 조성될 것이다.

이처럼 미디어의 발전은 단순한 세대교체가 아니라 역할의 재조정 과정이다. 새로운 기술이 기존의 것을 밀어내는 것이 아니라, 서로의 한계를 보완하며 공존하는 방향으로 나아가야 하는 것이다. 이처럼 뉴 미디어와 레거시 미디어의 관계는 '대체'가 아닌 '협력'의 관계가 되어야 한다.

① 정보의 전달 속도가 매우 빠르고 접근성이 좋다.
② 이용자가 직접 콘텐츠를 생산하고 공유할 수 있다.
③ 기존보다 더 높은 수준의 비판적인 태도가 필요하다.
④ 전문가의 검증으로 신뢰할 수 있는 정보를 제공한다.

16 다음 글의 내용으로 적절하지 않은 것은?

'이선좌(이미 선택된 좌석)', '피케팅(피가 튀길 정도로 치열한 티케팅)' 등의 말이 나올 정도로 유명 아티스트의 콘서트 티켓 구하기는 하늘의 별 따기이다. 이러한 티케팅의 열풍을 틈타 암표 문제가 사회적 문제로 급부상하고 있다. 특히 인기 아이돌 그룹의 콘서트나 팬미팅처럼 수요가 폭증하는 공연의 경우, 암표 가격이 정가의 수십 배에 달하기도 한다. 실제로 한 공연에서는 정가 15만 원대 티켓이 온라인 재판매 사이트에서 최고 970만 원에 거래된 사례가 보고된 바 있다.

이러한 현상은 관객에게 큰 피해를 준다. 공연을 합리적인 가격에 즐기려는 일반 팬들은 매크로 프로그램을 이용한 암표상들의 대량 예매로 인해 표를 구하지 못하거나, 정가의 몇 배를 지불해야 하는 상황에 처한다. 결과적으로 공연 관람의 기회가 공정하게 분배되지 못하고, 팬들 사이의 박탈감이 커지고 있다.

공연 기획사나 주최 측의 입장에서도 부작용이 발생한다. 암표 거래가 지속되면 공연 좌석이 진정한 팬이 아닌 투기적 수요자에게 돌아가면서 시장이 왜곡된다. 관련 전문가는 국내 공연 시장 티켓의 50% 정도를 암표상이 구매하고 있으며, 아티스트가 공연에 대한 적정 가격을 제시해도 중간 유통이 생기면서 소비자에게 제시되는 가격은 암표상이 정한 가격으로 재형성된다고 지적하고 있다.

제도적 대응은 아직 미흡하다. 최근 개정된 공연법은 매크로를 이용해 티켓을 부정 판매한 경우 처벌하도록 규정하고 있다. 그러나 부정 판매 자체에 대한 처벌규정은 없고, 매크로를 사용하여 부정 판매를 한 경우에만 처벌규정이 있어 오프라인상의 웃돈 거래나 온라인 플랫폼을 통한 암표 유통에는 제재가 어려운 실정이다. 최근 3년간 접수된 암표 관련 신고가 5천 건을 넘었으나, 실제 조치가 이루어진 비율은 약 3.8%에 불과하다는 조사도 있다.

이에 따라 정부와 국회는 제도 개선 논의를 진행 중이며, 일부 중고거래 플랫폼을 대상으로 국정감사도 이루어졌다. 공연 기획사들은 본인 인증 강화, 팬클럽 우선 예매, 공식 재판매 시스템 도입 등 자구책을 마련하고 있지만, 과도한 양도 제한 및 본인 확인 강화로 인한 불편함으로 인해 팬 경험을 저해하면서도 정작 암표 시장 전체를 억제하기에는 한계가 있다는 분석이 많다.

공연 문화의 건강한 발전을 위해서는 암표 문제를 단순히 개인 사이의 거래로 볼 것이 아니라, 시장 질서를 무너뜨리는 불법 행위로 인식하고 엄격히 규제할 필요가 있다. 동시에 공연을 즐기려는 관객들이 불편이나 제약 없이 정당한 절차를 통해 티켓을 구입하고, 온전히 팬 경험을 누릴 수 있도록 제도적 장치가 정교하게 마련되어야 한다. 실효성 있는 법 집행과 투명한 예매 시스템 구축이 병행될 때, 비로소 공정하고 지속가능한 공연 문화가 자리 잡을 수 있을 것이다.

① 암표는 아티스트의 의도와는 다른 가격이 형성되는 결과를 낳는다.
② 최근 몇 년간 암표 관련 신고는 많았지만 실제 조치 비율은 매우 낮은 편이다.
③ 매크로를 사용하여 티켓을 구매할 경우 개정된 공연법으로 인해 처벌받을 수 있다.
④ 공연 기획사들은 암표 문제를 해결하기 위하여 여러 가지 자구책을 마련하고 있다.

17 다음 글에서 '최적통화지역 이론'에 대해 고려하지 않은 것은?

최적통화지역은 단일 통화가 통용되거나 여러 통화들의 환율이 고정되어 있는 최적의 지리적 영역을 지칭한다. 여기서 최적이란 대내외 균형이라는 거시 경제의 목적에 의해 규정되는데, 대내 균형은 물가 안정과 완전 고용, 대외 균형은 국제수지 균형을 의미한다.

최적통화지역 개념은 고정환율 제도와 변동환율 제도의 상대적 장점에 대한 논쟁 속에서 발전하였다. 최적통화지역 이론은 어떤 조건에서 고정환율 제도가 대내외 균형을 효과적으로 이룰 수 있는지를 고려했다.

초기 이론들은 최적통화지역을 규정하는 가장 중요한 경제적 기준을 찾으려 했다. 먼델은 노동의 이동성을 제시했다. 노동의 이동이 자유롭다면 외부 충격이 발생할 때 대내외 균형 유지를 위한 임금 조정의 필요성이 크지 않을 것이고 결국 환율 변동의 필요성도 작을 것이다. 잉그럼은 금융시장 통합을 제시하였다. 금융시장이 통합되어 있으면 지역 내 국가들 사이에 경상수지 불균형이 발생했을 때 자본 이동이 쉽게 일어날 것이며 이에 따라 조정의 압력이 줄어들게 되므로 지역 내 환율 변동의 필요성이 감소한다는 것이다. 이러한 주장들은 결국 고정환율 제도 아래에서도 대내외 균형을 달성할 수 있는 조건들을 말해주고 있는 것이다.

이후 최적통화지역 이론은 위의 조건들을 종합적으로 판단하여 단일 통화 사용에 따른 비용 – 편익을 분석한다. 비용보다 편익이 크다면 최적통화지역의 조건이 충족되며 단일 통화를 형성할 수 있다. 단일 통화 사용의 편익은 화폐의 유용성이 증대된다는 데 있다. 단일 화폐의 사용이 시장 통합에 따른 교환의 이익을 증대시킨다는 것이다. 반면에 통화정책 독립성의 상실이 단일 통화 사용에 따른 주요 비용으로 간주되기도 한다. 단일 통화의 유지를 위해 대내 균형을 포기해야 하는 경우가 발생하기 때문이다. 이 비용은 가격과 임금이 경직될수록, 전체 통화지역 중 일부 지역 사이에 서로 다른 효과를 일으키는 비대칭적 충격이 클수록 증가한다. 가령 한 국가에는 실업이 발생하고 다른 국가에는 인플레이션이 발생하면 한 국가는 확대 통화정책을, 다른 국가는 긴축 통화정책을 원하게 되는데, 양 국가가 단일 화폐를 사용한다면 서로 다른 통화정책의 시행이 불가능하기 때문이다. 물론 여기서 노동 이동 등의 조건이 충족되면 비대칭적 충격을 완화하기 위한 독립적 통화정책의 필요성은 감소한다. 반대로 두 국가에 유사한 충격이 발생한다면 서로 다른 통화정책을 택할 필요가 줄어든다. 이 경우에는 독립적 통화정책을 포기하는 비용이 감소한다.

① 시장 통합으로 인한 편익의 계산 방식
② 환율 변동을 배제한 경상수지 조정 방식
③ 화폐의 유용성과 시장 통합 사이의 관계
④ 단일 화폐 사용에 따른 비용을 증가시키는 조건

18 M금고 K지점 직원 18명의 기존 평균 나이는 42세이다. K지점은 최근 신입사원을 2명 채용하여 평균 나이가 40세가 되었다. 신입사원 2명의 나이가 서로 2살 차이라면, 신입사원 중 더 어린 사람의 나이는?

① 21세

② 23세

③ 25세

④ 27세

19 M금고에서는 올해 고객만족도 조사를 통해 갑, 을, 병지점 중 최고의 지점을 뽑으려고 한다. 인터넷 설문 응답자 5,500명 중 '잘 모르겠다.'를 제외한 응답자의 비율이 67%일 때, 갑지점을 택한 응답자는 몇 명인가?(단, 인원은 소수점 첫째 자리에서 반올림한다)

<고객만족도 조사 현황>

구분	갑지점	을지점	병지점	합계
응답률		23%	45%	100%

※ 응답률은 '잘 모르겠다.'를 제외한 응답자 간의 비율임

① 1,119명

② 1,139명

③ 1,159명

④ 1,179명

20 A과장은 M금고의 신용대출 상품에 가입하려고 한다. 다음의 〈조건〉을 만족할 때, A과장이 첫 달에 지불해야 하는 월 상환액은?

조건

- 가입자명 : A(본인)
- 대출금액 : 1억 원
- 대출기간 : 1년
- 상환방법 : 만기일 일시상환
- 대출이율 : 4.5%

① 335,000원

② 375,000원

③ 390,000원

④ 400,000원

21 다음 명제가 모두 참일 때, 사이다를 좋아하는 사람이 반드시 싫어하는 음료는?

> • 커피를 좋아하면 콜라와 사이다를 모두 싫어한다.
> • 녹차를 좋아하면 커피를 좋아한다.

① 커피　　　　　　　　　　　　② 녹차, 커피
③ 커피, 콜라　　　　　　　　　　④ 콜라, 녹차, 커피

22 민지, 아름, 진희, 희정, 세영은 함께 15시에 상영하는 영화를 예매하였고, 영화관에 도착하는 순서대로 각자 상영관에 입장하였다. 다음 대화에서 1명이 거짓말을 하고 있을 때, 가장 마지막으로 영화관에 도착한 사람은 누구인가?(단, 5명 모두 다른 시간에 도착하였고, 진실 또는 거짓만을 말한다)

> • 민지 : 나는 마지막에 도착하지 않았어. 다음에 분명 누군가가 왔어.
> • 아름 : 내가 가장 먼저 영화관에 도착했어. 진희의 말은 진실이야.
> • 진희 : 나는 두 번째로 영화관에 도착했어.
> • 희정 : 나는 세 번째로 도착했어. 진희는 내가 도착한 다음에야 왔어.
> • 세영 : 나는 영화가 시작한 뒤에야 마지막으로 도착했어.

① 민지　　　　　　　　　　　　② 아름
③ 희정　　　　　　　　　　　　④ 세영

23 다음은 2025년 M사 상반기 승진자 선발 방식에 대한 자료이다. A ~ E주임 중 1명을 승진시키고자
할 때, 승진할 직원은 누구인가?

<2025년 상반기 승진자 선발 방식>

- 승진후보자 중 평가점수가 가장 높은 순서대로 승진한다.
- 평가점수는 100점 만점으로 평가한다. 단, 가점을 합산하여 100점을 초과할 수 있다.
- 평가점수는 분기실적(40), 부서동화(30), 성실고과(20), 혁신기여점(10) 항목별 점수의 총합에 연
  수에 따른 가점을 합산하여 산정한다.
- 각 연수 이수자에게는 다음 표에 따라 가점을 부여한다. 단, 1명의 승진후보자가 받을 수 있는
  가점은 5점을 초과할 수 없다.
- 동점자가 발생한 경우, 분기실적 점수와 성실고과 점수의 합이 높은 직원을 우선한다.

<연수별 가점>

(단위 : 점)

구분	혁신선도	조직융화	자동화적응	대외협력
가점	2	1	4	3

<승진후보자 항목별 평가점수>

(단위 : 점)

구분	분기실적	부서동화	성실고과	혁신기여	이수한 연수
A주임	29	28	12	4	조직융화
B주임	32	29	12	5	혁신선도
C주임	35	21	14	3	자동화적응, 대외협력
D주임	28	24	18	3	–
E주임	30	23	16	7	자동화적응

① A주임   ② B주임
③ D주임   ④ E주임

24 다음은 EAEU(유라시아경제연합) 공동가스시장 출범을 앞둔 상황에서 러시아 천연가스 산업의 SWOT 분석 자료를 정리한 것이다. ㉠~㉣ 중 SWOT 분석에 들어갈 내용으로 옳지 <u>않은</u> 것은?

〈러시아 천연가스 산업 SWOT 분석 결과〉

구분	분석 결과
강점(Strength)	• <u>㉠ 1위인 미국에 이어 세계 가스 생산 2위</u> • 저렴한 가스 생산비로 인한 가격 경쟁력 우위 • 카자흐스탄 등 EAEU 회원국과의 전략적 파트너십 • 러시아산 가스에 대한 아르메니아, 벨라루스, 키르기스스탄의 매우 높은 의존도 • 가스 공급을 위해 EAEU 회원국 지역 전역에 걸쳐 가즈프롬(러시아 국영 에너지 기업)의 자회사들이 소유·운영 중인 가스관
약점(Weakness)	• 자국의 가스 가격과 수출 가스 가격과의 차이 • 공동가스시장 출범 시 EAEU 회원국과의 기존 장기공급 계약 수정 필요성 • <u>㉡ 쿠데타 등 자국 내 정치적 리스크가 높아질 경우 EAEU 공동가스시장을 주도하기 곤란해질 수 있음</u>
기회(Opportunity)	• 가스 가격 상승 가능성 • EAEU 파트너십 강화를 통한 성장 • 카자흐스탄, 키르기스스탄과 협력해 대(對) 중국 수출 가스관 접근 가능성 • EAEU 회원국의 가스 인프라 구축, 가스 수요 증대 등을 통해 EAEU 공동가스시장이 확대될 가능성 • <u>㉢ 유럽이 법제화를 통해 가스시장 자율화로 다양한 참여자 간의 경쟁을 추구하는 추세에 대응해 가즈프롬이 유럽 전역에 자회사들을 설립해 효과적으로 시장을 공략한 러시아의 경험</u>
위협(Threat)	• <u>㉣ 저가의 가스 공급자 등장</u> • 지역 가스시장 내 영향력 약화 • 러시아 – 우크라이나 전쟁에 따른 지정학적 리스크

※ 유라시아경제연합(Eurasian Economic Union) : 러시아가 중심이 되어 아르메니아·벨라루스·카자흐스탄·키르기스스탄 등이 참여하고 있는 경제 공동체로, 상품·자본·노동·서비스 등의 자유로운 이동을 목표로 함. 가스·원유 등의 천연자원이 풍부하며, 유럽과 아시아를 관통하는 지정학적 이점이 있어 잠재력이 큰 시장임

① ㉠

② ㉡

③ ㉢

④ ㉣

25　다음 글에서 주장하는 은행이 추구해야 할 장기적 방향으로 가장 적절한 것은?

> 국내 금융산업은 급변하는 글로벌 환경 속에서 안정성과 경쟁력이라는 두 가지 과제를 동시에 해결해야 하는 상황에 놓여 있다. 외환위기와 글로벌 금융위기를 거치며 드러난 금융시스템의 취약점을 보완하기 위해 은행을 비롯한 금융기관은 단기적으로는 시장의 신뢰 회복과 건전성 강화에, 장기적으로는 지속가능한 성장 기반 구축에 주력해야 한다.
>
> 단기적 방향에서 가장 중요한 것은 금융시스템의 안정성을 확보하고 금융소비자의 신뢰를 회복하는 일이다. 경기 불확실성이 지속되는 가운데 금융기관의 자본 건전성을 강화하고 부실채권을 신속히 정리하며, 유동성 확보를 통해 금융 불안을 완화해야 한다. 또한 금융감독의 투명성과 일관성을 높여 제도적 신뢰를 확보하는 것이 필수적이다. 이를 위해 리스크 관리 체계를 정비하고 내부 통제 기능을 강화해야 하며, 금융기관 간 협력 체계를 마련해 위기 대응력을 높여야 한다. 아울러 금융정보 공개를 확대해 시장의 예측 가능성을 높이는 것도 단기 과제의 핵심이다. 이러한 노력은 금융산업이 안정적으로 회복하고 구조개혁을 추진할 수 있는 기반이 된다.
>
> 장기적으로는 금융산업의 경쟁력을 높이고 혁신 생태계를 조성하는 것이 중심 과제가 되어야 한다. 단기적 안정화 이후에는 자본시장의 다양화를 추진하고, 금융 중심지로서의 기능을 강화하여 글로벌 금융환경에 대응할 필요가 있다. 금융의 자율성과 혁신을 확대하여 지속가능한 성장 기반을 마련하는 것도 중요하다. 이를 위해 금융기술 발전을 촉진하고 새로운 금융상품과 서비스를 개발하며, 금융소비자 보호 체계를 제도화해 신뢰 기반의 금융문화를 정착시켜야 한다. 또한 ESG(환경·사회·지배구조)경영을 확대하고 사회적 책임을 수행하는 금융으로 발전하는 방향도 장기적 비전의 핵심이다.
>
> 결국 단기적 과제는 금융의 안정과 신뢰를 복원하는 과정이며, 장기적 방향은 경쟁력과 혁신을 통해 금융산업을 한 단계 도약시키는 비전이라 할 수 있다. 두 과제가 조화롭게 추진될 때 국내 금융은 외부 충격에 강하면서도 지속가능한 성장 동력을 갖춘 산업으로 발전할 것이다.

① 시장의 예측 가능성을 증진
② 금융기관의 자본 건전성을 강화
③ 금융 지속가능성과 사회적 책임의 발전
④ 감독체계의 투명성과 예측 가능성 강화

26 다음은 H은행 신혼부부전세론의 상품설명서이다. 이에 대한 설명으로 옳은 것은?

〈신혼부부전세론〉

구분	내용
상품특징	• 신혼부부 또는 결혼예정자를 대상으로 한국주택금융공사의 보증서를 담보로 하여 임차보증금의 90% 이내에서 주택의 전세(반전세 포함)자금을 지원하는 상품
대출대상	• 주택임대차계약을 체결한 국민인 거주자로 아래의 조건을 모두 충족하는 경우(임차보증금액 수도권 7억 원, 지방 5억 원을 초과하는 경우 대출 불가) – 현재 배우자와의 혼인기간이 7년 이내인 신혼부부 또는 보증신청일로부터 3개월 이내에 결혼하기로 한 결혼예정자 – 임차보증금의 5% 이상 지급한 만 19세 이상의 세대주 – 세대주와 동일세대를 이루고 있는 세대원 중 다음 하나에 해당하는 자 : 배우자, 직계존비속 및 그의 배우자, 신청인 및 배우자의 형제자매, 배우자의 직계존비속 및 그의 배우자
대상주택	• 공부상(등기부등본 등) 주거용 주택(미등기 주택도 가능)
대출한도	• 최대 2억 원 범위 내 아래 중 적은 금액 – 임차보증금의 90% 이내 – 신청인(배우자 포함) 연간소득의 최대 4.5배 이내
대출기간	• 전세계약 만기일 범위 내 최장 2년 • 최대 20년까지 1년 단위로 연장 가능 • 대출만기 시 자동연장되지 않으며, 임대차계약내용 변경(종료) 및 신용도에 따라 연장이 제한될 수 있으므로 반드시 만기 1개월 전에 대출받은 영업점 사전 상담 권장
대출신청시기	• 신규 : 임대차계약서상 잔금지급일과 주민등록전입일 중 빠른 날로부터 3개월 이내 • 갱신 : 주민등록전입일로부터 3개월 이상 경과하고 계약갱신일로부터 3개월 이내(계약갱신일 이전에도 보증신청 가능)
상환방식	• 만기일시상환, 원(리)금균등분할상환
이자납입	• 이자 매월 후취

① 수도권의 대출 가능 금액은 지방보다 높다.
② 신혼부부전세론의 최대 대출 가능 한도는 1억 8천만 원이다.
③ 주민등록전입을 하지 않은 경우 기존 전세대출의 갱신이 불가하다.
④ 신청자인 세대주가 배우자와 동일세대를 이루고 있지 않다면 대출이 불가하다.

27 H은행에서 고객들을 유치하기 위해 새로운 상품들을 내놓았는데, A고객은 그중 두 상품을 선택했다. 첫 번째 상품은 월복리 적금으로 매달 초에 12만 원씩 납입하며 연 2.4%의 금리를 적용하는 3년 만기 적금 상품이고, 두 번째 상품은 400만 원을 예치하는 단리 예금으로 연 2.8%의 금리를 적용하는 2년 만기 예금 상품이다. A고객이 가입한 두 상품이 각각 만기되어 돈을 찾는다고 할 때, 두 상품의 만기 수령액 차이는 얼마인가?(단, 세금은 고려하지 않으며, $1.024^{\frac{1}{12}} = 1.002$, $1.024^3 = 1.074$로 계산한다)

① 214,880원

② 222,880원

③ 224,880원

④ 226,800원

28 A와 B는 각각 1,000만 원을 가지고 2가지 종목에 500만 원씩 〈조건〉과 같이 투자하였다. 총수익을 토대로 수익률을 산정할 때, 다음 중 수익률이 더 높은 사람과 두 사람의 수익률 차이가 바르게 연결된 것은?

> **조건**
>
> • A의 투자 결과
>   - 첫 번째 종목에서 1차 +20%, 2차 −10%의 변동이 있었다.
>   - 두 번째 종목에서 1차 −10%, 2차 +30%의 변동이 있었다.
> • B의 투자 결과
>   - 첫 번째 종목에서 1차 −10%, 2차 +10%의 변동이 있었다.
>   - 두 번째 종목에서 1차 +10%, 2차 −10%의 변동이 있었다.

	높은 수익자	수익률 차이
①	A	11.5%p
②	A	13.5%p
③	B	11.5%p
④	B	13.5%p

29 H은행에서 열린 국제 콘퍼런스에 대하여 A~E는 서로의 참석 여부를 〈조건〉과 같이 진술하였다. 참석하지 않은 2명은 항상 거짓을 말하고, 참석한 3명은 항상 참을 말할 때, 콘퍼런스에 참석하지 않은 2명은?

> **조건**
>
> • A : B와 D 중 1명만 콘퍼런스에 참석했다.
> • B : E는 콘퍼런스에 참석하였다.
> • C : B는 콘퍼런스에 참석하지 않았다.
> • D : B와 E는 모두 콘퍼런스에 참석하지 않았다.
> • E : A는 콘퍼런스에 참석하지 않았다.

① A, C
② B, D
③ B, E
④ C, D

30 다음은 신용등급에 따른 이자율을 나타낸 자료이다. 이자율을 부여하는 회사는 A, B 두 회사가 있으며 〈조건〉이 다음과 같을 때, 〈보기〉에서 옳은 것을 모두 고르면?

〈회사별 신용등급 이자율〉

(단위 : %)

구분	A회사	B회사
1등급	0.36	
2등급		0.80
3등급		
4등급		
5등급	1.80	2.40

> **조건**
>
> • 신용등급은 1~5등급까지 나누어지며, 5등급으로 갈수록 A, B회사 모두 이자율이 높아진다.
> • B회사는 같은 등급일 경우 항상 A회사보다 이자율이 높거나 같다.
> • A, B회사의 3등급 산정기준은 각 회사의 1등급과 5등급의 평균값이다.

> **보기**
>
> ㉠ A회사 3등급의 이자율은 1.28%이다.
> ㉡ B회사 3등급의 이자율은 1.38%보다 높거나 같을 것이다.
> ㉢ A회사 2등급의 이자율은 0.36%보다는 높고 0.8%보다는 낮거나 같을 것이다.
> ㉣ B회사 4등급의 이자율은 1.52%보다 높을 것이다.

① ㉠, ㉡
② ㉠, ㉢
③ ㉡, ㉢
④ ㉡, ㉣

31

오픈뱅킹은 핀테크 기업이 금융서비스를 개발할 수 있도록 은행 등 금융서비스를 표준화하여 제공한 인프라로 크게 오픈 API와 테스트베드가 있다.

오픈 API(Application Programming Interface)는 핀테크 기업이 응용 프로그램과 서비스를 개발할 수 있게 공개한 프로그램 도구로 서비스 API와 인증·관리 API를 제공하고, 테스트베드는 개발된 서비스 등이 금융전산망에서 작동하는데 문제가 없는지 테스트할 수 있는 인프라이다. 이 두 가지를 통해 핀테크 기업은 기존의 금융서비스에 새로 IT 기술을 합쳐서 다양한 핀테크 서비스를 출시할 수 있다.

기존에는 핀테크 서비스를 출시하려면 모든 관련 은행과 개별적으로 협약을 맺어야 했고, 전산표준이 은행마다 다르기도 하여서 어려움이 많았다. 이를 해결하기 위해 은행과 핀테크 기업이 서비스 개발 과정부터 서로 소통할 수 있는 오픈플랫폼을 구축하였으며, 은행뿐 아니라 제2금융권 참여 확대를 위해 오픈플랫폼을 오픈뱅킹공동업무 서비스로 전환하였다.

오픈뱅킹의 기대효과로는 이용기관은 다양한 핀테크 서비스를 제공할 수 있고, 고객은 핀테크 서비스를 이용하여 더 쉽고 편하게 금융에 접근할 수 있게 되며, 참가기관은 신규 고객 등을 유치함으로써 수익기회를 얻을 수 있다.

금융서비스 중 제외되는 서비스는 출금대행과 납부서비스가 있으며, 이용대상에는 핀테크 사업자, 핀테크 산업 분류업종 기업, 전자금융업자, 오픈뱅킹 운영기관 인정기업, 일반고객 등이 있다.

① 오픈뱅킹은 금융서비스를 개발하고 테스트하는 것을 모두 포함한다.
② 오픈뱅킹을 통하면 여러 은행과 개별적 협약 없이도 핀테크 서비스를 출시할 수 있다.
③ 일반 은행이 아닌 제2금융권은 참여할 수 없다.
④ 일반고객뿐 아니라 금융업자도 참여할 수 있다.

32

공정거래위원회는 총수 일가의 지분율 확대와 경영권 승계 수단으로 RSU(양도제한조건부주식)가 악용될 우려가 있다며 자산 총액 5조 원 이상 대기업을 대상으로 연 1회 RSU의 지급거래 현황을 공시할 것을 의무화하겠다고 밝혔다.

이에 따라 대기업은 상장사와 비상장사 구분 없이 직전 사업연도에 총수 일가, 임원 등 특수관계인과 주식지급거래 약정을 체결했을 경우 부여일, 약정 유형, 주식 종류, 수량 등 주요 내용이 포함된 정보를 공시하여야 하며, 이를 허위로 기재하거나 지연 시에는 과태료가 부과된다. 이를 통해 시장에서는 총수 일가의 지분 변동 내역은 물론 향후 변동 가능성에 대해서도 예측이 가능해질 것으로 보인다.

RSU는 인력 유출을 막기 위해 부여하는 성과급 제도인 스톡옵션과 달리 부여 대상이나 수량, 가격 등의 제한이 없어 투명성이 의심되어 왔다. 스톡옵션은 상법상 임원, 이사, 감사 등의 임직원과 지분 10% 이상을 보유한 대주주에게는 부여할 수 없으며, 부여 가능한 수량도 발행 주식의 10% 이내로 제한되어 왔다. 또한 일정 기간 이후 약정한 가격으로 주식을 살 수 있는 권리이기 때문에 사실상 주가가 약정한 가격보다 낮으면 의미가 없는 권리이다. 반면 RSU는 일정 기간 동안 거래가 불가하다는 약정이 있지만, 자사주를 무상으로 부여받아 약정 기간 경과 시에 주식으로 전환할 수 있는 권리이다. 따라서 상당한 재산적 가치가 발생할 수 있어 주식 배분을 어려움 없이 이루어지게 하는 방편으로 사용되었다는 문제가 제기되었다.

① 스톡옵션은 일정 기간이 지나면 재산적 가치가 소멸하는 권리이다.

② RSU는 부여 당시의 주가보다 현재의 주가가 높으면 재산적 가치 또한 높아지게 된다.

③ RSU의 지급거래 현황 공시 의무화는 투자자들의 대기업 투자에 영향을 줄 것으로 예측된다.

④ RSU의 지급거래 현황 공시 의무화는 RSU가 경영권 승계 수단으로 활용되지 않도록 방지하기 위함이다.

33 다음 기사를 읽고 이해한 내용으로 적절하지 않은 것은?

K은행이 2025년 11월 19일 열리는 일자리 페스티벌에 참가할 기업을 같은 해 9월 19일까지 모집한다. 올해 페스티벌은 기존 운영 방식과 같이 박람회 형식으로 열릴 예정이며, 대전컨벤션센터 제2전시장에서 K은행, 고용노동부, 대전광역시의 공동 주최로 진행된다.

K은행의 취업 박람회는 2011년부터 현재까지 꾸준히 이어져 진행되고 있는 행사다. 2011년부터 현재까지 누적 방문자 수가 123만여 명에, 참여한 기업 수의 누계도 6천여 개에 달해, K은행의 취업박람회는 성공적인 민간 주도 일자리 창출 모델로 자리 잡아 왔다.

박람회 진행 본부에서는 우수 기업을 유치하여 구직자들에게 양질의 일자리 기회를 제공하려고 한다. 이번에는 고용노동부에서 선정한 '청년일자리 강소기업', 대전시와 K은행의 금융그룹에서 각각 추천한 우수기업, 대기업 협력사와 코스닥 상장사 등 다양한 우량 기업을 유치할 계획이다.

K은행에서는 우수 기업의 유치를 위해 박람회 참가 기업을 대상으로 경제적인 혜택을 제공하고 있는데, 주로 인건비 및 금융 부담을 완화하는 혜택이 제공된다. 구체적으로는 채용 지원금과 대출 금리 우대 제공이 있다. 박람회를 통해 정규직을 채용할 경우 1명을 채용할 때마다 1백만 원의 채용 지원금을 제공한다. 단, 기업별로 연간 최대 1천만 원까지의 한도가 있다. 대출 금리 우대는 신규 대출 신청 시에 한해 최대 1.3%p까지 제공된다.

한편 K은행의 기업 고용 및 구직자 취업 지원은 박람회 개최로만 그치지 않는다. K은행에서는 이전과 같은 방식으로 박람회 홈페이지를 박람회 종료 후에도 계속 무상 운영할 계획이다. 해당 홈페이지에서는 박람회 참가 기업의 인사담당자들을 대상으로 특화 인재 매칭 서비스를 제공한다. 박람회 참가 기업들은 박람회 참가 이후에도 해당 홈페이지에 공고를 올려 계속해서 지원자를 모집할 수 있는 한편, 박람회 유관 기관 연계 매칭 프로그램을 통해 기업 맞춤 인재를 찾을 수도 있다. 구직자들 또한 해당 홈페이지를 통해 이력서 및 자기소개서에 대한 컨설팅을 받을 수 있다.

K은행은 이번 박람회를 통해 대기업뿐만 아니라 구인난을 겪고 있는 중소·중견기업 또한 적절한 인재를 찾아 성장할 수 있을 것이라고 기대하고 있다. 또한 해당 은행 관계자가 "이번 K은행의 박람회는 정부 부처와 지방자치단체의 유기적 협력을 통해 이루어진 만큼, 지역 간의 균형 있는 성장과 지역의 양질의 일자리 창출이 이루어질 것이라고 기대된다."라고 하여 지역사회와의 동반성장을 꿈꾸는 K은행의 포부를 밝히기도 하였다.

① K은행은 박람회 두 달 전까지 공공기관과 공동 주최하는 박람회의 참가 기업을 모집한다.

② K은행은 박람회 참여 기업에게 인건비에 대한 부담을 덜어주는 방식으로 도움을 주고 있다.

③ K은행의 박람회 홈페이지는 기업을 위한 서비스뿐만 아니라 구직자 대상의 서비스도 제공하고 있다.

④ K은행은 이번 박람회에서는 지난 박람회와 달리 박람회 참여 기업에게 유관 기관 연계 매칭 프로그램을 제공할 계획이다.

34 다음은 가전제품 핵심부품의 보증기간에 대한 자료이다. 제품별 핵심부품의 품질보증기간을 짝지은 것으로 옳지 않은 것은?

공정거래위원회는 가전제품에서 중추적인 기능을 하는 부품을 핵심부품으로 정해 소비자분쟁해결기준에 명시하고 있다. 핵심부품은 제품별로 분쟁이 주로 발생하는 부품과 A/S 시 소비자 입장에서 서비스비용이 가장 부담되는 부품 위주로 선정된다. 에어컨·냉장고의 컴프레서, 세탁기의 모터 등이 대표적인 핵심부품이다. 이 부품의 보증기간은 3 ~ 4년으로 통상 1년으로 정해지는 일반부품보다 월등히 길다.

핵심부품에 대한 보증기간은 제조업체들이 자체적으로 정할 수 있어 실제로는 소비자분쟁해결기준이 명시하고 있는 것보다 더 긴 경우가 많다. S전자와 L전자는 세탁기 모터의 보증기간을 10년 이상으로 정하고 있다.

스마트폰의 경우 핵심부품이 별도로 정해져 있지 않다. 공정거래위원회 측은 "플렉시블 디스플레이 등 새로운 기술이 빠르게 도입되는 스마트폰의 경우 핵심부품을 별도로 정하는 게 소비자들의 권리를 오히려 제약하는 상황이라 판단했다."며 "핵심부품에 대해서만 보증기간을 2년으로 연장하는 안을 검토하기도 했지만, 소비자들이 약정으로 사용하는 측면을 감안해 모든 부품을 2년으로 연장하게 되었다."고 밝혔다.

해당 업계 관계자는 "제품의 성능을 좌우하는 중요한 부품을 핵심부품으로 보고 별도의 보증기간을 책정하고 있다."며 "보증기간 이내라면 수리비, 출장비, 부품비가 모두 무료"라고 말했다.

〈소비자분쟁해결기준이 명시한 제품별 핵심부품〉

제품	부품	보증기간	비고
LCD TV, 모니터	패널	2년	노트북 제외
PDP TV			
LED TV, 모니터			노트북 제외
퍼스널 컴퓨터	메인보드		
세탁기	모터	3년	
TV, 모니터	CPT		
전자레인지	마그네트론		
VTR	헤드드럼		
비디오카메라			
팬히터, 로터리히터	버너		
냉장고	컴프레서		
에어컨		4년	

※ TV, 모니터 패널의 경우 소비자가 확인 가능한 타이머 부착 제품으로 5,000시간을 초과한 경우 기간 만료로 보증에서 제외됨

① 에어컨 – 4년　　　　　　　② 냉장고 – 4년
③ 스마트폰 – 2년　　　　　　④ 세탁기 – 3년

35 제시된 명제가 모두 참일 때, 빈칸에 들어갈 명제로 가장 적절한 것은?

> • 회계팀의 팀원은 모두 회계 관련 자격증을 가지고 있다.
> • ________________________
> • 돈 계산이 빠르지 않은 사람은 회계팀이 아니다.

① 회계팀이 아닌 사람은 돈 계산이 빠르다.
② 돈 계산이 빠른 사람은 회계 관련 자격증을 가지고 있다.
③ 회계팀이 아닌 사람은 회계 관련 자격증을 가지고 있지 않다.
④ 돈 계산이 빠르지 않은 사람은 회계 관련 자격증을 가지고 있지 않다.

36 K은행 직원 A~E 5명이 자신들의 직급에 대하여 다음과 같이 이야기하고 있다. 이들의 직급은 각각 사원, 대리, 과장, 차장, 부장 중 하나이다. 1명의 말만 진실이고 나머지 사람들의 말은 모두 거짓이라고 할 때, 진실을 말한 사람은?(단, 직급은 사원 – 대리 – 과장 – 차장 – 부장 순이다)

> • A : 나는 사원이고, D는 사원보다 직급이 높아.
> • B : E가 차장이고, 나는 차장보다 낮은 직급이지.
> • C : A는 과장이 아니고, 사원이야.
> • D : E보다 직급이 높은 사람은 없어.
> • E : C는 부장이고, B는 사원이야.

① A   ② B
③ C   ④ D

※ 다음은 K은행에서 사용할 수 있는 버스노선 목록에 대한 자료이다. 이어지는 질문에 답하시오(단, K은행과 시청에서 버스 정류장까지 걸린 시간 등 기타 시간은 고려하지 않는다). **[37~38]**

〈K은행 → 시청 버스노선〉

구분	출발시간	소요시간	비용
노선 A	매시 정각, 30분	32분	1,800원
노선 B(순환)	정시부터 10분 간격	51분	1,200원
노선 C(직행)	매시 정각	18분	3,100원

〈시청 → K은행 버스노선〉

구분	출발시간	소요시간	비용
노선 A	매시 10분, 40분	28분	1,900원
노선 B(순환)	정시부터 15분 간격	45분	1,400원
노선 C(직행)	매시 정각	15분	3,400원

| KB국민은행

37 강대리는 K은행에서 오전 8시 30분에 나와 버스를 타고 시청에서 40분간 일을 처리한 후, K은행으로 복귀하려고 한다. 가장 일찍 K은행으로 돌아오는 노선을 이용할 때, 그 요금은?

① 2,600원 ② 3,200원
③ 4,600원 ④ 5,200원

| KB국민은행

38 강대리는 오후 4시 10분에 K은행에서 출발하여 시청에 서류를 제출하고, 다시 K은행으로 복귀하려고 한다. 오후 6시 전에 복귀하려고 할 때, 요금이 가장 저렴한 노선은?(단, 버스 소요시간 외에는 고려하지 않는다)

① 노선 A – 노선 A ② 노선 A – 노선 B
③ 노선 B – 노선 A ④ 노선 B – 노선 B

39 다음은 K은행 탄소Zero챌린지 적금 상품에 대한 설명이다. 이 상품에 가입하고자 하는 고객 A씨에 대한 정보가 〈보기〉와 같을 때, 옳지 않은 것은?

<hr>

〈탄소Zero챌린지 적금〉

- 대상과목 : 정기적금
- 가입방법 : 스마트뱅킹
- 가입금액(계좌당)
  - 초입금 : 1만 원 이상
  - 가입한도 : 월 10만 원, 연 120만 원 이하
  - 회차별 적립금 : 1만 원 이상 10만 원 이하
- 가입기간 : 12개월 만기(가입기간 연장 불가)
- 기본이율 : 신규 가입일의 정기적금 12개월 이율(세전 연 3.3%) 적용
- 우대이율
  - 최고 우대이율 : 0.25%p

우대조건		우대이율(세전)
조건	충족횟수	
1) 탄소Zero생활 실천 우대	8회	0.1%p
2) 대중교통 이용 우대	10회 이상	0.2%p
3) 종이거래Zero 실천 우대	1회	0.05%p

  1) 탄소Zero생활 실천 12개 항목 중 8개 이상의 항목에 '참여동의' 시 우대이율 적용
  2) 본 적금 가입 후 만기 전전월 말일까지 K은행 후불교통카드(신용 및 체크카드)로 대중교통 (버스, 지하철) 이용 실적이 10회 이상일 때 우대이율 적용(단, 실물카드로 결제하는 경우에 만 우대이율이 적용되며 각종 페이 및 결제앱 등의 비실물카드 이용실적은 미인정)
  3) 본 적금 가입 후 만기일까지 종이통장 발급 이력이 없는 경우 우대이율 적용
- 이자지급방식 : 만기일시지급식
- 기타
  - 무통장거래 가능하며, 재예치 불가능
  - 분할해지 등의 중도인출은 불가능하며, 중도해지 시 보통예탁금 금리 적용

<hr>

보기

- A씨는 K은행 스마트뱅킹을 통해 탄소Zero챌린지 적금 상품에 가입하고자 한다.
- 2023년 9월 5일에 가입하여 10만 원을 초입금으로 하고, 월 9만 원을 납입하고자 한다.
- 가입 시 실물통장을 발급받고자 한다.
- 2023년 10월부터 2024년 6월까지 매월 5회 이상 K은행 후불교통카드를 이용할 것이다.
- 탄소Zero생활 실천 12개 항목 중 5개 항목은 동의하지 않았다.

① A씨가 받을 수 있는 금리는 연 3.5%이다.
② A씨는 탄소Zero챌린지 적금 상품을 신청할 수 있다.
③ A씨는 재예치를 통해 2025년 9월을 만기로 할 수 있다.
④ A씨는 2024년 5월에 중도인출을 하고자 하더라도 인출할 수 없다.

40 다음은 국가별 환율 및 K은행 창구에서의 외화 송금수수료이다. 창구에서 100,000엔을 일본으로 3번 송금할 때, 지불해야 하는 당발송금수수료는?(단, 전신료는 건당 8,000원이며, 환전수수료 및 사후관리수수료는 없다고 가정한다)

〈국가별 환율〉

구분	미국	일본	독일	중국
환율	1,300원/달러	8.6원/엔	1,400원/유로	180원/위안

〈K은행 창구에서의 외화 송금수수료〉

(단위 : 원/건)

송금액	송금수수료	
	국내	국외
미화 500달러 상당액 이하	5,000	5,000
미화 500달러 상당액 초과 미화 2,000달러 상당액 이하	10,000	5,000
미화 2,000달러 상당액 초과 미화 5,000달러 상당액 이하	15,000	5,000
미화 5,000달러 상당액 초과 미화 10,000달러 상당액 이하	20,000	5,000
미화 10,00달러 상당액 초과 미화 20,000달러 상당액 이하	20,000	10,000
미화 20,000달러 상당액 초과	25,000	10,000

※ (당발송금수수료)=(건당 외화 송금수수료)+(건당 전신료)+(건당 사후관리수수료)

① 23,000원　　　　　　　　　② 29,000원
③ 33,000원　　　　　　　　　④ 39,000원

41　다음 글을 읽고 추론한 내용으로 적절하지 않은 것은?

우리나라의 증권거래소는 수십 년간 한국거래소(KRX) 한 곳뿐이었다. 그러나 최근 국내 주식시장에는 새로운 변화가 나타났다. 단일 거래소 체제가 유지되던 구조 속에 최초의 대체거래소인 '넥스트레이드(NXT)'가 출범하여, 투자자들은 처음으로 서로 다른 거래소 중에서 원하는 거래소를 선택할 수 있게 되었다. 이는 겉보기에는 단순히 거래소가 하나 더 생긴 것처럼 보이지만, 실제로는 시장의 운영 방식과 참여자에게 다양한 영향을 미치는 변화로 평가된다.

가장 눈에 띄는 변화는 거래 환경의 확장이다. 기존 거래소가 일정한 시간대에 한정된 방식으로 매매를 운영해 왔다면, 새로운 거래소는 KRX의 정규장 운영시간뿐만 아니라 이후에도 거래가 가능하고, 보다 다양한 주문 방식의 도입 등을 통해 투자 접근성을 넓혔다. 이러한 변화는 낮 시간대에 매매 참여가 어려웠던 투자자들에게 새로운 선택지를 제공하며, 시장 참여율을 높일 기회가 되었다. 특히 개인 투자자들은 자신에게 맞는 시간과 방식으로 거래를 조정할 수 있게 되어 투자 활동의 유연성이 한층 강화되었다.

그러나 복수로 존재하는 거래소가 항상 긍정적 측면만을 지니는 것은 아니다. 우선, 주식이 서로 다른 거래소에 분산됨에 따라 거래량이 한 곳에 집중되지 않는 현상이 나타난다. 이는 거래소별 가격이 다르게 형성되는 등 가격 형성 과정이 복잡해지고, 시장을 이해하기 위해 투자자가 더 많은 정보를 파악해야 하는 상황을 만들기도 했다. 또한 새롭게 등장한 거래소가 안정적으로 시장에 자리잡기 위해서는 거래 시스템의 신뢰성과 충분한 투자자 보호 장치가 확보되어야 한다는 과제도 여전히 존재한다.

그럼에도 대체거래소의 출범은 우리 주식시장이 오랫동안 유지해 온 단일 구조에서 벗어나 경쟁 요소를 도입했다는 점에서 중요한 의미를 지닌다. 경쟁이 형성되면서 거래소들은 더 나은 서비스와 효율적인 구조를 마련하기 위해 노력하게 되었고, 이는 장기적으로 투자자에게 긍정적인 결과를 가져오고 있다. NXT의 출범은 투자자에게 더 넓은 선택지를 제공함과 동시에, 변화된 환경을 이해하고 합리적인 결정을 내릴 책임 또한 요구한다.

① 현재 우리나라 증권거래소는 두 곳이다.
② KRX의 운영시간은 NXT의 운영시간보다 짧다.
③ NXT의 도입으로 KRX의 운영시간도 길어질 것이다.
④ 동일한 주식이라도 KRX와 NXT에서 가격이 다를 수 있다.
⑤ NXT의 도입으로 증권거래소의 서비스 환경이 개선될 것이다.

42 다음 글의 제목으로 가장 적절한 것은?

> DID(Decentralized IDentity, 탈중앙화 신원증명) 기술의 적용으로 모바일 주민등록증의 발급이 가능해질 것으로 보인다. 모바일 주민등록증이란 기존 주민등록증과 동일한 법적 효력을 가진 신분증으로, 개인 스마트폰에 저장해 공공기관, 금융기관, 병원 등에 사용할 수 있음은 물론 최소한의 정보만 공유할 수 있어 과도한 개인정보 노출을 막아 개인정보 유출이나 부정사용을 방지하는 기능도 가지고 있다. 예를 들어 주민등록번호 앞자리만 공개한다거나 주소지를 가릴 수 있게 된 것이 이에 해당한다.
>
> 이는 DID 기술이 블록체인의 DLT(Distributed Ledger Technology, 분산원장기술)를 이용하기 때문이다. DLT는 데이터를 암호화해 블록에 저장한 후 이들을 연결해 다음 네트워크에 연결된 저장소에 각각 저장하는 기술로, 만일 일부 저장소가 해킹당했다 하더라도 다른 저장소를 통해 데이터의 사실 여부를 확인할 수 있어 데이터의 위변조를 방지하는 기능을 한다. 이러한 암호화 및 분산 저장이 기존 방식과의 차이점인데, 이전에는 정부나 기업이 중앙 서버를 통해 데이터를 저장하고 관리했기 때문에 개인정보 유출이나 도용의 위험성이 있었기 때문이다.

① DID 기술의 도입, 모바일 신분 확인이 가능해지다
② DID 기술의 도입, 데이터의 분산 저장이 가능해지다
③ DID 기술의 도입, 기존 신분증의 문제점을 해결하다
④ DID 기술의 도입, 개인정보의 선택적 제공이 가능해지다
⑤ DID 기술의 도입, 신원 증명의 편의성과 보안성을 갖추게 되다

43 다음 문단을 논리적 순서대로 바르게 나열한 것은?

(가) 이러한 의문점을 살펴보면, 배달 앱의 편리함 이면에 숨은 또 다른 구조가 드러난다. 앱은 단순히 이용자가 원하는 메뉴를 보여 주는 데 그치지 않고, 과거의 주문 내역이나 검색 기록, 주로 머무른 화면 등을 분석해 '선택할 가능성이 높은 음식'을 우선적으로 배치한다. 사용자는 여러 선택지 가운데 하나를 고른다고 생각하지만, 사실상 먼저 눈에 들어오는 목록부터 자연스럽게 영향을 받게 된다.

(나) 퇴근 후 집에 도착하여 배달 앱을 켜고 저녁밥을 주문하는 것은, 이제 현대의 일상에서 자연스러운 장면이 되었다. 마치 정해진 순서처럼 화면을 열고, 손가락으로 몇 번 눌러 메뉴를 고른 뒤 결제를 마치면 모든 절차가 끝난다. 이처럼 음식을 만들거나 찾는 과정 없이 편리하게 받을 수 있기 때문에 배달 앱은 빠르게 보편화되었다. 그러나 이러한 익숙함 뒤에는 한 가지 의문이 남는다. 우리는 정말로 스스로의 선택을 바탕으로 음식을 고르고 있는 것일까?

(다) 배달 앱이 제공하는 편리함은 우리의 일상적 결정 방식을 근본적으로 변화시키고 있다. 손쉽게 음식을 주문하는 경험이 당연해진 오늘날, 선택의 과정은 더 이상 전적으로 개인의 판단에만 맡겨져 있다고 보기 어렵다. 화면을 구성하는 방식과 추천 알고리즘은 우리의 관심과 선택 방향을 알게 모르게 이끌며, 때로는 특정 선택지를 더 자주 마주하도록 만든다. 이러한 흐름 속에서 우리는 편리함을 누리는 동시에, 그 편리함이 빚어낸 보이지 않는 영향력도 함께 받아들이고 있는 셈이다. 따라서 현명한 소비를 위해서는 기술이 제시하는 선택과 개인의 판단 사이에서 균형을 찾을 수 있어야 한다.

(라) 실제로 화면 상단에 노출된 가게는 주문량이 크게 늘고, 아래쪽에 위치한 가게는 이용자의 시야에 잘 닿지 않아 선택될 가능성이 낮아진다. 이처럼 사용자 경험을 고려해 배치된 화면 구조는 편리함을 높이는 동시에, 이용자의 선택 범위를 조용히 좁히는 역할도 한다. 물론 이는 소비자가 원하는 메뉴를 더 빠르게 찾도록 돕는 기능이기도 하다. 그러나 여러 선택지가 존재함에도, 우리가 실제로 마주하는 선택지가 앱의 알고리즘에 의해 정해진 것이라는 점에서 선택의 주도권은 일정 부분 알고리즘과 같은 기술적 구조에 의해 조정된다고 볼 수 있다.

① (나) – (가) – (다) – (라)
② (나) – (가) – (라) – (다)
③ (나) – (라) – (가) – (다)
④ (다) – (나) – (가) – (라)
⑤ (다) – (나) – (라) – (가)

44 다음 글에 대한 내용으로 적절하지 않은 것을 〈보기〉에서 모두 고르면?

> 기후변화, 사회 불평등, 자원 고갈 등 전 지구적 위기가 심화되면서 전통적인 이윤 중심의 경영 방식만으로는 지속가능한 성장을 기대하기 어려운 시대가 되었다. 이에 따라 기업과 정부, 시민사회는 모두 지속가능성을 핵심 가치로 삼고 있으며, 이러한 변화의 흐름 속에서 ESG(Environmental – Social – Governance, 환경 – 사회 – 지배구조)와 SDG(Sustainable Development Goals, 지속가능 발전목표)는 사회적 책임과 지속가능한 발전을 위한 필수 기준으로 부상하고 있다. 특히 소비자와 투자자들도 환경과 윤리·사회적 가치를 고려하는 경영을 중시하게 되면서 이를 실현하는 ESG 및 SDG 경영이 기업의 새로운 경쟁력이 되고 있다.
>
> ESG란 기업이 환경보호와 사회적 책임을 다하며 기업의 지배구조를 투명하게 경영해 지속가능한 성장과 발전을 추구하는 경영 형태를 말한다. 이에 대해 구체적으로 살펴보면 ESG의 E는 탄소배출량, 에너지소비, 자원사용, 폐기물처리, 생물다양성 등에 환경적 책임을 가지고 보호하는 것을, S는 노동자의 권리, 고용 안정성, 사회적 다양성, 공정한 임금, 고객안전, 고객서비스, 지역사회 등에 사회적 책임을 가지고 행동하는 것을 말한다. 마지막으로 G는 기업이 신뢰성과 투명성을 높이기 위해 윤리경영과 투명경영을 추구하는 것을 말한다.
>
> SDG란 지속가능한 발전을 이루기 위해 유엔이 제정한 17개의 목표이다. 이는 기업을 포함해 정부, 비영리단체, 시민 모두가 추구해야 할 목표이며, SDG 경영이란 이를 2030까지 달성하는 것을 목표하는 경영 형태를 말한다. SDG의 17개의 목표는 환경, 사회, 경제의 균형적인 발전을 통한 지속가능한 사회와 경제를 만드는 데 있으며, 구체적으로 살펴보면 SDG에는 빈곤퇴치, 기아종식, 건강과 웰빙, 양질의 교육, 성평등, 깨끗한 물과 위생, 모두를 위한 깨끗한 에너지, 양질의 일자리와 경제성장, 산업 혁신 사회기반 시설, 불평등 감소, 지속가능한 도시와 공동체, 지속가능한 생산과 소비, 기후변화와 대응, 해양생태계 보존, 육상생태계 보호, 정의·평화·효과적인 제도, 지구촌 협력이 있다.

보기

ㄱ. ESG가 기업의 환경, 사회적 책임과 지배구조의 개선을 통한 지속가능한 발전을 추구한다면, SDG란 국가가 기업 및 기관을 대상으로 동기부여를 제공해 지속가능한 발전을 추구한다.

ㄴ. ESG와 SDG는 서로 상충하는 것이 아닌 상호보완적인 목표를 제시하고 평가해 기업이 지속가능한 발전을 이룰 수 있도록 하는 역할을 수행한다.

ㄷ. 기업이 ESG 경영의 일환으로 탄소배출을 줄이고 친환경적인 기술을 사용하는 등 환경보호를 위해 노력하는 것은 SDG 목표 중 기후변화와 대응에 기여하는 것이다.

ㄹ. 기업은 ESG 경영과 SDG 목표를 실천한다면 소비자와 투자자로부터 신뢰를 받을 수 있는 기회가 될 것이다.

① ㄱ
② ㄱ, ㄴ
③ ㄴ, ㄷ
④ ㄷ, ㄹ
⑤ ㄱ, ㄷ, ㄹ

45 다음은 확정급여형과 확정기여형 2가지의 퇴직연금제도에 대한 자료이다. A의 근무정보 및 예상투자수익률 등에 대한 정보가 〈보기〉와 같을 때, 퇴직연금제도별로 A가 수령할 것으로 예상되는 퇴직금 총액이 바르게 연결된 것은?

〈퇴직연금제도〉

○ 확정급여형(DB형)
- 근로자가 받을 퇴직금 급여의 수준이 사전에 결정되어 있는 퇴직연금제도로, 회사는 금융기관을 통해 근로자의 퇴직금을 운용하고 근로자는 정해진 퇴직금을 받는 제도이다.
- (퇴직금)＝(직전 3개월의 평균임금)×(근속연수)

○ 확정기여형(DC형)
- 회사가 부담해야 할 부담금 수준이 사전에 결정되어 있는 퇴직연금제도로, 회사가 회사부담금을 금융기관에 납부하고, 회사부담금 및 근로자부담금을 근로자가 직접 운용해서 부담금(원금) 및 그 운용손익을 퇴직금으로 받는 제도이다.
- $(\text{퇴직금}) = \dfrac{(\text{연 임금총액의 총합})}{12} \times [1 + (\text{운용수익률})]$

보기

- A는 퇴직하려는 회사에 2014년 1월 2일에 입사하였고, 2024년 1월 3일에 퇴직할 예정이다.
- A의 퇴직 직전 3개월의 평균임금은 900만 원이다.
- A의 월급은 매년 1월 1일에 50만 원씩 인상되었다.
- A의 예상 운용수익률은 매년 10%이다.
- 매년 회사의 퇴직금 부담률은 A의 당해 연도 평균월급의 50%이다.

	확정급여형	확정기여형
①	1억 원	7,425만 원
②	1억 원	6,750만 원
③	9,000만 원	7,425만 원
④	9,000만 원	6,750만 원
⑤	9,000만 원	6,075만 원

※ 다음은 2020 ~ 2024년까지 매년 국민연금 가입자 현황에 대한 자료이다. 이어지는 질문에 답하시오.
[46~47]

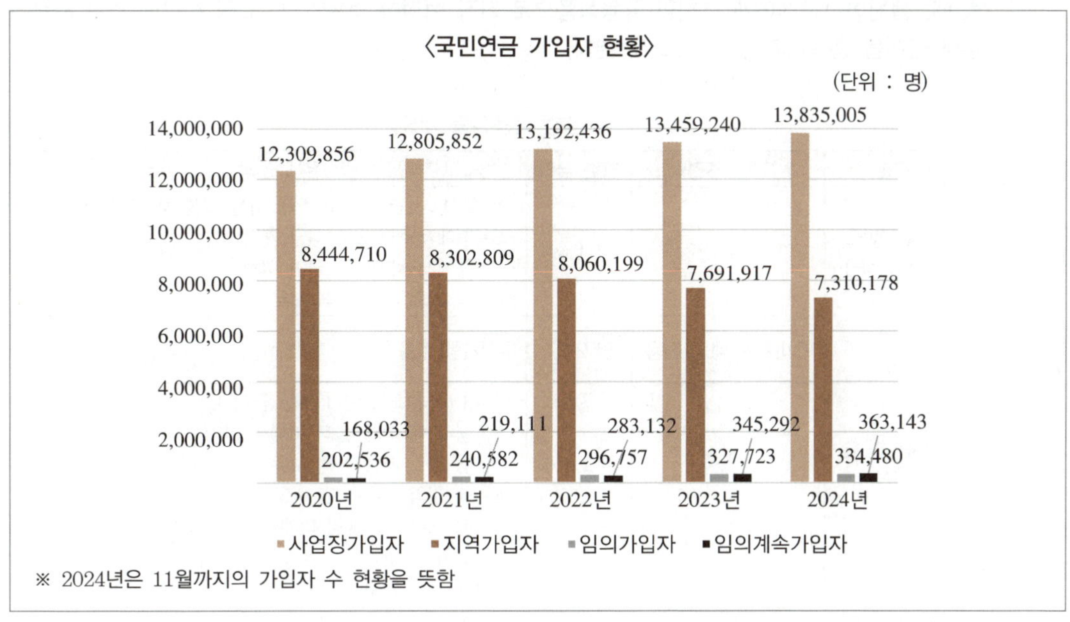

| 신한은행

46 다음 중 위 자료에 대한 설명으로 옳지 않은 것은?

① 국민연금 임의가입자 수는 매년 증가하고 있다.

② 2023년 임의가입자 수는 지난해보다 10% 이상 증가했다.

③ 지난해보다 2024년 국민연금 지역가입자 수는 감소했다.

④ 가입자 집단 중 지속적으로 수가 증가하고 있는 집단은 3개이다.

⑤ 2021 ~ 2023년 국민연금 지역가입자 수는 감소하는 추세이다.

| 신한은행

47 2024년 국민연금 가입자 수가 2023년 가입자 수에 비해 각각 10%씩 증가했다고 할 때, 2024년 12월 국민연금에 가입한 인원은 각각 몇 명인가?(단, 소수점은 버림한다)

	사업장가입자	지역가입자	임의가입자	임의계속가입자
①	1,345,924	1,150,930	26,015	34,529
②	1,345,924	381,739	6,757	26,015
③	970,159	1,150,930	26,015	34,529
④	970,159	1,150,930	26,015	16,678
⑤	970,159	381,739	6,757	26,015

48 다음은 S은행의 금융상품 개요와 행원이 상담을 통해 확보한 A고객의 정보이다. 이를 바탕으로 할 때, 행원이 A고객에게 추천할 금융상품으로 가장 적절한 것은?(단, 고객 정보에 없는 사항은 우대 금리를 충족하지 않은 것으로 본다)

<S은행 금융상품 개요>

구분	가입 조건	기본 금리	우대 금리
S은행 안녕, 반가워 적금	–	연 1.6%	1개 달성 시 연 2.0%p, 2개 이상 달성 시 연 3.0%p • S은행에서 처음으로 적금 계약 • S은행에서 처음으로 급여 이체 • S은행 카드 사용 실적 보유
S은행 스마트 적금	스마트폰 뱅킹 전용	연 2.7%	우대사항 없음
S은행 알.쏠 적금	–	연 2.45%	조건에 따라 최대 연 1.3%p 금리 우대 • S은행 급여 이체 실적 보유 : 연 0.6%p • S은행 카드 사용 실적 보유 : 연 0.6%p • S은행 청약 보유 : 연 0.3%p • S은행 스마트폰 뱅킹 마케팅 수신 동의 : 연 0.1%p
S은행 사업자 성공기원적금	개인사업자 전용	연 2.4%	조건에 따라 최대 연 0.5%p 금리 우대 • S은행 월평균 잔액 50만 원 이상 : 연 0.5%p • 모범납세자 증명서 제출 : 연 0.2%p • 노란우산공제 가입 : 연 0.2%p
S은행 청년 처음적금	가입일 당시 청년 (만 18 ~ 39세)	연 2.8%	조건에 따라 최대 연 3.0%p 금리 우대 • S은행 급여 이체 실적 보유 : 연 1.0%p • S은행 카드 사용 실적 보유 : 연 0.5%p • S은행 스마트폰 뱅킹 사용 : 연 0.5%p • S은행에서 처음으로 적금 계약 : 연 1.0%p

※ 제시된 금융상품은 모두 만기일시지급식(단리식)임
※ 적금 계약일로부터 1년간 다른 적금 계약이나, 급여 이체 사실이 없을 경우, 처음인 것으로 간주함

<A고객 정보>

• 만 40세 직장인
• 현재까지 2년간 S은행 급여 이체 실적 및 S은행 카드 사용 실적 보유
• 현재까지 3년간 S은행 적금 계약 없음
• S은행 스마트폰 뱅킹 사용(마케팅 수신 동의)
• 5가지 금융상품 중 최종 금리(기본 금리+우대 금리)가 가장 높은 상품을 추천받고자 함

① S은행 안녕, 반가워 적금
② S은행 스마트 적금
③ S은행 알.쏠 적금
④ S은행 사업자 성공기원적금
⑤ S은행 청년 처음적금

49 S은행은 조직을 개편함에 따라 기획 1 ~ 8팀의 사무실 위치를 변경하려 한다. 〈조건〉에 따라 변경한다고 할 때, 다음 중 변경된 사무실 위치에 대한 설명으로 옳은 것은?

창고	입구	계단
1호실		5호실
2호실	복도	6호실
3호실		7호실
4호실		8호실

조건

- 외근이 잦은 1팀과 7팀은 입구와 가장 가깝게 위치한다(단, 입구에서 가장 가까운 쪽은 1호실과 5호실 두 곳이다).
- 2팀과 5팀은 업무 특성상 복도를 끼지 않고 같은 라인에 인접해 나란히 위치한다.
- 3팀은 팀명과 동일한 호실에 위치한다.
- 8팀은 입구에서 가장 먼 쪽에 위치하며, 복도 맞은편에는 2팀이 위치한다(단, 입구에서 가장 먼 쪽은 4호실과 8호실 두 곳이다).
- 4팀은 1팀과 5팀 사이에 위치한다.

① 기획 1팀의 사무실은 창고 뒤에 위치한다.
② 기획 3팀은 기획 5팀과 양옆에 나란히 위치한다.
③ 기획 2팀은 입구와 멀리 떨어진 4호실에 위치한다.
④ 기획 7팀과 기획 8팀은 계단 쪽의 라인에 위치한다.
⑤ 기획 4팀과 기획 6팀은 복도를 사이에 두고 마주한다.

50 다음 내용을 읽고, B주임이 오늘 반드시 해야 할 일을 〈보기〉에서 모두 고르면?

> A과장 : B주임, 다음 달에 있을 공용서버 교체를 위해서 데이터를 백업해야 하는데, 그때까지 늦지 않게 부탁합니다.
> B주임 : 확인했습니다.
> A과장 : 아, 그리고 교육팀 회의가 오늘 오후 4시에 잡혀 있으니까 먼저 회의 자료를 인쇄해 놓아야 합니다.
> B주임 : 네, 회의 이전까지 준비하겠습니다.
> A과장 : 어제 요청했던 산업안전 사례 조사는 완료되었나요?
> B주임 : 현재 마무리 단계에 있습니다.
> A과장 : 내일 오전에 사례 발표가 있으니 퇴근 전까지 늦지 않게 부탁드립니다. 신사업 보고서는 다음 주 수요일까지 작성하면 되니까 천천히 진행하셔도 됩니다.
> B주임 : 알겠습니다. 바로 처리하겠습니다.

보기

ㄱ. 공용서버 데이터 백업	ㄴ. 교육팀 회의 자료 인쇄
ㄷ. 산업안전 사례 조사	ㄹ. 신사업 보고서 작성

① ㄱ, ㄴ ② ㄱ, ㄷ
③ ㄴ, ㄷ ④ ㄴ, ㄹ
⑤ ㄷ, ㄹ

정답 및 해설 p.123

| KB국민은행

01 다음 글의 내용으로 가장 적절한 것은?

> KB국민은행이 시행 중인 'KB탄소관리시스템'은 중견기업의 에너지 사용량 정보를 기반으로 온실가스 배출량을 산정·관리하는 온라인 플랫폼이다. 이는 KB국민은행 기업인터넷뱅킹 이용 고객 누구나 이용할 수 있는 무료 서비스이다.
> KB탄소관리시스템은 기업이 시스템 내 사업장 시설 정보 및 에너지 사용량을 등록하면, 업종별 배출시설 목록 자동생성부터 배출량 산정까지 한 번에 모든 업무를 처리할 수 있는 서비스를 제공한다.
> 특히, KB국민은행은 금융권 최초로 한국전력 오픈 API 및 고지서 자동인식을 위해 자체 개발한 인공지능 광학 문자인식 기술 'KB AI-OCR'을 적용해 에너지 데이터 수집을 자동화할 수 있도록 하였다. 고객은 이 시스템을 통해 기업의 내부 온실가스 배출량 산정, 감축 목표 대비 실적 및 배출량 등 여러 정보를 손쉽게 파악할 수 있다. 또한 계열사, 자회사 및 협력사의 배출량도 시스템 내 기능을 통해 통합적으로 관리할 수 있다.

① KB탄소관리시스템을 통해 사업장뿐만 아니라 가정집의 온실가스 배출량도 확인이 가능하다.

② KB탄소관리시스템은 금융권 최초로 한국전력 오픈 API 접근을 가능하게 하였다.

③ KB탄소관리시스템 이용 고객은 배출량 감축 실적의 확인이 용이해진다.

④ KB탄소관리시스템을 통해 경쟁사의 온실가스 배출량도 확인할 수 있다.

02 다음 글의 제목으로 가장 적절한 것은?

전 세계적으로 인공지능(AI)에 대한 열풍과 함께 대규모 투자가 일어나고 있으나 그에 반해 관련 수익은 미미하다는 통계 결과가 나왔다. 이에 일각에서는 'AI거품론'까지 거론되고 있다.

한 투자매체에 따르면 2026년까지 AI에 투자한 자본은 600억 달러에 이른다. 하지만 그에 반해 동일 기간 예상되는 매출액은 200억 달러에 그칠 것으로 보인다며, AI에 대한 투자 자본과 AI로 인한 매출액은 불일치할 것이라고 지적했다. 또한 전문가들은 AI에 대한 과도한 기대로 '묻지마 투자'가 이루어진 것이라며 우려를 표했다.

하지만 일각에서는 AI서비스의 혁신으로 높은 관심을 도출해 낸다면 분위기는 바뀔 수 있다고 주장했다. 특히 AI 수혜주의 대표주자인 반도체 기업 N사에 대해서, 중기적으로 볼 때 AI 자본 지출이 앞으로 몇 년 동안 크게 유지될 것으로 보이기 때문에 갑자기 투자가 줄어드는 등의 불가피한 상황이 없다면 어려움이 없을 것이라고 전망했다.

① 인공지능 투자와 거품
② 인공지능 투자 분위기의 변곡점
③ 인공지능 거품론 사이에서도 피어나는 희망
④ 인공지능에 대한 과도한 기대가 불러일으킨 비극

03 다음 제시된 문단을 논리적 순서대로 바르게 나열한 것은?

> 가상화폐를 주도하던 비트코인의 가격이 6만 달러 선까지 하락하자, 시장에서는 비트코인이 5만 달러 선까지 하락하는 거 아니냐는 우려가 퍼지고 있다.
>
> (가) 이처럼 비트코인이 하락세를 이어가는 원인으로 전문가들은 최근 시장에서의 대규모 자금 이동을 주장하고 있다.
>
> (나) 우선 2014년 해킹으로 파산에 이른 일본의 비트코인 거래소 M사가 채권자들에게 상환으로 14만 개 규모, 약 90억 달러 수준의 비트코인을 지급하겠다고 밝히면서 비트코인의 급락을 만들었다.
>
> (다) 비트코인은 지난 3월 7만 3,000달러로 최고가를 기록했지만, 이후에는 계속 하락세를 보이며 겨우 두 달 만인 5월에 최저가인 5만 8,000달러를 기록했다. 이는 20% 이상 하락한 수준이다.
>
> (라) 여기에다 통상적으로 암호화폐는 중앙화 거래소를 사용해 자산의 판매가 이루어지므로 암호화폐가 중앙화 거래소로 옮겨지는 것은 하락세로 판단되는데, 독일과 미국이 압류한 비트코인을 크라켄과 코인베이스 등의 암호화폐 거래소로 이동시키면서 비트코인 투자에 부정적인 영향을 준 것으로 보인다.

① (가) – (나) – (다) – (라)

② (가) – (나) – (라) – (다)

③ (다) – (가) – (나) – (라)

④ (다) – (라) – (가) – (나)

04 다음 글을 읽고 〈보기〉의 밑줄 친 정책 방향에 대한 추론으로 가장 적절한 것은?

동일한 환경에서 야구공과 고무공을 튕겨 보면, 고무공이 훨씬 민감하게 튀어 오르는 것을 볼 수 있다. 즉, 고무공은 야구공보다 탄력이 좋다. 일정한 가격에서 사람들이 사고자 하는 물건의 양인 수요량에도 탄력성의 개념이 적용될 수 있다. 재화의 가격이 변화할 때 수요량도 변화하게 되는 것이다. 이때 경제학에서는 가격 변화에 대한 수요량 변화의 민감도를 측정하는 표준화된 방법을 '수요탄력성'이라고 한다.

수요탄력성은 수요량의 변화 비율을 가격의 변화 비율로 나눈 값이다. 일반적으로 가격과 수요량은 반비례하므로 수요탄력성은 음(−)의 값을 가진다. 그러나 통상적으로 음의 부호를 생략하고 절댓값만 표시한다.

가격에 따른 수요량 변화율에 따라 상품의 수요는 '단위 탄력적', '탄력적', '완전 탄력적', '비탄력적', '완전 비탄력적'으로 나눌 수 있다. 수요탄력성이 1인 경우 수요는 '단위 탄력적'이라고 불린다. 또한, 수요탄력성이 1보다 큰 경우 수요는 '탄력적'이라고 불린다. 한편 영(0)에 가까운 아주 작은 가격 변화에도 수요량이 매우 크게 변화하면 수요탄력성은 무한대가 된다. 이 경우의 수요는 '완전 탄력적'이라고 불린다. 소비하지 않아도 생활에 지장이 없는 사치품이 이에 해당한다. 반면, 수요탄력성이 1보다 작다면 수요는 '비탄력적'이라고 불린다. 만일 가격이 아무리 변해도 수요량에 어떠한 변화도 나타나지 않는다면 수요탄력성은 영(0)이 된다. 이 경우 수요는 '완전 비탄력적'이라고 불린다. 생필품이 이에 해당한다.

수요탄력성의 크기는 상품의 가격이 변할 때 이 상품에 대한 소비자의 지출이 어떻게 변하는지를 알려 준다. 상품에 대한 소비자의 지출액은 가격에 수요량을 곱한 것이다. 먼저 상품의 수요가 탄력적인 경우를 따져 보자. 이 경우에는 수요탄력성이 1보다 크기 때문에, 가격이 오른 정도에 비해 수요량이 많이 감소한다. 이에 따라 가격이 상승하면 소비자의 지출액은 가격이 오르기 전보다 감소한다. 반면에 가격이 내릴 때는 가격이 내린 정도에 비해 수요량이 많아지므로 소비자의 지출액은 증가한다. 물론 수요가 비탄력적이면 위와 반대되는 현상이 일어난다. 즉, 가격이 상승하면 소비자의 지출액은 증가하며 가격이 하락하면 소비자의 지출액은 감소하게 된다.

보기

A국가의 정부는 경제 안정화를 위해 개별 소비자들이 지출액을 줄이도록 유도하는 정책을 시행하기로 하였다.

① 생필품과 사치품의 가격을 모두 낮추려 하겠군.
② 생필품과 사치품의 가격을 모두 유지하려 하겠군.
③ 생필품의 가격은 낮추고 사치품의 가격은 높이려 하겠군.
④ 생필품의 가격은 높이고 사치품의 가격은 유지하려 하겠군.

05 다음은 2023년 9 ~ 12월의 원/100엔 환율 변동을 나타난 그래프이다. 이에 대한 설명으로 옳지 않은 것은?

① 원/100엔 환율이 가장 높은 달은 2023년 12월이다.
② 원/100엔 환율이 가장 낮은 달은 2023년 11월이다.
③ 원/100엔 환율이 가장 큰 폭으로 증가한 시기는 2023년 9월과 2023년 10월 사이이다.
④ 원/100엔 환율이 가장 큰 폭으로 감소한 시기는 2023년 10월과 2023년 11월 사이이다.

06 다음은 2023년 9월과 2023년 12월의 원/달러 환율이다. 2023년 9월에 100만 원을 달러로 환전하고 2023년 12월에 다시 원화로 환전했을 때, 손해를 보는 금액은 얼마인가?(단, 환전수수료는 고려하지 않는다)

	〈원/달러 환율〉	
구분	2023년 9월	2023년 12월
환율	1,327원/달러	1,302원/달러

※ 단, 원화에서 달러로 환전할 때에는 소수점 둘째 자리에서 반올림하고, 달러에서 원화로 환전할 때에는 백의 자리에서 반올림함

① 17,000원　　　　　　　　② 19,000원
③ 21,000원　　　　　　　　④ 23,000원

※ 다음은 K회사의 여비규정에 대한 자료이다. 이어지는 질문에 답하시오. **[7~8]**

〈국내여비 정액표〉

구분		대상	가군	나군	다군
운임		항공운임	실비(1등석 / 비즈니스)	실비(2등석 / 이코노미)	
		철도운임	실비(특실)		실비(일반실)
		선박운임	실비(1등급)	실비(2등급)	
	자동차운임	버스운임	실비		
		자가용승용차운임	실비		
일비(1일당)			2만 원		
식비(1일당)			2만 5천 원	2만 원	
숙박비(1박당)			실비	실비(상한액 : 서울특별시 7만 원, 광역시·제주도 6만 원, 그 밖의 지역 5만 원)	

〈실비 단가(1일당 상한액)〉

구분	가군	나군	다군
항공운임	100만 원	50만 원	
철도운임	7만 원		3만 원
선박운임	50만 원	20만 원	
버스운임	1,500원		
자가용승용차운임	20만 원		
숙박비	15만 원	–	–

07 지난주 출장을 다녀온 A부장의 출장 내역이 다음과 같을 때, A부장이 받을 수 있는 최대 여비는?

〈A부장 출장 내역〉

- 2박 3일 동안 가군으로 출장을 간다.
- 항공은 첫째 날과 셋째 날에 이용한다.
- 철도는 첫째 날과 둘째 날에 이용한다.
- 자가용은 출장 기간 동안 매일 이용한다.

---

① 315만 5천 원   ② 317만 원

③ 317만 5천 원   ④ 318만 원

08 영업팀 3명이 각각 다른 군으로 출장을 갈 때, 영업팀이 받는 총여비는?

〈영업팀 출장 내역〉

- 1박 2일 동안 출장을 간다.
- 비용은 최대로 받는다.
- 항공은 첫째 날에 이용한다.
- 선박은 둘째 날에 이용한다.
- 기차는 출장 기간 동안 매일 이용한다.
- 버스는 출장 기간 동안 매일 이용한다.
- 자가용은 출장 기간 동안 매일 이용한다.
- 나군은 서울에 해당한다.
- 다군은 제주도에 해당한다.

---

① 485만 9천 원   ② 488만 6천 원

③ 491만 6천 원   ④ 497만 9천 원

※ 다음은 온국민 건강적금 상품에 대한 설명이다. 이어지는 질문에 답하시오. [9~10]

<온국민 건강적금 상품설명서>

구분	내용
가입대상	실명의 개인(1인 1계좌)
상품유형	자유적립식 예금
가입금액 및 저축방법	월 1만 원 이상 20만 원 이하 ※ 매월(해당 월의 초일부터 말일까지) 자유롭게 저축(만기일 전일까지 저축 가능)
계약기간	6개월
가입채널	KB스타뱅킹(단, 가입일 기준 만 60세 이상 고객은 영업점을 통해 가입 가능)
이자지급시기	만기일시지급식(단리) : 만기해지 또는 중도해지 시 이자를 일시에 지급
기본이율	연 2.0%
우대이율	[최고 연 6.0%p] • 즐거운 걷기 우대이율(매월 연 0.5%p, 최고 연 3.0%p) : 매월 10만 걸음 걷기(단, 가입일 기준 만 60세 이상 고객은 5만 걸음 걷기) • 발자국 찍기 우대이율(연 1.0%p) : KB스타뱅킹 내 발자국 스탬프 찍기를 매월 1회씩 6회 모두 완료한 경우 • 웰컴스뱅 우대이율(연 2.0%p) : 적금 가입 전전월 말 기준 6개월 이상 KB스타뱅킹 로그인 이력이 없는 경우 ※ 우대이율은 적용 조건을 충족하는 경우 만기해지 시 계약기간 동안 적용
중도해지이율 (단위 : 연 %)	• 1개월 미만 : 0.1 • 1개월 이상 : (기본이율)×50%×(경과월수)÷(계약월수)(단, 최저금리는 0.1) ※ 경과월수 : 입금일 다음 날로부터 해지월 입금해당일까지를 월수로 하고, 1개월 미만은 절상 ※ 계약월수 : 6개월 ※ 이율은 소수점 둘째 자리까지 표시(소수점 셋째 자리에서 절사)
계약해지방법	• KB스타뱅킹, 인터넷뱅킹, 영업점 및 고객센터를 통해 해지 • 만기자동해지 신청 가능(사전 지정계좌로 입금)
유의사항	• 본 상품의 '즐거운 걷기 우대이율'을 받기 위해서 안드로이드 기기에는 '구글 피트니스', iOS 기기에는 '건강' 앱이 설치되어 있어야 함 • 인정되는 걸음 수는 KB스타뱅킹 내 [금리확인] 화면에서 확인할 수 있음

09 다음 중 온국민 건강적금 상품에 대한 설명으로 옳지 않은 것은?

① 온국민 건강적금의 최종이율은 최대 연 8%이다.

② 온국민 건강적금으로 받을 수 있는 이자는 최대 96,000원이다.

③ 매월 10만 걸음 걷기를 4개월간 성공했다면, 우대이율은 최소 2%p이다.

④ 즐거운 걷기 우대이율을 받기 위해서는 별도의 스마트폰 애플리케이션이 필요하다.

10 다음 고객정보를 바탕으로 A∼D가 받는 이자의 총합은?

〈고객정보〉

구분	월 납입금액	경과(납입)월수	걷기 미션 성공 횟수	스탬프 미션 성공 횟수	웰컴스뱅 적용 여부
A	50,000원	4개월	3회	4회	O
B	100,000원	6개월	6회	6회	×
C	160,000원	6개월	6회	5회	O
D	200,000원	2개월	1회	2회	×

※ A∼D는 모두 같은 날 상품에 가입하였으며, 경과월수 동안 매월 빠짐없이 납입 후 해지함

① 20,040원

② 28,830원

③ 30,540원

④ 32,830원

11 다음 글의 주제로 가장 적절한 것은?

> 인공지능 기술은 최근 몇 년간 급격히 발전하며 다양한 산업에 변화를 불러왔다. 특히 생성형 AI는 그중에서도 주목받는 기술로, 텍스트 생성, 이미지 생성, 음악 작곡 등 창작의 영역에까지 영향을 미치고 있다. 생성형 AI로 인해 과거에는 사람이 직접 해야 했던 작업이 이제는 AI를 통해 자동화되거나 보조될 수 있는 시대가 열렸으며, 특히 광고 문구를 작성하거나 소설의 초안을 작성하는 데 생성형 AI가 활용되면서 창작자의 작업 시간이 크게 단축되고 있다. 의료 분야에서도 생성형 AI는 환자 기록을 분석해 맞춤형 치료 계획을 제안하거나, 새로운 약물을 설계하는 데 기여하고 있다.
>
> 그러나 이러한 기술의 발전은 긍정적인 면만 있는 것은 아니다. 생성형 AI가 만들어낸 콘텐츠는 종종 진짜와 가짜를 구분하기 어렵게 만들며, 이는 허위 정보의 확산이나 저작권 문제를 일으킬 수 있다. 특히, 딥페이크 기술은 사람의 얼굴과 목소리를 조작해 실제와 구분이 어려운 영상을 만들어내며 사회적 논란을 일으키고 있다. 게다가 생성형 AI가 인간의 창작 활동을 대체할 가능성이 커지면서 창작자의 역할과 직업적 안정성에 대한 우려도 제기되고 있다.
>
> 그럼에도 불구하고 생성형 AI는 여전히 무궁무진한 가능성을 가지고 있다. 이 기술이 단순히 인간의 역할을 대체하는 것이 아니라, 인간과 협력하여 더 나은 결과물을 만들어낼 수 있는 도구로 자리 잡을 수 있을지에 대한 논의가 활발하다. 결국 중요한 것은 기술 자체가 아니라 이를 어떻게 활용하느냐에 달려 있다. 생성형 AI가 가져올 미래는 우리가 이 기술을 책임감 있게 사용하고 적절히 규제할 수 있는지에 따라 달라질 것이다.

① 생성형 AI가 가져올 사회적 문제
② 생성형 AI로 인한 의료기술의 발전
③ 딥페이크로 인한 윤리적 문제의 대두
④ 생성형 AI가 가져올 직업의 대체 가능성
⑤ 생성형 AI의 가능성과 책임감 있는 활용의 중요성

12 다음은 OECD 회원국의 고용률을 조사한 자료이다. 이에 대한 설명으로 옳지 않은 것은?

〈OECD 회원국 고용률 추이〉

(단위 : %)

구분	2019년	2020년	2021년	2022년				2023년	
				1분기	2분기	3분기	4분기	1분기	2분기
OECD 전체	65.0	65.0	66.5	66.5	65.0	66.0	66.5	67.0	66.3
미국	67.5	67.5	68.7	68.5	68.7	68.7	69.0	69.3	69.0
일본	70.6	72.0	73.3	73.0	73.5	73.5	73.7	73.5	74.5
영국	70.0	70.5	73.0	72.5	72.5	72.7	73.5	73.7	74.0
독일	73.0	73.5	74.0	74.0	73.0	74.0	74.5	74.0	74.5
프랑스	64.0	64.5	63.5	64.5	63.0	63.0	64.5	64.0	64.0
한국	64.5	64.5	65.7	65.7	64.6	65.0	66.0	66.0	66.0

① 2019년부터 영국의 고용률은 계속 증가하고 있다.

② 2023년 2분기 OECD 전체 고용률은 전년 동분기 대비 2% 증가하였다.

③ 2023년 1분기와 2분기에서 고용률이 변하지 않은 국가는 프랑스와 한국이다.

④ 2023년 1분기 6개 국가의 고용률 중 가장 높은 국가와 가장 낮은 국가의 고용률 차이는 10%p 이다.

⑤ 2019년부터 2023년 2분기까지 프랑스와 한국의 고용률은 OECD 전체 고용률을 넘은 적이 한 번도 없었다.

13 S사의 A ~ E사원들은 봉사활동의 일환으로 홀로 사는 노인들에게 아침 식사를 제공하기 위해 일일 식당을 운영하기로 했다. 다음 명제들이 모두 참이라고 할 때, 항상 참인 진술은?

- 음식을 요리하는 사람은 설거지를 하지 않는다.
- 주문을 받는 사람은 음식 서빙을 함께 담당한다.
- 음식 서빙을 담당하는 사람은 요리를 하지 않는다.
- 음식 서빙을 담당하는 사람은 설거지를 한다.

① A사원은 설거지를 하면서 음식 서빙도 한다.

② B사원이 설거지를 하지 않으면 음식을 요리한다.

③ C사원이 음식 주문을 받으면 설거지는 하지 않는다.

④ D사원은 음식을 요리하면서 음식 주문을 받기도 한다.

⑤ E사원이 설거지를 하지 않으면 음식 주문도 받지 않는다.

※ A고객은 노후대비 은퇴자금을 마련하기 위하여 S은행에 방문하였다. 행원인 귀하는 다음과 같은 상품
을 고객에게 추천할 예정이다. 이어지는 질문에 답하시오. [14~15]

⟨S은행 100세 플랜 적금 상품설명서⟩

1. 상품개요
   - 상품명 : S은행 100세 플랜 적금
   - 상품특징 : 여유롭고 행복한 은퇴를 위한 은퇴자금 마련 적금 상품

2. 거래조건

구분		내용
가입자격		개인
계약기간		• 1 ~ 20년 이내(연단위) • 계약기간 만료 전 1회 연장 가능(단, 총계약기간 20년을 초과할 수 없음)
적립방식		자유적립식
가입금액		• 초입 10만 원 이상 • 매입금 1만 원 이상(계좌별) 매월 5백만 원(1인당) 이내 • 총납입액 10억 원(1인당) 이내
만기금리 (연 %, 세전)	기본금리	• 계약기간별 금리(실제 적용금리는 가입일 당시 고시금리에 따름)
	우대금리 (최고 0.5%p)	• 다음 우대조건을 충족하고 이 적금을 만기해지하는 경우 각 호에서 정한 우대금리를 계약기간 동안 합산 적용함(중도 인출 또는 해지 시에는 적용하지 않음)
이자지급방식		만기일시지급
양도 및 담보제공		은행의 승낙을 받은 경우 양도 및 담보제공이 가능
제한사항		이 적금은 1년 이상 납입이 없을 경우 계약기간 중이라도 추가 적립할 수 없으며, 질권설정 등의 지급제한사유가 있을 때는 원리금을 지급하지 않음
예금자 보호 여부	해당	이 상품은 예금자보호법에 따라 예금보험공사가 보호하되, 보호한도는 본 은행에 있는 귀하의 모든 예금보호대상 금융상품의 원금과 소정의 이자를 합하여 1인당 '최고 5천만 원'이며, 5천만 원을 초과하는 나머지 금액은 보호하지 않음

기본금리

가입기간	12개월 이상	24개월 이상	36개월 이상
금리	연 2.55%	연 2.75%	연 3.00%

우대금리

우대조건	우대금리
① 이 적금 가입시점에 「S은행 100세 플랜 통장」을 보유하고 있는 경우	0.1%p
② 같은 날 부부가 모두 가입하고 신규금액이 각 10만 원 이상인 경우(각 적금은 만기까지 보유하고 있어야 함)	0.1%p
③ 이 적금 계약기간이 3년 이상이고 만기 시 월 평균 10만 원 이상 입금된 경우	0.2%p
④ 이 적금 신규일로부터 만기일까지 「S은행 100세 플랜 연금」을 6개월 이상 보유하고 있는 경우(신규만 포함)	0.2%p
⑤ 인터넷 또는 스마트뱅킹으로 본 적금에 가입 시	0.1%p

14 귀하는 A고객이 'S은행 100세 플랜 적금' 상품을 계약하기 전 해당 상품에 대한 이해를 돕고자 자세히 설명하려고 한다. 다음 설명으로 옳지 않은 것은?

① 고객님, 해당 상품은 목돈이 들어가는 예금과 달리 첫 입금 시 10만 원 이상 그리고 계약기간 동안 매월 1만 원 이상 납입하시면 되는 적금이므로 지금 당장 큰 부담이 없습니다.

② 고객님, 해당 상품을 3년 이상 계약하시게 되면 기본금리가 3.00%로 적용되며, 다만 오늘 계약하지 않으시면 실제로 적용되는 금리가 변동될 수 있습니다.

③ 고객님, 우대금리는 최고 0.5%p까지만 적용되는데, 중도 인출이나 혹은 중도해지 시에는 우대금리가 적용되지 않습니다.

④ 고객님, 해당 상품은 예금자보호법에 따라 원금과 이자를 합쳐서 1인당 최고 5천만 원까지 보호되는 상품이며, 본 은행의 다른 상품과는 별도로 보호되는 금융상품입니다.

⑤ 고객님, 해당 상품은 계약기간 만료 전 1회 연장 가능하며, 최대 계약기간은 20년입니다.

15 다음 A고객의 상담내역을 토대로 A고객이 만기시점에 받을 수 있는 세전금리는?

〈A고객의 상담내역〉

- S은행과의 금융거래는 이번이 처음이며, 해당 적금 상품만을 가입하였다.
- 행원의 설명에 따라 매월 납입금액은 20만 원, 계약기간은 5년으로 계약하였다.
- 타 은행보다 높은 금리조건에 만족하여 A고객의 배우자도 함께 가입하였으며, 각각 100만 원을 초입하였다.
- 행원의 추천에 따라 한 달 뒤 「S은행 100세 플랜 연금」을 신규로 가입할 예정이며, 1년간 보유할 계획이다.
- 해당 적금의 계약기간 동안 중도 인출 또는 해지할 계획이 없으며, 연체 없이 모두 만기까지 보유할 예정이다.

---

① 2.75% ② 3.05%

③ 3.20% ④ 3.25%

⑤ 3.50%

※ 다음은 S은행에서 판매하는 적금 상품의 금리 정보이다. 이어지는 질문에 답하시오. **[16~17]**

<S은행 적금 상품>

구분	금리 정보
청년 처음적금	• 기본금리 : 연 3.5% • 가입기간 : 12개월 • 우대금리 : 최대 연 3.0%p ① 주거래 우대 : 연 1.0%p ② S카드 결제 우대 : 연 0.5%p ③ 모바일 앱 사용 우대 : 연 0.5%p ④ 첫 거래 또는 이벤트 우대 : 연 1.0%p ※ 만 18~39세 청년이 아닐 경우 가입 제한
2024 프로야구 적금	• 기본금리 : 연 2.5% • 가입기간 : 12개월 • 우대금리 : 최대 연 1.7%p ① 선택한 나의 응원팀 등수에 따라 우대이율 제공(중복 미적용, 최대 1.0%p) – 한국시리즈 우승 : 연 1.0%p – 포스트시즌 진출 : 연 0.8%p – 포스트시즌 미진출 : 연 0.5%p ② 콘텐츠 이용 우대 : 연 0.5%p ③ 소득입금 우대 : 연 0.2%p
알.쏠 적금	• 기본금리 : 가입기간에 따라 차등 적용 ① 12개월 이상 24개월 미만 : 연 3.0% ② 24개월 이상 36개월 미만 : 연 3.1% ③ 36개월 : 연 3.2% • 가입기간 : 12개월 이상 36개월 이하 • 우대금리 : 연 최대 1.3%p ① 소득이체 우대 : 연 0.6%p ② 카드이용 우대 : 연 0.3%p ③ 오픈뱅킹 우대 : 연 0.6%p ④ 청약보유 우대 : 연 0.3%p ⑤ 마케팅동의 우대 : 연 0.1%p
정기적금	• 기본금리 : 가입기간에 따라 차등 적용 ① 1개월 이상 6개월 미만 : 연 2.2% ② 6개월 이상 12개월 미만 : 연 2.45% ③ 12개월 이상 24개월 미만 : 연 2.7% ④ 24개월 이상 36개월 미만 : 연 2.75% ⑤ 36개월 : 연 2.9% ⑥ 37개월 초과 : 연 2.95% • 가입기간 : 1개월 이상 60개월 이하 • 우대금리 : 없음
스마트 적금	• 기본금리 : 연 3.6% • 가입기간 : 12개월 • 우대금리 : 없음

16 A씨의 희망 가입기간이 36개월일 때, 기본금리를 최대로 받을 수 있는 상품은?

① 청년 처음적금

② 2024 프로야구 적금

③ 알.쏠 적금

④ 정기적금

⑤ 스마트 적금

17 만 26세인 B씨가 S은행 적금 상품에 가입기간 12개월로 가입하였다. 월초에 가입하여 250,000원을 납입 후 매월 초 250,000원씩 같은 금액을 납입할 때, 만기 시 B씨가 가장 많이 받을 수 있는 적금 상품의 원리합계는 얼마인가?(단, 모든 적금 상품은 단리로 적용하며, 만기 시 우대이율은 그 상품의 최대우대이율로 적용하고, 세금은 고려하지 않는다)

① 2,765,750원

② 2,876,435원

③ 2,975,600원

④ 3,105,625원

⑤ 3,257,280원

18 다음은 한 달 동안 S사원의 야근 및 휴일근무를 기록한 것이다. 회사의 초과근무수당 규정을 참고하여 S사원이 이번 달 받을 수 있는 야근 및 특근수당을 바르게 구한 것은?(단, S사원의 세전 연봉은 3천만 원이고, 시급 산정 시 월평균 근무시간은 200시간으로 계산한다)

일	월	화	수	목	금	토
	1 (18 ~ 21시)	2	3	4 (18 ~ 22시)	5	6
7	8	9 (18 ~ 24시)	10	11	12	13
14 (09 ~ 12시)	15	16	17	18	19	20
21	22	23	24	25	26 (18 ~ 21시)	27 (13 ~ 18시)
28	29 (18 ~ 19시)	30				

〈초과근무수당 규정〉

- 시급 환산 시 세전 연봉으로 계산한다.
- 평일 야근수당은 시급에 5,000원을 가산하여 지급한다.
- 주말 특근수당은 시급에 10,000원을 가산하여 지급한다.
- 식대는 10,000원을 지급하며, 식대는 야근 및 특근수당에 포함되지 않는다.
- 야근시간은 오후 7시부터 적용되며 10시를 초과할 수 없다(초과시간 수당 미지급).

① 285,000원 ② 320,000원
③ 355,000원 ④ 405,000원
⑤ 442,500원

19 다음 글의 빈칸에 들어갈 내용으로 가장 적절한 것은?

> 육색사고모자기법(6 Thinking Hat)은 에드워드 드 보노가 개발한 창의적 사고 기법으로, 여섯 가지 색깔의 모자를 통해 다양한 사고방식을 훈련하는 방법이다. 육색사고모자기법의 핵심은 각 색깔의 모자가 특정 사고 유형을 대표한다는 점이다. 흰색 모자는 객관적 사실, 빨간색 모자는 감정과 직관, 노란색 모자는 긍정적 사고, 검은색 모자는 부정적 사고, 녹색 모자는 창의적 아이디어, 파란색 모자는 사고 과정의 통제를 나타낸다. 이 기법을 사용하면 한 번에 하나의 사고방식에 집중할 수 있어, 복잡한 문제를 체계적으로 접근할 수 있다.
>
> 창의성 발달에 있어 육색사고모자기법의 효과는 여러 연구를 통해 입증되었다. 육색사고모자기법은 다양한 관점에서 문제를 바라보고 해결책을 찾는 능력을 향상시킨다. 예를 들어, 녹색 모자를 사용할 때는 새로운 아이디어를 자유롭게 제시할 수 있고, 노란색 모자를 쓰면 긍정적인 측면을 찾아내는 데 집중할 수 있다. 이러한 과정을 통해 창의적 사고의 폭을 넓히고 깊이를 더할 수 있다.
>
> 육색사고모자기법은 특히 유아교육 분야에서 효과가 주목받고 있다. 이 기법을 활용한 활동은 유아의 언어표현력, 미술 감상능력, 사회적 기술능력을 향상시키는 데 도움을 준다. 또한 창의적 능력과 창의적 성격 발달에도 긍정적인 영향을 미치며, 명화 감상, 동화 듣기, 인성교육, 감정코칭, 문제해결 활동 등 다양한 상황에 적용하여 창의적 사고를 유도한다.
>
> 육색사고모자기법의 또 다른 장점은 협력적 사고를 촉진한다는 점이다. 이 기법을 그룹 활동에 적용하면, 참가자들이 서로 다른 관점을 이해하고 수용하는 태도를 기를 수 있어 창의적인 문제 해결과 의사결정 과정을 학습하는 데 효과적이다. 또한 검은색 모자를 사용할 때는 아이디어의 단점이나 위험을 분석하게 되는데, 이 과정에서 ___________이 길러진다. 이는 창의성과 함께 균형 잡힌 사고를 하는 데 도움을 준다.
>
> 육색사고모자기법은 온라인 환경에서도 효과적으로 적용될 수 있다. 온라인 실시간 토론 도구를 개발하여 이 기법을 적용하면, 구조화된 상호작용과 의사소통을 촉진할 수 있다. 이는 디지털 시대의 창의성 교육에 새로운 가능성을 제시한다.
>
> 결론적으로, 육색사고모자기법은 다양한 사고방식을 체계적으로 훈련함으로써 창의성 발달에 크게 기여한다. 문제를 다각도로 바라보는 능력, 새로운 아이디어를 생성하는 능력, 협력적 사고 능력, 비판적 사고 능력 등을 종합적으로 향상시킬 수 있기 때문에 교육 현장이나 일상생활에서 이 기법을 적극적으로 활용한다면, 개인과 집단의 창의성을 효과적으로 발달시킬 수 있을 것이다.

① 객관적 사고력

② 창의적 사고력

③ 과정적 사고력

④ 비판적 사고력

20 다음 글의 빈칸 ㉠, ㉡에 들어갈 내용으로 가장 적절한 것은?

> 유럽연합을 시작으로 '탄소국경세'가 도입되면서 우리나라 역시 ESG 경영을 피할 수 없는 상황이 되었다. 특히 철강, 알루미늄, 비료, 전기, 시멘트, 수소제품 등 이 6개 품목을 생산하는 기업은 당장 내년부터 탄소배출량 보고 의무가 생김은 물론 제품 생산 과정의 탄소 배출량에 따라 단계적 관세까지 부과된다. 하지만 중소기업 입장에서는 당장의 탄소배출량 측정 단계부터가 난관이다.
>
> 최근 중소기업을 대상으로 ESG 경영에 대한 관심도를 조사한 설문 결과에 따르면 응답자 중 90% 이상이 ________㉠________ 하지만 ESG 경영에 대해 실제로 준비한 정도를 조사해보니 5점 만점에 ________㉡________ 이에 대해 응답자들이 언급한 주된 이유는 부족한 전문인력, 정보 및 예산 문제였다. 실제로 대부분의 중소기업들은 ESG 경영에 대한 법률과 가이드라인 확인에 고충을 겪고 있다.

	㉠	㉡
①	관심 있다는 반응을 보였다.	2.7점 수준에 머물렀다.
②	관심 있다는 반응을 보였다.	4.7점 수준에 도달했다.
③	관심 없다는 반응을 보였다.	2.7점 수준에 머물렀다.
④	관심 없다는 반응을 보였다.	4.7점 수준에 도달했다.

21 다음 글에서 법학자 A의 견해로 가장 적절한 것은?

> 명예는 세 종류가 있다. 첫째는 인간으로서의 존엄성에 근거한 고유한 인격적 가치를 의미하는 내적 명예이며, 둘째는 실제 이 사람이 가진 사회적·경제적 지위에 대한 사회적 평판을 의미하는 외적 명예, 셋째는 인격적 가치에 대한 자신의 주관적 평가 내지는 감정으로서의 명예감정이다.
>
> 악성 댓글, 즉 악플에 의한 인터넷상의 명예훼손이 통상적 명예훼손보다 더 심하기 때문에 통상의 명예훼손행위에 비해서 인터넷상의 명예훼손행위를 가중해서 처벌해야 한다는 주장이 일고 있다. 이에 대해 법학자 A는 다음과 같이 주장하였다.
>
> 인터넷 기사 등에 악플이 달린다고 해서 즉시 악플 대상자의 인격적 가치에 대한 평가가 하락하는 것은 아니므로, 내적 명예가 그만큼 더 많이 침해되는 것으로 보기 어렵다. 또한, 만약 악플 대상자의 외적 명예가 침해되었다고 하더라도 이는 악플에 의한 것이 아니라 악플을 유발한 기사에 의한 것으로 보아야 한다. 오히려 악플로 인해 침해되는 것은 명예감정이라고 보는 것이 마땅하다. 다만 인터넷상의 명예훼손행위는 그 특성상 해당 악플의 내용이 인터넷 곳곳에 퍼져 있을 수 있어 명예감정의 훼손 정도가 피해자의 정보수집량에 좌우될 수 있다는 점을 간과해서는 안될 것이다. 구태여 자신에 대한 부정적 평가를 모을 필요가 없음에도 부지런히 수집·확인하여 명예감정의 훼손을 자초한 피해자에 대해서 국가가 보호해줄 필요성이 없다는 점에서 명예감정을 보호해야 할 법익으로 삼기 어렵다. 따라서 인터넷상의 명예훼손이 통상적 명예훼손보다 더 심하다고 보기 어렵다.

① 기사가 아니라 악플로 인해서 악플 피해자의 외적 명예가 침해된다.

② 악플 피해자의 명예감정의 훼손 정도는 피해자의 정보수집 행동에 영향을 받는다.

③ 인터넷상의 명예훼손행위를 통상적 명예훼손행위에 비해 가중해서 처벌하여야 한다.

④ 인터넷상의 명예훼손행위의 가중처벌 여부의 판단에서 세 종류의 명예는 모두 보호하여야 할 법익이다.

22 다음 글에 대한 반론으로 가장 적절한 것은?

> 어떤 모델이든지 상품의 특성에 적합한 이미지를 갖는 인물이어야 광고 효과가 제대로 나타날 수 있다. 예를 들어 자동차, 카메라, 공기 청정기, 치약과 같은 상품의 경우에는 자체의 성능이나 효능이 중요하므로 대체로 전문성과 신뢰성을 갖춘 모델이 적합하다. 이와 달리 상품이 주는 감성적인 느낌이 중요한 보석, 초콜릿, 여행 등과 같은 상품은 매력성과 친근성을 갖춘 모델이 잘 어울린다. 그런데 유명인이 그들의 이미지에 상관없이 여러 유형의 상품 광고에 출연하면 모델의 이미지와 상품의 특성이 어울리지 않는 경우가 많아 광고 효과가 나타나지 않을 수 있다.
>
> 유명인의 중복 출연이 소비자가 모델을 상품과 연결시켜 기억하기 어렵게 한다는 점도 광고 효과에 부정적인 영향을 미친다. 유명인의 이미지가 여러 상품으로 분산되면 광고 모델과 상품 간의 결합력이 약해질 것이다. 이는 유명인 광고 모델의 긍정적인 이미지를 광고 상품에 전이하여 얻을 수 있는 광고 효과를 기대하기 어렵게 만든다.
>
> 또한 유명인의 중복 광고 출연은 광고 메시지에 대한 신뢰를 구축하기 힘들다. 유명인 광고 모델이 여러 광고에 중복하여 출연하면, 그 모델이 경제적인 이익만을 추구한다는 이미지가 소비자에게 강하게 각인된다. 그러면 소비자들은 유명인 광고 모델의 진실성을 의심하게 되어 광고 메시지가 객관성이 없다고 생각하게 될 것이다.
>
> 유명인 모델의 광고 효과를 높이기 위해서는 유명인이 자신과 잘 어울리는 한 상품의 광고에만 지속적으로 나오는 것이 좋다. 이렇게 할 경우 상품의 인지도가 높아지고, 상품을 기억하기 쉬워지며, 광고 메시지에 대한 신뢰도가 제고된다. 유명인의 유명세가 상품에 전이되고 소비자가 유명인이 진실하다고 믿게 되기 때문이다.

① 광고 효과를 높이기 위해서는 제품의 이미지와 맞는 모델을 골라야 한다.

② 사람들은 특정 인물이 광고에 출연한 것만으로 브랜드를 선택하는 경향이 있다.

③ 연예인이 여러 광고의 모델일 경우 소비자들은 광고 브랜드에 대한 신뢰를 잃게 된다.

④ 유명 연예인이 많은 광고에 출연하게 되면 소비자들은 모델과 상품 간의 연관성을 찾지 못한다.

※ 다음은 비-REM수면과 REM수면에 대한 글이다. 이어지는 질문에 답하시오. [23~24]

수면은 피로가 누적된 심신을 회복하기 위해 주기적으로 잠을 자는 상태를 의미한다. 수면은 '비-REM수면'
과 급속한 안구 운동을 동반하는 'REM(Rapid Eye Movement)수면'이 교대로 나타난다. 일반적으로 비
-REM수면 이후 REM수면이 진행된다. 비-REM수면은 4단계로 진행되면서 깊은 잠에 빠져들게 되는 수면
이다. 이러한 수면의 양상은 수면 단계에 따라 달리 측정되는 뇌파로 살펴볼 수 있다. (가)
먼저 막 잠이 들기 시작하는 1단계 수면 상태에서 뇌는 '세타파'를 내보낸다. 세타파란 옅은 잠을 자는 상태
에서 나타나는 뇌파로, 이때는 언제든 깰 수 있을 정도의 수면 상태이다. 이 단계는 각성 상태에서 수면으로
넘어가는 과도기적 상태로 뇌파가 각성 상태보다 서서히 느려진다.
2단계 수면에서는 세타파 사이사이에 '수면방추'와 'K-복합체'라는 독특한 뇌파의 모습이 보인다. 수면방추
는 세타파 중간마다 마치 실이 감겨 있는 것처럼 촘촘한 파동의 모습인데, 분당 2 ~ 5번 정도 나타나며 수면
을 유지시켜 주는 역할을 한다. K-복합체는 2단계 수면에서 나타나는데, 세타파 사이사이에 아래위로 갑자
기 삐죽하게 솟아오르는 모습을 보인다. 실험에 의하면 K-복합체는 수면 중 갑작스러운 소음이 날 때 활성
화된다. (나)
깊은 수면의 단계로 진행되면 뇌파 가운데 가장 느리고 진폭이 큰 '델타파'가 나타난다. 3단계와 4단계는
'델타파'의 비중에 따라 구별된다. 보통 델타파의 비중이 20 ~ 50%일 때는 3단계로, 50%를 넘어서 더 깊은
수면에 빠지는 상태가 되면 4단계로 본다. 때문에 4단계 수면은 '서파수면(Slow-wave-sleep)'으로도 알려
져 있다. (다)
서파수면은 대뇌의 대사율과 혈류량이 각성 수준의 75%까지 감소되는 깊은 잠의 상태이고, REM수면은 잠
에 빠져 있음에도 정신 활동이 이루어지는 상태이다. 때문에 서파수면 상태에 있는 사람을 깨우면 정신을
못 차리고 비틀거리며 혼란스러워 하고, REM수면 상태의 사람을 깨우면 금세 각성 상태로 돌아온다. (라)
자극에 반응을 하지 않을 정도의 비-REM수면은 온전한 휴식을 통해 진정한 심신의 회복을 가져다준다.
자면서도 정신 활동이 이루어지는 REM수면은 인간의 뇌의 활동이나 학습에도 도움을 준다. 비-REM수면
이든 REM수면이든 문제가 생기면 인간의 활동은 영향을 받게 된다.

▎하나은행

23 다음 중 윗글의 주된 내용 전개 방식으로 가장 적절한 것은?

① 현상의 과정을 단계별로 나누어 설명하고 있다.
② 현상에 대한 다양한 관점을 비교·분석하고 있다.
③ 구체적인 사례를 통해 관련 현상을 설명하고 있다.
④ 새로운 시각으로 현상을 분석하는 이론을 소개하고 있다.

▎하나은행

24 윗글에서 다음 〈보기〉의 문장이 들어갈 위치로 가장 적절한 곳은?

> 보기
>
> 이를 통해 이것은 잠자는 사람이 깨는 것을 방지해 주는 역할을 하여 깊은 수면을 유도함을 알 수
> 있다.

① (가) 　　　　　② (나)
③ (다) 　　　　　④ (라)

PART 3 　주요 금융권 NCS 기출복원문제

※ 다음은 H은행의 청년도약계좌의 상품설명서와 A씨의 가입 정보이다. 이어지는 질문에 답하시오.
[25~26]

<H은행 청년도약계좌>

구분	내용
가입대상	• 가입일 현재 만 19세 이상 만 34세 이하인 자(병적증명서를 통해 병역 의무를 이행한 기록이 확인되는 경우, 현재 연령에서 병역을 이행한 기간을 최대 6년 제외한다) • 개인소득이 다음 기준을 만족하는 자(단, 육아휴직급여, 육아휴직수당, 병사 봉급을 제외한 비과세소득을 제외한다) 　– 직전년도 총급여액이 7,500만 원 이하인 자 　– 직전 과세기간의 종합소득과세표준에 합산되는 종합소득금액이 6,300만 원 이하인 자 • 가입일 현재 직전 과세기간의 가구소득이 직전년도 기준중위소득의 250% 이하인 자 • 가입일이 속한 과세기간의 직전 3개 과세기간 중 1회 이상 금융소득종합과세대상자에 해당하지 않는 자
가입기간	• 5년
가입금액	• 1천 원 이상 70만 원 이하(1천 원 단위)
적립한도	• 매월 1천 원 이상 70만 원 이하(1천 원 단위) • 연 840만 원 이하(가입일 기준으로 1년)

이자지급방법	• 만기일시지급식, 단리식	적립방법	• 자유적립식

구분	내용
기본금리	• 연 4.5%(세전)

| 우대금리 | • 최대 연 1.5%p(세전) |

우대항목	우대금리	내용
급여(가맹점대금) 이체	연 0.6%p	해당 예금 가입 후 만기 전전월말 기준, 본인 명의 H은행 입출금통장을 통해 36회 이상 급여 입금 또는 가맹점(결제) 대금 입금 실적 보유(건당 50만 원 이상, 월 1회 인정)
카드 결제	연 0.2%p	해당 예금 가입 후 만기 전전월말 기준, 본인 명의 H은행 입출금통장을 통해 36회 이상 월 10만 원 이상의 H은행 카드 결제 실적 보유(신용 / 체크카드)
목돈마련 응원	연 0.1%p	해당 예금 가입일로부터 직전 1년간 적금 또는 예금 상품을 미보유한 경우(청년희망적금, 청년내일저축계좌, 청년도약계좌, 주택청약종합저축 예외)
마케팅 동의	연 0.1%p	해당 예금 가입 전 H은행 상품, 서비스 마케팅 동의 항목을 모두 동의한 경우
소득 플러스	최대 연 0.5%p	해당 예금 가입신청 및 가입 후 1년 주기로 심사한 개인소득금액의 소득요건 충족* 횟수에 따라 우대금리 제공 1회 : 0.1%p, 2회 : 0.2%p, 3회 : 0.3%p, 4회 : 0.4%p, 5회 : 0.5%p

*소득요건 충족 기준은 다음과 같다.
　– 총급여 2,400만 원 이하
　– 종합소득 1,600만 원 이하
　– 연말정산소득 1,600만 원 이하

구분	내용
비고	• 본 상품은 청년의 중장기 자산형성 지원을 위한 금융상품으로 비과세 혜택을 제공하는 적립식 상품이다. • 본 상품에 가입 후 만기 전에 나이를 초과하였어도, 중도해지하지 않았다면 가입일 당시 나이를 기준으로 금리를 적용한다.

<A씨 청년도약계좌 가입 정보>

- 가입일 기준 만 36세이다.
- 부사관으로서 3년간 복무한 병역 의무 이행 기록이 있다.
- 가입일 직전 과세기간의 종합소득과세표준 합산 종합소득금액은 연 6,000만 원이다.
- 가입일 직전 과세기간의 가구소득이 직전년도 기준중위소득의 200%이며, 가입일 기준 전체 과세기간 동안 금융소득종합과세대상자에 해당된 기록이 존재하지 않았다.
- 만기일까지 H은행 입출금통장에 월 150만 원 이상의 급여가 들어올 것이다.
- 만기일까지 H은행 신용카드로 월 15만 원 이상 고정 지출이 있을 예정이다.
- 가입일 기준 H은행의 K적금 상품에 가입 중이다.
- H은행 상품·서비스 마케팅 동의 항목에 동의하지 않은 항목이 있다.
- 가입일 당시 총급여는 연 2,300만 원이며, 매년 100만 원씩 증가할 예정이다.

25 A씨의 청년도약계좌 가입 정보를 근거로 할 때, 만기일에 적용받는 금리는?

① 연 4.5%   ② 연 5.5%

③ 연 6%   ④ 가입할 수 없다.

26 A씨가 이달 초에 청년도약계좌에 가입하면서 500,000원을 납입한 후 매월 초 500,000원씩 납입할 때, 가입 정보에 따라 만기일에 A씨가 받을 수 있는 원리금은?

① 30,000,000원   ② 33,431,250원

③ 34,193,750원   ④ 34,575,000원

27 A와 B가 직선 트랙을 달리려고 한다. A는 180m/min으로 4분 동안 달린 후 2분 동안 제자리에서 쉬고, B는 225m/min으로 8분 동안 달린 후 2분 동안 제자리에서 쉰다고 한다. A가 30분 먼저 출발하고 그 후에 B가 같은 시작점에서 뒤따라 출발할 때, A와 B가 동시에 만나는 곳은 시작점으로부터 몇 m 떨어진 곳인가?

① 8,400m 　　　　　　　　　② 9,600m
③ 10,800m 　　　　　　　　　④ 12,000m

28 A가 혼자 컴퓨터 조립을 하면 2시간이 걸리고, B가 혼자 컴퓨터 조립을 하면 3시간이 걸린다. 먼저 A가 혼자 컴퓨터를 조립하다가 중간에 일이 생겨 나머지를 B가 완성하는 데 걸린 시간은 총 2시간 15분이었다. 이때, A가 혼자 일한 시간은?

① 1시간 25분 　　　　　　　　② 1시간 30분
③ 1시간 35분 　　　　　　　　④ 1시간 40분

29 다음은 각 국가의 환율 및 미화환산율에 대한 자료이다. 이에 대한 설명으로 옳지 않은 것은?(단, 소수점 셋째 자리에서 반올림한다)

〈국가별 환율 및 미화환산율〉

구분	매매기준가(원)	구입 가격(원)	판매 가격(원)	미화환산율
미국(USD)	1,377	1,401.10	1,352.90	1.00
일본(100엔)	878.67	894.05	863.29	0.64
중국(CNY)	189.7	199.19	180.22	( )
영국(GBP)	1,721.94	1,755.86	1,688.02	1.25
호주(AUD)	( )	918.58	883.08	0.65

※ (구입 가격)=(매매기준가)×[1+(환전수수료)]
※ (판매 가격)=(매매기준가)×[1-(환전수수료)]

① 중국의 미화환산율은 0.14이다.
② 호주의 매매기준가는 895.05원이다.
③ 미국과 일본의 구입할 때의 환전수수료는 같다.
④ 판매할 때의 환전수수료가 가장 적은 국가는 중국이다.

30 H은행에 입행한 신입행원 A ~ E 5명은 각각 2개 항목의 물품을 신청하였다. 5명의 신입행원 중 2명의 진술이 거짓일 때, 다음 중 신청 행원과 신청 물품이 바르게 연결된 것은?

> 신입행원이 신청한 항목은 4개이며, 항목별 신청 행원의 수는 다음과 같다.
> • 필기구 : 2명 　　　　　　　　　　• 의자 : 3명
> • 복사용지 : 2명 　　　　　　　　　• 사무용 전자제품 : 3명

> • A : 나는 필기구를 신청하였고, E는 거짓말을 하고 있다.
> • B : 나는 의자를 신청하지 않았고, D는 진실을 말하고 있다.
> • C : 나는 의자를 신청하지 않았고, E는 진실을 말하고 있다.
> • D : 나는 필기구와 사무용 전자제품을 신청하였다.
> • E : 나는 복사용지를 신청하였고, B와 D는 거짓말을 하고 있다.

① A – 복사용지　　　　　　　　　　② B – 사무용 전자제품
③ C – 필기구　　　　　　　　　　　④ E – 필기구

31 다음은 A섬유회사에 대한 SWOT 분석 자료이다. 이에 따른 대응 전략으로 적절한 것을 〈보기〉에서 모두 고르면?

첨단 신소재 관련 특허 다수 보유	신규 생산 설비 투자 미흡 브랜드의 인지도 부족
S 강점	**W 약점**
O 기회	**T 위협**
고기능성 제품에 대한 수요 증가 정부 주도의 문화 콘텐츠 사업 지원	중저가 의류용 제품의 공급 과잉 저임금의 개발도상국과 경쟁 심화

보기

ㄱ. SO전략으로 첨단 신소재를 적용한 고기능성 제품을 개발한다.
ㄴ. ST전략으로 첨단 신소재 관련 특허를 개발도상국의 경쟁업체에 무상 이전한다.
ㄷ. WO전략으로 문화 콘텐츠와 디자인을 접목한 신규 브랜드 개발을 통해 적극적 마케팅을 한다.
ㄹ. WT전략으로 기존 설비에 대한 재투자를 통해 대량생산 체제로 전환한다.

① ㄱ, ㄴ　　　　　　　　　　　　② ㄱ, ㄷ
③ ㄴ, ㄷ　　　　　　　　　　　　④ ㄴ, ㄹ

32 다음은 H호텔의 객실 이용료에 대한 자료이다. 〈조건〉에 맞는 객실을 이용하려고 할 때, 지불해야 하는 총금액은?

〈H호텔 객실 이용료〉

구분		A객실	B객실	C객실
기준인원 / 최대인원		2인 / 4인	4인 / 6인	4인 / 6인
객실 크기		$55m^2$	$74m^2$	$85m^2$
조식		미포함	기준인원만 포함	기준인원만 포함
개별 수영장	미온수	추가금액 없음	추가금액 없음	추가금액 없음
	온수	추가금액 1박당 30,000원	추가금액 1박당 50,000원	추가금액 1박당 70,000원
비고		2박 이상 이용 시 • 미온수 무료 • 온수 50% 할인	2박 이상 이용 시 • 미온수 무료 • 온수 50% 할인 • 객실요금 5% 할인	2박 이상 이용 시 • 미온수 무료 • 온수 50% 할인 • 객실요금 10% 할인
객실요금(1박)		250,000원	350,000원	500,000원

※ 기준인원에서 1인 추가 시 1박당 2만 원 추가요금 발생
※ 오후 1시 이후 퇴실 시 1박 객실요금의 50% 추가요금 발생
※ 개별 수영장 온도 : 미온수(27℃), 온수(32℃)

조건

- 5인이 머무를 수 있어야 한다.
- 객실 전체 크기는 $80m^2$ 이상이어야 한다.
- 30℃ 이상의 개별 수영장 이용이 가능하여야 한다.
- 5월 20일 오후 4시에 입실하여 5월 22일 오후 5시에 퇴실한다.

① 1,235,000원   ② 1,260,000원
③ 1,270,000원   ④ 1,305,000원

33 다음 글의 내용에 대한 추론으로 적절하지 않은 것은?

> 지난해 경북 봉화군은 농기계임대사업소를 설치해 1,279농가에 6,135건의 농기계를 임대함으로써 농업의 인력난 해소와 더불어 농작업 편의성을 높였다.
>
> 올해는 무인 안내기 이른바 '키오스크'를 설치한 농기계임대사업소를 새롭게 확장 이전해 농업인 스스로 필요로 하는 농기계를 임대, 출고, 결제할 수 있는 편리한 서비스를 제공하고 있다. 이를 통해 농업인은 간편하게 농기계 임대를 진행할 수 있어 이전보다 대기하는 시간이 크게 감소하였음은 물론, 스마트폰 앱을 이용해 실시간으로 농기계 재고를 확인하고 예약할 수 있는 서비스까지 제공하고 있어 효율적 이용이 가능해졌다.
>
> 또한 KT인공지능(AI) 기술인 '보이스봇' 서비스를 도입하여 분주한 농업인들이 휴일 및 야간에 구애받지 않고 24시간 전화 상담 및 예약을 가능하게 하고 있으며, 농업인들이 임대한 농기계를 안전하게 사용할 수 있도록 이에 맞는 교육도 제공하고 있다.
>
> 봉화군은 앞으로도 지역 내 농업인들이 필요로 하는 농기계를 추가 구입해 지역 내 농업인들이 임대 농기계를 편하게 이용할 수 있도록 힘쓸 것은 물론, 경제적 어려움을 겪고 있는 농업인들에게는 저렴하게 임대할 수 있도록 하겠다고 밝혔다.

① 농업에 부족한 인력을 농기계가 대신하고 있어, 농업에서 농기계의 사용은 불가피하다.

② 지난해에는 직원을 통해서만 농기계 임대가 가능해 농기계 임대하기까지 많은 시간이 소요되었다.

③ 이전에는 실시간 농기계 재고 확인이 어려워 농기계임대사업소에 도착하더라도 바로 임대가 어려운 경우가 발생했다.

④ 올해는 농기계임대사업소를 직접 방문하지 않고도 임대농기계를 예약하고 현장에서 바로 사용할 수 있다.

⑤ 각 지역 농업 환경 특성에 따라 필요로 하는 농기계가 다를 수 있다.

34 다음 글의 내용으로 적절하지 않은 것은?

> 사과를 포함한 일부 과일 가격이 계속하여 상승하는 가운데, 농식품부는 비록 올해 2월에는 눈, 비가 자주 내린 기상상황 탓에 참외의 수확량이 적었지만, 최근 생육환경이 나아져 4월에 열린 과실량이 5월에 함께 공급될 것으로 예상돼, 특히 5월부터는 참외 수확량이 작년 수준만큼 회복될 것이라고 보인다고 하였다.
> 또한 올 여름 수박의 출하 면적이 지난해와 비교해 볼 때 소폭 상승해 생장기 기상상황이 안정적이라면, 수박 공급량 역시 작년과 비슷할 것으로 판단된다고 하였다. 이 밖에도 토마토의 경우 생육이 회복하고 있어 긍정적으로 전망되지만, 멜론의 경우 재배면적이 작년보다 감소해 공급량이 줄어들 것으로 예상되고 있다. 사과 역시 햇과일이 나올 때까지는 계속하여 가격이 상승세를 유지할 것으로 보이지만, 여름에는 사과보다는 비교적 참외와 수박이 소비되는 경향이 있어 사과보다는 참외와 수박의 가격이 체감 물가로 이어질 것으로 보인다고 하였다.
> 이에 농식품부는 제철 과일 및 채소의 생육관리를 위해 농업인에 기술지도를 늘리고, 농작물 생장관리를 위한 영양제를 저렴하게 공급하겠다며, 농가에서도 농산물의 생육관리를 위해 수박은 15도 이상으로 참외는 30도 이하로 유지하는 등 각 과일 및 채소 재배환경에 맞는 적절한 온도 조절과 환기에 신경써달라고 당부했다.

① 5월에 비가 자주 내린다면, 참외 수확량은 적을 것이다.

② 참외, 수박, 토마토, 사과의 경우 올해 긍정적인 전망이 예상되는 반면, 멜론의 경우 그렇지 않다.

③ 소비자가 입장에서의 사과의 체감 물가는 증가할 것이다.

④ 과일 및 야채의 체감 물가와 수확량은 반비례한다.

⑤ 여름 제철 과일이라 하더라도, 각 과일 생장기에 따른 적절한 재배 온도는 다를 수 있다.

35 다음은 2017 ~ 2023년 우리나라 지진 발생 현황에 대한 자료이다. 이에 대한 설명으로 옳은 것은?

<우리나라 지진 발생 현황>

구분	지진 횟수	최고 규모
2017년	42회	3.3
2018년	52회	4.0
2019년	56회	3.9
2020년	93회	4.9
2021년	49회	3.8
2022년	44회	3.9
2023년	492회	5.8

① 지진 횟수가 증가할 때 지진의 최고 규모도 커진다.

② 2020년에는 2019년보다 지진이 44회 더 발생했다.

③ 2017년 이후 지진 발생 횟수가 꾸준히 증가하고 있다.

④ 2020년에 일어난 규모 4.9의 지진은 2017년 이후 우리나라에서 발생한 지진 중 가장 강력한 규모이다.

⑤ 2023년에 발생한 지진 횟수는 2017년부터 2022년까지의 평균 지진 횟수에 비해 약 8.8배 급증했다.

36 다음 제시된 명제가 모두 참일 때, 빈칸에 들어갈 명제로 가장 적절한 것은?

> 전제1. 창의적인 문제해결을 하기 위해서는 브레인스토밍을 해야 한다.
> 전제2. 브레인스토밍을 하기 위해서는 상대방의 아이디어를 비판해서는 안 된다.
> 결론. ________________________________

① 상대방의 아이디어를 비판하지 않으면 창의적인 문제해결이 가능하다.
② 상대방의 아이디어를 비판하지 않으면 브레인스토밍을 할 수 있다.
③ 브레인스토밍을 하면 창의적인 문제해결이 가능하다.
④ 창의적인 문제해결을 하기 위해서는 상대방의 아이디어를 비판해서는 안 된다.
⑤ 브레인스토밍을 하지 않으면 상대방의 아이디어를 비판해도 된다.

37 다음 제시된 명제가 모두 참일 때, 반드시 참인 명제는?

> • 갑과 을 앞에 감자칩, 쿠키, 비스킷이 놓여 있다.
> • 세 가지의 과자 중에는 각자 좋아하는 과자가 반드시 있다.
> • 갑은 감자칩과 쿠키를 싫어한다.
> • 을이 좋아하는 과자는 갑이 싫어하는 과자이다.

① 갑은 좋아하는 과자가 없다.
② 갑은 비스킷을 싫어한다.
③ 을은 비스킷을 싫어한다.
④ 갑과 을이 같이 좋아하는 과자가 있다.
⑤ 갑과 을이 같이 싫어하는 과자가 있다.

38 다음은 A주식회사의 공장별 9월 생산량 현황이다. 각 셀에 들어간 함수의 결괏값으로 옳지 않은 것은?

	A	B	C	D	E	F
1	〈A주식회사 공장별 9월 생산량 현황〉					
2	구분	생산량	단가	금액	순위	
3					생산량 기준	금액 기준
4	안양공장	123,000	10	1,230,000		
5	청주공장	90,000	15	1,350,000		
6	제주공장	50,000	15	750,000		
7	강원공장	110,000	11	1,210,000		
8	진주공장	99,000	12	1,188,000		
9	계	472,000		5,728,000		

① F4 ： =RANK(D4,D4:D8,1) → 4
② E4 ： =RANK(B4,B4:B8,0) → 1
③ E6 ： =RANK(B6,B4:B8,0) → 5
④ F8 ： =RANK(D8,D4:D8,0) → 2
⑤ E8 ： =RANK(B8,B4:B8,0) → 3

39 N사 인사부에 근무하는 김대리는 신입사원들의 교육점수를 다음과 같이 정리한 후 VLOOKUP 함수를 이용해 교육점수별 등급을 입력하려고 한다. [E2:F8]의 데이터 값을 이용해 (A) 셀에 함수식을 입력한 후 자동 채우기 핸들로 사원들의 교육점수별 등급을 입력할 때, (A) 셀에 입력해야 할 함수식으로 옳은 것은?

	A	B	C	D	E	F
1	사원	교육점수	등급		교육점수	등급
2	최〇〇	100	(A)		100	A
3	이〇〇	95			95	B
4	김〇〇	95			90	C
5	장〇〇	70			85	D
6	정〇〇	75			80	E
7	소〇〇	90			75	F
8	신〇〇	85			70	G
9	구〇〇	80				

① =VLOOKUP(B2,E2:F8,2,1)
② =VLOOKUP(B2,E2:F8,2,0)
③ =VLOOKUP(B2,$E$2:$F$8,2,0)
④ =VLOOKUP(B2,$E$2:$F$8,1,0)
⑤ =VLOOKUP(B2,$E$2:$F$8,1,1)

40 다음 글을 읽고 추론한 내용으로 가장 적절한 것은?

> 고령화는 인구 중 65세 이상 노인의 비율이 증가하는 현상을 의미한다. 한 사회의 모든 인구 중 65세 이상의 인구 비율이 7% 이상이면 고령화 사회, 14% 이상이면 고령 사회, 20% 이상이면 초고령 사회로 구분된다.
>
> 압축적인 사회 발전을 이룬 한국은 서구사회에서 100여 년에 걸쳐 진행된 고령화를 유례없이 빠른 속도로 경험하고 있으며, 저출산 문제와 맞물려 세계에서 가장 빠르게 고령화가 진행되고 있다. 2023년 기준 65세 이상 인구는 전체 인구의 18.4%를 차지하고 있으며, 2025년에는 20.6%로 초고령 사회에 진입할 것으로 전망되고 있다. 이와 같이 급속한 고령화로 인해 노동력 감소, 경제 성장 둔화, 사회 복지 비용 증가 등 여러 사회 문제가 발생할 것으로 예상된다.
>
> 고령화는 여러 나라에서 일반적으로 발생하고 있으며 세계 각국은 고령화로 인한 사회 문제를 해결하기 위해 다양한 노력을 기울이고 있다. 유럽에서 이탈리아에 이어 두 번째로 초고령 사회에 진입한 독일은 2011년부터 노인에 대한 직접적인 지원 정책 외에도 교육, 고용, 도시개발 등의 과제까지 포괄적으로 고려하는 인구전략을 실시하고 있으며, 노인의 생활상, 주기, 디지털화 등 다방면의 주제에 대한 노인보고서를 작성하여 노인 정책의 기본 방향 및 관련 지식 확산에 힘쓰고 있다.
>
> 베이비붐 세대의 본격적인 은퇴와 지속적인 출산율 감소로 급속도로 초고령 사회가 된 핀란드의 경우 노후소득보장 정책, 국가연금제도, 고령자 고용정책 등 다양한 노인복지 정책을 실시하고 있다. 우리나라와 가장 비슷한 양상을 보이는 일본은 2017년 기준 고령화율이 27%를 넘기는 초고령 사회이다. 사회보장급부비의 폭발적인 증가로 인해 일본은 고령화 대응 정부 기본계획으로서 고령사회대책 대강을 실시하여 취업과 소득, 건강과 복지, 학습과 사회참가 등을 기본시책으로 삼아 노인이 계속해서 일할 수 있는 환경을 조성하는 등 다양한 대응책을 실시하고 있다.
>
> 이처럼 고령화는 전 세계적인 현상이며 각국은 이를 해결하기 위한 다양한 정책과 전략을 도입하고 있다. 우리나라의 경우 독일, 핀란드, 일본 등 고령화가 높은 수준으로 진행된 국가의 정책을 참고할 기회가 있으므로 각국의 고령화 대응정책에 대한 면밀한 연구를 통해 고령화 대응책 마련에 기초 자료로 활용하면 추후에 발생할 사회 문제들을 완화하고 해소할 수 있을 것이다.

① 고령화의 직접적인 원인은 수명 증가와 저출산이다.
② 고령화는 모든 국가에서 공통적으로 발생하는 현상이다.
③ 각국 고령화 대응 정책의 기본은 고령화 비율의 감소이다.
④ 독일의 주요 고령화 대응 정책은 노인에 대한 금전적 지원이다.
⑤ 1억 명의 인구 중 65세 이상 인구가 1,500만 명이라면 고령화 사회에 해당한다.

41 다음 글의 내용으로 가장 적절한 것은?

건강식품, 필수 영양소 등 많은 사람들이 건강과 웰빙에 대해 관심을 가지게 되면서 식품, 영양이라는 단어는 많은 곳에서 쓰이고 있다. 식품과 영양은 밀접한 관계의 단어로서 비슷한 의미로 사용되곤 하는데, 이 두 개념은 서로 다른 의미와 역할을 가지고 있다.

먼저 식품은 우리가 먹고 마시는 모든 것을 의미한다. 과일, 채소, 고기 등 자연 상태의 음식뿐만 아니라 빵, 치즈, 소스 등 가공된 음식까지 포함한다. 식품은 우리의 생명을 유지하고 건강을 증진시키기 위해 필요한 영양소를 제공하는데, 과일과 채소는 비타민과 무기질이 풍부하며, 고기와 유제품은 단백질과 칼슘을 제공한다. 이러한 영양소는 신체의 성장과 발달, 에너지 생산, 세포 복구 및 유지에 필수적이다.

반면, 영양은 식품을 섭취한 후, 우리 몸이 그 식품에서 영양소를 흡수하고 사용하는 과정을 의미한다. 영양소는 탄수화물, 단백질, 지방, 비타민, 무기질 등으로 구성되며, 이들은 각각 신체의 다양한 기능을 지원한다. 예를 들어 탄수화물은 에너지를 제공하고, 단백질은 근육과 조직을 형성하며, 지방은 세포막을 구성하고 비타민의 흡수를 돕는다. 또한 비타민과 무기질은 신체의 대사 과정과 면역 기능을 지원한다.

식품과 영양의 차이점을 살펴보면, 먼저 식품은 우리가 섭취하는 구체적인 물질을 의미하며, 영양은 그 물질이 우리 몸에서 어떻게 사용되는지를 설명한다. 또한 식품은 물리적 형태를 가지고 있지만, 영양은 생리학적·생화학적 과정에 초점을 맞춘다. 마지막으로 식품은 다양한 형태와 맛을 가지고 있지만, 영양은 신체의 필수적인 요구를 충족시키는 데 중점을 둔다.

식품과 영양은 상호작용을 통해 우리의 건강에 중요한 영향을 미친다. 균형 잡힌 식단은 다양한 식품을 포함하여 모든 필수 영양소를 제공함으로써 최적의 건강을 유지하는 데 도움이 된다. 반면, 영양 결핍이나 과잉은 건강 문제를 초래할 수 있다. 예를 들어 비타민 C 결핍은 괴혈병을 유발할 수 있으며, 과도한 지방 섭취는 비만과 심혈관 질환의 위험을 증가시킬 수 있다.

따라서 건강한 식습관을 유지하기 위해서는 식품과 영양에 대한 이해와 함께 다양한 식품을 섭취하여 모든 필수 영양소를 균형 있게 섭취해야 한다. 또한 가공식품과 당분이 많은 식품의 섭취를 줄이고, 신선한 과일과 채소, 단백질이 풍부한 음식을 선택하는 것이 중요하다. 이러한 식습관은 건강을 증진시키고, 질병을 예방하는 데 도움이 된다.

① 영양은 먹고 마시는 모든 것을 의미한다.

② 식품은 인간이 섭취하는 구체적인 물질을 의미한다.

③ 영양의 과잉은 일반적으로 건강에 문제가 되지 않는다.

④ 비타민 C의 결핍은 비만과 심혈관 질환의 위험을 증가시킨다.

⑤ 에너지를 만들고, 면역력을 높이는 것은 식품으로 설명할 수 있다.

42 다음 제시된 문단을 읽고, 이어질 문단을 논리적 순서대로 바르게 나열한 것은?

> 협동조합운동은 19세기 중엽 영국에서 처음 일어났다. 1844년에 발족한 로치데일 공정선구자 협동조합(Rochidale Society of Equitable Pioneers)이 근대 협동조합의 효시이다. 자본주의의 성립·발달 과정에서 발생한 빈부의 격차·실업·저임금 등 사회문제를 해결하기 위해 등장한 것이다. 10여 년 후에는 프랑스와 독일에서도 협동조합운동이 일어났다.

(가) 실로 협동조합운동이 이 같은 정치적 색채를 띤 것은 세계 협동조합역사상 찾아보기 드문 일이었는데, 이 때문에 또한 일제의 탄압이 따를 수밖에 없었다. 따라서 이 운동은 1930년대 초반 조선총독부가 벌인 농촌진흥운동이 시작될 무렵 자연 소멸되거나 강제 해산되고 말았다.

(나) 우리나라의 협동조합운동은 서유럽에 비해 약 80년 뒤져서 시작되었다. 1910년대의 금융조합이나 1920년대의 산업조합은 일제 총독부가 한국을 식민지로 지배·통치하기 위한 경제적 보조기관으로 설립한 것이기 때문에 엄밀한 의미에서 협동조합이라고 규정하기에는 이론이 없지 않다.

(다) 이 민간 협동조합은 전통적 협동조직인 계와 향약을 바탕으로 한 우리 농민·노동자·지식인·일반 서민 대중이 주체가 되어 자발적으로 소비조합과 신용조합을 조직함으로써 경제적 자력갱생운동을 벌이는 한편, 계몽활동을 병행함으로써 민족의식 고취와 조국해방을 염원하였다.

(라) 영국의 초기 협동조합이 주로 노동자의 생활상태 개선을 위한 소비조합형태로 출발하였다면, 미처 자본주의가 확립되지 못한 프랑스에서는 산업혁명을 치르기 위해 중소 수공업을 근대적 공장제공업으로 개편하기 위한 생산조합 설립부터 착수하였다. 한편, 독일에서는 도시산업과 농촌농업의 생산력 증대에 무엇보다 시급한 것은 고리채를 추방하고 이자율이 낮은 자금을 공급하는 데 있다고 판단하고 신용조합을 결성·보급하는 데서 출발하였다.

(마) 오히려 1920년대 중반, 우리 한민족에 의해 전개된 조선물산장려운동·외화배척운동·납세거부운동·소작쟁의·민립대학설립운동 등과 함께 일어난 민간 협동조합운동이야말로 최초의 진정한 협동조합운동이었다고 평가해야 옳을 것이다.

① (다) – (라) – (가) – (나) – (마) 　② (다) – (라) – (가) – (마) – (나)
③ (라) – (나) – (가) – (다) – (마) 　④ (라) – (나) – (마) – (다) – (가)

43 다음은 1,100명을 대상으로 실시한 설문조사 응답자의 거주지역 및 성별 비율에 대한 자료이다. 인천에 사는 응답자 중 여성의 비율이 전체 응답자 중 여성의 비율과 같을 때, 전체 응답자 중 대구에 사는 여성은 몇 명인가?

〈응답자의 거주지역 및 성별 비율〉

구분	서울	경기	인천	부산	광주	대구	대전	울산	기타	계
남성	0.18	0.17		0.03	0.05		0.02	0.04	0.02	0.6
여성	0.07	0.03		0.07	0.05	( )	0.03	0.01	0.08	0.4
계		0.2		0.1	0.1	0.05	0.05	0.05	0.1	1

① 20명 ② 22명

③ 24명 ④ 26명

⑤ 28명

44 연이율 2.4%가 적용되는 만기 2년 단리 적금 상품에 만기 때까지 매월 초 80만 원씩 납입하였을 때 만기 시 받는 이자와 연이율 2.4%가 적용되는 만기 2년 월복리 적금 상품에 만기 때까지 매월 초 100만 원씩 납입하였을 때 만기 시 받는 이자의 차이는?(단, $1.024^{\frac{1}{12}}=1.002$, $1.024^2=1.002^{24}=1.0491$로 계산하며, 이자 소득에 대한 세금은 고려하지 않는다)

① 107,900원 ② 119,100원

③ 128,600원 ④ 135,700원

⑤ 143,500원

※ 다음은 N은행에서 판매하는 체크카드 상품에 대한 자료 및 A씨에 대한 정보이다. 이어지는 질문에
답하시오. [45~46]

〈체크카드별 혜택〉

구분	혜택
A체크카드	• 전월 실적에 따라 온라인 및 오프라인 결제 할인 제공 (단위 : 원) 표: 전월 실적 / 구분 | 300,000 ~ 499,999 | 500,000 ~ 모바일 페이[1] | 3,000 | 6,000 카페 및 미용용품[2] | 3,000 | 6,000 OTT 서비스[3] | 1,000 (양쪽 합침) 1) 모바일 페이로 온라인 결제 시 3% 할인 제공 2) 카페 및 미용용품 오프라인 결제 시 4% 할인 제공 3) OTT 서비스 결제 시 5% 할인 제공
H체크카드	• 전월 실적에 따라 온라인 및 오프라인 결제 할인 제공 (단위 : 원) 표: 전월 실적 / 구분 | 200,000 ~ 399,999 | 400,000 ~ 599,999 | 600,000 ~ 999,999 | 1,000,000 ~ 온라인[1] | 4,000 | 8,000 | 15,000 | 25,000 오프라인[2] | 3,000 | 5,000 | 7,000 | 10,000 총할인 한도 | 7,000 | 13,000 | 22,000 | 35,000 1) 온라인 쇼핑몰, 온라인 서점, 어학시험, 배달앱 5% 및 C영화관 2,000원 적용 2) 카페 20%, 대중교통 10%, 편의점 5%, 통신비 자동납부 2,500원 적용
K체크카드	• 전월 실적에 따라 모빌리티 서비스 할인 제공 　- 대중교통 10% 　- 카쉐어링 서비스 5% 　- 전기차 충전 5% (단위 : 원) 표: 전월 실적 | 200,000 ~ 799,999 | 800,000 ~ 할인 한도 | 3,000 | 5,000 • 전월 실적 200,000원 이상일 때 결제 시 캐시백 제공 　- 이동통신 요금 5%(월 최대 3,000원) 　- 카페(월 최대 2,000원) 　- 편의점 5%(월 최대 1,000원)
M체크카드	• 전월 실적 100,000원 이상일 때 다음과 같은 혜택 제공 표: 항목 | 내용 일반 할인 | - 전월 실적 100,000 ~ 299,999원 : 0.2% 적용 / - 전월 실적 300,000 ~ 999,999원 : 0.3% 적용 / - 전월 실적 1,000,000원 이상 : 0.5% 적용 주유 할인 | - 리터당 40원 할인(일 최대 2회, 월 최대 6회) 가맹점 | - 마트 : 2% 할인(월 최대 10,000원)
N체크카드	• 전월 실적 조건 없이 사용금액의 0.2% 할인 제공

<정보>

- A씨는 매월 500,000원을 사용한다.
- A씨는 자가용 차를 이용하지 않고, 대중교통을 이용한다.
- A씨는 카페를 이용하지 않는다.

❙ 지역농협 6급(70문항)

45 A씨에게 월 할인 금액이 가장 많은 체크카드를 추천하고자 할 때, 추천해 줄 수 있는 카드로 가장 적절한 것은?(단, A씨가 이용하지 않는 혜택까지 포함하며, M체크카드의 주유 할인은 리터당 1,600원의 100,000원어치 월 1회 주유로 가정한다)

① A체크카드   ② H체크카드

③ K체크카드   ④ M체크카드

⑤ N체크카드

❙ 지역농협 6급(70문항)

46 A씨는 K체크카드를 이용하기로 하였다. 매월 대중교통으로 사용하는 비용이 120,000원이고, 이동통신 요금이 100,000원일 때, A씨가 편의점 할인 혜택을 포함하여 받는 월 할인 금액은 최대 얼마인가?

① 7,000원   ② 9,000원

③ 17,000원   ④ 18,000원

⑤ 19,000원

47 A기업은 N은행에서 기업희망론을 통해 대출을 받았다. 〈조건〉이 다음과 같을 때, A기업이 내야 하는 마지막 달의 비용은 얼마인가?(단, 제시된 내용 외의 경우는 고려하지 않는다)

〈기업희망론〉

- 가입대상 : 기업
- 대출기간 : 1년 이내
- 대출한도 : 5천만 원 이내
- 대출금리 : 고정
- 상환방법 : 만기일시상환(대출 기간 중에는 이자만 지불하다가 만기일에 대출 전액을 상환하는 방식)
- 중도상환 : 수수료 없음
- 만기경과 후 기한의 이익상실에 대한 안내
  만기일 경과 후 대출금액을 전액 상환하지 않은 경우 은행여신거래 기본약관 제7조에 따라 기한의 이익이 상실되어 대출잔액에 대한 지연배상금이 부과됩니다.

조건

A기업은 대출기간과 대출한도를 최대로 하였으며, 가입할 당시 금리는 연 3%였다. 중도상환은 하지 않았으며, 만기일을 모두 채워 일시상환을 하였다.

① 50,125,000원

② 50,145,000원

③ 51,520,000원

④ 51,535,000원

48 국제영화제 행사에 참석한 N씨는 A ～ F영화를 〈조건〉에 맞춰 5월 1일부터 5월 6일까지 하루에 한 편씩 보려고 한다. 다음 중 항상 옳은 것은?

조건

- F영화는 3일과 4일 중 하루만 상영된다.
- D영화는 C영화가 상영된 날 이틀 후에 상영된다.
- B영화는 C, D영화보다 먼저 상영된다.
- 첫째 날 B영화를 본다면, 5일에 반드시 A영화를 본다.

① A영화는 C영화보다 먼저 상영될 수 없다.

② C영화는 E영화보다 먼저 상영된다.

③ D영화는 5일이나 폐막작으로 상영될 수 없다.

④ B영화는 1일 또는 2일에 상영된다.

⑤ E영화는 개막작이나 폐막작으로 상영된다.

49 다음은 일부가 지워진 영수증이다. 이 영수증에서 상품 전체 구매 금액과 부가세액을 합한 합계 금액은?(단, 부가세액은 상품 전체 구매 금액의 10%이다)

상품명	단가	수량	금액
아메리카노	2,000원	3	6,000원
카페라테	3,000원	2	6,000
에스프레소	2,500원	1	2,5
생과일주스	4,000원	2	8
조각케이크	6,000원	4	
부가세액			
합계			

① 46,750원 ② 49,500원

③ 51,150원 ④ 52,250원

50 지난밤 N금은방에서 절도 사건이 발생하였다. 용의자 A ~ E를 조사한 결과 범인은 모두 2명이었다. 다음의 대화에서 범인 2명 중 1명만 거짓으로 진술하고, 나머지 4명은 진실로 진술하였을 때, 범인은 누구인가?

- A : D는 범인이 아니에요.
- B : A는 거짓말을 하고 있어요.
- C : A는 확실히 범인이 아니에요.
- D : E는 확실히 범인이에요.
- E : C의 말은 사실이에요.

① A, C ② B, D

③ B, E ④ C, E

MEMO

앞선 정보 제공! 도서 업데이트

언제, 왜 업데이트될까?

도서의 학습 효율을 높이기 위해 자료를 추가로 제공할 때!
공기업 · 대기업 필기시험에 변동사항 발생 시 정보 공유를 위해!
공기업 · 대기업 채용 및 시험 관련 중요 이슈가 생겼을 때!

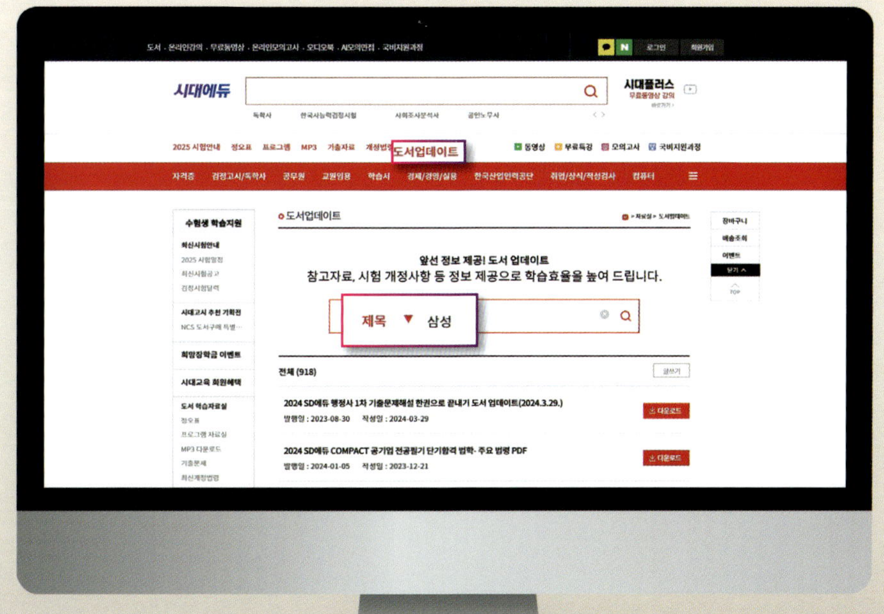

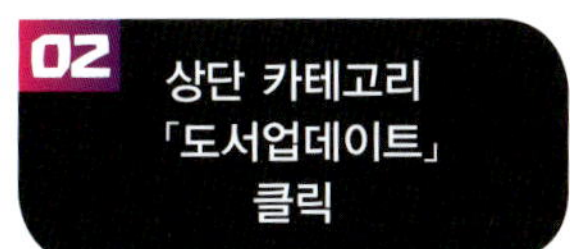

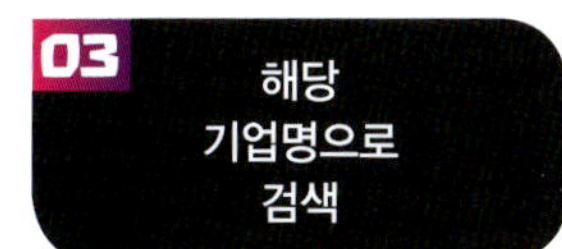

참고자료, 시험 개정사항 등 정보 제공으로 학습효율을 높여 드립니다.

2026
최 신 판

IBK 기업은행

기출이 답이다

편저 | SDC(Sidae Data Center)

정답 및 해설

시대에듀

기출복원문제

정답 및 해설

01 NCS 직업기초능력

01	02	03	04	05	06	07	08	09	10	11	12	13	14	15	16	17	18	19	
③	①	④	④	②	④	②	③	②	④	①	①	②	④	②	①	③	②	②	

01 정답 ③

세 번째 문단에 따르면 ISA는 여러 개의 개별 기준서로 구성되어 있으며, 기준서별로 감사인과 감사에 대한 절차 등의 지침들이 세분화되어 있다.

오답분석

①・② 'ISA는 국가 간 일관성과 신뢰성을 확보하여 각국 기업의 재무제표를 보다 용이하게 비교・분석할 수 있도록 하기 위해 다양한 국가에서 활용되고 있다.'를 통해 알 수 있다.
④ 네 번째 문단의 '하지만 ISA가 각국 회계감사에 의무적으로 도입되는 것은 아니며'라는 부분을 통해 알 수 있다.

02 정답 ①

두 번째 문단을 통해 ISA의 도입이 신뢰성 확보에 도움이 된다는 것을 알 수 있다.

오답분석

② 각국은 판단에 의해 ISA를 그대로 도입하거나 일부를 변형해 도입하기도 한다. 하지만 이것이 신뢰성에 영향을 준다는 내용은 제시문에서 찾을 수 없다.
③ ISA를 국제감사인증기준위원회(IAASB)에서 제정한 것일 뿐, 이 위원회에서 재무제표 감사를 수행하는 것은 아니다.
④ 제시문에는 ISA를 법적으로 도입하지 않았을 때 이에 따른 감사가 불가능한지를 판단할 수 있는 내용이 없다.

03 정답 ④

스케일업금융제도는 성장할 가능성이 높은 중소기업을 대상으로 채권 발행을 지원하는 제도이다. 채권 발행은 기업의 자금 융통을 도우므로 적절한 추론이다.

오답분석

① 제시문에서 자금 융통이 원활한 중소기업에 지원하는 정부 정책에 대한 언급은 없다.
② 스케일업금융제도는 회사채의 발행이 어려운 중소기업에게 지원하는 제도이다.
③ 스케일업금융제도는 회사채 발행이 어려운 기업에 생산 시설 확장, 신사업 신출 등에 필요한 자금을 지원하는 제도로, 기업 회생을 돕는 제도가 아니다.

04　정답　④

'결과적으로'는 앞 내용이 원인이 되어 뒤의 결과가 나타날 때 이를 이어주는 접속부사이다. 제시문에서 빈칸 뒤의 내용은 빈칸 앞 내용의 결과이므로, 빈칸에 들어가기에 '결과적으로'가 가장 적절하다.

오답분석

① '즉'은 앞의 내용을 요약하거나 정리할 때 쓰이는데, 제시문의 경우 빈칸 뒤의 내용은 앞 내용을 다시 언급하는 것이 아닌 결과를 종합하므로 적절하지 않다.
② '또한'은 앞 내용에 대해 추가적인 내용을 덧붙일 때 쓰이는데, 빈칸 뒤의 내용은 앞 내용에 더하는 내용이 아니다.
③ '그리고'는 앞 내용에 대해 추가적인 내용을 덧붙일 때 쓰이는데, 빈칸 뒤의 내용은 앞 내용에 대한 추가적인 내용이 아니다.

05　정답　②

제시문은 K은행이 한국형 녹색채권을 발행했고, 이 자금이 어디에 쓰일 것이며 이 발행이 K은행에 의미하는 바는 무엇인지 등에 대해 설명하고 있다. 따라서 K은행과 한국형 녹색채권 발행을 중심으로 정리한 ②가 주제로 가장 적절하다.

오답분석

① K은행을 중심으로 내용이 전개되고 있으므로 기후에너지환경부보다는 K은행을 중심으로 주제를 정리하는 것이 적절하다.
③ K은행의 녹색채권 발행은 내부적으로 첫 사례일 뿐, 국내에서 첫 사례라고는 제시문에 명시하지 않았으므로 주제로 적절하지 않다.
④ 제시문의 마지막 문단에서 ESG 경영 실천에 대한 포부를 다루고 있기는 하나, 제시문에는 그 외에도 K은행이 녹색채권을 발행했다는 사실과 이 자금의 사용처 등에 대한 내용도 나와 있다. 따라서 'ESG 경영 실천을 위한 포부'는 전체적인 내용을 아우르지 못하므로 주제로 적절하지 않다.

06　정답　④

K은행은 외부 평가기관인 나이스신용평가의 적합성 검토를 받아 채권의 적격성과 투자자 신뢰도를 높였다.

오답분석

① 녹색채권은 전통 채권과 마찬가지로 만기 시 원금 상환과 이자 지급이 이루어진다.
② K은행의 녹색채권 발행 자금은 액화수소 저장 및 공급 사업과 제로에너지 건축물 신규 건설 사업에 쓰이게 될 예정이다.
③ K은행은 과거에도 사회적 채권을 계속하여 발행했다고 하였으므로, K은행 내부 최초의 사회적 투자 상품은 아니다.

07　정답　②

고정금리와 변동금리 선택 시 A고객에게 적용되는 금리는 다음과 같다.
• 고정금리 선택 시 : 2.89+3.86-0.15=6.6%
• 변동금리 선택 시 : 2.85+3.89-0.12-0.01=6.61%
납부하여야 하는 이자액이 더 적은 것은 대출금리가 더 낮은 경우를 의미하므로, A고객은 고정금리를 선택한다.
따라서 A고객이 첫 달에 납부하여야 하는 이자액은 8,000만 원×(6.6%÷12)=440,000원이다.

08   정답 ③

- B : 신용점수가 KCB 650점, NICE 728점이며, 연소득이 30백만 원인 경우 직장인 스마트론이 아닌 정책서민금융상품인 새희망
  홀씨로 실행된다.
- C : 대출금이 8천만 원인 경우 인지세 7만 원을 은행과 고객이 50%씩 납부하므로, 고객은 7만 원×0.5＝3만 5천 원을 납부한다.

오답분석
- A : 직장인 스마트론은 영업점 방문 필요없이 스마트폰을 통해 간편하게 지원하는 신용대출이다.
- D : 감면금리는 고정금리와 변동금리 모두 0.000 ~ 0.200%p로 적용될 수 있으며, 실제 적용 여부는 내부 심사에 따라 달라질
  수 있다.
- E : 기타 유의사항에 따르면 대출 기간 연장은 심사 결과에 따라 거절될 수 있다.

09   정답 ②

4년 전에 6.3%의 금리로 대출을 받았다면, 2년 단위로 연장하므로 대출 금리는 6.3＋0.1＋0.1＝6.5%로 대출 연장이 가능하다.

오답분석
① 담보는 서울지역보증재단의 신용보증서로 가능하고 금리는 연 6.25 ~ 6.57%인 연 6.5%로 대출이 가능하다.
③ 개인 자격으로 대출을 받을 경우 필요 서류 중 법인인감증명서, 법인등기부등본, 정관은 필요 없으며, 부가가치세 과세표준증명
  원은 생략 가능하다.
④ 정해진 상환일에 이자를 상환하지 못했고, 3개월이 지났기에 연체 이자율이 적용된다. 연체 이자율은 대출 이자율＋3%p로
  6.43＋3＝9.43%이다.

10   정답 ④

각 소상공인이 2024년 12월 1일에 납입해야 할 이자액을 계산하면 다음과 같다.
- A : 680×{(6.47＋0.1)%÷12}＝3,723,000원
- B : 690×{(6.36＋0.1＋0.1＋0.1)%÷12}＝3,829,500원
- C : 500×{(6.27＋3)%÷12}＝3,862,500원
- D : 710×{(6.44＋0.1)%÷12}＝3,869,500원
따라서 2024년 12월 1일에 납입해야 할 이자액이 가장 큰 사람은 D이다.

11   정답 ①

Y대학 학생들의 종합 학점을 계산하면 다음과 같다.
- A : 45×0.9＋2×5＋3×3＋1×7＋1×10＝76.5점
- B : 40×1.1＋1×5＋1×10＋1×3＋1×7＋1×10＝79점
- C : 35×1.1＋5×5＝63.5점
- D : 50×0.9＋1×5＋1×10＋1×3＋1×7＝70점
- E : 45×1.2＋1×10＋1×10＝74점
- F : 35×1.3＋2×5＋4×3＋1×10＝77.5점
따라서 종합 학점이 가장 높은 학생은 B이다.

12 정답 ①

변경된 조건에 따라 다전공을 신청한 학생들의 종합 학점을 계산하면 다음과 같다.
- A : $46 \times 0.9 + 2 \times 6 + 3 \times 2 + 1 \times 8 + 1 \times 5 = 72.4$점
- B : $42 \times 1.05 + 1 \times 6 + 1 \times 5 + 1 \times 2 + 1 \times 8 + 1 \times 5 = 70.1$점
- C : $38 \times 1.05 + 5 \times 6 = 69.9$점
- F : $38 \times 1.2 + 2 \times 6 + 4 \times 2 + 1 \times 5 = 70.6$점

따라서 종합 학점이 가장 높은 학생은 A이므로 다전공 수강이 가능한 학생은 A이다.

13 정답 ②

각자의 출장에 따라 소요된 비용을 계산하면 다음과 같다.
- 11월 3일 ~ 6일(회장) : $60,000 \times 2 + 30,000 \times 4 + 15,000 \times 3 \times 4 + 80,000 \times 3 = 660,000$원
- 11월 12일 ~ 13일(회장) : $30,000 \times 2 + 30,000 \times 2 + 15,000 \times 3 \times 2 + 70,000 \times 1 = 280,000$원
- 11월 18일 ~ 20일(상무) : $50,000 \times 2 + 30,000 \times 3 + 15,000 \times 3 \times 3 + 80,000 \times 2 = 485,000$원
- 11월 18일 ~ 20일(B센터 사원 2명) : $\{20,000 \times 3 + 15,000 \times 3 \times 3 + 60,000 \times 2\} \times 2 = 630,000$원
- 11월 24일 ~ 28일(C팀 과장) : $(30 \times 5 + 50 \times 3 \times 5 + 80 \times 4) \times 1,500 = 1,830,000$원

따라서 11월 출장 여비의 총합은 $660,000 + 280,000 + 485,000 + 630,000 + 1,830,000 = 3,885,000$원이다.

14 정답 ④

날짜 · 인원별 시간외 근무수당을 계산하면 다음과 같다.
- 11/4 B센터 대리 4시간(직원, 평일 10%) : $12,000 \times 10\% \times 4 = 4,800$원
- 11/9 사원 4명 4시간(직원, 일요일 30%) : $10,000 \times 30\% \times 4 \times 4 = 48,000$원
- 11/10 사무총장 2시간(별정직, 평일 0%) : $25,000 \times 0\% \times 2 = 0$원
- 11/14 A팀장 3시간(부서장, 평일 20%) : $20,000 \times 20\% \times 3 = 12,000$원

따라서 총합은 $4,800 + 48,000 + 12,000 = 64,800$원이다.

15 정답 ②

각 직원의 승진 총점을 계산하면 다음과 같다.
- A : $3 \times 2 + 1 \times 3 + 30 + 1 \times 5 = 44$점
- B : $7 \times 2 + 1 \times 3 + 25 + 1 \times 3 + 1 \times 5 = 50$점
- C : $4 \times 2 + 30 + 2 \times 5 - 1 \times 3 = 45$점
- D : $6 \times 2 + 5 \times 3 + 15 + 1 \times 5 = 47$점

따라서 승진 총점이 가장 높은 B가 승진 대상자가 된다.

16 정답 ①

변경된 승진 조건에 따라 각 직원의 승진 총점을 계산하면 다음과 같다.
- A : $3 \times 3 + 1 \times 4 + 30 + 1 \times 3 + 2 \times 5 = 56$점
- B : $7 \times 3 + 1 \times 4 + 20 + 1 \times 1 + 1 \times 5 = 51$점
- C : $4 \times 3 + 30 + 2 \times 3 - 1 \times 10 = 38$점
- D : $6 \times 3 + 5 \times 4 + 1 \times 3 = 41$점

따라서 승진 총점이 가장 높은 A가 승진 대상자가 된다.

17 　정답　③

누적 수익률은 복리로 계산해야 하므로 2020년에 투자한 신탁형 ISA의 2021년 세전 수익률은 $\{(1.019 \times 1.021) - 1\} \times 100 =$
4.0399%이고, 2020년에 투자한 예금의 2021년 세전 수익률은 $(1.02^2 - 1) \times 100 = 4.04\%$이다. 따라서 세전 수익은 신탁형 ISA보다 예금이 더 많다.

[오답분석]
① 보험사를 통해 개설 가능한 ISA는 신탁형 ISA이며, 신탁형 ISA의 가입자 1인당 가입 금액은 592,860백만 원÷19,762천 명=
　 30,000원으로 30,000원 이상이다.
② 200만 원의 수익을 얻었을 경우 중개형 ISA의 납세액은 $(2,000,000 - 500,000) \times 9.9\% = 148,500$원이고, 신탁형 ISA의 납세
　 액은 $(2,000,000 - 1,000,000) \times 15\% = 150,000$원이다. 이 이상의 금액에 대해선 신탁형 ISA의 과세율이 중개형 ISA 과세율
　 보다 높으므로 중개형 ISA의 납세액이 신탁형 ISA 납세액보다 적다.
④ 최근 5년간 ISA 고시된 수익률의 평균값은 다음과 같다.
　 • 중개형 ISA : $(2.4 + 2.2 + 1.8 + 2.1 + 1.8) \div 5 = 2.06\%$
　 • 신탁형 ISA : $(1.9 + 2.1 + 2.2 + 1.8 + 2.0) \div 5 = 2.00\%$
　 • 일임형 ISA : $(2.3 + 3.1 + 2.7 + 1.2 + 0.8) \div 5 = 2.02\%$
　 따라서 최근 5년간 평균 세전 수익률이 가장 높은 ISA 계좌는 중개형 ISA이다.

18 　정답　②

A ~ D의 세후 수익을 계산하면 다음과 같다.
• A : 2020년 중개형 ISA는 $50,000,000 \times 2.4\% = 1,200,000$원이고, 이 중 500,000원은 비과세이므로 세후 수익은 500,000 +
　 $(700,000 \times 90.1\%) = 1,130,700$원이다.
• B : 2022년 신탁형 ISA는 $60,000,000 \times 2.2\% = 1,320,000$원이고, 이 중 1,000,000원은 비과세이므로 세후 수익은 1,000,000
　 $+ (320,000 \times 85\%) = 1,272,000$원이다.
• C : 2021년 일임형 ISA는 $40,000,000 \times 3.1\% = 1,240,000$원이고, 모두 비과세이므로 세후 수익은 1,240,000원이다.
• D : 2023년 중개형 ISA는 $30,000,000 \times 2.1\% = 630,000$원이고, 이 중 500,000원은 비과세이므로 세후 수익은 500,000 +
　 $(130,000 \times 90.1\%) = 617,130$원이다.
따라서 가장 많은 세후 수익을 얻은 사람은 B이다.

19 　정답　②

입력한 상담 조회의 날짜가 오늘보다 과거의 날짜가 아니고(→ No), 예약 내역이 확인되지 않으므로(→ No) B알림이 출력된다.

| 금융일반 – 객관식 |

01	02	03	04	05	06	07	08	09	10
④	③	②	④	③	③	②	①	②	②

01   정답 ④

모든 게임에서 순수전략 내쉬균형이 존재하는 것은 아니다. 순수전략 내쉬균형이 존재하지 않는 경우에는 각 참가자가 확률적으로 전략을 선택하는 혼합전략 내쉬균형을 고려한다.

오답분석

① 순수전략 내쉬균형은 게임 참가자 모두 상대방의 전략을 알고 있고, 어느 누구도 전략을 변경하여 더 나은 보수를 얻을 수 없는 상태를 의미한다. 이러한 상황에서 순수전략 내쉬균형을 찾기 위해 일반적으로 최적 대응 분석 방법을 사용한다.
② 게임 참가자, 각 참가자의 순수전략, 각 전략에 따른 보수를 표시한 보수행렬을 작성하고, 가장 높은 보수를 주는 전략을 선택한다.
③ 순수전략 내쉬균형은 각 참가자의 표시가 모두 있는 전략, 즉 교차점이 되며 해당 지점에서는 각 참가자가 전략을 바꾼다 해도 이득을 얻을 수 없다.

02   정답 ③

지니계수(Gini Coefficient)는 소득의 불평등 정도를 나타내는 지표로, 로렌츠 곡선과 완전평등선(45°선) 사이의 면적을 이용해 계산한다. 지니계수의 값은 0에서 1 사이이며, 0은 완전 평등, 1은 완전 불평등을 의미한다. 그러나 지니계수는 소득 외의 다른 불평등 요소를 고려하지 못하기 때문에 소득계층별 구체적인 불평등 정도는 파악하기 어려운 한계가 있다.
따라서 지니계수에 대한 설명으로 옳은 것은 ㄱ, ㄴ, ㄷ 3개이다.

03   정답 ②

로렌츠 곡선(Lorenz Curve)은 소득이나 자산이 인구에게 얼마나 불평등하게 분배되어 있는지를 나타내는 그래프로 X축(가로축)은 인구의 누적비율을 의미하고, Y축(세로축)은 소득의 누적비율을 의미한다. 인구의 누적비율과 소득의 누적비율이 완전히 일치할 때 45°선을 이루는데 이 선이 바로 완전평등선에 해당하며, 로렌츠 곡선과 완전평등선 사이의 면적을 이용하여 지니계수를 계산한다. 그러나 로렌츠곡선은 소득 종류·분포 등의 세부적인 정보를 반영하지 못하는 한계가 있기 때문에 소득분배의 불평등 정도를 정확하게 측정하기 어렵다.
따라서 로렌츠 곡선에 대한 설명으로 옳은 것은 ㄱ, ㄴ 2개이다.

04   정답 ④

전반적인 경기상황, 금융시장 유동성, 기준금리 변동 등과 같은 거시경제 변수는 신용 스프레드에 영향을 미친다.

오답분석

① 신용 스프레드의 정의에 해당한다.
② 경기침체 우려가 커질 경우 투자자들은 안전자산을 선호하게 되기 때문에 회사채에 대한 수요의 감소로 회사채 금리가 상대적으로 높아지고 신용 스프레드가 확대된다.
③ 신용 스프레드가 확대되는 경우 기업의 신용도가 부실하거나 경기침체 가능성이 커지는 것을 의미하므로 투자자들은 높은 금리를 요구한다.

05 　정답　③

정액법을 활용하여 감가상각비를 계산하는 산식은 (취득원가−잔존가치)÷(내용연수)이다. 내용연수는 1÷(상각률)로 구할 수 있으므로, 제시된 자료에서 내용연수는 5년이 되며, (취득원가−잔존가치)=5,000만 원이므로, 감가상각비는 5,000÷5=1,000만 원이된다.

06 　정답　③

내부수익률(IRR; Internal Rate of Return)은 투자의 현재가치와 미래의 현금유입의 현재가치를 같게 하여 순현재가치를 0으로 만드는 할인율을 의미하며, 일반적으로 IRR이 시장이자율보다 클 경우 수익성이 있는 투자라 할 수 있다. IRR은 투자의 내재적 수익률을 직관적으로 보여주기 때문에 자주 사용하지만, 단순한 수익률 지표이므로 투자의 절대적인 가치를 판단하기 어렵고, 현금흐름이 복잡할 경우 다중 IRR이 발생하여 IRR을 계산하는 데 어려움이 있어 오류가 발생할 수 있다.
따라서 IRR에 대한 설명으로 옳은 것의 개수는 ㄱ, ㄴ, ㄷ 3개이다.

07 　정답　②

약세 콜옵션 스프레드는 기초자산 가격이 하락하거나 크게 상승하지 않을 것으로 예상될 때 사용하는 전략이다. 콜옵션 스프레드는 만기가 동일하되 행사가격이 다른 콜옵션을 조합하여 구성하며, 이러한 구조를 통해 기초자산 가격의 상승 또는 하락에 대한 전망을 반영한 다양한 포지션을 만들 수 있다.

[오답분석]
① 강세 콜옵션 스프레드에 대한 설명이다.
③ 강세 풋옵션 스프레드에 대한 설명이다.
④ 약세 풋옵션 스프레드에 대한 설명이다.

08 　정답　①

ㄱ. 예상 인플레이션이 높을수록 인플레이션을 상쇄하기 위한 명목 이자율이 높아지므로 고금리 채권에 투자하여 투자수익을 높일 수 있다.
ㄴ. 예상 인플레이션이 높을수록 물가상승이 제품가격에 반영되는 기업의 매출액이 늘어날 수 있어 해당 기업의 주식이 상승흐름을 보일 수 있다.

[오답분석]
ㄷ. 예상 인플레이션이 높을수록 이자 부담이 커지기 때문에 대출을 줄이는 것이 바람직하다.
ㄹ. 예상 인플레이션이 높을수록 대출기관의 수익성이 낮아질 수 있기 때문에 고정금리 대출보다 변동금리 대출을 선호한다.

09 　정답　②

현시선호이론은 객관적으로 관찰이 가능한 데이터(가격, 수량 등)만을 가지고 소비자의 선호를 분석하며, 관찰이 불가능한 주관적 선호개념은 고려하지 않는다.

10 　정답　②

대출채권, 예치금, 유가증권, 부동산, 투자자산 등은 은행의 자산에 해당하며, 예금, 차입금, 예수금, 발행어음, 미지급금, 충당금 등은 은행의 자산에 해당하지 않는다.
따라서 은행의 자산에 해당하는 것의 개수는 ㄹ, ㅁ, ㅂ 3개이다.

01	02			
1	25, 2,000			

01   정답   1

자기주식 처분손익은 자기주식 처분가액에서 취득원가를 차감하여 계산한다. 취득원가는 매입가액과 부대비용을 합한 금액으로 계산하여야 한다.
따라서 $12-(10+1)=1$억 원이 처분이익이 된다.

02   정답   25, 2,000

PER(Per Earning Ratio, 주가수익비율)은 주가를 주당순이익으로 나눈 값이며, 주당순이익(EPS; Earning Per Share)은 당기순이익을 주식수로 나눈 값이다. 제시된 자료에서 주당순이익은 20억$\div 5,000,000$주$=400$이므로, PER을 계산하면 $10,000\div 400=25$이다.
BPS(Book value Per Share, 주당순자산)는 순자산을 주식수로 나눈 값으로, 순자산은 총자산에서 총부채를 뺀 값을 말한다. 제시된 자료에서 순자산은 $200-100=100$억이므로, BPS를 계산하면 100억$\div 5,000,000$주$=2,000$원이다.

01	02	03	04	05	06	07	08		
②	①	②	③	③	③	②	②		

01　정답　②

DFS(Depth First Search, 깊이 우선 탐색)는 현재 경로를 따라 가능한 깊숙이 탐색해 들어가는 방식이다. 이는 후입선출(LIFO)의 특징을 가지는 스택(Stack) 자료구조나 재귀 호출(Recursion)을 통해 구현할 수 있다.

02　정답　①

데이터(Data)는 DIKW 피라미드의 가장 아래 단계로, 관찰이나 측정으로 얻어진 가공되지 않은 사실이나 값이다. 데이터는 그 자체만으로는 의미를 갖지 않는다.

03　정답　②

아파치 카프카(Apache Kafka)는 메시지를 생성하는 생산자(Producer)와 메시지를 소비하는 소비자(Consumer)가 분리된 Publish(발행) / Subscribe(구독) 모델을 기반으로 한다. 중간의 브로커(Broker)가 메시지를 보관하고 전달하는 역할을 한다.

04　정답　③

K-means 알고리즘은 데이터를 K개의 군집으로 나누는 것을 목표로 하며, 반복(Iteration) 단계에서 각 군집의 새로운 중심(Centroid)은 해당 군집에 속한 모든 데이터 포인트의 평균값으로 다시 계산된다.

05　정답　③

Softmax 함수는 모델이 예측한 값들을 0과 1 사이의 확률값으로 변환하며, 이 값들의 총합이 항상 1이 되도록 정규화한다. 이러한 특성으로 인해 다중 분류(Multi-class Classification) 문제의 출력층에서 각 클래스에 속할 확률을 나타내는 데 가장 적합하다.

06　정답　③

RSA는 복잡한 수학적 연산을 사용하기 때문에 AES와 같은 대칭키 암호화 방식보다 처리 속도가 훨씬 느리다. 따라서 대용량 데이터 암호화에는 부적합하며, 주로 대칭키 암호화에 사용할 키를 안전하게 교환하는 용도로 쓰인다.

07　정답　②

A.id와 B.id가 일치하는 값은 {2}와 {3} 두 개로 INNER JOIN은 일치하는 행만 반환하므로 결과는 2건이다.

08　정답　②

스택(Stack)은 마지막에 저장된 데이터가 가장 먼저 인출되는 후입선출(LIFO) 구조를 가진다. 데이터의 삽입(Push과 삭제(Pop)가 오직 한쪽 끝(Top)에서만 일어난다.

01	02			
20	0.8			

01　정답　20

K-Fold는 전체 데이터를 K개의 동일한 크기의 부분 집합(Fold)으로 나눈다. 100개의 데이터를 5개의 Fold로 나누면 한 Fold당 100÷5=20개이고, K-Fold 진행 시 한 번 검증할 때 이 중 하나의 Fold(20개)가 검증 데이터로 사용된다.

02　정답　0.8

F1-score는 혼동행렬에서 정밀도(Precision)와 재현율(Recall)을 조화평균으로 구한 값으로, 분류 모델을 평가하는 용도로 사용되며 이를 계산하는 식은 다음과 같다.

$$F1 = 2 \times \frac{\text{Precision} \times \text{Recall}}{\text{Precision} + \text{Recall}}$$

두 지표의 값이 같을 때는 조화평균도 그 값과 같으며, 문제에서 제시된 값을 대입하면 다음과 같다.

$$F1 = 2 \times \frac{0.8 \times 0.8}{0.8 + 0.8} = 2 \times \frac{0.64}{1.6} = 0.8$$

01 NCS 직업기초능력

01	02	03	04	05	06	07	08	09	10	11	12	13	14	15	16	17	18	19	
③	②	④	③	①	②	②	②	①	①	④	②	③	①	①	②	④	③	②	

01 정답 ③

중간가호가와 스톱지정가호가는 넥스트레이드가 제공하는 호가 유형으로 넥스트레이드에서만 사용이 가능하며, 사용 가능한 시간도 프리·애프터마켓 운영시간이 아닌 기존 정규시장 운영시간 내에서만 가능하다.

오답분석

① 첫 번째 문단에서 기존에는 한국거래소 단일 체제로 운영되었음을 알 수 있으나, 이 체제가 투자자들에게 불리했다는 내용은 제시문에서 찾을 수 없다. 다만 복수 거래소 체제로의 전환으로 이전보다 투자자들에게 유리해질 것으로 기대되는 상황이다.
② 애프터마켓의 도입 전에도 해외 투자자는 우리나라 주식의 거래가 가능했다. 다만 애프터마켓의 도입으로 이전보다 거래시간이 확대되어 해외 투자자가 해당 국가의 낮 시간에 우리나라 주식을 거래할 수 있게 되어 접근이 용이해졌다.
④ 거래소 경쟁체제의 도입으로 넥스트레이드가 내놓은 정책이 거래유형에 따라 달리 수수료를 부과하는 방식일 뿐, 한국거래소는 기존과 동일하게 거래유형에 구분 없이 획일적인 수수료 부과방식을 유지한다.

02 정답 ②

보기의 문장은 주식거래 시간의 확대와 해외 투자자에 대한 내용이 모두 포함된 문단 뒤에 오는 것이 적절하다. (나) 문단에서 국내 주식시장 거래시간이 확대되었고, 이로 인해 해외 투자자들의 국내 주식시장 거래가 용이해졌다고 하였으므로 보기의 문장이 들어갈 위치로 가장 적절한 곳은 (나) 문단의 뒤이다.

03 정답 ④

제21조의2 제1항 제5호에 따르면 원칙적으로 소비자가 이미 선택한 내용에 대하여 변경을 요구하는 창을 반복하여 소비자에게 제시하는 것은 위법이지만, 만일 소비자가 일정 기간 이상 동안 해당 요구를 받지 않겠다고 선택할 수 있게 한 경우는 제외된다.

오답분석

① 제13조 제6항에 따르면 통신판매업자는 무상으로 제공된 재화 등이 유료 정기결제로 전환되는 경우에는 결제가 이루어진 그 즉시가 아니라 증액이나 전환이 이루어지기 전에 소비자에게 고지하여야 한다.
② 제21조의2 제1항 제2호에 따르면 소비자가 특정 재화 등의 청약을 진행하는 중에 다른 재화 등에 대해 추가 선택항목을 제공하고 유인하는 것은 위법이 아니지만, 추가된 선택항목에 대하여 소비자가 청약 의사가 있다고 선택하기도 전에 미리 표시를 하여 소비자를 유인하는 행위는 위법에 해당한다.
③ 제21조의2 제1항 제4호에 따르면 회원가입과 재화 등의 구매 방법과 탈퇴와 재화 등의 구매취소 방법을 달리하거나 후자를 어렵게 하는 것은 소비자를 방해하는 행위에 해당하나, 정당한 사유가 있는 경우라면 이는 가능하다.

04 　정답 ③

㉠ 제21조의2 제1항 제1호에 따르면 소비자에게 재화 등의 가격을 알릴 때 필수적으로 지급하여야 하는 총금액 중 일부 금액만을 표시하는 것은 위법에 해당한다.

㉡ 제21조의2 제1항 제2호에 따르면 소비자가 재화의 구매가 진행되는 중에 다른 재화의 구매에 대한 의사가 있는지를 묻는 선택항목을 제공하는 경우, 소비자가 이에 대해 직접 선택하기 전에 미리 그러한 의사가 있다고 표시하여 선택항목을 제공하는 것은 위법에 해당한다.

㉢ 제21조의2 제1항 제3호에 따르면 회원가입 또는 회원탈퇴 등 선택항목들 사이에서 크기나 모양, 색깔 등 시각적인 차이를 두어 표시하는 것은 위법에 해당한다.

오답분석

㉣ 제21조의2 제1항 제5호에 따르면 소비자가 이미 선택한 내용에 대해서 그것을 변경할 것을 요구하는 팝업창을 반복적으로 요구하는 것은 위법이지만, 일회성 팝업창의 경우는 위법으로 볼 수 없다.

05 　정답 ①

기대수익률은 실물이전 상품별 추정수익률의 확률 가중평균이므로 이를 계산하면 다음과 같다.
- 공모펀드 : $[(0.3 \times 0.3) + (0.2 \times 0.2) - (0.5 \times 0.1)] \times 100 = 8\%$
- ETF : $[(0.15 \times 1) + (0.25 \times 0.5) - (0.55 \times 0.3) - (0.05 \times 0.5)] \times 100 = 8.5\%$
- 예금 : $(1 \times 0.05) \times 100 = 5\%$

따라서 ETF의 기대수익률이 가장 높다.

오답분석

② 월 소득이 800만 원이라면 매월 소득의 10%를 납입하므로 월 납입금은 800,000원이다. I퇴직연금을 40세에 가입하였으므로 총납입금을 구하면 $800,000 \times 12 \times (65 - 40) = 240,000,000$원이다. 이는 2억 원 이상이므로 퇴직연금을 일시금으로 수령할 수 있다.

③ 월 소득이 600만 원이었다면 월 납입금은 600,000원이다. 이를 20년간 납입하였다면, 납입금은 $600,000 \times 12 \times 20 = 144,000,000$원이다. 정년퇴직 후 수령하는 금액은 1,200,000원이며 이를 10년간 수령하였다면 $1,200,000 \times 12 \times 10 = 144,000,000$원이므로 납입금과 연금 수령액이 동일하다.

④ 사망하기까지 30개월간 연금을 받았으므로 연금 수령액은 $1,200,000 \times 30 = 36,000,000$원이다. 납입금이 50,000,000원이므로 $50,000,000 - 36,000,000 = 14,000,000$원이 상속 가능 금액이다. 이때 5%의 상속세가 부과되므로 상속 가능한 실제 금액은 $14,000,000 \times (1 - 0.05) = 13,300,000$원으로 1,330만 원이다.

06 　정답　②

A씨는 5년마다 연봉이 600만 원씩 상승하므로 월급은 600÷12=50만 원이 상승한다. 연령대별 월급, 월 납입금과 월 수령액을 계산하면 다음과 같다.

(단위 : 만 원)

구분	월급	월 납입액	월 수령액
26 ~ 30세	200	–	–
31 ~ 35세	250	–	–
36 ~ 40세	300	30	–
41 ~ 45세	350	35	–
46 ~ 50세	400	40	–
51 ~ 55세	450	45	–
56 ~ 60세	500	50	–
61 ~ 65세	550	55	–
66 ~ 70세	–	–	120
71 ~ 75세	–	–	120
76 ~ 80세	–	–	실물이전 수익금
81 ~ 85세	–	–	120

A씨의 총납입금은 (30+35+40+45+50+55)×12×5=1억 5,300만 원이다. 76세에 실물이전을 하며, 최대 수익률을 가정하므로 추정 수익률이 100% 상승인 ETF를 선택한다. 이는 납입금의 50%에 대해 100% 투자 수익률이므로 1억 5,300만×0.5=7,650만 원의 수익을 얻는다.

따라서 15년간 매월 120만 원씩 연금을 받고, 76 ~ 80세 5년 동안 7,650만 원의 수익을 얻었으므로 A씨가 정년퇴직 후 얻을 수 있는 금액의 최대치는 (120×12×15)+7,650=2억 9,250만 원이다.

07 　정답　②

경영 기술전략, 시제품 제작, 홍보 지원의 한도는 15+30+20=65백만 원(6천 5백만 원)이지만, 정부 지원금 최대 한도는 5천만 원으로 제한되어 있다.

오답분석

① 사업목적에 따르면 컨설팅, 기술지원, 마케팅 3가지 분야에서 분야당 최대 1개의 프로그램만 이용이 가능하다. 따라서 브랜드 지원 프로그램과 홍보지원 프로그램은 모두 마케팅 분야에 해당하므로 두 프로그램을 동시에 이용하는 것은 불가능하다.
③ 스마트공장화에 관심이 있는 제조 소기업은 스마트공장 진단 및 실용화를 지원하는 컨설팅 분야의 제조혁신 추진전략 프로그램과 스마트공장의 구축을 지원하는 기술지원 분야의 시스템 및 시설구축 프로그램을 이용하는 것이 유리하다.
④ 최근 3년 평균 매출액이 4억 원 이하인 제조 소기업의 정부지원 비율은 75%이고, 자가부담 비율은 25%이므로 자가부담 금액은 정부지원 금액의 3분의 1이다. 따라서 3천 만÷3=1천만 원이다.

08 　정답　②

국세 및 지방세 체납이 확인된 기업은 지원 제외 대상이다. 그러나 공공요금의 경우 국민이 수도, 전기 등 공공서비스를 이용한 대가로 지불하는 요금이므로 국세 및 지방세가 아니다. 따라서 B기업은 혁신바우처 사업 지원 제외 대상이 아니다.

오답분석

① 혁신바우처 사업은 제조 소기업을 대상으로 하는 사업으로 제조기업이란 제조업이 주업종인 기업이다. 따라서 제조업을 영위한다 하더라도 주업종이 소매업이라면 이는 제조기업이라 볼 수 없으므로 해당 사업 지원 대상에 해당하지 않는다.
③ 채권자와 채무를 조정 중인 기업이 아닌 조정이 완료되어 합의서를 체결한 기업에 한해 지원 제외 대상에서 제외된다.
④ 해당 사업 신청 시에 이미 같은 사업을 수행 중인 기업의 경우 지원 대상에서 제외된다.

09　정답　①

I기업 직원 6명의 5월 소득을 계산하면 다음과 같다.
- A : $2,230+(2\times100)+50+0+0=2,480$천 원
- B : $2,750+(4\times100)+70+30+0=3,250$천 원
- C : $3,125+(5\times100)+70+30+250=3,975$천 원
- D : $3,500+(6\times100)+100+50+0=4,250$천 원
- E : $3,780+(10\times100)+150+50+0=4,980$천 원
- F : $4,200+(14\times100)+200+100+50=5,950$천 원

따라서 I기업 직원들의 5월 소득 평균은 $(2,480+3,250+3,975+4,250+4,980+5,950)\div6=4,147.5$천 원(=414만 7천 5백 원)으로 450만 원 이하이다.

오답분석

② I기업 직원별 월 소득에서 월 지출을 뺀 금액을 계산하면 다음과 같다.
- A : $2,480-2,445=35$천 원
- B : $3,250-2,665=585$천 원
- C : $3,975-3,293=682$천 원
- D : $4,250-4,278=-28$천 원
- E : $4,980-4,942=38$천 원
- F : $5,950-5,315=635$천 원

따라서 그 금액이 가장 많은 사람은 C대리이다.

③ 근속연수가 가장 짧은 직원은 A사원이다. A사원의 월 소득은 248만 원(=2,480천 원)이며, 월 지출 또한 244.5만 원으로 모두 250만 원 이하이다.

④ I기업 직원들의 지출은 모두 200만 원 이상이고, I기업 직원들의 평균 월 지출을 만 원 단위로 계산하면 $(244.5+266.5+329.3+427.8+494.2+531.5)\div6=382.3$만 원이므로 350만 원 이상이다.

10　정답　①

I기업 직원 6명의 총 금융상품 투자금액을 만 원 단위로 계산하면 $20+25+40+15+30+70=200$만 원이다. 전체 직원의 금융상품 투자금액에서 각 직원이 차지하는 비율은 다음과 같다.
- A : $20\div200\times100=10\%$
- B : $25\div200\times100=12.5\%$
- C : $40\div200\times100=20\%$
- D : $15\div200\times100=7.5\%$
- E : $30\div200\times100=15\%$
- F : $70\div200\times100=35\%$

따라서 바르게 나타낸 것은 ①이다.

11　정답　④

주요 국가별 수출액과 수입액의 차이는 다음과 같다.
- 미국 : $|98,000-88,000|=10,000$억 USD
- 캐나다 : $|65,000-73,000|=8,000$억 USD
- 멕시코 : $|13,000-18,000|=5,000$억 USD
- 중국 : $|99,000-73,500|=25,500$억 USD
- 러시아 : $|20,500-24,500|=4,000$억 USD
- 프랑스 : $|60,700-12,400|=48,300$억 USD
- 영국 : $|44,500-31,300|=13,200$억 USD
- 이집트 : $|13,000-5,000|=8,000$억 USD
- 호주 : $|45,200-18,000|=27,200$억 USD

따라서 수출액과 수입액의 차이가 세 번째로 큰 국가는 중국이며, 중국의 소비자물가 상승률은 5.2%로 5% 이상이다.

① 제시된 자료에서 모든 국가의 소비자물가 상승률이 양의 값을 가지므로 2024년 세계 주요 국가들은 모두 소비자물가가 상승하였다.
② 국내총생산이 세 번째로 높은 나라는 캐나다이며, 경제성장률이 세 번째로 높은 나라도 캐나다이다.
③ 국민총소득 상위 3곳은 중국, 미국, 캐나다이며 이들의 국내총생산의 합은 $151,000+175,000+140,000=466,000$억 USD이다. 나머지 국가의 국내총생산의 합은 $48,000+73,000+97,600+84,300+27,000+77,400=407,300$억 USD이므로 옳다.

12 정답 ②

제시된 자료에서 국내총생산 상위 3개국은 미국, 중국, 캐나다이다. 각국의 무역의존도를 계산하면 다음과 같다.
- 미국 : $(98,000+88,000)\div175,000\times100\fallingdotseq106\%$
- 중국 : $(99,000+73,500)\div151,000\times100\fallingdotseq114\%$
- 캐나다 : $(65,000+73,000)\div140,000\times100\fallingdotseq99\%$

따라서 중국 – 미국 – 캐나다 순으로 무역의존도가 높다.

13 정답 ③

I은행 승진 규정에 따라 승진 대상자별 최종 평가 점수를 계산하면 다음과 같다.

(단위 : 점)

구분	업무실적	팀워크	전문성	성실성	최종 평가 점수
A주임	$60\times0.4=24$	$90\times0.15=13.5$	$84\times0.25=21$	$98\times0.2=19.6$	78.1
B주임	$70\times0.4=28$	$86\times0.15=12.9$	$84\times0.25=21$	$96\times0.2=19.2$	81.1
C주임	$91\times0.4=36.4$	$76\times0.15=11.4$	$96\times0.25=24$	$53\times0.2=10.6$	82.4
D주임	$84\times0.4=33.6$	$92\times0.15=13.8$	$76\times0.25=19$	$80\times0.2=16$	82.4

C주임과 D주임의 최종 평가 점수가 동일하므로 업무실적과 전문성 점수의 평균을 구해야 한다.
- C주임 : $(91+96)\div2=93.5$점
- D주임 : $(84+76)\div2=80$점

따라서 대리로 진급하는 사람은 C주임이다.

14 정답 ①

변경된 승진 규정에 따라 승진 대상자별 최종 평가 점수를 구하면 다음과 같다.

(단위 : 점)

구분	업무실적	팀워크	전문성	성실성	최종 평가 점수
A주임	$60×0.15=9$	$90×0.3=27$	$84×0.4=33.6$	$98×0.15=14.7$	84.3
B주임	$70×0.15=10.5$	$86×0.3=25.8$	$84×0.4=33.6$	$96×0.15=14.4$	84.3
C주임	$91×0.15=13.65$	$76×0.3=22.8$	$96×0.4=38.4$	$53×0.15=7.95$	82.8
D주임	$84×0.15=12.6$	$92×0.3=27.6$	$76×0.4=30.4$	$80×0.15=12$	82.6

A주임과 B주임의 최종 평가 점수가 동일하므로 팀워크와 전문성 점수의 평균을 구해야 한다.
- A주임 : $(90+84)÷2=87$점
- B주임 : $(86+84)÷2=85$점

따라서 팀장이 되는 사람은 A주임이다.

15 정답 ①

IBK 부모급여우대적금에서 부모급여나 아동수당의 수급은 우대이자율 조건 중의 하나로 상품가입을 위한 필수 조건은 아니다. 따라서 부모급여나 아동수당을 수급하는 사람에 한해 가입이 가능한 자유적립식 적금 상품이라는 행원의 답변은 적절하지 않다.

오답분석
② 우대이자율의 가족 실적합산에서 가족등록 후 계약기간 중 충족된 실적은 합산하여 우대이자율 제공한다고 명시되어 있으며, 적금 가입과 우대조건을 충족한 고객의 명의가 달라도 합산하여 실적을 인정해 주므로 적절한 답변이다.
③ 가족등록을 하기 위해서는 반드시 가족관계 확인서류를 지참하여 영업점에 방문해야 하므로 적절한 답변이다.
④ IBK 부모급여우대적금은 1년(12개월) 계약 상품으로 월 최대 50만 원씩 입금할 수 있다. 따라서 최대 입금액은 $50×12=600$만 원이다.

16 정답 ②

A고객은 9개월 동안 적금을 유지하다가 중도해지하였으므로 중도해지이자율에 따라 이자율이 결정되며, 우대이자율은 적용되지 않는다. 1년(12개월) 계약 상품에서 9개월까지 유지하였으므로 납입기간 경과비율은 $9÷12×100=75\%$이다. 그러므로 중도해지이자율은 (기본이자율)$×60\%$이다. 따라서 A고객이 받을 수 있는 최고 이자율은 $2.5×0.6=$연 1.5%이다.

17 정답 ④

- FX플러-IC3L05NA : 외환(FX)은 계약 기간에 N00이 부여되어야 한다.
- OP더굴-CC0L10VR : OP는 없는 상품 종류이다.
- DP모아-IC2M48FR : 중기(M) 계약 기간은 최장 3년, 즉 36개월이므로 M36을 초과하는 개월 수는 표기할 수 없다.
- TR믿음-CC2M24FR : 법인(CC)의 경우 계약 연령층에 0이 부여되어야 한다.

따라서 성립할 수 없는 코드는 4개이다.

18 　정답 　③

A씨의 조건에 따라 부여되는 코드는 다음과 같다.
- 대출 : LN
- 상품명 : 파워
- 개인 : IC
- 20대 : 2
- 10년(장기) : L10
- 고정 이율 : FR

따라서 올바른 코드는 LN파워-IC2L10FR이다.

19 　정답 　②

4월의 마지막 날은 30일이기 때문에 ⓐ는 30이다. 지수는 짝수일마다 10,000원씩 저축하므로 홀수일에는 저축하지 않고, 다음 날로 넘어가야 한다. 따라서 ⓑ는 Yes, ⓒ는 No이다.

| 금융일반 – 객관식 |

01	02	03	04	05	06	07	08	09	10
②	④	④	③	②	③	④	②	③	④

01   정답 ②

매트릭스 조직은 조직 구성원들이 2명 이상 다수의 상급자를 가지기 때문에 역할갈등 등의 문제가 발생할 수 있다.

[오답분석]

① 매트리스 조직은 프로젝트 관리(직무조직)와 스텝(기능조직)을 결합시킨 형태이다.

③·④ 매트릭스 조직은 개별 구성원의 창의력, 사기 등을 제고하여 환경변화에 신속하게 대응하고 적극적으로 문제를 해결할 수 있는 환경을 조성하는 장점이 있다.

02   정답 ④

신디케이트(Syndicate)는 여러 기업이 출자하여 공동으로 판매조직을 만들고, 각 기업은 경영의 독립성을 유지하면서도 판매 활동만 공동으로 수행하는 기업집중 형태이다.

[오답분석]

① 콘체른(Konzern) : 법률적으로 독립된 각각의 기업이 출자 등을 통해 지배, 종속 관계를 형성하는 기업집중 형태이다.

② 트러스트(Trust) : 시장독점을 위해 기업들이 독립성을 상실하고 합동하는 기업집중 형태이다.

③ 카르텔(Cartel) : 같은 제품을 생산하는 기업들이 시장통제를 위해 서로 가격, 생산량 등을 담합하여 경쟁을 피하는 기업집중 형태이다.

03   정답 ④

베블런 효과는 소비자들이 상품의 효용가치를 고려하지 않고 단지 상품을 통해 자신을 표현하고 타인의 시선을 얻기 위한 심리적 욕구가 작용하는 것을 의미한다.

04   정답 ③

WACC가 높으면 미래현금흐름의 현재가치가 그만큼 낮아지므로 기업가치가 하락하게 된다.

05   정답 ②

당기순이익은 총수익에서 총비용을 빼서 계산하므로 20−10=10억 원이다. 단, 당기 중에 사용된 선수수익과 선급금은 수익과 비용에 반영되어야 하므로, 당기 중에 사용된 선급금(연간 임차료 1억 원)을 총비용에 더하여야 한다. 따라서 A기업의 당기순이익은 20−11=9억 원이다.

06   정답 ③

보수행렬은 2차원으로 표현되기 때문에 3인 이상의 게임에는 적용하기 어렵다.

07 정답 ④

우리나라의 GDP 대비 수출의존도는 다른 선진국에 비해 높은 편으로 수출이 경제성장에 큰 역할을 차지하고 있다.

08 정답 ②

피구세를 도입하면 사회 전체적으로 외부비용이 감소하게 되어 사회적 이익이 증대되는 효과를 얻을 수 있다.

09 정답 ③

(총수요)＝(소비)＋(투자)＋(정부지출)＋(수출)－(수입)이다.
따라서 총수요는 $100,000+40,000+30,000+150,000-100,000=220,000$원이다.

10 정답 ④

확실성 등가(Certainty Equivalent)는 불확실한 상황에서 기대효용과 동일한 효용을 가져다주는 확실한 금액을 의미한다. 보험에 가입해 받는 보험금은 확실성 등가가 아니라 특정 사건이 발생했을 때 지급되는 금액이므로 적절하지 않은 예시이다. 한편 보험료 (프리미엄)는 확실성 등가와 기대값의 차이, 즉 위험 프리미엄의 예시로 적절하다.

01	02	03		
16	3	1.2		

01　정답　16

PER은 주가를 주당순이익으로 나눈 값이다. A기업의 주당순이익은 20억 원÷400만 주=500원이므로 A기업의 PER은 8,000÷500=16이다.

02　정답　3

㉠ 마샬 – 러너 조건은 환율이 절하될 때 무역수지가 개선되기 위해서는 수출 증가와 수입 감소(수출과 수입의 가격 탄력성의 합)가 환율 절하율보다 커야 한다는 조건이다.

㉡ J커브 효과는 환율 절하 직후에는 무역수지가 일시적으로 악화되지만, 시간이 지나면서 수출 증가와 수입 감소로 무역수지가 개선되는 현상을 의미한다.

㉢ 마샬 – 러너 조건을 도출할 때는 수출과 수입의 수요 탄력성이 일정하다는 가정을 전제로 한다.

따라서 마샬 – 러너 조건에 대한 설명으로 옳은 것은 3개이다.

[오답분석]

㉣ 마샬 – 러너 조건에 따르면 두 나라의 수입(또는 수출) 수요 탄력성의 합이 1보다 커야 환율 절하가 무역수지 개선으로 이어진다. 1보다 작으면 오히려 무역수지가 악화된다.

03　정답　1.2

자본자산가격결정모형(CAPM) 공식을 통해 해당 주식의 베타(β) 값을 구하면 다음과 같다.

$E(r_a)=r_f+\beta\times[E(r_m)-r_f]$

$10.2=3+\beta\times(9-3)$

$\rightarrow 7.2=\beta\times6$

$\rightarrow \beta=\dfrac{7.2}{6}$

$\therefore \beta=1.2$

따라서 A기업의 베타 값은 1.2이다.

01	02	03	04	05	06	07	08		
④	①	③	①	④	①	④	①		

01　정답　④

K-Means 알고리즘은 각 군집을 중심점(Centroid)으로부터의 거리 기준(유클리드 거리 등)으로 할당하기 때문에 데이터의 군집이 원형(구형, Spherical)에 가까울수록 좋은 성능을 보인다. 중심점 기반이므로 반달 모양 등 복잡하게 휘어진 형태의 군집에서는 군집화 성능이 떨어질 수 있으며, 기본적으로 군집의 모양이 원형에 가까울 것을 전제로 한다.

02　정답　①

모멘텀 값이 1에 가까우면 진동이 커질 수 있으므로, 일반적으로 0.9 정도로 설정한다.

오답분석

② 모멘텀은 진동을 줄이고, 평탄한 방향으로 더 빠르게 이동할 수 있게 하여 수렴 속도와 안정성을 높여준다.
③ 모멘텀 계수는 이전 단계의 기울기를 얼마나 반영할지 결정하는 하이퍼파라미터이다.
④ 모멘텀을 적용하면 관성 효과로 인해 작은 지역 최솟값(Local Minimum)을 탈출할 가능성이 높아진다.

03　정답　③

FCFS는 가장 먼저 도착한 프로세스를 먼저 처리하는 비선점형 스케줄링이다.

04　정답　①

LEFT JOIN은 왼쪽 테이블의 모든 행을 포함하고, 오른쪽 테이블에서 조건에 맞는 행을 결합한다. 오른쪽 테이블에 일치하는 행이 없으면 NULL로 채워진다.

05　정답　④

순입력은 $(1×0.5)+(0×0.3)+(-0.2)=0.3>0$이므로 계단함수의 출력값은 1이다.

06　정답　①

파이썬에서 튜플의 +연산은 두 튜플을 이어붙이는 연산이다.

07　정답　④

오답분석

① 데이터링크계층까지는 맞으나 응용계층이 포함되어 있지 않다.
②·③ 계층에 맞지 않은 전송단위를 나열하고 있다.

08　정답　①

C언어에서는 인자가 값으로 전달된다. main에서의 n은 5인데 func(n)을 호출하면 n의 값이 복사되어 x에 들어간다. 원본 n은 그대로 5이므로 5가 출력된다.

| 디지털 – 주관식 |

01	02			
3	10			

01　정답　3

입력값과 가중치의 곱의 합을 계산하면 $(1 \times 1) + (2 \times 1) = 1 + 2 = 3$이며, 편향이 0이므로 최종 출력값은 3이다.

02　정답　10

이중포인터 **pp는 포인터 *p의 주소를 저장하고, *p는 변수 a의 주소를 저장한다. 따라서 **pp는 a의 값을 참조하며, 출력 결과는 10이다.

01　NCS 직업기초능력

01	02	03	04	05	06	07	08	09	10	11	12	13	14	15	16	17
④	②	③	②	④	②	③	④	④	①	②	①	③	①	③	③	③

01　정답　④

세 번째 문단의 마지막 부분에 따르면 일부 기관에서 비대면 화상 면담 시스템을 도입하여 신청자의 편의성을 높이고 있다고 하였으므로 적절하다.

오답분석

① 두 번째 문단에서 최근에 신용점수 외에도 LTI, DTI 등 다양한 대안적 지표를 활용한다고 하였으므로 적절하지 않다.
② 네 번째 문단에서 일부 금융기관에서 대출 거절 시 그 이유를 상세히 설명하고 개선 방안을 제시하고 있다고 하였으므로 모든 금융기관에서 서비스를 제공하고 있지는 않다.
③ 마지막 문단에서 ESG 요소를 대출심사에 반영하는 것은 기업의 지속가능성과 사회적 책임을 평가하여 장기적인 리스크를 관리하기 위함이라고 하였으므로 ESG 요소 심사는 대출심사의 객관성을 높이는 요인으로 작용한다.

02　정답　②

세 번째 문단에서 지급준비율의 비율을 높이면 은행의 대출 여력이 줄어들어 통화량이 감소하고, 낮추면 대출 여력이 늘어나 통화량이 증가한다고 하였으므로 ②는 제시문의 내용으로 적절하지 않다. 지급준비율을 높이면 오히려 은행의 대출 여력이 줄어들어 통화량이 감소한다.

03　정답　③

IBK2024특판중금채에서 적용받을 수 있는 최대 금리는 가입기간에 따른 최대 기본금리인 연 3.74%에 최대 우대금리인 연 0.2%p를 더한 연 3.94%이다.

오답분석

① 가입 가능한 계좌 수의 제한은 없으나, 가입 가능한 금액은 계좌당이 아닌 1인당 1백만 원 이상 10억 원 이내이다.
② 법인사업자의 가입은 불가하지만, 외국인 중 거주자의 경우 가입이 가능하다.
④ 최초 상품 가입일에 마케팅을 미동의하였더라도 다른 두 가지 조건 중 하나를 만족한다면 최대 우대금리 혜택을 적용받을 수 있다.

04 정답 ②

개인소득구간이 7,500만 원 이하인 자는 IBK청년도약계좌에 가입은 가능하나, 정부기여금 요건을 살펴보면 개인소득구간이 6,000만 원을 초과한 자는 정부기여금이 미지급된다.

오답분석

① 연간 납입한도는 840만 원이나 월 납입한도는 70만 원이므로, 연간 납입한도가 남아있다 하더라도 익월 납입 가능한 금액은 70만 원까지만 가능하다.
③ 청년희망적금 해지 전에 가입신청은 가능하지만, 계좌개설은 불가능하다.
④ 내국인은 i-ONE 뱅크를 통해 비대면으로 가입신청 및 계좌개설이 가능하다. 하지만 외국인의 경우 가입신청은 i-ONE 뱅크를 통해 비대면으로 가능하고, 계좌개설은 영업점 방문을 통해 대면으로만 가능하다.

05 정답 ④

제시문은 메기 효과에 대한 글이므로 가장 먼저 메기 효과의 기원에 대해 설명한 (마) 문단으로 시작해야 하고 메기 효과의 기원에 대한 과학적인 검증 및 논란에 대한 (라) 문단이 이어지는 것이 적절하다. 이어서 경영학 측면에서의 메기 효과에 대한 내용이 와야 하는데 (다) 문단의 경우 앞의 내용과 뒤의 내용이 상반될 때 쓰는 접속부사인 '그러나'로 시작하므로 (가) 문단이 먼저 오고 (다) 문단이 이어서 오는 것이 적절하다. 마지막으로 메기 효과에 대한 결론인 (나) 문단이 와야 한다. 따라서 (마) - (라) - (가) - (다) - (나) 순으로 나열하는 것이 적절하다.

06 정답 ②

메기 효과는 과학적으로 검증되지 않았지만 적정 수준의 경쟁이 발전을 이룬다는 시사점을 가지고 있다고 하였으므로 낭설에 불과하다는 것은 제시문을 이해한 내용으로 적절하지 않다.

오답분석

① (라) 문단의 거미와 메뚜기 실험에서 죽은 메뚜기로 인해 토양까지 황폐화되었음을 볼 때, 거대기업의 출현은 해당 시장의 생태계까지 파괴할 수 있음을 알 수 있다.
③ (나) 문단에서 성장 동력을 발현시키기 위해서는 규제 등의 방법으로 적정 수준의 경쟁을 유지해야 한다고 서술하고 있다.
④ (가) 문단에서 메기 효과는 한국, 중국 등 고도 경쟁사회에서 널리 사용되고 있다고 서술하고 있다.

07 정답 ③

C대리의 2024년 업무평가 점수는 직전연도 업무평가 점수 89점에서 지각 1회에 따른 5점, 결근 1회에 따른 10점을 제한 74점이다. 따라서 승진 대상에 포함되지 않으므로 그대로 대리일 것이다.

오답분석

① A사원은 근속연수가 3년 미만이므로 승진 대상이 아니다.
② B주임은 출산휴가 35일을 제외하면 근속연수가 3년 미만이므로 승진 대상이 아니다.
④ 승진 대상에 대한 자료이므로 과장은 대리가 될 수 없다.

08 정답 ④

기업 대표이지만 VIP고객이므로 ㄷ, 대출신청을 하였으므로 업무는 Y, 업무내용은 B가 적절하며 접수창구는 VIP실인 OO이 된다.

09 정답 ④

- A, B → 대출상담과 대출신청을 나타내는 코드
- Y → 대부계 업무를 나타내는 코드
- ㄴ → 기업고객을 나타내는 코드
- 04 → 4번 창구를 나타내는 코드

따라서 '대출상담 및 신청 업무로 대부계 4번 창구를 방문한 기업고객'이 옳다.

10 정답 ①

고든법(Gordon Method)은 미국의 심리학자 고든(William J. Gordon)에 의해 고안된 아이디어 발상 기법으로 브레인스토밍과 유사한 발상 기법이지만, 참가자가 주제에 고정관념을 가지고 접근하는 것을 방지하기 위해 진행자가 토론 주제를 명확히 제시하지 않고, 추상화된 키워드를 참가자에게 제시하여 아이디어를 모으는 발상 기법이다. 고든법의 진행 방법은 다음과 같다.

1. 키워드 정하기 : 해결하고자 하는 문제를 추상화시킨 키워드로 참가자에게 제시하고, 진짜 주제는 숨긴다. 이때, 다양한 아이디어의 발상을 위해 참가자는 가급적 다양한 전공의 사람들을 모은다.
2. 자유롭게 발언하기 : 참가자들은 진행자가 제시한 키워드에 대해 자유롭게 아이디어를 제시하고, 제시되는 아이디어에 대한 비판은 하지 않는다. 이때, 진행자는 참가자들의 아이디어를 진짜 주제와 결합시켜 검토한다.
3. 진짜 주제 공개하기 : 적절한 아이디어가 많이 나오면 진행자는 숨겼던 진짜 주제를 발표한다.
4. 아이디어 구체화하기 : 참가자들은 이전에 발언한 아이디어를 모아 발전시켜 진짜 주제에 대한 해결방안을 구체화한다.

11 정답 ②

등산로별 길이, 평균 등산 속도, 평균 소요 시간을 정리하면 다음과 같다.

구분	길이	평균 등산 속도	평균 소요 시간
A	$3.6 \times \dfrac{10}{3} = 12$km	3.6km/h	3시간 20분 $= \dfrac{10}{3}$ 시간
B	16km	3.2km/h	$\dfrac{16}{3.2} = 5$시간
C	14.3km	3.9km/h	$\dfrac{14.3}{3.9}$ 시간 $= \dfrac{11}{3}$ 시간 $=$ 3시간 40분
D	12.35km	3.8km/h	3시간 15분
E	$3.5 \times 3.5 = 12.25$km	3.5km/h	3시간 30분 $=$ 3.5시간

따라서 가장 짧은 등산로는 A이고, 평균 소요 시간이 가장 짧은 등산로는 D이다.

12   정답 ①

조건에 따라 앉을 수 있는 자리를 나타내면 다음과 같다.

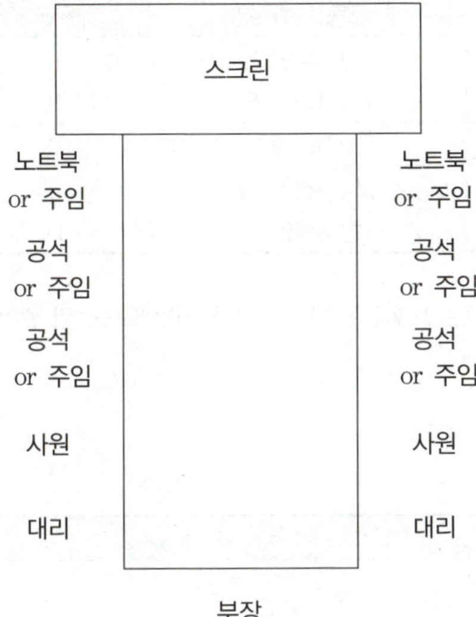

첫 번째 조건에 의해 부장의 자리는 스크린 맞은편 자리로 항상 고정되어 있고, 두 번째 조건에 의해 노트북을 연결할 수 있는 자리는 2개이다. 세 번째 조건에 의해 대리가 부장과 가장 가까운 자리에 앉을 수 있는 경우의 수는 2가지이며, 네 번째 조건에 의해 대리 2명 모두 옆 자리에 앉을 수 있는 사람은 사원 1명뿐으로 사원이 앉을 수 있는 경우의 수는 2가지이다. 남은 5자리에 주임 3명이 앉을 수 있는 경우의 수는 $_5\mathrm{P}_3 = 60$가지이다.

따라서 자리에 앉을 수 있는 경우의 수는 $1 \times 2 \times 2 \times 2 \times 60 = 480$가지이다.

13   정답 ③

- 내부 압력이 5MPa 이상 10MPa 미만인 산소 실린더의 개수는 3개, 5MPa 미만인 산소 실린더의 개수는 2개이다.
- 내부 압력이 3MPa 미만인 헬륨 실린더의 개수는 2개이다.
- 내부 압력이 10MPa 이상 20MPa 미만인 질소 실린더의 개수는 1개, 10MPa 미만인 질소 실린더의 개수는 4개이다.

충전 및 교체 후 검사에 필요한 비용의 합을 구하는 식은 다음과 같다.

$\{(12,000 \times 3) + (350,000 \times 2) + (20,000 \times 5)\} + \{(650,000 \times 2) + (20,000 \times 2)\} + \{(10,000 \times 1) + (300,000 \times 4) + (20,000 \times 5)\}$

$= (36,000 + 700,000 + 100,000) + (1,300,000 + 40,000) + (10,000 + 1,200,000 + 100,000)$

$= 3,486,000$원

따라서 충전 및 교체 후 검사에 필요한 비용은 총 3,486,000원이다.

14   정답 ①

실험을 진행하며 일요일 실험 후에 남아있는 에탄올 병의 수량은 다음과 같다.

18병(1주 차 실험 전) → 10병(1주 차) → 2병(2주 차) → 50병(3주 차 실험 전) → 42병(3주 차) → 34병(4주 차) → 26병(5주 차) → 18병(6주 차) → 10병(7주 차) → …

6주 차 실험마다 남아있는 에탄올 병의 개수가 같다.

따라서 1주 차, 7주 차, 13주 차, 19주 차 실험 종료 후 남아있는 에탄올 병은 10병이므로 20주 차 실험 종료 후 에탄올을 주문하기 전 남아있는 에탄올 병의 수량은 2병이다.

15 　정답 ③

직원 5명의 자동차 판매 대수 및 자동차 판매 총액에 따른 등급은 다음과 같다.

구분	자동차 판매 대수	등급	자동차 판매 총액	등급
권○○	7대	A	9천 6백만 원	C
김○○	12대	A$^+$	1억 4천만 원	B
류○○	4대	C	9천만 원	C
오○○	6대	B	2억 2천만 원	A
표○○	1대	D	4천 8백만 원	D

성과급 지급 조건을 만족하는 직원은 김○○, 오○○이다.
김○○이 받는 성과급은 1억 4천만 원×0.02=280만 원이고, 오○○이 받는 성과급은 2억 2천만 원×0.03=660만 원이다.
따라서 직원들이 받는 성과급의 합은 280+660=940만 원이다.

16 　정답 ③

a	n
1	$\dfrac{5}{4}$
$1\times2+2=4$	$\dfrac{5}{4}+1=\dfrac{9}{4}$
$4\times2+2=10$	$\dfrac{9}{4}+2=\dfrac{17}{4}$
$10\times2+2=22$	$\dfrac{17}{4}+4=\dfrac{33}{4}$
$22\times2+2=46$	$\dfrac{33}{4}+8=\dfrac{65}{4}$

$\therefore \dfrac{65}{4}\times4=65$

17 　정답 ③

인증서 인증 과정을 거치지 못하였을 때, [4번 알림창]이 출력된다.

오답분석
① 수취 계좌가 존재하지 않을 때, [2번 알림창]이 출력된다.
② 이체 한도를 초과하였을 때, [3번 알림창]이 출력된다.
④ 은행 업무 시간이 아닐 때, [1번 알림창]이 출력된다.

| 금융일반 – 객관식 |

01	02	03	04	05	06	07	08	09	10
④	①	③	④	③	④	③	①	④	③

01 　정답　④

완전보완재 무차별곡선에서는 소비자의 선호도로 인해 재화의 대체가 발생하지 않기 때문에 한계대체율을 정의할 수 없다. 반면, 완전대체재 무차별곡선의 경우 우하향하는 직선의 형태를 띠어 한계대체율이 일정하다.

오답분석

① 완전보완재는 두 재화가 일정한 비율로 소비되는 경우이므로 L자형의 그래프를 나타낸다.
② 완전보완재는 두 재화가 일정한 비율로 소비되는 경우이므로 효용을 높이기 위해서는 두 재화의 소비량을 일정한 비율로 증가시켜야 한다.
③ 완전보완재 무차별곡선에서는 한 재화의 소비량을 늘려도 다른 재화의 부족을 보완할 수 없다. 이는 소비자의 선호도가 두 재화 사이의 대체를 허용하지 않음을 의미한다.

02 　정답　①

주가배수모형은 기업의 가치를 평가하는 상대가치평가법의 일종으로 PER, PBR, PSR, PCR 등이 있다.
반면, 고든의 성장모형은 주식의 내재가치를 평가하는 방법으로 회사의 배당금이 미래에 일정한 비율로 증가할 것으로 가정한다.

오답분석

② PER(Price to Earning Ratio, 주가수익비율) : 주가를 주당순이익으로 나눈 값으로 기업의 수익성과 주가의 관계를 나타낸다.
③ PBR(Price to Book Ratio, 주가순자산비율) : 주가를 주당순자산으로 나눈 값으로 기업의 자산 가치 대비 주가 수준을 나타낸다.
④ PSR(Price to Sales Ratio, 주가매출액비율) : 주가를 주당매출액으로 나눈 값으로 기업의 매출액 대비 주가 수준을 나타낸다.

03 　정답　③

C재화는 배제성은 있으나 경합성은 없는 재화로, 유료 인터넷 등과 같이 요금을 지불함으로써 배제성은 있으나 재화를 사용하여 다른 사람의 소비에 영향을 미치지 않아 비경합성을 가진다.

오답분석

① A재화에는 일상에서 소비하는 쌀, 과일 등 대부분의 재화가 해당한다.
② 무료도로이므로 배제성은 없으나 이용자가 몰리면서 경합성을 나타낸다.
④ 국방서비스, 막히지 않는 무료도로 등은 공공재로써 비경합성, 비배제성을 나타낸다.

04 　정답　④

총잉여는 관세수입에서 소비자 잉여손실을 차감한 값이므로 총잉여는 20이다. 대국이 관세를 부과하여 소비자 잉여손실이 발생하더라도 더 큰 관세수입을 얻을 수 있기 때문에 대국이 수입품에 대한 관세 부과를 지속하는 요인으로 작용한다.

05 정답 ③

원 – 달러 환율이 상승할 경우 원유, 원자재 등 중간재의 수입가격이 상승하여 국내기업의 생산비용 부담이 늘어나게 된다.

[오답분석]
① 원 – 달러 환율이 하락할 경우 원화가치가 상승함에 따라 수출기업이 얻는 원화로 환전하여 얻는 수입이 그만큼 줄어들게 된다.
② 원 – 달러 환율이 하락할 경우 원화가치 상승으로 수출제품 가격이 상승하는 효과로 이어져 수출이 감소하게 된다.
④ 원 – 엔 환율이 상승할 경우 우리나라 제품의 수출경쟁력이 강화되어 무역수지 적자가 축소된다.

06 정답 ④

옵션 프리미엄은 내재가치와 시간가치의 합이다.

[오답분석]
② 금, 은, 원유, 곡물 등이 상품옵션의 기초자산이 된다.
③ 주식, 채권, 통화, 주가지수 등이 금융옵션의 기초자산이 된다.

07 정답 ③

인플레이션이 1%p 올랐을 경우 명목이자율은 1%p 이상으로 올려야 한다. 인플레이션이 오르면 인플레이션 압력을 줄이는 것이 필요하고, 이에 따라 명목이자율을 인플레이션 상승률보다 더 올려 실질이자율을 높이는 긴축적 통화정책을 시행하게 된다.

[오답분석]
① 테일러 준칙은 중앙은행이 설정하는 명목이자율의 기준이 되며, 정책금리를 변경하는 데 사용되는 이론적 근거를 제공한다.
② 테일러 준칙은 인플레이션율, 잠재산출량 등을 고려하여 명목이자율을 설정한다.
④ 인플레이션과 산출량이 목표치보다 높은 수준인 경우 고금리 정책(긴축적 통화정책)을 권장한다.

08 정답 ①

정률법에 의한 감가상각비는 취득원가에서 기초감가상각누계액을 차감한 값에 상각률을 곱하여 구한다.
따라서 (1억 원－4,000만 원)×5%＝300만 원이다.

09 정답 ④

명목 GDP는 해당 연도의 가격과 생산량을 각각 곱한 값이다.
연도별 명목 GDP를 계산하면 다음과 같다.
• 2021년 : $(50\times100)+(20\times200)=5,000+4,000=9,000$만 원
• 2022년 : $(80\times150)+(30\times200)=12,000+6,000=18,000$만 원
• 2023년 : $(100\times200)+(40\times300)=20,000+12,000=32,000$만 원
따라서 2021 ~ 2023년 명목 GDP의 합은 $9,000+18,000+32,000=59,000$만 원, 즉 5억 9,000만 원이다.

10 정답 ③

실질 GDP는 기준연도(2021년)의 가격에 해당 연도의 생산량을 곱한 값이다.
따라서 2023년 실질 GDP는 (50만 원×200대)+(20만 원×300대)＝1억 6,000만 원이다.

01	02	03		
150	70,000	©, @		

01 정답 150

국내 GDP 증가액은 정부지출승수와 정부지출증가액의 곱으로 구할 수 있으며, 정부지출승수는 $1 \div (1 - 한계소비성향)$으로 구할 수 있다. 정부지출승수는 $1 \div (1 - 0.8) = 5$, 정부지출증가액은 30조 원이므로 국내 GDP 증가액은 $5 \times 30 = 150$조 원이다.

02 정답 70,000

(공헌이익)=(매출액)-(변동비용)
→ (매출액)=(공헌이익)+(변동비용)
→ $60,000 + 10,000 = 70,000$
따라서 매출액은 70,000원이다.

03 정답 ©, @

© 래퍼 곡선은 적정세율에서 최대 조세수입을 보이는 포물선 형태를 띠고 있으므로, 세율이 적정세율에 가까울수록 조세수입의 변화율이 작아 그래프가 완만하다.
@ 래퍼 곡선은 적정세율까지는 세율을 인상할수록 조세수입이 증가하나, 적정세율을 초과하는 순간부터 과세대상이 세율이 낮은 타 조세권역으로 이탈하여 과세대상의 감소에 따라 세수가 감소한다는 것을 나타내는 곡선이다.

오답분석
㉠ 래퍼 곡선에 따르면 적정세율을 초과하면 세수가 감소하기 시작한다.
㉡ 적정세율 이하의 세율 구간에서는 세율을 인상할수록 조세수입이 증가한다.

01	02	03	04	05	06	07	08	09	10
④	①	④	①	④	①	①	④	②	③

01 정답 ④

리눅스 권한 허가권 변경 명령어는 다음과 같다.

대상	권한 부여 여부	권한 기능
u : 소유자 g : 소유자 그룹 o : 기타 사용자 a : 전체 사용자	+ : 권한 추가 − : 권한 삭제 = : 권한 설정	r : 읽기 w : 쓰기 x : 실행

사용 예시	chmod o−w 파일 (※ 확장자까지 작성)	의미	기타 사용자에게 '파일'의 쓰기 권한을 삭제한다.

따라서 g는 사용자 허가권이 아닌 '소유자 그룹'을 나타낸다.

02 정답 ①

'chmod 755'는 소유자에게 읽기, 쓰기, 실행 권한을 주고 그룹 및 기타 사용자에게는 읽기와 실행 권한만 부여한다.

chmod의 의미

'chmod'는 chmod의 파일이나 디렉토리의 권한을 변경하는 데 사용하는 명령어로 기호 모드와 숫자 모드가 있다.
숫자 모드의 경우 뒤 세 자리 수의 각 자리에 대한 의미는 다음과 같다.

구분	첫째 자리			둘째 자리			셋째 자리		
대상	소유자			그룹			기타 사용자		
기능	r	w	x	r	w	x	r	w	x
	4	2	1	4	2	1	4	2	1
	4+2+1=7			4+1=5			1		

각 대상에게 부여하는 권한은 읽기(r), 쓰기(w), 실행(x)이며, 각각 4, 2, 1 숫자에 대응시켜 기능에 대응되는 숫자의 합으로 권한을 결정한다.
예컨대 'chmod 751'은 소유자는 모든 권한이 있고, 그룹은 읽기, 실행 권한이 있으며, 기타 사용자는 실행 권한만 있다.

03 정답 ④

a와 b의 값을 텍스트로 정리하고, 합 연산자 '+'로 더하여 출력하므로 두 텍스트를 붙인 '57'이 출력된다.

04 정답 ①

현재 이용되는 IP 주소는 IPv4 버전으로 32비트로 이루어져 있다. IPv6는 IPv4(Internet Protocol Version 4)의 차세대 버전이며, IP 주소 공간을 128비트로 늘려, 망 확장성이 더욱 향상된 것이 특징이다.

05 정답 ④

SQL에서 테이블 구조를 정의, 변경, 제거하는 데이터 정의어(DDL)는 다음과 같다.
• 생성 : CREATE TABLE
• 변경 : ALTER TABLE
• 제거 : DROP TABLE

06 정답 ①

DBMS의 필수 기능은 다음과 같다.
• 조작 기능 : 사용자와 데이터베이스 사이의 인터페이스를 위한 수단을 제공
• 제어 기능 : 데이터의 정확성과 보안성을 유지하기 위한 무결성, 보안 및 권한 검사, 병행 제어 등의 기능을 정의
• 정의 기능 : 논리적 구조와 물리적 구조 사이의 사상(Mapping) 표현

[오답분석]
② 정의 기능에 해당한다.
③ · ④ 제어 기능에 해당한다.

07 정답 ①

문자열은 변경할 수 없는 자료형이므로, string 변수는 변경되는 것 없이 초깃값 그대로 출력된다.

08 정답 ④

데크(Deque)는 양끝의 어느 쪽에서든 데이터의 삽입과 삭제가 가능한 자료 구조이다. 입력 제한 데크는 입력이 한쪽 끝에서만 수행되는 형태로 스크롤(Scroll)이라고 하며, 출력 제한 데크는 출력이 한쪽 끝에서만 수행되는 형태로 셸프(Shelf)라 한다.

09 정답 ②

LIFO 구조는 다음과 같다.

		B			
	A	A	A+B		
C	C	C	C	(A+B) * C	
Z	Z	Z	Z	Z	Z
PUSH C	PUSH A	PUSH B	ADD	MUL	POP

피연산자를 POP하여 더한 후 PUSH	피연산자를 POP하여 곱한 후 PUSH

10 정답 ③

Java(자바)에서는 Queue(큐)를 LinkedList를 활용하여 생성하므로 'Queue⟨Integer⟩ queue＝new LinkedList⟨Integer⟩( );'로 선언하여 큐를 구현할 수 있다.

01	02			
A B D E C	33			

01   정답   A B D E C

전위 순회는 가장 상위 노드부터 가장 왼쪽 하위 노드(가장 왼쪽 루트)까지 순서대로 탐색하고 그다음으로 오른쪽에 있는 노드를 순차적으로 탐색하는 순회를 말한다.

가장 상위에 있는 A를 먼저 탐색 후 그다음 가장 왼쪽 하위 노드인 B를 탐색한다. 이후 B의 가장 왼쪽 하위 노드인 D를 탐색하고 D의 하위 노드가 없으므로 B의 그다음 오른쪽 하위 노드인 E를 탐색한다. 이후 E의 하위 노드가 없으므로 A의 그다음 하위 노드인 C를 탐색한다.

따라서 탐색 순서는 'A – B – D – E – C'이다.

02   정답   33

후입선출(Last In First Out)은 나중에 들어온 것이 먼저 나가는 형태이다.

제시된 일련번호 순서대로 물품을 입력하고 출력하는 과정을 정리하면 다음과 같다.

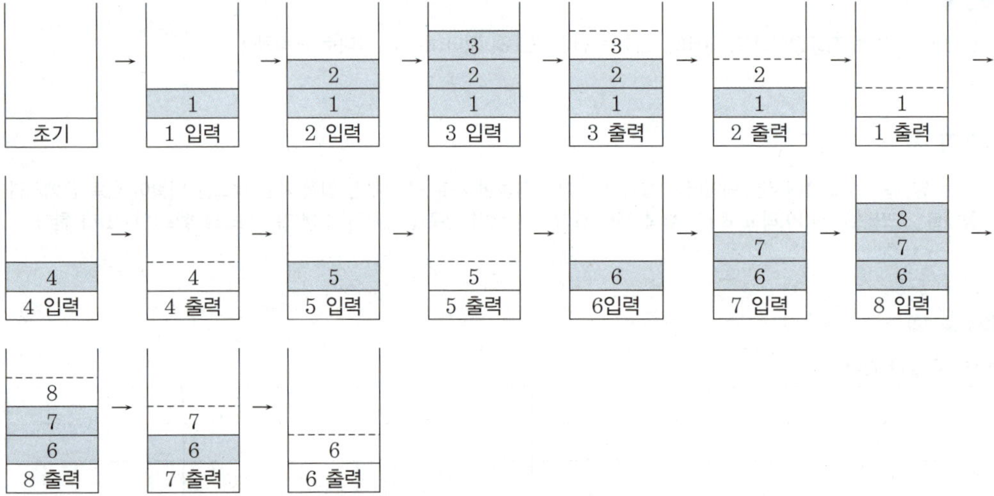

따라서 A=3, B=4, C=4, D=6, E=8, F=8이므로 A+B+C+D+E+F=3+4+4+6+8+8=33이다.

01 NCS 직업기초능력

01	02	03	04	05	06	07	08	09	10	11	12	13	14	15	16	17	18	19	20
③	②	③	④	④	④	③	③	①	②	②	③	②	③	①	②	④	④	③	④
21	22	23																	
②	③	④																	

01 정답 ③

물품 선적일 및 수령일로부터 최대 90일 이내에 대출 실행이 가능하며 그 기간은 최대 180일이다.

오답분석

① 유동성이란 기업이 시장에서 필요한 자금을 공급할 수 있는 정도를 말한다. 첫 번째 문단의 '수출 중소기업이 자산이나 채권을 손해 없이 현금화할 수 있도록 지원하기 위해 해당 상품을 도입'했다는 내용을 통해 확인할 수 있다.
② 두 번째 문단의 '단일의 보증서로 수출채권을 매입할 수 있어'라는 내용을 통해 알 수 있다.
④ 기업은 한국무역보험공사에서 공개한 보증 한도 내용을 통해 대략적인 예상 한도를 파악할 수 있다.

02 정답 ②

해당 상품은 계좌 개설일로부터 최대 3년까지만 가입금액에 따라 이자가 차등 지급된다.

오답분석

① 생애 최초 창업이 아닌 해당 창업을 개시한 지 1년 이내인 사업자에 한해 가입 가능한 상품이다.
③ '가입대상' 항목에 따르면 사업자번호별 1개 계좌만 가입이 가능하다고 하였다. 따라서 한 사업자가 여러 개의 사업자번호를 가지고 있다면, 그 개수에 맞는 계좌 수만큼 가입이 가능하다.
④ 5백만 원을 초과하는 금액에 대해서는 기본금리인 연 0.1%의 금리가 적용된다.

03 정답 ③

제시문의 첫 번째 문단은 '글로벌 최저한세 제도'에 대해 언급하고 있다. 그러므로 다음 이어질 내용으로 가장 적절한 문단은 글로벌 최저한세 제도에 대해 설명하는 (다) 문단이며, 구체적으로 해당 제도가 적용되는 대상이 누구인지를 제시하는 (가) 문단이 그다음으로 이어져야 한다. 마지막으로 이 제도의 예외사항을 언급하는 (나) 문단이 가장 마지막에 와야 한다. 따라서 (다) – (가) – (나) 순으로 나열하는 것이 적절하다.

04 정답 ④

마지막 문단에 따르면 전체 은행권의 계약 취소 환불액 중 49.3%가 인터넷 전문은행 3사에서 발생한 것이므로 전체 취소 환불액 중 절반 미만이다.

① 청약철회권은 금융사의 상품 중 예금성 상품을 제외한 모든 상품에 적용되는 권한이다.
② 두 번째 문단에서 '소비자들이 금융사들로부터 해당 상품에 대한 충분한 설명이나 정보를 제공받지 못해 뒤늦게 계약을 취소한 것으로 판단되고 있다.'는 내용을 통해 유추할 수 있다.
③ 세 번째 문단의 '3년 3개월 동안의 청약철회 신청은 모두 받아들여졌다.'라는 내용을 통해 유추할 수 있다.

05 정답 ④

교육시스템 항목을 보면 부서자체교육은 분기별 1회, 집합교육은 반기별 1회를 받는다고 되어있으며, 그 외 교육은 수시로 진행된다고 하였다. 따라서 법위반 가능성이 높은 부서 임직원이 연간 받는 정기 교육 횟수는 부서자체교육 4회와 집합교육 2회로 총 6회이다.

① 자사의 거래조건을 협력회사가 원하지 않을 경우 거래를 강제하지 않아야 할 뿐, 협력회사가 원하는 방향으로 거래조건을 수정할 필요는 없다.
② 고객 입장에서 혼란을 줄 수 있는 정보는 기재를 하지 않는 것이 아닌 바르게 전달할 수 있어야 한다.
③ 경쟁사 고객을 자사의 상품을 이용하도록 유인하는 것은 가능하나, 부당한 방법을 사용해서는 안 된다.

06 정답 ④

교육시스템에 따르면 실무 관련 의문점이 발생 시에는 상담을 통해 처리방향을 지도받는 것이 적절하나, 공정거래 위반이 의심될 때에는 집합교육을 통해 처리방향을 지도받아야 한다.

① 협력회사에 대한 원칙의 두 번째 항목에 따르면 협력회사에 부당하게 유리 또는 불리한 취급을 하거나 경제상 이익을 요구하지 않는다고 하였으므로 제시문과 일치하는 내용이다.
② 협력회사에 대한 원칙의 네 번째 항목에 따르면 협력회사의 기술, 지적재산권을 부당하게 요구하거나 침해하지 않는다고 하였으므로 제시문과 일치하는 내용이다.
③ 경쟁사에 대한 원칙의 세 번째 항목에 따르면 담합하지 않는다고 하였으므로 제시문과 일치하는 내용이다.

07 정답 ③

C는 자녀가 없는 예비신혼부부이므로 신혼부부Ⅰ·Ⅱ 유형에서 우선순위 2순위에 해당한다.

① A는 만 6세 이하 자녀가 있는 한부모가족이므로 모든 유형에서 우선순위 1순위에 해당한다.
② B는 고령자이므로 기존주택 유형에서 우선순위 1순위에 해당한다.
④ D는 만 6세 이하 자녀가 있는 혼인가구이므로 신혼부부Ⅰ·Ⅱ 유형에서 우선순위 3순위에 해당한다.

08 정답 ③

제시된 정보에서 총자산가액은 자산기준인 2억 4,100만 원을 초과하였으므로 신청자격이 주어지지 않는다.

① 한부모가족이 아니더라도 다양한 신청자격이 존재한다.
② 월평균소득은 4인 가구 월평균소득의 50% 기준인 4,124,234원 이하이므로 기존주택 유형의 2순위 기준은 갖추어졌다.
④ 자동차를 보유하지 않았다면 해당 항목은 자산 산정에서 제외한다고 하였다.

09   정답 ①

2월 16일에 A ~ D가 근무한 시간은 각각 다음과 같다.
- A : $(40 \times 2) - (7+10+9+8+10+6+5+8+7) = 80-70 = 10$시간
- B : $(40 \times 2) - (5+6+7+7+9+12+10+10+9) = 80-75 = 5$시간
- C : $(40 \times 2) - (8+7+7+7+11+10+9+10+5) = 80-74 = 6$시간
- D : $(40 \times 2) - (6+6+10+9+8+7+8+6+9) = 80-69 = 11$시간

따라서 2월 16일에 근무 시간이 두 번째로 긴 사람은 A이다.

10   정답 ②

E의 근무시간은 9시간이므로 오전 11시부터 오후 1시까지, 오후 2시부터 오후 9시까지 근무해야 한다. 이때, 오후 6시를 초과하여 근무한 시간은 3시간이고, E의 통상시급은 $\{275+20+(144 \div 12)\} \div 209 \doteqdot 14,689$원이다.

따라서 E가 받게 되는 초과근무수당은 $14,689 \times 1.5 \times 3 \doteqdot 66,101$원이다.

11   정답 ②

판매 차량의 항목별 점수를 산정하면 다음과 같다.

(단위 : 점)

구분	연비	가격	배기가스 배출량	고객만족도	승차감	합계
L	18.4	$20-0.1 \times \dfrac{3,900-2,000}{100} = 18.1$	$20-0.2 \times (151-100) = 9.8$	12.5	15	73.8
R	20	$20-0.1 \times \dfrac{4,000-2,000}{100} = 18$	$20-0.2 \times (132-100) = 13.6$	20	12.5	84.1
S	17.6	$20-0.1 \times \dfrac{3,700-2,000}{100} = 18.3$	20	15	20	90.9
T	13.9	20	$20-0.2 \times (182-100) = 3.6$	10	7.5	55

따라서 합산 점수가 높은 순서대로 나열하면 S $-$ R $-$ L $-$ T이다.

12   정답 ③

수정한 산정 방식으로 항목별 점수를 산정하면 다음과 같다.

(단위 : 점)

구분	연비	배기가스 배출량	고객만족도	승차감	합계
L	$18.4 \times 2 = 36.8$	$20-0.2 \times (151-100) = 9.8$	7	25	78.6
R	40	$20-0.2 \times (132-100) = 13.6$	10	22.5	86.1
S	$17.6 \times 2 = 35.2$	20	8	30	93.2
T	$13.9 \times 2 = 27.8$	$20-0.2 \times (182-100) = 3.6$	6	17.5	54.9

따라서 A씨가 구입해야 하는 차량은 S모델이다.

13   정답 ②

버스별 이동경로에 따른 이동거리는 다음과 같다.
- A4876 : $16+8+4+8 = 36$km
- A5013 : $8+12+4+8 = 32$km
- B3679 : $8+8+4+8 = 28$km
- B8005 : $12+4+4+8 = 28$km

따라서 가장 짧은 이동거리는 B3679버스 또는 B8005버스를 탈 때이고, 거리는 28km이다.

14　정답 ③

버스별 이동경비를 계산하면 다음과 같다.

버스명	기본운임	이동거리	추가비용	이동경비
A4876	2,000원	36km	$500 \times (36-25) = 5,500$원	$2,000 + 5,500 = 7,500$원
A5013	3,000원	32km	$1,000 \times (32-30) = 2,000$원	$3,000 + 2,000 = 5,000$원
B3679	3,000원	28km	$1,000 \times (28-25) = 3,000$원	$3,000 + 3,000 = 6,000$원
B8005	4,000원	28km	$500 \times (28-25) = 1,500$원	$4,000 + 1,500 = 5,500$원

따라서 가장 적은 이동경비는 A5013버스를 탈 때이고, 비용은 5,000원이다.

15　정답 ①

버스별 이동경로에 따른 이동시간은 다음과 같다.
- A4876 : $28+12+8+12 = 60$분
- A5013 : $18+22+10+12 = 62$분
- B3679 : $18+20+8+20 = 66$분
- B8005 : $28+12+8+20 = 68$분

따라서 이동시간이 가장 짧은 버스는 A4876이다.

16　정답 ②

기본운임은 같으므로 각 과일의 수확한 총무게와 운반 거리에 따른 추가 운임을 비교한다. 각 과일의 추가 운임은 다음과 같다.

구분	사과	귤	배	토마토
총무게	$0.25 \times 2,000$ $=500$kg$=0.5$t	$0.005 \times 700,000$ $=3,500$kg$=3.5$t	$0.75 \times 4,000$ $=3,000$kg$=3$t	$0.2 \times 7,500$ $=1,500$kg$=1.5$t
추가 운임	0원	120,000원	100,000원	40,000원
운반 거리	75km	30km	40km	60km
추가 운임	60,000원	10,000원	20,000원	40,000원
총운임	60,000원	$120,000+10,000$ $=130,000$원	$100,000+20,000$ $=120,000$원	$40,000+40,000$ $=80,000$원

따라서 총운임이 가장 많은 과일은 귤이다.

17　정답 ④

O사 직원의 근속연수와 급여이체 실적에 따른 우대금리는 다음과 같다.

직원	근속연수	우대금리	직원	근속연수	우대금리
A	4년	$0.5+1 = 1.5$%p	G	8년	$0.8+1 = 1.8$%p
B	17년	$1.2+1 = 2.2$%p	H	8년	$0.8+1 = 1.8$%p
C	9년	$0.8+1 = 1.8$%p	I	20년	$1.2+1 = 2.2$%p
D	25년	$1.2+1 = 2.2$%p	J	1년	$0.5+1 = 1.5$%p
E	3년	$0.5+1 = 1.5$%p	K	13년	$1+1 = 2$%p
F	1년	$0.5+1 = 1.5$%p	L	12년	$1+1 = 2$%p

따라서 만기 시 평균 적용 금리는 $3.5 + \dfrac{1.5+2.2+1.8+2.2+1.5+1.5+1.8+1.8+2.2+1.5+2+2}{12} ≒ 3.5 + 1.83 = 5.33\%$이다.

18 정답 ④

2019 ~ 2023년의 연도별 인터넷뱅킹 대출 이용 실적 건수당 대출 금액은 다음과 같다.

- 2019년 : $\dfrac{487}{0.1}=4,870$억 원/만 건

- 2020년 : $\dfrac{1,137}{0.3}=3,790$억 원/만 건

- 2021년 : $\dfrac{1,768}{0.5}=3,536$억 원/만 건

- 2022년 : $\dfrac{2,394}{0.7}=3,420$억 원/만 건

- 2023년 : $\dfrac{2,763}{0.9}=3,070$억 원/만 건

따라서 2020 ~ 2023년 동안 전년 대비 인터넷뱅킹 대출 이용 실적 건수당 대출 금액은 매년 감소하였다.

[오답분석]

① 2020 ~ 2023년 동안 전체 인터넷뱅킹 이용 실적은 매년 증가하였고, 전체 인터넷뱅킹 이용 금액 또한 매년 증가하였다.

② 2019 ~ 2023년 동안 전체 인터넷뱅킹 이용 실적과 모바일뱅킹 이용 실적의 관계는 다음과 같다.

- 2019년 : $248 \times 0.7 = 173.6 < 177$
- 2020년 : $260 \times 0.7 = 182 < 190$
- 2021년 : $278 \times 0.7 = 194.6 < 214$
- 2022년 : $300 \times 0.7 = 210 < 238$
- 2023년 : $334 \times 0.7 = 233.8 < 272$

따라서 2019 ~ 2023년 동안 전체 인터넷뱅킹 이용 실적 중 모바일뱅킹 이용 실적은 매년 70% 이상이었다.

③ 2019 ~ 2023년 동안 전체 인터넷뱅킹 이용 금액과 모바일뱅킹 이용 금액의 관계는 다음과 같다.

- 2019년 : $96,164 \times 0.3 = 28,849.2 > 19,330$
- 2020년 : $121,535 \times 0.3 = 36,460.5 > 27,710$
- 2021년 : $167,213 \times 0.3 = 50,163.9 > 40,633$
- 2022년 : $171,762 \times 0.3 = 51,528.6 > 44,658$
- 2023년 : $197,914 \times 0.3 = 59,374.2 > 57,395$

따라서 2019 ~ 2023년 동안 전체 인터넷뱅킹 이용 금액 중 모바일뱅킹 이용 금액은 매년 30% 미만이었다.

19 정답 ③

월별 엔/위안 값은 월별 (중국의 1위안 환율)÷(일본의 1엔 환율)로 계산한다.
- 2023년 7월 : (188원/위안)÷(9.27원/엔)≒20.3엔/위안
- 2023년 8월 : (191원/위안)÷(9.3/원/엔)≒20.5엔/위안
- 2023년 9월 : (192원/위안)÷(9.19원/엔)≒20.9엔/위안
- 2023년 10월 : (193원/위안)÷(9.2원/엔)≒21엔/위안
- 2023년 11월 : (190원/위안)÷(8.88원/엔)≒21.4엔/위안
- 2023년 12월 : (192원/위안)÷(9.23원/엔)≒20.8엔/위안

따라서 2023년 7 ~ 12월 동안 위안화 대비 엔화는 항상 20엔/위안 이상이다.

오답분석

① 2023년 8 ~ 12월 동안 미국의 전월 대비 환율의 증감 추이는 '증가 – 증가 – 증가 – 감소 – 감소'이다.

② 2023년 8 ~ 12월 동안 중국의 전월 대비 환율의 증감 추이는 '증가 – 증가 – 증가 – 감소 – 증가'이고, 일본의 전월 대비 환율은 '증가 – 감소 – 증가 – 감소 – 증가'이다.

④ 각 국가의 2023년 7월 대비 12월의 환율 증가율은 다음과 같다.

- 미국 : $\dfrac{1,329-1,308}{1,308} \times 100 ≒ 1.6\%$

- 중국 : $\dfrac{192-188}{188} \times 100 ≒ 2.1\%$

- 일본 : $\dfrac{9.23-9.27}{9.27} \times 100 ≒ -0.4\%$

따라서 2023년 7월 대비 12월의 환율 증가율이 가장 큰 국가는 중국이다.

20 정답 ④

가장 앞 4자리 수가 '2024'이고 거래 정지 계좌가 아닌 출금 가능 계좌이다. 따라서 4번 알림창이 출력된다.

21 정답 ②

가장 앞 4자리 수가 '2024'이고 휴면 계좌이므로 2번 알림창이 출력된다.

22 정답 ③

1일 누적 한도 6,000,000원을 초과하지 않았고, 출금 금액이 10,000원 이하이므로 2번 알림창이 출력된다.

23 정답 ④

1일 누적 한도 6,000,000원을 초과하지 않았고, 출금 금액이 10,000원 초과 1,000,000원 이하이므로 3번 알림창이 출력된다.

| 금융일반 – 객관식 |

01	02	03	04	05	06	07	08	09	10	11	12	13	14	15					
①	③	①	①	②	②	①	②	④	①	④	②	②	②	③					

01 정답 ①

공유자원은 소비에 대해 경합성이 있으나 배제가 불가능한 자원으로, 깨끗한 물은 사용하기 위해 경합성이 있으나 없으면 살 수 없어 배제가 불가능하다.

[오답분석]

② 소방 서비스 : 배제가 가능하며, 소비에 있어서 경합성이 없는 자연독점 자원에 해당된다.

③ 의류 : 배제가 가능하나, 소비에 있어서 경합성이 있는 사유재에 해당된다.

④ 치안 : 배제가 불가능하며, 소비에 있어서 경합성이 없는 공공재에 해당된다.

02 정답 ③

우월전략 균형(내쉬균형)이 항상 파레토 최적의 상태를 나타내는 것은 아니다. 물론 우월전략 이외의 전략을 선택하는 것은 비합리적이기 때문에 선택하지 않는 것이 바람직하나, 죄수의 딜레마와 같이 파레토 비효율적인 상황에서 참가자가 서로 협력할 경우 최선의 이익을 가져다주는 경우도 존재한다.

03 정답 ①

매출원가는 기초재고액에 당기순매입액을 더한 값에서 기말재고액을 차감하여 구한다. 따라서 매출원가는 $2,000+1,000-2,000=1,000$만 원이다.

04 정답 ①

다각화전략은 신규시장에 신제품을 출시하여 시장을 개척하는 전략으로 가장 적극적인 성장지향 전략이라 할 수 있다.

[오답분석]

② 시장침투전략 : 기존시장에서 기존제품으로 매출액을 확대하는 전략으로 가장 보수적인 성장전략이다.

③ 신제품 개발전략 : 기존시장에서 신제품을 출시하는 전략으로 기존제품을 개량하거나 새로운 수요를 창출하는 성장전략이다.

④ 신시장 개척전략 : 신규시장에서 기존제품을 출시하는 전략으로 판매시장을 다변화하여 새로운 고객수요를 확보하는 성장전략이다.

05 정답 ②

내쉬균형에서는 2인 게임에서 서로 상대의 최선반응을 최선반응으로 대응할 경우, 양쪽의 전략 모두 유지된다.

[오답분석]

③ 참가자 한쪽이 선택을 조정할 경우, 내쉬균형이 아닌 새로운 균형이 형성되어 다시 새로운 전략을 수립하게 된다.

④ 내쉬균형과 모두의 이익이 상충되는 대표적인 예가 죄수의 딜레마이다. 죄수의 딜레마에서는 내쉬균형이 참가자 모두에게 손해를 입힐 수도 있다.

06 정답 ②

시장개발 전략을 통해 제품 및 서비스의 가격을 시장에서 수용할 수 있는 합리적인 가격으로 설정함으로써 비용을 절감할 수 있다.

[오답분석]
① 설문조사, 고객 맞춤형 관계형성 등을 통해 고객 충성도를 높일 수 있다.
③ 제품홍보, 유통 등을 통해 소비자 수요를 확대하여 수익을 증대시킬 수 있다.
④ 마케팅 계획, 고객관리 계획 등을 수립하여 홍보에 활용함으로써 효율성을 높일 수 있다.

07 정답 ①

적합성 원칙은 금융기관이 일반투자자에게 투자 권유 시 일반투자자의 재산목적, 재산상황, 투자경험 등에 비추어 그 일반투자자에게 적합하지 아니하다고 인정되는 투자권유를 해서는 안 된다는 것이다.

[오답분석]
② 적정성 원칙 : 소비자가 자발적으로 구매하려는 상품이 소비자에게 부적절할 경우 소비자에게 해당 내용을 고지해야 하는 원칙이다.
③ 청약철회 원칙 : 계약 후 일정 기간 내 소비자가 청약을 철회할 수 있는 권리가 있다는 원칙이다.
④ 설명 의무 원칙 : 새로운 계약을 권유하거나 고객이 요청할 때 고객에게 해당 상품의 내용을 설명하고 이에 대해 고객이 이해했음을 확인받는 원칙이다.

08 정답 ②

공유지의 비극이란 유한한 공유자원을 무분별하게 사용하여 결국 고갈되는 문제가 발생하는 것을 의미한다.

[오답분석]
③ 공유자원의 비배제성에 대한 설명이다.
④ 공유자원의 경합성에 대한 설명이다.

09 정답 ④

수요의 변화로 인해 시장 균형점이 이동하는 경우에는 소득의 변화, 대체재 가격의 변화, 인구의 변화, 선호심리의 변화 등이 해당한다. 반면 원자재 가격의 변화는 공급의 변화로 인해 시장 균형점이 이동하는 경우이다. 이외에도 공급의 변화로 인해 시장 균형점이 이동하는 경우에는 생산비용의 변화, 임금의 변화 등이 해당한다.

10 정답 ①

순현재가치가 0보다 크면 수익성이 있다고 볼 수 있다.

11 정답 ④

자산관리계좌(CMA)는 증권사가 투자자로부터 예탁금을 받아 안정성이 높은 국공채나 기업어음(CP), 양도성 예금증서(CD), 환매조건부채권(RP) 등의 단기성 금융상품에 투자하여 수익을 내는 금융상품이다.

[오답분석]
① ELD : 주가 연계형 예금 상품으로 은행에서 발행하며 원금이 보장되면서 주가지수나 주식가격에 연동하여 금리가 결정되는 상품이다.
② ELW : 특정 기초자산(주가지수, 종목 등)을 사전에 정한 미래의 시기에 미리 정한 가격으로 사거나 팔 수 있는 권리를 갖는 증권이다.
③ ISA : 하나의 계좌에서 예·적금, 펀드, ELS 등 다양한 금융상품을 운용할 수 있으며, 비과세 혜택 등을 받을 수 있는 상품이다.

12 정답 ②

채권자는 사채를 주식으로 전환하기 이전으로 주주가 아니기 때문에 주주총회에 참석해서 의결권 등을 행사할 수 없다.

오답분석
① 채권자(투자자)에게 전환권을 부여하기 때문에 일반적으로 일반사채보다 표면이자율이 낮다.
③ 전환된 사채금액만큼 자본금이 증가하기 때문에 재무구조개선 효과가 있다.
④ 전환사채는 사채를 주식으로 전환할 수 있는 권리가 부여된 회사채이다.

13 정답 ②

자사주를 소각하게 되면 경영권 방어, 자금 확보 등에 불리한 영향을 미칠 수 있다.

오답분석
① 자사주 매입, 자사주 소각, 배당 확대 등은 대표적인 주주환원 정책이다.
③ 자사주를 소각하면 그만큼 자본금이 줄어들어 부채비율이 높아지게 된다.
④ 자사주를 소각하면 주식수가 그만큼 줄어들게 되어 기존 주주의 지분가치가 그만큼 상승한다.

14 정답 ②

유상증자를 실시하면 주식수가 늘어나게 되어 주당순이익(순이익÷주식수)이 감소한다.

오답분석
① 자본금이 늘어나기 때문에 자산(부채＋자본)도 증가한다.
③ 자기자본이 늘어나기 때문에 자기자본 이익률(순이익÷자기자본)은 감소한다.
④ 유상증자를 통해 신규자금이 들어옴에 따라 자본금 및 자본잉여금이 증가한다.

15 정답 ③

PER은 주가를 EPS로 나눈 값이다. 그러므로 동종업계 평균 PER에 EPS를 곱하면 A기업의 적정주가를 산출할 수 있다.
EPS(주당순이익)는 당기순이익을 주식수로 나눈 값이므로, A기업의 EPS는 300원이 된다.
따라서 300×12＝3,600원이 A기업의 적정주가라 할 수 있다.

01	02	03		
4,500,000	㉠, ㉡, ㉣	㉠, ㉢, ㉣		

01　정답　4,500,000

영업이익은 영업수익에서 소요된 모든 비용을 공제하고 벌어들인 이익을 의미한다. 반면, 영업수익은 기업이 판매를 통해 벌어들인 총수입을 의미한다. 따라서 오렌지 및 사과의 판매량에 톤당 가격을 곱한 금액이 영업수익이므로 $(1,000,000 \times 2) + (2,500,000 \times 1) = 4,500,000$원이다.

02　정답　㉠, ㉡, ㉣

오답분석

㉢ 화폐수요가 이자율과 산출량에 의해 결정된다는 것은 유동성 선호이론에 대한 설명이다.

03　정답　㉠, ㉢, ㉣

㉠ 리카도는 절대열위에 있는 재화라도 생산의 기회비용을 고려할 때 상대적 우위를 가질 수 있다고 보았다.

㉢ 비교우위론은 국가 간 생산요소의 이동이 없고, 운송비용을 고려하지 않아 비현실적인 한계가 있다.

㉣ 비교우위에 있는 상품을 특화하여 교역할 경우 모든 국가가 이익을 발생시킬 수 있어 많은 국가들이 자유무역을 선택하는 계기가 되었다.

오답분석

㉡ 한 나라의 모든 재화가 절대우위에 있는 경우 무역의 발생을 설명할 수 없는 한계가 있는 것은 애덤 스미스의 절대우위론에 대한 설명이다.

01	02	03	04	05	06	07			
①	①	②	①	①	④	③			

01   정답   ①

SVM(Support Vector Machine)은 최적 파라미터를 찾는 과정을 거치므로 적합한 모형을 찾고 구축하는 시간이 다소 긴 편이다.

02   정답   ①

HRN(Highest Response-ratio Next) 스케줄링 방식은 비선점 방식으로 이루어진다.

03   정답   ②

우선순위가 높은 프로세스를 빠르게 처리할 수 있는 방식은 선점형 스케줄링 방식이다.

04   정답   ①

2NF를 만족해야 하는 것은 제3정규형으로, 제3정규형은 2NF를 만족하면서 이행 종속성을 제거하는 것을 목적으로 한다.

05   정답   ①

자연어 이해(NLU; Natural Language Understanding)는 기계가 단어나 문장의 형태를 인식하여 분석하고 처리하는 자연어 처리(NLP; Natural Language Processing)를 넘어 자연어의 문맥과 의미를 인식하도록 하는 것으로, 자연어 이해가 더욱 고차원적 처리 과정이다.

06   정답   ④

전체 모집단을 여러 군집으로 나눈 후 일부 군집을 무작위로 선택하고, 선택한 군집에서 다시 일부를 무작위로 선택하는 방법은 클러스터 샘플링이다. 유층 샘플링은 모집단을 속성에 따라 분류하고, 분류한 집단에서 임의로 고르는 방법이다.

07   정답   ③

대용량의 자료로부터 정보를 요약하고 미래에 대한 예측을 목표로 유용한 지식을 추출하는 방법은 데이터 마이닝이다. 통계분석은 어떤 현상을 종합적으로 한눈에 알아보기 쉽게 일정한 체계에 따라 숫자, 표, 그림의 형태로 나타낸 것이다.

01	02			
104	7			

01　정답　104

id	code	address
1	76	Seoul
2	99	Incheon
3	104	NULL
4	178	Busan
5	NULL	Daegu
6	285	Jeju

제시된 쿼리문은 Users Table에서 address값이 NULL인 code를 구하는 쿼리문이다. 따라서 address값이 NULL인 code는 104 이다.

02　정답　7

제시된 Java 프로그램은 'scan.nextInt( );' 명령어에 의해 입력한 수를 정수로 받은 후 coins 배열의 $(n-1)$번째 수를 나누었을 때의 나머지를 n번째 수로 나누었을 때의 몫의 합을 더하는 프로그램이다. 따라서 1,450을 500으로 나누었을 때의 몫은 2, 450을 100으로 나누었을 때의 몫은 4, 50을 50으로 나누었을 때의 몫은 1이므로 출력되는 값은 7이다.

01   NCS 직업기초능력

| 금융일반 |

01	02	03	04	05	06	07	08	09	
③	④	③	②	③	③	②	④	③	

01   정답 ③

지로 / 공과금 자동이체 우대금리 조건을 보면 반드시 본인 명의의 입출금식 통장에서 지로 / 공과금 자동이체 실적이 3개월 이상이어야 하므로 ③은 적절하지 않다.

오답분석

① 매월 납입한도는 100만 원 이하이고 계약기간은 1년제이므로 신규 금액을 제외한 최대 납입 가능 금액은 $100 \times 12 = 1,200$만 원이다.

② 에너지 절감 우대금리 적용을 위해 '아파트아이'에 회원가입을 해야 하며, 주소변경 시 아파트아이에서 주소변경을 완료해야 하므로 해당 사이트의 계정이 필요하다.

④ 최대 이율을 적용받는 사람의 금리는 약정이율에 우대금리를 더한 값인 $3.0 + 4.0 = 7.0\%$이다. 하지만 중도해지 시에는 우대금리가 적용되지 않으므로 납입기간 50%를 경과하고 중도해지할 경우 적용받는 금리는 $3.0 \times 0.4 = 1.2\%$이다. 따라서 중도해지 시 적용받는 금리는 이전보다 $7.0 - 1.2 = 5.8\%$p 적다.

02   정답 ④

먼저 A고객이 적용받는 우대금리를 계산하면 다음과 같다.
• 적금가입월(22.5)부터 10개월 동안(23.2 이내) 적금가입월의 전기사용량(kWh) 대비 월별 전기사용량(kWh)이 절감된 횟수는 22년 6월, 9월, 10월과 23년 2월로 총 4회이므로 적용되는 우대금리는 연 1.0%p이다.
• 최초거래고객 우대금리 조건을 만족하므로 적용되는 우대금리는 1.0%p이다.
• 지로 / 공과금 자동이체 우대금리 조건을 만족하므로 적용되는 우대금리는 1.0%p이다.

그러므로 A고객이 적용받는 우대금리는 총 3%p이고 A고객은 만기해지하였으므로 계약기간 동안 적용되는 금리는 약정이율에 우대금리를 더한 값인 $3 + 3 = 6\%$이다.

납입금액에 따른 이자를 계산하면 다음과 같다.
• 최초 납입금액 : $30만 \times 6\% = 18,000$원

• 추가 납입금액 : $70만 \times 6\% \times \dfrac{6}{12} = 21,000$원

• 만기 후 금리 : $100만 \times 3\% \times 30\% \times \dfrac{6}{12} = 4,500$원(만기 후 6개월에 해지)

따라서 A고객이 지급받을 이자는 $18,000 + 21,000 + 4,500 = 43,500$원이다.

03 정답 ③

지하철을 이용한 소요 시간을 계산하면 다음과 같다.
- 자택에서 인근 지하철역까지 도보로 가는 데 걸리는 시간 : 3분
- 지하철역에서 환승역까지 가는 데 걸리는 시간 : 2×2=4분
- 환승하는 데 걸리는 시간 : 2분
- 환승역에서 사무실 인근 지하철역까지 가는 데 걸리는 시간 : 2×4=8분
- 인근 지하철역에서 사무실까지 도보로 가는 데 걸리는 시간 : 2분

따라서 김대리가 지하철을 타고 자택에서부터 사무실까지 출근할 때 걸리는 시간은 3+4+2+8+2=19분이다.

04 정답 ②

이동 수단별 편도 이동시간을 계산하면 다음과 같다.
- 버스의 편도 이동시간 : 1+(4×4)+3=20분
- 지하철의 편도 이동시간 : 3+(2×2)+2+(2×4)+2=19분
- 자가용의 이동시간 : 19+2=21분

따라서 자택에서 사무실까지의 편도 이동시간이 짧은 순서대로 이동 수단을 바르게 나열하면 지하철 – 버스 – 자가용 순이다.

05 정답 ③

정규 근로 시간 외에 초과근무가 있는 날의 시간외근무시간을 구하여 표로 정리하면 다음과 같다.

구분	초과근무시간			1시간 공제
	조기출근	야근	합계	
1 ~ 15일	–	–	–	770분
18일(월)	–	70분	70분	10분
20일(수)	60분	20분	80분	20분
21일(목)	30분	70분	100분	40분
25일(월)	60분	90분	150분	90분
26일(화)	30분	160분	190분	130분
27일(수)	30분	100분	130분	70분
합계	–	–	–	1,130분

∴ 1,130분=18시간 50분

따라서 월 단위 계산 시 1시간 미만은 절사하므로 시간외근무수당은 7,000원×18시간=126,000원이다.

06 정답 ③

- CBP-<u>WK</u>4A-P31-B0803 : 배터리 형태 중 WK는 없는 형태이다.
- PBP-DK1E-<u>P21</u>-A8B12 : 고속충전 규격 중 P21은 없는 규격이다.
- NBP-LC3B-P31-B3<u>230</u> : 생산날짜의 2월은 30일이 없다.
- <u>CNP</u>-LW4E-P20-A7A29 : 제품분류 중 CNP는 없는 분류이다.

따라서 보기에서 시리얼번호가 잘못 부여된 제품은 모두 4개이다.

07 정답 ②

고객이 설명한 제품 정보를 정리하면 다음과 같다.
- 설치형 : PBP
- 도킹형 : DK
- 20,000mAH 이상 : 2
- 60W 이상 : B
- USB-PD3.0 : P30
- 2022년 10월 12일 : B2012

따라서 S주임이 데이터베이스에 검색할 시리얼번호는 PBP-DK2B-P30-B2012이다.

08 정답 ④

A~M은행을 서로 비교할 때, C은행은 2022년 매출액의 순위와 영업이익의 순위가 8위로 같다.

오답분석

① 2022년 대비 2023년에 매출 순위가 올라간 은행은 A~I은행으로 총 9곳이다.
② A은행을 제외하고 2022년 대비 2023년에 매출액이 가장 많이 오른 은행은 H은행이다.
③ 영업이익이 마이너스인 은행 수는 2023년 2곳(E, I은행), 2022년 2곳(I, L은행)으로 같다.

09 정답 ③

제시된 I은행의 상품 정보에 따라 만기환급금을 계산하면 다음과 같다.

$$30 \times 40 + 30 \times \frac{40 \times 41}{2} \times \frac{0.03}{12} = 1,261.5$$

따라서 B주임이 안내받을 만기환급금은 1,261.5만 원이다.

| 디지털 |

01	02	03	04	05	06	07			
③	④	③	④	④	④	③			

01 정답 ③

'우대금리' 항목에 기재된 레저업종 카드사용 실적인정 기준 중 3번째 조건에 따르면 당일자, 당일가맹점 사용실적은 건수는 최대 1회, 금액은 최대금액 1건이 인정된다고 하였다. 그러므로 당일에 동일 가맹점에서 나눠서 결정하더라도 그 횟수는 1회만 반영되고, 그 금액도 가장 큰 금액 1건만 반영된다. 따라서 한 번에 결제하는 것이 우대금리 적용에 더 유리하므로 ③은 옳지 않은 설명이다.

오답분석

① 제시된 상품에서 적용 가능한 최대금리는 계약기간이 최대이며 우대금리를 만족한 $3.65+2.4=6.05\%$이고 최저금리는 계약기간이 최소이며 우대금리를 적용받지 못한 3.40%이다. 따라서 만기해지 시 상품에서 적용 가능한 최고금리와 최저금리의 차이는 $6.05-3.40=2.65\%p$이다.
② '우대금리' 항목에 따르면 금액 조건은 온누리상품권 구매금액과 레저업종 카드사용금액 모두 포함되는 반면, 건수 조건에는 레저업종 카드사용 건수만 포함된다. 따라서 우대금리 적용에 있어서는 온누리상품권을 구입하는 것보다는 레저업종에 카드를 사용하는 것이 더 유리하다.
④ 1년제 상품의 만기 후 1개월 이내 해지 시 적용되는 만기 후 금리는 $3.4\times0.5=1.7\%$이다. 만기 후 6개월 초과 후 해지 시 적용되는 만기 후 금리는 $3.4\times0.2=0.68\%$이다. 따라서 $1.7\div0.68=2.5$배이다.

02 정답 ④

A고객의 계약기간은 2년이므로 적용되는 약정이율은 3.50%이다. 우대금리 적용을 위해 금액 조건을 계산하면 다음과 같다.
• 매 짝수 월 초 30만 원 헬스클럽 결제 : $30\times12=360$만 원
• 매월 초 20만 원 골프연습장 결제 : $20\times24=480$만 원
• 매 연말 본인 명의 온누리상품권 100만 원 구매 : 200만 원 인정
• 매 연초 가족 명의 온누리상품권 100만 원 구매 : 본인 명의가 아니므로 불인정
• 매년 3, 6, 9, 12월 월말 수영장 이용료 30만 원 결제 : $30\times8=240$만 원
총이용금액은 1,280만 원이고, 이를 평균하여 계산하면 월 결제금액은 $1,280\div24\fallingdotseq53.3$만 원이므로 우대금리는 $1.70\%p$가 적용된다.
납입금액별 이자는 다음과 같다.
• 최초 납입금액 : $50만\times(3.5+1.7)\%\times\dfrac{24}{12}=52,000원$

• 추가 납입금액(21.8.1) : $100만\times(3.5+1.7)\%\times\dfrac{12}{12}=52,000원$

• 추가 납입금액(22.2.1) : $100만\times(3.5+1.7)\%\times\dfrac{6}{12}=26,000원$

• 만기 후 금리 : $250만\times(3.5\times0.3)\%\times\dfrac{3}{12}=6,562.5원$

따라서 A고객이 지급받을 총이자에서 10원 미만을 절사하면 136,560원이다.

03 정답 ③

제시된 조건에 따라 등급별 임금 합계 및 임금 총액을 계산하여 표로 정리하면 다음과 같다.

인력 등급	초급	중급	특급
기본임금 총계	$45,000 \times 5 \times 8 \times (10+2)$ $=21,600,000$원	$70,000 \times 3 \times 8 \times (10+2)$ $=20,160,000$원	$95,000 \times 2 \times 8 \times (10+2)$ $=18,240,000$원
초과근무수당 총계	$(45,000 \times 1.5) \times 1 \times 4$ $=270,000$원	$(70,000 \times 1.5) \times 2 \times 4$ $=840,000$원	$(95,000 \times 1.7) \times 1 \times 4$ $=646,000$원
소계	$21,600,000+270,000$ $=21,870,000$원	$20,160,000+840,000$ $=21,000,000$원	$18,240,000+646,000$ $=18,886,000$원
임금 총액	$21,870,000+21,000,000+18,886,000=61,756,000$원		

따라서 I사가 2주 동안 근무한 근로자들에게 지급해야 할 임금의 총액은 $61,756,000$원이다.

04 정답 ④

사원코드의 마지막 2자리는 직위코드로 $10 \sim 19$, $30 \sim 39$, $50 \sim 59$, $60 \sim 69$, $70 \sim 79$, $90 \sim 99$뿐이므로 바르게 연결되지 않은 것은 ④이다.

05 정답 ④

고객지원팀으로 부서이동을 하므로 앞자리는 'c'로 변경된다. 부서이동의 경우 입사연월은 변동이 없으므로 그다음 자리인 '0803'은 변동이 없다. 그다음 두 자리는 무작위 난수이고 마지막 두 자리는 직위 정보인데 과장 직위에는 변동이 없으므로 $60 \sim 69$ 중 한 수이다. 따라서 이 모든 조건에 부합하는 A과장이 새로 발급받을 사원코드는 'c08031062'이다.

[오답분석]

① t08030666 : 부서코드가 옳지 않다.
② t23080369 : 부서코드가 옳지 않고 부서이동의 경우 입사연월이 변동이 없다.
③ c08036719 : 마지막 두 자리 코드 '19'는 사원 직위의 코드이다.

06 정답 ④

규정에 따르면 여비를 운임·숙박비·식비·일비로 구분하고 있으며 이를 정리하면 다음과 같다.
- 운임 : 철도·선박·항공운임에 대해서만 지급한다고 규정하고 있으므로, 버스 또는 택시요금에 대해서는 지급하지 않는다. 그러므로 철도운임만 지급되며 일반실 기준으로 실비로 지급하므로 여비는 $43,000+43,000=86,000$원이다.
- 숙박비 : 1박당 실비로 지급하되, 그 상한액은 $40,000$원이다. 그러나 출장기간이 2일 이상인 경우에는 출장기간 전체의 총액 한도 내에서 실비로 지급한다고 하였으므로, 3일간의 숙박비는 총 $120,000$원 내에서 실비가 지급된다. 그러므로 B과장이 지출한 숙박비 $45,000+30,000+35,000=110,000$원 모두 여비로 지급된다.
- 식비 : 1일당 $20,000$원으로 여행일수에 따라 지급된다. 총 4일이므로 $80,000$원이 지급된다.
- 일비 : 1인당 $20,000$원으로 여행일수에 따라 지급된다. 총 4일이므로 $80,000$원이 지급된다.

따라서 B과장이 정산받은 여비의 총액은 $86,000+110,000+80,000+80,000=356,000$원이다.

07 　정답　③

- 5월 3일 지인에게 1,000만 원을 달러로 송금

  1,000만 원÷1,140.20=8,770달러(∵ 소수점 절사, 환전수수료 없음)
- 5월 20일 지인으로부터 투자수익률 10%와 원금을 받음

  8,770×(1+0.1)=9,647달러
- 5월 20일 환전함

  9,647×1,191.50≒11,494,400원(∵ 소수점 절사, 환전수수료 없음)

따라서 I씨의 원화 기준 원금 대비 투자수익률은 $\dfrac{11,494,400-10,000,000}{10,000,000}\times100≒15\%$이다.

02　직무수행능력

| 금융일반 – 객관식 |

01	02	03	04	05	06	07	08	09	10	11	12	13	14	15	16	17	18	19	20
②	①	④	①	③	③	②	②	③	④	④	②	④	④	④	②	①	①	③	④

01 　정답　②

우리나라는 통계청이 CPI를 조사한다. 한국은행은 5년에 한 번씩 소비자물가지수 산출에 필요한 물품을 선정하는 역할을 하므로 ②는 옳지 않은 설명이다.

[오답분석]

① 소비자물가지수(CPI)는 소비자가 구입하는 상품이나 서비스의 가격변동을 나타내는 지수로 변동률의 변화를 토대로 인플레이션을 측정할 수 있다.

③ 소비자들은 물가가 상승하면 상대적으로 가격이 상승한 재화의 소비를 줄이는데 CPI는 이를 반영하지 못하는 한계가 있어 물가 상승을 과대평가하게 된다.

④ GDP디플레이터는 소비자물가지수와 함께 한국은행이 통화정책을 결정하는 기초지수가 되며, 명목 GDP를 실질 GDP로 나눈 후 100을 곱한 값으로 구한다.

02 　정답　①

투자의 이자율탄력성이 클수록 IS곡선의 기울기는 완만해지므로 구축효과로 인해 재정정책의 효과는 작아진다.

[오답분석]

② 투자의 이자율탄력성이 작으면 IS곡선의 기울기가 가팔라져 금융정책의 효과는 작아진다.

③ 화폐수요의 이자율탄력성이 클수록 LM곡선의 기울기가 완만해져 재정정책의 효과는 커진다.

④ 화폐수요의 이자율탄력성이 작을수록 LM곡선의 기울기가 가팔라져 금융정책의 효과는 커진다.

03 정답 ④

랜덤워크 이론이란 주식 가격의 변화는 서로 독립적이므로 과거의 주식 가격 변화 움직임이나 시장 전체의 변화로 미래의 가격 변화를 추측할 수 없음을 의미한다.

[오답분석]
① 기본적 분석에 대한 설명이다.
②·③ 기술적 분석에 대한 설명이다.

04 정답 ①

묶어팔기는 여러 가지 제품을 하나로 결합하여 판매하는 전략으로 제품 간 음의 상관관계로 인해 소비자의 지불의사금액 차이가 줄어들어 더 많은 제품을 판매할 수 있는 판매전략이다. 묶어팔기 판매전략은 고객의 수요가 상이하고, 고객의 수요에 대한 정보를 사전적으로 파악할 수 없으며, 기업이 다른 제품도 팔고 있는 것을 전제로 한다. 하지만 제품의 수량은 묶어팔기 판매전략의 전제조건과 관계가 없으므로 ①은 이에 해당하지 않는다.

05 정답 ③

코즈의 정리에 따르면 외부성이 존재하더라도 재산권이 명확하면 누구에게 귀속되는지와 관계없이 협상을 통한 효율적인 자원배분이 가능하다.

[오답분석]
① 자원에 대한 재산권이 확립된 경우 재산권이 누구에게 귀속되는지와 관계없이 가장 효율적인 방법으로 사용할 수 있다.
② 협상을 할 때 비용이 존재하지 않는 것으로 가정한다.
④ 소유권 귀속에 따른 소득효과는 발생하지 않는 것으로 가정한다.

06 정답 ③

공유자원은 경합성이 있는 반면, 배제성이 작거나 없다.

07 정답 ②

투자부동산은 처분 전까지 유형자산으로 적용한다.

08 정답 ②

유형자산의 장부가액을 재평가모형으로 계산하면, 재평가일의 공정가액에서 감가상각누계액과 손상차손누계액을 차감하면 된다. 반면 취득원가는 장부가액을 원가모형으로 계산할 때 필요한 항목이다.

09 정답 ③

고든의 성장모형은 기업의 이익 및 배당이 매년 일정한 성장률로 성장한다고 가정할 때 기업(주식)의 이론적 가치를 구하기 위한 모형이다. 이때 요구수익률은 일정하나 성장률보다 크다고 가정하므로 ③은 옳지 않다.

10 정답 ④

통화의 유동성 지표에는 본원통화, 협의통화, 광의통화, 금융기관유동성, 광의유동성 등이 있으며, 시중통화는 유동성 지표에 해당하지 않는다.

11 　정답 ④

인덱스펀드는 환매시기를 전문가가 아닌 투자자 개인이 정하는 경우가 많아 전문지식이 부족할 경우 환매 리스크가 높다고 할 수 있으므로 ④는 인덱스펀드의 장점으로 볼 수 없다.

오답분석

① 인덱스펀드는 주가지수를 추종하므로, 손실이 주가지수 하락분만큼으로 제한된다.
② 빈번한 매매나 펀드 운용 인력에 대한 비용 등을 최소화하기 때문에 수수료가 저렴하다.
③ 금융 관련 지식이 있는 투자자 누구라도 선호도에 따라 종목을 구성할 수 있다.

12 　정답 ②

시장의 평균 임금수준보다 높은 임금을 유지할 경우 유능한 인력 확보가 가능해져 노동시장의 역선택을 예방할 수 있으므로 ②는 옳지 않다.

13 　정답 ④

빅맥지수는 1986년 영국의 이코노미스트지에서 처음 사용되었다.

14 　정답 ④

연방준비은행은 연방정부의 지분이 없는 100% 사립은행으로 미국 정부로부터 철저히 독립성을 보장받는다.

15 　정답 ④

취업자와 실업자의 수가 변하지 않는 균형 노동시장 상태에서의 실업률은 자연실업률이다. 또한 필립스 곡선은 실제실업률에서 자연실업률을 차감한 값을 적용하여 구할 수 있다.

16 　정답 ②

변동환율제도하에서는 경상수지 적자가 발생할 경우, 통화의 평가절하를 통해 경상수지 적자를 만회할 수 있다.

오답분석

① 변동환율제도는 자국의 통화 가치가 외국환시장에 따라 변화하는 환율제도를 의미한다.
③ 통화의 가격이 자동적으로 조절되기 때문에 경제 상황에 따른 변동성을 줄일 수 있는 장점이 있으나, 고정환율제도에 비해 확실성과 예측성이 떨어진다는 단점도 존재한다.
④ 관리변동환율제도는 고정환율제와 변동환율제의 중간 형태로 중앙은행이 필요시마다 외환시장에 개입하는 환율제도이며, 현재 대부분의 국가들은 관리변동환율제도를 채택하고 있다.

17 　정답 ①

밴드왜건 효과(Bandwagon Effect)는 다수의 소비자 또는 유행을 따라 상품을 구입하는 현상을 의미하며, 미국 서부 개척 당시 금을 찾아 나서는 행렬을 뒤따르는 사람들의 모습을 비유적으로 명명한 것이다. 대표적으로 기업의 적극적인 마케팅 전략, 특정 상품에 대한 매진 현상 등이 이에 해당한다. 반면 자신을 타인과 구분된 존재로 인식하고 타인이 많이 소비하는 재화 및 상품의 소비를 중단하거나 줄이는 현상은 스놉효과(Snob Effect)이다.

18 정답 ①

원자재 가격이 상승하면 생산비용이 증가하기 때문에 기업은 공급(생산)을 줄이게 된다. 따라서 총공급곡선은 좌측으로 이동한다.

오답분석

② 신기술이 개발되면 같은 노동 및 자본으로 더 많은 생산이 가능해져 총공급곡선이 우측으로 이동한다.
③ 자연실업률이 하락하면 노동공급량이 증가하여 인건비 부담이 완화되므로 총공급곡선이 우측으로 이동한다.
④ 기대인플레이션이 하락하면 명목임금 비용의 하락으로 인해 총공급곡선이 우측으로 이동한다.

19 정답 ③

통화승수는 통화량을 본원통화로 나눈 값으로 중앙은행이 본원통화 1원을 공급할 때, 창출되는 통화량을 나타내는 지표이다. 통화승수는 민간부문의 현금보율비율과 은행의 지급준비율에 의해 결정된다. a를 민간의 현금보유비율, b를 지급준비율이라고 할 때, 통화승수는 다음과 같다.

$$(통화승수) = \frac{(통화량)}{(본원통화)} = \frac{1}{a+b(1-a)}$$

따라서 통화승수를 계산할 때 필요하지 않은 항목은 시장이자율이다.

20 정답 ④

자국 통화의 평가절하를 통해 무역수지를 개선하려면 수출증가량과 수입감소량의 합이 평가절하 폭보다 커야 한다. 평가절하 폭보다 작을 경우 J커브 효과가 나타난다. 따라서 ④는 옳지 않은 설명이다.

| 금융일반 - 주관식 |

01	02			
3	㉠, ㉢, ㉣			

01 정답 3

S운수의 마을버스는 공공재이다. 공공재의 시장수요함수는 각 수요함수의 합이므로 $P=(8-Q)+(6-2Q)=14-3Q$이며, 한계비용(MC)과 가격(P)이 같아지는 수준에서 최적 생산량(운행대수)이 결정되므로 $14-3Q=5 \rightarrow Q=3$이다. 따라서 마을버스의 최적 운행대수는 3대이다.

02 정답 ㉠, ㉢, ㉣

총수요는 (가계소비)+(기업투자)+(정부지출)+(수출)−(수입)으로 구할 수 있다. 보기에서 2021년의 총수요는 75,000원, 2022년의 총수요는 78,000원으로 전년 대비 총수요가 3,000원 증가했음을 알 수 있다. 따라서 총수요곡선은 우측으로 이동(㉠)하며, 총수요량(X축)은 증가(㉢)하고, 물가수준(Y축)은 상승(㉣)한다.

01	02	03	04	
③	③	④	②	

01 정답 ③

블록체인에 일단 기록·저장된 정보를 수정하는 것은 매우 까다롭다. 또한 시간이 경과할수록 거래 기록이 계속 쌓이므로 블록체인 원장은 매우 방대한 규모의 저장 공간이 필요하게 된다. 최악의 경우에 저장 공간이 부족하다면 처리 속도가 느려지고 원장에 접근해 다운로드하는 일이 불가능해질 수도 있다. 따라서 ③은 옳지 않은 설명이다.

오답분석

① 개방형 블록체인은 모든 거래 정보를 블록 단위로 기록해 모든 구성원(Peer)에게 전송하고, 블록의 유효성이 확보될 경우 이 새 블록을 기존의 블록에 추가 연결해 보관하는 방식의 알고리즘을 뜻한다. 즉, 거래 정보가 기록되는 원장(Ledger)을 모든 구성원이 각자 분산 보관하고, 신규 거래가 이루어질 때 암호 방식으로 장부를 똑같이 갱신(Update)함으로써 익명성과 함께 강력한 보안성을 갖춘 디지털 분산원장이라 할 수 있다.

② 퍼블릭 블록체인은 모두에게 개방돼 누구나 참여 가능한 개방형으로 통상적인 블록체인을 가리키고, 프라이빗 블록체인은 기관 (기업)이 운영하며 사전에 허가받은 사람만 사용할 수 있는 폐쇄형이다. 퍼블릭 블록체인은 트랜잭션 내역이 모두에게 공개되어 네트워크에 참여한 모든 노드(Node)가 이를 검증하고 거래를 승인함으로써 신뢰도가 높지만, 모든 참여자의 거래 기록을 남기고 이를 공유하느라 처리 속도가 상대적으로 느리다. 반면에 프라이빗 블록체인은 승인받은 노드(Node)만 거래에 참여하고 다른 노드의 검증을 구할 필요가 없기에 처리 속도가 빠르지만, 서비스 제공자에게 의존해야 하기에 퍼블릭 블록체인에 비해 신뢰성에 한계가 있다.

④ 블록체인은 중앙기관이나 중개기관의 개입이 필요하지 않기 때문에 거래비용을 획기적으로 낮출 수 있다. 또한 디지털 환경에서 이루어지는 주식 거래, 각종 계약 체결, 송금, 자금이체 등 활용범위가 매우 넓고 잠재력 또한 크다. 따라서 디지털 전환(DT)을 추진하는 대부분의 금융기관들은 블록체인 기술을 적극 수용하고 있다.

02 정답 ③

㉠ 비선점형 스케줄링은 프로세스에 이미 할당된 CPU를 강제로 빼앗을 수 없고 사용이 끝날 때까지 기다려야 한다. 정해진 순서대로 처리된다는 공평성이 있으며, 다음에 어떠한 프로세스가 있다 해도 응답 시간을 예상할 수 있다. 반면 선점형 스케줄링은 CPU를 할당받지 않은 프로세스가 CPU를 할당받은 프로세스를 강제로 중지함으로써 CPU를 빼앗을 수 있으며, 빠른 응답 시간을 요구하는 시스템에 주로 쓰인다.

㉣ HRN(Highest Response-ratio Next) 방식은 실행 시간이 긴 프로세스에 불리한 SJF 방식을 보완하기 위한 방식으로, 대기 시간과 실행 시간을 이용하는 방식이다. 즉, 대기 시간과 CPU 사용 시간(실행 시간)을 고려해 스케줄링 한다. 우선순위를 계산해 그 숫자가 가장 높은 것부터 낮은 순서로 우선순위를 부여하며 $\left[\dfrac{\text{대기 시간} + \text{실행(서비스) 시간}}{\text{실행(서비스) 시간}} \right]$, SJF 방식에 비해 기아 (Starvation) 현상이 완화되지만 여전히 공평성에 위배된다는 한계가 있다.

㉤ SRT(Shortest Remaining Time) 방식은 SJF 방식과 RR 방식을 혼합해 선점 형태로 변경한 것으로, 현재 실행 중인 프로세스의 남은 시간과 준비 상태 큐에 새로 도착한 프로세스의 실행 시간을 비교해 가장 짧은 실행 시간을 요구하는 프로세스에 CPU를 할당한다. 남은 처리 시간이 더 짧은 프로세스가 준비 상태 큐에 들어오면 그 프로세스가 바로 선점된다. 그러나 남은 실행 시간을 주기적으로 계산해야 하고, 남은 시간이 적은 프로세스와 문맥 교환(Context Switch)을 해야 하기에 다소 효율적이지 못하며, 프로세스의 종료 시간을 예측하기 어렵다는 단점이 있다.

㉥ 다단계 큐(Multi-level Queue) 방식에 대한 설명이다. 다단계 큐 방식은 우선순위에 따라 다단계로 나뉘어 있어 프로세스가 큐에 삽입되면 우선순위가 결정된다. 다만 우선순위가 높은 상위 큐 프로세스의 작업이 끝나기 전에는 하위 큐 프로세스의 작업이 불가능하다. 반면 다단계 피드백 큐(MFQ; Multi-level Feedback Queue) 방식은 FCFS(FIFO) 방식과 RR 방식을 혼합한 것으로, 다단계 큐 방식과 달리 특정 그룹의 준비 상태 큐에 들어간 프로세스가 다른 준비 상태 큐로 이동할 수 있다. 우선순위를 가진 여러 단계의 준비 큐를 사용하며, 새 프로세스가 큐잉 네트워크에 들어올 때는 CPU를 차지할 때까지 큐에서 FCFS(FIFO) 형태로 이동하고, 작업이 끝나거나 CPU를 넘겨주는 경우에는 그 작업이 큐잉 네트워크를 떠나게 된다. 새로운 프로세스는 높은 우선순위를 가지고 프로세스의 실행 시간이 길어질수록 점점 우선순위가 낮은 큐로 이동하고 마지막 단계의 큐에서는 프로세스가 완성될 때까지 RR 방식으로 순환된다.

오답분석

ⓛ FCFS(First Come First Service) 또는 FIFO(First In First Out) 방식은 모든 프로세스의 우선순위가 동일하며, 프로세스가 실행되면 그 프로세스가 끝나야 다음 프로세스를 실행할 수 있다. 다만 처리 시간이 긴 프로세스가 CPU를 차지하면 다른 프로세스는 기다려야 하기에 시스템의 효율성이 떨어질 수 있다.

ⓒ SJF(Shortest Job First) 방식은 프로세스가 준비 상태 큐에 도착하는 시점을 기준으로 프로세스들 중에서 실행 시간이 가장 짧은 프로세스에 먼저 CPU를 할당하는 방식이다. 그러나 작업 시간이 긴 프로세스가 계속 연기되며 실행되지 않는 기아(Starvation) 상태(무한 연기)가 발생할 수 있다.

ⓗ RR(Round Robin) 방식은 FCFS 알고리즘을 선점 형태로 변형한 방식이다. FCFS 방식처럼 준비 상태 큐에 먼저 들어온 프로세스에 먼저 CPU를 할당하지만, 각 프로세스는 시간 할당량(Time Slice, CPU를 사용할 수 있는 최대 시간) 동안만 실행한 후 실행이 완료되지 않으면 다음 프로세스에 CPU를 넘겨주고 준비 상태 큐의 가장 뒤로 배치되어 대기하게 된다. 각 프로세스는 같은 크기의 동일한 CPU 시간을 할당받고 선입선출에 의해 수행된다. 다만 할당 시간이 짧아지면 문맥 교환으로 인한 오버헤드가 자주 발생되어 작업을 신속히 처리하기 어렵다.

03 정답 ④

ⓒ 속성(Attribute)은 개체가 갖는 세부 정보(개체를 구성하는 요소)로서, 개체의 성질을 나타내는 더 이상 쪼갤 수 없는 정보의 단위이자 의미 있는 데이터의 가장 작은 논리적 단위를 가리킨다. ERD에서의 속성은 파일 구조에서의 '필드(Field)'에 대응되고, 개체는 '레코드(Record)'에 대응된다.

ⓔ ERD에서 개체는 사각형으로, 속성은 타원으로, 관계는 마름모로 표현한다. 예컨대 어느 회사의 직원이 관리하는 서비스, 수행하는 과제를 ERD로 작성하면 다음과 같다.

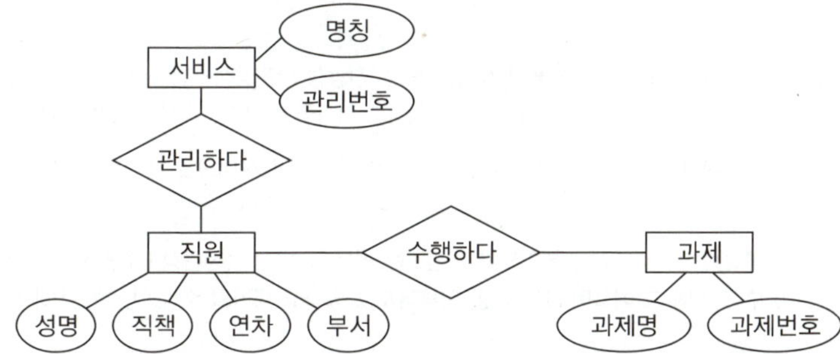

ⓗ ◯는 0개, |는 1개, ◁는 여러 개를 뜻한다.

- A가게 ┤├─◯| B상품 : A가게에는 B라는 상품이 1개 또는 없을 수도 있다.
- A가게 ┤├─◁ B상품 : A가게에는 B라는 상품이 1개 또는 여러 개가 있다.

오답분석

㉠ ERD는 데이터베이스 구조를 모델링할 때 이를 구성하는 고유한 특성을 갖는 개체(Entity)의 속성(Attribute)과 이들 사이의 논리 관계(Relationship)의 집합을 네트워크 형태의 시각적 구조로 나타낸 도식(Diagram)을 뜻한다. 이러한 RD를 통해 데이터베이스의 전체 구조를 계획하고 개체·속성·관계를 규정함으로써 효과적인 데이터베이스를 설계할 수 있다. 또한 ERD를 통해 데이터베이스에 발생한 특정 문제와 관련된 개체와 관계를 확인하고 원인을 찾아 해결안을 마련할 수 있다. 아울러 ERD를 통해 데이터베이스의 구조와 기능을 문서화해 기록해 두면 향후 시스템을 유지·보수·업데이트할 때 참고할 수 있다.

㉡ 개체(Entity)는 의미 있는 정보의 단위로서, 파일 처리 시스템에서는 1건의 자료를 구성하는 레코드에 해당된다. 개체는 다른 개체와 구별되는 이름이 있고, 각 개체는 1개 이상의 속성(고유한 특성이나 상태)을 갖는다. 예컨대 '대학생'이라는 개체는 '이름, 전공, 학번' 등의 속성(Attribute)을 갖는다.

㉣ 관계(Relationship)는 개체 간의 의미 있는 연관성을 가리킨다. 예컨대 '학생'과 '과목'이라는 개체는 '수강'이라는 관계로 연결될 수 있다.

04   정답 ②

분류 모델의 예측 정확성을 평가할 때 사용하는 혼동행렬은 둘 이상의 그룹으로 분류하는 알고리즘의 수행 능력을 평가하기 위해 분류 결과를 시각화한 표를 뜻한다. 혼동행렬을 통해 분류 모델이 어떤 클래스를 더 잘 예측하는지, 오류(Error)가 어느 클래스에서 더 많이 발생하는지 등을 파악할 수 있다. 이러한 정보를 토대로 분류 모델의 성능을 평가하고 개선할 수 있다. 제시된 자료는 위암 여부를 검사하는 자료이므로 '긍정(Positive, 양성)'은 위암 발병을, '부정(Negative, 음성)'은 위암이 아님(정상)을 의미한다. 문제에서 제시된 내용을 토대로 진양성(TP), 위음성(FN), 위양성(FP), 진음성(TN) 등과 합계를 표로 정리하면 다음과 같다.

예측값 실젯값	위암 환자가 맞을 것이다 (Positive)	위암 환자가 아닐 것이다 (Negative)	합계
위암 환자가 맞다 (Positive)	400명(TP)	100명(FN)	500명
위암 환자가 아니다 (Negative)	600명(FP)	900명(TN)	1,500명
합계	1,000명	1,000명	2,000명

㉠ 정확도는 예측한 전체 건수 중에서 사실에 적중한 것의 비율이므로, 정확도를 계산하는 식은 '(진양성＋진음성)÷(진양성＋위양성＋진음성＋위음성) → (TP+TN)÷(TP+FP+TN+FN)'이다. 정확도가 높을수록 현실에 부합한 비율이 높은 것이므로 활용도가 높다고 평가할 수 있다. 계산식에 따라 정확도를 구하면 $\dfrac{400+900}{400+600+900+100} = \dfrac{1,300}{2,000} = 0.65$이다.

㉡ 정밀도는 양성이라고 예측한 것 중에서 적중한 비율이므로, 정밀도를 계산하는 식은 '진양성÷(진양성＋위양성) → TP÷(TP+FP)'이다. 정밀도가 높을수록 긍정적인 예측이 적중한 비율이 높다는 뜻으로 안정성이 높다고 평가할 수 있다. 계산식에 따라 정밀도를 구하면 $\dfrac{400}{400+600} = \dfrac{400}{1,000} = 0.4$이다.

㉢ 재현율은 실제로 양성일 때 예측 결과도 양성인 비율이므로, 재현율을 계산하는 식은 '진양성÷(진양성＋위음성) → TP÷(TP+FN)'이다. 재현율이 높을수록 현실이 긍정일 때 그 예측이 제대로 잘 이루어지고 있다고 평가할 수 있다. 계산식에 따라 재현율을 구하면 $\dfrac{400}{400+100} = \dfrac{400}{500} = 0.8$이다. 즉, 실제 위암 환자를 위암 환자로 옳게 진단한 비율이 80%이므로 예측력을 신뢰할 수 있다고 평가할 수 있다.

㉣ 특이도는 음성을 대상으로 예측한 것 중에서 적중한 비율이므로, 특이도를 계산하는 식은 '진음성÷(진음성＋위양성) → TN÷(TN+FP)'이다. 특이도가 높을수록 현실이 부정일 때 그 예측이 제대로 잘 이루어지고 있다고 평가할 수 있다. 계산식에 따라 특이도를 구하면 $\dfrac{900}{900+600} = \dfrac{900}{1,500} = 0.6$이다.

01	02			
ⓒ, ⓔ, ⓜ	ⓖ, ⓛ, ⓜ			

01   정답 ⓒ, ⓔ, ⓜ

ⓒ 응집력의 정도를 기준으로 강한 것에서 약한 것으로 응집도의 순서를 나열하면 '기능적(함수적) 응집도>순차적 응집도>통신적(교환적) 응집도>절차적 응집도>시간적(일시적) 응집도>논리적 응집도>우연적 응집도'이다.

ⓔ 결합력의 정도를 기준으로 강한 것에서 약한 것으로 결합도의 순서를 나열하면 '내용 결합도>공통 결합도>외부 결합도>제어 결합도>스탬프 결합도>데이터 결합도'이다.

ⓜ 결합도는 낮을수록, 응집도는 높을수록 모듈의 독립성이 커진다. 모듈 간에는 관련이 적을수록(결합도가 낮을수록) 상호 의존성이 작아져 모듈의 독립성이 높아진다. 또한 관계가 밀접할수록(응집도가 높을수록) 독립성이 높아진다. 독립성이 높은 모듈일수록 오류를 발견·해결할 수 있고, 수정할 때 다른 모듈에 대한 영향(부작용)을 최소화할 수 있다. 따라서 모듈의 독립성을 높여 품질을 높이려면 결합도는 낮게, 응집도는 높게, 모듈의 크기는 작게 설계해야 한다.

[오답분석]

ⓖ·ⓛ 목적이 같은 기능끼리 하나의 모듈로 모아 응집력을 높이면 비슷한 기능을 수행함으로 인해 기능에 변화가 발생했을 때 유지·보수·수정이 상대적으로 수월해지며, 해당 모듈을 재사용할 수 있는 가능성도 커진다. 이와 같은 이치로 모듈 사이의 결합도는 낮은 것이 바람직한데, 이는 모듈 사이의 의존도(결합도)가 높으면 특정 모듈을 수정했을 때 다른 모듈도 직접적인 영향을 받아 예상하지 못한 부작용을 초래하기 쉽기 때문이다. 즉, 응집도가 높을수록, 결합도가 낮을수록 독립성이 향상되어 유지·보수와 재사용이 용이해지는 등 모듈의 품질이 좋아진다.

02   정답 ⓖ, ⓛ, ⓜ

ⓖ 리눅스는 1991년 리누스 토르발스가 중대형 컴퓨터에서만 사용 가능하던 유닉스를 기반으로 어셈블리어로 개발해 개인용 컴퓨터에서도 사용 가능한 운영체제로서, 프로그램 소스 코드를 무료로 공개했기 때문에 사용자는 자신이 원하는 대로 특정 기능을 추가할 수 있다.

ⓛ 전 세계적으로 수백만 명 이상의 프로그래머들이 리눅스 개발자 그룹에 참여하고 있으며, '다수를 위한 공개'라는 원칙에 따라 지속적인 개발과 향상이 이루어지고 있다.

ⓜ 리눅스는 유닉스를 기반으로 만들어졌기에 유닉스와 대부분 호환이 가능하다. 리눅스는 인터넷 프로토콜(TCP/IP)을 적극 지원하는 등 네트워크 작업에 매우 유용하다. 또한 각종 주변기기에 따라, 사용하는 시스템의 특성에 따라 소스를 변경할 수 있으므로 다양한 변종이 등장하고 있다. 리눅스는 데스크톱의 용도 외에도 웹서버, 클라우드 컴퓨팅, 모바일 기기, 임베디드 기기, 사물인터넷 디바이스 등 다양한 분야에서 활용되고 있다.

[오답분석]

ⓒ 커널은 리눅스 운영체제의 핵심으로, 하드웨어를 제어하는 기능을 한다. 다른 운영체제와 마찬가지로 운영체제가 제공하는 메모리나 하드디스크 등의 디바이스 관리 및 프로세스에 대한 제어, 네트워크 연결 및 설정 관리, 파일 시스템 할당 등의 역할을 한다. 또한 셸(Shell)은 커널과 사용자를 연결하는 인터페이스로서, 사용자 명령을 해석하고 실행하기 위한 도구이다.

ⓔ 리눅스는 CLI뿐만 아니라 윈도우(Windows)처럼 GUI(Graphical User Interface)에서도 작동한다. 여기서 CLI는 도스나 명령 프롬프트처럼 사용자가 문자를 입력해 컴퓨터에 명령을 내리는 방식으로, 자원을 적게 차지하면서도 안정적이고 빠르다. 그러나 CLI를 능숙히 다루려면 명령어 암기, 스크립트 학습 등 오랜 교육이 필요하다는 점에서 숙련된 기술을 갖추어야 한다는 단점이 있다.

01 | NCS 직업기초능력

| 금융일반 |

01	02	03	04	05	06	07	08	09	
③	③	①	③	③	②	③	④	①	

01 정답 ③

우선 처음 제시된 문단은 I은행의 긍정적인 행보에 대해 다루고 있는 반면, (가), (다), (라)는 I은행의 부정적인 내용에 대해 서술하고 있고, (나)에서는 제시된 문단에서 언급한 'ESG'에 대해 설명하고 있으므로 제시된 문단 뒤에 이어질 문단으로 가장 적절하다. 다음으로 (가), (다), (라) 문단을 시작하는 접속어를 살펴보면, (가)의 '하지만'은 뒤에 이어질 내용이 이전과는 반대되는 내용이 될 것임을 유추할 수 있고, (다)의 '게다가'와 (라)의 '특히'는 이전의 내용과 비슷한 맥락의 글이 이어질 것임을 유추할 수 있다. 그러므로 (나) 뒤에 이어질 문단으로 가장 적절한 것은 (가)이다. 마지막으로 (다)와 (라)를 살펴보면, (다)에서 언급한 해당 사건이 (라)에서 설명하는 '대규모 환매 중단'임을 짐작할 수 있으므로, (라) – (다) 순으로 와야 한다. 따라서 (나) – (가) – (라) – (다) 순으로 나열하는 것이 적절하다.

02 정답 ③

1석7조통장은 별도의 우대금리가 없는 상품으로, 계약기간에 따라 정해진 약정이율에 대해서만 적용되는 상품이다.

오답분석

① 해당 상품의 계약기간은 6개월 이상 3년 이하이나, 상품혜택 제공기간은 통장 가입일로부터 1년이므로 상품의 계약기간에 따라 상품혜택을 제공받는 기간이 그보다 길 수도, 짧을 수도 있다.
② 해당 상품은 만기자동해지서비스를 신청한 계좌에 한해 제공하고 있다. 따라서 별도의 신청이 없으면 만기 후 해지 절차가 필요하다.
④ 1석7조통장의 만기 후 금리는 그 기간이 길어질수록 작아짐을 알 수 있다.

03 정답 ①

해당 상품은 개인사업자 및 외국인 비거주자를 제외한 실명등록한 개인을 대상으로 제공되는 상품으로 부모급여 또는 아동수당을 6개월 이상 입금받거나, 자사에서 주택청약종합저축에 신규 가입할 경우 추가적인 우대금리를 제공받을 수 있는 상품이다. 따라서 ①은 적절하지 않다.

오답분석

② 가입방법은 대면방식인 '영업점 방문'과 비대면방식인 '텔레마킹', 'i-ONE 뱅크' 앱을 통해서만 진행되고 있다.
③ 가입 가능한 금액이 월 최소 1만 원에서 최대 50만 원이므로 연간 최소 12만 원에서 최대 600만 원까지 가입이 가능한 상품이다.
④ 적금 가입자 기준 가족관계 확인서류를 지참하고 영업점에 방문하여 가족등록을 할 수 있으며, 계약기간 중 충족된 실적을 합산하여 우대금리를 제공한다.

04 정답 ③

월 급여가 300만 원을 초과하더라도 해당 상품에 가입에는 제한이 없으나, 우대금리가 아닌 고시금리의 적용을 받게 되므로 ③은
옳은 설명이다.

[오답분석]
① 우대금리는 세전 연 3.0%이므로 실질적으로 지급받을 수 있는 최대 연 이자는 9만 원보다 적다.
② 월 급여가 50만 원 미만이어도 해당 상품을 이용할 수는 있으나 우대혜택은 제공받을 수 없다.
④ 제시문의 상품내용에 따르면, 해당 상품의 최초 가입일부터 익월 말까지는 실적조건의 충족 여부에 관계없이 우대혜택 중 수수료
　면제 혜택만을 제공받을 수 있다.

05 정답 ③

파일 이름에 규칙을 적용하여 암호를 구하면 다음과 같다.
1. 비밀번호 중 첫 번째 자리에는 파일 이름의 첫 문자가 한글일 경우 @, 영어일 경우 #, 숫자일 경우 *로 특수문자를 입력한다.
　• 2022매운전골Cset3인기준recipe8 → *
2. 두 번째 자리에는 파일 이름의 총 자리 개수를 입력한다.
　• 2022매운전골Cset3인기준recipe8 → *23
3. 세 번째 자리부터는 파일 이름 내에 숫자를 순서대로 입력한다. 숫자가 없을 경우 0을 두 번 입력한다.
　• 2022매운전골Cset3인기준recipe8 → *23202238
4. 그다음 자리에는 파일 이름 중 한글이 있을 경우 초성만 순서대로 입력한다. 없다면 입력하지 않는다.
　• 2022매운전골Cset3인기준recipe8 → *23202238ㅁㅇㅈㄱㅇㄱㅈ
5. 그다음 자리에는 파일 이름 중 영어가 있다면 뒤에 덧붙여 순서대로 입력하되, a, e, i, o, u만 'a=1, e=2, i=3, o=4, u=5'로
　변형하여 입력한다(대문자・소문자 구분 없이 모두 소문자로 입력한다).
　• 2022매운전골Cset3인기준recipe8 → *23202238ㅁㅇㅈㄱㅇㄱㅈcs2tr2c3p2
따라서 제시된 파일 이름의 암호는 '*23202238ㅁㅇㅈㄱㅇㄱㅈcs2tr2c3p2'이다.

06 정답 ②

가입일 기준으로 급여계좌 및 급여 여부, 신용카드 및 체크카드 실적이 12개월간 유지될 때의 A~D의 우대금리를 계산하면 다음과
같다.
• A : 0.3+0.5=0.8%p
• B : 0.3+0.5+0.2=1%p
• C : 0.3+0.2=0.5%p
• D : 계좌 압류 상태이므로 이자 지급 제한을 받는다.
따라서 B의 우대금리가 가장 높다.

07   정답 ③

제시된 조건에 따라 요일별 사내교육을 받을 수 없는 직원을 표로 정리하면 다음과 같다.

월요일		화요일		수요일		목요일		금요일	
A	~~V~~	~~A~~	V	~~A~~	~~V~~	~~A~~	~~V~~	~~A~~	~~V~~
B	W	B	~~W~~	B	~~W~~	B	~~W~~	B	~~W~~
~~C~~	~~X~~	~~C~~	~~X~~	~~C~~	~~X~~	C	X	~~C~~	~~X~~
~~D~~	~~Y~~	~~D~~	~~Y~~	D	~~Y~~	~~D~~	~~Y~~	~~D~~	Y
~~E~~	~~Z~~	~~E~~	~~Z~~	~~E~~	Z	~~E~~	~~Z~~	E	~~Z~~

A는 화요일에 연차휴가이고 수~금요일에 출장업무가 있으므로 월요일에 사내교육에 참석해야 한다.

B는 월요일에 은행업무, 수~금요일에 출장업무가 있으므로 화요일에 사내교육에 참석해야 한다.

E는 금요일에 사내교육에 참석하기로 하였다.

W는 월요일에 사내교육에 참석하기로 하였다.

X는 월~수요일에 출장업무, 금요일에 은행업무가 있으므로 목요일에 사내교육에 참석해야 한다.

Y는 월~수요일에 출장업무, 목요일에 연차휴가이므로 금요일에 사내교육에 참석해야 한다.

팀별로 1명씩 참석할 수 있고 V는 수요일에 은행업무가 있으므로 화요일에 사내교육에 참석해야 한다.

Z는 남은 요일이 수요일뿐이므로 수요일에 사내교육에 참석해야 한다.

한편 D, X는 같은 날에 사내교육에 참석할 수 없으므로 C와 X는 같은 목요일에 사내교육에 참석해야 하고 D, Z는 수요일에 사내교육에 참석해야 한다.

따라서 직원들은 (A, W), (B, V), (D, Z), (C, X), (E, Y) 순으로 월~금요일에 사내교육에 참석해야 한다.

08   정답 ④

국민총소득(GNI)은 명목 GDP와 국외 순수취 요소 소득의 합이므로 국외 순수취 요소 소득은 국민총소득(GNI)과 명목 GDP의 차이다.

- 2022년 1분기 : 515,495.5−509,565.8=5,929.7십억 원
- 2022년 2분기 : 542,408.3−540,700.8=1,707.5십억 원
- 2022년 3분기 : 555,165.9−546,304.5=8,861.4십억 원

따라서 국외 순수취 요소 소득은 감소하였다 증가하였으므로 ④는 옳지 않다.

[오답분석]

① 모든 분기에서 서비스업의 명목 GDP가 가장 높다.

② 제조업의 명목 GDP는 증가 추세이고 명목 GDP는 당해 생산된 재화의 단위 가격과 생산량의 곱이므로 생산량이 감소하였다면 재화의 단위 가격은 증가하여야 한다.

③ 건설업의 명목 GDP는 증가하였다 감소하였고 명목 GDP는 당해 생산된 재화의 단위 가격과 생산량의 곱이므로 생산 단가가 일정하다면 생산량은 증가하였다 감소하여야 한다.

09   정답 ①

농림어업의 명목 GDP는 증가하였다 감소하였으나 그 폭은 증가폭이 더 크다.

따라서 2022년 2분기에서 3분기로 감소할 때 기울기는 2022년 1분기에서 2분기로 증가할 때의 기울기보다 작아야 하므로 그래프로 변환하였을 때 옳지 않은 것은 ①이다.

| 디지털 |

01	02	03	04	05	06	07			
③	④	①	①	④	④	④			

01 정답 ③

제2항 제1호에 따라 이자를 지급하여야 할 때부터 1개월간 지체할 경우에는 기한전의 채무변제 의무가 발생한다. 이에 따라 고객은 '대출 잔액 전부'와 기존 대출 전액이 아닌 '현재 남아있는 대출 잔액에 대한 연체료'도 함께 납부하여야 한다. 따라서 ③은 A직원의 대답으로 적절하지 않다.

[오답분석]

① 제1항 제1호에 따라 가압류가 개시되더라도 담보재산이 존재하는 채무의 경우에는 채권회수에 중대한 지장이 있는 때에만 가압류의 사유로 기한의 이익을 상실하므로 기한전의 채무변제 의무는 지지 않아도 된다.
② 제1항 제3호에 따라 채무불이행자명부 등재의 '신청'만으로도 기한전의 채무변제 의무가 생겨 은행에 대한 모든 채무는 기한과 관계없이 즉시 갚아야 할 의무가 발생한다.
④ 제2항에 따라 은행은 기한의 이익 상실일 7영업일 전까지 기한전의 채무변제 의무에 대한 내용을 고객에게 서면 통지하여야 하지만, 불가피하게 기한의 이익 상실일 7영업일 전까지 통지하지 않은 경우에는 고객은 실제로 고객에게 통지가 도달한 날부터 7영업일이 경과한 날에 기한의 이익을 상실하게 되어 기한전의 채무변제 의무가 발생하게 된다.

02 정답 ④

'중도해지금리'와 '만기 후 금리'를 보면, 가입일 또는 만기일 당시의 계약기간별 고시금리에 대해서만 적용하고 있음을 알 수 있으므로 ④는 옳지 않다.

[오답분석]

① 1인당 3계좌까지 가입이 가능하고, 적립금액은 최대 월 20만 원이므로 1인당 최대 적립 금액은 월 60만 원이다.
② 가입대상에서 개인사업자 및 외국인 비거주자만 제외되므로 국내에 거주 중인 외국인은 가입이 가능하다.
③ 12개월 약정이율에 모든 우대금리를 더하면 적용받을 수 있는 최고금리는 $3.85+1.0+0.5=5.35\%$이다.

03 정답 ①

'상업용 부동산 전반 통합 서비스'는 기업인터넷뱅킹 홈페이지를 통해 제공받는 비대면 서비스이므로 ①이 가장 적절하다.

[오답분석]

② '상업용 부동산 전반 통합 서비스'는 IBK기업은행 이용 고객 중 기업고객에 한해 제공되는 서비스이다.
③ '상업용 부동산 전반 통합 서비스'는 고객이 사이트 내에 정보를 보고 매물을 선택하는 것이 아닌, 원하는 조건을 사이트 내에 입력하면 상담원이 그 조건에 맞는 맞춤 서비스를 제공하는 방식으로 진행된다.
④ '상업용 부동산 전반 통합 서비스'로 업무공간을 임대할 경우, 임차인이 부담하는 중개 수수료에 한해 면제 혜택을 받을 수 있다.

04 정답 ①

음료의 종류별로 부족한 팀 수를 구하면 다음과 같다.
• 이온음료 : 총무팀(1팀)
• 탄산음료 : 총무팀, 개발팀, 홍보팀, 고객지원팀(4팀)
• 에너지음료 : 개발팀, 홍보팀, 고객지원팀(3팀)
• 캔 커피 : 총무팀, 개발팀, 영업팀, 홍보팀, 고객지원팀(5팀)
음료 구매 시 각 음료의 최소 구비 수량의 1.5배를 구매해야 하므로 이온음료는 9캔, 탄산음료는 18캔, 에너지음료는 15캔, 캔 커피는 45캔씩 구매해야 한다. 그러므로 구매해야 하는 전체 음료의 수는 다음과 같다.

• 이온음료 : 9×1＝9캔
• 탄산음료 : 18×4＝72캔
• 에너지음료 : 15×3＝45캔
• 캔 커피 : 45×5＝225캔

따라서 음료는 정해진 묶음으로만 판매하므로 이온음료는 12캔, 탄산음료는 72캔, 에너지음료는 48캔, 캔 커피는 240캔을 구매해야 한다.

05 　정답　④

오답분석
① KCB 점수와 NICE 점수 모두 기준 점수 미달이다.
② 신청일 기준 재직상태가 아니다.
③ 당행에 본인 명의의 휴대폰 번호가 등록되어 있지 않다.

06 　정답　④

고산지대에 근무하는 공무원이 한 분기에 23일 이내인 14일간 저지대에서 가족동반으로 요양을 할 때 8번 지급 사유에 따라 발생한 비용 전액을 국외여비로 지급받을 수 있다.

오답분석
① 4번 지급 사유에 따라 발생한 비용의 일부만 국외여비로 받을 수 있다.
② 2번 지급 사유에 따라 발생한 비용의 일부만 국외여비로 받을 수 있다.
③ 6번 지급 사유에 따라 발생한 비용의 일부만 국외여비로 받을 수 있다.

07 　정답　④

K주임이 지급받을 수 있는 국외여비를 계산하면 다음과 같다.

- 12세 이상 가족 구성원의 가족 국외여비 : $(700,000×2+20,000×2)×\frac{2}{3}=960,000$원

- 12세 미만 가족 구성원의 가족 국외여비 : $(0×2+20,000×2)×\frac{1}{3}≒13,333$원≒$20,000$원

따라서 K주임이 지급받을 총 국외여비는 960,000＋20,000＝980,000원이므로 바르게 연결되지 않은 것은 ④이다.

오답분석
• H부장

  - 12세 이상 가족 구성원의 가족 국외여비 : $\{(900,000+900,000+(900,000×0.8)+15,000+15,000\}×\frac{2}{3}=1,700,000$원

  - 12세 미만 가족 구성원의 가족 국외여비 : $\{(900,000×0.8)+0\}×\frac{1}{3}=240,000$원

  따라서 H부장이 지급받을 총 국외여비는 1,700,000＋240,000＝1,940,000원이다.
• J과장

  - 12세 이상 가족 구성원의 가족 국외여비 : $1,200,000×4×\frac{2}{3}=3,200,000$원

  - 12세 미만 가족 구성원의 가족 국외여비 : 0원

  따라서 J과장이 지급받을 총 국외여비는 3,200,000원이다.
• L대리

  - 12세 이상 가족 구성원의 가족 국외여비 : $750,000×2×\frac{2}{3}=1,000,000$원

  - 12세 미만 가족 구성원의 가족 국외여비 : 0원

  따라서 L대리가 지급받을 총 국외여비는 1,000,000원이다.

| 금융일반 – 객관식 |

01	02	03	04	05	06	07	08	09	10	11	12	13	14	15	16	17	18	19	20
③	④	②	②	②	③	④	①	③	③	①	②	④	③	②	②	②	②	①	④

01　정답　③

마이클 포터의 5포스 모델의 5가지 요소는 산업 내 경쟁, 구매자의 구매력, 공급자의 교섭력, 신규진입자의 위협, 대체재의 위협이다. 따라서 5가지 요소에 해당하지 않는 것은 ③이다.

02　정답　④

A기업의 주가와 B기업의 주가가 동일하므로 A기업은 신주 2,000,000주를 발행하여 B기업 주주에게 지급하고 B기업을 합병한다. 이에 따라 합병 이후 총 주식수는 5,000,000주이며 주가는 다음과 같다.
1,000억 원[＝(A기업의 가치 600억 원)＋(B기업의 가치 400억 원)]÷5,000,000주＝20,000원
따라서 합병한 이후의 PER은 (주가)÷(주당순이익)이므로 20,000원÷1,600원＝12.5이다.

03　정답　②

재무구조 개선을 목적으로 유상증자를 한 경우는 기업의 재무상태가 좋지 않다는 의미로 받아들여져 주가에 부정적인 영향을 미치므로 ②는 옳지 않은 설명이다.

[오답분석]

①·③ 신규 사업 진출이나 생산능력 확대를 목적으로 유상증자를 한 경우는 기업의 미래성장에 대한 기대감으로 주가에 긍정적인 영향을 미친다.
④ 무상증자는 대개 주가에 긍정적인 영향으로 작용한다. 다만, 주가상승이 단기에 미칠 수 있고 변동성이 커질 수 있다.

04　정답　②

주당 100원의 현금배당을 실시했으므로, 10,000,000주×100원＝10억 원을 배당금으로 사용한다.
따라서 A기업의 배당 이후 PER은 20,000원÷200원(＝20억 원÷10,000,000주)＝100이다.

05　정답　②

배당성향이 낮아지면 사내유보율이 높아지고 이로 인해 무상증자 등 자본금 확충 가능성이 증가하므로 ②는 옳지 않은 설명이다.

[오답분석]

① 배당성향은 (배당금)÷(순이익) 또는 1－(사내유보율)로 구한다.
③ 지나친 배당은 기업 재무 상태에 부담이 될 수 있다.
④ 배당금은 순이익에서 지급되므로 순이익이 커질수록 배당성향은 높아지게 된다.

06　정답　③

주당 배당금을 구하는 식은 (배당수익률)×(주가)이다.
따라서 A기업의 주당 배당금은 10%×20,000원＝2,000원이다.

07 정답 ④

신주배정 기준일 14일 전에 신주발행 공고를 진행한다.

[오답분석]
① 유상증자는 새로 주식을 발행하여 대상의 구분 없이 해당 주식을 팔아 자금을 확보할 수 있다.
② 주주배정은 기존 주주, 일반공모는 불특정다수의 일반 투자자, 제3자배정은 특정인 또는 기관을 대상으로 한다.
③ 유상증자를 하면 발행주식수가 늘어나게 되고 그만큼 주당순이익이 낮아지게 된다.

08 정답 ①

A기업의 변동 전 자본금과 변동 후 자본금을 구하면 다음과 같다.
- 변동 전 : (액면가)×(발행주식수) → 500원×10,000,000주＝50억 원
- 변동 후 : 50억 원＋(5,000,000주×2,000원)＝150억 원

09 정답 ③

기업가치 대비 공모가가 높게 정해지면 매도물량이 늘어날 수 있어 주가에 부정적 요인으로 작용하므로 ③이 가장 적절하다.

[오답분석]
① 수요예측 경쟁률이 높은 것은 그만큼 해당 기업에 대한 기대가 높은 것으로 주가에 긍정적 요인으로 작용한다.
② 주식시장의 우호적인 분위기는 개별종목의 주가에 긍정적 요인으로 작용한다.
④ 최대주주의 지분율이 높아 유통주식수가 많지 않으면 주가의 변동성이 커질 수 있다.

10 정답 ③

비체계적 위험은 포트폴리오 구성을 통해 제거 가능한 위험으로 성과평가 지표로 볼 수 없다.

11 정답 ①

A가 소유한 휴대폰의 현행원가는 현재시점에서 휴대폰 판매원이 지급할 40만 원으로 볼 수 있다.

12 정답 ②

엥겔지수는 가계 소비지출에서 차지하는 식비의 비율을 의미하며, 가계 소비지출은 소비함수[(독립적인 소비지출)＋{(한계소비성향)×(가처분소득)}]로 계산할 수 있다. 각각의 숫자를 대입하면 100만 원＋(0.6×300만 원)＝280만 원이 소비지출이 되고, 이 중 식비가 70만 원이므로, 엥겔지수는 70÷280＝0.25이다.

13 정답 ④

가장 효율적인 투자안은 $\left[\text{가중평균자본비용(WACC)}\right]=\left[\dfrac{\text{자기자본비용}\times\text{자기자본}＋\text{타인자본비용}\times\text{타인자본}\times(1-\text{법인세율})}{\text{자기자본}＋\text{타인자본}}\right]$이 가장 낮은 투자안이다. 법인세율은 동일하다고 하였으므로 $\left[\dfrac{\text{자기자본비용}\times\text{자기자본}＋\text{타인자본비용}\times\text{타인자본}}{\text{자기자본}＋\text{타인자본}}\right]$이 가장 낮은 투자안이 가장 효율적인 투자안이다.

- A투자안 : $\dfrac{100\times200＋200\times200}{200＋200}=\dfrac{60,000}{400}=150$
- B투자안 : $\dfrac{200\times300＋100\times200}{300＋200}=\dfrac{80,000}{500}=160$
- C투자안 : $\dfrac{200\times200＋100\times300}{200＋300}=\dfrac{70,000}{500}=140$
- D투자안 : $\dfrac{100\times300＋100\times200}{300＋200}=\dfrac{50,000}{500}=100$

따라서 D투자안이 가장 효율적이다.

14　정답　③

위험 프리미엄(Risk Premium)은 투자자가 위험한 투자를 선택할 때 받을 수 있는 추가적인 수익을 의미하며 기댓값에서 확실성등 가를 뺀 값이다.

15　정답　②

투자자가 장기채권을 보유하기 위해서는 단기채권보다 프리미엄을 더 얹어야 하므로 ②는 옳지 않은 설명이다.

오답분석

① 기간에 따라 장기이자율, 단기이자율 모두 함께 변동한다.
③ 수익률곡선은 대개 우상향하는 모습을 나타내나, 향후 단기이자율이 급격히 하락할 것으로 예상되는 경우 우하향하는 모습을 나타낸다.
④ 사람들은 유동성을 선호하므로 만기가 길어질수록 유동성 프리미엄이 커진다.

16　정답　②

오답분석

① 국제회계기준은 회사별 상황에 따라 대손충당금 적립률을 합리적으로 결정하도록 하고 있다.
③·④ 대손상각비에 대한 설명이다.

17　정답　②

오답분석

ⓛ 역사적원가는 취득 이후 자산가치가 변동하여도 취득 당시의 금액으로 계속 기록한다.
ⓔ 공정가치는 가격을 직접 관측하거나, 다른 가치평가방법을 사용하여 추정할 수 있다.

18　정답　②

의료 서비스는 많은 지식이 필요하기 때문에 지식과 비용을 교환하는 측면에서 교환가치의 사례로 볼 수 있다.

오답분석

① 가방의 사용가치에 대한 설명이다.
③ 노트북의 성능이 좋기 때문에 회사에서 많이 사용되어 사용가치가 크다.
④ 물은 인간에게 필수적인 자원이므로 그만큼 사용가치가 매우 크다고 할 수 있다.

19　정답　①

재고자산의 감모손실을 구하는 식은 [(장부재고수량)−(실제재고수량)]×(장부상 단가)이다.
따라서 재고자산의 감모손실은 (4,000−2,000)×5,000원＝1,000만 원이다.

20　정답　④

재고자산 평가 방법에는 선입선출법, 후입선출법, 평균법, 개별법이 있으며, 순이익조정법은 재고자산 평가와는 관계가 없다.

01	02			
500,000	㉠, ㉡			

01   정답   500,000

화재손실액은 [(기초재고액)+(매입액)-(매출원가)]×(손실비율)이므로 [1,100,000+700,000-(1,000,000×0.8)]×50%=500,000원이다.

02   정답   ㉠, ㉡

- A : 대손충당금(㉠)은 회수불능채권을 비용처리하기 위해 설정하는 회계 계정으로 대출부실 등 리스크에 대비하는 목적을 가진다.
- B : 소비자물가지수(㉡)는 소비자 관점에서의 상품 및 서비스 가격 변동을 측정하여 인플레이션 변동을 측정하는 지수로 기준금리 결정에 중요한 영향을 미친다.

01	02	03	04	
④	④	③	①	

01   정답   ④

1부터 100까지의 값을 변수 x에 저장한다. 1, 2, 3, … 에서 초깃값은 1이고, 최종값은 100이며, 증분값은 1씩 증가시키면 된다. 즉, 1부터 100까지를 덧셈하려면 99단계를 반복 수행해야 하므로 결과는 5050이 된다.

02   정답   ④

테이블에서 튜플의 삭제 명령은 DELETE로 「DELETE FROM 삭제할 자료의 테이블 명 WHERE 조건」과 같은 형식으로 사용한다.

03   정답   ③

MRU(Most Recently Used)는 사용 빈도가 가장 많은 페이지를 교체하는 게 아니라, 가장 최근에 연산이 끝난 블록을 버퍼에서 버리는 알고리즘이다.

04   정답   ①

SUMIFS 함수는 주어진 조건에 의해 지정된 셀들의 합을 구하는 함수로, 「=SUMIFS(합계범위,조건범위,조건 값)」으로 구성된다. 여기서 '조건 값'으로 숫자가 아닌 텍스트를 직접 입력할 경우에는 반드시 큰따옴표를 이용해야 한다. 즉, 「=SUMIFS(F2:F9,D2:D9, "남")」으로 입력해야 한다.

01	02			
㉡	6.7			

01 정답 ㉡

비선점형 스케줄링은 이미 사용되고 있는 CPU의 사용이 끝날 때까지 기다리는 스케줄링 기법으로, 응답시간을 예측할 수 있고 일괄처리방식이 적합하며 모든 프로세스의 요구에 대해서 공정하다.

02 정답 6.7

정해진 시간 안에 어떤 사건이 일어날 횟수에 대한 기댓값을 λ라 할 때 그 사건이 n회 일어날 확률은 $f(n;\lambda) = \dfrac{e^{-\lambda}\lambda^n}{n!}$이다.

여기서 λ는 기댓값으로 주어진 뽑기를 이항확률 분포함수로 나타내면 $B(50,\ 0.05)$이므로 기댓값은 $50 \times 0.05 = 2.5$이다.

따라서 구하고자 하는 확률은 $\dfrac{e^{-2.5} \times 2.5^5}{5!} \times 100 = 6.7\%$이다.

주어진 조건을 이항확률 분포함수를 이용하여 추정하면 $_{50}\mathrm{C}_5 \left(\dfrac{1}{20}\right)^5 \left(\dfrac{19}{20}\right)^{45} = 0.066 = 6.6\%$로 푸아송 확률 분포함수를 이용하여 추정한 확률과 매우 근사하다. 이는 시행횟수가 많을수록 이항분포 확률함수가 푸아송 확률 분포함수로 수렴하기 때문이다.

01　NCS 직업기초능력

| 금융일반 |

01	02	03	04	05	06				
②	③	③	④	③	③				

01　정답 ②

중도해지 시 받을 수 있는 중도해지금리는 36개월 미만으로 $2.5\%\times0.6=1.5\%$이다.

따라서 B과장이 받을 중도해지 환급금은 $15,000,000\times\left(1+0.015\times\dfrac{30}{12}\right)=15,562,500$원이다.

02　정답 ③

서비스 정식 개시 후 정보 추출 방식이 스크린 스크레이핑 방식에서 API 방식으로 변경됨에 따라 마이데이터 사업자의 중간 개입 없이 사용자가 직접 어플리케이션상에서 금융데이터를 불러올 수 있게 되었으므로 박대리가 마이데이터에 대한 설명을 바르게 이해하였다.

오답분석

① 저장공간을 개인 디바이스로 옮기는 서비스는 아니다.
② 마이데이터 서비스 이후에도 금융기관의 정보를 마이데이터 업체가 관리하려면 소비자의 요청이 있어야 한다.
④ 신용거래 외에 단순 입출금 거래내역도 포함된다.

03　정답 ③

부동산 서비스는 부동산 114에서 제공하는 청약, 시세 정보를 자산관리 앱에서 편리하게 조회할 수 있는 서비스로 소비자의 정보를 요청하여 조회하는 서비스는 아니다.

오답분석

①·② 은행, 보험, 증권, 카드사의 정보를 한데 통합하여 조회하는 과정에서 API를 활용한다.
④ 서비스 이용을 위해 KCB의 신용점수를 불러오게 된다.

04 정답 ④

친환경 차량을 이용하고 있거나 노후 경유차 저감장치 부착을 이행한 경우에는 별도의 서류를 제출해야 하지만, 대중교통 이용 우대금리를 적용받기 위해서는 당행 입출금 계좌에 연결된 교통카드를 사용하면 별도의 서류 제출이 필요하지 않다. 따라서 ④는 옳은 설명이다.

오답분석
① 친환경 차량을 보유하지 않더라도, 노후 경유차 저감장치 부착을 이행하고 있거나 대중교통을 이용하고 있으면 우대금리를 적용받을 수 있다.
② 계약금액을 1,000만 원 이상으로 가입한 경우에 한해서만 제공되는 혜택이다.
③ 만기 후에는 기본금리가 아닌 만기 후 금리가 적용된다.

05 정답 ③

C씨는 본인이 사용하는 교통카드의 결제계좌를 IBK기업은행의 입출금 계좌에 연결해두는 것으로 우대금리를 적용받을 수 있다.

오답분석
① A씨는 개인사업자로 본 상품 가입대상이 아니다.
② B씨가 이용하는 전기차의 소유주는 본인이 아니고, 운전 또한 본인이 직접하지도 않으므로 본인 명의의 자동차등록증이나 보험 가입증서를 발급받을 수 없다.
④ 노후 경유차 폐차는 계약기간 이전의 일이며, 현재 친환경 차량을 이용하고 있지 않으므로 우대금리 적용 대상이 아니다.

06 정답 ③

공부방 운영자의 인터뷰 내용에서 원격 결제를 활용하면 아이들이 실물 카드를 가지고 오지 않아도 부모가 원격으로 결제를 할 수 있다는 내용이 있으므로 ③이 가장 적절하다.

오답분석
① 회원가입 후 전화인증이 필요하다.
② 법정 카드수수료는 사업자가 지불해야 한다.
④ 다양한 결제 수단을 활용할 수 있다는 내용은 있으나, 결제 수단의 제한이 없는지의 여부는 제시문만으로는 확인이 불가하다.

| 디지털 |

01	02	03	04	05	06				
①	②	②	②	④	①				

01 정답 ①

기업여신 자동심사 시스템은 심사 담당자 개개인의 능력에 의존하지 않도록 하는 시스템이므로 ①은 적절하지 않다.

오답분석
② 미래 성장성을 반영하여 채무상환능력을 평가한다.
③ 기업들은 표준화된 심사기준을 적용받는다.
④ 기술보증기금 등 공공기관의 기술가치평가 결과를 참조하지 않아도 시스템 자체적으로 기술평가를 진행하여 반영하게 된다.

02   정답 ②

i-ONE Bank를 통한 가입 시에는 국민건강보험공단의 재직 정보를 통해 우대금리 적용대상 여부를 판단한다. 따라서 ②는 적절하지 않다.

[오답분석]

① 납입금액의 상한이 월 20만 원이므로 가입기간 동안 저축할 수 있는 최대 금액은 240만 원이다.

③ 가입기간 내내 동의를 유지하였더라도 만기일 전일까지 유지하지 않으면 우대금리 적용 자격이 소멸한다.

④ 만기 후 1개월 이내에는 만기일 기준 고시금리의 50%를 적용하지만, 1개월이 지나면 만기일 기준 고시금리의 30%만을, 6개월을 초과하면 만기일 기준 고시금리의 20%만을 적용한다.

03   정답 ②

이 상품의 기본금리는 연 3.2%이며, A씨는 직장인이므로 직장인 우대금리 0.3%p를 적용받는다. 또한 급여이체 실적과 카드 결제실적을 모두 만족하므로 주거래 우대금리인 0.7%p를 모두 적용받으나, 마이데이터 동의는 하지 않아 이에 대한 0.5%p의 우대금리는 받지 못한다.

따라서 A씨에게 적용되는 최종 금리는 3.2+0.3+0.7=4.2%이므로, A씨가 만기해지 시점에서 받게 되는 이자는 $10만 원 \times \dfrac{0.042}{12} \times \dfrac{12(12+1)}{2} = 27,300$원이다.

04   정답 ②

대출한도는 최근 1년 이내 투자유치금액의 50% 수준이며, 창업 3년 이내 기업은 100%까지 대출을 받을 수 있으므로 ②가 가장 적절하다.

[오답분석]

① 추천을 받은 기업들이 주요 대상이라는 언급은 있으나, 대출실행의 필요조건이라는 언급은 없다.

③ 정부지원금은 펀드 총액의 10%이다.

④ 일반 대출과 신주인수권부사채를 결합한 대출로, 신주인수권부사채 발행액에 대해서는 0% 금리가 적용되나, 일반 대출은 일정한 금리를 지불해야 한다.

05   정답 ④

제시문에 글로벌 금융기관, 국내 시중은행들의 실험 진행 또는 참여 관련 내용이 있으므로 ④가 가장 적절하다.

[오답분석]

① 실물 화폐를 대체하는 것으로 동일한 액면가라면 동일한 가치를 갖는다.

② 블록체인, 분산원장기술 등 민간 암호화폐의 저장기술들을 유사하게 활용한다.

③ 현금을 은행에 입금하는 것은 현금의 보관장소를 변경하는 것이며, 은행에 보관되어 있는 현금을 CBDC라고 부르지는 않는다.

06   정답 ①

제3조에 따르면 실명의 개인은 최대 3계좌까지 가입이 가능하지만, 개인사업자는 제외된다.

[오답분석]

② 제5조에 따르면 1천 원 단위로 월 1 ~ 20만 원까지 가능하므로 55,000원을 적립방식으로 하여 가입이 가능하다.

③ 제8조 제1호, 제2호에서 각각 1.0%p, 0.5%p의 우대금리를 적용받을 수 있으므로 최대 우대금리는 1+0.5=1.5%p이다.

④ 제11조에 따르면 질권설정 또는 압류 등 출금제한이 등록된 계좌는 자동해지가 불가하다.

| 금융일반 - 객관식 |

01	02	03	04	05	06	07	08	09	10	11	12	13						
④	④	③	③	①	①	③	③	②	④	①	②	③						

01   정답 ④

증권회사의 상품인 유가증권과 부동산 매매기업이 정상적 영업과정에서 판매를 목적으로 취득한 토지·건물 등은 재고자산으로 처리된다.

오답분석

①·② 선입선출법의 경우에는 계속기록법을 적용하든 실지재고조사법을 적용하든 기말재고자산, 매출원가, 매출총이익 모두 동일한 결과가 나온다.

③ 매입운임은 매입원가에 포함한다.

02   정답 ④

포괄손익계산서에 특별손익항목은 없다.

03   정답 ③

가중평균자본비용(WACC)에서 가중치는 시장가치 기준으로 산정한다. 가중치를 장부가치 기준의 구성 비율이 아닌 시장가치 기준의 구성 비율로 하는 이유는 주주와 채권자의 현재 청구권에 대한 요구수익률을 측정하기 위함이다.

04   정답 ③

ABC 재고관리는 재고품목을 가치나 상대적 중요도에 따라 차별화하여 관리하며 재고품목을 연간 사용금액에 따라 다음고 같이 A등급, B등급, C등급으로 나눈다.
• A등급 : 상위 15% 정도, 연간 사용금액이 가장 큰 항목, 아주 엄격한 재고 통제
• B등급 : 35% 정도, 연간 사용금액이 중간인 항목, 중간 정도의 재고 통제
• C등급 : 50% 정도, 연간 사용금액이 작은 항목, 느슨한 재고 통제

오답분석

① A등급에는 재고가치가 높은 품목들이 속한다.
② A등급 품목은 로트 크기를 작게 유지한다.
④ ABC 등급 분석을 위해 파레토(Pareto) 법칙을 활용한다.

05   정답 ①

ㄱ. 이자수익자산 운용수익에서 이자비용부채 조달 비용을 뺀 값은 이자자산순수익이다. 이자자산순수익을 이자수익자산의 평잔으로 나누면 NIM이 도출된다.
ㄴ. 국내경제의 침체가 장기화되면 기업들의 부실리스크가 증가하여 대출이자수익 및 대출상환가능성이 하락하므로 NIM은 악화될 가능성이 높다.

ㄷ. NIM은 은행 등 금융기관이 자산을 운용하여 낸 수익에서 조달비용을 차감해 운용자산 총액으로 나눈 수치로 금융기관의 수익력을 나타내는 지표이다.

ㄹ. 중앙은행이 기준금리를 인하하면 이로 인해 시장금리도 하락하여 시중은행들의 예금이자수익이 하락하기 때문에 NIM도 악화된다.

06 정답 ①

유동비율=(유동자산÷유동부채)×100=(100÷50)×100=200%이다.

② 당좌비율=(당좌자산÷유동부채)×100=(유동자산−재고자산)÷유동부채×100=80÷50×100=160%

③ 자기자본비율=(자기자본÷총자산)×100=(100÷200)×100=50%

④ 총자산순이익률(ROA)=(당기순이익÷총자산)×100=(10÷200)×100=5%

> 부채비율=(부채÷자기자본)×100=(100÷100)×100=100%

07 정답 ③

제시된 두 사례는 이미 포진해 있는 수많은 경쟁자들과 치열한 경쟁을 해야 하는 레드오션 속에서 발상의 전환을 통하여 퍼플오션(Purple Ocean)을 창출한 사례이다. 퍼플오션은 레드오션과 블루오션의 중간 개념으로, 기존 인기 상품에 새로운 아이디어나 기술 등을 접목함으로써 경쟁자가 거의 없고 무한한 가능성을 지닌 미개척시장을 창출하는 것이다.

① 레드오션(Red Ocean) : 이미 잘 알려져 있어서 경쟁이 매우 치열한 특정 산업 내의 기존 시장을 의미한다. 산업의 경계가 이미 정의되어 있으며, 경쟁자의 수도 많으므로 같은 목표와 같은 고객을 두고 치열한 경쟁을 하게 된다.

② 블루오션(Blue Ocean) : 현재 존재하지 않거나 알려져 있지 않아 경쟁자가 없는 유망한 시장을 나타내는 말로, 시장 수요가 경쟁이 아니라 창조에 의해 얻어지며 아직 시도된 적이 없는 광범위하고 깊은 잠재력을 가진 시장을 비유하는 표현이다.

④ 그린오션(Green Ocean) : 최근 세계 각국이 환경 규제를 강화함에 따라 환경 분야에서 시장을 창출하자는 새로운 경영 패러다임에 의해 생겨났다. 친환경에 핵심 가치를 두고 환경·에너지·기후변화 문제 해결에 기여하는 '저탄소 녹색경영'을 통해 새로운 시장과 부가가치를 창출하는 기업들이 해당한다.

08 정답 ③

금융시장에서는 경제 상황에 따라 매, 비둘기, 올빼미, 오리 등이 등장한다. 경기가 과열 조짐을 보이면 시중에 풀려 있는 통화를 거둬들여 물가를 안정시키자고 주장하며 금리 인상에 찬성하는 통화 긴축파를 매파로 지칭하고, 반대로 경기 부양을 위해 시중에 돈을 풀어야 한다고 주장하며 금리 인하에 찬성하는 통화 완화파를 비둘기파로 지칭한다. 이 밖에도 상황에 따라 금리 인상 또는 인하를 주장하는 중립파인 올빼미파와 임기가 곧 끝나는 금융통화위원을 지칭하는 오리파가 있다. 오리파는 마치 뒤뚱거리며 걷는 오리처럼 남은 임기 동안 정책에 별다른 관심이 없고, 일관성도 없는 이들을 비유하기도 한다. 따라서 빈칸에 들어갈 내용으로 A는 비둘기, B는 매가 적절하다.

09 정답 ②

전자상거래 업계의 과다 경쟁으로 인해 물품 가격의 하락이 발생하였고, 이로 인해 결국 국가의 전체 물가 상승이 억제되었다. 이러한 상황을 대표적인 전자상거래 업체인 아마존닷컴의 이름을 딴 '아마존 효과'라고 부른다.

① 구글 효과 : 구글이 인터넷과 IT·미디어 산업, 나아가 우리 개개인의 삶에까지 미치고 있는 영향력을 의미한다.

③ 플라이휠 효과 : 아마존의 창업자가 제시한 저비용 구조를 동력으로 한 경영전략으로, 기업의 성장을 일련의 순환과정으로 인식하여 개선된 고객 경험과 고객 증가가 판매자·상품군을 늘리는 선순환을 만든다는 것을 의미한다.

④ 블랙스완 효과 : 관찰과 경험에 의존한 예측을 벗어나 예기치 못한 극단적 상황이 일어나는 것을 의미한다.

10   정답 ④

타임마케팅(Time Marketing)은 개인이 평등하게 가지고 있는 시간이라는 자산에 제한을 두거나 특별함을 더해주는 방법이다.
즉, 타임마케팅이란 소비자의 시간을 점유함으로써 그들 스스로 제품과 서비스에 시간을 투자하도록 만드는 방식의 마케팅이다.
예를 들어 주말에 30% 할인을 해주거나 어떤 요일에는 쿠폰을 제공하는 등의 방식으로 소비자의 마음을 열고 매출을 올릴 수
있는 마케팅 방식이라고 볼 수 있다. 롯데리아나 맥도날드나 같은 유명 패스트푸드점에 가면 모닝세트, 런치세트 등을 볼 수 있는데
이것들이 사실 타임마케팅의 일환이다. 아침이나 점심시간에 고객이 적은 현상을 고려하여 제한된 시간 동안 합리적인 가격과
구성품을 판매하여 고객의 아침, 점심을 점유하는 것이다.

11   정답 ①

먼저 20x1년의 매출총이익을 구하기 위해 매출원가(기초재고＋당기매입－기말재고)를 구할 때, 당기매입액은 매입에누리나 환출
등을 차감한 순금액으로 반영하므로 매출원가는 $100,000+(280,000-0)-110,000=270,000$원이다.
매출총이익(매출액－매출원가)을 계산함에 있어 매출액 역시 매출에누리나 환입 등을 차감한 순금액으로 반영하므로 20x1년의
매출총이익은 $(400,000-40,000)-270,000=90,000$원이며, 매출총이익률(매출총이익÷매출액×100)은 $90,000÷360,000×$
$100=25\%$(매출원가율 75%)이다. 20x1년의 매출총이익률이 20x2년에도 동일한 경우 20x2년의 매출원가는 20x2년의 순매출액
에 매출원가율 75%를 곱한 금액이므로 $(500,000-20,000)×0.75=360,000$원이다.
따라서 20x2년의 기말재고자산 가액은 $110,000+(400,000-10,000)-360,000=140,000$원이다.

12   정답 ②

[오답분석]

① 사이드카(Side Car) : 선물시장이 급변할 경우 현물시장에 대한 영향을 최소화함으로써 현물시장을 안정적으로 운용하기 위한
   관리제도이다.
③ 트레이딩칼라(Trading Collar) : 주식시장 급변에 따른 지수 변동성 확대로 시장의 불안 정도가 높아질 때 발효되는 시장 조치를
   말한다.
④ 서킷브레이커(Circuit Breaker) : 주식시장에서 주가가 급등 또는 급락하는 경우 주식매매를 일시 정지하는 제도이다.

13   정답 ③

정수/정수의 결과를 실수값으로 바르게 표현하기 위해서는 실수형(float, double)으로 형변환을 해야 한다.

01	02	03	04	05
ⓒ	1,050	ⓒ, ⓔ, ⓗ, ⓞ	ⓔ, ⓜ	4,920

01 정답 ⓒ

OTP(One Time Password)는 무작위로 생성되는 난수의 일회용 패스워드를 이용하는 사용자 인증 방식이다. 로그인할 때마다 일회성 패스워드를 생성하기 때문에 동일한 패스워드를 반복사용함으로써 발생하는 보안상의 취약점을 극복할 수 있다.

02 정답 1,050

2022년 인식할 기타포괄이익은 $(20 \times 240) - (20 \times 180 + 150) = 1,050$원이다.

03 정답 ⓒ, ⓔ, ⓗ, ⓞ

경제변수는 유량과 저량으로 구분된다. 유량변수는 GDP・국제수지・생산・소득・소비・저축 등과 같이 '일정 기간' 동안 측정하는 변수이며, 저량변수는 외환보유액・통화량・인구・부(Wealth)・자산(Asset)・부채(Debt) 등과 같이 '일정 시점'에 측정하는 변수이다.

04 정답 ⓔ, ⓜ

달러 수요가 상승하고, 상대적으로 원화가치가 하락하는 경우에 환율이 상승한다. 미국 투자자가 국내 주식을 매각하려 하거나, 국내 기업이 미국에 공장을 설립하려 할 때 달러 수요가 증가한다.

[오답분석]

ⓐ 국내 실질이자율이 상승하면 원화로 표시된 금융자산의 수요가 증가하므로 달러의 국내 유입이 증가하고 달러가치 및 환율은 하락한다.
ⓑ 미국인들의 소득이 증가하면 한국산 수출품에 대한 수요가 증가하여 달러 유입이 증가하고 환율은 하락한다.
ⓒ 국내 물가수준이 하락하여 수출품 가격이 하락하면 수출품에 대한 수요가 증가하므로 환율이 하락한다.

05 정답 4,920

원가율 산정은 $\dfrac{\text{원가기준 판매가능액(기초재고+당기매입액)}}{\text{매출가격기준 판매가능액(매가기초재고+매가당기매입액)}} = \dfrac{1,800 + 6,400}{2,000 + 8,000} \times 100 = 82\%$이므로 가중판매한 매출액은 6,000원이다.

매출가격으로 표시된 재고자산을 구하면 다음과 같다.
• 매출가격기준 판매가능액－가중판매한 매출액 : $(2,000 + 8,000) - 6,000 = 4,000$원
• 기말재고자산 산출 : $4,000 \times 82\% = 3,280$원

(매출원가)＋(기말재고)＝(기초재고)＋(매입원가)이므로 매출원가는 $1,800 + 6,400 - 3,280 = 4,920$원이다.

01	02	03	04	05
④	④	②	①	②

01 정답 ④

LRU 알고리즘은 최근에 가장 오랫동안 사용하지 않은 페이지를 교체하는 기법이다. 페이지마다 계수기나 스택을 두어 현시점에서 가장 오랫동안 사용하지 않은, 즉 가장 오래 전에 사용된 페이지를 교체한다. 가장 최근에 사용한 페이지가 스택(후입선출구조)의 top에 위치하게 되고 나머지는 bottom 쪽으로 이동한다. 내부적으로 삽입(push)과 삭제(pop) 동작이 이루어진다. 이를 표로 정리하면 다음과 같다.

삽입	1	2	3	4	5	3	4	2	5	4	6	7	2	4
top				4	5	3	4	2	5	4	6	7	2	4
↑			3	3	4	5	3	4	2	5	4	6	7	2
		2	2	2	3	4	5	3	4	2	5	4	6	7
bottom	1	1	1	1	2	2	2	5	3	3	2	5	4	6

마지막으로 삽입된 데이터는 top에 위치하고 1 ~ 4까지는 그대로 입력되며 5를 삽입하기 위해서 가장 오래 전에 사용한 1을 교체한다. 4까지 입력된 상태에서 4, 3, 2, 1을 순서대로 출력하고 2, 3, 4, 5를 입력한다. 스택 구조는 후입선출구조로 가장 마지막에 입력된 데이터가 가장 먼저 출력된다. top은 스택의 포인터로 삽입과 삭제가 이루어지는 곳을 말하며 초기상태는 top과 bottom이 동일한 위치(0에 위치)이며 top 포인터를 1 증가시킨 후 데이터를 삽입할 수 있다. 따라서 최종 스택의 내용으로 옳은 것은 ④이다.

02 정답 ④

데이터베이스에서 알 수 없는 값, 할당할 수 없는 값, 적용할 수 없는 값 등을 표시할 때 널(Null)을 사용한다. 0이나 공백과는 다른 의미이다.

03 정답 ②

DISTINCT는 중복행을 제외하고 검색하라는 명령이다.

04 정답 ①

제시된 알고리즘은 입력받은 수 N의 모든 약수를 출력하고 종료하는 순서도이다. '반복 L=1, N, 1'의 의미는 'L은 초깃값 1에서 시작하며 N이 될 때까지 반복된다.'이다.
예를 들어 N=10이라면, '반복 L=1, 10, 1'처럼 표현될 수 있고, 의미는 'L은 1에서 시작하여 10이 될 때까지 반복된다.'이다. 그러면 L=1, 2, 5, 10일 때 mod(N, L)=0이고, L=3, 4, 6, 7, 8, 9일 때 mod(N, L)≠0이므로 출력되는 L값은 1, 2, 5, 10이다. 따라서 알고리즘이 N회 반복되는 동안 L은 N의 약수일 때만 출력되므로 L이 출력되는 횟수는 N과 같거나 작다.

[오답분석]
② 1을 제외한 모든 양의 정수는 약수의 개수가 2개 이상이다. 따라서 N=1일 경우에는 '1'만 출력되고, 나머지 수는 최소 2개 이상 출력된다.
③ N이 1보다 클 때, 출력된 L값의 합의 최솟값은 (N+1)이므로 항상 N보다 크다.
④ mod(N, L)는 N을 L로 나눴을 때의 나머지를 구하는 함수이다.

05　정답 ②

출발지와 목적지의 IP 주소를 속여 공격하는 것은 Land Attack에 대한 설명이다.

> **Exploit 공격**
> 컴퓨터의 소프트웨어나 하드웨어 및 컴퓨터 관련 전자 제품의 버그, 보안 취약점 등 설계상 결함을 이용해 공격자의 의도된 동작을 수행하도록 만들어진 절차나 일련의 명령, 스크립트, 프로그램 또는 특정한 데이터 조각을 말하며, 이러한 것들을 사용한 공격 행위를 일컫는다.

| 디지털 - 주관식 |

01	02			
㉢, ㉣	0			

01　정답 ㉢, ㉣

TCP는 연결형 서비스를 제공, 스트림 위주의 전달(패킷 단위), 신뢰성 있는 경로를 확립하고 메시지 전송을 감독한다. 패킷의 분실, 손상, 지연이나 순서가 틀린 것 등이 발생할 때 투명성이 보장되는 통신을 제공한다.

> **UDP**
> 비연결형 서비스를 제공, 고속의 안정성 있는 전송 매체를 사용하며 신뢰성보다는 속도가 중요시되는 네트워크에서 사용된다.

02　정답 0

c의 초깃값이 0이기 때문에 몇 번을 곱해도 c는 0이다.

01　NCS 직업기초능력

01	02	03	04	05	06	07	08	09	10	11	12	13	14	15					
④	③	②	③	③	②	④	②	③	④	①	①	④	③	③					

01　정답　④

제시문은 인공신경망에 대해 설명하는 글이므로 '앞으로 인공신경망을 활용할 수 있는 분야는 어떤 것들이 있을까?'란 질문이 가장 적절하다.

오답분석

① 기본 단위는 퍼셉트론으로, 이미 제시되어 있다.
② 퍼셉트론이 0 아니면 1의 출력값을 도출하는 방식은 이미 제시되어 있다.
③ 퍼셉트론을 층으로 배치하여 복잡한 판단을 내릴 수 있다고 이미 제시되어 있다.

02　정답　③

사회적 약자에 대한 채용 혜택을 살펴보면, 먼저 채용인원 수 측면에서는 상반기가 65명, 하반기가 120명이므로 하반기에 더 중점을 두었음을 알 수 있다. 또한 사회적 약자에 대한 범위 역시 상반기에는 장애인과 국가유공자에 대해서만 혜택을 부여했지만, 하반기에는 이에 더 나아가 고졸 및 국가유공자, 한부모가정, 북한이탈주민까지 범위를 더 넓혔다. 따라서 하반기가 상반기에 비해 사회적 가치 실현에 더 중점을 두었음을 알 수 있다.

오답분석

① 전체 채용인원은 상반기가 458명, 하반기가 465명이고, 일반 채용인원은 상반기가 393명, 하반기가 345명이다.
② 국가유공자 채용인원은 상반기와 하반기 모두 동일하게 50명이다.
④ 상반기 보도자료에서 '근무조건을 모집지역 5년 이상 근무하는 것으로 하여 지원자 본인은 생활권을 고려하여 지원해야 할 것으로 보인다.'고 했으며, 하반기 보도자료에서도 '근무조건 또한 모집지역 내에서 5년 이상 근무하는 것으로 이 역시 상반기와 동일하다.'고 했으므로 하반기 지원 역시 상반기처럼 본인의 생활권을 고려하여 지원해야 할 것임을 알 수 있다.

03　정답　②

보기의 의뢰인이 이용하고 있는 방식은 이벤트 동기화 방식 OTP이다. 그러므로 비동기화 방식 OTP를 추천해야 하며, 비동기화 방식은 OTP 발생기와 인증 서버 사이에 동기화된 값이 없다. 따라서 의뢰인이 사용하면 좋을 기술 유형과 그 기술에 대한 설명이 바르게 연결된 것은 ②이다.

오답분석

① 이벤트 동기화 방식에 대한 설명이다.
③·④ 의뢰인이 사용하는 방식이 이벤트 동기화 방식이기 때문에 이벤트 동기화를 추천하는 것은 적절하지 않다.

04 　정답 ③

(나)에서는 리츠의 여러 가지 장점을 나열하였을 뿐 단점에 대해서는 언급하고 있지 않으므로 (나)에는 리츠의 장·단점(ㄷ)이 아닌 리츠의 장점이 와야 한다.

[오답분석]
- (가) : 리츠의 의미를 설명하며 우리나라에 리츠가 도입된 배경에 대해 이야기하고 있으므로 ㄱ과 ㄴ 모두 적절하다.
- (다) : 리츠의 세 가지 유형에 대해 설명하며, 유형별 특징을 표로 정리하여 비교하고 있으므로 ㄹ이 적절하다.

05 　정답 ③

조건에 맞는 기본금리, 고객별 우대금리, 주거래 우대금리가 적용된다.

[오답분석]
① 실명의 개인이면 가입이 가능하다.
② 가입기간은 1년, 2년, 3년으로 월단위 가입은 불가능하다.
④ 자녀의 경우 주민등록등본, 가족관계증명서도 제출해야 한다.

06 　정답 ②

- 3년 만기이므로 기본금리는 2.7%이다.
- 장기거래 고객 및 재예치 고객에 해당하지만 고객별 우대금리는 최고 0.1%p이다.
- 6개의 주거래 실적조건 중 2개 이상 충족하지 못했다.

따라서 만기 시 A씨의 적용 금리는 2.7+0.1=2.8%이다.

07 　정답 ④

ㄱ. • 2021년 한국 금융소득 상위 1% 인원 : 354천 명
　　• 2012년 한국 금융소득 상위 1% 인원 : 160천 명

$$\rightarrow \frac{354}{160} \fallingdotseq 2.2\text{배}$$

따라서 2021년은 2012년 대비 2.2배 증가하였다.

ㄴ. • 2021년 한국 가계 전체 금융자산 : $\frac{2,100}{0.58} \fallingdotseq 3,620.7$조 원

　　• 2012년 한국 가계 전체 금융자산 : $\frac{1,100}{0.53} \fallingdotseq 2,075.5$조 원

$$\rightarrow \frac{3,620.7}{2,075.5} \fallingdotseq 1.7\text{배}$$

따라서 2021년은 2012년 대비 1.7배 증가하였다.

ㄷ. • 2021년 한국 금융자산 상위 1% : 2,100조 원
　　• 2012년 한국 금융자산 상위 1% : 1,100조 원

$$\rightarrow \frac{2,100}{1,100} \fallingdotseq 1.9\text{배}$$

따라서 1.9배 증가는 ㄴ에서 구한 1.7배 증가보다 크므로 더 많은 비율로 증가하였다.

08 정답 ②

ㄱ. 총계를 보면 금융자금이 계속해서 증가함을 알 수 있다.
ㄷ. GDP 대비 부동산 금융자금의 규모는 101.2%이다.

[오답분석]

ㄴ. 2016년 부동산 금융자금은 $\frac{1,797}{1.097}≒1,638$으로, 약 1,638조 원이다.

ㄹ. 제시된 자료로는 알 수 없다.

09 정답 ③

리스크 관리 능력의 부족은 기업 내부환경의 약점 요인에 해당한다. 위협은 외부환경 요인에 해당하므로 위협 요인에는 회사 내부를 제외한 외부에서 비롯되는 요인이 들어가야 한다.

> **SWOT 분석**
> 기업의 내부환경과 외부환경을 분석하여 강점(Strength), 약점(Weakness), 기회(Opportunity), 위협(Threat) 요인을 규정하고, 이를 토대로 경영전략을 수립하는 기법
> • 강점(Strength) : 내부환경(자사 경영자원)의 강점
> • 약점(Weakness) : 내부환경(자사 경영자원)의 약점
> • 기회(Opportunity) : 외부환경(경쟁, 고객, 거시적 환경)에서 비롯된 기회
> • 위협(Threat) : 외부환경(경쟁, 고객, 거시적 환경)에서 비롯된 위협

10 정답 ④

세레나데&봄의 제전은 55% 할인된 가격인 27,000원에서 10%가 티켓 수수료로 추가된다고 했으니 2,700원을 더한 29,700원이 총 결제가격이다. 티켓판매 수량이 1,200장이므로 총수익은 29,700×1,200=35,640,000원이며, 3,700만 원 미만이다.

[오답분석]

① 판매자료에 티켓이 모두 50% 이상 할인율을 가지고 있어 할인율이 크다는 생각을 할 수 있다.
② 티켓판매가 부진해 소셜커머스에서 반값 이상의 할인을 한다는 생각은 충분히 할 수 있는 생각이다.
③ 백조의 호수의 경우 2월 5~10일까지 6일이라는 가장 짧은 기간 동안 티켓을 판매했지만 1,787장으로 가장 높은 판매량을 기록하고 있다. 설 연휴와 더불어 휴일에 티켓 수요가 늘 것을 예상해 일정을 짧게 잡아 단기간에 빠르게 판매량을 높인 것을 유추할 수 있다.

11 정답 ①

지불한 70만 원 중 40만 원을 현금결제하였으므로 40만 원에 대해서 현금영수증의 발급 의무가 발생한다. 이에 따른 현금영수증 미발급으로 인한 과태료와 신고 포상금을 계산하면 다음과 같다.
• 과태료 : 40만×0.5=20만 원
• 신고 포상금 : 20만×0.2=4만 원
따라서 부동산중개인의 현금영수증 미발급으로 인한 신고 포상금은 4만 원이다.

12 정답 ①

문제의 업주는 B씨가 현금영수증 발급을 원하지 않아서 지정코드로 자진 발급했다. 이러한 경우는 현금영수증 발급으로 인정하므로 현금영수증 발급 의무 위반은 발생하지 않았다. 따라서 B씨는 신고 포상금을 받을 수 없다.

13 정답 ④

A와 B사원은 모두 6급이므로 국내여비 정액표에 따라 다군에 속하므로 A와 B사원의 국내 출장여비를 구하면 다음과 같다.
- 교통비 왕복 총액(2인) : 105,200원
- 일비 : 2인×2만 원×3일=120,000원
- 식비 : 2인×2만 원×3일=120,000원
- 숙박비
  - 첫째 날 : 2명 이상이 공동 숙박하고, 기준금액(남원시, 5만 원)을 넘었으므로 5만 원
  - 둘째 날 : 2명 이상이 공동 숙박하고, 기준금액(5만 원) 이하로 지출했으므로, '4-나'를 적용하면 $\left(2-\dfrac{40,000}{50,000} \right)\times20,000\times2$ 인=48,000원

따라서 A와 B사원이 받을 국내 출장여비 총액은 105,200+120,000+120,000+50,000+48,000=443,200원이다.

14 정답 ③

K씨가 A정류장에서 06번 버스를 타고 K정류장에서 05번 버스로 환승을 하게 되면, 탑승까지 2분 50초, 버스를 타고 K정류장까지 4분이 걸리고, 05번을 기다리는 6분 15초, 마지막으로 N정류장까지 가는 3분을 더하면 2분 50초+4분+6분 15초+3분=16분 5초가 소요된다. 따라서 제시된 선택지 중 K씨가 가장 빠르게 도착 지점에 도달할 수 있는 방법이다.

[오답분석]

① A정류장에서 03번 버스를 타고 계속 끝까지 탑승하고 간다.
  → 탑승까지 10분 30초, 버스를 타고 N정류장까지 7정류장을 이동하므로 7분이 걸려서 총 17분 30초가 소요된다.
② A정류장에서 01번 버스를 타고 D정류장에서 06번 버스로 환승을 한다.
  → 탑승까지 3분 20초, 버스를 타고 D정류장까지 3분이 걸리고, 06번을 기다리는 5분 50초, 마지막으로 N정류장까지 가는 4분을 더하면 3분 20초+3분+5분 50초+4분=16분 10초가 소요된다.
④ A정류장에서 04번 버스를 타고 D정류장에서 03번 버스로 환승을 한다.
  → 탑승까지 5분 5초, 버스를 타고 D정류장까지 3분이 걸리고, 03번을 기다리는 13분 30초, 마지막으로 N정류장까지 가는 4분을 더하면 5분 5초+3분+13분 30초+4분=25분 35초가 소요된다.

15 정답 ③

[오답분석]

- B : 사장 직속으로 4개의 본부가 있다는 설명은 옳지만, 인사를 전담하고 있는 본부는 없으므로 옳지 않다.
- C : 감사실이 분리되어 있다는 설명은 옳지만, 사장 직속이 아니므로 옳지 않다.

| 금융일반 – 객관식 |

01	02	03	04	05	06	07	08	09	10	11	12	13	14	15					
③	③	①	④	④	③	③	②	①	④	③	②	②	③	①					

01 정답 ③

기대수익률을 구하면 다음과 같다.
$(0.1 \times 0.2) + (0.2 \times 0.15) + (0.3 \times 0.1) + (0.4 \times 0.05) = 0.02 + 0.03 + 0.03 + 0.02 = 0.1$
따라서 기대수익률은 10%이다.

02 정답 ③

기초자산의 가격이 권리행사가격보다 높아질 가능성이 커질수록 콜옵션 가격이 높아진다. 따라서 콜옵션은 기초자산의 가격이 높을수록 유리하다.

03 정답 ①

재무상태표 등식은 '자산=부채+자본'이다.

04 정답 ④

가중평균자본비용(WACC)을 구하면 다음과 같다.
$\text{WACC} = (\text{자기자본이 차지하는 비중}) + (\text{타인자본이 차지하는 비중}) = \left(\dfrac{300}{500} \times 0.2 \right) + \left(\dfrac{200}{500} \times 0.1 \right) = 0.16$
따라서 (주)I기업 총자산의 가중평균자본비용(WACC)은 16%이다.

05 정답 ④

영업활동으로 인한 현금흐름계산방법에는 간접법과 직접법이 있는데, 기업회계기준에서는 둘 다 인정하고 있다.

06 정답 ③

주가수익비율(PER)을 계산하는 방식은 주가÷주당순이익(EPS)이다.

07 정답 ③

당기순이익을 계산하면 다음과 같다.
• 자산=자본+부채
• 자본=자본금+자본잉여금+이익잉여금(당기순이익 포함)
유상증자를 하면 자본금과 자본잉여금이 증가하고 이익이 늘어나면 이익잉여금이 증가한다. 주식배당을 하면 이익잉여금이 줄어든 만큼 자본금이 증가하므로 자본은 불변한다. 단, 현금배당을 하면 이익잉여금은 감소하게 된다.
• 1,500억 원=800억 원+당기순이익+500억 원
따라서 (주)I의 당기순이익은 200억 원이다.

08 정답 ②

어떤 상품이 정상재인 경우 이 재화의 수요가 증가하면 수요곡선 자체를 오른쪽으로 이동시켜 재화의 가격이 상승하면서 동시에 거래량이 증가한다. 소비자의 소득 증가, 대체재의 가격 상승, 보완재의 가격 하락, 미래 재화가격 상승 예상, 소비자의 선호 증가 등이 수요를 증가시키는 요인이 될 수 있다. 한편, 생산기술의 진보, 생산요소의 가격 하락, 생산자의 수 증가, 조세 감소 등은 공급의 증가요인으로 공급곡선을 오른쪽으로 이동시킨다.

09 정답 ①

금융시장이 불안하면 기존에 국내에 유입돼 있던 외화가 유출될 것으로 예상할 수 있다. 외화가 유출될 때는 투자자가 기존에 원화로 환전하여 투자했던 돈을 다시 외화로 바꾸어 유출하는 것이므로, 외화 수요는 증가하게 된다. 외화 가격 이외의 요인으로 인한 외화 수요 증가이므로 외화의 수요곡선 자체가 우측으로 이동하게 되며 외화거래량은 증가, 가격은 상승하게 될 것으로 예상할 수 있다.

10 정답 ④

스태그플레이션(Stagflation)이란 경기가 불황임에도 불구하고 물가가 상승하는 현상을 말한다. 즉, 공급충격으로 인한 비용인상 인플레이션이 지속될 경우 인플레이션과 실업이 동시에 발생한다. 하지만 공급충격은 지속적으로 발생하는 것은 아니므로 지속적인 비용인상 인플레이션은 불가능하다.

인플레이션의 종류

구분	개념
하이퍼인플레이션 (Hyperinflation)	물가상승이 1년에 수백에서 수천 퍼센트를 기록하는 인플레이션
애그플레이션 (Agflation)	농업(Agriculture)과 인플레이션(Inflation)이 결합된 단어로서 농산물의 부족으로 인한 농산물 가격의 급등으로 야기되는 인플레이션
에코플레이션 (Ecoflation)	환경(Ecology)과 인플레이션(Inflation)의 합성어로 환경적 요인에 의해 야기되는 인플레이션
차이나플레이션 (Chinaflation)	중국(China)과 인플레이션(Inflation)의 합성어로 중국의 경제 성장으로 인해 야기되는 인플레이션

11 정답 ③

[오답분석]

ㄴ. 구매력 평가설에 의하면 빅맥 1개의 가격은 미국에서 5달러, 한국에서는 5,200원이므로 원/달러 환율은 1,040원이다.

ㄷ. $(실질환율) = \dfrac{(명목환율) \times (외국물가)}{(자국물가)} = \dfrac{1,300 \times 6,500}{5,200} = 1,625원$

12 정답 ②

B기업의 광고 여부에 관계없이 A기업은 광고를 하는 것이 우월전략이다. 또한 A기업의 광고 여부에 관계없이 B기업도 광고를 하는 것이 우월전략이다. 두 기업이 모두 광고를 하는 것이 우월전략이므로 우월전략균형에서 두 기업의 이윤은 (55, 75)이다. 우월전략균형은 내쉬균형에 포함되므로 내쉬균형에서의 A기업의 이윤은 55이고, B기업의 이윤은 75이다.

13　　정답　②

배출권 가격에 따른 경우를 구하면 다음과 같다.
- 배출권 가격이 50만 원 이상일 경우 : B공장과 C공장 모두 감축비용보다 비싸기 때문에 구매하지 않는다.
- 배출권 가격이 40 ~ 50만 원일 경우 : B공장은 감축비용보다 비싸기 때문에 구매하지 않는다.
- 배출권 가격이 30 ~ 40만 원일 경우 : A공장뿐만 아니라 B공장 또한 판매하려고 한다.
- 배출권 가격이 20만 원 이하일 경우 : 시장에 오염배출권을 판매하려는 공장이 존재하지 않는다.

따라서 A공장이 B공장과 C공장에게 오염배출권을 각각 10단위와 20단위씩 판매하면 이때의 가격은 20만 원에서 30만 원 사이에 형성된다.

14　　정답　③

듀레이션(Duration)은 투자자금의 평균 회수 기간으로, 채권 만기가 길어지면 증가하는 반면, 채권의 수익률, 이자 지급 빈도, 표면금리가 높아지면 감소한다.

[오답분석]
① 컨벡시티(Convexity) : 듀레이션을 미분한 값으로, 듀레이션과 함께 사용되어 금리변화에 따른 채권가격변동을 아주 적은 오차와 함께 거의 정확하게 계산할 수 있다.
② 채권 스프레드 : 특정 등급인 회사채의 수익률에서 3년 만기 국고채의 수익률을 제외한 수치이다.
④ 이표채(Coupon Bond) : 액면가로 채권을 발행하고, 표면이율에 따라 연간 지급해야 하는 이자를 일정 기간 나누어 지급하는 채권이다.

15　　정답　①

포트폴리오 구성 종목 수가 증가할수록 비체계적 위험은 감소하지만, 체계적 위험은 감소하지 않는다.

| 금융일반 - 주관식 |

01	02	03	04	
ㄴ, ㄹ	라, 바	10	1,500	

01　　정답　ㄴ, ㄹ

ㄴ. 초코기업이 1만 원을 인수 가격으로 제시하면 파이기업은 자사 가치가 0원이거나 1만 원일 경우에만 인수에 동의하고, 2만 원일 경우에는 동의하지 않는다. 따라서 초코기업이 제시한 인수 금액이 1만 원일 때 인수 확률은 $\frac{1}{3}+\frac{1}{3}=\frac{2}{3}$ 이다.

ㄹ. 초코기업이 제시한 인수 금액이 1만 원인 경우 초코기업의 기대 이득은 다음과 같다.

$$\frac{1}{3}\times(0\times1.5-1)+\frac{1}{3}\times(1\times1.5-1)=-\frac{1}{6}만 원$$

그러므로 인수 금액이 1만 원인 경우 초코기업의 기대이득은 음(−)임을 알 수 있다.

이와 같은 방법으로 인수 금액이 2만 원인 경우 초코기업의 기대이득을 구하면 다음과 같다.

$$\frac{1}{3}\times(0\times1.5-2)+\frac{1}{3}\times(1\times1.5-2)+\frac{1}{3}\times(2\times1.5-2)=-\frac{1}{2}만 원$$

마찬가지로 초코기업이 1만 원, 2만 원을 인수 금액으로 제시하는 경우 기대이득은 음(−)이 됨을 확인할 수 있다.

따라서 초코기업은 파이기업의 실제 가치와 상관없이 0원을 인수 금액으로 제시하는 것이 합리적이다.

ㄱ. 파이기업은 초코기업이 제시한 인수 금액이 자사의 실제 가치보다 크거나 같을 때 인수에 동의한다. 초코기업이 제시한 인수 금액이 1만 원이라면 파이기업은 자사의 실제 가치보다 1만 원이 크거나 같을 때 인수에 동의할 것이므로 파이기업의 실제 가치가 2만 원이라면 인수는 성사되지 않는다.

ㄷ. ㄹ의 해설에 따라 초코기업이 제시한 인수 금액이 1만 원인 경우 초코기업의 기대이득은 $-\frac{1}{6}$만 원이다.

02   정답 라, 바

금융자산의 종류와 금융부채의 종류를 표로 정리하면 다음과 같다.

금융자산	금융부채
• 현금 • 다른 기업의 지분상품(지분증권) • 거래상대방에게서 현금 등 금융자산을 수취할 계약상 권리 • 잠재적으로 유리한 조건으로 거래상대방과 금융부채를 교환하기로 한 계약상 권리 • 수취할 자기 지분 상품의 수량이 변동가능한 비파생상품계약	• 매입채무 • 미지급금 • 차입금 • 사채 • 부채의 정의를 충족하는 확정계약의무가 있는 현금이나 그 밖의 금융자산으로 결제되는 부채

따라서 금융자산에 해당하는 계정은 현금(라), 타사의 지분증권(바)이다.

03   정답 10

공공재의 시장수요곡선은 각각의 수요곡선의 합이다. 그러므로 K시 공공재의 시장수요곡선은 $P=(10-Q)+(10-0.5Q)=20-1.5Q$이다. 한계비용 $MC=5$이므로 $20-1.5Q=5$이다.
따라서 $Q=10$이다.

04   정답 1,500

법정지불준비율이 0.2이므로 예금통화승수는 0.2의 역수인 $\frac{1}{0.2}=5$이다.
따라서 요구불예금의 크기는 지불준비금 $300\times5=1,500$만 원이 된다.

| 디지털 - 객관식 |

01	02	03	04	05
②	③	①	④	①

01   정답 ②

인터럽트 사이클은 프로그램 계수 장치에 저장된 현재의 주소가 특정 영역에 보관되었다가 다시 장애가 발생했던 지점으로 되돌아가는 주기이다. 내·외적인 여러 요인에 의해 컴퓨터 시스템에 인터럽트가 발생하면, 실행 중인 프로그램을 특정 장소에 보관하고 인터럽트를 처리하기 위한 서비스 프로그램을 수행하게 되는데, 이러한 일련의 과정을 인터럽트 사이클이라고 하며 실행 사이클의 마지막에서 시작된다.

02　정답　③

③은 DMA(Direct Memory Access)에 대한 설명이다. DMA가 메모리 접근을 하기 위해서는 사이클 스틸(Cycle Steal)을 해야 한다.

> **사이클 스틸(Cycle Steal)**
> 입출력 채널과 주기억 사이의 데이터 전송 방식의 하나로 보통은 중앙 처리 장치가 주기억을 사용하고 있는데, 입출력 시에는 채널로부터 주기억으로의 접근 요구가 있을 수 있다. 이때 양자의 접근이 경합하면 채널로부터의 요구를 우선하게 하여, 채널이 중앙 처리 장치의 기억 사이클을 빼앗는 형태로 처리하게 한다.

03　정답　①

RAID는 여러 대의 하드디스크가 있을 때 동일한 데이터를 다른 위치에 중복해서 저장하는 기술로, 하드디스크의 모음뿐만 아니라 자동으로 복제해 백업 정책을 구현한다.

04　정답　④

채널은 정보의 발생원으로부터 수요처에 이르는 선로와 장비들을 포함하는 기능적인 접속 회로로, CPU와는 독립적으로 작동하여 입출력을 완료한다.

05　정답　①

캐시메모리는 CPU와 주기억장치 사이의 속도 차이를 줄이기 위한 고속 메모리로 주기억장치보다 소용량으로 구성되며, 주로 SRAM을 사용한다.

| 디지털 - 주관식 |

01	02			
0100	LOOK			

01　정답　0100

논리 회로를 논리식으로 바꾸면 A′·B이다. 이때, A의 값이 1010이면, A′는 각 자릿수가 반대로 변환하여 출력되므로 0101이다. A′(0101)와 B(1110)의 AND는 그대로 풀이하면 입력 신호가 모두 1일 때만 1이 출력되므로 각 자릿수끼리 대응시키면 A′·B는 0100이다. 따라서 0101 AND 1110＝0100이다.

02　정답　LOOK

LOOK은 SCAN 기법을 사용하되 진행 방향의 마지막 요청을 서비스한 후 그 방향의 끝으로 이동하는 것이 아니라 방향을 바꾸어 역방향으로 진행하는 기법이다.

01 NCS 직업기초능력

01	02	03	04	05	06	07	08	09	10	11	12	13	14	15					
④	④	③	③	④	③	①	④	④	③	②	①	④	①	④					

01 정답 ④

정기적립식은 월 1만 원 이상, 자유적립식은 월 1만 원부터 2천만 원 이내에서 가입 가능하다.

오답분석

① 3년 만기 상품은 최대 연 2.6% 금리를 제공받는다.
② 정기적립식은 최소 잔액 1만 원을 유지하면 분할 해지가 가능하다.
③ 자유적립식은 만기 시 1년 단위로 최고 9회까지 자동 연장할 수 있다.

02 정답 ④

새로운 여신심사 가이드라인으로 인해 대출심사가 까다로워진 것은 신문 기사에서 확인할 수 있다. 그러나 은행권에서는 무작정 대출받기가 어려워지는 것은 아니라고 설명하면서, 실수요자들이 대출받기 어려워지는 부작용은 발생하지 않을 것이라고 하였으므로 Q대리는 기사의 내용을 정확하게 이해한 것이라고 볼 수 없다.

03 정답 ③

현행 상법에는 주식회사의 최소 자본금에 대한 제한이 없다.

오답분석

① 주식회사는 주식을 통해 자본을 조달한다.
② 1주의 액면주식을 두 명 이상이 나누어 양도할 수 없으므로 나눌 수 없고, 100원 이상으로 설정하여야 한다.
④ 주식회사 설립 시 수권주식총수 중 얼마 정도를 발행할지 정하고, 발행된 주식은 모두 인수되어야 한다.

04 정답 ③

총재, 부총재를 포함한 모든 금융통화위원은 총재가 아닌 대통령이 임명한다.

오답분석

① 마지막 문단에 따르면 면밀한 검토가 필요한 사안에 대해서는 본회의 외에 별도 심의위원회가 구성되어 검토한다.
② 한국은행 총재는 금융통화위원회 의장을 겸임한다.
④ 정기회는 의장이 필요하다고 인정하거나, 금융통화위원 최소 2인의 요구가 있을 때 개최된다.

05 　정답　④

마지막 11번째 자리는 체크기호로 난수이다. 따라서 432번째 개설된 당좌예금이다.

06 　정답　③

[오답분석]
① 월간 최고한도는 5,000만 원이다.
② 매월 세 번째 일요일 00:00 ～ 06:00에는 체크카드 이용이 제한될 수 있다.
④ 외국인의 경우 보증금 3만 원이 필요하다.

07 　정답　①

기업은행 체크카드 후불교통 이용대금 출금일은 15일+3영업일, 말일+3영업일이다. 9월 16일부터 말일(30일)까지 사용한 이용대금은 개천절인 공휴일을 제외하여 10월 4일에 출금되며, 10월 1일부터 10월 15일까지 사용한 이용대금은 10월 18일에 출금된다.

08 　정답　④

제시된 자료를 응용하여 6월물 달러 선물의 손익을 산출할 수 있다. 즉, 선물거래의 경우 $(1,280-1,250) \times 100 = 3,000$만 원의 이익을 얻는 것을 알 수 있으나 6월의 환율을 알 수 없기 때문에 추가 이익이 발생한다고 확신하기는 어렵다. 따라서 박대리의 언급은 적절하지 않다.

09 　정답　④

대리와 이사장은 직급이 2급 이상 차이 나기 때문에 A대리는 이사장과 같은 등급의 호텔과 객실에서 묵을 수 있다.

[오답분석]
① 항공비는 실비이기 때문에 변동이 있을 수 있다.
② 숙박비 5만 원, 교통비 2만 원, 일비 6만 원, 식비 4만 원으로 17만 원이다.
③ 같은 조건이라면 이사장과 이사는 출장비가 같다.

10 　정답　③

차장은 4급으로 숙박비가 1일 50,000원이 지원되고, 부장은 3급으로 1일 80,000원의 숙박비가 지원된다. 출장 기간이 9박 10일이므로 총 9일 동안 호텔에서 숙박하는 데 차장의 9일간 숙박비는 450,000원이고, 부장의 9일간 숙박비는 720,000원이다. 따라서 차장의 호텔을 업그레이드할 때, 원래 묵을 수 있는 숙박비보다 $720,000 - 450,000 = 270,000$원 이득이다.

11 　정답　②

신청 번호 구성 순으로 정리하면 다음과 같다.
• 임대주택 구분 : 대학생 전형(11)
• 임대주택 신청연도 : 2019년(19)
• 입주신청일 : 10월 10일(1010)
• 임대기간 : 3년(RT3)
• 공급면적 : $30m^2$(E)
• 신청자 월평균소득 대비 비율 : 100% 이하(VE)
따라서 신청자의 신청 번호는 '11191010RT3EVE'이다.

12   정답   ①

신청 번호 구성 순으로 정리하면 다음과 같다.
- 임대주택 구분 : 만 65세 이상 고령자 전형(30)
- 임대주택 신청연도 : 2018년(18)
- 입주신청일 : 5월 17일(0517)
- 임대기간 : 5년(RT5)
- 공급면적 : $23m^2$(B)
- 신청자 월평균소득 대비 비율 : 65%(GH)

따라서 A씨의 신청 번호는 '30180517RT5BGH'이다.

13   정답   ④

임대주택 신청자 신청 번호 구성 순으로 조건에 해당되지 않는 신청자를 지우면 다음과 같다.

1. 대학생 전형(11)과 사회초년생 전형(12)에 해당하는 신청자를 지운다.

11180502RT4NGH	21191212RT0EQW	22201228RT2EVE	12190124RT2BQW
30150822RT2EFL	21160214RT2XCR	11160727RT0NCR	22150227RT2BFL
30171124RT2BQW	30180317RT3NGH	11200319RT3EVE	22200630RT2XQW
30190516RT2BCR	21180405RT3EVE	21190628RT2XGH	12200728RT5NVE

2. 신청연도가 2017년 이전인 신청자는 지운다.

11180502RT4NGH	21191212RT0EQW	22201228RT2EVE	12190124RT2BQW
30150822RT2EFL	21160214RT2XCR	11160727RT0NCR	22150227RT2BFL
30171124RT2BQW	30180317RT3NGH	11200319RT3EVE	22200630RT2XQW
30190516RT2BCR	21180405RT3EVE	21190628RT2XGH	12200728RT5NVE

3. 입주신청일에 대한 언급은 없으므로 제외한다.
4. 6개월간 임대료 면제 혜택 대상이려면 임대기간이 2년 이상이어야 하므로 임대기간이 2년 미만인 RT0인 신청자는 지운다.

11180502RT4NGH	21191212RT0EQW	22201228RT2EVE	12190124RT2BQW
30150822RT2EFL	21160214RT2XCR	11160727RT0NCR	22150227RT2BFL
30171124RT2BQW	30180317RT3NGH	11200319RT3EVE	22200630RT2XQW
30190516RT2BCR	21180405RT3EVE	21190628RT2XGH	12200728RT5NVE

5. 월평균소득 대비 비율이 120% 이하에 해당하지 않는 신청자(CR, FL)는 지운다.

11180502RT4NGH	21191212RT0EQW	22201228RT2EVE	12190124RT2BQW
30150822RT2EFL	21160214RT2XCR	11160727RT0NCR	22150227RT2BFL
30171124RT2BQW	30180317RT3NGH	11200319RT3EVE	22200630RT2XQW
30190516RT2BCR	21180405RT3EVE	21190628RT2XGH	12200728RT5NVE

따라서 임대료 면제 혜택을 받을 수 있는 신청자는 모두 5명이다.

14   정답   ①

{월세×12(개월)/(전세 보증금−월세 보증금)}×100=6%가 되어야 한다.
월세를 x원으로 하여 주어진 금액을 대입하고 계산하면 다음과 같다.
$(x×12)/(1억 원−1천만 원)×100=6$

$$\frac{12x}{900,000}=6 \rightarrow x=\frac{900,000×6}{12}$$

$\therefore x=450,000$

따라서 세입자가 지불해야 할 월 임대료는 450,000원이다.

15 정답 ④

수인이가 베트남 현금 1,670만 동을 환전하기 위해 필요한 한국 돈은 수수료를 제외하고 1,670만 동×483원/만 동=806,610원이다. 우대사항에서 50만 원 이상 환전 시 70만 원까지 수수료가 0.4%로 낮아진다. 70만 원에는 수수료 0.4%가 적용되고 나머지는 0.5%가 적용되어 총수수료를 구하면 700,000×0.004+(806,610−700,000)×0.005=2,800+533.05≒3,330원이다.

따라서 수수료와 수인이가 원하는 금액을 환전하기 위해서 필요한 총금액은 806,610+3,330=809,940원임을 알 수 있다.

---

02 직무수행능력

| 금융일반 – 객관식 |

01	02	03	04	05	06	07	08	09	10	11	12	13	14	15				
③	③	④	④	③	②	④	③	③	④	④	②	③	③	②				

01 정답 ③

유동성 위험은 투자자의 입장에서 어떤 유가증권을 가치 손실을 입지 않고 쉽게 사고팔 수 있는 능력의 여부를 말한다. 즉, 자산의 유동성이 부족하여 일시적인 자금 부족으로 대외 지급에 문제가 생길 가능성을 의미한다.

[오답분석]
① 재투자수익률 위험은 이자율의 변동에 따라 재투자수익률이 변동함으로 인해 발생하는 불확실성의 위험을 의미한다.
② 수의상환가격이란 채권이 발행자의 선택에 따라 만기 이전에 채권발행 시 정해진 가격으로 상환되는 경우의 상환가격을 의미하는데, 발행회사가 금리 수준을 하락한 경우 수의상환가격으로 채권을 매입하고 낮은 수익률로 또 다른 채권을 발행하면 투자자들 입장에서는 투자 손실이 발생하기 쉽다.

02 정답 ③

양적 평가 요소에는 재무비율 평가 항목으로 구성된 안정성, 수익성, 활동성, 생산성, 성장성 등이 있고, 질적 평가 요소에는 시장점유율, 진입장벽, 경영자의 경영능력, 은행거래 신뢰도, 광고활동, 시장규모, 신용위험 등이 있다. 따라서 양적 평가 요소에 해당하는 것은 ③이다.

03 정답 ④

옵션의 현재가격(=옵션프리미엄)은 내재가치와 시간가치로 구성된다. 내재가치는 '옵션을 지금 당장 행사할 경우의 가치'를 의미하고, 시간가치는 '기초자산의 가격이 시간이 흐름에 따라 유리하게 변동할 가능성의 가치'를 의미한다. 콜옵션은 '기초자산을 만기에 행사가로 살 수 있는 권리'에 해당하므로 제시된 상황에서 행사가 365.00의 콜옵션이 가지는 내재가치는 5이다. 행사가 365.00인 콜옵션의 가격이 8.50으로 형성되어 있으므로 시간가치는 8.50−5=3.50이다.

[오답분석]
① 외가격 옵션이란 '지금 당장 행사할 경우 불리한 상태'에 있는 옵션을 말한다. 기초자산의 가격이 370.00이므로 행사가가 375.00 또는 372.50인 콜옵션은 모두 외가격 옵션에 해당한다. 외가격 상태에 있는 옵션의 경우 내재가치는 0이다.
② 풋옵션은 '기초자산을 만기에 행사가에 팔 수 있는 권리'에 해당한다. 따라서 기초자산 가격이 370.00일 때 행사가가 367.50 또는 365.00인 풋옵션은 지금 당장 행사를 가정하면 불리하다. 즉, 외가격 상태이다.
③ 기초자산 가격과 행사가가 동일한 등가격 옵션이다. 등가격 옵션을 지금 당장 행사할 경우의 내재가치는 0이다.

04   정답 ④

- 창고 실사재고 : 200,000원
- 선적지인도조건의 매입 : 기말현재 선적된 상태이므로 50,000원을 (주)서울의 재고자산에 포함한다.
- 도착지인도조건의 판매 : 기말현재 아직 도착하지 않았으므로 40,000원을 (주)서울의 재고자산에 포함한다.
- 시송품 : 기말현재 구입의사를 표시하지 않은 3명분의 60,000원(=20,000원×3명)을 (주)서울의 재고자산에 포함한다.
- 미인도청구 판매 : 고객에게 상품의 통제권이 있으므로, 해당 상품은 (주)서울의 자산으로 인식하지 않는다. 30,000원을 (주)서울의 실사재고 200,000원에서 차감한다.

따라서 재고자산 가액은 200,000+50,000+40,000+60,000-30,000=320,000이다.

기말재고자산의 귀속 여부

구분	인도조건	매출자	매입자
미착상품	선적지인도조건	재고자산 ×	재고자산 ○
	도착지인도소건	재고자산 ○	재고자산 ×
시송품	소비자가 매입의사를 표시하기 전까지는 판매자의 재고자산		
미인도청구 판매	재고자산 ×		

05   정답 ③

제시문은 사회적 태만 현상에 대해 설명하고 있다. 사회적 태만을 방지하기 위해서는 구성원 개개인이 집단의 목표에 직접적으로 동기를 가질 수 있게 하는 것이 좋다. 성과 배분의 의사결정을 할 때에도 집단관리자가 모든 결정 권한을 가지기보다는 구성원 전체가 자율적으로 결정하는 것이 사회적 태만을 극복할 수 있는 방안이 된다.

[오답분석]

①·②·④ 집단 크기의 최적화, 업무의 개인별 할당, 개인별 평가점수의 공개 등은 모두 사회적 태만을 최소화할 수 있는 방법들이다.

06   정답 ②

가. 인코텀즈를 제정하는 국제상업회의소는 민간조직이다. 따라서 인코텀즈는 국제법의 효력을 지니지는 않으며, 무역거래의 관습들을 명문화시켜놓은 '자치적 관습입법'에 해당한다.

나. 인코텀즈는 국제상업회의소가 10년마다 개정한다. 가장 최근의 개정은 '인코텀즈 2020'으로, 2020년 1월 1일부터 적용되고 있다.

[오답분석]

다. 인코텀즈가 무역거래의 모든 것을 다루지는 않는다. 인코텀즈는 무역 거래의 당사자인 매도인(셀러)과 매수인(바이어) 간의 의무에 대하여만 다룬다.

라. 최근 들어 국제 거래에 있어 점차 국경의 중요도가 낮아지는 추세로, 국제 거래와 국내 거래의 차이가 희미해지고 있다. 순수한 국내 거래에서도 인코텀즈가 사용되기도 한다.

07   정답 ④

부가가치율$=\dfrac{\text{매출액}-\text{매입액}}{\text{매출액}}\times100$이므로 계산하면 다음과 같다.

$$\dfrac{2,000-700}{2,000}\times100=65$$

따라서 (주)A의 부가가치율은 65%이다.

08　정답　③

- A : '유동비율$=\dfrac{유동자산}{유동부채}\times100$'으로 계산되고 이는 유동성 비율의 대표적인 비율이다.
- B : '자기자본수익률(ROE)$=(1+$부채비율$)\times$총자본순이익률'로 계산되며, 투자된 자기자본의 효율적 이용도를 측정한다.

09　정답　③

제시된 기사는 온라인상거래기업인 C사가 콘텐츠 스트리밍 서비스 사업에 새롭게 진출하였다는 내용이다. 이는 기존 사업과 관련 없는 새로운 분야로의 진출을 의미하는 '다각화'에 해당한다.

[오답분석]

① 수직적 통합 : 원재료부터 최종 판매 단계까지 이어지는 기업의 가치사슬을 통합하는 것으로 가치사슬의 근원을 향하여 통합하는 것을 후방 통합, 최종소비자 쪽을 향하여 통합하는 것을 전방 통합이라고 한다.
② 수평적 통합 : 같은 산업을 영위하는 기업과 통합하는 것을 말한다.
④ 기능별 제휴 : 일부 업무 분야에서 기업 간 협조 관계를 체결하는 것을 말한다.

10　정답　④

우선 시송품 1,500,000원 중 매입 의사가 밝혀지지 않은 30%인 450,000원은 기말 재고자산에 포함해야 하고, 판매자의 입장에서 도착지 인도조건으로 판매하여 운송 중인 상품의 원가 550,000원도 기말 재고자산에 포함해야 한다. 그리고 적송품의 경우 타 회사가 판매한 50%를 제외한 500,000원은 기말 재고자산에 포함해야 한다. 따라서 재무상태표에 보고될 총기말 재고자산은 2,500,000원이다.

11　정답　④

자기자본은 재무상태표를 구성하는 요소 중 하나로 우리가 흔히 소유자지분 혹은 주주지분으로 칭한다. 회계적으로는 전체 자산 중 부채를 제외한 나머지 금액이고 주주들 소유이다. 이러한 자기자본의 계정과목으로는 자본금, 자본잉여금, 이익잉여금, 자본조정, 기타포괄손익누계액이 해당한다. 하지만 차입금은 부채계정 중 유동부채에 해당하므로 자기자본에 해당하지 않는다.

12　정답　②

부채는 유동부채와 비유동부채로 구분할 수 있는데 그중 비유동부채에는 장기차입금, 임대보증금, 퇴직급여충당부채, 장기미지급금 등이 있다.

13　정답　③

[오답분석]

마. 어떤 정책을 실시할 때 정책 실행 시차가 부재한다면 정부정책이 보다 효과적일 가능성이 높다.

14　정답　③

체계적 표출 방법은 전체 모집단을 대상으로 무작위로 시작점을 선택 후, 매 n번째 구성요소를 추출하는 방식이다.

[오답분석]

① 체계적 표출은 확률 표본추출법의 일종이다. 확률 표본추출법에는 단순무작위 표출, 체계적 표출, 층화 표출, 군집 표출 등이 있고, 비확률 표본추출법에는 편의 표출, 판단 표출, 할당 표출, 눈덩이 표출 등이 있다.
② 조사자의 주관이 개입되어 조사결과의 일반화가 불가능한 방법은 비확률 표본추출법 중 판단 표출에 해당한다.
④ 층화 표출에 대한 설명이다.

15 [정답] ②

표본추출 과정은 모집단을 정의하는 것으로부터 시작된다. 모집단을 결정하였다면, 뒤이어 표본프레임(전체 모집단에서 표본을 추출하기 위해 사용될 목록 [예] 전화번호부)을 결정하고, 표본추출방법 및 표본크기를 순차적으로 결정한다.

| 금융일반 – 주관식 |

01	02	03	04	05
110,000	1,500	프리미엄	㉠, ㉣, ㉤, ㉧	㉡, ㉢, ㉣, ㉨

01 [정답] 110,000

'기초재고+당기매입－기말재고＝매출원가'라는 원리를 이용한다. 이때, 당기매입은 총매입에서 매입에누리 등을 제외한 순매입액임에 유의한다. 또한 매출액과 매출원가율을 이용하여 매출원가를 구할 수 있는데, 이때 매출액 역시 총매출에서 에누리, 환입 등을 제외한 순매출액이다.

- 순매입＝370,000－30,000＝340,000원
- 순매출＝630,000－20,000－10,000＝600,000원
- 매출원가＝600,000×80%＝480,000원

따라서 250,000+340,000－기말재고＝480,000원이므로, (주)한국의 20x1년 기말재고는 110,000원이다.

02 [정답] 1,500

정부보조금 2,500원을 수령하여 취득한 것이므로, 취득원가는 10,000－2,500＝7,500원이다.

따라서 정액법에 따른 감가상각비는 $\dfrac{7,500-0}{5}=1,500$원이다.

> **정액법**
>
> $$감가상각비 = \dfrac{(취득가 - 잔존가)}{내용연수}$$

03 [정답] 프리미엄

GE/맥킨지 매트릭스는 3×3 형태의 매트릭스이며, Y축 시장매력도와 X축 사업강점에 끼치는 요인을 정리하면 다음과 같다.
- Y축 시장매력도에 영향을 끼치는 요인 : 시장 크기, 시장 성장률, 시장 수익성, 가격, 경쟁 강도, 산업평균 수익률, 리스크, 진입장벽 등
- X축 사업강점에 영향을 끼치는 요인 : 자사의 역량, 브랜드 자산, 시장점유율, 고객충성도, 유통 강점, 생산 능력 등

해당 매트릭스에서 시장 지위를 유지하며 집중 투자를 고려해야 하는 위치는 사업의 강점도 높고 시장 매력도 또한 높은 '프리미엄' 위치이다. 프리미엄 위치에서는 성장을 위하여 투자를 적극적으로 하며 사업 다각화 전략과 글로벌 시장 진출의 고려, 너무 미래지향적인 전략보다는 적정선에서 타협을 하는 단기적 수익을 수용하는 전략 또한 필요하다.

04　정답　㉠, ㉣, ㉤, ㉧

마이클 포터의 가치사슬모형에서 부가가치를 추가하는 기본 활동들은 크게 본원적 활동과 지원적 활동으로 구분할 수 있다.
- 본원적 활동(Primary Activities) : 고객에 대한 가치를 창조하는 기업의 제품과 서비스의 생산과 분배에 직접적으로 관련되어
  있다. 유입물류, 조업, 산출물류, 판매와 마케팅, 서비스 등이 포함된다.
- 지원적 활동(Support Activities) : 본원적 활동이 가능하도록 지원하는 활동으로 조직의 기반구조(일반관리 및 경영활동), 인적
  자원관리(직원 모집, 채용, 훈련), 기술(제품 및 생산 프로세스 개선), 조달(자재구매) 등으로 구성된다.

05　정답　㉡, ㉢, ㉣, ㉤

예금자보호제도는 금융회사가 파산 등으로 인해 예금 등을 지급하지 못할 경우 공적기관이 예금자에게 예금보험금을 지급하는
공적보험제도이다.
예금 지급이 보장되는 금융상품은 부보금융회사가 판매하는 상품 중 만기에 원금 지급이 보장되는 상품이다. 정기예금, 정기적금,
보통예금, 개인이 가입한 보험상품, 퇴직보험 등이 그것이다. 반면에 주택청약종합저축, 금융투자상품, CD, RP, 실적배당형신탁,
은행발행채권 그리고 종금사의 CD, RP, CP 증권사의 선물옵션예수금, 청약자예수금, RP, CMA, ELS, WRAP 및 상호금융권의
저축은행 발행채권(후순위채권) 등은 예금보험공사에서 지정한 예금자보호법 미적용 대상에 해당한다.

| 디지털 - 객관식 |

01	02	03	04	05
④	②	④	④	②

01　정답　④

마이데이터는 개인의 자신의 정보를 관리하여, 자신의 생활에 능동적으로 활용하는 것이다. 따라서 개인의 모든 금융정보도 포함
된다.

02　정답　②

FIDO(Fast Identity Online)는 빠른 온라인 인증을 뜻하며, 지문 등의 생체 인식을 통해 기존의 ID와 비밀번호를 입력하지 않아도
인증을 할 수 있는 기술이다.

[오답분석]

① RPA(Robotic Process Automation) : 로봇 프로세스 자동화로 업무에서 반복적으로 하는 것을 로봇 소프트웨어를 활용하여
　자동화하는 기술이다.
③ 오픈API(OPEN Application Programming Interface) : 인터넷을 사용하는 자가 직접 응용 프로그램, 서비스 등을 개발이
　가능하도록 공개되어 있는 API이다.
④ Mashup : 웹서비스 업체가 다양한 콘텐츠를 조합하여 새로운 서비스를 만드는 것이다.

03　정답　④

딥 러닝(Deep Learning)에서 다량의 학습 데이터를 신속하게 반복 학습시키기 위해 GPU를 많이 활용하고 있다. 실제로 GPU를
활용하면서 딥 러닝의 성능 또한 크게 향상되었다.

[오답분석]

① CPU(Central Processing Unit) : 컴퓨터의 두뇌이자 심장부의 역할을 하는 중앙처리장치로, 가장 중요한 곳이다. 다른 모든
　장치의 동작을 제어하고, 프로그램 명령을 해독 · 실행하는 장치, 제어장치, 연산장치 및 내부 기억장치(레지스터)를 합친 것이다.

② AI(Artificial Intelligence) : 컴퓨터에서 인간과 같이 사고하고 학습하고 판단하는 논리적인 방식을 사용하는 인간의 지능을 본 딴 고급 컴퓨터 프로그램이다.

③ HDD(Hard Disk Drive) : 자성체로 코팅된 원판형 알루미늄 기판에 자료를 저장할 수 있도록 만든 보조기억장치의 한 종류이다.

04   정답 ④

• Clear : 전체 지우기
• Clear Contents : 내용만 지우기
• Clear Formats : 서식만 지우기
따라서 [D2:G5] 영역의 내용만 지워야 하므로 ④가 옳다.

05   정답 ②

슈퍼컴퓨터는 높은 정밀도를 가지고 있어서 정확한 계산을 수행할 때 사용한다. 초당 연산 능력이 30페타플롭스(PFlops)를 넘는 것도 있으며 인공위성 제어, 일기예보, 우주 항공 산업 등에 사용된다.

오답분석

① 데스크톱 컴퓨터 : 일반적인 개인용 컴퓨터로 가정이나 사무실에서 사용한다.
③ 미니컴퓨터 : 중규모 시스템을 가진 컴퓨터로 학교・연구소 등의 업무 처리나 과학기술 계산에 사용한다.
④ 워크스테이션 : RISC 프로세서를 사용하는 컴퓨터로 네트워크에서 서버 역할을 하며 고성능 그래픽 처리 등에 사용된다.

| 디지털 - 주관식 |

01	02			
18	ⓒ, ⓜ, ⓗ			

01   정답 18

보기는 i에 '백두산'이 포함되어 있으면 if문 아래의 명령을 수행하고, 그렇지 않으면 else문 아래의 명령을 수행하라는 의미이다. if문에 '백두산'이 포함되어 있으므로 if문 아래의 명령을 수행해야 한다.
그 결과,
k=len(i)   → 17 (글자 수와 띄어쓰기 수까지 모두 포함)
k=k+1   → 18
따라서 결괏값으로 k값인 18이 출력된다.

02   정답 ⓒ, ⓜ, ⓗ

ⓒ 프롭테크(Proptech) : 부동산 자산(Property)과 기술(Technology)의 합성어로, 인공지능(AI), 빅데이터, 블록체인 등 첨단 정보기술(IT)을 결합한 부동산 서비스를 말한다. 2000년대 등장한 인터넷 부동산 시세조회・중개 서비스에서 기술적으로 더 나아갔으며, 부동산 중개, 3차원(3D) 공간 설계, 부동산 크라우드 펀딩, 사물인터넷(IoT) 기반의 건물관리 등이 프롭테크에 해당한다.

ⓜ 스크루플레이션(Screwflation) : 물가 상승과 실질임금 감소 등으로 중산층의 가처분 소득이 줄어드는 현상을 말한다. 돌려 조인다는 뜻의 '스크루(Screw)'와 '인플레이션(Inflation)'을 합성한 말이다.

ⓗ 레버리지(Leverage) : 레버리지는 '지렛대'라는 의미다. 모자란 돈을 빌려서 투자해 수익률을 극대화하는 투자 방법을 일컫는 것으로 차입금 등 타인자본을 지렛대 삼아 자기자본 이익률을 높이는 것을 레버리지 효과 또는 지렛대 효과라고 한다.

CHAPTER
10 | 2021년 상반기 기출복원문제

01   NCS 직업기초능력

01	02	03	04	05	06	07	08	09	10	11	12	13	14	15	16	17			
①	③	④	①	①	④	③	④	④	③	②	③	③	④	③	①	④			

01   정답 ①

할인 서비스 종류가 추가되었다는 것은 자료에서 확인할 수 없다.

오답분석

② 20% 할인(상시)이라는 문구를 통해 운영시간 내에만 방문하면 언제든지 할인이 가능하다는 것을 알 수 있다.
③ 9월 2일에는 용산구 매장에서 이용이 가능하며, 그 이전인 8월 13일에는 서초구 매장에서 이용이 가능하다.
④ 변경 내용 아래 기존 고객에게도 동일하게 적용된다고 명시되어 있다.

02   정답 ③

취업심사대상기관을 보면 외형거래액이 50억 원 이상인 세무법인에 취업하려는 경우에는 취업심사대상자에 해당하지만, 25억 원인 경우에는 대상자가 아니므로 ③은 적절하지 않다.

오답분석

① 제도개요를 보면 퇴직 후 3년간 업무관련성이 존재하는 곳에 취업한 경우에는 취업심사대상자가 된다.
② 취업심사대상기관 중 '③ 외형거래액 50억 원 이상 세무법인'에 따라 공직자가 퇴직 후 외형거래액이 200억 원인 세무법인에 재취업할 경우 취업심사대상자에 해당한다.
④ 취업심사대상기관을 보면 자본금 10억 원 & 외형거래액이 100억 원인 이상인 영리사기업체에 취업하려는 퇴직공직자가 취업심사대상자이다. 이때 자본금 10억 원과 외형거래액이 100억 원 이상인 두 조건을 모두 충족해야 하므로, 80억 원인 경우에는 조건 중 하나가 일치하지 않기 때문에 취업심사대상자에 해당하지 않는다.

03   정답 ④

2년 6개월간 5억 원을 예금하려고 하는 주식회사 수수법인은 계약기간, 납입한도, 가입대상을 모두 충족한다. 따라서 가입 대상자는 D이다.

오답분석

• A : 약관 제3조에 따라 개인은 가입할 수 없는 상품이다.
• B : 약관 제5조 제1항에 따라 가입 시 금액은 최소 1백만 원 이상이어야 한다.
• C : 약관 제3조에 따라 납세번호가 없는 임의단체는 가입이 불가능하다.

04 정답 ①

약관에 따라 회사별 우대금리를 표로 정리하면 다음과 같다.

구분	ESG 경영 실천서약 참여	인증 보유	고용노동부 인증	일자리 창출 관련	합계
(주)백두	0.1%p	0.1%p	0.1%p (인증 보유와 겹침)	0.1%p	0.3%p
(주)한라	0.1%p	0.1%p	고용노동부 미인증 기업이므로 혜택 ×	고용인원 증가 기업이지만, 고용보험 가입자 명단 미제출로 인정 안 됨	0.2%p
(주)태백	0.1%p	해당 ISO 인증이 아니므로 혜택 ×	고용노동부 미인증 기업이므로 혜택 ×	0.1%p	0.2%p
(주)관악	실천서약 불참으로 혜택×	0.1%p	일반기업	0.1%p	0.2%p

따라서 (주)백두의 우대금리가 0.3%p로 가장 높은 혜택을 받고 있는 기업이다.

05 정답 ①

2018 ~ 2020년 채용 정규직(무기)인원은 346명이며, 그중 여성 인원은 306명이다.

따라서 $\frac{306}{346} \times 100 ≒ 88\%$이다.

06 정답 ④

2018년과 2019년의 시간선택제(채용) 근로자의 수를 계산하면 다음과 같다.
- 2018년의 시간선택제(채용) 근로자 : 32+120+98=250명
- 2019년의 시간선택제(채용) 근로자 : 22+162+178=362명

따라서 2019년에는 2018년보다 시간선택제(채용) 근로자가 더 많았으므로 ④는 옳은 설명이다.

[오답분석]

① 시간선택제(채용) 근로자 수가 시간선택제(전환) 근로자 수보다 많았던 연도는 2018년, 2019년도로 2개년이다.
② 시차출퇴근형 근무자의 경우 2018년 1,809명, 2019년 1,741명으로 2019년보다 2018년에 더 많았다.
③ 제시된 근무 형태는 집약근무형으로 2016년부터 2020년까지 근무인원이 0명이었으므로 전년 대비 변함없다.

07 정답 ③

도입배경 및 연혁을 보면 재정사업 심층평가는 주요 재정사업의 성과를 심층 분석평가하여 재정운용에 반영하기 위해 2006년에 도입되었다. 따라서 2006년 이전에는 재정사업의 성과에 대한 평가가 적절하게 반영되지 않았음을 추론할 수 있다.

[오답분석]

① 개별사업에 대한 심층평가(2006 ~ 2009년)에서 사업군에 대한 심층평가(2010년 ~)로 전환되었다.
② A사업에 200억 원의 예산이 투입되었지만, A사업의 목표가 달성되지 않을 경우에는 효용성이 아닌 효과성으로 판단해야 한다.
④ 평가 T/F가 구성되고 난 이후에 재정전략협의회에 보고가 되고, 이후에 제도개선 조치가 이루어진다.

08 정답 ④

(주)시대 직원의 이자 지원금을 계산하면 다음과 같다.
- 김주임 : 1,000×0.01÷10=1
- 박대리 : (1,000×0.02+2,000×0.025)÷10=7
- 주부장 : (5,000×0.015+4,000×0.025)÷10=17.5
- 이과장 : (5,000×0.01+4,000×0.02)÷10=13
- 오과장 : (4,000×0.01+2,000×0.025)÷10=9

따라서 이자 지원금을 초과하는 사람은 이과장과 주부장이다.

09 　정답 　④

- 김주미 1은 2009년 6월 1일에 입사하여 2018년 6월 25일에 퇴사하였다.
- 김주미 3은 3년간 근무하였으므로 입사일은 2018년 6월 1일이다.
- 김주미 2는 이체확인서를 통해 2021년 8월까지 근무하였음을 알 수 있다. 육아휴직기간과 복직 후 6개월간 근속하였으므로 2021년 3월에 복직을 하였고, 육아휴직을 1년간 실시하였으므로 2020년 3월부터 2021년 2월까지 육아휴직을 실시하였다.

따라서 세 사람이 함께 근무한 기간은 2018년 6월 1일부터 2018년 6월 25일이다.

10 　정답 　③

4분기 기대수익 평균을 계산하면 다음과 같다.

- 예·적금 : $1.1 \times (5+6+4+5) \div 4 = \dfrac{22}{4}$
- 펀드 : $(5+2+6+5) \div 4 = \dfrac{18}{4}$
- 대출: $(7+5+5+6) \div 4 = \dfrac{23}{4}$
- 보험 : $(5+2+4+3) \div 4 = \dfrac{14}{4}$

따라서 B지점은 기대수익 평균이 가장 큰 대출 상품을 판매해야 한다.

11 　정답 　②

3분기의 소비자 선호 상품은 예·적금과 펀드이므로, 해당 상품의 월 수익에 10%를 가산하면 다음과 같다.

구분		B지점			
	상품	예·적금	펀드	대출	보험
A지점	예·적금	(3.3, 5.5)	(4.4, 5.5)	(4, 7)	(6, 5)
	펀드	(2.2, 6.6)	(2.2, 2.2)	(9, 5)	(1, 2)
	대출	(6.6, 4.4)	(8.8, 6.6)	(3, 5)	(8, 4)
	보험	(3.3, 5.5)	(2.2, 5.5)	(4, 6)	(7, 3)

A지점과 B지점의 기대수익 차이를 구하면 다음과 같다.

구분		B지점			
	상품	예·적금	펀드	대출	보험
A지점	예·적금	|3.3−5.5|=2.2	|4.4−5.5|=1.1	|4−7|=3	|6−5|=1
	펀드	|2.2−6.6|=4.4	|2.2−2.2|=0	|9−5|=4	|1−2|=1
	대출	|6.6−4.4|=2.2	|8.8−6.6|=2.2	|3−5|=2	|8−4|=4
	보험	|3.3−5.5|=2.2	|2.2−5.5|=3.3	|4−6|=2	|7−3|=4

따라서 기대수익의 차이가 가장 작은 경우는 A지점과 B지점 모두 펀드 상품을 판매할 때이다.

12 　정답 　③

제시된 자료를 정리하면 다음과 같다.

구분	가	나	다	총점	비고	낙찰
A시스템	−1.5점	−	−1.0점	−2.5점	−	
B시스템	−0.25점	−	−	−0.25점	입찰액 미달로 자격미달	×
C시스템	−	(3년 전의 이력임)	−0.5점	−0.5점	−	낙찰
D시스템	−1.0점	−	−1.0점	−2.0점	−	

따라서 C시스템이 입찰에 낙찰된다.

13 　정답　③

동일한 점수를 가진 업체가 발생할 경우 재입찰이 아닌 추첨으로 낙찰자를 결정해야 하므로 박과장은 기타사항의 내용을 잘못 이해하고 있다.

[오답분석]

① 접수는 방문접수만 가능하다.
② 발표일인 8월 16일 15시부터 7일 이내 제출이므로 8월 23일 14:50분에 제출하여도 된다.
④ 별도의 전자구매시스템에 회원가입을 완료해야 한다.

14 　정답　④

직원의 수를 x명이라고 하자.
총비용이 11,792,000원 소요되었고, 고급원단에 앞면에만 로고를 사용하였으므로 티셔츠의 개별단가는 8,800원 또는 11,000원이다. 티셔츠가 500벌 이상인 경우와 미만인 경우를 계산하면 다음과 같다.

• 500벌 이상인 경우 : 11,792,000원＝8,800원×2벌×x명
　∴ $x=670$
• 500벌 미만인 경우 : 11,792,000원＝11,000원×2벌×x명
　∴ $x=536$

따라서 500벌 미만인 경우에는 500명을 초과하기 때문에 체육대회에 참석하는 직원 수는 총 670명이다.

15 　정답　③

개별 티셔츠 단가가 16,500원이 나올 수 있는 경우는 500명 미만, 앞+뒤 양면 로고일 경우에 가능하다.
따라서 체육대회에 참여하는 체험형 인턴은 1,864,500÷16,500＝113명이다.

16 　정답　①

커피머신 선호도와 구매할 커피머신을 표로 정리하면 다음과 같다.

구분	운영1팀	운영2팀	운영3팀	운영지원팀	경영지원팀
맛 선호도	진한 맛 선호	연한 맛 선호	연한 맛 선호	진한 맛 선호	연한 맛 선호
우유 스팀 여부	필요	불필요	불필요	필요	필요
세척용이성 선호도	상관없음	下	상관없음	中 이하	상관없음
커피캡슐 가격	600 ~ 700원	400 ~ 500원	300 ~ 450원	800 ~ 900원	450 ~ 550원
타사제품 호환여부	상관없음	필요	필요	상관없음	필요
구매하는 커피머신	L커피머신	M커피머신	M커피머신	I커피머신	N커피머신

따라서 팀별로 구매할 커피머신을 바르게 연결한 것은 ①이다.

17 　정답　④

총 비용이 716,000원이므로 배송료 50,000원과 운영지원팀이 구입한 I커피머신 가격 168,000원을 차감하면 498,000원이다.
운영지원팀에서 사용한 커피캡슐의 개수를 x개라고 하면 단위당 커피캡슐 가격이 830원이므로 다음과 같은 식이 성립한다.
$498,000=x×830$
∴ $x=600$
따라서 운영지원팀에서 사용한 커피캡슐은 600개이다.

금융일반 – 객관식

01	02	03	04	05	06	07	08	09	10	11	12	13	14	15	16	17	18	19	20
④	③	③	③	③	②	①	③	③	④	④	②	④	③	②	④	①	①	④	②

01　정답　④

개인이 특정한 행위를 달성함으로써 그에 따라 얻어지는 2차적 결과물들 각각에 대하여 갖는 욕구는 '유의성'이다.

빅터 브룸(Victor Vroom)은 동기부여에 관해 기대 이론을 적용하여 구성원이 직무에 열심히 하도록 하는 조건에 대해 연구하였다. 그는 세 가지 요인이 동기부여를 결정하며 경영자는 이 요소들을 극대화시켜야 한다고 주장하였으며, 세 가지 요소는 다음과 같다.

- 기대감(Expectancy) : 열심히 일하면 높은 성과를 올릴 것이라고 생각하는 정도를 의미하며 0에서 1의 값을 가진다.
- 수단성(Instrumentality) : 직무 수행의 결과로써 보상이 주어질 것이라고 믿는 정도를 의미하며 −1에서 1의 값을 가진다.
- 유의성(Valence) : 직무 결과에 대해 개인이 느끼는 가치를 의미한다.

그는 동기부여를 세 요소의 곱으로 나타낼 수 있다고 주장했는데 이를 관계식으로 나타내면 다음과 같다.

동기부여(Motivational Force)＝기대감×수단성×유의성

02　정답　③

2021년 초 (주)고시의 순자산 공정가치는 190,000원(순자산 장부금액)＋20,000원(재고자산 과소)＋60,000원(유형자산 과소)＝270,000원이므로 영업권은 200,000원(의결권 있는 보통주식 70% 취득액)−270,000원×70%＝11,000원이다.

03　정답　③

- 2019년 당기순이익 : 12,000원−4,000원(2019년 대손충당금)＋1,000원(2019년 감가상각비)＋3,000원(2019년 미지급급여) ＝12,000원
- 2020년 당기순이익 : 20,000원＋4,000원(2019년 대손충당금)−5,000원(2020년 대손충당금)＋3,000원(2020년 감가상각비) −3,000원(2019년 미지급급여)＋2,000원(2020년 미지급급여)＝21,000원

04　정답　③

2020년 말 감가상각비를 인식한 후의 (주)시대의 기계장치 장부금액은 750,000원이며, 후속측정에 따라 공정가치가 70,000원이 하락한 680,000원이 되었으므로, 기존에 인식하였던 재평가잉여금을 감소시킨다. 따라서 2020년에 이익잉여금을 대체한 금액(50,000원)을 차감한 남은 재평가잉여금인 150,000원에서 70,000원을 차감한 80,000원만큼의 재평가잉여금이 존재하므로 ③은 옳지 않다.

오답분석

① (주)시대의 2019년 감가상각비(정액법, 내용연수 5년, 잔존가치 0원)

　(1,000,000원−0)÷5년＝200,000원

② (주)시대의 2020년 감가상각비(정액법, 잔존내용연수 4년, 잔존가치 0원)

　[1,000,000원(재평가된 금액)−0]÷4년＝250,000원

④ (주)시대는 재평가잉여금을 자산에 사용함에 따라 이익잉여금으로 대체하기 때문에 재평가된 금액에 근거한 감가상각액과 최초 취득원가에 근거한 감가상각액의 차이만큼 이익잉여금으로 대체한다. 따라서 250,000−200,000＝50,000원에 해당하는 재평가잉여금을 이익잉여금으로 대체한다.

05 정답 ③

- 2016년 복구충당부채 증가액 : 2,000원×0.6×10%=120원
- 2017년 복구충당부채 증가액 : (1,200원+120원)×10%=132원

따라서 2017년 복구충당부채 증가액은 132원이므로 ③은 옳지 않은 설명이다.

오답분석

① 2016년 초 농장의 취득원가=10,000원×3.7(10%, 5년 정상연금 현재가치)+2,000×0.6(10%, 5년 단일금액 현재가치)
   =38,200원
② 2016년 농장의 감가상각비=(38,200원−0)÷5년=7,640원
④ 2,000원(내용연수 종료시점의 예상 원상회복 비용)−1,700원(내용연수 종료시점의 실제 원상회복 비용)=300원

06 정답 ②

- 기말재고자산 : (수험서)400개×Min(10원,11원)+(간행물)200개×Min(20원,18원)=7,600원
- 매출원가 : 50,000원(기초재고자산)+40,000원(당기매입액)−7,600원(기말재고자산)=82,400원

07 정답 ①

$$h(\text{헤지비율})=-\frac{\sigma_S}{\sigma_F}\times\rho_{SF}=-\frac{200(\text{주식가격의 표준편차})}{250(\text{선물가격의 표준편차})}\times0.6=-0.48(\text{헤지비율})$$

$$N(\text{계약수})=h\times\frac{\text{헤지되는 포지션의 크기(수량)}}{\text{선물 1계약의 크기(수량)}}=-0.48\times\frac{15,000주}{30주}=-240\text{계약(매도)}$$

08 정답 ③

$\Delta C(\text{콜옵션 가격변화분})$
$=\Delta_c(\text{콜옵션 델타})\times\Delta S(\text{기초자산 가격변화분})$
$=0.6\times(-1,000원)=-600원$

따라서 기초자산 가격변화를 반영한 콜옵션의 가격은 3,000−600=2,400원이다.

09 정답 ③

- 매출채권회전율=$\dfrac{360}{40}=9=\dfrac{\text{매출}}{200억}$ → 매출 : 1,800억

- 재고자산회전율=$\dfrac{1,800}{\text{재고자산}}=18$회 → 재고자산 : 100억

- 유동비율=$\dfrac{\text{유동자산}}{140억}=200\%$ → 유동자산 : 280억

- 당좌비율=$\dfrac{280억-100억}{140억}$ → $\dfrac{180}{140}$ → $\dfrac{9}{7}$

10 정답 ④

부채 듀레이션은 $2\times\dfrac{1,400(\text{고객예금})}{2,800(\text{총자산})}+3.5\times\dfrac{400(\text{발행사채})}{2,800(\text{총자산})}=1+0.5=1.50$이다.

11　정답　④

- CAPM이 성립할 때의 포트폴리오 A의 기대수익률이 15%이므로 다음의 공식을 이용하여 포트폴리오 A의 베타를 구할 수 있다.

$$E(R_i) = R_f + [E(R_m) - R_f] \times \beta_A$$

$$15\% = 5\% + (25\% - 5\%) \times \beta_A$$

$$\therefore \ \beta_A(\text{포트폴리오 A의 베타}) = 0.5$$

- 효율적 포트폴리오와 시장포트폴리오와의 상관계수는 1이다.

$$\therefore \ 0.5(\text{포트폴리오 A의 베타}) + 1(\text{시장포트폴리오 상관계수}) = 1.5$$

12　정답　②

십분위분배율은 하위 40% 소득계층의 소득을 최상위 20%의 소득으로 나누기 때문에$\left(=\dfrac{\text{하위 40\%의 소득점유율}}{\text{상위 20\%의 소득점유율}}\right)$, 완전 균등한 소득분배상태라면 모든 계층이 동일한 소득을 점유하고 있을 것이므로 2의 값을 가지며, 값이 클수록 소득분배가 평등함을 의미한다. B국의 경우 최하위 40% 소득계층의 비율은 22%이며, 최상위 20% 소득계층의 비율은 44%이므로, B국의 십분위분배율은 $\dfrac{\text{하위 40\%의 소득점유율}}{\text{상위 20\%의 소득점유율}} = \dfrac{0.22}{0.44} = 0.5$이다.

오답분석

① · ④ 십분위분배율$\left(1 \le \dfrac{\text{하위 40\%의 소득점유율}}{\text{상위 20\%의 소득점유율}} \le 2\right)$은 값이 클수록 소득분배가 평등하며 0부터 2의 값을 가진다.

③ 지니계수$\left[0 \le G\left(=\dfrac{\alpha}{\alpha+\beta}\right) \le 1\right]$는 값이 작을수록 소득분배가 평등하며 0부터 1의 값을 가진다. 따라서 C국의 지니계수는 $\dfrac{A}{A+B} = 0.5$이다.

13　정답　④

현금통화$(C) = 80$, 예금통화$(D) = 100$이므로 현금 − 예금비율$\left(\dfrac{C}{D}\right)$은 $0.8(k)$이다.

지급준비율은 $\left(\dfrac{Z}{D}\right)$이므로 $\dfrac{10}{100} = 0.1(z)$이다. 통화승수(m)는 $\dfrac{k+1}{k+z}$이므로 A국의 통화승수는 2이다. 본원통화가 11만큼 증가하는 경우 통화량은 (통화승수)×(본원통화)만큼 증가하므로 A국의 통화량은 $2 \times 11 = 22$만큼 증가한다.

14　정답　③

역선택 상황에서 정보가 부족한 구매자는 평균품질에 해당하는 가격으로 구매하고자 하기 때문에, 구매자가 중고책에 대해 지불할 용의가 있는 평균가격은 $[0.3(\text{A급}) \times 4] + [0.3(\text{B급}) \times 5] + [0.4(\text{C급}) \times 5] = 4.7$이다.
따라서 구매자의 유보가격 4.7보다 낮은 A급과 C급만 시장에서 거래가 된다.

15　정답 ②

(주)시대가 독점기업일 경우 한계수입은 $MR=20-2Q$이고, $MC=6$이다. $MR=MC$이므로 $20-2Q=6$이다.
따라서 독점기업일 경우 생산량은 7이 되며, 이때의 가격은 13이다.

오답분석

① (주)시대의 총수입$=TR_1=p\times q_1=(20-q)\times q_1=20q_1-q_1^2-q_2q_1$

　(주)시대의 한계수입$=MR_1=20-2q_1-q_2$이며 (주)시대의 한계비용은 6이므로

　이윤극대화 조건에 대입해보면 $MR_1=MC_1$, $20-2q_1-q_2=6$, $q_1=\dfrac{14-q_2}{2}$이다.

　(주)고시의 총수입$=TR_2=p\times q_2=(20-q)\times q_2=20q_2-q_2^2-q_2q_1$

　(주)고시의 한계수입$=MR_2=20-q_1-2q_2$이며 (주)고시의 한계비용은 12이므로

　이윤극대화 조건에 대입해보면 $MR_2=MC_2$, $20-q_1-2q_2=12$, $q_2=\dfrac{8-q_1}{2}$이다.

　두 기업의 반응곡선을 연립하여 풀면, $q_1=4$, $q_2=2$이므로 시장 전체의 생산량 q는 6임을 알 수 있다.
④ 완전경쟁기업으로 행동한다면 (주)시대와 (주)고시는 가격경쟁만 하게 됨으로 한계비용이 낮은 기업이 장기적으로 가격경쟁의
　승자가 된다. 따라서 균형은 $P=MC=6$이 되어 시장가격은 6이 되고 생산량은 14가 된다.

16　정답 ④

에브리씽 랠리(Everything Rally)는 모든 자산 가격이 오르는 현상을 의미한다. 신종 코로나바이러스 감염증으로 인한 글로벌
경기 침체를 극복하기 위한 각국 정부의 경기 부양책에 의해 유동성이 자산시장으로 몰림으로 인해 주식, 부동산, 가상화폐, 원자재
등 모든 자산 가격이 오르게 되었는데, 이러한 현상을 '에브리씽 랠리'라고 한다. 따라서 래준은 에브리씽 랠리의 개념에 대해 잘못
말하고 있다.

오답분석

① 프로토콜 경제(Protocol Economy) : 블록체인 기술을 기반으로 개인 간 프로토콜(약속)을 정해 거래하는 생태계로서 탈중앙화
　와 탈독점화를 통해 사용자 간의 주도적 거래가 가능한 '공정한 플랫폼 경제'를 의미한다.
② 커스터디(Custody) : 금융자산을 대신 보관 및 관리해 주는 서비스를 말하며, 최근 들어 디지털자산 산업이 발달하면서 가상자
　산에 대한 커스터디 서비스의 영역이 커지고 있다.
③ 크립토 윈터(Crypto Winter) : '가상화폐 겨울'을 의미하는 단어로, 단순히 가격이 급락하는 현상에서 더 나아가 가상화폐
　시장에 투자된 자금 자체가 빠져나가 장기간 저조해지는 현상을 의미한다.

17　정답 ①

최소분산포트폴리오(MVP)는 위험이 가장 작은 포트폴리오를 의미한다. A와 B주식으로 구성된 포트폴리오가 존재할 때, A주식에
대한 투자비율은 다음 식에 따라 구할 수 있다.

$$w_A=\dfrac{\sigma_B^2-\sigma_{AB}}{\sigma_A^2+\sigma_B^2-2\times\sigma_{AB}}$$

- A주식의 표준편차의 제곱$(\sigma_A^2)=0.2^2=0.04$
- B주식의 표준편차의 제곱$(\sigma_B^2)=0.4^2=0.16$
- 두 주식의 공분산$(\sigma_{AB})=0.2\times0.4\times0.5=0.04$

따라서 최소분산포트폴리오를 구성하기 위한 A주식의 투자비율은 $w_A=\dfrac{0.16-0.04}{0.04+0.16-2\times0.04}=\dfrac{0.12}{0.12}=1(=100\%)$이다.

18 　정답 ①

각 주식의 기대수익률은 수익률과 확률값을 곱하여 계산한다.
• A의 기대수익률 $E(R_A)=10\%\times0.4+20\%\times0.4+40\%\times0.2=20\%$
• B의 기대수익률 $E(R_B)=15\%\times0.6+40\%\times0.4=25\%$
각 주식의 기대수익률을 각각의 투자비중에 따라 가중평균하여 포트폴리오의 기대수익률을 계산한다.
따라서 A와 B로 구성된 포트폴리오의 기대수익률 $E(R_P)$은 $0.6\times20\%+0.4\times25\%=22\%$이다.

19 　정답 ④

더기빙플레지(The Giving Pledge)란 세계적인 부호들의 자발적 기부 클럽을 말하며, 최근 들어 세계적인 기업가들이 속속히 자신들의 재산을 기부하고 있는 현상이 일어나고 있다.

오답분석

① 피봇팅(Pivoting) : 기존 사업 아이템을 포기하고 방향전환에 나서는 것을 가리키는 표현으로 주로 스타트업 업계에서 자주 쓰이는 표현이다.
② 이퓨얼(E-fuel) : 전기 기반 연료의 약자로 물을 전기 분해해 얻은 수소를 이산화탄소나 질소 등과 결합해 만드는 인공 합성연료이다. 최근 전기 및 수소차가 보편화하기 시작하면서 주목받기 시작한 용어이다.
③ 그린워싱(Greenwashing) : 기업들이 실제로는 친환경적인 경영을 하지 않지만 이를 표방하는 것처럼 브랜드 이미지를 만드는 것을 의미한다.

20 　정답 ②

6개월 $E(R_A)=10\%\times0.5=5\%$
6개월 $\sigma_A=30\%\times\sqrt{0.5}=21\%$
평균기준 $VaR=100$원$\times21\%\times1.65=34.65\fallingdotseq35$원
절대손실기준 $VaR=35-100\times5\%=30$원
따라서 $35-30=5$이다.

01	02	03	04	05
2,250,000	7	가능	㉢, ㉤	300

01 정답 2,250,000

재무제표에 표시할 재고자산의 장부금액은 min[① 취득원가, ② 순실현가능가치]이다.
① 취득원가=₩1,200×$2,000=₩2,400,0000
② 순실현가능가치=₩1,250×$1,800=₩2,250,000
따라서 (주)시대의 재고자산의 장부금액은 ₩2,250,000이다.

02 정답 7

① 실제성장률이 잠재성장률보다 2%p 높으므로 $(Y-\overline{Y})$=2%이다.
   이를 오쿤의 법칙에 대입해보면 $u-u^n=-0.2(Y-\overline{Y})=-0.2\times2\%=-0.4\%$이고 자연실업률이 u^n=5%이므로
   $u-u^n=u-5\%=-0.4\%$로부터 실제실업률은 u=4.6%이다.
② 기대인플레이션율이 $E(\pi)$=2.24%로 주어져 있고 $(u-u^n)$=-0.4%이므로 필립스 곡선 식에 대입해보면 실제 인플레이션율
   은 $\pi=E(\pi)-0.4(u-u^n)=2.24-0.4\times(-0.4)=2.4\%$임을 알 수 있다.
따라서 실제실업률과 실제인플레이션율을 더한 값은 4.6+2.4=7이다.

03 정답 가능

균형 선물가격(F_o)은 $(F_o)=50,000\times\left(1+10\%\times\dfrac{6}{12}\right)=52,500$원이다.

균형 선물가격이 시장 선물가격보다 과소평가(=현재 시장의 선물가격이 과대평가)되어 있으므로, 선물매도를 통해 차익거래가
가능하다.

04 정답 ㉢, ㉤

A는 부가가치세(㉢)이며, B는 최고세율(㉤)이다.
• 부가가치세 : 상품(재화)의 거래나 서비스(용역)의 제공과정에서 얻어지는 부가가치(이윤)에 대하여 과세하는 세금이며, 사업자가
  납부하는 부가가치세는 매출세액에서 매입세액을 차감하여 계산한다. 따라서 부가가치세는 물건 값에 포함되어 있기 때문에 실제
  로는 최종소비자가 부담한다.
• 최고세율 : 정부는 최고세율을 과세형평 제고 및 소득재분배 기능 강화를 위해 2021. 1. 1 이후 발생하는 소득분부터 최고세율을
  변경적용하기로 하였다. 이를 통해 세수 증가 효과는 내년에만 3,969억 원, 2021~2025년은 3조 9,045억 원으로 예상된다.

05 정답 300

완전경쟁기업의 장기균형은 항상 LAC곡선의 최저점에서 달성되므로 LAC의 미분 값이 0이 되는 q가 개별기업의 장기균형 생산

량이 된다. 그러므로 $LAC=100+q_i^2-10q_i$를 미분하면 $\dfrac{dLAC}{dq}=2q_i-10=0$, q_i=5가 된다.

q를 LAC에 대입하여 P를 구하면 P=75이며, P를 시장수요함수에 대입하여 시장수요량을 구하면 $Q=39,000-500\times75$
=1,500이다.

따라서 교과서 시장의 개별기업의 수는 $\dfrac{Q}{q}=\dfrac{1,500}{5}$=300개이다.

01	02	03	04	05
③	④	③	①	④

01 정답 ③

NoSQL은 높은 가용성을 제공한다.

NoSQL 특징
- 대용량 데이터 처리 : 페타 바이트 수준의 데이터 처리, 수용 가능한 느슨한 데이터 구조
- 유연한 스키마 사용 : 정의된 스키마 없이 데이터를 상대적으로 자유롭게 저장
- 저렴한 클러스터 구성 : PC 수준의 상용 하드웨어를 활용, 다수 서버를 통한 수평적인 확장 및 데이터 복제 및 분산 저장 기능
- 단순한 CLI : 기존의 관계형 데이터베이스의 SQL과 같은 질의 언어를 제공하지 않음
- 높은 가용성 제공 : 데이터 항목을 클러스터 환경에 자동적으로 분할하여 적재함
- 필요한 만큼의 무결성 : 관계형 DBMS가 논리적 구조 및 ACID의 보장에 초점을 맞춘 반면, NoSQL은 무결성 모두 DBMS에 담당시키기보다 응용에서 일부 처리
- Schema-less : 데이터 모델링을 위한 고정된 데이터 스키마 없이 킷값을 이용해 다양한 형태의 데이터 저장과 접근이 가능한 기능을 이용, 데이터를 저장하는 방식에는 크게 칼럼, 값, 문서, 그래프의 네 가지로 나뉨

02 정답 ④

소프트웨어 개발방법론을 표로 정리하면 다음과 같다.

구분	구조적 방법론	객체지향 방법론
시스템 분석도구	데이터흐름(㉠) 다이어그램	유스케이스(㉡) 다이어그램
시스템 설계도구	구조도	시퀀스(㉢) 다이어그램

따라서 바르게 연결한 것은 ④이다.

03 정답 ③

해당 현상은 갱신이상에 대한 설명이다.

이상현상 종류
- 삽입이상 : 어떤 정보를 삽입하고자 할 때, 원하지 않는 정보까지 함께 삽입해야 하는 현상
- 삭제이상 : 어떤 정보를 삭제하고자 할 때, 필요한 정보까지 삭제되어야 하는 현상
- 갱신이상 : 어떤 정보를 수정하고자 할 때, 동일한 내용을 여러 건의 데이터에서 반복 수정해야 하는 현상

04 　정답 ①

- 페이지 결합(부재)은 참조 페이지가 페이지 프레임에 없을 경우 발생된다. 처음에는 모든 페이지 프레임이 다 비어있으므로 처음 '0, 1, 2, 3' 페이지 적재 시 부재가 발생된다.
- FIFO 방식은 가장 먼저 들어와서 가장 오래 있었던 페이지를 교체하는 방법이다.

참조 페이지	0	1	2	3	0	1	4	0	1	2	3	4
페이지프레임	0	0	0	0	0	0	4	4	4	4	3	3
		1	1	1	1	1	1	0	0	0	0	4
			2	2	2	2	2	2	1	1	1	1
				3	3	3	3	3	3	2	2	2
페이지 부재 발생	O	O	O	O			O	O	O	O	O	O

따라서 참조 페이지 4를 참조할 때에는 0을 제거한 후 4를 가져오게 된다. 이와 같은 방법으로 모든 페이지 요청을 처리하고 나면 총 페이지 부재 발생 횟수는 10회이다.

05 　정답 ④

- ORDER BY : 정렬을 위한 옵션
- ASC : 오름차순 정렬
- DESC : 내림차순 정렬

따라서 인사 테이블에서 입사연도 열을 오름차순으로 정렬하여 모든 데이터를 검색하는 SQL 명령으로 'SELECT * FROM 인사 ORDER BY 입사연도 ASC;'가 옳다.

| 디지털 - 주관식 |

01	02			
ⓛ, ㉠	17			

01 　정답 ⓛ, ㉠

A는 킬 스위치(Kill Switch), B는 어플라이언스(Appliance)이다.

[오답분석]

ⓒ 플랫폼(Platform) : 특정 장치나 시스템 등에서 이를 구성하는 기초가 되는 틀 또는 골격을 지칭하는 용어이다.

ⓔ 프록시(Proxy) : 다른 서버상의 자원을 찾는 클라이언트로부터 요청을 받아 중계하는 서버를 의미한다.

ⓜ 펌웨어(Firmware) : 일반적으로 롬에 기록된 하드웨어를 제어하는 마이크로프로그램의 집합을 의미한다.

ⓗ 임베디드 시스템(Embedded System) : 특정한 제품이나 솔루션에서 주어진 작업을 수행할 수 있도록 추가로 탑재되는 솔루션이나 시스템이다.

ⓢ 게이트웨이(Gateway) : 프로토콜 변환기의 하나로 프로토콜이 서로 다른 통신망을 접속할 수 있게 해주는 장치이다.

02 　정답 17

해당 프로그램은 오름차순으로 배열 arr을 정렬하는 코드이다. 프로그램을 실행하면 배열 arr은 12, 16, 17, 48, 85로 정렬된다. 따라서 arr[2]의 값은 17이다.

주요 금융권 NCS 기출복원문제

정답 및 해설

01	02	03	04	05	06	07	08	09	10	11	12	13	14	15	16	17	18	19	20
⑤	②	②	③	①	②	④	②	①	③	②	③	②	③	④	③	①	①	④	②
21	**22**	**23**	**24**	**25**	**26**	**27**	**28**	**29**	**30**	**31**	**32**	**33**	**34**	**35**	**36**	**37**	**38**	**39**	**40**
②	④	④	③	③	③	③	②	③	③	③	①	④	②	④	④	④	③	③	④
41	**42**	**43**	**44**	**45**	**46**	**47**	**48**	**49**	**50**										
③	⑤	②	①	③	③	④	①	⑤	③										

01 정답 ⑤

마지막 문단의 '칸트의 생각은 독일 철학의 흐름 속에 이어지다가 후일 아인슈타인에게도 결정적 힌트가 되었다.'라는 내용에서 칸트의 견해가 아인슈타인에게 영향을 끼친 것은 알 수 있지만, 두 사람의 견해가 같다는 것은 알 수 없다.

[오답분석]

① '우리는 이 개념을 배워서 아는 것이 아니다. 즉, 경험에 앞서 이미 아는 것이다.'에서 공간, 시간 등의 개념은 태어날 때부터 가지고 있던 것임을 알 수 있다.

② '경험에 앞서는 범주를 제시했다는 점에서 혁명적 개념이었고, 경험을 강조한 베이컨 주의에 대한 강력한 반동인 셈이다.'라는 내용을 통해 낭만주의와 베이컨 주의가 상반된 내용을 다룬다는 것을 추론할 수 있다.

③ '현상으로서 공간과 시간은 그 자체로 존재할 수 없고 단지 우리 안에서만 존재할 수 있다.'는 내용을 통해 알 수 있다.

④ 세 번째 문단 중 '칸트가 건설한 철학적 관념론은 … 객관적이고 물질적인 것에서 근본을 찾는 유물론과는 분명한 대척점에 있는 관점이다.'라는 내용을 통해 객관적이기보다는 주관적인 것에 가깝다는 것을 알 수 있다.

02 정답 ②

제시된 문단에서는 '그린바이오산업'이 무엇이고 어떠한 분야에 대한 것인지를 설명하고 있다. 그러므로 제시된 문단에 이어질 문장으로 가장 적절한 것은 해당 분야에 대한 구체적인 예시를 제시한 (가)이다. (나)와 (다)를 살펴보면 (나)에서는 우리나라에서 그린바이오산업이 어떻게 이루어지고 있는지를 설명하고 있으며, (다)에서는 그린바이오산업이 세계적으로 주목받는 이유와 어떻게 진행되고 있는지에 대해 설명하고 있다. 이때 (나)가 '어떤 내용을 전제로 하여 그것과 유사하게'라는 의미를 가진 부사 '역시'로 시작하고 있으므로, (다) – (나) 순서로 이어져야 한다. 따라서 제시된 문단에 이어 (가) – (다) – (나) 순으로 나열해야 한다.

03 정답 ②

A, B, C가 하루 동안 할 수 있는 일의 양은 각각 $\frac{1}{15}$, $\frac{1}{10}$, $\frac{1}{30}$이다. 전체 일의 양을 1, 함께 일한 기간을 x일이라고 하면 다음과 같은 식이 성립한다.

$$\left(\frac{1}{15}+\frac{1}{10}+\frac{1}{30}\right)\times x=1$$

$$\rightarrow \frac{1}{5}x=1$$

$$\therefore x=5$$

따라서 A ~ C 3명이 함께 일하면 5일 만에 일을 끝낼 수 있다.

04　정답　③

A가 첫 번째로 낸 금액을 a원, B가 첫 번째로 낸 금액을 b원이라고 하면 다음 식이 성립한다.
$(a+0.5a)+(b+1.5b)=32,000 \rightarrow 1.5a+2.5b=32,000 \cdots \bigcirc$
$(a+0.5a)+5,000=(b+1.5b) \rightarrow 1.5a=2.5b-5,000 \cdots \bigcirc\bigcirc$
$\bigcirc$과 $\bigcirc\bigcirc$을 연립하면 $a=9,000$, $b=7,400$이다.
따라서 A가 첫 번째 구매 시 낸 금액은 9,000원이다.

05　정답　①

A ~ E가 받는 성과급을 계산하면 다음과 같다.

직원	직책	매출 순이익	기여도	성과급 비율	성과급
A	팀장	4,000만 원	25%	매출 순이익의 5%	$1.2 \times 4,000 \times 0.05 = 240$만 원
B	팀장	2,500만 원	12%	매출 순이익의 2%	$1.2 \times 2,500 \times 0.02 = 60$만 원
C	팀원	1억 2,500만 원	3%	매출 순이익의 1%	$12,500 \times 0.01 = 125$만 원
D	팀원	7,500만 원	7%	매출 순이익의 3%	$7,500 \times 0.03 = 225$만 원
E	팀원	800만 원	6%	−	0원

따라서 가장 많은 성과급을 받는 사람은 A이다.

06　정답　②

BTO 사업에서 사업 개수의 전년 대비 증가율은 각각 다음과 같다.
- 2018년 : $(70-60) \div 60 \times 100 ≒ 16.67\%$
- 2019년 : $(77-70) \div 70 \times 100 = 10\%$
- 2020년 : $(30-77) \div 77 \times 100 ≒ -61.04\%$
- 2021년 : $(45-30) \div 30 \times 100 = 50\%$
- 2022년 : $(70-45) \div 45 \times 100 ≒ 55.56\%$(가장 높음)
- 2023년 : $(60-70) \div 70 \times 100 = -14.29\%$
- 2024년 : $(85-60) \div 60 \times 100 ≒ 41.67\%$

BTL 사업에서 사업 개수의 전년 대비 증가율은 각각 다음과 같다.
- 2018년 : $(300-270) \div 270 \times 100 ≒ 11.11\%$
- 2019년 : $(400-300) \div 300 \times 100 ≒ 33.33\%$
- 2020년 : $(200-400) \div 400 \times 100 = -50\%$
- 2021년 : $(270-200) \div 200 \times 100 = 35\%$
- 2022년 : $(150-270) \div 270 \times 100 ≒ -44.44\%$
- 2023년 : $(200-150) \div 150 \times 100 ≒ 33.33\%$
- 2024년 : $(300-200) \div 200 \times 100 = 50\%$(가장 높음)

따라서 BTL 사업에서 전년 대비 사업 개수의 증가율이 가장 큰 해는 2024년이므로 옳지 않은 설명이다.

[오답분석]

① BTO 사업에서 사업 비용의 전년 대비 증가율은 각각 다음과 같다.
- 2018년 : $(1,100-1,000) \div 1,000 \times 100 = 10\%$
- 2019년 : $(1,200-1,100) \div 1,100 \times 100 ≒ 9.09\%$
- 2020년 : $(500-1,200) \div 1,200 \times 100 ≒ -58.33\%$
- 2021년 : $(700-500) \div 500 \times 100 = 40\%$
- 2022년 : $(1,000-700) \div 700 \times 100 ≒ 42.86\%$
- 2023년 : $(600-1,000) \div 1,000 \times 100 = -40\%$
- 2024년 : $(900-600) \div 600 \times 100 = 50\%$

따라서 BTO 사업에서 사업 비용의 전년 대비 증가율이 가장 큰 해는 2024년이다.

③ BTL 사업에서 사업 평균수익률이 가장 낮은 해는 2024년이며, 이때 사업 비용의 전년 대비 증가율은 (14,500-11,500)÷11,500×100=26.09%로 25% 이상이다.

④ BTL 사업에서 사업 개수당 사업 비용은 각각 다음과 같다.
- 2017년 : 15,000÷270≒55.56백만 원
- 2018년 : 16,000÷300≒53.33백만 원
- 2019년 : 18,000÷400=45백만 원
- 2020년 : 7,500÷200=37.5백만 원
- 2021년 : 10,000÷270≒37.04백만 원
- 2022년 : 12,000÷150=80백만 원
- 2023년 : 11,500÷200=57.5백만 원
- 2024년 : 14,500÷300≒48.33백만 원

따라서 BTL 사업에서 사업 개수당 사업 비용이 가장 큰 해는 2022년이며, 이때 사업 평균수익률은 5% 흑자를 기록하였다.

⑤ BTO 사업에서 사업 개수당 사업 투입 인원이 가장 많은 해는 2018년이며, 이때 사업 비용의 전년 대비 증가율은 (1,100-1,000)÷1,000×100=10%이다.

07　　정답　④

'더군다나'는 더구나를 강조하여 표현하는 말로, 이미 있는 사실에 유사한 내용을 더할 때 쓰인다. 빈칸의 앞과 뒤 모두 쌀값 상승의 원인을 제시하고 있으므로 빈칸에는 '더군다나'가 가장 적절하다.

오답분석

① 다만 : 앞의 말에 대해 예외적인 사항이나 조건을 덧붙일 때 쓰인다.
② 그래서 : 앞의 말과 뒤의 말이 인과관계에 있을 때 쓰인다.
③ 그러나 : 앞의 말과 뒤의 말이 반대되는 내용일 때 쓰인다.

08　　정답　②

'구밀복검(口蜜腹劍)'은 말로는 친한 듯하나 속으로는 해칠 생각이 있음을 이르는 말이다.

오답분석

① 지록위마(指鹿爲馬) : 윗사람을 농락하여 권세를 마음대로 함을 이르는 말
③ 호가호위(狐假虎威) : 남의 권세를 빌려 위세를 부림을 이르는 말
④ 교각살우(矯角殺牛) : 잘못된 점을 고치려다가 그 방법이나 정도가 지나쳐 오히려 일을 그르침을 이르는 말

09　　정답　①

ESG 경영은 단기적으로는 기업의 이윤 창출에 부정적인 영향을 줄 수 있지만 이는 단기적 부담일 뿐, 기업의 발전을 저해한다고는 볼 수 없다. 오히려 비용 절감, 내부 조직문화 개선 등 단기적으로도 기업 발전에 큰 효용이 있다.

오답분석

② ESG 경영이란 기업의 비재무적인 요소에 해당하는 환경, 사회, 지배구조를 개선해 나가며 기업을 경영하는 방식을 말한다.
③ 세 번째 문단에 따르면 ESG 경영을 통해 향상된 기업 이미지는 소비자와 투자자 모두에게 신뢰를 쌓고 이것이 수익률 향상으로 직결될 수 있다고 하였다.
④ 마지막 문단에 따르면 ESG 경영은 단순히 따라야 할 가치 판단의 기준을 넘어서 기업이 유지되느냐 아니냐를 결정하는 핵심 전략이 되었다고 하였다.

10　정답 ③

만기일시지급식 예금의 단리 이자 계산식은 (이자)=(원금)×(연이율)×(기간)이다. 연이율을 $x\%$라 하고 나머지 항에 값을 대입하면 다음과 같다.

$96,000=1,000,000\times0.01x\times3$

$\rightarrow 96,000=30,000x$

$\rightarrow x=\dfrac{96,000}{30,000}$

$\therefore x=3.2$

따라서 해당 상품의 연이율은 3.2%이다.

11　정답 ②

학교에서 도서관까지의 거리를 $x$km라고 하면 다음 식이 성립한다.

$\dfrac{x}{40}=\dfrac{x}{45}+\dfrac{1}{6}$

$\rightarrow 9x-8x=60$

$\therefore x=60$

따라서 학교에서 도서관까지의 거리는 60km이다.

12　정답 ③

인구 1,000명당 신생아 수를 구하기 위해서는 먼저 전체 인구수를 구할 필요가 있다. 이혼율이 인구 1,000명당 이혼 건수를 의미하므로 전체 인구는 [(이혼 건수)÷(이혼율)]×1,000명이다. 인구 1,000명당 신생아 수는 [(신생아 수)÷(전체 인구)]×1,000명이므로 이를 정리하면 다음과 같다.

$$(인구\ 1{,}000명당\ 신생아\ 수)=\frac{(신생아\ 수)}{[(이혼\ 건수)\div(이혼율)]\times1{,}000}\times1{,}000=\frac{(신생아\ 수)}{(이혼\ 건수)}\times(이혼율)$$

정리한 식을 바탕으로 2018년과 2022년의 인구 1,000명당 신생아 수를 구하면 다음과 같다.

- 2018년 : $\dfrac{400,000}{110,000}\times2.2\fallingdotseq8.0$명

- 2022년 : $\dfrac{360,000}{90,000}\times1.95=7.8$명

따라서 인구 1,000명당 신생아 수는 2018년이 2022년보다 많다.

[오답분석]

① 2021년과 2022년 이혼 건수는 동일하나 이혼율은 감소하였다. 이에 따라 전체 인구는 증가하였다.

② 이혼율이 증가한 해는 2018년, 2019년, 2024년이다. 이때의 이혼 건수는 모두 전년 대비 증가하였다.

④ 이혼 건수가 가장 많이 증가한 해는 전년 대비 10,000건이 증가한 2018년이며, 신생아 수 또한 2018년에 전년 대비 60,000명 감소하여 가장 많이 감소하였다.

13　정답 ②

'마라톤을 좋아함'을 p, '체력이 좋음'을 q, '인내심이 좋음'을 r, '몸무게가 무거움'을 s, '명랑함'을 t라고 하면 $t \rightarrow p \rightarrow q$, $t \rightarrow p \rightarrow r$, $s \rightarrow q$가 성립한다. 따라서 $t \rightarrow p \rightarrow r$의 대우인 $\sim r \rightarrow \sim t$도 참이 된다.

14　정답 ③

두 번째 조건에 의해 B는 6층에 입주해야 하고, 세 번째 조건에 의해 F−D−E 순으로 높은 층에 입주해야 한다.
A와 C는 1∼3층에 거주해야 하므로 E는 3층부터, D는 4층부터 입주가 가능하다. 이를 정리하면 다음과 같다.

구분	1층	2층	3층	4층	5층	6층
A				×	×	×
B	×	×	×	×	×	○
C				×	×	×
D	×	×	×	○	×	×
E				×	×	×
F	×	×	×	×	○	×

6명이 빌딩에 입주하는 방법의 경우의 수는 A, C, E가 남은 층에 입주하는 방법의 경우의 수와 같다. 따라서 6명이 빌딩에 입주하는 방법의 경우의 수는 $3 \times 2 \times 1 = 6$가지이다.

15　정답　④

제시문에 따르면 뉴 미디어는 누구나 콘텐츠를 제작할 수 있으므로 전문 기자의 취재, 검증, 편집을 통해 신뢰할 수 있는 정보를 제공하는 레거시 미디어에 비해 정보의 신뢰성이 떨어진다. 따라서 ④는 뉴 미디어에 대한 설명으로 적절하지 않다.

[오답분석]

① 뉴 미디어는 정보의 속도가 빠르고 접근성이 좋다.

② 레거시 미디어가 방송국이나 신문사 중심의 전문 생산 구조인 것과 달리, 뉴 미디어는 이용자 누구나 콘텐츠를 생산·공유할 수 있는 개방적 유통 방식이다.

③ 뉴 미디어는 검증 절차가 약해 정보의 신뢰성이 낮을 수 있으므로, 이용자에게 더 높은 수준의 비판적 사고가 요구된다.

16　정답　③

제시문에 따르면 개정된 공연법에서는 매크로를 이용하여 부정 판매를 한 경우에만 처벌하도록 규정하고 있다. 따라서 매크로를 이용하여 예매하는 행위 자체는 처벌받지 않는다.

[오답분석]

① 공연 티켓의 중간 유통 과정에서 소비자에게 제시되는 가격은 암표상이 정한 가격으로 재형성된다.

② 최근 3년간 접수된 암표 관련 신고가 5천 건을 넘었으나 실제 조치가 이루어진 비율은 약 3.8%로 매우 낮은 편이다.

④ 공연 기획사들은 암표 문제 해결을 위해 본인 인증 강화, 팬클럽 우선 예매, 공식 재판매 시스템 도입 등의 자구책을 마련하고 있다.

17　정답　①

제시문의 세 번째 문단에서 '금융시장이 통합되어 있으면 지역 내 국가들 사이에 경상수지 불균형이 발생했을 때 자본 이동이 쉽게 일어날 수 있을 것이며 이에 따라 조정의 압력이 줄어들게 되므로 지역 내 환율 변동의 필요성이 감소하게 된다.'라고 했으나, 금융시장의 통합에 따른 편익의 계산 방식은 설명하고 있지 않다.

[오답분석]

② 제시문의 세 번째 문단에서 확인할 수 있다.

③·④ 제시문의 마지막 문단에서 확인할 수 있다.

18　정답　①

더 어린 사람의 나이를 x세라고 하면 다음과 같은 식이 성립한다.

$$\frac{x + (x+2) + (18 \times 42)}{20} = 40$$

$$\rightarrow \frac{2x + 2 + 756}{20} = 40$$

$$\rightarrow 2x+758=800$$
$$\rightarrow 2x=42$$
$$\therefore x=21$$

따라서 신입사원 중 더 어린 사람의 나이는 21세이다.

19   정답 ④

갑지점의 설문 응답률은 $100-(23+45)=32\%$이다.

인터넷 설문 응답자 중 '잘 모르겠다.'를 제외한 응답자는 $5,500\times0.67=3,685$명이다.

따라서 갑지점을 택한 응답자는 $3,685\times0.32\fallingdotseq1,179$명이다.

20   정답 ②

만기일 일시상환은 매달 이자만 부담하고 만기에 대출금을 모두 상환하는 방식이다.

따라서 첫 달에 납입해야 하는 상환액은 $100,000,000\times0.045\times\dfrac{1}{12}=375,000$원이다.

21   정답 ②

주어진 명제를 논리식으로 정리하면 다음과 같다.

- 커 → ~콜∧~사
- 녹 → 커

해당 명제가 모두 참이므로 명제의 대우 또한 참이다.

- 콜∨사 → ~커
- ~커 → ~녹

그러므로 만약 사이다를 좋아한다면 첫 번째 명제의 대우에 따라 커피를 싫어하고, 두 번째 명제의 대우에 따라 녹차 또한 싫어한다. 콜라의 경우 좋아하는지, 싫어하는지 주어진 명제만으로는 알 수 없다.

따라서 사이다를 좋아하는 사람이 반드시 싫어하는 음료는 녹차와 커피이다.

22   정답 ④

거짓말은 1명만 하는데 진희와 희정의 말이 서로 모순이므로, 둘 중 1명이 거짓말을 하고 있음을 알 수 있다. 이때, 반드시 진실인 아름의 말(∵ 진희와 희정 중 1명이 거짓말)에 따라 진희의 말은 진실이 되므로 결국 희정이가 거짓말을 하고 있음을 알 수 있다. 따라서 영화관에 아름 – 진희 – 민지 – 희정 – 세영 순으로 도착하였고, 마지막으로 도착한 사람은 세영이다.

23   정답 ④

승진자 선발 방식에 따라 각 승진후보자의 평가점수를 계산하면 다음과 같다.

(단위 : 점)

구분	가점을 제외한 총점	가점	평가점수
A주임	$29+28+12+4=73$	1	74
B주임	$32+29+12+5=78$	2	80
C주임	$35+21+14+3=73$	5(가점상한 적용)	78
D주임	$28+24+18+3=73$	–	73
E주임	$30+23+16+7=76$	4	80

평가점수가 80점으로 가장 높은 승진후보자는 B주임과 E주임인데, 이 중 분기실적 점수와 성실고과 점수의 합이 E주임은 $30+16=46$점, B주임은 $32+12=44$점이다. 따라서 E주임이 승진한다.

24　정답　③

유럽이 가스시장 자율화를 법제화하며 다양한 시장 참여자 간의 경쟁을 추구한 추세에 대응해 러시아의 가즈프롬이 자회사를 설립해 효과적으로 시장을 공략한 경험은 외부 환경에서 비롯된 기회(O)가 아니라 러시아 내부의 강점(S)에 해당한다.

[오답분석]

① 러시아가 세계 가스 생산 2위이라는 점은 공급자로서 공급 물량과 가격 결정 등 세계 가스시장에 큰 영향을 줄 수 있는 원동력으로, 이는 러시아가 내부적으로 갖춘 강점(S)으로 볼 수 있다.
② 자국의 정치적 리스크로 인해 EAEU 공동가스시장을 주도하기 곤란해질 수 있다는 점은 곧 EAEU 공동가스시장에 대한 러시아의 영향력 약화를 의미하므로, 이는 러시아의 약점(W)으로 볼 수 있다.
④ 러시아보다 저가로 가스를 공급할 수 있는 경쟁자의 등장은 곧 러시아의 수출 경쟁력 약화를 의미하므로, 이는 러시아 외부 환경에서 비롯된 위협(T)으로 볼 수 있다.

25　정답　③

세 번째 문단에 따라 은행이 추구해야 할 장기적 방향을 정리하면 다음과 같다.
• 자본시장의 다양화를 추진해 글로벌 금융환경에 대응
• 금융의 자율성과 혁신을 확대해 지속가능한 성장 기반 마련
• ESG 경영 확대와 사회적 책임을 지는 금융으로 발전
따라서 은행이 추구해야 할 장기적 방향으로 가장 적절한 것은 ③ '금융 지속가능성과 사회적 책임의 발전'이다.

[오답분석]

①・②・④ 모두 두 번째 문단에서 언급한 단기적 방향에 해당한다.

26　정답　③

'대출신청시기'의 갱신 요건에는 주민등록전입일로부터 3개월이 경과해야 한다는 조건이 있으므로, 주민등록전입을 하지 않은 경우 갱신이 불가능하다.

[오답분석]

① 수도권의 임차보증금액이 7억 원으로 지방의 5억 원보다 높지만, 대출 가능 금액과는 관련이 없다.
② '대출한도'에 따르면 임차보증금의 90% 이내에서 최대 2억 원 범위 내로 대출이 가능하다. 따라서 전세자금의 90%일뿐, 최대 대출 가능 한도는 2억 원이다.
④ 신청자인 세대주가 배우자와 동일세대를 이루고 있는지의 여부는 대출과 관련이 없다. 단, 세대주와 동일세대를 이루고 있지 않은 배우자가 신청할 때에는 대출이 불가하다.

27　정답　③

월복리 적금의 만기 수령액을 구하는 식은 다음과 같다.

$$\frac{(\text{월납입금}) \times (1+r)^{\frac{1}{12}} \left\{ (1+r)^{\frac{n}{12}} - 1 \right\}}{(1+r)^{\frac{1}{12}} - 1}$$

두 상품의 만기 수령액을 구하면 다음과 같다.

구분	만기 수령액
월복리 적금	$\dfrac{120,000(1+0.024)^{\frac{1}{12}} \left\{ (1+0.024)^{\frac{36}{12}} - 1 \right\}}{(1+0.024)^{\frac{1}{12}} - 1} = \dfrac{120,000 \times 1.002 \times (1.074 - 1)}{1.002 - 1} = 4,448,880$원
단리 예금	$4,000,000 + 4,000,000 \times 0.028 \times 2 = 4,000,000 + 224,000 = 4,224,000$원

따라서 월복리 적금 상품이 단리 예금 상품보다 $4,448,880 - 4,224,000 = 224,880$원을 더 받는다.

28 정답 ②

A와 B의 수익을 구하면 각각 다음과 같다.

(단위 : 만 원)

구분	첫 번째 종목 1차	첫 번째 종목 2차	두 번째 종목 1차	두 번째 종목 2차	총수익
A	$500 \times (1+0.2)=600$	$600 \times (1-0.1)=540$	$500 \times (1-0.1)=450$	$450 \times (1+0.3)=585$	$540+585=1,125$
B	$500 \times (1-0.1)=450$	$450 \times (1+0.1)=495$	$500 \times (1+0.1)=550$	$550 \times (1-0.1)=495$	$495+495=990$

총수익을 바탕으로 A와 B의 주식 수익률을 구하면 각각 다음과 같다.

- A : $\dfrac{1,125-1,000}{1,000} \times 100 = 12.5\%$

- B : $\dfrac{990-1,000}{1,000} \times 100 = -1\%$

따라서 수익률이 더 높은 사람은 A이고, 두 사람의 수익률의 차이는 $12.5-(-1)=13.5\%$p이다.

29 정답 ③

B의 진술과 D의 진술에서 E의 참석 여부가 서로 모순이므로 B와 D 중 1명은 거짓을 말하고 있다.

ⅰ) B의 진술이 참일 경우

　D의 진술은 거짓이고, E는 참석하였으므로 E의 진술이 참이 되어 A는 불참한다. A가 불참함에 따라 A의 진술이 거짓이므로 B나 D는 둘 다 참석하거나 둘 다 불참한다. 둘 다 참석할 경우, C의 진술이 거짓이 되어 A, C, D 3명이 거짓을 말하므로 모순이고, 둘 다 불참할 경우 B의 진술이 거짓이 되므로 이 또한 모순이다. 그러므로 B의 진술은 참일 수 없다.

ⅱ) D의 진술이 참일 경우

　B의 진술이 거짓이고, B와 E는 모두 불참한다. 이 경우 E는 거짓을 말하므로 A는 참석하고, A의 진술도 B만 불참하므로 참이 된다. 또한 C의 진술도 참이므로 A, C, D는 참을 말하는 참석자이며, B, E는 거짓을 말하는 불참자이다.

따라서 불참한 사람은 B, E이다.

30 정답 ③

ⓒ B회사의 3등급은 1등급과 5등급의 평균값이다. B회사의 1등급이 나와 있지 않지만, 이는 두 번째 조건을 통해서 B회사의 1등급이 0.36%보다 높거나 같을 거란 것을 알 수 있다. 따라서 B회사의 3등급은 $\dfrac{0.36+2.4}{2}=1.38\%$와 같거나 1.38%보다 높을 것이다.

ⓔ A회사의 2등급은 A회사의 1등급보다는 높을 것이고, B회사의 2등급보다는 낮거나 같을 것이므로 옳다.

㉠ A회사의 3등급은 1등급과 5등급의 평균값인 $\dfrac{0.36+1.8}{2}=1.08\%$이다.

㉢ B회사의 4등급은 B회사의 3등급(1.38%) 초과 5등급(2.4%) 미만인 것만 알 수 있을 뿐 1.52%보다 높은지는 알 수 없다.

31 정답 ③

은행뿐 아니라 제2금융권 참여 확대를 위해 오픈플랫폼을 오픈뱅킹공동업무 서비스로 전환하였다는 내용을 통해 제2금융권도 참여할 수 있음을 알 수 있다.

① 오픈뱅킹은 금융서비스를 개발하는 오픈 API와 테스트해 볼 수 있는 테스트베드 등으로 구분된다.

② 기존에는 핀테크 서비스를 출시하려면 모든 관련 은행과 개별적으로 협약을 맺어야 했지만, 오픈뱅킹을 통해 이를 해결할 수 있다.

④ 이용대상에는 핀테크 사업자, 핀테크 산업 분류업종 기업, 전자금융업자, 오픈뱅킹 운영기관 인정기업, 일반고객 등이 있다.

32 　정답　①

스톡옵션은 일정 기간이 지나면 주가와 무관하게 처음 약정한 가격으로 주식을 살 수 있는 권리로, 주가가 약정한 가격보다 높으면 그 차이만큼 이득을 취할 수 있다. 하지만 주가가 약정한 가격보다 낮으면 약정한 가격으로 사는 의미가 없어 사실상 재산적 가치가 없어질 뿐 기간 경과에 의해 소멸하는 권리는 아니다.

오답분석

② RSU는 무상으로 부여되고 일정 기간 경과 후 주식으로 전환할 수 있는 권리이므로 주가가 높아질수록 재산적 가치 또한 높아질 것이다.
③ RSU의 지급거래 현황 공시로 총수 일가의 지분 변동 내역과 향후 변동 가능성에 대해서도 예측이 가능해졌으므로 투자자들의 대기업 투자에 영향이 있을 것을 예측할 수 있다.
④ 첫 번째 문단과 마지막 문단의 내용으로 보아 상당한 재산적 가치가 발생할 수 있는 RSU를 통해 총수 일가가 지분율 확대와 경영권 승계 수단으로 이를 악용할 것을 우려해 해당 공시를 의무화한 것임을 알 수 있다.

33 　정답　④

'K은행에서는 이전과 같은 방식으로 박람회 홈페이지를 박람회 종료 후에도 계속 무상 운영할 계획이다. 해당 홈페이지에서는 박람회 참가 기업의 인사담당자들을 대상으로 특화 인재 매칭 서비스를 제공한다.'라는 내용을 통해 유관 기관 연계 인재 매칭 프로그램이 이전 박람회에서도 제공되었다는 것을 알 수 있다.

오답분석

① K은행은 11월 19일 열리는 일자리 페스티벌의 참가 기업을 같은 해 9월 19일까지 모집하며, 해당 박람회는 고용노동부, 대전광역시와 공동으로 주최된다.
② K은행은 정규직을 채용할 경우 1명을 채용할 때마다 1백만 원의 채용 지원금을 제공하여 인건비에 대한 부담을 덜어준다.
③ K은행의 박람회 홈페이지는 기업에게 공고 게시, 맞춤 인재 매칭 서비스를 제공하고 있으며, 구직자 대상으로는 컨설팅 서비스를 제공하고 있다.

34 　정답　②

에어컨과 냉장고 핵심부품은 컴프레서로 동일하나, 에어컨 컴프레서의 보증기간은 4년, 냉장고 컴프레서의 보증기간은 3년이다.

35 　정답　④

'회계팀 팀원'을 p, '회계 관련 자격증을 가지고 있음'을 q, '돈 계산이 빠름'를 r이라고 하면, 첫 번째 명제는 $p \rightarrow q$이며, 마지막 명제는 $\sim r \rightarrow \sim p$이다. 이때 마지막 명제의 대우는 $p \rightarrow r$이므로 마지막 명제가 참이 되기 위해서는 $q \rightarrow r$이 필요하다. 따라서 빈칸에 들어갈 명제는 $q \rightarrow r$의 대우에 해당하는 $\sim r \rightarrow \sim q$ ④이다.

36 　정답　④

만약 A가 진실이라면 동일하게 A가 사원이라고 말한 C도 진실이 되어 진실을 말한 사람이 2명이 되므로, A와 C는 모두 거짓이다. 또한 E가 진실이라면 B가 사원이므로 A의 'D는 사원보다 직급이 높아.'도 진실이 되어 역시 진실을 말한 사람이 2명이 되기 때문에 E도 거짓이다. 그러므로 B와 D 중 1명이 진실이다.
ⅰ) B가 진실인 경우
　　E는 차장이고, B는 차장보다 낮은 3개 직급 중 하나이다. C가 거짓이므로 A가 과장이고, E가 거짓이기 때문에 B는 사원이 아니므로 B는 대리가 되고, A가 거짓이므로 D는 사원이다. 그러면 남은 부장 자리가 C여야 하는데, E가 거짓이므로 C는 부장이 될 수 없어 모순이 된다. 즉, B의 진술은 거짓이다.
ⅱ) D가 진실인 경우
　　E는 부장이고 C가 거짓이므로 A는 과장이며, A가 거짓이므로 D는 사원이다. B가 거짓이므로 B는 차장보다 낮은 직급이 아니기 때문에 차장이고, C는 대리가 된다.
따라서 진실을 말한 사람은 D이다.

37 정답 ④

노선별 K은행에서 오전 8시 30분에 출발하여 시청에 도착하는 시각은 각각 다음과 같다.
- 노선 A : 8시 30분 탑승~9시 2분 도착 → 가장 적절
- 노선 B : 8시 30분 탑승~9시 21분 도착
- 노선 C : 9시 탑승~9시 18분 도착

노선별 시청에서 오전 9시 42분에 출발하여 K은행으로 돌아오는 시간은 각각 다음과 같다.
- 노선 A : 10시 10분 탑승~10시 38분 도착
- 노선 B : 9시 45분 탑승~10시 30분 도착
- 노선 C : 10시 탑승~10시 15분 도착 → 가장 적절

따라서 강대리는 시청까지 노선 A, 다시 돌아오는 버스는 노선 C를 이용하고, 그 요금은 총 1,800+3,400=5,200원이다.

38 정답 ③

노선별 K은행에서 오후 4시 10분에 출발하여 시청에 도착하는 시각은 각각 다음과 같다.
- 노선 A : 4시 30분 탑승~5시 2분 도착(1,800원)
- 노선 B : 4시 10분 탑승~5시 1분 도착(1,200원) → 가장 적절
- 노선 C : 5시 탑승~5시 18분 도착(3,100원)

노선별 시청에서 오후 5시 1분에 출발하여 K은행으로 돌아오는 시각은 각각 다음과 같다.
- 노선 A : 5시 10분 탑승~5시 38분 도착(1,900원) → 가장 적절
- 노선 B : 5시 15분 탑승~6시 도착(1,400원)
- 노선 C : 6시 탑승~6시 15분 도착(3,400원)

따라서 6시 전에 도착하고, 요금이 가장 저렴한 노선은 '노선 B – 노선 A'이다.

39 정답 ③

탄소Zero챌린지 적금 상품은 재예치가 불가능한 상품이므로 만기일은 2024년 9월 5일이고 이후에 재예치할 수 없다.

오답분석

① A씨는 탄소Zero생활 실천 12개 항목 중 5개 항목에 동의하지 않았으므로 탄소Zero생활 실천 우대이율의 조건에 충족하지 않는다. 또한 실물 종이통장을 발급받았으므로 종이거래Zero 실천 우대이율을 받을 수 없다. 반면, 2023년 10월부터 2024년 6월까지 9개월 동안 매월 5회 이상 K은행 후불교통카드를 이용할 것이므로 대중교통 이용 우대조건을 충족하여 우대이율 0.2%p를 받을 수 있다. 따라서 A씨는 3.3+0.2=3.5%의 연이율을 받는다.
② A씨는 스마트뱅킹을 통해 초입금 1만 원 이상, 매월 1만 원 이상 10만 원 이하를 납입할 예정이므로 가입조건을 충족한다.
④ 탄소Zero챌린지 적금 상품은 중도인출이 불가능한 상품이다.

40 정답 ④

100,000엔은 100,000×8.6=860,000원이고, $\frac{860,000}{1,300}$≒661.54달러이므로 송금수수료는 건당 5,000원이고, 전신료는 건당 8,000원이다. 따라서 지불해야 하는 당발송금수수료는 (5,000×3)+(8,000×3)=15,000+24,000=39,000원이다.

41 정답 ③

제시문에 따르면 새로운 거래소인 NXT는 기존의 KRX 정규장 운영시간 외에도 거래가 가능하여 투자자에게 새로운 선택지를 제공하는 것은 맞지만, KRX 자체가 운영시간을 늘릴 것인지에 대해서는 추론할 수 없다. KRX가 경쟁을 위해 서비스를 개선할 수는 있지만, 그 구체적인 방안이 운영시간 연장이라고 단정하기는 어렵다.

오답분석

① 우리나라의 증권거래소는 수십 년간 KRX 한 곳뿐이었으며, 최근에 최초의 대체거래소인 NXT가 출범하였으므로 우리나라의 증권거래소가 두 곳임을 추론할 수 있다.
② NXT는 KRX의 정규장 운영시간뿐만 아니라 이후에도 거래가 가능하므로 KRX는 NXT의 운영시간보다 짧음을 추론할 수 있다.
④ 증권거래소가 분산되면서 거래량이 한 곳에 집중되지 않아 거래소별 가격이 다르게 형성되는 등 가격 형성 과정이 복잡해진다고 하였으므로 적절한 추론이다.
⑤ 대체거래소의 출범으로 거래소 간 경쟁이 형성되면서 거래소가 더 나은 서비스와 효율적인 구조를 마련하기 위해 노력한다고 하였으므로 적절한 추론이다.

42 정답 ⑤

제시문은 DID 기술을 적용한 모바일 주민등록증의 발급이 가능해짐에 따라 이로 인한 장점들이 무엇인지에 대해 다루고 있다. 모바일 주민등록증을 개인 스마트폰에 저장해 사용할 수 있다는 편의성과 선택적으로 정보를 제공하고, 정보를 암호화해 분산 저장함으로써 개인정보의 유출이나 부정사용 및 위변조를 방지할 수 있는 보안성에 대해 말하고 있다. 따라서 ⑤가 가장 적절한 제목이다.

오답분석

① 모바일 주민등록증의 발급이 최초의 모바일 신분 확인 방법인지는 제시문을 통해 알 수 없다.
② DID 기술의 도입으로 데이터의 분산 저장뿐만 아니라 데이터의 암호화도 가능해졌으므로 글 전체를 포괄하는 제목으로 보기에는 어렵다.
③ 제시문은 기존 신분증의 문제점에 대해 다루기보다는 DID 기술을 활용한 모바일 주민등록증의 발급이 가능해졌고 이 기술에 대한 설명과 이로 인한 장점은 무엇인지에 대해 초점이 맞춰져 있으므로 글의 제목으로 보기에는 어렵다.
④ 개인정보의 선택적 제공이 가능해진 것은 DID 기술의 도입으로 인한 장점 중 한 가지이므로 글 전체를 포괄하는 제목은 아니다.

43 정답 ②

제시문은 배달 앱 사용이 가져온 편리함과 그가 끼치는 영향력에 대해 설명하는 글이다. (나) 문단은 일상적인 경험을 바탕으로 의문점을 제시하고 있으므로 글의 도입으로 적절하다. 또한, (가) 문단의 경우 제시된 의문점에 대해 설명하고 있으므로 (나) 문단 뒤에 이어져야 한다. (라) 문단의 경우 (가) 문단에 대한 근거를 제시하고 있어 (가) 문단 뒤에 이어져야 하고, (다) 문단은 글의 전체적인 내용을 정리하고 결론을 서술하고 있으므로 글의 마지막에 오는 것이 자연스럽다.
따라서 (나) - (가) - (라) - (다) 순으로 나열하는 것이 적절하다.

44 정답 ①

ESG가 기업의 환경, 사회적 책임과 지배구조의 개선을 통한 지속가능한 발전을 추구하는 것이라면, SDG란 지속가능한 발전을 위해 유엔이 제정한 목표로, 정부, 비영리단체, 시민 모두가 추구해야 한다.

오답분석

ㄴ. 기업이 ESG 경영으로 환경적 책임을 다한다면 이는 SDG의 기후변화와 대응, 해양생태계 보존, 육상생태계 보호에 해당하고, 사회적 책임을 다한다면 이는 양질의 일자리와 경제성장에 해당하며, 투명한 지배구조 개선에 최선을 다한다면 이는 평등, 정의에 해당한다. 따라서 ESG와 SDG는 서로 반대된 것이 아닌 같은 목표를 추구한다는 것을 알 수 있다.
ㄷ. 기업이 환경적 책임을 다해 탄소배출 감축과 친환경 기술을 도입하는 것은 기후변화에 대한 대응이므로 이는 SDG의 목표 중 기후변화와 대응과 일맥상통한다.
ㄹ. 기업이 ESG 경영을 추구하는 것은 기업의 신뢰성과 투명성을 높이기 위한 것으로, ESG 경영과 SDG의 목표들은 서로 상반된 것이 아닌 상호보완적인 관계를 가지고 있기 때문에 기업이 SDG의 목표들을 실천한다면 이는 소비자와 투자자로부터 신뢰를 받을 수 있는 기회가 될 것이다.

45 정답 ③

문제의 정보에 따라 퇴직금 총액을 계산하면 다음과 같다.
- 확정급여형의 경우 : 900×10=9,000만 원
- 확정기여형의 경우

(단위 : 만 원)

구분	(연 임금총액)÷12
1년 차	450
2년 차	500
3년 차	550
⋮	⋮
10년 차	900
합계	6,750

예상 운용수익률은 매년 10%이므로 '(연 임금총액)÷12'의 총합의 110%를 구하면 퇴직금 총액과 동일한 금액이 된다.
따라서 확정기여형 퇴직금은 6,750만 원×1.1%=7,425만 원이다.

46 정답 ③

제시된 자료에는 2024년 11월까지의 가입자 수만 나와 있으므로 2024년에 국민연금 지역가입자 수가 최종적으로 감소했는지 알 수 없다.

오답분석

① 국민연금 임의가입자 수는 2024년 11월까지 계속해서 수치가 증가하고 있으므로 해마다 증가하고 있다.

② 2023년 임의가입자 수의 전년 대비 증가율을 구하면 $\dfrac{327,723-296,757}{296,757}\times100 ≒ 10.4\%$이다.

④ 가입자 집단 중 지속적으로 수가 증가하고 있는 집단은 사업장가입자, 임의가입자, 임의계속가입자 3개이다.

⑤ 자료를 통해 2021~2023년 국민연금 지역가입자 수는 감소하는 추세임을 알 수 있다.

47 정답 ④

- 사업장가입자 : 13,459,240×1.1−13,835,005=970,159명
- 지역가입자 : 7,691,917×1.1−7,310,178 ≒ 1,150,930명
- 임의가입자 : 327,723×1.1−334,480 ≒ 26,015명
- 임의계속가입자 : 345,292×1.1−363,143 ≒ 16,678명

48 정답 ①

A고객 정보에 따르면 스마트폰 뱅킹을 사용하는 만 40세 직장인이므로 S은행 사업자 성공기원적금, S은행 청년 처음적금은 계약할 수 없다. 나머지 3개의 금융상품에서 최종 금리를 구하면 다음과 같다.
- S은행 안녕, 반가워 적금 : S은행에서 처음으로 적금 계약, S은행 카드 사용 실적 보유 2가지 우대 금리 조건을 만족하므로 최종 금리는 1.6+3.0=연 4.6%이다.
- S은행 스마트 적금 : 기본 금리만 제공하므로 연 2.7%가 최종 금리이다.
- S은행 알.쏠 적금 : S은행 급여 이체 실적 보유, S은행 카드 사용 실적 보유, S은행 스마트폰 뱅킹 마케팅 수신 동의 3가지 우대 금리 조건을 만족하므로 최종 금리는 2.45+0.6+0.6+0.1=3.75%이다.

따라서 A고객의 정보에 따라 추천할 금융상품은 'S은행 안녕, 반가워 적금'이다.

49 정답 ⑤

먼저 세 번째 조건에 따라 3팀은 3호실에 위치하고, 네 번째 조건에 따라 8팀과 2팀은 4호실 또는 8호실에 각각 위치한다. 이때, 두 번째 조건에 따라 2팀과 5팀은 앞뒤로 나란히 위치해야 하므로 결국 2팀과 5팀이 각각 8호실과 7호실에 나란히 위치하고, 4호실에는 8팀이 위치한다. 그리고 첫 번째 조건에 따라 1팀과 7팀은 1호실 또는 5호실에 각각 위치하는데, 마지막 조건에서 4팀은 1팀과 5팀 사이에 위치한다고 하였으므로 4팀이 5팀 바로 앞인 6호실에 위치하고, 1팀은 5호실에 위치한다. 이에 따라 1호실에는 7팀이 위치하고, 바로 뒤 2호실에는 6팀이 위치한다. 이를 종합하여 기획 1~8팀의 사무실을 배치하면 다음과 같다.

창고	입구	계단
기획 7팀		기획 1팀
기획 6팀	복도	기획 4팀
기획 3팀		기획 5팀
기획 8팀		기획 2팀

따라서 기획 4팀과 기획 6팀은 복도를 사이에 두고 마주하는 것을 알 수 있다.

오답분석
① 창고 뒤에는 기획 7팀의 사무실이 위치하며, 기획 1팀의 사무실은 계단 쪽 라인에 위치한다.
② 기획 3팀과 기획 5팀은 복도를 사이에 두고 마주한다.
③ 기획 2팀의 사무실은 8호실에 위치한다.
④ 기획 7팀과 기획 8팀은 창고 쪽의 라인에 위치한다.

50 정답 ③

ㄴ. 교육팀 회의는 오늘 오후 4시에 잡혀 있고, 먼저 회의 자료를 인쇄해 놓아야 하므로 B주임은 오늘 안에 회의 자료를 인쇄해야 한다.
ㄷ. A과장이 어제 요청한 산업안전 사례 조사는 내일 발표가 있으므로 B주임은 오늘 퇴근 전까지 완료해서 A과장에게 제출해야 한다.

오답분석
ㄱ. 공용서버 교체 작업은 다음 달에 있을 예정이므로 데이터 백업은 오늘 반드시 해야 할 일이 아니다.
ㄹ. 신산업 보고서는 다음 주 수요일까지 작성하면 되므로 오늘 반드시 해야 할 일이 아니다.

2024년 주요 금융권 NCS 기출복원문제

01	02	03	04	05	06	07	08	09	10	11	12	13	14	15	16	17	18	19	20
③	③	③	③	③	②	③	④	②	③	⑤	①	⑤	④	⑤	③	④	③	④	①
21	22	23	24	25	26	27	28	29	30	31	32	33	34	35	36	37	38	39	40
②	②	①	②	②	③	③	②	④	②	②	②	④	②	⑤	④	③	④	③	①
41	42	43	44	45	46	47	48	49	50										
②	④	②	②	④	①	①	④	③	③										

01   정답   ③

KB탄소관리시스템을 통해 기업의 내부 온실가스 배출량을 산정할 수 있어, 배출량 감축 목표 대비 얼마나 감축했는지 그 실적과 배출량을 파악할 수 있다.

오답분석

① KB탄소관리시스템은 기업을 대상으로 시행되는 서비스이다.
② KB탄소관리시스템이 금융권 최초로 시행한 것은 인공지능 광학 문자인식 기술 'KB AI-OCR'이다.
④ 계열사, 자회사 및 협력사에 한해 온실가스 배출량을 확인할 수 있으므로 경쟁사의 배출량은 확인할 수 없다.

02   정답   ③

제시문의 첫 번째와 두 번째 문단은 인공지능이 고평가되어 과도한 투자를 불러일으킨 탓에 투자액 대비 매출액이 저조하다며 인공지능(AI)에 대한 투자에 의문을 제기한다. 하지만 마지막 문단에서는 이러한 분위기 속에서도 수혜를 받고 있는 인공지능 부문도 있으며, AI서비스가 높은 참여도를 이끌어 낸다면 분위기는 반전될 수 있다고 기대감을 표했다. 따라서 제목으로 ③이 가장 적절하다.

오답분석

①·④ 첫 번째와 두 번째 문단에 국한된 내용이므로 글 전체의 제목으로는 적절하지 않다.
② 인공지능 투자 분위기가 바뀌었다는 내용은 제시문에서 찾을 수 없다.

03   정답   ③

제시문의 첫 번째 문단은 비트코인의 하락에 대해 말하고 있다. 그러므로 이어질 내용으로 적절한 것은 상세한 하락 수치를 나타내고 있는 (다) 문단이고, 이어서 이러한 '하락세'의 원인에 대해 언급하는 (가) 문단이 오는 것이 적절하다. 마지막으로는 하락 원인에 대해 구체적으로 설명하는 (나) 문단과 (라) 문단이 와야 하는데, 접속어인 '우선'과 '여기에다'로 미루어 볼 때 (나) 문단 다음에 (라) 문단이 이어지는 것이 적절하다. 따라서 (다) - (가) - (나) - (라) 순으로 나열하는 것이 적절하다.

04 　정답 ③

수요탄력성이 완전 비탄력적인 상품은 가격이 내리면 지출액이 감소하며, 수요탄력성이 완전 탄력적인 상품은 가격이 내리면 지출액이 많이 늘어난다고 설명하고 있다. 따라서 소비자의 지출액을 줄이기 위해 수요가 비탄력적인 생필품의 가격은 낮추고, 수요가 탄력적인 사치품은 가격을 높이는 정책을 시행할 것이라 추론할 수 있다.

05 　정답 ③

그래프의 기울기가 클수록 환율 변동 폭이 크다. 따라서 증가 폭이 가장 큰 시기인 2023년 11월과 2023년 12월 사이에 원/100엔 환율이 가장 큰 폭으로 증가하였다.

오답분석

① 원/100엔 환율이 가장 높은 달은 2023년 12월이고, 환율은 100엔당 약 920원이다.
② 원/100엔 환율이 가장 낮은 달은 2023년 11월이고, 환율은 100엔당 약 860원 미만이다.
④ 그래프의 기울기가 클수록 환율 변동 폭이 크므로, 감소 폭이 가장 큰 시기인 2023년 10월과 2023년 11월 사이에 원/100엔 환율이 가장 큰 폭으로 감소하였다.

06 　정답 ②

2023년 9월에 100만 원을 달러로 환전한 후 같은 금액을 2023년 12월에 원화로 환전한다.

- 2023년 9월 원화에서 달러로 환전 : $1,000,000 \times \dfrac{1달러}{1,327원} ≒ 753.6달러$

- 2023년 12월 달러에서 원화로 환전 : $753.6달러 \times \dfrac{1,302원}{1달러} ≒ 981,000원$

따라서 손해를 본 금액은 $1,000,000 - 981,000 = 19,000원$이다.

07 　정답 ③

- 일비 : 2만×3=6만 원
- 항공운임 : 100만×2=200만 원
- 철도운임 : 7만×2=14만 원
- 자가용승용차운임 : 20만×3=60만 원
- 숙박비 : 15만×2=30만 원
- 식비 : 2.5만×3=7.5만 원

따라서 A부장이 받을 수 있는 최대 여비는 6+200+14+60+30+7.5=317.5만 원이다.

08 　정답 ④

- 가군
  - 일비 : 2만×2=4만 원
  - 선박운임 : 50만×1=50만 원
  - 버스운임 : 1,500×2=3,000원
  - 숙박비 : 15만×1=15만 원
  - 항공운임 : 100만×1=100만 원
  - 철도운임 : 7만×2=14만 원
  - 자가용승용차운임 : 20만×2=40만 원
  - 식비 : 2.5만 원×2=5만 원

  그러므로 4+100+50+14+0.3+40+15+5=228만 3천 원이다.

- 나군
  - 일비 : 2만×2=4만 원
  - 선박운임 : 20만×1=20만 원
  - 버스운임 : 1,500×2=3,000원
  - 숙박비 : 7만×1=7만 원
  - 항공운임 : 50만×1=50만 원
  - 철도운임 : 7만×2=14만 원
  - 자가용승용차운임 : 20만×2=40만 원
  - 식비 : 2만×2=4만 원

  그러므로 4+50+20+14+0.3+40+7+4=139만 3천 원이다.

• 다군
  - 일비 : 2만×2=4만 원
  - 선박운임 : 20만×1=20만 원
  - 버스운임 : 1,500×2=3,000원
  - 숙박비 : 6만×1=6만 원
  - 항공운임 : 50만×1=50만 원
  - 철도운임 : 3만×2=6만 원
  - 자가용승용차운임 : 20만×2=40만 원
  - 식비 : 2만×2=4만 원

그러므로 4+50+20+6+0.3+40+6+4=130만 3천 원이다.
따라서 영업팀이 받는 총여비는 228.3+139.3+130.3=497만 9천 원이다.

09 정답 ②

온국민 건강적금에서 적용 가능한 최대 이율은 기본이율 연 2.0%에 최대 우대이율인 연 6.0%p를 더한 값인 연 8.0%이다. 온국민 건강적금은 6개월 만기에 매월 최대 20만 원까지 적립할 수 있으므로 이자는 $200,000 \times \dfrac{6 \times 7}{2} \times \dfrac{0.08}{12} = 28,000$원이다. 따라서 온국민 건강적금 상품에서 받을 수 있는 이자는 최대 28,000원이다.

오답분석
① 기본이율 연 2.0%에 우대이율은 최대 연 6.0%p까지 받을 수 있으므로 최종이율은 최대 연 8%이다.
③ 즐거운 걷기 우대이율은 주어진 미션을 성공할 경우(10만 걸음) 매월 연 0.5%p를 받게 된다. 따라서 다른 우대이율 없이 4개월간 성공했다면 0.5%p×4=2.0%p의 우대이율이 적용된다.
④ 즐거운 걷기 우대이율을 받기 위해서는 안드로이드 기기의 경우 '구글 피트니스', iOS 기기의 경우 '건강' 앱이 설치되어야 하므로 별도의 스마트폰 애플리케이션이 필요하다.

10 정답 ③

각 고객의 연이율을 계산하면 다음과 같다.
• A(4개월 중도해지) : 2%×50%×4÷6=연 0.66%(소수점 셋째 자리에서 절사)
• B(만기해지, 걷기 미션, 스탬프 미션) : 2%+3%p+1%p=연 6.0%
• C(만기해지, 걷기 미션, 웰컴 스뱅) : 2%+3%p+2%p=연 7.0%
• D(2개월 중도해지) : 2%×50%×2÷6=연 0.33%(소수점 셋째 자리에서 절사)
위의 연이율을 바탕으로 A~D가 받는 이자를 계산하면 다음과 같다.

• A : $50,000 \times \dfrac{4 \times 5}{2} \times \dfrac{0.0066}{12} = 275$원

• B : $100,000 \times \dfrac{6 \times 7}{2} \times \dfrac{0.06}{12} = 10,500$원

• C : $160,000 \times \dfrac{6 \times 7}{2} \times \dfrac{0.07}{12} = 19,600$원

• A : $200,000 \times \dfrac{2 \times 3}{2} \times \dfrac{0.0033}{12} = 165$원

따라서 A~D가 받는 이자의 총합은 275+10,500+19,600+165=30,540원이다.

11 정답 ⑤

제시문은 생성형 AI 기술이 창작, 의료 등 다양한 분야에서 가져온 긍정적인 변화와 함께, 허위 정보 확산, 딥페이크 문제, 직업 대체 가능성 등 여러 사회적 문제를 언급하고 있다. 그러나 이러한 문제점에도 불구하고 생성형 AI가 가진 잠재력과 이를 책임감 있게 활용해야 할 필요성을 강조하며 글을 마무리하고 있다. 따라서 주제로 '생성형 AI의 가능성과 책임감 있는 활용의 중요성'이 가장 적절하다.

12 　정답 　①

영국의 2022년 1분기 고용률은 2021년보다 하락했고, 2022년 2분기에는 1분기의 고용률이 유지되었다.

오답분석

② • 2022년 2분기 OECD 전체 고용률 : 65.0%
　 • 2023년 2분기 OECD 전체 고용률 : 66.3%

　따라서 2023년 2분기 OECD 전체 고용률의 전년 동분기 대비 증가율은 $\dfrac{66.3-65}{65}\times100=2\%$이다.

③ · ⑤ 제시된 자료를 통해 확인할 수 있다.

④ 2023년 1분기 고용률이 가장 높은 국가인 독일의 고용률은 74%이고, 가장 낮은 국가인 프랑스의 고용률은 64%이다. 따라서 두 국가의 고용률의 차이는 74−64＝10%p이다.

13 　정답 　⑤

'요리'를 p, '설거지'를 q, '주문받기'를 r, '음식 서빙'을 s라고 하면 '$p \rightarrow \sim q \rightarrow \sim s \rightarrow \sim r$'이 성립한다. 따라서 항상 참이 되는 진술은 ⑤이다.

14 　정답 　④

S은행 100세 플랜 적금 상품은 예금자 보호가 적용되는 상품이나, 예금자보호법에 따라 S은행에 있는 고객의 모든 예금보호대상 금융상품에 적용되므로 다른 상품과 구별하여 보호받는다는 것은 고객의 이해를 돕기 위한 설명으로 옳지 않다.

15 　정답 　⑤

해당 적금의 만기시점 세전금리는 기본금리에 우대금리를 가산해 구한다.
기본금리는 상품설명서 내 [만기금리] → [기본금리] 항목에서 확인할 수 있는데, A고객의 계약기간이 5년이므로 연 3.00%임을 확인할 수 있다.
우대금리는 A고객의 상담내역에서 [우대금리] 중 우대조건 항목에 해당하는 것이 있는지 비교한 후, 해당하는 항목의 우대금리를 모두 합하면 된다.
• 우대조건 ① : A고객은 S은행과 이전에 거래한 적이 없으며, 해당 적금 상품만을 가입하였으므로 우대조건에 해당하지 않는다.
• 우대조건 ② : A고객은 배우자와 함께 가입하였고, 신규금액이 10만 원 이상이므로 우대조건에 해당한다.
• 우대조건 ③ : A고객은 매월 20만 원씩 납입, 계약기간 5년이고 만기까지 연체 없이 납입할 예정이므로 우대조건에 해당한다.
• 우대조건 ④ : A고객은 행원의 추천에 따라 「S은행 100세 플랜 연금」을 신규로 가입하여 6개월 이상 보유할 예정이므로 우대조건에 해당한다.
• 우대조건 ⑤ : A고객은 S은행에 방문하여 행원과 해당 적금에 대해 상담을 받아 계약하였으므로, 우대조건에 해당하지 않는다.
따라서 우대조건 ② · ③ · ④를 충족하였으므로 우대금리는 0.1+0.2+0.2＝0.5%p이며 A씨가 만기시점에 받을 수 있는 세전금리는 3.00+0.5＝3.50%이다.

16 　정답 　③

알.쏠 적금의 기본금리는 연 3.2%로 A씨가 최대로 받을 수 있는 상품이다.

오답분석

① · ② 해당 적금의 가입기간은 A씨의 희망 가입기간보다 짧다.
④ 해당 적금의 가입기간은 A씨의 희망 가입기간에 포함되지만, 기본금리는 가장 높지 않다.
⑤ 해당 적금의 기본금리는 최대이지만, 가입기간이 A씨의 희망 가입기간보다 짧다.

17   정답 ④

우대금리를 최대로 적용한 연이율이 가장 높은 적금을 찾고, 최대 연이율을 적용한 원리합계를 구하면 다음과 같다.
- 청년 처음적금 : 3.5+3.0=6.5%
- 2024 프로야구 적금 : 2.5+1.7=4.2%
- 알.쏠 적금 : 3.0+1.3=4.3%
- 정기적금 : 2.7%
- 스마트 적금 : 3.6%

청년 처음적금의 연이율이 최대이므로 B씨는 청년 처음적금에 가입하고, 만기 시 B씨가 받는 원리합계는 연이율 6.5% 단리로 적용한다.

따라서 월이율(r)은 $r=\dfrac{0.065}{12}$ 이므로 원리합계(S)는 다음과 같다.

$$S=(250,000\times12)+\left(250,000\times\frac{12\times13}{2}\times\frac{0.065}{12}\right)=3,000,000+105,625=3,105,625원$$

18   정답 ③

ⅰ) 연봉 3천만 원인 S사원의 월 수령액은 3천만 원÷12=250만 원이고 월평균 근무시간은 200시간이므로 시급은 250만 원÷200=12,500원이다.

ⅱ) S사원이 평일에 야근한 시간은 2+3+3+2=10시간이므로 야근수당은 (12,500+5,000)×10=175,000원이다.

ⅲ) S사원이 주말에 특근한 시간은 3+5=8시간이므로 특근수당은 (12,500+10,000)×8=180,000원이다.

따라서 식대는 야근 및 특근수당에 포함되지 않으므로 S사원의 한 달간 야근 및 특근수당의 총액은 175,000+180,000=355,000원이다.

19   정답 ④

육색사고모자기법에서 검은색 모자는 부정적 사고에 집중하여 아이디어의 단점이나 위험을 분석하는 것이다. 따라서 빈칸에 들어갈 내용으로 가장 적절한 것은 '비판적 사고력'이다.

20   정답 ①

먼저 첫 번째 문단을 보면 당장 내년부터 탄소배출량 보고 의무가 생김에도 중소기업은 그 시작 단계인 탄소배출량 측정조차 어렵다고 하였다. 그러므로 ⓒ에 들어갈 내용으로는 ESG 경영에 대해 실제로 준비한 정도가 낮게 표현된 '2.7점 수준에 머물렀다.'가 가장 적절하다. 이때 ⓒ이 포함된 문장이 '하지만'으로 시작되므로, ㉠에 들어갈 내용은 ⓒ의 내용과는 상반되어야 한다. 따라서 ㉠에 들어갈 내용은 실제로 준비는 안 되어 있지만, 관심은 있다는 내용의 '관심 있다는 반응을 보였다.'가 들어가는 것이 가장 적절하다.

21   정답 ②

제시문에서 인터넷상의 명예훼손행위는 그 특성상 해당 악플의 내용이 인터넷 곳곳에 퍼져 있을 수 있어 명예감정의 훼손 정도가 피해자의 정보수집량에 좌우될 수 있다고 하였으므로 ②는 적절한 내용이다.

[오답분석]
① 악플 대상자의 외적 명예가 침해되었다고 하더라도 이는 악플에 의한 것이 아니라 악플을 유발한 기사에 의한 것으로 보아야 한다고 하였으므로 적절하지 않은 내용이다.
③ 인터넷상의 명예훼손이 통상적 명예훼손보다 더 심하다고 보기 어렵다고 하였으므로 적절하지 않은 내용이다.
④ 세 종류의 명예 중 명예감정에 대해서는 구태여 자신에 대한 부정적 평가를 모을 필요가 없음에도 부지런히 수집·확인하여 명예감정의 훼손을 자초한 피해자에 대해서 국가가 보호해줄 필요성이 없다는 점에서 보호해야 할 법익으로 삼기 어렵다고 하였으므로 적절하지 않은 내용이다.

22   정답 ②

제시문은 유명인의 중복 광고 출연으로 인한 부정적인 효과를 설명하고 있다. 따라서 사람들이 항상 유명인과 브랜드 이미지를 연관 짓는 것은 아니며, 오히려 유명인의 출연 자체가 광고 효과를 일으킬 수 있다는 주장을 반박으로 내세울 수 있으므로 ②가 가장 적절하다.

23   정답 ①

제시문에서 비-REM수면의 수면 진행 과정을 측정되는 뇌파에 따라 4단계로 나누어 설명하고 있다. 따라서 글의 전개 방식으로 ①이 가장 적절하다.

24   정답 ②

수면 단계에서 측정되는 뇌파들을 고려할 때 보기의 사람이 잠에서 깨는 것을 방지해 주는 역할을 하여 깊은 수면을 유도하는 '이것'은 (나) 앞에서 설명하는 'K-복합체'임을 알 수 있다. 즉, K-복합체는 수면 중 갑작스러운 소음이 날 때 활성화되어 잠자는 사람이 소음으로 인해 깨는 것을 방지해 준다. 따라서 보기는 (나)에 위치해야 한다.

25   정답 ②

가입일 기준 만 36세이지만, 3년의 병역 의무 이행 기록이 있으므로 해당 기간을 제외하면 $36-3=33$세로 나이 기준에 포함된다. 또한, 개인소득 및 가구소득 등이 가입 기준을 만족하므로 A씨는 청년도약계좌상품에 가입할 수 있다.
이때 월 급여 및 월 지출이 우대금리 지급 기준에 부합하므로 각각 0.6%p, 0.2%p의 우대금리가 적용되고, 소득 플러스 항목은 2회 적용받으므로 0.2%p의 우대금리가 추가로 적용된다.
따라서 A씨가 만기일에 적용받는 금리는 연 $4.5+0.6+0.2+0.2=5.5\%$이다.

26   정답 ③

월납입금이 a원, 납입기간이 n개월, 연이율이 $r\%$로 단리식일 때 만기 시 이자는 $a\times\dfrac{n(n+1)}{2}\times\dfrac{r}{12}$ 원이다.

제시된 상품은 납입기간이 5년이고 금리는 연 5.5%가 적용되므로 만기 시 이자는 다음과 같다.
$$500,000\times\frac{60\times61}{2}\times\frac{0.055}{12}=4,193,750원$$
따라서 A씨가 만기 시 받을 수 있는 원리금은 $500,000\times60+4,193,750=34,193,750$원이다.

27   정답 ③

A가 30분 동안 달린 거리는 $180\times4\times\dfrac{30}{4+2}=3,600$m이다. 이후 A는 6분마다 720m씩, B는 10분마다 $225\times8=1,800$m씩 달리므로 각각 쉬지 않고 1분 동안 120m, 180m를 달리는 것과 같다.
B가 출발하고 t분 후 두 사람이 만난다고 하면 다음 식이 성립한다.
$$3,600+120t=180t$$
$$\therefore\ t=60$$
따라서 A와 B가 처음으로 만나는 곳은 시작점으로부터 $180\times60=10,800$m 떨어진 곳이다.

28 　정답　②

전체 일의 양을 1이라고 하면 A, B가 각각 1시간 동안 일할 수 있는 일의 양은 각각 $\frac{1}{2}$, $\frac{1}{3}$이다.

A 혼자 일하는 시간을 x시간, B 혼자 일하는 시간을 y시간이라고 하면 다음 식이 성립한다.

$x+y=\frac{9}{4}$ … ㉠

$\frac{1}{2}x+\frac{1}{3}y=1$ … ㉡

㉠, ㉡을 연립하면 $x=\frac{3}{2}$, $y=\frac{3}{4}$이다.

따라서 A 혼자 일한 시간은 $\frac{3}{2}$시간=1시간 30분이다.

29 　정답　④

(판매 가격)=(매매기준가)×[1−(환전수수료)]이므로 (환전수수료)=$1-\frac{\text{(판매 가격)}}{\text{(매매기준가)}}$이다.

각 국가의 판매할 때의 환전수수료를 계산하면 다음과 같다.

- 미국 : $1-\frac{1,352.90}{1,377}≒0.02$
- 일본 : $1-\frac{863.29}{878.67}≒0.02$
- 중국 : $1-\frac{180.22}{189.7}≒0.05$
- 영국 : $1-\frac{1,688.02}{1,721.94}≒0.02$
- 호주 : $1-\frac{883.08}{895.05}≒0.01$(∵ 호주의 매매기준가는 $1,377×0.65=895.05$원이다)

따라서 중국은 판매할 때의 환전수수료가 가장 많은 국가이므로 ④는 옳지 않은 설명이다.

오답분석

① 중국의 미화환산율은 $\frac{189.7}{1,377}≒0.14$이다.

② 호주의 매매기준가는 $1,377×0.65=895.05$원이다.

③ (구입 가격)=(매매기준가)×[1+(환전수수료)]이므로 (환전수수료)=$\frac{\text{(구입 가격)}}{\text{(매매기준가)}}-1$이다.

따라서 미국의 구입할 때의 환전수수료는 $\frac{1,401.10}{1,377}-1≒0.0175$이고, 일본의 구입할 때의 환전수수료는 $\frac{894.05}{878.67}-1≒0.0175$로 서로 같다.

30 　정답　②

A∼E의 진술에 따르면 B와 D의 진술은 반드시 동시에 진실 또는 거짓이 되어야 하며, B와 E의 진술은 동시에 진실이나 거짓이 될 수 없다.

- B와 D의 진술이 거짓인 경우
  참이어야 하는 A와 C의 진술이 서로 모순되므로 성립하지 않는다. 그러므로 B와 D의 진술은 모두 진실이다.
- B와 D의 진술이 참인 경우
  A, C, E 중에서 1명의 진술은 참, 2명의 진술은 거짓인데, 만약 E가 진실이면 C도 진실이 되어 거짓을 말하는 사람이 1명이 되므로 성립하지 않는다. 그러므로 C와 E는 거짓을 말하고, A는 진실을 말한다.

A~E의 진술에 따라 정리하면 다음과 같다.

구분	필기구	의자	복사용지	사무용 전자제품
신청 행원	A, D	C		D

의자를 신청한 행원의 수는 3명이므로 필기구와 사무용 전자제품을 신청한 D와 의자를 신청하지 않은 B를 제외한 A, E가 의자를 신청했음을 알 수 있다. 또한, 복사용지를 신청했다는 E의 진술이 거짓이므로 E가 신청한 나머지 항목은 사무용 전자제품이 된다. 이와 함께 남은 항목의 개수에 따라 신청 행원을 배치하면 다음과 같다.

구분	필기구	의자	복사용지	사무용 전자제품
신청 행원	A, D	A, C, E	B, C	B, D, E

따라서 신청 행원과 신청 물품이 바르게 연결된 것은 ②이다.

31　정답　②

ㄴ. ST전략에서 경쟁업체에 특허 기술을 무상 이전하는 것은 경쟁이 더 심화될 수 있으므로 적절하지 않다.
ㄹ. WT전략에서는 기존 설비에 대한 재투자보다는 수요에 맞게 다양한 제품을 유연하게 생산할 수 있는 신규 설비에 대한 투자가 필요하다.

32　정답　②

첫 번째, 두 번째 조건을 만족하는 것은 C객실뿐이므로 세 번째, 네 번째 조건에 따라 지불해야 하는 총금액을 계산하면 다음과 같다.
• 기준인원 초과 요금(1인, 2박) : $1 \times 2 \times 20,000 = 40,000$원
• 개별 수영장 온수 요금(2박 이상으로 50% 할인) : $70,000 \times 2 \times 0.5 = 70,000$원
• 객실요금(2박 이상으로 10% 할인) : $500,000 \times 2 \times 0.9 = 900,000$원
• 1시 이후 퇴실 추가요금 : $500,000 \times 0.5 = 250,000$원
따라서 지불해야 하는 총금액은 $40,000 + 70,000 + 900,000 + 250,000 = 1,260,000$원이다.

33　정답　④

농기계임대사업소를 직접 방문하지 않고 스마트폰 앱을 통해 실시간으로 임대농기계를 예약할 수 있지만, 임대한 농기계를 현장에서 바로 사용할 수 있도록 한다는 내용은 제시문에서 찾을 수 없다.

① 첫 번째 문단의 '농기계를 임대함으로써 농업의 인력난 해소와 더불어'라는 내용을 통해 추론할 수 있다.
② 두 번째 문단의 '올해는 농업인 스스로 키오스크를 통해 간편한 농기계 임대를 진행할 수 있어 이전보다 대기하는 시간이 크게 감소하였다.'라는 내용과 세 번째 문단의 '보이스봇 서비스를 통해 24시간 예약이 가능하게 하고 있으며'라는 내용을 통해 이전에는 직원을 통해서만 농기계 임대를 진행했음을 추론할 수 있다.
③ 두 번째 문단의 '스마트폰 앱을 이용해 실시간으로 농기계 재고를 확인하고 예약할 수 있어 효율적 이용이 가능해졌다.'라는 내용을 통해 이전에는 현장에 도착하더라도 재고가 없어 바로 임대가 안 되는 경우도 있었음을 추론할 수 있다.
⑤ 마지막 문단의 '지역 내 농업인들이 필요로 하는 농기계를 추가 구입해 지역 내 농업인들이 임대 농기계를 편하게 이용할 수 있도록 힘쓸 것'이라는 내용을 통해 지역마다 필요로 하는 농기계가 다를 수 있음을 추론할 수 있다.

34 정답 ②

참외, 수박, 토마토의 경우 지금 상황으로는 작년 수준만큼 수확량이 회복될 것으로 예상되는 반면, 멜론의 경우는 작년보다 재배면적이 줄어 그렇지 못할 것으로 보인다고 하였으므로 제시문의 내용과 일치한다. 하지만 사과의 경우 햇과일이 나올 때까지는 지금 상황이 지속될 것으로 보인다고 하였으므로 올해 긍정적인 전망이 예상된다고 보기 어렵다.

오답분석

① 2월에 눈과 비가 자주 내려 참외의 수확량이 적었으므로, 이와 마찬가지로 5월에도 비가 자주 내린다면 참외의 수확량이 적을 것이다.
③ 비록 여름 대표 과일인 참외와 수박의 가격은 작년만큼 회복되겠지만, 사과 자체의 가격은 계속 상승세를 유지할 것으로 예상된다고 하였으므로, 소비자 입장에서 사과의 체감 물가 역시 증가할 것이다.
④ 과일 및 야채의 수확량이 많아질수록 가격은 하락해 체감 물가는 감소하겠지만, 수확량이 감소한다면 가격은 상승하기 때문에 체감 물가는 증가한다.
⑤ 마지막 문단의 '수박은 15도 이상으로 참외는 30도 이하로 유지'라는 내용을 통해 여름 제철 과일이라 하더라도, 각 과일 생장기에 따른 적절한 재배 온도는 다를 수 있다.

35 정답 ⑤

2017 ~ 2022년 평균 지진 발생 횟수는 (42+52+56+93+49+44)÷6=56회이다.
2023년에 발생한 지진은 2017 ~ 2022년 평균 지진 발생 횟수에 비해 492÷56≒8.8배 증가했으므로 옳은 설명이다.

오답분석

① 2018년보다 2019년에 지진 횟수는 증가했지만 최고 규모는 감소했으므로 옳지 않은 설명이다.
② 2020년의 지진 발생 횟수는 93회이고 2019년의 지진 발생 횟수는 56회이다. 2020년에는 2019년보다 지진이 93-56=37회 더 발생했으므로 옳지 않은 설명이다.
③ 2021 ~ 2022년의 지진 횟수는 감소했으므로 옳지 않은 설명이다.
④ 2023년에 일어난 규모 5.8의 지진이 2017년 이후 우리나라에서 발생한 지진 중 가장 강력한 규모이이므로 옳지 않은 설명이다.

36 정답 ④

'창의적인 문제해결'을 A, '브레인스토밍을 한다.'를 B, '상대방의 아이디어를 비판한다.'를 C라고 하면, 전제1은 A → B, 전제2는 B → ~C이므로 A → B → ~C가 성립한다.
따라서 빈칸에 들어갈 명제는 A → ~C인 '창의적인 문제해결을 하기 위해서는 상대방의 아이디어를 비판해서는 안 된다.'이다.

37 정답 ③

명제가 참이면 대우 명제도 참이다. 즉, '을이 좋아하는 과자는 갑이 싫어하는 과자이다.'가 참이면 '갑이 좋아하는 과자는 을이 싫어하는 과자이다.'도 참이다.
따라서 갑은 비스킷을 좋아하고, 을은 비스킷을 싫어한다.

38 정답 ④

RANK 함수에서 0은 내림차순, 1은 오름차순이다. 따라서 F8셀의 '=RANK(D8,D4:D8,0)' 함수의 결괏값은 4이다.

39 정답 ③

VLOOKUP 함수는 「=VLOOKUP(첫 번째 열에서 찾으려는 값, 찾을 값과 결과로 추출할 값들이 포함된 데이터 범위, 값이 입력된 열의 열 번호, 일치 기준)」로 구성된다.
찾으려는 값은 [B2]가 되어야 하며, 추출할 값들이 포함된 데이터 범위는 [E2:F8]이고, 자동 채우기 핸들을 이용하여 사원들의 교육점수를 구해야 하므로 [$E$2:$F$8]와 같이 절대참조가 되어야 한다. 그리고 값이 입력된 열의 열 번호는 [E2:F8] 범위에서 2번째 열이 값이 입력된 열이므로 2가 되어야 하며, 정확히 일치해야 하는 값을 찾아야 하므로 FALSE 또는 0이 들어가야 한다.

40 정답 ①

고령화는 전체 인구 중 65세 이상 노인의 비율이 증가하는 것이다. 65세 이상 노인이 오래 생존하고, 새로 태어나는 아이가 적어지면 65세 이상 노인의 비율이 상승하게 되므로 수명 증가와 저출산은 고령화의 직접적인 원인이 된다.

오답분석

② 고령화는 여러 나라에서 일반적으로 발생하고 있다고 하였으나, 모든 나라에서 공통적으로 발생한다고는 서술되지 않았다.
③ 고령화 비율을 감소시키기 위해서는 출산율의 급격한 증가가 필요하다. 그러나 제시문에서 각국의 고령화 대응 정책은 노인관련 정책이 대다수이다. 따라서 고령화 비율의 감소보다 고령 인구의 활용 및 복지가 각국 고령화 대응 정책의 기본이라 할 수 있다.
④ 독일의 경우 노인에 대한 직접적인 지원 정책 이외에도 교육, 고용, 도시개발 등 다양한 과제를 포괄적으로 고려하는 인구전략을 실행하고 있다. 따라서 금전적 지원이 주요 대응 정책이라고는 보기 어렵다.
⑤ 1억 명 중 65세 이상 인구가 1,500만 명이라면 고령화 비율은 15%이다. 65세 이상 인구 비율이 전체의 14%를 넘으므로 고령사회에 해당한다.

41 정답 ②

제시문의 두 번째 문단에서 식품은 우리가 먹고 마시는 모든 것을 의미하며, 자연 상태의 음식뿐만 아니라 가공된 음식까지 포함한다고 하였다. 또한, 네 번째 문단에서 식품은 우리가 섭취하는 구체적인 물질을 의미한다고 하였으므로 ②는 적절하다.

오답분석

① 영양은 식품을 섭취한 후, 식품의 영양소를 흡수하고 사용하는 과정이다.
③ 다섯 번째 문단에서 지방의 과잉은 비만과 심혈관 질환의 위험을 증가시킬 수 있다고 하였으므로 적절하지 않은 설명이다.
④ 다섯 번째 문단에서 비타민 C 결핍은 괴혈병을 유발한다고 하였으므로 적절하지 않은 설명이다.
⑤ 에너지를 만들고, 면역력을 높이는 것은 영양소를 흡수하고 사용하는 과정에 해당하므로 영양으로 설명할 수 있다.

42 정답 ④

제시된 문단은 유럽의 협동조합운동에 대한 내용이고 문단 마지막에 프랑스와 독일의 협동조합운동에 대해 언급하고 있으므로 이어서 배치될 문단은 프랑스와 독일의 협동조합운동을 설명하는 (라) 문단이다. (라) 문단을 제외한 나머지 문단은 우리나라의 협동조합에 대한 내용이므로 서유럽과의 시기 차이를 언급하며 내용을 전개하는 (나) 문단이 다음에 와야 한다. (나) 문단에서 1910 ~ 1920년대 우리나라 협동조합이 일제에 의한 경제적 보조기관이므로 협동조합이라고 규정하기 어렵다고 하였으므로 진정한 협동조합이라고 할 수 있는 민간 협동조합운동에 대한 내용인 (마) 문단이 이어져야 한다. 남은 문단 중 (가) 문단의 경우 정치적 색채를 띤 민간협동조합에 대해 언급하고 있으므로 경제적 자력갱생운동 및 계몽활동에 대해 언급한 (다) 문단 뒤에 와야 적절하다. 따라서 제시된 문단 뒤에 이어질 문단을 논리적 순서대로 나열하면 (라) - (나) - (마) - (다) - (가) 순이다.

43 정답 ②

서울에 사는 응답자의 비율은 0.18+0.07=0.25이고, 전체 응답자의 비율의 합은 1이다. 그러므로 인천에 사는 응답자의 비율은 1-(0.25+0.2+0.1+0.1+0.05+0.05+0.05+0.1)=0.1이다.
인천에 사는 응답자 중 여성의 비율은 전체 응답자 중 여성의 비율과 같으므로 전체 응답자 중 인천에 사는 여성의 비율은 0.1×0.4=0.04이다. 전체 응답자 중 여성의 비율이 0.4이므로 대구에 사는 여성 응답자의 비율은 0.4-(0.07+0.03+0.04+0.07+0.05+0.03+0.01+0.08)=0.02이다.
따라서 전체 응답자 중 대구에 사는 여성의 비율은 0.02이므로 그 인원은 1,100×0.02=22명이다.

44 정답 ②

- 연이율 2.4%가 적용되는 만기 2년 단리 적금 상품에 만기 때까지 매월 초 80만 원씩 납입하였을 때 받는 이자

$$80 \times \frac{24 \times 25}{2} \times \frac{0.024}{12} = 48만 \ 원$$

- 연이율 2.4%가 적용되는 만기 2년 월복리 적금 상품에 만기 때까지 매월 초 100만 원씩 납입하였을 때 받는 이자

$$(월이율) = (1 + 연이율)^{\frac{1}{12}} - 1 = 1.024^{\frac{1}{12}} - 1 = 0.002$$

$$100 \times \frac{(1+0.002)\{(1+0.002)^{24} - 1\}}{(1+0.002) - 1} - 100 \times 24$$

$$= 100 \times \frac{1.002 \times (1.002^{24} - 1)}{1.002 - 1} - 2,400$$

$$= 100 \times \frac{1.002 \times 0.0491}{0.002} - 2,400$$

$$= 2,459.91 - 2,400$$

$$= 59.91만 \ 원$$

따라서 만기 시 받는 이자의 차이는 59.91−48=11.91만 원이므로 119,100원이다.

45 정답 ④

A씨는 매월 500,000원을 사용하므로 각 체크카드의 전월 실적이 500,000원일 때, 최대 할인 금액은 다음과 같다.
- A체크카드 : 6,000+6,000+1,000=13,000원
- H체크카드 : 13,000원
- K체크카드 : 3,000+3,000+2,000+1,000=9,000원
- M체크카드 : $(500,000 \times 0.003) + \left(\frac{100,000}{1,600} \times 40 \right) + 10,000 = 14,000원$
- N체크카드 : 500,000×0.002=1,000원

따라서 A씨에게 추천할 카드는 M체크카드이다.

46 정답 ①

K체크카드의 대중교통 혜택 금액은 대중교통 요금의 10%이므로 120,000×0.1=12,000원이지만, 전월 실적에 따른 할인 한도는 3,000원이다. 또한 이동통신 요금 할인 혜택은 5%로 100,000×0.05=5,000원이지만 월 할인 한도는 최대 3,000원이며, 카페를 이용하지 않으므로 적용되지 않고, 편의점 월 할인 한도는 최대 1,000원이다.
따라서 A씨가 K체크카드를 이용하여 받을 수 있는 월 할인 금액은 최대 3,000+3,000+1,000=7,000원이다.

47 정답 ①

A기업의 대출기간은 1년, 대출금액은 5천만 원, 대출금리는 연 3%이다.

만기일시상환 방식으로 월 이자는 $50,000,000 \times 0.03 \times \dfrac{12}{12} \div 12 = 125,000$원이고, 마지막 달에는 원금과 함께 납입해야 되기 때문에 A기업이 내야 하는 마지막 달의 비용은 $50,000,000 + 125,000 = 50,125,000$원이다.

48 정답 ④

주어진 조건을 표로 정리하면 다음과 같다.

구분	1일	2일	3일	4일	5일	6일
경우 1	B	E	F	C	A	D
경우 2	B	C	F	D	A	E
경우 3	A	B	F	C	E	D
경우 4	A	B	C	F	D	E
경우 5	E	B	C	F	D	A
경우 6	E	B	F	C	A	D

따라서 B영화는 어떠한 경우에도 1일 또는 2일에 상영되므로 항상 옳은 것은 ④이다.

오답분석
① 경우 3 또는 4에서 A영화는 C영화보다 먼저 상영된다.
② 경우 1 또는 5, 6에서 C영화는 E영화보다 늦게 상영된다.
③ D영화는 경우 1 또는 3, 6에서 폐막작으로, 경우 4 또는 5에서 5일에 상영된다.
⑤ E영화는 경우 1 또는 3에서 E영화는 개막작이나 폐막작으로 상영되지 않는다.

49 정답 ③

상품 전체 구매 금액은 $(2,000 \times 3) + (3,000 \times 2) + (2,500 \times 1) + (4,000 \times 2) + (6,000 \times 4) = 6,000 + 6,000 + 2,500 + 8,000 + 24,000 = 46,500$원이다.
따라서 부가세액은 $46,500 \times 0.1 = 4,650$원이므로 전체 합계 금액은 $46,500 + 4,650 = 51,150$원이다.

50 정답 ③

A가 거짓말을 하고 있다는 B의 진술이 참이면 A는 거짓말을 하고 있으므로 범인이지만, A가 범인이 아니라는 C의 진술 또한 거짓이 되므로 모순이 발생한다.
따라서 B는 거짓말을 하는 범인이고, 나머지 4명의 진술은 참이므로 E가 확실히 범인이라는 D의 진술에 의해 범인은 B, E이다.

2026 최신판 시대에듀 기출이 답이다
IBK기업은행 필기시험

개정6판1쇄 발행	2026년 02월 20일 (인쇄 2026년 01월 16일)
초 판 발 행	2023년 03월 20일 (인쇄 2023년 02월 21일)
발 행 인	박영일
책 임 편 집	이해욱
편 저	SDC(Sidae Data Center)
편 집 진 행	신주희 · 한성윤
표지디자인	김지수
편집디자인	유가영 · 장성복
발 행 처	(주)시대고시기획
출 판 등 록	제10-1521호
주 소	서울시 마포구 큰우물로 75 [도화동 538 성지 B/D] 9F
전 화	1600-3600
팩 스	02-701-8823
홈 페 이 지	www.sdedu.co.kr

I S B N	979-11-434-0899-0 (13320)
정 가	24,000원

정답 및 해설

금융권 필기시험 "기본서" 시리즈

최신 기출유형을 반영한 NCS와 직무상식을 한 권에! 합격을 위한

Only Way!

금융권 필기시험 "봉투모의고사" 시리즈

실제 시험과 동일하게 구성된 모의고사로 마무리! 합격으로 가는

Last Spurt!